小林芳規博士喜寿記念

国語学論集

汲古書院

小林芳規博士近影

献　辞

小林芳規先生は、平成十八年三月二十六日を以てめでたく喜寿の賀をお迎えになります。先生は昭和二十七年三月に東京文理科大学を御卒業になり、昭和三十二年に東洋大学への御奉職を経て、昭和四十年四月に広島大学に御赴任され国語史の講座を担当なされました。平成四年三月に広島大学を定年により御退官後も引き続き徳島文理大学で教鞭を取られ現在に至っておられます。

この間、公人としての勤務校の要職を果たされつつ研究と教育に専心なされ、斯学の発展と研究者の養成に偉大な足跡を積まれて来られました。御研究では先生の出発点となった第一著『平安鎌倉時代に於ける漢籍訓読の国語史的研究』という大著が有り、次いで角筆研究の第一人者としての第一著『角筆文献の国語学的研究』（二冊）は平成三年度の恩賜賞・日本学士院賞を受賞なさいました。その後韓国での角筆の発見と研究の礎を築かれ、その御功績により平成十四年には韓国口訣学会から特別表彰をお受けになりました。それらを踏まえて近時出版された角筆研究の第二大著『角筆文献研究導論』（四冊）は角筆研究が世界的視野で論じられるべき重要課題として衝撃を与えるものとなっています。別に『梁塵秘抄』『法華百座聞書抄』『中山法華経寺本三教指帰注』等の索引類や『古辞書音義集成』『石山寺資料叢書』等の編纂に関与され斯学の基礎資料を数多く学界に提供された外、長年に亘り広島の地で『鎌倉時代語研究』を主宰されてこの分野の研究の発展にも寄与されました。又、国語学会、訓点語学会等、戦後の学会草創期以来長年に亘り主要な一員としてその発展に尽力されて来ました。その他、数多くの古社寺の文化財指定調査などにも広く関与され学問・文化の発展に貢献なされ、平成十二年には勲三等旭日中綬章の栄に浴された所であります。

本論文集は広島の地で長年に亘り薫陶を賜った者が相計り、また近時角筆文献の発見とその研究の進展に伴い新たに御関係を結ばれた韓国各位の賛同をも頂き、先生の喜寿御賀記念として捧げるものであります。本書刊行の準備が進行しつつあった昨年四月、長年に亘り先生と手を携えて我々を導いて下さった奥様が突如として御逝去されました。本書を併せて奥様の御霊前に捧げ奉ります。

先生におかれましては、更に漢文訓読史の新著の御出版が間近と伺がっております。角筆研究も未だこれからであります。先生の御加餐と益々の御活躍をお祈り申し上げ、併せて今後とも変わりなく御教導下さいますようお願い申し上げる次第であります。

小林芳規先生喜寿記念会

小林芳規博士喜寿記念 国語学論集 目次

小林芳規博士喜寿記念 国語学論集

小林芳規博士略年譜

昭和四年三月二十六日　山梨県甲府市古府中町に小林今朝三・みつの参男として誕生
昭和十年　四月　甲府市立新紺屋小学校入学
昭和十六年　三月　同右卒業
昭和十六年　四月　山梨県立甲府中学校（現在、甲府第一高等学校）入学
昭和二十年　三月　同右卒業
昭和二十年　四月　東京高等師範学校文科第二部（国語科）入学
昭和二十四年　三月　同右卒業
昭和二十四年　四月　東京文理科大学文学科国語学国文学専攻入学
昭和二十七年　三月　同右卒業
昭和二十七年　四月　東京文理科大学研究科入学
昭和三十二年　三月　同右修了
昭和三十二年　四月　東洋大学文学部専任講師
昭和三十二年　十月　訓点語学会委員（平成十五年四月まで）
昭和三十四年　四月　東洋大学文学部助教授
昭和三十六年　四月　宇都宮大学学芸学部講師（昭和三十七年三月まで）
昭和三十六年　十月　実践女子大学文学部講師（昭和三十七年三月まで）

昭和三十九年　四月　東京教育大学文学部講師（昭和四十年三月まで）
昭和四十年　四月　広島大学文学部助教授・広島大学大学院文学研究科担当
昭和四十二年　十月　『平安鎌倉時代に於ける漢籍訓読の国語史的研究』により昭和四十一年度東京大学国語国文学会賞を受賞
昭和四十三年　四月　香川大学教育学部講師（集中講義）（昭和四十三年七月まで）
昭和四十三年　十月　ノートルダム清心女子大学講師（集中講義）
昭和四十五年　三月　『平安鎌倉時代に於ける漢籍訓読の国語史的研究』により文学博士（東京教育大学）の学位を授与される
昭和四十六年　四月　広島女子大学文学部講師（昭和四十七年三月まで）
昭和四十七年　四月　広島大学大学院教育学研究科担当（兼担）
昭和四十七年　五月　国語学会評議員（平成十五年五月まで）
昭和四十七年　七月　広島大学文学部教授、国語学国文学第一講座（国語学）担当
昭和四十八年　十月　国語学会中国四国支部代表（平成九年十一月まで）
昭和五十年　四月　鈴峯女子短期大学講師（昭和五十一年三月まで）
昭和五十年　四月　新潟大学人文学部講師（集中講義）（昭和五十一年三月まで）
昭和五十年　七月　信州大学人文学部講師（集中講義）（昭和五十一年三月まで）
昭和五十一年　十月　金沢大学法文学部講師（集中講義）（昭和五十二年三月まで）
昭和五十三年　九月　鳥取大学教育学部講師（集中講義）（昭和五十三年十月まで）
昭和五十三年十一月　金沢大学法文学部講師（集中講義）（昭和五十四年三月まで）
昭和五十四年　十月　九州大学大学院文学研究科・文学部講師（集中講義）（昭和五十五年三月まで）
昭和五十五年十一月　高知大学人文学部講師（集中講義）（昭和五十六年三月まで）

昭和五十六年　四月　山口大学人文学部講師（集中講義）（昭和五十六年九月まで）
昭和五十七年　四月　北海道教育大学教育学部旭川分校講師（集中講義）（昭和五十七年十月まで）
昭和五十七年　五月　国語学会理事（昭和六十三年まで二期）
昭和五十八年　二月　学術審議会専門委員（文部省）（昭和六十年一月まで）
昭和五十八年　十月　金沢大学文学部講師（集中講義）（昭和五十九年三月まで）
昭和五十八年十二月　愛媛大学法文学部講師（集中講義）（昭和五十九年三月まで）
昭和五十九年　四月　大阪大学大学院文学研究科講師（集中講義）（昭和五十九年十月まで）
昭和五十九年　十月　新潟大学教育学部講師（集中講義）（昭和六十年三月まで）
昭和六十年　八月　中華人民共和国へ出張、北京日本学研究センター（大学院）客員教授（昭和六十年十二月まで）
昭和六十二年十二月　『鎌倉時代語研究』（第一輯～第十輯）により鎌倉時代語研究会代表として新村出賞を受賞
昭和六十三年　七月　三重大学人文学部講師（集中講義）（昭和六十三年九月まで）
昭和六十三年十二月　『角筆文献の国語学的研究』（二冊）により第十回角川源義賞を受賞
平成二年　四月　名古屋大学文学部講師（集中講義）（平成二年十月まで）
平成二年　七月　財団法人新村出記念財団評議員（平成十二年六月まで）
平成二年　十一月　漢文訓読史研究、鎌倉時代語研究、角筆文献の発見とその研究により第四十七回中国文化賞を受賞
平成三年　五月　国語学会理事（平成九年まで二期）
平成三年　六月　『角筆文献の国語学的研究』（二冊）により恩賜賞・日本学士院賞を受賞
平成四年　三月　広島大学文学部定年退官

平成四年　四月　徳島文理大学文学部教授
平成四年　四月　広島大学名誉教授
平成四年　四月　日本漢字能力検定協会評議員（現在に至る）
平成四年　九月　金沢大学大学院文学研究科講師（集中講義）
平成五年　七月　鳴門教育大学大学院講師（集中講義）
平成六年　九月　文化庁文化財保護審議会専門委員（平成十三年まで）
平成六年　九月　廿日市市文化振興懇話会委員
平成六年　十一月　香川大学大学院教育学研究科講師（集中講義）
平成七年　七月　熊本大学大学院文学研究科・文学部講師（集中講義）
平成八年　二月　香川大学大学院教育学研究科講師（集中講義）
平成十一年　五月　「言語文化史における角筆文献研究」により村崎凡人学術振興賞を受賞
平成十一年　十一月　「角筆文献研究の業績」により広島大学創立五十周年記念式典にて感謝状を受く
平成十二年　五月　叙　勲三等旭日中綬章
平成十二年　五月　国語学会理事（平成十五年五月まで）
平成十二年　六月　財団法人新村出記念財団理事（現在に至る）
平成十四年　七月　「韓国の角筆資料を最初に発掘し、韓国の古代語研究に画期的な寄与をし、韓日学術文化交流に貢献した功労」により韓国口訣学会より感謝牌を受く
平成十五年　五月　訓点語学会名誉会員（現在に至る）
平成十五年　八月　小惑星に（9073　Yoshinori-1994ER）命名される［国際天文学連合］

小林芳規博士研究業績目録

【著　書】

昭和二十九年　十月　『新しい古典文法―古典の語法とその変遷―』　力書房

昭和三十八年十二月　『梅沢本新撰朗詠集』　古典文庫

昭和四十二年　三月　『平安鎌倉時代に於ける漢籍訓読の国語史的研究』　東京大学出版会

昭和四十六年　三月　『中世片仮名文の国語史的研究』（広島大学文学部紀要特集号3）

昭和四十七年　三月　『高山寺本古往来（本文・総索引）』（『高山寺本古往来表白集』高山寺資料叢書第二冊の内）　東京大学出版会

昭和四十七年　九月　『梁塵秘抄総索引』（神作光一・王朝文学研究会と共著）　武蔵野書院

昭和五十年　三月　『法華百座聞書抄総索引』　武蔵野書院

昭和五十三年　三月　『光言句義釈聴集記（本文・総索引）』（奥田勲・柳田征司・佐々木峻他と共編）（『明恵上人資料　第二』高山寺資料叢書第七冊の内）　東京大学出版会

昭和五十五年　二月　『高山寺蔵論語（本文・総索引）』（柳田征司・佐々木峻他と共編）（『高山寺古訓点資料　第一』高山寺資料叢書第九冊の内）　東京大学出版会

昭和五十五年　八月　『中山法華経寺蔵本三教指帰注総索引及び研究』（築島裕と共著）　武蔵野書院

昭和五十七年　二月　『古事記』（「日本思想大系」第一巻）（青木和夫・石母田正・佐伯有清と共著）　岩波書店

昭和五十七年　二月　『神田本白氏文集の研究』（太田次男と共著）　勉誠社

昭和五十九年　二月　『高山寺蔵荘子（本文・索引）』（佐々木峻・菅原範夫・金子彰・松本光隆と共編）（『高山寺古訓点資料第二』高山寺資料叢書第十三冊所収）　東京大学出版会

昭和六十二年　七月　『角筆文献の国語学的研究』（研究篇・影印資料篇二冊）　汲古書院

平成元年　一月　『角筆のみちびく世界』（中公新書）　中央公論社

平成四年　五月　『角筆文献目録（一九九一年版）』　私家版

平成五年　五月　『角筆文献目録（一九九二年版）』　私家版

平成五年　六月　『梁塵秘抄　閑吟集　狂言歌謡』（「新日本古典文学大系」第五十六巻）（「梁塵秘抄」を担当、武石彰夫と共著）　岩波書店

平成六年　五月　『角筆文献目録（一九九三年版）』　私家版

平成七年　五月　『角筆文献目録（一九九四年版）』　私家版

平成八年　二月　『宮内庁書陵部蔵本群書治要経部語彙索引』（原卓志・山本秀人・山本真吾・佐々木勇と共編）（「古典籍索引叢書10」）　汲古書院

平成八年　五月　『角筆文献目録（一九九五年版）』　私家版

平成九年　五月　『角筆文献目録（一九九六年版）』　私家版

平成十年　五月　『角筆文献目録（一九九七年版）』　私家版

平成十年　十一月　『図説　日本の漢字』　大修館書店

平成十一年　六月　『角筆文献目録（一九九八年版）』　私家版

平成十二年　三月　『角筆文献目録（一九九九年版）　附・角筆文献論考』　私家版

平成十六年　七月　『角筆文献研究導論 上巻 東アジア篇』　汲古書院
平成十六年　九月　『角筆文献研究導論 中巻 日本国内篇(上)』　汲古書院
平成十六年　十月　『角筆文献研究導論 下巻 日本国内篇(下)』　汲古書院
平成十七年　六月　『角筆文献研究導論 別巻 資料篇』　汲古書院

【編　纂】

昭和四十年　十一月　『新潮国語辞典 現代語・古語』（久松潜一監修、山田俊雄・築島裕と共同編修）　新潮社
昭和五十三年三月～平成十二年十月　『鎌倉時代語研究』二十三冊（鎌倉時代語研究会編、同研究会の代表者として企画編纂）　武蔵野書院
昭和五十三年五月～昭和六十年十一月　『古辞書音義集成』全二十巻（築島裕・吉田金彦と共編）　汲古書院
昭和五十九年三月～昭和六十年十月　『六地蔵寺善本叢刊』全七巻（築島裕・松本隆信と共編）　汲古書院
平成元年二月～平成三年八月　『群書治要』全七冊（古典研究会叢書 漢籍之部）（尾崎康と共編）　汲古書院

【調査団々員として関与したもの】

昭和四十六年三月～昭和六十三年二月　『高山寺資料叢書』全二十三巻（高山寺典籍文書綜合調査団編）　東京大学出版会
昭和五十三年三月～平成四年二月　『石山寺の研究』四冊 ㈠一切経篇、㈡校倉聖教・古文書篇、㈢深密蔵聖教篇上、㈣深密蔵聖教篇下）（石山寺文化財綜合調査団編）　法蔵館
昭和六十年　五月　『石山寺古経聚英』（石山寺文化財綜合調査団編）　法蔵館

昭和六十三年十二月　『高山寺善本図録』（高山寺典籍文書綜合調査団編）　東京大学出版会
平成七年　五月　『仁海僧正九百五十年御遠忌記念随心院聖教類の研究』（随心院聖教類綜合調査団編）　汲古書院
平成八年九月〜平成十一年五月　『石山寺資料叢書』四冊（一文学篇第一、二資料篇第一、三聖教篇第一、四文学篇第二）（石山寺文化財綜合調査団編）　法蔵館
平成十一年　三月　『青蓮院門跡吉水蔵聖教目録』（吉水蔵聖教調査団編）　汲古書院

【論　文】

昭和二十八年　九月　謂はゆる主格助詞「い」は副助詞と考ふべきである（「国語」第二巻）
昭和二十九年　三月　漢文訓読史上の一問題—再読字の成立について—（「国語学」第十六輯）
昭和二十九年　四月　西大寺蔵護摩蜜記長元八年点の訓読文（「訓点語と訓点資料」第一輯）
昭和二十九年　十月　『拾遺和歌集』の「うしとら」の歌—国語の位相をめぐって—（「花がたみ」第三号）
昭和三十年　三月　質疑応答（「来」の命令形について）（「国語学」第二十輯）
昭和三十年　五月　訓点資料に見える「ズキ」の用法（「未定稿」創刊号）
昭和三十年　八月　国語史年表（平安・鎌倉時代）（『国語学辞典』東京堂）
昭和三十年　十月　古文孝経序の訓読文四種（「訓点語と訓点資料」第五輯）
昭和三十年　十一月　訓点語法史における副助詞「ら」（「国語と国文学」第三十二巻第十一号）
昭和三十一年　八月　故山田嘉造氏蔵妙法蓮華経方便品古点釈文（築島裕と共編）（「訓点語と訓点資料」第七輯）
昭和三十一年　八月　東大寺図書館蔵法華義疏紙背和訓索引（「訓点語と訓点資料」第七輯）
昭和三十一年十一月　昭和三十年における国語学界の展望（国語史）（「国語学」第二十六輯）

昭和三十二年　十月　「らくのみ」「まくのみ」源流考（「文学論藻」第八号）

昭和三十二年十一月　助動詞「けむ」「たし」（「国文学解釈と鑑賞」第二十二巻第十一号）

昭和三十三年　二月　古点の況字続貂（「東洋大学紀要」第十二集）

昭和三十三年　六月　西大寺本不空羂索神咒心経寛徳点の研究―釈文と索引―（「国語学」第三十三輯）

昭和三十三年　十月　東大寺図書館蔵法華義疏紙背訓註（「訓点語と訓点資料」第十輯）

昭和三十三年十一月　土左日記の文体（「王朝文学」第一号）

昭和三十四年　五月　及字の訓読（「国文学言語と文芸」第四号）

昭和三十四年　五月　助詞イの残存―平安時代の使用者と用法―（「東洋大学紀要」第十三輯）

昭和三十四年　六月　「花を見るの記」の言い方の成立追考（「文学論藻」第十四号）

昭和三十四年　七月　「し・しも・ばかり・のみ」の研究（「国文学解釈と教材の研究」七月号臨時増刊）（後に『助詞・助動詞詳説』（松村明編）学燈社に再録）

昭和三十五年　一月　大東急記念文庫蔵大方広仏華厳経巻三十四の草仮名（「かがみ」第三号）

昭和三十五年　八月　梁塵秘抄現存本の表記の検討（「王朝文学」第四号）

昭和三十五年　九月　猿投神社蔵正安本文選㈠（「訓点語と訓点資料」第十四輯）

昭和三十五年十一月　「将門記―研究と資料―」を読む（「国語学」第四十二輯）

昭和三十六年　二月　文法研究の歴史（『国語国文学研究史大成15　国語学』三省堂）

昭和三十六年　二月　国語史研究の歴史（『国語国文学研究史大成15　国語学』三省堂）

昭和三十六年　三月　博士読みの源流―トキンバ（則）を一例として―（「国文学言語と文芸」第十五号）

昭和三十六年　三月　漢文訓読史から見た打消の訓法（「文学論藻」第十九号）

昭和三十六年　三月　平安時代の平仮名文の表記様式〔Ⅰ〕——語の漢字表記を主として——（「国語学」第四十四輯）
昭和三十六年　五月　猿投神社蔵正安本文選㈡（「訓点語と訓点資料」第十六輯）
昭和三十六年　六月　平安時代の平仮名文の表記様式〔Ⅱ〕——語の漢字表記を主として——（「国語学」第四十五輯）
昭和三十六年　十月　猿投神社蔵正安本文選㈢（「訓点語と訓点資料」第十八輯）
昭和三十七年　三月　訓読語研究史から見た「訓点語の研究」（「国語学」第四十八輯）
昭和三十七年　四月　猿投神社蔵正安本文選㈣（「訓点語と訓点資料」第二十一輯）
昭和三十七年　六月　昭和35・36年における国語学界の展望——資料・索引——（「国語学」第四十九輯）
昭和三十七年　十月　陳述の助字「之」の訓読——特に博士家点と仏家点との訓分け——（「文学論藻」第二十三号）
昭和三十七年十一月　古代平仮名の所用分野別・字体一覧（『国語国文学資料図解大辞典』〔上〕全国教育図書）
昭和三十七年十二月　訓点記載の一様式についての報告（「訓点語と訓点資料」第二十四輯）
昭和三十八年　一月　神田本白氏文集の訓の類別（「国語と国文学」第四十巻第一号）
昭和三十八年　三月　金沢文庫本春秋経伝集解における平安初期漢籍訓読語の残存（「訓点語と訓点資料」第二十五輯）
昭和三十八年　五月　法華修法百座聞書抄の表記についての検証（「王朝文学」第八号）
昭和三十八年　六月　梅沢本新撰朗詠集の訓読語について（「訓点語と訓点資料」第二十六輯）
昭和三十八年　七月　平安時代における漢文訓読法の変遷について（「漢文教室」第六十三号）
昭和三十八年　九月　古事記の訓法と漢文訓読史——㈠読添語について——（「上代文学研究会会報」第十三号）
昭和三十八年　十月　金沢文庫本群書治要巻四十所収三略の訓点（『田山方南先生華甲記念論文集』田山方南先生華甲記念会）
昭和三十八年　十月　訓点における拗音表記の沿革（「王朝文学」第九号）

昭和三十八年十二月　漢文訓読史研究の一試論（「国語学」第五十五輯）

昭和三十九年　五月　新撰朗詠集承久二年書写加点本の訓の系統について（「王朝文学」第十号）

昭和三十九年　七月　漢籍訓読語の特徴—群書治要古点と教行信証・法華経古点との比較による—（「訓点語と訓点資料」第二十九輯）

昭和三十九年　九月　万葉集における漢文訓読語の影響（「国語学」第五十八輯）

昭和三十九年　十月　老子経の古訓法（「漢文教室」第六十九号）

昭和三十九年　十月　大江家の訓法の特徴（「国語と国文学」第四十一巻第十号）

昭和三十九年十一月　古事記の訓法と漢文訓読史—(二)助字の訓法—（「上代文学研究会会報」第十四号）

昭和四十年　九月　鎌倉時代語史料としての草稿本教行信証古点（「東洋大学大学院紀要」第二集）

昭和四十年　九月　国語学国文学研究室蔵八字文殊儀軌古点（「広島大学国語国文学会会報」第九号）

昭和四十年　十一月　中世語史料としての高山寺蔵古往来（「王朝文学」第十二号）

昭和四十年　十二月　漢籍の古点本に用ゐられた濁音符—特に博士家に於ける使分けについて—（「広島大学文学部紀要」第二十五巻第一号）

昭和四十一年　一月　角筆点所用の訓点資料群について（「国文学言語と文芸」第四十四号）

昭和四十一年　二月　九条本文選に残存せる上代訓読語について（「訓点語と訓点資料」第三十二輯）

昭和四十一年　六月　漢文訓読史研究上の一応用面—伝菅原道真訓点の検討—（「国文学攷」第四十号）

昭和四十一年　六月　訓読史料として観た『興福寺本大慈恩寺三蔵法師伝古点の国語学的研究訳文篇』（「国語学」第六十五輯）

昭和四十一年　八月　訓読語法に基く訓点資料の分類（「訓点語と訓点資料」第三十三輯）

昭和四十一年　九月　漢籍における声点附和訓の性格（「国語学」第六十六輯）

昭和四十二年　五月　和泉往来（翻字）（『教科書大系　往来篇(二)』の内）

昭和四十二年十二月　踊字の沿革続貂（「広島大学文学部紀要」第二十七巻第一号）

昭和四十二年十二月　高山寺蔵本一字頂輪王儀軌音義について（築島裕と共著）（「国語学」第七十一輯）

昭和四十三年　二月　角筆点の訓点資料（「古事類苑月報」第十一回、文学部第三篇）

昭和四十三年　三月　論語訓読史から観た大東急記念文庫蔵建武本論語（「かがみ」第十二号）

昭和四十三年　六月　訓点資料・記録資料（国語学の新領域）（「文学・語学」第四十八号）

昭和四十四年　三月　将門記承徳点本の仮名遣をめぐって（「国文学攷」第四十九号）

昭和四十四年　六月　日本書紀古訓と漢籍の古訓読—漢文訓読史よりの一考察—（『佐伯梅友博士古稀記念国語学論集』表現社）

昭和四十四年　九月　平安初期の角筆点資料（「国語学」第七十八輯）

昭和四十四年十二月　日本語の歴史—中世—（「国文学解釈と鑑賞」第三十四巻第十二号）

昭和四十五年　三月　院政鎌倉時代における字音の連濁について（「広島大学文学部紀要」第二十九巻第一号）

昭和四十五年　四月　明恵上人語録高山寺蔵「却癈忘記」の用語について（「国文学解釈と鑑賞」第三十五巻第四号）

昭和四十五年　六月　仁和寺蔵秦中吟延慶二年書写加点本（「訓点語と訓点資料」第四十一輯）

昭和四十五年　八月　東国所在の院政鎌倉時代二文献の用語（『方言研究の問題点』明治書院）

昭和四十五年　十月　上代における書記用漢字の訓の体系（「国語と国文学」第四十七巻第十号）

昭和四十五年十一月　平安初期訓点資料の類別—主に仮名字体による—（「方言研究年報」第十三巻）

昭和四十五年十一月　日本書紀における大江家の訓読について（「国学院雑誌」第七十一巻第十一号）

昭和四十五年十二月　訓点資料の訓字について（「文学・語学」第五十八号）

昭和四十五年十二月　訓漢字一覧（第一部傍訓）（私家版）

昭和四十六年　三月　高山寺明恵上人行状（漢文行状）（報恩院本）（柳田征司と共著）（『明恵上人資料 第一』高山寺資料叢書第一冊の内、東京大学出版会）

昭和四十六年　三月　高山寺明恵上人行状抄上、上人御房御物語、自紀州上人御房上洛云々（『明恵上人資料 第一』高山寺資料叢書第一冊の内、東京大学出版会）

昭和四十六年　五月　かなの用法（佐々木峻と共著）（『講座正しい日本語』（第三巻）の内、明治書院）

昭和四十六年　七月　訓漢字一覧（第三部、音義・古辞書・訓注）（私家版）

昭和四十六年十一月　古事記の用字法と訓読の方法――訓注よりの考察――（「文学」第三十九巻第十一号）

昭和四十六年十一月　高山寺本古往来における漢字の用法上の性格――振仮名の有無を手懸りとする考察――（「国文学攷」第五十七号）

昭和四十七年　二月　訓読法の変遷――平安時代の妙法蓮華経の古点本を例として――（『漢文教育の理論と指導』大修館書店）

昭和四十七年　三月　国語史料としての高山寺本古往来（『高山寺本古往来表白集』高山寺資料叢書第二冊の内、東京大学出版会）

昭和四十七年　七月　金沢文庫蔵本解脱門義聴集記の中世語について（「金沢文庫研究」第十八巻第七号）

昭和四十七年　七月　日本書紀古訓私見（「天理図書館善本叢書月報」第五号）

昭和四十七年十一月　訓点資料と文法（「品詞別日本文法講座月報」第三号）

昭和四十七年十一月　平安初期訓点資料綜合語彙索引稿・漢字索引之部（私家版）

昭和四十八年　一月　訓点資料に現れた中世語について（「広島大学文学部紀要」第三十二巻第一号）

昭和四十八年十二月　石山寺所蔵の角筆点資料について（「仏教芸術」第九十四号）

昭和四十九年　四月　平安中期訓点資料の仮名字体と訓読法（「国語と国文学」第五十一巻第四号）
昭和四十九年　五月　返点の沿革（「訓点語と訓点資料」第五十四輯）
昭和四十九年　六月　新撰字鏡における和訓表記の漢字について（「文学」第四十二巻第六号）
昭和四十九年　六月　上代における「文選」の訓読（「全釈漢文大系月報」第八号）
昭和四十九年　十月　古事記の訓読と漢文訓読史―「心前」の訓読をめぐって―（「上代文学」第三十五号）
昭和四十九年十一月　唐代説話の翻訳―『金剛般若経集験記』について―（『日本の説話』第七巻　東京美術）
昭和四十九年十一月　将門記における漢字の用法―和化漢文とその訓読との相関の問題―（『日本漢文学史論考』岩波書店）
昭和五十年　三月　国語史研究資料としての法華百座聞書抄（『法華百座聞書抄総索引』武蔵野書院）
昭和五十一年　一月　石山寺蔵沙弥十戒威儀経平安中期角筆点（「広島大学文学部紀要」第三十五巻第一号）
昭和五十一年　四月　「中世語概説」「古点本Ⅱ㈠㈡」「梁塵秘抄」「高山寺本古往来」「親鸞聖人遺文」「日蓮聖人遺文」解説（『国語史資料集―図録と解説―』国語学会編　武蔵野書院）
昭和五十一年　五月　石山寺蔵求聞持法応和角筆点（『大坪併治教授退官記念国語史論集』表現社）
昭和五十一年十二月　石山寺蔵沙弥十戒威儀経平安中期角筆点続稿（『佐伯梅友博士喜寿記念国語学論集』表現社）
昭和五十一年十二月　中山法華経寺本三教指帰注の文章と用語（「国文学攷」第七十二・七十三合併号）
昭和五十二年　三月　金剛頂経一字頂輪王儀軌音義（三本）（『高山寺古辞書資料　第一』高山寺資料叢書第六冊の内、東京大学出版会）
昭和五十二年　四月　表記法の変遷（『現代作文講座』第六巻「文字と表記」の内、明治書院）
昭和五十二年　五月　新薬師寺薬師如来像納入妙法蓮華経の平安初期訓点について（「南都仏教」第三十八号）
昭和五十二年　九月　漢文訓読体（『岩波講座日本語』第十巻「文体」の内、岩波書店）

昭和五十三年　三月　高山寺蔵「三宝絵」詞章遺文（『鎌倉時代語研究』第一輯）
昭和五十三年　三月　漢字とその訓との対応及び変遷についての一考察（「国語学」第百十二輯）
昭和五十三年　三月　角筆点資料における石山寺蔵本の位置（『石山寺の研究一切経篇』法蔵館）
昭和五十三年　三月　光言句義釈聴集記（補注）（共著）（『明恵上人資料　第二』高山寺資料叢書第七冊の内、東京大学出版会）
昭和五十三年　五月　新訳華厳経音義私記解題（『新訳華厳経音義私記』古辞書音義集成　第一巻　汲古書院）
昭和五十三年　五月　平城宮木簡の漢字用法と古事記の用字法（『石井庄司博士喜寿記念論集上代文学考究』塙書房）
昭和五十三年十一月　十一世紀における片仮名字体の伝承（『春日和男教授退官記念語文論叢』桜楓社）
昭和五十三年十二月　古事記の「千引の石」（「国文学攷」第八十号）
昭和五十四年　二月　乙点図所用の訓点資料について（『中田祝夫博士功績記念国語学論集』勉誠社）
昭和五十四年　三月　三巻本色葉字類抄登載語の研究――用例集稿・「イ」之部――（私家版）
昭和五十四年　三月　高山寺蔵「宝志和尚伝」院政期写本について（『鎌倉時代語研究』第二輯）
昭和五十四年　三月　訓点における合符の変遷（「訓点語と訓点資料」第六十二輯）
昭和五十四年　八月　倭読要領解説（『倭読要領』勉誠社文庫66）
昭和五十四年　八月　古事記音訓表（上）（「文学」第四十七巻第八号）
昭和五十四年十一月　古事記音訓表（下）（「文学」第四十七巻第十一号）
昭和五十四年十二月　興聖禅寺蔵大唐西域記巻第十二平安中期点の訓読語について（『川瀬博士古稀記念国語国文学論文集』雄松堂書店）
昭和五十五年　二月　高山寺蔵本論語（解題）（訓読文・総索引、共著）（『高山寺古訓点資料　第二』高山寺資料叢書第九冊の内、東京大学出版会）
昭和五十五年　二月　鎌倉時代の高山寺における外典の受容について（『高山寺古訓点資料　第二』高山寺資料叢書第九冊

の内、東京大学出版会)

昭和五十五年　三月　醍醐寺蔵論語巻第七文永五年点(「醍醐寺文化財研究所研究紀要」第二号)

昭和五十五年　三月　石清水文書田中宗清願文案に現れた藤原定家の用字用語について(『鎌倉時代語研究』第三輯)

昭和五十五年　四月　伊勢神宮蔵古事記解題(『春瑜本古事記』日本古典文学会)

昭和五十五年　八月　国語史研究資料としての中山法華経寺本三教指帰注(『中山法華経寺蔵本三教指帰注総索引及び研究』武蔵野書院)

昭和五十五年　九月　高山寺蔵荘子古点について(『池田末利博士古稀記念東洋学論集』池田末利博士古稀記念事業会)

昭和五十五年　十月　古事記における推量表現とその表記との関係(『佐藤茂教授退官記念論集国語学』桜楓社)

昭和五十五年　十月　高山寺蔵定真本とその国語資料としての価値(「訓点語と訓点資料」第六十四輯)

昭和五十五年十一月　古事記序文冒頭部の訓み方(「国語教育研究」第二十六号(上))

昭和五十五年十二月　高山寺経蔵の鎌倉時代の典籍について(『高山寺典籍文書の研究』高山寺資料叢書別巻　東京大学出版会)

昭和五十五年十二月　高山寺蔵の角筆文献について(『高山寺典籍文書の研究』高山寺資料叢書別巻　東京大学出版会)

昭和五十五年十二月　慶応義塾大学附属研究所斯道文庫蔵(高山寺経蔵中原本)論語集解巻第四零簡及巻第八奥書(柳田征司と共著)(『高山寺典籍文書の研究』高山寺資料叢書別巻　東京大学出版会)

昭和五十六年　二月　石山寺蔵の平安中期古点本とその訓読語について(『石山寺の研究校倉聖教・古文書篇』法蔵館)

昭和五十六年　五月　石山寺蔵の片仮名交り文の諸資料について(『鎌倉時代語研究』第四輯　武蔵野書院)

昭和五十六年　六月　猿投神社蔵古文孝経建久六年点における地方語的性格(『藤原与一先生古稀記念論集方言学論叢Ⅱ　方言研究の射程』三省堂)

昭和五十六年　六月　漢書楊雄伝天暦二年点における一音節字音の長音化について（『土井先生頌寿記念論文集国語史への道上』三省堂）

昭和五十六年　七月　宮内庁書陵部蔵・広島大学蔵・天理図書館蔵一切経音義解題（『一切経音義』(上)(中)(下)、古辞書音義集成　第七・八・九巻　汲古書院）

昭和五十六年　七月　古事記の熟字とその訓みについて（『馬淵和夫博士退官記念国語学論集』大修館書店）

昭和五十六年　八月　漢文の古訓点から観た古事記の訓読(上)――序文の訓み方――（「文学」第四十九巻第八号）

昭和五十六年　十月　正宗敦夫文庫本長恨歌伝正安二年書写本の訓点について（『正宗敦夫文庫本長恨歌』ノートルダム清心女子大学古典叢書　第三期2）

昭和五十七年　一月　漢文の古訓点から観た古事記の訓読(下)――本文の訓み方――（「文学」第五十巻第一号）

昭和五十七年　三月　寛平法皇の訓点（「国語と国文学」第五十九巻第三号）

昭和五十七年　三月　角筆文献研究の課題（「国語学」第百二十八輯）

昭和五十七年　五月　訓点資料の語彙（松本光隆と共著）（『講座日本語の語彙』第三巻「古代の語彙」の内、明治書院）

昭和五十七年　五月　佐賀県小城町岩蔵寺蔵大般若経に書入れられた鎌倉時代の角筆文字等について（『鎌倉時代語研究』第五輯武蔵野書院）

昭和五十七年　五月　遠藤博士と『日本霊異記』（『日本霊異記訓釈攷』和泉書院）

昭和五十七年　九月　古事記訓点史（『国語学史論叢』笠間書院）

昭和五十七年十二月　古代の文法Ⅱ（中古）（『講座　国語史』第四巻「文法史」大修館書店）

昭和五十七年十二月　角筆の文字と覆製本（「汲古」（古典研究会編）第二号）

昭和五十八年　二月　高山寺経蔵片仮名交り文書目稿（昭和五十七年度文部省科学研究費研究報告論集）

昭和五十八年　三月　善慶寺蔵古刊本本願寺聖人親鸞伝絵（御伝鈔）の研究（高橋正隆と共著）（「文芸論叢」第二十号）

昭和五十八年　九月　「本願寺聖人親鸞伝絵」（翻字）・「善慶寺蔵古刊本本願寺聖人親鸞伝絵の角筆文字について」（論文）（『善慶寺蔵古刊本本願寺聖人親鸞伝絵（御伝鈔）の研究』善慶寺刊）

昭和五十八年十一月　字訓史資料としての平城宮木簡――古事記の用字法との比較を方法として――（「木簡研究」第五号）

昭和五十九年　一月　「日本往生極楽記」「世俗諺文」「本朝文粋」「作文大躰」訓点解説（『平安詩文残篇　天理図書館善本叢書57』八木書店）

昭和五十九年　三月　The Kun Readings of the Kojiki（古事記の訓読について）（「ACTA ASIATICA」第四十六号、東方学会）

昭和五十九年　三月　醍醐寺蔵薬師二本について――所収説話と今昔物語集との関係を中心に――（「醍醐寺文化財研究所研究紀要」第六号）

昭和五十九年　五月　石山寺蔵仏説太子須陀拏経平安中期点の訓読語について（論文）、第二部本文訓読篇（共著）（「訓点語と訓点資料」第七十一・七十二合併号）

昭和五十九年　六月　千葉県市川市在中山法華経寺文書に現れた中世語について（『現代方言学の課題』第三巻史的研究篇　明治書院）

昭和五十九年　七月　六地蔵寺蔵江都督納言願文集の訓点について（解題）（『江都督納言願文集』六地蔵寺善本叢刊　第三巻　汲古書院）

昭和五十九年　九月　防府天満宮蔵妙法蓮華経八巻の訓点（松本光隆と共著）（「内海文化研究紀要」第十二号）

昭和五十九年　十月　角筆による平安時代の漢文の訓読について（「大学漢文教育研究会年報」第十九号）

昭和五十九年十一月　幻の古寺と中世の日本語――角筆の文字の発見――（「ユリイカ」十一月臨時増刊号）

昭和五十九年十一月　三宝絵の妙達和尚―国語音韻史からの一話題―（「武蔵野文学」第三十二号）

昭和五十九年十二月　角筆の文字の発見（「愛媛国文研究」第三十四号）

昭和六十年　二月　仮名字体総覧（片仮名・平仮名）（『日本古典文学大辞典　第六巻　附録』岩波書店）

昭和六十年　三月　正倉院聖語蔵華厳経探玄記古点と大乗阿毗達磨雑集論古点について（「正倉院年報」第七号）

昭和六十年　五月　石山寺経蔵の角筆文献（『石山寺古経聚英』法蔵館）

昭和六十年　七月　宮内庁書陵部蔵文選巻第二院政初期角筆点（『古田教授退官記念中国文学語学論集』東方書店）

昭和六十年　十月　「老子経上下」「長恨歌并序」（解題）（『中世国語史料』六地蔵寺善本叢刊　第六巻　汲古書院）

昭和六十年　十一月　「史記」（別刷図版・解説）（『国史大辞典』第六巻　吉川弘文館）

昭和六十一年　一月　中国の角筆文献（「日語学習与研究」一九八六年一月号、中華人民共和国北京・対外経済貿易大学〈日語学習与研究〉編輯委員会編）

昭和六十一年　三月　国語史料としての角筆文献（『築島裕博士還暦記念国語学論集』明治書院）

昭和六十一年　三月　岩蔵寺伝来の大般若経（『岩蔵寺資料集』小城町文化財調査報告書第三集　小城町教育委員会）

昭和六十一年　六月　心経―発心集増補部の撰者についての国語史よりの提言―（「汲古」（古典研究会編）第九号）

昭和六十一年　九月　金沢文庫本群書治要の訓点―経部について―（「金沢文庫研究」第二七七号）

昭和六十一年十一月　中国大陸の角筆文献（『論集日本語研究㈡　歴史篇』（宮地裕編）明治書院）

昭和六十一年十二月　幻の「来《き》しかた」―古典文法の一問題―（「汲古」（古典研究会編）第十号）

昭和六十一年十二月　唐鈔本尚書の平安中期訓点について（『神田喜一郎博士追悼中国学論集』二玄社）

昭和六十二年　三月　見せ消ち符号について―訓点資料を主として―（「訓点語と訓点資料」第七十七輯）

昭和六十二年　五月　鎌倉時代語研究の課題（『鎌倉時代語研究』第十輯　武蔵野書院）

昭和六十二年　六月　「かくひち」と「文のて」―篁物語の成立時期についての一材料―（『汲古』（古典研究会編）第十一号）
昭和六十二年　七月　源氏物語の「つまじるし」（研究余滴）（『むらさき』（紫式部学会編輯）第二十四輯）
昭和六十二年十一月　字訓の変遷（『漢字講座3　漢字と日本語』明治書院）
昭和六十二年十二月　法華百座聞書抄のことども―付「サルデハ私語」考―（『汲古』（古典研究会編）第十二号）
昭和六十三年　二月　石山寺蔵沙弥十戒威儀経平安中期角筆点語彙総索引（共著）（『訓点語と訓点資料』第七十九輯）
昭和六十三年　三月　表記の展開と文体の創造（『日本の古代 14　ことばと文字』中央公論社）
昭和六十三年　三月　女手のもう一つの世界―角筆文献における女手使用―（『水茎』第四号）
昭和六十三年　八月　鎌倉時代の口頭語の研究資料について（『鎌倉時代語研究』第十一輯　武蔵野書院）
昭和六十三年　八月　仁和寺蔵後鳥羽天皇御作無常講式の訓点（『鎌倉時代語研究』第十一輯　武蔵野書院）
昭和六十三年　十月　備後国御調八幡宮伝来の角筆と角筆文献（『研究余録』）（『日本歴史』第四八五号）
昭和六十三年　十月　御調八幡宮蔵の角筆と角筆文献（『内海文化研究紀要』第十六号）
昭和六十三年十二月　『高山寺善本図録』の内、角筆文献等個別解説
平成元年　三月　高山寺経蔵片仮名交り文書目稿第一篇・平安時代（有年紀本）（『高山寺典籍文書綜合調査団　昭和六十三年度研究報告論集』）
平成元年　六月　書陵部蔵大乗本生心地観経巻第八院政期角点（『奥村三雄教授退官記念国語学論叢』桜楓社）
平成元年　七月　和化漢文における口頭語資料の認定（『鎌倉時代語研究』第十二輯　武蔵野書院）
平成二年　三月　高山寺蔵鎌倉時代片仮名交り文資料書目稿（有年紀本）（共著）（『昭和六十三・平成元年度科学研究費〔総合研究A〕研究成果報告書』）
平成二年　三月　高山寺経蔵鎌倉時代古訓点資料目録稿鎌倉初期篇(一)（共著）（『同右報告書』）

平成二年　三月　備後国御調八幡宮蔵の一切経について（「同右報告書」）

平成二年　三月　角筆文献目録（平成二年二月現在）（「同右報告書」）

平成二年　三月　本朝文粋巻第六延慶元年書写本（乾）（「醍醐寺文化財研究所研究紀要」第十号）

平成二年　六月　随心院蔵無畏三蔵禅要平安中期角筆点について――寛平法皇の訓点追考――（「訓点語と訓点資料」第八十四輯）

平成二年　八月　広島県の角筆文献（「広島女子大国文」第七号）

平成二年　九月　平仮名字体一覧（『国史大辞典』第十一巻　吉川弘文館）

平成二年　十月　随心院蔵の平家物語断簡について（『鎌倉時代語研究』第十三輯　武蔵野書院）

平成三年　一月　再読字の訓読史――「当」字を例として――（『鎌田正博士八十寿記念漢文学論集』大修館書店）

平成三年四月～九月　角筆の世界を求めて（「しにか」第二巻四号～九号、四月号～九月号六回連載）

「角筆文献の発見」（四月号）

「筆記具としての角筆の出現」（五月号）

「角筆で書かれた言葉の性格」（六月号）

「方言資料となる角筆文献」（七月号）

「角筆スコープの開発」（共著）（八月号）

「中国大陸の角筆調査」（九月号）

平成三年　四月　本朝文粋巻第六延慶元年書写本（坤）（「醍醐寺文化財研究所研究紀要」第十一号）

平成三年　七月　漢文訓読文体の歴史（『講座日本語と日本語教育　第10巻　日本語の歴史』明治書院）

平成三年　八月　金沢文庫本群書治要の訓点（解題）（『群書治要』古典研究会叢書　漢籍之部　第九巻　汲古書院）

平成三年　八月　備後国御調八幡宮蔵本角筆下絵八幡大菩薩御縁起（『古典研究会創立二十五周年記念国書漢籍論集』汲古書院）

平成四年　一月　中国地方の角筆文献（「新版古代の日本月報」第三号）

平成四年　二月　石山寺蔵の片仮名交り文について（『石山寺の研究深密蔵聖教篇下』法蔵館）

平成四年　三月　角筆文献の国語学的研究（「学術月報」第四十五巻三号）

平成四年　三月　仁和寺尊蔵金剛頂瑜伽護摩儀軌二本の訓点——金剛頂瑜伽護摩儀軌の訓読史よりの考察——（「訓点語と訓点資料」第八十八輯）

平成四年　三月　醍醐寺蔵本本朝文粋巻第六延慶元年書写本の訓点について（「醍醐寺文化財研究所研究紀要」第十二号）

平成四年　三月　広島大学蔵福尾文庫目録（共著）（「内海文化研究紀要」第二十一号）

平成四年　三月　広島大学蔵福尾文庫の角筆文献（同右紀要）

平成四年　三月　山口市域の角筆文献、同角筆文献一覧（共著）（同右紀要）

平成四年　三月　画像処理による角筆文献の判読法（共著）（同右紀要）

平成四年　五月　鎌倉時代語研究の方法（『鎌倉時代語研究』第十五輯　武蔵野書院）

平成四年　十二月　方言史料として観た角筆文献（「国語学」第百七十一輯）

平成五年　一月　妙法蓮華経訓読史叙述のための基礎作業（「訓点語と訓点資料」第九十輯）

平成五年　三月　高山寺蔵金剛頂瑜伽護摩儀軌建久四年書写本の訓点——勧修寺系統における金剛頂瑜伽護摩儀軌の訓読の性格——（「高山寺典籍文書綜合調査団　平成四年度研究報告論集」）

平成五年　四月　妙法蓮華経の訓読史から観た妙一記念館本仮名書き法華経（『妙一記念館本仮名書き法華経研究篇』霊友会）

平成五年　五月　北九州の角筆文献（『鶴久教授退官記念国語学論集』桜楓社）

平成五年　九月　山口市在龍蔵寺蔵蘇悉地羯羅供養法巻上平安中期角筆点（共著）（「訓点語と訓点資料」第九十二輯）

平成六年　二月　四国地方の角筆文献（『奥津春雄教授古稀記念論文集　日本文学・語学論攷』翰林書房）

平成六年　三月　高山寺伝存の仁和寺円楽寺本について（「高山寺典籍文書綜合調査団　平成五年度研究報告論集」）

平成六年　三月　資料紹介・恒石八幡宮蔵八幡大菩薩御縁起（「内海文化研究紀要」第二十二号）

平成六年　五月　漢訳仏典の日本的受容（『岩波講座日本文学と仏教　第六巻　経典』岩波書店）

平成六年　五月　名語記の口頭語について（『鎌倉時代語研究』第十七輯　武蔵野書院）

平成六年　九月　訓点資料より観た白詩受容（『白居易研究講座　第五巻　白詩受容を繞る諸問題』勉誠社）

平成七年　一月　「角筆の世界を求めて」その後――三つの発見ものがたり――（「しにか」第六巻一号）

平成七年　三月　仁和寺蔵本蘇磨呼童子請問経承暦三年点釈文（共著）（「訓点語と訓点資料」第九十五輯）

平成七年　三月　四国地方の国語史料――訓点資料を主とする――（『徳島文理大学学園創立一〇〇周年記念　四国の文学』徳島文理大学文学部日本文学科）

平成七年　四月　栗山記念館の角筆文献（「楷樹」第九号）

平成七年　四月　日本の文字・仮名の誕生（『人間と文字』平凡社）

平成七年　五月　日本人はいかにして漢字を学んだか――平安時代の漢字受容を中心に――（「しにか」第六巻五号）

平成七年　五月　随心院の角筆資料（『仁海僧正九百五十年御遠忌記念随心院聖教類の研究』汲古書院）

平成七年　五月　無畏三蔵禅要（影印・翻刻・解説）（『同右書』）

平成七年　五月　大学章句断簡（『同右書』）

平成七年　五月　随心院経蔵善本解題の内、九点（『同右書』）

平成七年　五月　文字・表記（史的研究）（国語学会編『国語学の五十年』武蔵野書院）

平成七年　八月　藤原為房妻の消息の用語―平安時代の連体形終止を中心に―（『鎌倉時代語研究』第十八輯　武蔵野書院）

平成七年　九月　敦煌の角筆文献―大英図書館蔵「観音経」（S.5556）の加点―（「訓点語と訓点資料」第九十六輯）

平成七年　十月　平安中期訓読語の泯亡と継承（『築島裕博士古稀記念国語学論集』汲古書院）

平成八年　三月　仁和寺宝蔵三教指帰古点釈文（共著）（「訓点語と訓点資料」第九十七輯）

平成八年　六月　漢字の日本渡来・漢字と日本語の出会い・国字（「しにか」第七巻六号）

平成八年　六月　近世の角筆文献研究の課題―（乾）高野長英獄中角筆詩文の解読と研究上の意義―（「文学・語学」第一五一号）

平成八年　九月　古今和歌集巻第二断簡（高野切）解説（『石山寺資料叢書―文学篇第一』法蔵館）

平成八年　九月　周防国玖珂郡玖珂郷延喜八年戸籍残巻紙背・金剛界入曼荼羅受三昧耶戒行儀解説（『石山寺資料叢書―史料篇第一』法蔵館）

平成八年　十月　近世の角筆文献研究の課題―（坤）庄内方言の角筆文献の解明と方言史の開拓―（「文学・語学」第一五二号）

平成八年　十月　近世諸地方の角筆文献に現れたオ段長音の短音化現象について（『平山輝男博士米寿記念論集　日本語研究諸領域の視点』明治書院）

平成九年　三月　安芸中野の小原家伝来の角筆と角筆文献（「徳島文理大学比較文化研究所年報」第十三号）

平成九年　三月　徳島文理大学附属図書館蔵中條文庫目録（共著）（同右誌）

平成九年　七月　頼家伝来の角筆と角筆文献（「雲耶山耶」第四十三号）

平成九年　九月　敦煌文献に加点された角筆の符号と注記及び本邦の古訓点との関係（「訓点語と訓点資料」第一〇〇輯）
平成十年　一月　仮名と乎古止点―漢文訓読の方法（『日本の国宝 48』週間朝日百科）
平成十年　一月　唐本一切経目録巻上・巻下（共著）（『明恵上人資料 第四』高山寺資料叢書第十八冊、東京大学出版会）
平成十年　一月　高山寺蔵唐本一切経目録の角筆文字について（『同右書』）
平成十年三月（奥附は一九九七年十月）　角筆および和紙の加速器質量分析法によるC^{14}年代測定（共著）（「考古学と自然科学」第三十四号）
平成十年　三月　忘れられた筆記具の角筆とその文字―都城市立図書館の角筆を発見して―（「宮崎県都城市市史編さんだより」第四号）
平成十年　六月　日本人、漢字と出会う（「しにか」第九巻六号）
平成十年　六月　沖縄県の角筆文献（「汲古」（古典研究会編）第三十三号）
平成十年　十一月　平仮名の成立と「をんなで」（「国語教室」第六十五号）
平成十年　十二月　紹介・国語研究論集編集委員会編『東京大学国語研究室創設百周年記念国語研究論集』（「国語と国文学」第九百号）
平成十年　十二月　平安初期九世紀における訓読語の変移（『国語論究第七集中古語の研究』明治書院）
平成十一年　三月　妙法蓮華経玄賛巻第三釈文（共著）（『石山寺資料叢書―聖教篇第一』法蔵館）
平成十一年　三月　吉水蔵の九世紀・十世紀の訓点（『青蓮院門跡吉水蔵聖教目録』汲古書院）
平成十一年　五月　奥書より観た院政期の天台宗訓読の特色（『鎌倉時代語研究』第二十二輯　武蔵野書院）
平成十一年　五月　石山寺奉納詠源氏物語巻々和歌（北村季吟自筆）一巻（『石山寺資料叢書―文学篇第二』法蔵館）
平成十一年　六月　醍醐寺の角筆文献―附・醍醐寺蔵角筆文献一覧―（「醍醐寺文化財研究所研究紀要」第十七号）

平成十一年　春　Stylus-Impressed Writing on the Dunhuang Manuscripts（共著）（「IDP（国際敦煌学項目）NEWS」No.13）

平成十一年　十一月　飛鳥池木簡に見られる七世紀の漢文訓読語について（「汲古」（古典研究会編）第三十六号）

平成十二年　三月　漢字字書の誕生（「しにか」第十一巻三号）

平成十二年　三月　近世の方言地図［音韻篇］作成の構想（『角筆文献目録（一九九九年版）』私家版）

平成十二年　三月　都城市立図書館蔵角筆の墨書文字の解読について（共著）（『同右書』）

平成十二年　十二月　日本에 있어서角筆文献연구의現状과展望（日本における角筆文献研究の現状と展望）（「口訣研究」（韓国口訣学会編）第六輯）

平成十二年　十二月　日本文字史研究の現状と展望（「日本言語文藝研究」（台湾日本語言文藝研究研究学会編）第1号）

平成十三年　三月　仁和寺御経蔵の疏（「真言宗寺院所蔵の典籍文書の総合的調査研究――仁和寺御経蔵を対象として――」平成9～12年度科学研究費補助金基盤研究(A)(1)研究成果報告書）

平成十三年　三月　仁和寺蔵古訓点資料四種（「同右、研究成果報告書」）

平成十三年　三月　香川県の角筆文献（『言語文化と地域』徳島文理大学文学部日本文学科共同研究）

平成十三年　六月　寛平法皇と角筆（「御室」第四十一号）

平成十三年　九月　韓国遺存の角筆文献調査報告（共著）（「訓点語と訓点資料」第一〇七輯）

平成十三年　十一月　語誌資料としての角筆文献の位置――ノド（咽喉）とナダ（涙）を例として――（「語源研究」二十周年記念特別号）

平成十四年　一月　韓国における角筆文献の発見とその意義――日本古訓点との関係――（「朝鮮学報」第百八十二輯）

平成十四年　二月　韓国의角筆点과日本의古訓点의関係（韓国の角筆点と日本の古訓点との関係）（「口訣研究」（韓国口

訣学会編）第八輯）

平成十四年　三月　片仮名はほんとうに日本人が作ったのか——韓国における角筆の仮名の発見——（「徳島文理大学比較文化研究所年報」第十八号）

平成十四年　四月　蘇磨呼童子請問経巻上巻下・金剛頂瑜伽護摩儀軌（『仁和寺御経蔵の典籍文書』仁和寺御経蔵典籍文書調査団編）

平成十四年　六月　大谷大学蔵新出角筆文献について——特に『判比量論』に書き入れられた新羅の文字と符号——（「書香」第十九号）

平成十四年　七月　角筆文字を探し求めて四十年（「兵庫教育」第五十四巻第四号）

平成十五年　二月　新羅経典여 가입된角筆文字와符号——京都・大谷大学蔵『判比量論』여서의発見——（新羅経典に記入された角筆文字と符号——京都・大谷大学蔵『判比量論』からの発見——）（「口訣研究」（韓国口訣学会編）第十輯）

平成十五年　三月　大谷阿闍梨の訓読法（「近畿地方密教寺院所蔵の国語史料についての綜合的調査研究」平成11～14年度科学研究費補助金基盤研究(B)(1)研究成果報告書）

平成十五年　三月　大谷大学蔵新出角筆文献について（「大谷学報」第八十二巻第二号）

平成十五年　三月　これからの角筆研究——東アジアを視野に——（「LIAISON」vol.28 May.2003〈広島大学附属図書館百周年記念号〉）

平成十五年　七月　八世紀の日本における角筆加点とその源流（『日韓漢字・漢文受容に関する国際学術会議』資料）

平成十五年　十二月　日本における華厳経の講説と初期加点資料について（共著）（『韓国角筆符号口訣資料와日本訓点資料研究——華厳経資料를 중심으로——』韓国・太学社刊）

平成十六年　十二月　奈良時代の角筆訓点から観た華厳経の講説（『論集東大寺創建前後』〈ザ・グレイトブッダ・シンポジウム論集第二号〉）

平成十七年　五月　文字の交流—片仮名の起源—（『文字とことば—古代東アジアの文化交流—』青山学院大学文学部日本文学科編）

平成十七年　九月　日本の訓点の一源流（『漢文読法과 아시아의文字』国際学術会議資料）

【辞典等執筆項目】

『国語学研究事典』（昭和五十二年十一月　明治書院）
医心方　不空羂索神咒心経　冥報記　白氏文集　春秋経伝集解　遊仙窟　文選　群書治要

『国語学大辞典』（国語学会編　昭和五十五年九月　東京堂出版）
一字頂輪王儀軌音義　返り点　鎌倉時代の国語　句読点　訓点資料（漢籍の訓点資料）　再読　釈奠　博士読み　見せ消ち　平仮名（附・一覧表）　附録・国語年表（平安鎌倉南北朝時代）

『国史大辞典』（昭和五十四年三月～平成五年四月　吉川弘文館）
有年申文　躍り字　返り点　角筆　春日政治　仮名文　漢字仮名交り文　漢文訓読文　句読点　桂庵和尚家法倭点　極楽願往生歌　史記延久点　侍読　朱引　省文　草仮名　則天文字　白氏文集天永点　平仮名（附・平仮名字体一覧）　振仮名　文教温故　法華義疏長保点　万葉仮名　和漢混淆文　（図版項目）史記

『国語史資料集—図録と解説—』（国語学会編　昭和五十一年四月　武蔵野書院）
中世語概説（別冊）　古点本Ⅱ㈠（神田本白氏文集天永点）　古点本Ⅱ㈡（大唐西域記長寛点）　梁塵秘抄　高山寺本古往来　親鸞聖人遺文　日蓮聖人遺文

『日本古典文学大辞典』（昭和五十八年十月～昭和六十年二月　岩波書店）

訓　訓読　点　中国文学（受容史）　附録・仮名字体総覧（片仮名・平仮名）

『日本書道辞典』（昭和六十二年十二月　二玄社）

伊呂波　角筆文字　字母　声点　新撰字鏡　太為爾　点本　真名　万葉仮名　万葉仮名文書

『岩波仏教辞典』（平成元年十二月　岩波書店）

経典訓読　呉音　翻訳名義集

『平安時代史事典』（平成六年四月　角川書店）

注好選　博士家　博士家点　毛詩鄭箋残巻　遊仙窟　文選　文選集注

『漢字百科大事典』（平成八年一月　明治書院）

踊り字　白文　訓点　角筆　漢字訓　字訓仮名

『訓点語辞典』（二〇〇一年八月　東京堂出版）

（大項目）角筆　鎌倉室町時代の訓読

（訓点資料解説）一字頂輪王儀軌音義一巻　大乗阿毘達磨雑集論四巻　妙法蓮華経方便品一巻　金剛波若経集験記二巻　周易抄一巻　法華義疏第十二、一巻　妙法蓮華経玄賛巻第三・巻第六、二巻　護摩蜜記一帖　不空羂索神呪心経一巻　大般涅槃経四十巻　日本往来極楽記一帖　文選巻第十九（九条本）一巻　白氏文集巻第三・巻第四（新楽府）二巻　古文孝経（建久本）一帖　論語集解巻第七・巻第八、二巻　古文孝経（仁治本）一巻　白氏文集（金沢文庫本）二十六巻　群書治要（金沢文庫本）四十七巻　春秋経伝集解（金沢文庫本）三十巻　文選巻第一（正安四年本）一巻　古文尚書十三巻　荘子七巻

（訓点語彙解説）あざわらふ（嘲笑・大笑）　あはせて（幷）　いか（如何）　いはむや（況）　おそらくは（恐）　およ

び（及）　くはしうす（微）　そばたつ（崎・聳）　そゑに（所以・故）　ならくのみ（耳・而已）　ならびに（並）　（まく・むと）ほっす（欲）

「乃至」の訓読を通して観た漢文訓読史の一原理

小林芳規

一、漢文訓読語変遷の原理について

漢文訓読語が平安初期から平安中期を過渡として平安後期以降に定型化することについては、良く知られている。しかし、具体的に如何なる語が如何様の原理によって変遷するかは必ずしも明らかではない。抑も、漢文訓読語の変遷の全体には何程の原理が働いているのか、又、それぞれの原理にはどの語とどの語が該当するのかについては、その解明は今後に残された課題であった。

例えば、願望を表す連文の「唯願」は、平安初期の山田本妙法蓮華経方便品古点では、

舎利弗重《(ネ)て》白《(シテ)》レ仏《に》言《(サク)》「世尊、唯《(コ)ヒ》願《ふ》説《(キ)たまへ》[之]唯願《(コヒネカフ)》説《(キ)たまへトマウス》」[之]（71行）

のように「コヒネガフ（唯願）」と訓読している。「唯」に祈願の動詞としての用法があるから、(1)「コフ」の訓が充てられている。現に、祈願の動詞として「唯」だけで「コフ」と訓読された例が平安初期には次のように見られる。

作《シク》二是《の》言《を》一「唯《コフ》見《(ル)ニ》下哀一愍《シ》饒二益《(シ)タマフと》我等《レを》一所《の》レ献《タテマツル》宮一殿《を》願《フ》垂《(レ)タマヘとマウス》二納一処《するコト》一」

（守屋本注妙法蓮華経化城喩品平安初期点）

ところが、願望を表す連文の「唯願」を、「ウケタマハルネガフ」と訓読した例も、同じ平安初期に見られる。

舎利弗重《(ネテ)》白《(シテ)》レ仏《(ニ)》言《(サク)》「世尊、唯願《るふ》説《(キ)たまへ》[之]唯願説《(キタマ)へ》[之]」（山田本妙法蓮華経方便品平安初期点、80行）

祈願の動詞として「唯」一字で用いられた場合にも「唯《る》」と訓読した例がある。

願《(フ)》説《(キ)たまへ》二第一法《のを》一我《は》為《しツヘシ》二仏《の》長子《と》一唯《る》垂《れたまへと》二分別説《し(キ)たまふこと》一（山田本妙法蓮華経方便品平安初期点、85行）

動詞「唯」には、祈願を表す用法とは別に、応諾の意を表す用法もある。(2) 現に、天理図書館蔵金剛波若経集験記平安初期点に、応諾の用法の「唯」を「弟子唯《ウケタマハルト》」と訓読している。

願望を表す連文の「唯願」の「唯」を「ウケタマハル」（ネガフ）と訓読したのは、応諾の用法と同じ動詞として字が同じである結果、祈願の用法にも「ウケタマハル」の訓を押し及ぼしたためであろう。

ところが、更に、願望を表す連文の「唯願」を「唯《タダシ》願《フ》」と訓読することが、平安初期後半期の資料に見られるようになる。

各作《シク》二是《の》言《を》一「唯願《しフ》世尊、転《(シ)タマヘ》二[於]法輪《を》一」。（守屋本注妙法蓮華経化城喩品平安初期点）

世尊大慈《に(シ)ヒ》悲《シ(ヒ)て》「唯願《しフ》垂《(レ)タマヘとマウス》二納受《するコト(ヲ)》一」（同右、平安初期点）

これは、「唯」字には動詞の他に、連詞として限定の意を表して「タダシ」と訓まれる用法があり、これと字を同じくするために、この訓が願望を表す用法の「唯願」の「唯」にまで押し及ぼされた結果と見られる。この「唯《タダシ》」の訓は、「唯」が「願」と離れて単独で願望を表す用法にも及んでいる。

作《シク》二是《の》言《を》一「唯《し》見《しに》哀愍《シ》饒益《(シ)タマヒて》我等《レを》一所《の》レ献《る》宮殿願《フ》垂《(レ)タマヘ(ト)マウス》二納処《[音]に》二」（守屋本注妙法蓮華経化城喩品平安初期点）

先掲例では同じ構文を「唯《コフ》」と訓読している。

願望を表す連文の「唯願」は、「願《フ》」を原漢文の語順のままに文頭に置いて動詞「ネガフ」と訓読するのが、平安初期の一般的な訓法であったが、「願ハクハ」と副詞風に訓読することが、平安初期末頃から行われるようになり、願望を表す連文の「唯願」も、「タダシネガハクハ」の訓読が、平安中期以降に一般的となり、定型化する。

右に挙げた「唯願」の「唯」が「コフ」から「ウケタマハル」、更に「タダシ」に訓を変えた背景には、同一字に異なった用法が存する場合、当初はそれぞれの用法に応じた訓読をしていたものが、後には用法の違いを捨象して、一つの同じ訓で通して訓読する方式に変ったことを示している。

これを漢文訓読語の変遷の原理として把えるなら、〃同一字は、用法差を捨象して、同一の訓によって訓読する方向に変遷する〃働きを見て取ることが出来る。

この原理に該当する語の若干を挙げると次のようである。

(1)後置添詞の「者」が、附加した上の字と共に名詞句を構成する時に、名詞句が事物を表す用法と人物を表す用法とでは、平安初期には事物は「モノ」、人物は「ヒト」と訓み分けるのが一般であった。(3) しかし、平安中期には人物も「モノ」と訓み、後には事物・人物ともに「モノ」の訓が一般的となる。

(2)連詞「若」には、並列の用法と選択の用法とがあり、平安初期には、並列の用法は、

声聞《と》[若]菩薩《とは》聞《くヘクなりぬ(ル)をもちて》二 我所《か》説法《のを》一乃至一偈《ヲモすとも》 皆成レ仏無レ疑
（山田本妙法蓮華経方便品平安初期点、168行）

仏子《の》住《せは》二此《の》地《に》一則《チ》是《の》仏《の》受用常在《にましまして》二 [於]其《の》中《に》一経行《し》[若]坐臥《してむとイフ》
（唐招提寺蔵妙法蓮華経巻第六平安初期点、119行）

のように、「若」を不読として、名詞の並列には、前後の名詞に並列助詞「ト…ト」を読添え、動詞などの叙述の並列には前の活用語を連用形に訓んでいる。これに対して、選択の用法は、

若《し(ハ)》教《て》レ人聞《を(カシ)め》 若《し(ハ)》自持《モ(チ)》若《(シハ)》教《て》レ人持《(ヲ)(タシメ)》 若《(シハ)》自《(ラ)》書《き》若《し(ハ)》 教レ人書《(カシメ)》 若《し(ハ)》 以《て》二華香瓔珞幢幡蓋香油蘇燈《(ヲ)》一供二養《せは》 経巻《(ヲ)》一（唐招提寺蔵妙法蓮華経巻第六平安初期点、56行）

のように「モシハ」と訓んで、区別して訓読している。しかるに、妙一記念館蔵仮名書法華経や倭点法華経

に見るように、後世は並列の用法も選択の用法の訓「モシハ」で訓読している。

(3)並列の連詞「及」が、平安初期には不読であり、名詞の並列には「ト…ト」を読添え、句と句、文と文の並列には不読のままであったのが、後に「オヨビ」という動詞（の連用形）の訓が充てられて一般的となるの(4)も、同種の事象である。

(4)又、「以」には、介詞として方法・依拠等を表す用法と、接続の連詞としての用法とがあり、平安初期には、介詞の用法は、

一切《の》諸《の》如来以《の用也(ヰ)たまはむこと》二　无量《の》方便《を》一度二脱《して》　諸《の》衆生《を》一入《らしめたまはむとなり》二　仏《の》无漏智《に》一

（山田本妙法蓮華経方便品平安初期点、224行）

以《て》二无量无数《の》方便《と》種種《の》因縁《と》譬喩《と》言辞《(ト)を》一而《も》為《に》二衆生《の》一演二説《(キ)たまはむ》　諸法《を》一（同右、平安初期点、118行）

のように、「モチキル」という動詞の訓を充てるか、「モチテ」の訓によるかして訓読している。一方、接続の連詞の用法は、

尋《メ》来《(リ)て》　至《(リ)き》二仏《の》所《に》一。散《(シ)て》レ華《を》[以]供一養《(シ)タテマツリ》　（守屋本注妙法蓮華経化城喩品平安初期点）

のように、「以」は不読とし、前の叙述の動詞に助詞「テ」を読添えて、連詞としての「以」の意を表している。しかし、この連詞の用法にまで介詞の訓「モチテ」の訓が拡がることが、既に平安初期にも見られ、後世はこれが一般的な訓法となる。

以上は訓法の場合であるが、漢文訓読における表記の面でも、変遷を促す別の原理が認められる。それは〝一つの機能に対して、二つ以上の形態が多発生すると、やがて一つの形態に集約される〟働きである。例えば、返読符において、返読する最初の字と返続を受ける字との両方を示すのに、平安初期には、「❩…❫」「＋…＋」「〻…〻」「○…○」「下…上」等の諸符号を当該漢字の傍に施すことが使用者それぞれによって用いられた結果、

多発生したが、平安中期には「下…上」に集約され、やがて「中」を加えて、「上…中…下」の返読も可能となった。(5)又、仮名字体において、一音節に対して、平安初期には種々の字体が使用者によってそれぞれ用いられた結果、二字体以上の仮名が多発生したが、院政期にかけて、一字体に淘汰される事象もこの原理で説明することが出来る。

漢文訓読史において、訓法や表記を併せて幾つの原理が働いていたかを解明することは、漢文訓読史を総体として把える上では必要なことである。その課題の解明のために、ここでは訓法について、先述の原理の他に、もう一つの原理を、先ずは「乃至」の訓読の変遷を通して求め、後にこの原理により変遷した漢文訓読語の幾つかを掲げてみることにする。

二、「乃至」の訓読法の変遷

連詞「乃至」は、語や句の間にあって、「A乃至D」として用いられ、下の語句（D）の示す事物や行為を限界として、上の語句（A）との間の範囲を表し、その中間の事物や行為（B・C）を言外に含めて表現する用法である。現代日本語では、「ナイシ」と読み接続詞として次のように用いられる。「此の薬は一日に三錠乃至一錠を服用のこと」と用いる場合の意味する所は、一日に「三錠から一錠までの範囲で服むことを指し、併せて中間の「二錠」については表現を省き、言外に含ませている。

この「乃至」は妙法蓮華経にも用いられていて、その意味について、その注釈では具体例を挙げて説明している。即ち、巻第五の提婆達多品に次のように用いられた「乃至」について、

王聞二仙言一、歓喜踊躍、即随二仙人一供二給所須一。果、汲水、拾薪、設食、乃至以レ身而作二床座一

注妙法蓮華経では次のように説明している。天理図書館蔵巻第五の平安初期点の原文と、その白点によって示す。

乃至者《といふは》　中間《に(タ)ル》所レ経无-量《ノ》事-業《ソ》、謂《(ク)》打-罵《するに》［之］曾《て》不レ退《ぬか(カ)》等《(コトキ)ソ》

これは、経本文において、「王が仙人の言を聞いて歓喜し踊躍して、すぐに仙人に随って必要の物を供給した」。その供給とは、「果《このみ》を採り、水を汲み、薪を拾い、食べ物を設ける」（A）ことから、「身を以て床座を作る」（D）ことまで行ったと説いている。「乃至」というのは、（A）と（D）との間に（省略されて）ある「経行《へ》った无量の事業」を指し、例えば、「ののしられても、止めずに怠りなく勤め行う」等の行為だと説いている。

この連詞「乃至」の訓読法について古点本を調べると、古くは訓よみされ、後に「ナイシ」という音読が生じて、時代的に変遷すると共に宗派による系統の差異も認められる。このことについて以下に述べることにする。

㈠、先学の説

この「乃至」の訓法については、既に大坪併治博士の考察がある。大坪博士は『平安時代における訓点語の文法』（四一八～四二一頁）において、平安初期から平安後期までの二十三例を挙げて、凡そ次のように説いていられる。私に便宜的に項目別に⑴⑵⑶に整理して示す。（　）内は小林の要約したものである。

⑴「ナイシ」と音読する［七例］

（平安初期の用例三例を挙げる。その一例は山田本妙法蓮華経方便品古点を「乃至発《しいふいは》二一言《をも》一」と読んだものであり、他の二例は「乃-至」の合符に基づいている）。

⑵「乃至《イタルマデ(ニ)》二～一《ニ》」と訓読する。［九例］

（「乃」は何と読んだかわからない。（略）「イマシ」と読んだ例はあるが（略）数は少く、中期以前の資料に「乃」を訓読した例のないのを見ると、（略）「乃」は捨字にして読まないのが本来の訓法だったのではあるまいか」と説かれた）。

(3)「乃至〜《マデニ》」と下の語句に「マデニ」を読み添える［七例］

(「乃至」は不読にしたかとも考へられるが、やはり、ナイシと音読したと見る方が無難かも知れない」と説かれた)。

大坪博士の近著『石山寺本大智度論古点の国語学的研究上』(平成十七年七月)では、小林の発表を受けて、[6] (2)の項目について次のように説くが、

> 「乃至」を訓読する場合、「乃」を何と読むかが問題である。小林芳規博士によれば、聖語蔵本『阿毘達磨雑集論』平安初期点に、「乃至」の「乃」に「即」と注してスナハチと読んだ例があり(小林云、用例の引用を省く、用例は後掲の通りである)、末期の資料には、イマシと読んだ例もあるが(小林云、用例の引用を省く)、「乃至」の「乃」には、スグニやトリモナホサズやイマコソ等の意味はないから、スナハチやイマシを書きつけた例があっても、それが広く行はれたとは考へられない。捨字(すてじ)にして読まないのが本来の訓法だったのではあるまいか。

説明の基本は前著と変っていない。

次に、中田祝夫博士は、「乃至」をナイシと音読することについて、「多く(平安)中・後期」と説かれたが、具体的な例は示されていない。

この「乃至」の訓法を、「訓読法の変遷」という視点から、時代別に用例を集め整理してみると、少し異なる結果が出て来た。このことを以下に述べることにする。

(二)、平安初期における「乃至」の訓法

平安初期の訓法を見ると、構文の違いに対応して、次のように訓み分けられている。

（Ⅰ）「体言 乃至 体言（於体言）」

「乃～至《まで》に（モ）」「乃～至《も》」と訓読する。この場合、「までに（モ）」「も」は、ⓐ「至」に直接に加点する方式と、ⓑ「至」は不読にして下の語に読添える方式とがある。ⓐとⓑとは加点の位置は異なるが訓法は同じであり、この種の訓法は平安初期の加点法の特色の一つである。

以下に用例を挙げる。

（Ⅰ）のⓐの例

①光音《と》遍浄《とノ》天《より》乃至《マ（テ）にし》二［于］有頂《に》一（唐招提寺蔵妙法蓮華経巻第六平安初期点、290行）

②諸天等宮殿《の》《より》乃至《マ（テ）にし》二［於］有頂《に》一鉄囲及《（ヒ）》弥楼摩訶弥楼山諸《の》大海水等《の》皆［於］身《の》中《に》現《セム》（同右、巻第六平安初期点、337行）

③尓時《に》大‐通智勝如来、黙‐然《（シ）て》許《（シ）タマヒき》［之］西‐南方《より》乃至《し（マテ）に》二下方《（ニ）》一亦復如《（ク）シき》レ是《の》（守屋本注妙法蓮華経化城喩品平安初期点）

④［自］歓‐喜《より》乃至《マてにスるを》二朋‐友親‐慼耆長《に》一（知恩院蔵瑜伽師地論巻第十八平安初期点）

⑤諸《の》蘊現《すトは》者、謂《く》［従］出胎《より》乃至《までにそ》二老位《のに》一（同右、巻第八十四平安初期点）

⑥蘊善巧《より》乃至《までになり》二処非処善巧《に》一（石山寺蔵瑜伽師地論巻第六十八平安初期点）

①～⑥のように、「より～までに」（自～至、従～至）と訓読されている。「より～まで」の語法は、万葉集に、「前年《をとし》の先《さき》つ年より（従二先年一）今年まで（至二今年一）恋ふれど何《な》そも妹に逢ひ難き」（巻四・七八三）のように見られる。

（Ⅰ）のⓐの準用法

（Ⅰ）のⓐの準用法とは、「体言乃至体言」における上の体言が省かれた用法を言う。例えば、

⑦堕者《（トイフハ）》堕《スソ》二於地獄《に》一・乃至《（マ）てに》二阿鼻《に》一論《スルニ》二其《の》遅速《を》一（白鶴美術館蔵大般涅槃経集解巻第十一平安初期点）

において、「堕」とは地獄に墜ちることであるとし、その地獄（八大地獄）は「等活、黒縄、衆合、叫喚、大叫喚、焦熱、大焦熱、阿鼻」の八つがあるうち、最後の「阿鼻」だけを示し、始めの「等活」等も省いている。

以下の⑧〜⑬も同種である。

⑧若復有《(ラム)》人《の》［於］此陀羅尼《を》乃至《(マ)てにも》二一句《に》一能受《ク》持《(セ)む》者《の》所生《の》［之］福《は》倍《して》多《ケむ》二［於］彼《ヨリ》一
（西大寺本金光明最勝王経巻第七平安初期点、43行）

⑨常以《にて》二飲食《を》一恵二施《したまひ》一切《の》飢餓《の》衆生《に》一乃至《マてにをも》二己《(カ)》身《の》血肉骨髄《に》一亦持《として》施-与《して》令《(メ)たまひたり》レ得二飽満《すること》一
（同右、巻第一平安初期点、118行）

⑩時《に》会《の》大衆、［及］四天王《と》・天三十三天《と》・蘇《ソ》夜摩天《と》・兜率陀天《と》・楽変化天《と》・他化自在天《と》・乃至《までに》二浄-居《に》一如《く》レ是《の》諸《の》天・蒙《リ》レ光《を》（石山寺蔵守護国界主陀羅尼経巻第八平安初期点）

⑪転輪聖王《は》貪二求《す》天楽《を》一仏《は》乃至《マてに》二有頂楽《の》一亦不《に》二貪著《す》一《したまは》（石山寺蔵大智度論巻第二天安二年点）

⑫不下真実《には》下至《(ル)まて》三守二護《するに》一《の》善業道《を》一乃至《までにはセスシテ》中命終《に》上［而］自称《ラして》言《クレは》我レ是真実行《にする》二大乗《を》一者《なり》
（地蔵十輪経巻第九元慶七年点、91行）

⑬由《(ル)カ》二此輪《(ノ)》一故《(ニ)に》［於］四大洲《に》乃至《及于ニ》二八万四千《の》小渚《に》一安二立《し》其中《の》諸《(ノ)》有情類《(ノ)に》十善業道《を》一善《(ク)》守二護《して》身命《を》一
（同右、巻第二元慶七年点、490行）

この⑬は「及于ニ」の字訓によって附訓している。万葉集では「及」をマデと読んでいる。「七日まで（及二七日一）家にも来ずて」（巻第九、一七四〇）のようである。

(I)のⓑの例

⑭世尊我《レ》今為《に》二彼《の》貧窮《と》困厄《と》苦悩《との》衆生《の》一説丁此《ク》神呪《の》令《むルをウ》丙獲二大利《を》一皆得《ウ》乙富楽《と》自在《と》無患《とを》甲乃至尽形《マてに》我《レ》当擁護《にせむ》
（西大寺本金光明最勝王経巻第六平安初期点、360行）

⑮世尊我今為《に》二彼《の》貧窮《と》困厄《と》苦悩《との》衆生《の》一説《(キ)ツ》下此《の》神呪《の》令《しめたまふを》中獲二大利《を》一皆得《しめ》二富楽《を》一自在《にして》無《クあら》レ患　乃至尽形《マてに》我当《に》擁護《せむ》（飯室切金光明最勝王経註釈巻第六平安初期点）

⑯或有《(ル)》菩薩《は》如《く》レ是《(ノ)》修習《して》漸漸《(ニ)》増長《し》功徳円満《して》成《る》二大菩薩《と》一乃至十八不共《(ノ)》仏法一切種智《までに》修習《すること》円満《す》（地蔵十輪経巻第二元慶七年点、205行）

⑭～⑯は「乃至」を不読にして、「マデニ」は下の語に読添えている。次の⑰も「マデに」を下の語に読添えているが、この文脈は「至《マ(テ)にし》二［於］一月四月《に》一乃至《し》二一歳《マテに》一」のように「マデニシ～マデニシ」と読まれる所であるから、「乃至《し》」の「し」は「ナイシ」の「シ」ではなく、「マデにし」の「し」を「至」に施したものである。

⑰能演《く》説《(スル)こと》一句一偈《を》一至《マ(テ)にし》二［於］一月四月《に》一乃至《し》二一歳《マテに》一諸所《のの》レ説《カム》法随《はて》二其義趣《ののに》一（唐招提寺蔵妙法蓮華経巻第六平安初期点、345行）

構文の違いに対応して訓み分ける(Ⅱ)は、次の用法である。

(Ⅱ)「叙述語　乃至　叙述語」又は「叙述語　乃至　体言（於体言）」又は「体言　乃至　叙述語」

要するに「乃至」の前後か前か後かに叙述語の来る場合である。この場合、ⓒ「至」に直接に加点して、「乃至《せしも》二～《に》一」「乃至《せし》二～《も》一」「～至《もせし》」と訓読する方式と、ⓓ「至」は不読にして下の語に「せしも」「しも」「もす」を読添える方式とがある。ⓒとⓓとは加点の位置は異なるが訓法は基本的には同じである。

以下に用例を挙げる。

(Ⅱ)のⓒの例

⑱如《(キ)》レ是《(ノ)》衆妙《の》音《ナルを》尽《く》持《(モチテ)》以供養《せし》、或以《はて》二歓喜心《のを》一歌唄頌《ししするに》二仏徳《を》一乃至《せしも》二一小音《のに》一皆已成《に(シ)キ》二仏道一（山田本妙法蓮華経方便品平安初期点、216行）

⑲聞《(キ)て》レ法《を》歓喜讃《ししタテマツルとして》乃至《(セ)し》レ発《いはむ(ト)》レ一言《をも》一［則］為《(ニ)》已供《に》二養《(シ)タテマツル(ニ)なりぬ》一切三世《の》仏《(ノ)を》一。是人《の》甚《は(タ)》希《れに》有《(リ)》

（同右、平安初期点、269行）

⑱は「至」に直接に「せしも」を加点している。⑲は「至」には「し」の加点しか施されていないが、下の「一言《をも》」を受けて「至《せし》」と訓んだと見られる。

(Ⅱ)のⓓの例

⑳若《(シ)》人《い》散乱心《のに》乃至以《て》二一《江タの》華《を》供二養《せしも》［於］画像《に》一漸《く》見《タテマツリテキ》二无数仏《のを》一（山田本妙法蓮華経方便品平安初期点、217行）

㉑或有《(ル)》人《の》礼拝《せしは》或復但合《し》レ掌《を》乃至挙《し》二一《カタを》手一或《は》復小《し》佤《(クセ)しも》レ頭《を》以《(テ)》レ此《を》供二養《しタテマツルも》像《を》一漸《(ク)》見《キ》二无量仏《のを》一

（同右、平安初期点、218行）

⑳は「せしも」を「至」に施さず「乃至」は不読にして下の「供養」に読添えている。㉑は「セ」の加点がないが「佤《(ヒクク)》」に付いた「しも」は「頭を」を受けて「佤《(クセ)しも》」と訓んだと見られる。

㉒若《(シハ)》［於］曠野《の》中《にて》積《(ミ)て》レ土《を》成《なし》二仏廟《のと》一乃至童子《の》戯《に》聚《(メ)て》レ沙《を》為《シたりし(モ)》二仏塔《のと》一如《(キ)》レ是《(ノ)》諸《の》人等《も》皆已《(ニ)》成《(シ)キ》二仏道一

（山田本妙法蓮華経方便品平安初期点、204行）

㉒は「為《セシモ》」に「たり」が加わったので「シたりし(モ)」と訓んでいる。「モ」は加点がないが、⑳㉑に準じて「しも」と訓んだと見られる。

㉓自《もり》作［若］使《しめ(テ)も》レ人《を(セ)》皆已《(ニ)》成《(シ)キ》二仏道一乃至童子《(ノ)》戯《(レ)に》若《(シハ)》草木［及］筆或以《は(テ)》二指爪甲《ののを》一［而］画二作《キ(シ)し(モ)》仏像《のを》一如《(キ)》レ是《(ノ)》諸人《(ノ)》等《ラは》漸漸積《(ニ)(ミ)》二功徳《を》一具二足《して》大悲心《(ヲ)》一皆已《(ニ)》成《(シ)キ》二仏道一（山田本妙法蓮華経方便品平安初期点、210行）

㉓の「作」には「し」の加点しかないが、㉒と同種の構文であるから、㉒の「為《シたりし(モ)》」と同様に「作《(シ)し(モ)》」と訓んだと見られる。

以下の㉔〜㉖は、「〜もす。」を下の語に読添えた例である。

㉔若《(シ)》以《(テ)》二小乗《を》一化《(シ)たまふことは》乃至［於］一人《をもせは》我《は》［則］堕《(チ)なむ》二慳貪《とに》一（山田本妙法蓮華経方便品平安初期点、174行）

㉕声聞《と》[若]菩薩聞《とはくへくなりぬ(ルヲ)もちて》二　我所《か》説法《の》二乃至《を》[於]一偈《ヲモすとも》　皆成《(ラ)むといふこと》レ　仏无《とし》レ疑（同右、平安初期点、168行）

㉖応《し》下自往《ラキて》奉《ラむこと》レ　迎《へ》二法師《を》一若《(シハ)》　一踰繕那　乃至《もシ》百千踰繕那《[を]もす》上（西大寺本金光明最勝王経巻第六平安初期点、105行）

右の(Ⅱ)のⓒに掲げた⑱～⑲と、(Ⅱ)のⓓに掲げた⑳～㉕とは、山田本妙法蓮華経方便品平安初期点の例であり、この点本における「乃至」の全用例（八例）である。

右掲のうち、(Ⅱ)の叙述語が「乃至」の前後又は前・後に来る用法を訓読する時は、「せしも。」「～しも。」「～もす」の様に、助詞「も」が読添えられている。これは「乃至」が中間の行為を言外に含めて表現する用法であるのに対応して、助詞「も」が「特定の事物を挙げて、その他にもそれと同類のものがあることを暗示する」意を持つ所から、「乃至」の意味を助詞「も」の読添えによって訓読に表したと見られる。

平安初期における「乃至」の訓法の基本は、右述のようであるが、これに関連して、以下の三点を補足する。

［補足一］

「乃至」の「乃」に、「即」又は「イマシ」と加点した例がある。「即」と加点したのは、聖語蔵阿毗達磨雑集論平安初期点の次の二例である。

如《三》施波羅蜜多有《に》二(ル)か　三種《即》乃至慧波羅蜜多一（聖語蔵阿毗達磨雑集論巻第十一平安初期点）

恒作《に》二リ　一切有情《の》利益安楽事一《を》乃至《即》二无餘涅槃界一《に》（同右、巻第十二平安初期点）

「乃」の右傍に「即」が加点され、「至」に返読符の「二一」が加点されている。右傍に加点された「即」が単に意味を示しただけの注か訓まで示したものか検討が必要であるが、同じ平安初期（後半期）の資料に次のように訓を示した用例があるので、

入-出息翅《(ヲ)は》　修習便能《即(ク)し》随-順《して》　観二取蘊一《すを》（地蔵十輪経巻第二元慶七年点）

文徳《の》載宣《則チ》受《て(ケ)たりはかりことを》二　図《化》　宛-岫《シウに》一（大唐三蔵玄奘法師表啓平安初期点、11行）

「スナハチ」の訓を示したと考えられる。但し、「乃至」はこの二字で連詞として用いたものであるから、「乃」を「スナハチ」と訓むことは、字に即した訓法となるが、先述のように、願望の連文「唯願」を「ウケタマハル願フ」「タダシ願フ」のように、同じ字の故に祈願の原義を離れて字に即した訓法が既に平安初期に見られるから、同種の事象であろう。平安初期では管見の限り、「乃至」の「乃」を「スナハチ」と訓んだのはこの阿毗達磨雑集論平安初期点だけである。尚、「乃至《即二》」の「至」には返読符の「二一」が施されているので、仮名はないが、「マデニ」と訓まれたものであろう。

「乃至」の「乃」に「イマシ」と加点したのは、次の例である。

西-南方《より》乃至《し(マテ)に》二下方《(ニ)》一亦復如《(ク)シキ》レ是《の》（守屋本注妙法蓮華経化城喩品平安初期点）

「乃至」の「乃」には「し」の加点しかないが、用法は(I)の@の「〜より至《マテニ》」に当るので、「乃《イマし》」と訓んだと考えられる。「乃至」の「乃」を「イマシ」と訓むことも、字に即した訓であり、「乃至」の用法には適わない。

「乃至」の「乃」を「スナハチ」と訓むことも、「イマシ」と訓むことも、平安初期には一般的でなく、大坪博士の説かれるように、(7)「乃至」の「乃」は不読と見るのが穏当であろう。

［補足二］

「乃至」の「至」を「イタルマデ」と訓んだ例が、地蔵十輪経元慶七年点に見られる。

是《(ノ)》故若《に》能《(シ)(ク)》於《(ウヘニ)の》二此所-説《の(ノ)》十善業道《の》一随《(ヒ)て》守二護《すること(ヒ)と(ツ)ヲモ》一一乃至《るまでして》二命終《に》一究竟《して》无《(ク)あら(ム)トキには》レ犯《(スコト)》必《(ス)》獲《ム》二一切《の》殊勝果《の》報《を》一（地蔵十輪経巻第八元慶七年点、97〜98行）

(I)の@の準用法であり、「体言 乃至 体言」の上の体言が省かれていて、この用法は前掲例のように「乃至《マデニ》二〜一《ニ》」と訓まれるのが平安初期には一般的であった。しかるに右の例は「至《るまでして》」のように「る」語尾が加点されているので「イタルマデ」と訓まれたことを示している。これは、「至」が動詞として「イタル」と訓まれる用法がある所から、同じ字を同じ訓で読むという原理（前述）が働いて、「マデ」だけで原義に合うのに、更に「イタルマデ」と訓読したことを示している。元慶七年（八八三）は平安初期後半期であり、この時期には「及ビ」等の新しい訓法が見られ始まるのが参考となる。

〔補足三〕

平安初期の合符の機能について。合符は漢字二字（又は三字以上）が一つの概念（又は一単語）であることを示す為に、漢字と漢字との間に短い縦線を引いた符号である。平安中期以降の天台宗山門派や漢籍では、字と字の真中の縦線が音読みであり、左寄りの縦線が訓読みであるように位置の違いで音読か訓読かを区別し、後世はこれが一般的となる。(8) しかし、平安初期には位置の違いによる音読か訓読かの区別は未だ行われず、機能が未分化であった。従って、真中の縦線は音読みにも訓読みにも用いられるから、真中の縦線があっても音読されたとは限らない。例えば、

如来於《て》レ彼《に》不《不》レ生《成》二恚-恨《イカリウラミ》一不《(シ)て》レ捨、保任、无《シ》二帳 恨《イタミカナシフ》一、但起二大捨《を》一乃-至広説□《(クモス?)》 是名《(ヲ)》二第一不共念任一

（聖語蔵阿毗達磨雑集論巻第十四平安初期点）

の「恚-恨《イカリウラミ》」のように、真中の縦線を訓読みにしている。要するに単なる二字（又は三字以上）の熟合を示すのみである。大坪併治博士は、平安初期の「乃-至」の合符の例を以て、「ナイシ」と音読された例とされたが、後世の合符の用法を平安初期にまで適用させたものであって、音読の確例とはならないのである。

㈢、立本寺蔵妙法蓮華経における明詮朱点（平安初期）と寛治元年（一〇八七）白点（院政期）との比較

「乃至」の、平安初期の訓読を補充し、更に院政期に変遷した訓法を把えるために、ここでは立本寺蔵妙法蓮華経の寛治元年白点と翌年に朱書を以て書入れた明詮の訓読を取上げる。立本寺蔵妙法蓮華経六巻（巻第一、巻第六欠）

は、興福寺の経朝が、同寺の赤穂珣照聖人の訓点を寛治元年（一〇八七）に白点で施したものに、「明詮僧都点遵本」によって翌年に平安初期の明詮の訓読を朱書で移点している。明詮の訓読は、白点と異なる所を朱色で区別して書入れているから、寛治の白点の訓読とは異なる、平安初期の明詮の訓読が浮き立って理解される。

この妙法蓮華経の「乃至」の訓読について、明詮僧都の訓読と寛治元年白点の訓読とを、上段と下段とに対照させて比較できるようにし、先掲の「乃至」の構文の違いによる分類に拠って左に掲げることにする。

（明詮朱点）

(I)のⓐ

①是人所レ得功徳不レ如受三持此法華経《を》乃至《(マ)て(ニ)も》二[待点]　一四句偈《に》一

②若[於]曠野中積レ土成二仏廟一乃至《も》三童子戯聚レ沙為《せむこと》二仏塔《に》一如レ是諸人等皆已成仏道

(I)のⓑ

③又其国界諸天宮殿乃至梵宮《ヲモ》　六種震動

④是比丘不《ニキ》下専読二誦経典一但行中礼拝上乃至遠見《(ル)コトも》二四衆一亦復故往礼拝讃歎《(シ)て》而作二是言一

(II)のⓒ

（寛治白点）

①是《の》人《の》所《の》レ得《む》功徳《は》不《し》レ如《シカ》受‐持《セムニハ》　此《の》法華経《の》乃至一四句偈《を》一（巻七、薬王菩薩本事品、133〜134行）

②若《(シ)》[於]曠野《の》中《にして》　積《ツムて》レ土《を》成《し》二仏廟《と》一乃至童子戯《のタハフレに》聚《アツメて》レ　沙《を》為《ナヌ》《作也》二仏塔《と》一如《き》レ是《に》諸《の》人等《トも》　皆已成《に(シ)キ》二　仏道一（巻一、方便品、401〜402行）

③又其国界《の》諸《の》天宮《の》殿乃至梵宮《マテニ》　六種《に》震動《しき》（巻三、化城喩品、258〜259行）

④是《の》比丘《は》不《リき》レ専《モハラニセ》下　読《し》二誦経典《をのみ》一　但行《することを》中　礼‐拝《ヲノミ》上　乃至遠《ク》見二四衆《を》一亦‐復故《コトサラに》　往《(キ)て》　礼‐拝《し》讃歎《し》而《して》　作《サク》二是《の》言《を》一（巻七、常不軽菩薩品、23〜24行）

⑤自証《モノヲ》二 無上道大乗《ノ》平等法《トヲ》一若以二小乗一化乃至《せは》二於一人《(ニモ)》一 我[則]堕二慳貪一

⑥声聞[若]菩薩聞二我所説法一乃至《(セ)ムハ》二 於一偈《(ニモ)》一 皆成レ仏無《シ》レ疑

---

⑤自《ミ(ツカラ)》証《(シ)て》二 無上道《のと》大乗《との》 平等法《のを》一若以《(シ)て》二小乗《を》一化《スルコト》乃至於《てもせは》二 一人《に》一我《レ》[則]堕《(チ)ナム》二 慳貪《に》一（巻一、方便品、373～374行）

⑥声聞《ニマレ》 若《は》菩薩《ニマレキカム》 聞《か》二我所説法《のを》一乃至於《モセムハ》二 一偈《に》一皆成《ナラムこと》レ 仏《と》無《ケム》レ疑《ヒ》（巻一、方便品、368～369行）

上段の明詮の訓読が、(Ⅰ)ⓐを「乃至《(マ)て(ニ)も》 」「乃至《も》二～《こと》一」、(Ⅰ)ⓑを「乃至～《ヲモ》 」「乃至～《コトも》 」、(Ⅱ)ⓒを「乃至《せは》二～《(ニモ)》一」「乃至《(セ)ムハ》二～《ニモ》一」と訓んでいて、先掲の平安初期の訓法に基本的に通ずることが分る。

これに対して、下段の寛治白点の訓読は、(Ⅱ)ⓒのように、明詮の訓読に通じて平安初期の訓法を伝えたと見られるものがある一方で、(Ⅰ)ⓐの①②と(Ⅰ)ⓑの④のように、「乃至」だけで「マデニ」「～モ」の訓が全く無くなってしまっているものもある。「乃至」には加点や読添えがないので、音読であったのか不読であったのかは未詳であるが、院政期までに、「乃至」の訓法に変化の生じたことが窺われる。

(四)、平安中期（十世紀）の「乃至」の訓法

そこで、次には、平安中期十世紀における「乃至」の訓読を見ることにする。始めに、構文と加点の違いによって分類した結果を、表として一覧にして示し、それぞれの類から用例を掲げて示す。

(Ⅰ)ⓐ 乃至《マデニ》二～《ニ》一			
東寺蔵三親王灌頂時儀式（寛平法皇）	4例	慈覚大師点	天台宗
随心院蔵無畏三蔵禅要（寛平法皇）	8例	〃	〃
蘇悉地羯羅経略疏寛平八年識語本	1例	〃	天台宗・比叡山
大方便仏報恩経巻四白点	1例	〃	〃

	妙法蓮華経玄賛巻三（淳祐）		順暁和尚点	真言宗
	蘇悉地羯羅経略疏天暦五年点		〃	真言宗
(I)ⓑ 乃至～《マデニ》	大方便仏報恩経巻二角筆点	3例	慈覚大師点	天台宗・比叡山
	弁中辺論延長八年点（淳祐） 妙法蓮華経玄賛巻三		順暁和尚点	真言宗
	蘇悉地羯羅経延喜九年点（空恵）		西墓点	天台宗・三井寺
	弁中辺論天暦八年点（空晴）		第二群点	南都
	大乗掌珍論天暦九年点（観理）		第三群点	南都・東大寺
	熾盛光仏頂儀軌天暦四年点		叡山点	天台宗
(I)ⓑ 乃至～《モ》	蘇悉地羯羅経略疏寛平八年識語本		慈覚大師点	天台宗・比叡山
	弁中辺論延長八年点（淳祐） 妙法蓮華経玄賛巻三		順暁和尚点	真言宗
	蘇悉地羯羅経略疏天暦五年点		〃	〃
	蘇悉地羯羅経延喜九年点（空恵）		西墓点	天台宗・三井寺
(III)［乃至］	蘇悉地羯羅供養法巻上（寛平法皇）	2例	慈覚大師点	天台宗
	蘇悉地羯羅経略疏寛平八年識語本		〃	〃・比叡山
	弁中辺論延長八年点（淳祐）		順暁和尚点	真言宗
	蘇悉地羯羅経略疏天暦五年点		〃	〃
	蘇悉地羯羅経延喜九年点（空恵）		西墓点	天台宗・三井寺
	弁中辺論天暦八年点		第二群点	南都
	大乗掌珍論天暦九年点（観理）		第三群点	南都・東大寺
	熾盛光仏頂儀軌天暦四年点		叡山点	天台宗
(IV) 乃至《は》（一例）	妙法蓮華経玄賛巻三（淳祐）		順暁和尚点	真言宗
(V) 乃至《ラム》	無畏三蔵禅要（寛平法皇）		慈覚大師点	天台宗
乃至《レバ》	蘇悉地羯羅経略疏天暦五年点		順暁和尚点	真言宗

［用例］

（Ⅰ）ⓐ　自従過去無始《の》已来《より》・乃‐至《（マテ）に》二今日《に》一・貪瞋癡等《の》一切《の》煩悩・［及］忿恨等《の》諸《の》随‐煩悩《に》悩二乱《せ（ラレテ）》心《を》一
（無畏三蔵禅要〈寛平法皇〉古点、25行）

（Ⅰ）ⓑ　［従］浄居天《より》乃至三十三天《までの》諸《の》天《の》所説《なり》（蘇悉地羯羅経延喜九年点、469行）
為《に》レ避《（クル）か》二所‐餘《の》妄執《の》過‐失《を》一乃至一切《の》心之所行《マてに》悉皆遮‐止《す》（大乗掌珍論天暦九年点、171行）

（Ⅰ）ⓑ　由《て》二通達《するに》一レ此乃至法愛《を》《をも》亦皆転滅《（シ）ッ》（弁中辺論巻上延長八年点、299行）

（Ⅲ）①第二十一《（ニハ）（イハ）》或乗《る》二飛鵝《に》一［乃至］第卅《には》車乗若離《（シ）（レ）ては》為《すと》レ二・今且《か》・依《る》レ合《に》。
（蘇悉地羯羅経略疏寛平八年識語本巻七、91〜92行）

②然始《して（メ）て》［可］往《（ク）へし》二常‐念誦処《のに》一［乃至］未《たら》レ到《るより》二彼‐所《（カ）し（コ）に》一已来勿《たれ》下懐《き》二瞋嫉《を》一随《ひ》中順《（フ）ことのに》諸境上
（蘇悉地羯羅経延喜九年点、371行）

③釈曰《く》二明《にす》三三時澡浴《に》［乃‐至］除《シ》二去《（スル）コトヲ》萎花《ヲ》一（蘇悉地羯羅経略疏巻六天暦五年点）
（参考、蘇悉地羯羅経延喜九年点では「及《ひ》」「又《た》」は逐一加点を原則とする）
（参考、蘇悉地羯羅経略疏天暦点では、合符は単に、二字が一概念であることを示すに過ぎない）

④如《ク》レ是執《（ノ）（スル）を》二［有］所治諸行《の》能治无為《との》［乃至］老死《と》［及］能滅《（ク）（ス）ルを》レ彼諸対治道《の》所取能取《アルトを》一
（弁中辺論天暦八年点、235行）

⑤如《し》レ説《（クカ）》「井不《はす》レ能《（ハ）》下以《（テ）》レ空《を》ゝ中一切法《すること》上然一切法《のを》本‐性自《もの》空《は》」［乃至］《（ラ）になり》広説《（ク）［訓］（ケ）り》（大乗掌珍論天暦九年点、306行）

（Ⅳ）如《（ク）》レ経《（ニ）のたまふか》止《（ミナム）》ゝ不《シ（ト）ノタマヒ》レ須《（キ）》二復説《（ク）ことを》一乃至天人皆当《は》驚怖《（ニ）（スヘシト）いふ》（妙法蓮華経玄賛巻三、825行）

（Ⅴ）勤行精進《シ》・護‐持《（シ）》三葉《を》二所《（朱）》レ「有」・恒沙功徳《の》乃至《をモチて》二仏果《らむ》一《に》（無畏三蔵禅要古点、203行）
十五字《ノより》乃至《レハ》二卅二字《ニ》一誦《せむコト》満《（テ）ヨ》二三落叉辺《（ニ）》一（蘇悉地羯羅経略疏巻六天暦五年点）

右掲の一覧とその用例とから知られるのは、平安初期には用いられていた(Ⅱ)のⓒⓓの訓法が見られなくなっていることである。即ち「乃至」の前後又は前か後かに叙述語があり、「乃至《せしも》二～《に》一」「乃至《せし》二～《も》一」「～至《もせし》」や「乃至～《せしも》」「乃至～《もす》」のようにサ変動詞に「モ」を付けた訓法が見られない。これは偶〻用例が管見に入らなかったかも知れないが、注目すべきことは、この構文に対する訓法が、平安中期では、(Ⅲ)又は(Ⅳ)で示されていることである。

(Ⅲ)又は(Ⅳ)の訓法は、平安中期になって見られるもので、「乃至」に全く加点が無いばかりか、下の語にも読添えの「せしも」「もす」等の語も無くなっている。この(Ⅲ)の「乃至」が「ナイシ」と音読したのか不読であったのか分らないが、平安中期には「ナイシ」と加点した例が管見に入らず、④の例のように「と[乃至]と[及]ト」と不読の「及」と共に並列の助詞「ト」で訓読されているので、[及]と共に不読であった可能性がある。

但し、(Ⅳ)の例では「乃至《は》」と「は」を加点しているので、「ナイシ」と訓読したとも見られるが、「または」等の別の読みも考えられる。

(Ⅴ)は、「乃至」の「至」を「至《(イタ)》らむ」「至《(イタ)》レバ」のように、「至」の動詞の訓「イタル」を充てて訓読した例である。〝同一字は、用法差を捨象して、同一の訓によって訓読する〟原理で生じた、字に即いた訓法である。この訓法の兆しは、前掲のように、平安初期後半期の地蔵十輪経巻第八元慶七年点に「乃至《(イタ)るまでして》二命終《に》一」の例が見られるが、「乃至」の原義の「まで」は読添えられていた。しかるに平安中期の(Ⅴ)では「まで」の読添えは全く無くなって、単に動詞の「イタル」だけで訓読されている。これは、平安中期に生じた新しい訓法であり、平安後期以降にも後掲のように見られる。

(五)、平安後期（十一世紀）以降の「乃至」の訓法

平安後期と院政期における「乃至」の訓法も、平安中期の訓法と基本的に同様である。

先ず、妙法蓮華経の平安後期から院政初期までの加点本四本について見ることにする。平安中期の場合と同様に構文と加点の違いによって分類した結果を、表として一覧にして示し、それぞれの類から用例を掲げる。

	龍光院蔵本(明算) 中院僧正点・真言宗	書陵部蔵(巻一) 禅林寺点・円堂点(新)	藤南家経(巻五) 西墓点・天台宗三井寺	立本寺蔵本 寛治元年 喜多院点・南都興福寺
(Ⅰ)ⓐ乃至《マデニ》二~《ニ》一	3	—	—	—
(Ⅰ)ⓑ乃至~《マデニ》	1	—	—	3
(Ⅰ)ⓑ乃至~《モ》	10(内、~《ダモ》1)	2(内、~《ダモ》1)	2(内、~《ダニモ》1)	6(内、~《ダニモ》1)
(Ⅱ)ⓓ乃至~《モス》	—	—	—	2
(Ⅲ)[乃至]	36	6	1	11
(Ⅳ)乃至《ナイシ》	—	—	—	—
(Ⅴ)乃至《イタル》	—	—	—	—

表の中の数字は用例数である。四点本の間で総数が異なるのは、八巻のうち欠巻を持っていたり、一巻だけしか現存しなかったりするからである。

[用例]

(Ⅰ)ⓐ　光音《と》遍浄天《と》乃至《までにの》二于(上、白「於」)有頂《(ニ)》一初生《(ト)》[及]退没《(ト)の》聞《(キ)て》レ香《を》悉《(ク)》能《(ク)》知《らむ》(龍光院蔵本巻六、523行)

(Ⅰ)ⓑ　又国界諸宮殿《のの》乃至梵宮《マテニ》　六種震動《にしき》(立本寺蔵本巻三、259行)

(Ⅰ)ⓑ　不《れ》二露《にして》レ歯《を(ハ)》笑一不《れ》レ現《(サ)》二胷臆《を》一乃至為《たにも》レ法《の》猶不《れ》二親-厚一。(藤南家経巻五)

(Ⅱ)ⓓ　声聞《ニマレは》　若菩薩《ニマレ》　聞《キカム》二我《か》所説法《のを》一乃至於《モセムハ》二　一偈《に》一皆成《ナラムことと》レ　仏無《ケム》レ疑《ヒ》（立本寺蔵本巻一、方便品、368〜369行）

(Ⅲ)　多《(クシ)て》二　諸《の》人衆一百二百乃至五百人《の》止二住《せり》　其《(ノ)》中《に》一（龍光院蔵本巻二、142行）

若以《し》二小乗《を》一化《(ス)ルコト》　乃至於《オイテセルハ》二　一人《に》一我［則］《レ》堕《オチナム》二　慳貪《に》一（書陵部蔵本巻一、411行）

即随《て》二仙人《に》一供二給《しき》　所須《を》一採《リ》レ果《コノミをクミ》　汲レ水《をヒロヒ》拾レ薪《をマウケ》設レ食《を》乃至以《て》レ身《を》而作《もナシテ》二床座《と》一身心無レ倦《りきウムコト》（立本寺蔵本巻五、11行）

右掲の表とその用例とから次のことが知られる。

一、(Ⅰ)ⓐの「乃至《マデニ》二〜《ニ》一」、(Ⅰ)ⓑの「乃至〜《マデニ》」、「乃至〜《モ》」並びに(Ⅱ)ⓓ「乃至〜《モス》」も引続き用いられている。

二、しかし、(Ⅲ)の「乃至」だけで、「マデニ」「モ」「モス」の加点のない用法が、比較的に多く用いられている。

この用法は、平安中期になって見られるようになる新訓法である。

三、(Ⅳ)「乃至《ナイシ》」、(Ⅴ)「乃至《イタル》」の用例は、妙法蓮華経の四点本においては拾い得なかった。

次に、平安後期以降における、妙法蓮華経四点本以外の訓点資料に用いられた「乃至」の訓法の用例を挙げる。構文と加点との違いにより分類した右掲の表に基づいて示す。

(Ⅰ)ⓐ「乃至《マテニ》二〜《ニ》一」

①論曰《にク(リ)》従レ発《せる》二深固《の》大菩提心《のを》一乃至《マテニ》レ未《(ヌ)に》下起《して》二順決択識《のを》一求《め》上レ住《せむと》二唯識《の》真勝義性《に》一

（石山寺蔵成唯識論巻第九寛仁四年〈一〇二〇〉点、東大寺点、東大寺平能）

②一息《ヨリ》　乃至《マテニ》レ三《タひに》（東寺蔵建立曼荼羅護摩儀軌永承二年〈一〇四七〉点、宝幢院点）

③執二閼伽器一当《に》置二額心等一乃至《チマテニ》二於膝《(ニ)》一而奉献之（高山寺蔵蘇悉地羯羅供養法巻下天喜四年〈一〇五六〉点、第五群点）

④然《して》後《に》一遍護摩《(セ)よ》　如レ是乃至《ちまてに》二三百《に》一「遍《(右補)》」護摩《(セ)よ》（石山寺蔵瞿醯壇多羅経巻下延久二年〈一〇七〇〉点、東大寺点）

⑤随《(テ)》二意《の》所楽観念《に》一四臂八臂乃至《マテニ》二両臂千臂《(ニ)》一住二本尊《の》瑜伽三摩地《に》一

（高山寺蔵甘露軍荼利菩薩念誦成就儀軌延久六年〈一〇七四〉点、東大寺点）

⑥従《(リ)》レ頂・乃至《イマしマ(テニ)》レ足《に》一《に》安二布《(セ)よ》之《を》一。（仁和寺蔵聖無動尊念誦儀軌寛治三年〈一〇八九〉点、円堂点）

⑦次第《(ニ)》増加《シテ》《「し」(朱)》乃《「チ」(朱)マテニ》至《「までに」(朱)》二中胎《に》一
（醍醐寺蔵三種悉地陀羅尼法寛治七年〈一〇九三〉朱点（円堂点）、康和三年〈一一〇一〉墨点（東大寺点））

⑧従《ハシメ》初作先行《せむ》時・及至《(ママ)まて》三求《む》二成就《を》一念二誦《(セ)む》遍数《を》一（東寺蔵金剛界念誦次第下永久二年〈一一四四〉点、中院僧正点）

⑨従二「三」(「自」訂)月一日一乃至《マテセヨ》二八日一。（略）随《(テ)》レ力《に》乃至《マテニセヨ》二十三日一。
（石山寺蔵十一面心密言儀軌久寿二年〈一一五五〉点）

⑩従《(リ)》三初作《ナス》二成就《を》一乃至《チ(マ)テニ》レ得《(ル)ニ》二悉地《を》一心心《に》不二間断《セ》一
（台湾国家図書館蔵〈高山寺旧蔵〉金剛峯楼閣一切瑜伽瑜祇経建久五年〈一一九四〉写本、喜多院点）

(I)ⓑ「乃至〜《マテニ》」

⑪秘密主・従二初発心一乃至成《(ル)までに》二如来《と》一所有《の》福徳聚《(ラ)む》
（東寺蔵阿闍梨大曼荼羅灌頂儀軌寛弘五年〈一〇〇八〉点、西墓点、永円）

⑫従《ヨ(リ)[訓]き》レ頂乃至足《アシマテに》一一安《に》二布《セヨ》之《を》一（東寺蔵聖无動尊念誦儀軌万寿二年〈一〇二五〉頃点、第一群点）

⑬為《の》レ求《(メム)か》二悉地《を》一故《に》乃至菩提場《マテに》常持《て》不レ応レ捨
（高山寺蔵甘露軍荼利菩薩念誦儀軌延久六年〈一〇七四〉点、東大寺点、浄秀）

⑭始《(メ)て》レ従二今日一乃至当《に》《へし》下坐《スルマテ》二菩提道場《に》一帰中依方広大乗法蔵《に》上
（醍醐寺蔵大聖観自在菩薩儀軌永保二年〈一〇八二〉点、池上阿闍梨点、隆斅）

⑮乃至菩提《マテに》常《(ニ)》持《て》不レ応レ捨（石山寺蔵賀野紇里嚩大威怒王念誦儀軌巻上天治元年〈一一二四〉点、東大寺点）

⑯乃至当《シ》《に》下坐《マテニ》二菩提道場《(ニ)》一帰中依如来《の》无上三《の》身《に》上（石山寺蔵聖観自在菩薩心真言観行儀軌天養元年〈一一四四〉写）

⑰乃至月復盈満《するマテニ》念誦《(シ)て》不《は》レ絶（石山寺蔵十一面菩薩経巻上、巻下天養二年〈一一四五〉点）

(Ⅲ)［乃至］（「マデニ」「モ」の読添えなし）

⑱勿《れ》レ令《(ムル)こと》レ散《(ラ)》。［乃至］当《に》レ見二吉祥之相《を》一（石山寺蔵瞿醯壇多羅経巻下延久二年〈一〇七〇〉点、東大寺点）

⑲多人《の》蘂　蘂　［乃至］女《において》《し》　皆不《れ》二観看《(セ)》一（高野山学園蔵蘇悉地羯羅経巻上承保元年〈一〇七四〉点、円堂点）

⑳復応《し》下更従《によりし》《にムラカリアツマリ》二初。首《(上)》一而作上《くる》［乃-至］七遍《なり》（東寺蔵求聞持法応徳三年〈一〇八六〉点、西墓点、乗々房）

(Ⅳ)乃至《ナイシ》（音読「ナイシ」を加点）

㉑観《スルニ》レ心《ヲ》与《ト》下相-似《シノ》即-空《ク》即-仮《ケ》即中《ト》上相-応《スルハコレ》　是観-心《ノ》歓-喜《ナリ》。乃至《ナイシ》真《ノ》-観相-応《セリ》
（東大寺図書館蔵法華文句平安後期点、二十六ウ5、天台僧堯円《?》）

㉒二-住《ヨリ》　去乃至《テナイシ》等-覚《マテニ》　亦《マ》-復《タ》如《コトシ》レ是《(ノ)》（同右、平安後期点、四十四ウ3）

㉓今《マ》・就《ツイテ》レ別《ヘツに》《サリ》　判《ハンス》二三-皈《ヲ》《クヰ》一。五戒・十善・八斉・出家律儀《ノリチキ》・乃至《ナイシ》定共能防《ノヨクハウシテ》二身-口《ヲ》一遮《シアシテ》二悪道果《ノヲ》一得《ル》二人天報《ノヲ》一者名《ノケテ》レ之《ヲ》為《ス》レ戒《ト》。（同右、平安後期点、六十三ウ2）

㉔宝《ホ》-掌《正トイフハ》　者普超《テウニ》　云被《クカフレリ》二　上-徳鎧《ノヨロヒヲ》一　乃-至仏《シケモ》　无二能-沮敗《ヨクソハイスルコト》一（同右、平安後期点、四十九ウ3）

㉕色非《ハラス》レ仏《に》。乃-至識非《シハス》レ仏《に》。眼非《ハ》レ仏《に》。乃-至意非《シハアラス》レ仏《に》（同右、平安後期点、二十四オ2）

㉖謂知《くり》二内空《と》外空《と》内外空《とを》一故《に》是遍《れ》-知《なり》。乃至《し》知《(ル)か》二意界《と》法界《と》意識界《との》　内空《と》外空《と》内外空《とを》一故《に》
（石山寺蔵守護国界主陀羅尼経巻第五平安後期点、第四群点）

(Ⅴ)「乃至《イタル》」（「至」に動詞「イタル」の訓点を施す）

㉗誓《チカハク》　従《(リ)》二今日一・乃至《しる(マテ)に》二　菩提《に》一而不二廃忘《(セ)》一（高野山学園蔵蘇悉地羯羅経巻下承保元年〈一〇七四〉点、円堂点）

㉘乃至《ら(シ)めむ》二　菩提《に》一（東寺蔵蘇悉地羯羅供養法巻下承徳二年〈一〇九八〉点、宝幢院点）

㉙復応下更従二初首一而作上乃至《しレ》二七遍一（高山寺蔵求聞持法永治二年〈一〇九八〉証印本、中院僧正点）

右掲の平安後期以降の妙法蓮華経以外の訓点資料に用いられた「乃至」の訓法の用例から次のことが知られる。

一、「乃至《ナイシ》」と加点した例が見られ、平安後期には音読したことが分る。右掲例によると、東大寺図書館蔵法華文句は天台僧堯円《(?)》の加点であり、石山寺蔵守護国界主陀羅尼経巻第五は、第四群点で天台宗関係の資料である。「乃至《ナイシ》」と音読するのは天台宗の訓読と係わっている。

二、「乃至《ナイシ》」と音読しても、下の語に㉒のように「マデニ」を読添えたり、㉔のように「モ」を読添えたりする場合がある。

三、(I)ⓐの「乃至《マテニ》二〜一《ニ》」の訓法の中には、「乃」に加点して、「乃《チ》」(③⑦⑩)、「乃《ち》」(④)、「乃《イマし》」(⑥)のように、字に即いた訓を採ったものがある。

四、(V)のように「乃至」の「至」に動詞「イタル」の訓を施して字に即いた訓を採ったものが、平安中期に続いて見られる。特に㉙の「乃《(イマ)し》至《(イタ)レ》」は二字とも字に即いた訓法であり〝同一字は、用法差を捨象して、同一の訓によって訓読する〟原理で生じたことを示している。

(六)、仮名書法華経における「乃至」の訓読

経典の漢文本文に用いられた「乃至」は、これに直接の加点が無い場合は、不読であったのか、「ナイシ」と音読したが加点しなかったのかは、判断し難い。これに対して、仮名書の経典では全文が読下されていてしかも漢字に振仮名が施されることが多いので、その読みを知ることが出来る。

ここでは、鎌倉時代中期書写の妙一記念館蔵仮名書法華経巻一における「乃至」を取上げる。(頁数と行数は中田祝夫博士編霊友会刊の影印本)

①声聞《しやうもん》もしは菩薩《ほさつ》わか所説《しよせつ》《とくところ》の法《ほう》をきくこと乃至一偈《ないしいちけ》におきてもせんはみなほとけにならんことうたかひなし(128頁5行)

②もし小乗《せうせう》をもて化《くゑ》《をしう》すると乃至一人《ないしいちにん》にをきてもせは・われすなはち慳貪《けんとん》に堕《た》しなん・（130頁5行）
③もしは曠野《くわうや》のなかにして・つちをつみて仏廟《ふつめう》をなし乃至《ないし》童子《とうし》《わらうへ》のたはふれに・いさこをあつめて・仏塔《ふつたう》となせるかくのことききもろもろのひとらみなすてに仏道《ふつたう》なりにき・（140頁2行）
④みつからもつくり・もしはひとをしてせしめたる・みなすてに仏道《ふつたう》なりにき乃至童子《ないしとうし》のたはふれに・もしは草木《さうもく》《くさき》および・ふてあるいはゆひのつめをもて仏像《ふつさう》を画作《ゑさ》《かきなせる》せる・（142頁1行）
⑤あるいは歓喜《くわんき》《よろこひ》のこゝろをもて歌唄《かはい》《うたいて》して仏徳《ふつとく》を頌《しゆ》し乃至《ないし》ひとつの小音《せうをん》をもてせしもみなすてに仏道《ふつたう》なりにき（143頁6行）
⑥もしひと散乱《さんらん》《ちりみたす》のこころに乃至《ないし》ひとつのはなをもて画像《ゑさう》に供養《くやう》せる・やうやく無数《むしゆ》のほとけをみたてまつりき・（144頁2行）
⑦あるいは・ひとありて・礼拝《らいはい》しあるいは・またゝ合掌《かしやう》し乃至《ないし》ひとつのてをあけ・あるいはまたすこし・かうへをうなたれて・これをもて像《さう》《ほとけのかたち》に供養《くやう》せし・やうやく無量《むりやう》のほとけをみたてまつりて・（144頁5行）
⑧法《ほう》をききて歓喜《くわんき》《よろこひ》し・ほめて乃至一言《ないしいちこん》《ひとことは》をも・おこすは・すなはち・すてに・一切三世《いさいさんせ》のほとけを供養《くやう》せるになりぬ・（162頁5行）

右掲のように、全例が「乃至《ないし》」と音読している。しかも下の語に①②⑤のように「～もす」「せしも」を、⑧のように「～も」を読添えた訓法を反映している。

妙一記念館蔵仮名書法華経の読み方は、妙法蓮華経の古点本の訓読と比較した結果、その原漢文の訓読に基づいたものであり、中でも平安後期以降の天台宗山門派の訓読を基本として表記を平仮名交り文にしたものと考えられる。[9] 従って、鎌倉時代に「乃至」が総て「ナイシ」と音読されたとは言い難いが、音読が有力な読み方になっていたことが考えられる。[10]

右の諸例に当る妙法蓮華経の本文では、嘉慶元年（一三八七）に心空が開板した倭点法華経ではそれぞれ次のように訓読している（滋賀県長浜市八幡宮蔵本で応永五年（一三九八）重刊本の勉誠社刊による）。

①声聞若《ハ》菩薩聞《クコト》二 我《カ》所説《ノ》法《ヲ》一乃至於《テモスレハ》二 一偈《ニ》一皆《ナ》成仏《スルコト》 無《シ》レ疑《ヒ》（406行）

②若《シ》以《テ》二小乗一化《スルコト》 乃至於《テモセハ》二 一人《ニ》一我則堕《セム》二慳貪《ニ》一（411行）

③若《ハ》於《シテ》二曠野《ノ》中《ニ》一積《テ》レ土成《シ》二仏廟《ヲ》一乃至童子《ノ》戯《レニ》 聚《メテ》レ沙為《セシ》二仏塔《ト》一如《ノ》レ是諸人等《ラ》皆已《ニ》成《シキ》二仏道《ヲ》一（439行）

④自《ミ》作《ナシ》若《シ》使《シテモセシムル》レ 人皆已《ニ》成《シキ》二仏道《ヲ》一乃至童子《ノ》戯《レニ》 若《ハ》草木及《ヒ》筆或《ハ》以《テ》二指《ノ》爪《ツメ》甲《ヲ》一而画《エカイテ》《クワクシテ》 作《ナシ、》二仏像《ヲ》一（444行）

⑤或《ハ》以《テ》二歓喜《ノ》心《ヲ》一歌唄《シテ》 頌《スルコト》二 仏徳《ヲ》一乃至一《ツノ》 小音《ヲモテセシ》 皆已《ニ》成《シキ》二仏道《ヲ》一（449行）

⑥若人散乱《ノ》心《ニ》乃至以《テ》二一華《ヲ》一供二養《セシ》 於画像《ニ》一漸《ク》見《ミ上リキ》二 無数《ノ》仏《ヲ》一（450行）

⑦或《ハ》有《テ》レ人礼拝《シ》或《ハ》復《タ》但《タ》合掌《シ》乃至挙《ケ》二一手《ヲ》一或《ハ》復小《スコシ》低《ウナタレテ》レ 頭《ヲ》以《テ》レ此供二養《シテ》 像《ニ》一漸《ク》見《上リキ》二 無量《ノ》仏《ヲ》一（451行）

⑧聞《テ》レ法《ヲ》歓喜《シテ》 讃《シテ》 乃至発《オコスハ》二 一言《ヲモ》一則為《ナムヌ》下已《ニ》供中養《スルニ》 一切《ノ》三世《ノ》仏《ヲ》上（500行）

この訓読の系統は、刊記からは詳らかではないが、心空が貞治年間（一三六二〜一三六七、四十四歳から四十九歳の間）に天台宗の書写山円教寺の僧であったことによると、天台宗における妙法蓮華経の訓読に基づいていたことが考えられる。倭点法華経の訓読が防府八幡宮蔵妙法蓮華経の山門派の訓読に極めて近いこともその一証となる。

心空の開板では、片仮名は右掲例に見るように、原則として助詞・助動詞・形式語・捨仮名のいわゆるテニヲハを附刻するに止っている。従って「乃至」の附刻はないが、①②⑤が下の語に「〜モス」「〜セシ(モ)」を、⑧が「〜モ」を読添えていて、妙一記念館蔵仮名書法華経の訓読に殆ど一致するのによると、「乃至」も「ナイシ」と音読したと見てよいであろう。

(七)、平安・鎌倉時代の仮名文に用いられた「乃至」

漢文訓読の世界に生じた「乃至」とその訓読は、訓点を離れて、平安・鎌倉時代の仮名文でも用いられるようになる。平安時代の和文には見出し難い[11]が、仏教説話集とその関連文献には見られる。

(1)三宝絵詞（観音院本）（四例）

①又法花経ニモ乃至童子ノタハフレニイサコヲアツメテ仏ノ塔トナシ、ハミナステニ仏ニナリニキトノ玉ヘリ（巻下、二十六オ6）

②法花経の中ノ若人散乱心乃至以一花供養於画像漸見無数仏トイヘル偈ヲタノムヘシ（巻下、五十四オ6）

③阿弥陀経云若善心ヲオコセル善男女アリテ阿ミた仏の名号ヲ聞持チテ若一日若二日若三日乃至七日一心不乱臨終ノ時ニ心顚倒セスシテ即極楽ニ生ル七日ヲカキレル事ハ此経ニヨテ也（巻下、六十ウ7）

④法花経ノ聞法歓喜讃乃至発一言即為已供養三世一切仏トイフ偈等ヲ誦シテ夜ヲアカス（巻下、三十五オ2）

(2)今昔物語集（日本古典文学大系本）（七例）

①或日ハ一麻ヲ食シ或日ハ一米ヲ食シ或ハ一日乃至七日ニ一ノ麻米ヲ食ス（巻一、五語）（出典「過去因果経」）

②下ハ閻浮提ノ二万由繕那ヲ見通シテ等活黒縄乃至无間地獄ノ底ヲ見ルニ鏡懸タルカ如シ（巻四、二十二語）（出典「経律異相四十四」）

③夏ハ農薬種種ニ生ヒ栄エテ様々ナルヲ見ル（略）如此《カ》ク四季ニ随テ何物カ妙ニ目出カラザル物カ有ル。乃至極楽界ノ七宝ノ池ノ自然ノ荘厳ヲモ我レ皆見ミル（巻五、二十四語）（出典「法花珠林四十六等」）

④天答テ云ク「般若ヲ受持スル人ヲ守護スル天人、八十億有リ皆人間ニ来下シテ般若ヲ受持スル人ヲ守護ス乃至一句ヲモ聞ク人ヲ敬フ事仏ヲ敬ヒ奉レルカ如シ（巻七、七語）（出典「三宝感応要略録巻中」）

⑤中有生有也ト云フトモ専ニ法花ヲ誦シ若ハ悪趣ニ堕タリトモ若ハ善所ニ生タリトモ(12)常ニ此ノ経ヲ誦シ乃至仏果ニ至《イタ》ルマテモ只此ノ経ヲ誦セムト」誓テ即チ死ヌ（巻十三、二十九語）（出典「法華験記巻中」）

⑥餘五、此レヲ聞テ云ク「尊達ノ云所宜モ可然シ。但シ我カ思フ様ニ「(略)」ト思也乃至子孫マテ此レハ極テ恥ニハ非ズヤ（巻二十五、五語）（典拠未詳）

⑦餘五出立トテ云ク「我レ世モ云ヒ不錯ジ。此奴ハ終夜戦ヒシ極《コウ》シテ其々ノ川辺ニ乃至其ノ岳ノ彼方面ニ櫪《クヌキ》原ナトニコソ死タル如クニシテ臥タラメ（巻二十五、五語）（典拠未詳）

(3)法華百座聞書抄（二例）

①阿弥陀経ハ極楽ノ依正二法(報)ノ功徳ヲ説ク。又諸仏護念経トナツク。此経ニ小善根ノ福徳ノ因縁ヲモテ彼ノ国ニムマル、事ヲウヘカラスト説ケリ。又ホトモナク若ハ一日若ハ二日乃至七日カホトニ阿弥陀ノ極楽ニムマルヘシト説ケリ（裏18行）

②仰キ願ハ一代教主、尺迦牟如来、平等大会(慧)、法花経御願、一ミニ哀愍内受(納)シ給テ玉躰ツ、カナク千秋万才タモタシメ給テ宮ノ内安隠(穏)男官《ナムクワン》女識(職)シキヨリハシメ聴聞集来、貴賤上下乃至鉄囲婆界ニイタルマテ平等ニ利益クセシメ給ヘ（裏220行）

(4)却癈忘記（高山寺蔵本）（一例）

①演義少(鈔)ニ冊冊既云晨朝唱滅中夜涅槃乃至此後決定不説余経等ノ文ヲ見テ哀傷殊ニ甚シキ処ニ鶏ノハルカニナク声キコユ（巻下、二ウ10）

(5)発心集（寛文十年刊、平仮名整版本）（一例）

[阿弥陀仏の御]本願《ホン》に云く「我、仏《ほとけ》を得《え》たらんに、十方の衆生《しゆじやう》心を至《いた》して信楽して、我《わ》か国に生《む》まれんと願ひて、乃至《ないし》十念せんに、生《む》まれずといはゞ正覚をとらじ」と誓ひ給へり（巻六、十一）

(6)延慶本平家物語（大東急記念文庫蔵本）（一例）

願ハ建立成-就シテ而禁-闕鳳-暦御願円満シ乃至都鄙遠-近親疎里民歌ヒ二堯-舜無-為之化ヲ一（上、四七三1）（文覚勧進状）

(7)覚一本平家物語（日本古典文学大系本）（二例）

①願は建立成就して金闕鳳暦御願円満、乃至都鄙遠近隣民親疎、堯舜無為の化をうたひ椿葉再会の咲をひらかん（巻上、三五八7）（文覚勧進状）

②第十八の願には「設我得仏　十方衆生　至心信楽　欲生我国　乃至十念　若不生者　不取正覚」ととかれたれば（巻下、二八三12）（維盛入水）

以上のように、殆ど経本文の引用であり、「乃至」の漢字表記である。今昔物語集の③「乃至～荘厳ヲモ」、④「乃至一句ヲモ」、⑤「乃至仏果ニ至《イタルマテ》モ」のように下の語に「モ」「マデ」を表した例もあり、右の⑤や法華百座聞書抄②「乃至鉄囲婆界ニイタルマテ」のように「乃至」の「至」を動詞「イタル」で訓読した表現を反映するものもあるが、他は「乃至」だけで「モ」「マデ」等の語は用いられていない。

これらの「乃至」には振仮名が無いので読み方は確かではないが、仮名交り文に用いられている所から「ナイシ」と音読したと考えられる。

次掲の栄花物語では、一例が「ないし」の仮名表記で示され、音読語として用いたことが分る。

(8)栄花物語（梅沢本）

①いつれの経論の文そとゝはゝこたへ給へし（略）此娑婆世界はねかひすむへき所にもあらすりんわうのくらゐひさしからす天上たのしみも五衰はやくきたりないし有頂も輪廻期なし（巻三十、二十二丁8）

②普賢経の文をいひきかす（略）有作無作の諸法の相をみさるところ如なり相なり解脱なり乃至波羅密なりな

と思つゝけいひきかす（巻十八、十三丁18）

二例とも、やはり経典の本文からの引用である。

三、漢文訓読史の一原理としての音読語化

連詞「乃至」の訓読法の変遷は、平安初期に「乃至」を「マデニ」「モ」又は「セシモ」「モス」と訓み、「至」に直接に加点するか、「乃至」は不読としてこれらのテニヲハを下の語に読添えるかであったのが、平安後期頃天台宗を中心に「ナイシ」の音読が生じ、右のテニヲハを読添える訓法が次第に姿を消して、やがて「ナイシ」の音読語に取って換えられる事象として理解することが出来る。

このような、平安初期にテニヲハの訓法か不読であった二字（又は三字）より成る詞が、音読語に変る事例は他にも認められる。その若干を挙げる。

⑴前置添詞「所」と動詞とで構成される二字

「所」が動詞の前に附加して名詞句を構成する場合、平安初期には、例えば明詮の訓読では、

①六道《(ノ)》衆生《(ノ)》生死《(ヌ)ルかトアル(キ)》所レ趣 善悪業縁《をもて》（序品）

②多《(クナリナム)事》レ 所二饒益《(スル)》一（方便品）

③所レ生《キ(ウミ)》二八王子一（序品）

のように、「所」を「トアリ（「タリ」の古形）」「コト」「キ」とテニヲハの訓で読んでいるのに対して、院政期の寛治元年（一〇八七）の白点では、同じ箇所を、

①六道《の》衆生《の》生死《の》所-趣善悪業《の》-縁（序品）

②多《(クナリ)ナム》㆑　所㆓饒-益《する》㆒（方便品）

③所《の》㆑生《ナセル》　八王子《の》（序品）

のように、②③は「所《トコロ》」と字に即いた訓を採るのに対して、①は音読語として訓読している。

「所～」の二字を音読語として訓読することは既に平安初期から次のように見られる。

諸《(ノ)》有《(ル)いは》㆓　所作《[音]とし》㆒常《(ニ)》為《なり》㆓一事《の》㆒（山田本妙法蓮華経方便品平安初期点、111行）

汝《ラカ》　所-住地《のは》近《シ》㆓[於]仏-慧《に》㆒（守屋本注妙法蓮華経化城喩品平安初期点）

(2)動詞と補助動詞で構成される二字

動詞が複合形式をとり、下の動詞が補助動詞化した場合、例えば場所に係る補助動詞「在」は次のように完了の助動詞「ツ」に訓まれるが、

[於]四衢道《にあり》　取《りて》㆓諸沙《の》土《と》草《と》木《の》葉《との》　等《キを》㆒聚《メ》㆓在《ツ》一処《に》㆒（西大寺本金光明最勝王経巻第五平安初期点、276行）

一方、上の動詞と共に音読語として訓読される。

若但讚《シしては》㆓　仏乗《をのみ》㆒　衆生没《は》㆓在《セレは》　苦《(ニ)》㆒不《マし》㆑能《(フ)》㆑信《すること》㆓　是法《のを》㆒（山田本妙法蓮華経方便品平安初期点、246行）

完了を表す補助動詞「極」も「～ハツ」と訓まれる一方で、上の動詞と共に音読語として訓読されている。

白《(シ)て》㆓　導-師《に》㆒言《ク》「我《レ》」等疲《ツカレハテヌ》　極　而《(ル)に》　復怖畏《(シ)てマシキ》　不《(フ)》㆑能㆓復進《(ム)コト》㆒（守屋本注妙法蓮華経化城喩品平安初期点）

我《レは》見《て》㆔汝《ラカ》　疲-極《(シ)て》　中-道《より(シ)てするを》　欲㆓退-還《(シ)ナムと》㆒（同右、平安初期点）

このように、補助動詞には、音読語が他にも見られ、しかも平安初期から例が拾われる。

(3)「未曾有」

平安初期点で「未だ曾よりあらず」と訓読していたものが、

われらこれをみて・未曾有《みそうう》《いまたむかしもあらす》　なること江つ・（妙一記念館蔵仮名書法華経巻一、36頁5行）

のように後に「ミゾウウ」と音読語に変るのも同種の事象と見られる。

如上の事象は、音読語化した時期に遅速はあるものの、訓よみ又は不読から音読語化する点が共通していて、漢文訓読史上の一原理として把えることが出来る。

音読語化する原因としては、当該字がテニヲハや不読字等の訓であるために安定した読みを与える方向と、音読することで微妙な意味を捨象する方向とが相俟って訓読の仕方を変化させたことが考えられる。

注

（1）牛島徳次『漢語文法論（古代篇）』三六三頁に、「祈願」の表述として、史記の「唯上察之！」等を挙げている。

（2）唐の慈恩大師窺基撰の妙法蓮華経玄賛巻六に「唯者《は》敬諸之辞《なり》」（訓点は石山寺蔵平安中期点による）とある。

（3）門前正彦「漢文訓読史上の一問題――「ヒト」より「モノ」へ――」（「訓点語と訓点資料」第十一輯、昭和三十四年三月）。
拙著『平安鎌倉時代に於ける漢籍訓読の国語史的研究』（昭和四十二年三月）。

（4）拙稿「及字の訓読」（「国文学言語と文芸」第四号、昭和三十四年五月）。

（5）拙稿「返点の沿革」（「訓点語と訓点資料」第五十四輯、昭和四十九年五月）

（6）平成十二年十月二十七日、第八十三回訓点語学会の「「乃至」の訓読法の変遷」（小林芳規）による。

（7）大坪併治『石山寺本大智度論古点の国語学的研究上』（平成十七年七月）。

（8）拙稿「訓点における合符の変遷」（「訓点語と訓点資料」第六十二輯、昭和五十四年三月）。

（9）拙稿「妙法蓮華経の訓読史から観た妙一記念館本仮名書き法華経」（『妙一記念館本仮名書き法華経研究篇』霊友会、平成五年四月）。

（10）後述のように、梅沢本栄花物語の鎌倉時代写本に、「ないし」の平仮名の例があり、他の仮名文でも音読したと見られる。観智院本類聚名義抄や色葉字類抄（黒川本）には見られないが、時代が降ると日葡辞書に「f Naixi ナイシ（乃至）」をれよりもなお多く、それ以上に、ただし、或るきまった所でしか用いられない。」(「邦訳日葡辞書」)と収載されていることからも知られる。

(11) 諸索引によって、次の文献に使用例のないことを確かめた。
伊勢物語・竹取物語・宇津保物語・落窪物語・大和物語・平仲物語・土左日記・蜻蛉日記・源氏物語・篁物語・多武峯少将物語・紫式部日記・更級日記・浜松中納言物語・堤中納言物語・枕草子・大鏡

(12) 今昔物語集の「乃至」を「大日本国法華験記」と比較して、米沢工業高校の高橋文士氏が口頭発表している(第七十三回訓点語学会、平成七年十月)。主旨は、出典となった法華験記の「乃至」が今昔物語集には全く受継がれていないとする。

[附記] 本稿は、平成十二年十月二十七日、第八十三回訓点語学会において、「「乃至」の訓読法の変遷」と題して発表した原稿(本稿の「二」に当る)に基づき、その前後に「一」と「三」とを加えて成したものである。

明文抄復元の全体像

山内　洋一郎

一　明文抄研究の現状

金言成句は、言語表現の華である。どの言語においても、語を基礎とし、語と語の連鎖、即ち句があり、更に文がある。文法機能、中でも構文機能により統括されるが、意味用法の観点でいえば、一つの語の意味が他の語の意味に連結するとき、単なる連結だけのときもあれば、連結によって、それぞれ限定され、時には変質する。特に句は文脈の限定下にあり、その文脈の再現・再使用もできる。このような句が、人々の共有となるとき、成句と称される。

甘泉必竭、直木必伐。晏子春秋　（甘い泉は、人々が争って飲むので、必ず涸れてしまう。まっ直《すぐ》な木は、役に立つので、人々が争って切り倒す。それで必ずなくなる。）

中国古代にこの句があった。甘泉も直木も、人々（我々）が争って得たいと望むものであり、尊重される。しかし、世間では当のそれをあるべき状態に保ち、より良くするのではなく、それを尊重しわが物にする心が逆にそれを壊して無にしてしまう。良かれとする行いが、思慮の無いために、度重なれば、行いの成り立つ所以の全てをなくしてしまう。これはよくあることだ。

このように表面の意味から底にある意味まで引き出すと、教訓と言われる句になってしまう。人は、伝えられる先人の言行から、身近な人の片句から、印象に残るところを書き留め、記憶する。教訓性の句は、その一部に過ぎない。「金言成句」という総称が有効なため、専ら使用してきたが、その内容はさまざまである。

日本語の中に、古代から諺《ことわざ》はあった。神話時代から伝えられた句もあった。しかし、圧倒的な中国文化・中国語の席捲の結果、日本語の中の金言成句は漢籍起源で占められてしまった。中国語・中国文化の吸収に熱心であった日本の先人たちは、やがて中国語の中の金言成句に心を向けるに至る。その最初の遺品は、正倉院御物の鳥毛帖成文書であった。

右を我国の金言成句集の萌芽と見て、以後の動きを粗描して、今主題とする書、鎌倉時代の藤原孝範（一一五八〜一二三三以後）撰の『明文抄』五巻（約二三〇〇句）を「それまでの金言成句集の集大成と言えるであろう」と筆者は記した（「『明文抄の復元』」二〇〇一・五）(1)。『明文抄』研究の基礎資料は、神宮文庫蔵近世写本、続群書類従所収本であるが、共に同様の欠文・誤字が数多くあり、そのままでは使用し難い。その復元を行うべく、その方法と復元の具体例について、私見を発表した（以下、前稿と称する）。

『明文抄』は、本邦最初の類書といって良い、多彩な書である。唐朝廷の宮域、中国王朝の変遷など詳細に書いてあり、得た資料を捨てる所なく使用したかと思われる。宮域について『大唐六典』を使用していると前稿で紹介したが、中国王朝の変遷についても中国の年中行事の歳時記的記事にも『拾芥抄』を資料としていることが判明した。漢籍起源の句が並んでおり、以下で『拾芥抄』も扱う。

『明文抄』の成句数は左の如くである。同様の数表は前稿の末にも記したが、＊印のところが僅かに異なる。この表の数で最終の数としたい。帝道部の『大唐六典』の引用や「唐家世立」などは事彙であって、成句の概念に合致しないけれど、内容上のまとまりで区分し、それぞれに番号を与え、全巻洩れなく何らかの番号に属するようにした。それは『復元明文抄』の本文篇に記される。

一	天象部	70	五	神道部	48
	地儀部	*37		佛道部	30
	帝道部上	*404		文事部	127
二	帝道部下	490		武事部	69
三	人倫部	239		諸道部	48
	人事部上	151		雑物部	52
四	人事部下	448		雑事部	45

以上、五巻、合計二、二五八則である。

二　明文抄編纂資料『玉函秘抄』

藤原孝範が金言成句集の編纂を構想したとき、日本では既に、源為憲（〜一〇一一）編『世俗諺文』があり、時を置いて、藤原良経（一一六九〜一二〇六）撰と伝える『玉函秘抄』三巻が出て、次いで菅原為長（一一五八〜一二四六）撰の『管蠡抄』八巻（増補されて十巻）が出る。藤原孝範が、ほぼ同期の『管蠡抄』を参照したかどうかは微妙な問題である。

取材源の中心に『玉函秘抄』があったことは、前稿で述べておいたが、以後の研究の進展を述べる必要上、再説を交えつつ、記述して行くことにする。

民之所欲、天必従之。民之所悪、天必誅之。同（尚書）（巻三、人倫　195〈95ウ、156上〉）

右の前半は『尙書』泰誓の句で、後半は泰誓の少し離れた所の孔安國傳の句である。『玉函祕抄』の編者が、意義上と句の形とから、対句として一則に編成した、それを『明文抄』に継承したのである。既に『玉函祕抄』中に句意・形のみごとな対句となっているので、疑念もなく一則として転載したのであろう。このような改編・合成などが書承されることは、他にもあった。字の変化もある。

楚起章花之臺而黎民散。泰興阿房之殿而天下亂。同（漢書）（巻一　地儀　29〈8ウ、92下〉）

『漢書』巻六十五、東方朔傳で、東方朔が諫言した詞である。この進言の「靈王起章華之臺……楚民散。」を、自分たちに分かるように語を変えた。下句との対も考慮している。これも『玉函祕抄』の継承である。

王位不可以久曠、天命不可以謙拒。同（後漢書）（巻一、帝道上　205〈34オ、110上〉）

これは光武帝に対し、「臣聞」と上奏する詞である（後漢書巻一上、光武帝紀）。原文「帝王」を『玉函祕抄』で「帝位」とし、『明文抄』神宮本で「王位」となる。他にないケースであるが、『玉函祕抄』の後、『明文抄』を編む時に「王位」としたのであろう。

三　編纂資料『拾芥抄』(1)

『拾芥抄』の名は早くより知り、複製のあることも知っていたが、必要性のないまま今に至った。その影印が出版された。『大東急記念文庫善本叢刊　中古中世篇　類書Ⅱ』（二〇〇四、汲古書院）(2)に収められ、座右にすることができた。その上巻、歳時部第一の初頭より『明文抄』の取材源であることの明瞭な文が連続して出現したのである。しかも、その文は、この書以外では見られない書名、文例であった。以下、長文になるけれども、翻刻を数次に行い、各段毎に『明文抄』との関係について所見を述べることにする。

夫春者歳之始也、得其正三時有成。後漢書
歳首祝折松枝、男七女二七。初學記
正月子日登嶽、何耶。傳云、正月登嶽遠望四方、得陰陽靜氣。除煩惱之術也。十節記
正月七日俗以七種菜作羹食之。人無萬病。荊楚歳時記
正月十五日亥時、煮小豆粥、爲天狗祭庭中案上、則其粥凝時、向東再拜長跪服之。終年无疫氣。世風記
昔吳縣張成夜出屋、南角見一青衣童子。謂成言、我是家蠶君。至正月半作糜於此祭我。々令汝今年大得蠶、宜百倍。
三月三日草餅何。昔周幽王淫亂、群臣愁苦、于時設河上曲水宴。或人作草餅、珍物也。可獻宗廟。周世大治。遂致太平。後人相傳作草餅、三月三日進于祖靈、草餅之興從此始。十節錄
是日酒漬桃花飲之。除百病益顏色。本草

右の春季八則の順に『明文抄』に登載された状況を調べてみる。

後漢書——明文抄一・天象26（後漢書巻二、顯宗孝明帝紀）
初學記——明文抄一・天象30（初學記）
十節記——明文抄一・天象31（十節記は未詳）
荊楚歳時記——明文抄一・天象32（荊楚歳時記の正月七日條に見るが、字の出入、異字あり。）
世風記——明文抄一・天象33（同文）
昔吳縣……百倍。——明文抄一に「續齊諧記」とする。天象34。
十節錄——明文抄一・天象36（同文）
本草——明文抄一・天象37（同文、「本草」も同じ）

大冊の類書『初學記』から『明文抄』への採録が一則のみであるのが不審であったが、採録源が本書であれば理解できる。『十節記』は古代中国の年中行事の由来記のようで、『拾芥抄』では、他二ヶ所、正月十七日の騎射（明文抄二帝道下121）、七月七日の索餅（一天象52）の記事がある。共に他書に見ない。『荊楚歳時記』は『明文抄』に他一例ある（一天象40）。これは五月五日の「採艾……懸門之上」という民間の習俗を記している。共に『四庫提要』の本文とは大同小異である。『世風記』は、拾芥抄―明文抄の間にのみ見る書で、『明文抄』一天象の33・55・56の三則は『拾芥抄』の継承と判ぜられる。帝道下140の一則「七月十五日具飯百味五菓……」は、仏教的な民間習俗と見えるが、同一書であることは誤りないであろう。

『十節錄』の名は、『明文抄』に他一例（帝道下117）見るが、共に未詳、『十節記』の類であろう。『本草』も未詳である。

孟夏之月、其祀竈祭先肺。注云、夏陽氣盛、熱於外、祀之於竈從熱類也。禮記

五月五日以五色絲繫臂、攘惡鬼、令人不病瘟。一名長命縷、一名辟兵縷。風俗記

是日荊楚人皆蹋百草採艾、爲人懸門戸之上、以攘毒氣者也。荊楚歲時記

是日俗人取檮葉佩之。云避惡。證類本草

是日採蘭以水煮之。爲沐浴。令人辟除甲兵、攘却惡鬼。大戴禮

是日屈原自投汨羅而死。楚人哀之。每至此日、以竹筒貯米、投之祭之。續命

是日糉子等勿多食。々訖、取昌蒲七莖長一寸、漬酒中服之。四民月令

五月葺屋令人頭禿。風俗

七月七日索餅何。昔高辛氏少子、以七月七日去其靈、無一足成、鬼神於致瘧病、其靈常湌麦餅、故當其死日、以索餅祭其靈。後人是日食索餅、其年中无瘧病。十節記

初例は、『禮記』月令第六に鄭玄註を付して、一則としている（天象38）。その次則『風俗記』と五則後の『風俗』一則は、共に『明文抄』一天象に「風俗通」となっているが、『風俗通義』に見出せない。『證類本草』『大戴禮』も同様にその書に見出せない。続く屈原入水の話は、同文が『明文抄』一天象に「續齊諧記」の名で載っている。この書については後述。

「四民月令」については、「五、第二表の書について」で詳記したい。

この後、書名未詳一則、『陰陽祕方』二則、『世風記』二則、『群忌際集』(3)一則、『庚申經』一則が続き、歳時部の初頭部の注意すべき句の一群が終わる。

四　編纂資料『拾芥抄』(2)

『明文抄』が『拾芥抄』を源の一にしたことは、中国王朝の年代記述に鮮やかに示されている。『拾芥抄』を上段に神宮文庫本を下段に対比する。『拾芥抄』に「有巢氏」の記事も欠行もない。

拾芥抄　上　二〇ウ～

唐家世立部　第廿一

正統
天皇氏　天地始分十三頭生、始天下一万八千年

地皇氏　十一頭、治天下一万一千年

人皇氏　九頭、治天下共六十五代、四万六百五十年

明文抄　天象部

唐家世立

正統
天皇氏　天地始分十三頭生　治天下一万八千年

正
地皇氏　十一頭、治天下一万一千年

正
人皇氏　九頭分治天下共六十五代　四万五千六百年

正 燧人氏　治天下三万六千年　是時教人鑽木出火 始教民熟食

正 有巣氏　治天下數百代幷八万年 是時未有火食茹毛飲血 巣居穴處食草木實

正 燧人氏　治天下三万六千年 是時敎人鑽木出火 始敎民熟食

この後、大昊伏羲氏・女媧氏・災帝神農氏・黄帝軒轅氏・少昊金天氏・顓頊高陽氏・帝嚳高辛氏・帝摯と次第し、堯・舜・夏・殷・周へと移る。神話時代から史実の時代に入る。『藝文類聚』巻十一、帝王部にこの順で記載されている。「有巣氏」も含む。記述内容は大同小異で、『明文抄』の典拠ではない。この問題点を残しながらも、『拾芥抄』と『明文抄』との濃い関係は認められる。

この後、漢・唐・宋となり、『明文抄』の中国史は「大宋」で終わる。『拾芥抄』はその後の「大元蒙古」で終わり、その下記は「當本朝後醍醐院元應元年」と記している。『明文抄』の神宮文庫本は大宋の後で丁を変えており、「元」の項を誤脱したのであろう。

『拾芥抄』では「本朝世系年立部　第廿七」（上巻三一オ）を置き、天神七代・地神五代・人皇の区分のもとに、「百三後花園」まで記している。『明文抄』では、神代についての長文の後に「已上一百七十九万二千四百七十六歳、扶桑略記、除天神二代定歟」を付し、人代に神武天皇を掲げて終っている。

以上(1)(2)を通して、『明文抄』が『拾芥抄』を資料としたことを論じた。その範囲と限界についても、気づく限りの記述をした。

五　明文抄収載成句の出典別数表と成句の問題点

『明文抄』二・二五八則は、多種多様の書籍（出典）より成っている。書籍の異なり数は、漢籍一四〇、和書二七、計一六七である。(4)

係数の基本である句（則）の判断にも問題が多いこと、前稿で苦心を吐露したところである。今、一往の結論的数値を示したのは、全巻にわたり、復元作業を行い、不完全を残しつつ、不完全・未解決はそれを提示して、全体像を明らかにすることも重要と考えるに至ったからである。書の整理を行ない、句形の統制を行ない、次には出典別の成句数表を作製した。使用度数2以上の成句について、縦軸に『明文抄』の内容による区分、天象部より始まる部名を置き、横軸に出典書名を字音仮名遣による五十音順にする。全一五九書を五表に分ける。下段にその書の則数の計を記す。第五表末に、各部所収の出典数と使用度数、その下段に総計を示す。

『明文抄』の成句について、それぞれに資料内の存在を確認し、巻・章を確かめることを方針としたが、それでも未詳が残っている。

1、書名が記されていても、その書の存在が確認できぬばあい。

2、その書が稀書で調査できないばあい。

3、その書の中にその句を見出せないばあい、等。

この句も数値に含まれる。『復元明文抄』では、各句の巻章の脚注を施し、時には略注が必要となる。

使用度数1の成句については、第五表の後に一括して一覧する。

第一表

漢籍＼部	天象	地儀	帝道上	帝道下	人倫	人事上	人事下	神道	佛道	文事	武事	諸道	雜物	雜事	計
晏子			1	2	2	1	3								9
遊仙窟					4		3						1		8
要覽			1				1					1			3
鹽鐵論			3	2	7	1	2			2		1			18
孝經			4	8	1	5	3								21
—孔安國註	1		7	14	3	6	8						1		40
賈子				1	1										2
鶡冠子	1						1								2
葛氏外篇						1				1					2
韓(非)子	1		2	1	1	4	1				1			1	12
韓詩外傳				1		1	2								4
顏氏家訓			2	4	5	4	14		3	19		5		1	57
漢書		4	28	35	16	9	14	2		4	9		3	6	130
魏志			1		2	1									4

第一表の書について

◎晏子春秋　本論文冒頭に記した「甘泉必竭、直木必伐。」は、早く『玉函祕抄』上に載り、後の『廣本節用集』に「甘水……」の形で載るが、現刊の諸本・諸註釈に見当らない。「前車覆、後車戒也。」（人事下155）は人口に膾炙する諺になったが、原典にも「諺曰」を冠している。但し、これを欠く本もある。古代の伝承を基にする書だけに、要注意の書と見える。

◎遊仙窟　全九例。「故人傳曰」として天暦の御時に遊仙窟につき談じたと記す（人倫151）。「輝々面子」（人倫150）—醍醐寺本「耀々」。他に異同あり。

◎鹽鐵論　『玉函祕抄』『管蠡抄』などを経て『明文抄』に至った句が多く、本文の乱れが見える。「窮鼠齧狸」（人事下379）は原書「貍」で、『玉函祕抄』尊経閣本は「狸《ネコマタヲ(左訓)》」であった。

◎孝經　孔安國註の本文が用いられ、註文が金言成句として独立して用いられた。数表の示すごとくである。「在上不驕、高而不危……」（人事下24）は、諸侯章第三本文であるが、仁治本「居上」、建治本「在上」である。字体に古文を含み、伝承・書承には要注意であろう。「使口如鼻、終身勿事孝經」（人事下142）は孔安國註でなく、『玉函祕抄』尊経閣本に「孝經注」とある注意すべき古註である。

◎賈子　「君能爲善……。新語」（帝道下62）は、『玉函祕抄』が編纂に『群書治要』を用いたことに起因する誤りで、本来『賈子』の句である。[5]「三年耕而……。賈子」（人倫222）は直接の採録でなく、『臣軌』下利人章「賈子曰三年耕而……」よりの引用であろう。間接採録の例である。『賈子』第一巻に存する句であるが、『群書治要』にこの句は抄出されていない。

◎鶡冠子　「陶犬無守夜之益……」（人事下262）はこの書に未見。『金樓子』巻四立言篇に同句があるのは、この句が通行の諺であった為であろうか。

◎葛氏外篇　「水積成淵、學積成聖。葛氏」（文事55）は、『玉函祕抄』中、『管蠡抄』三ノ一等より著聞する句であるが、まだ確認するに至らない。

◎韓詩外傳　左の一則、未見である。

桃花水下之時、鄭國之俗、三月上巳於溱洧兩水上、執蘭招魂、祓除不祥也。韓詩外傳（帝道下 130）

諸橋轍次編『大漢和辭典』第一巻「上巳」にこの則が見える。

（顔延之、三月三日曲水詩、注）善曰、韓詩曰、三月桃花水下之時、鄭國之俗、三月上巳、於溱洧兩水之上、執蘭招魂、祓除不祥也、宋書禮志曰、自魏以後、但用三日、不以巳。

漢魏叢書所収の『韓詩外傳』を三読するも未見である。

◎顔氏家訓　この書は、子孫に訓戒を垂れる書であって、中国では広く読まれたようである。伝本につき寡聞であるが、宋本が関係深く思われた。

七月半孟蘭、所望於汝也。顔氏。顔之推臨死誡其子詞也。（帝道下 141）

巻七、終制篇第二十の句と註である。宋本註に「一本無七月半孟蘭盆六字」とあるという。『玉函祕抄』とそれを承けた神宮本に「盆」を欠くのは二書だけの誤りであろう。

書名は、『世俗諺文』上巻「芝蘭友」の註「顔氏家訓《ケンシカケクン》」によれば呉音よみもあった。

◎漢書　後漢書との間に書名の誤りが少々ある。左は「漢書」が正しい。

欲知馬價、先問狗。後漢書（地儀19、92上）

史書に見る佳句が他書にも載ることがある。

目不視靡曼之色、耳不聽鐘鼓之音。（帝道上113、106下）

右は書名を欠く。『文選』巻五十一、賈誼「過秦論」の一節である。『漢書』巻九十五、南粤王傳に載り、『玉函祕抄』中にあるのも、『漢書』よりの句の中である。『明文抄』の『玉函祕抄』重視の傾向から見て、欠字は「漢書」であろう。次の周苛の詞は、『史記』巻八にも『漢書』巻三十三にもある。詞を検して『漢書』巻一上と定めた。

反國之王、難與守城。漢書（武事49、194上）

第二表

漢籍＼部	天象	地儀	帝道上	帝道下	人倫	人事上	人事下	神道	佛道	文事	武事	諸道	雜物	雜事	計
群書治要				9	1	2							1		13
荊楚歳時記	2														2
藝文類聚			1	1											2
孔叢子					1		1								2
孔子家語		1	3	4	6	2	7							1	24
後漢書	6		51	35	14	6	46	1		4	11		2	8	184
―註			1				1								2
莊子			7	4	4	10	10	1		4	1	1	1	1	44
曹植表							2								2
左傳	1		28	27	9	8	20	8			6	6	6		119
周易	2		5	5	2		8	3		1		2			28
史記	3	2	40	49	21	11	46			10	16			4	202
尸子				2	1	1									4
十節記	2			1											3
十節錄	1			1											2
四民月令	1			1											2
尚書	1	2	17	10	7	2	8	3		1	1	5	2		59

周禮	1	5	1 1			3	11
修文殿御覽		1	1 1				3
蜀志	1	1 2	3		1 1		9
——註		1					1

第二表の書について

◎群書治要　中国に佚して、本邦に残る書。全五十巻のうち三巻を欠き、そのまま四部叢刊初編に入る。『明文抄』に十三則も採録されているが、『周易』を始めとする漢籍の要文を抽出したにしては、金言成句とされて諸書に用いられている句がこの中にない。『尙書』『左傳』『禮記』『孝經』等々が収められ、金言成句と言われる詞章も収められている。而るに、この書の中に十三則のうち一則も見当たらないのは、なぜであろうか。解決の端緒も見出せない。今後の調査に俟つべき一群である。

◎荊楚歳時記　三に記述した。『拾芥抄』による。

◎藝文類聚　二則。未詳。符子（人倫58）憑衍車銘（人倫190）はこれよりか。

◎孔子家語　人事上84・85の二則は、後漢書巻三十七、三十九の李賢等註の句である。後者は「韓子外傳貫子曰」とする句であるが、ここでは原典『孔子家語』の句とした。84と共に「家語」と則の末に記すのを採った。

◎後漢書註　一則は帝道上68に載る『後漢書』巻一上、李賢等註である。「蔡邕獨斷曰、皇帝六璽……其文云々 後漢書」とあり、中欠・下略して、註に記されている。『獨斷』巻之上の文である。

他一則は「鲂魚勞則尾赤……家語」（人事下403）を指している。『玉函祕抄』中で「後漢書註」と示された句であるが、この前後と共に誤って「家語」の名で『明文抄』に入ったのである。(6)

◎莊子　この書の発想・論法・表現は平凡を避け、考えさせられる。それで成句が多く、一則に整える苦心もあった。次例は対話者と呼びかけ（傍線部）を除き、一般論とした。『玉函祕抄』において行った形の継承。

　惠子曰、子非魚、安知魚樂。莊子曰、子非我、安知我不知魚之樂。

◎曹植表　陳思王集、巻一、望恩表を指すか。

◎左傳（春秋左氏傳）　一一九則もの大量の成句がある。問題のある句も多い。その一例、

　好不廢過、惡不去善。韓子（四、人事下88）

　右と同じ句が『玉函祕抄』上に「韓子」、『管蠡抄』七ノ十九に「左傳」と載り、双方を取材した『廣本節用集』は「左傳又韓子」とした。調査して『左傳』哀公傳五年に存し、『韓子』にないと判明したが、双方を調査しなければ、決せない。また、『玉函祕抄』の誤りにはその前行の成句の書名が影響した、と一往の理由も必要となる。『明文抄』としては、『玉函祕抄』を尊重する基本態度が裏目に出たといえる。

◎周易　高田真治訳注『易經』を底本として判断した。まず『周易略例』一則（人事下353）を別書とした。『周禮』が「周易」と誤り記される例が見出された。左句は『周禮』巻六、春官宗伯下の成句である。

　六夢一曰正夢、二曰噩夢、三曰思夢、四曰寤夢、五曰喜夢、六曰懼夢。周易（人事上44）

◎史記　使用度数二位の書である。問題点は多い。「人主無過擧」は、帝王の人材登用の公正を言い、また進言することばである。

　人主無過擧。不當有戲言、言之必行之。（帝道上211）

　右は書名を欠き、史記句の次句なので、それとしても、『史記』に「人主無過擧」は二例ある。続く文により巻五八、梁孝王世家と定まる。

◎十節記・十節錄　十節記二則・十節錄一則は『拾芥抄』による。未見の例が残る。

◎四民月令　この書は、二則記されている。一則は『拾芥抄』に見るもので、二則併せて『明文抄』の形で翻字し

てみる。

是日糉子等勿多食。々訖、取昌蒲根七莖各長一寸、漬酒中服之。四民月令（天象44）

七月七日曝經書、設酒脯特果、散香粉於筵上、祈請於河鼓織女、言此二星神、當會守夜者咸懐私願。四民月令（帝道下139）

『拾芥抄』『縮芥抄』に見る書名は「四氏月令」とも読める字であるが、「四氏」に書名としてそぐわない感じが残る。清の銭大昭撰『補續漢書藝文志』子部に左の記事を見て、これかと納得した。

崔寔　四民月令一巻　政論六巻。

『群書治要』巻第四十五に「崔寔政論」とあるのがこれである。本邦の人が『四民月令』を実見したか、書承なのかはわからないが、少くとも実存した書であった。中国の歳時記の類であろう。

◎尚書　中国でも古代の史書・思想書であって、難解である。そのためか、用字・句接続などに誤りが多いようである。復元案に採り上げることが多かった。

◎周禮　周易の条で関連する一則を掲げた。

第三表

漢籍＼部	天象	地儀	帝道上	帝道下	人倫	人事上	人事下	神道	佛道	文事	武事	諸道	雜物	雜事	計
臣軌			2	26	6	5	15				3		2		59
新語			2				2								4
晉書		1	3	3	1	2	9			1			2		22

新唐書	隋書	西京雑記	齊春秋	世風記	説苑	世説	潛夫論	宗書	續齊諧記	孫卿子	大唐六典	大平御覽	太平廣記	唐會要	唐書	唐文粋
				3					2			2				
															1	
	1	2	1		1		1	1			1	2			4	
	1	1		1	1		1		1	1		1			6	
	1	1			2		1			2					1	
					1	2									3	
					1			1				4		2	3	3
													1			
											1		1			
1					2	1	1			1					2	
			1												1	
1						1										
			1		2										1	
2	3	4	3	4	10	4	4	2	3	4	2	9	2	2	22	3

第三表の書について

◎臣軌　唐、則天武后撰、帝王の模範たるあり方を示す『帝範』と共に、臣の軌範たるあり方を示し、封建体制の精神構造を形成した基本書である。ここより生まれた成句は数多い。先人の書、古語などを採り込むことも多い。

もっとも、それは漢籍一般の性質と見える。

◎世風記　四則。中国の民間の季節の行事を述べたもので、『明文抄』に採られた。既述したところ。「孟蘭盆」と書き入れのある一則（帝道下140、128上）は『拾芥抄』にない。編者・刊年未詳。

◎説苑　全十則、うち次則は『文選』になく、『説苑』巻十である。

　　悪生於所忽、禍發於細微。文―（雑事40）

次則は、「管鮑之交」で知られる『史記』巻六十二、管仲列傳の句である。一句置いて後にも同様の句がある。

　生我者父母、知我者鮑叔。同 管仲父也

　管仲曰、生我者父母也。知我者鮑子。士爲知己者死、馬爲知己者良。（人倫170、155下）

前者は『玉函祕抄』中の句で、句末に「史記 管仲詞」とある。「鮑叔」の左に「管仲友也」とある註が「管仲父也」と誤記された。後者は書名を欠く。前者と同じ句を求めて見出したのが『説苑』巻第六であった。「―士爲知己者死、而況爲之哀乎。」更に続く「馬……」は、同意の俚言を付加したのであろう。文証未見。

◎潜夫論　「國之所以……君明也。……其之所以闇者偏信也。新論」（帝道上246、112上）が群書治要を介しての誤記で、潜夫論、明闇第六の句である。既に発表したところ。(7)

◎續齊諧記　三則。その第一、天象は『拾芥抄』に書名を欠いて載る（翻刻あり）。『明文抄』では、「……百倍。續齊諧記」とある。この同話と思われるものが、『荊楚歳時記』の「正月十五日……」の条に載っている。

　呉縣張成夜起、忽見一婦人立於宅上南角、擧手招成。成則就之。婦人曰、此地是君家蠶室、我則是此地之神、明年正月半、宜作白粥之膏於上、祭我也。必當今君蠶桑百陪、言絶失之。成如言、作膏粥。自此後大得蠶、今正月半作白膏、自此始也。

帝道下131の一則もまた『荊楚歳時記』に載っている。

以上で、本書は『荊楚歳時記』の同類と推定される。叢書集成新編、第八二冊に「續齊諧記　一巻　梁　呉均撰
逸史」とある。

◎大唐六典『唐六典』が原名称。享保甲辰（一七二四）七月近衛家凞序の刊本がある。唐、玄宗御撰。三十巻。台湾版（中華民国五十一年十一月初版　文海出版社）による。『明文抄』における引用は、本文校訂・書承として重要であろう。巻第七に工部の管轄として、皇城の四至・城閣などの記事がある。『明文抄』一、帝道上に長文の引用がある。五、仏道にも寺・僧の数が記されている。

第四表

漢籍＼部	天象	地儀	帝道上	帝道下	人倫	人事上	人事下	神道	佛道	文事	武事	諸道	雜物	雜事	計
唐暦		1	4	8			4			2		2			21
貞観政要			22	23	6	2	10			2			1	2	68
通典				2									1		3
帝範	1		7	12	2		8	3	1						34
朝野僉載			1	1	2		6					1			11
典論							2								2
獨斷	1			2											3
南史		1		1						1					3
抱朴子			1			1	8			1					11
白氏六帖					1	1									2

白虎通			1									1	2
風俗通			1									1	2
北史			1	2			2		3				8
墨子			1				1					1	3
孟子							2						2
毛詩	2	1	5	3	8	6	5		2		1	4	37
――註			2										2
文選	6		35	20	26	23	91	2	13	9	4	6	11	246
――註						1	2						3

第四表の書について

◎貞観政要　本書の研究・校訂は、原田種成博士「軍記物語と貞観政要」(8)に始まる研究により一変した。元の戈直校訂、諸家の論説を加えた本により、日本でもこれが通行していたが、唐より早く伝来した善本があって、中古から中世にかけて重視されていたことを見出したのである。我が国の金言成句に見る多量の『貞觀政要』はこの古鈔本によるべきことになる。字句に留まらず、巻・章の異同もある全面的変更となった。

　しかしながら、『明文抄』神宮本の全六十八則の中に、古鈔本に見出されないのが十則も存する。問題はなお残る。

◎帝範　『臣軌』と並び重視された。左則は重出している。

　良匠無棄材、明君無棄士。（帝道下、98・210）

◎朝野僉載　十一則を収む。『世俗諺文』に来、諺や箴言を含むので、注意すべき書であるが、この十一則全て『朝野僉載』七巻、『太平廣記』などの逸文を輯めた補輯にも全く見えない。因みに『世俗諺文』とは「一人在朝、百人緩帯」（帝道上125）、「客久主勞」（人倫158）、「腐粟不可種、老人言可用」（人倫177）が共通する。編者張鷟は『遊仙窟』の著者として知られ、市井の成句が含まれてよい本書の文体内容(9)であるが、全く見えないのはなぜであろうか。

◎典論　「魏文帝撰。今亡びて僅かに帝の自敍文、及び文選五十二巻所載の論文を存するのみ」（大漢和辭典）。『明文抄』に二則、

女無美惡、入宮見妬。士无賢愚、入朝見嫉。典論

凶服象其憂、吉服象其樂。同（人事下81）

前者は、『玉函祕抄』巻上の「典論」とする句で、それは『群書治要』巻四十六の「典論」（著者名なし）の引用であること、明らかである。一方『管蠡抄』巻一ノ十に、この句を含む長句がある。『漢書』巻五十一の、鄒陽の進言の詞の中にある。これと「典論」とは関係があるのであろうか。

◎風俗通　この書名は、通常漢、應劭の『風俗通義』十巻を指す。『明文抄』に風俗通として四則存すが、一則もこの中に見出さない。

俗說曰、衆人同心者可共集、起一城同心、共飮雒陽酒可盡也。風俗通（雜事6）

趙王好大眉、民間半額。楚王好廣領、國人沒頸。風俗通（帝道上171）

右二則は中国の記事であるが、見出せない。

五月五日以五色絲繫臂、壤惡鬼、令人不病……。風俗通（天象39）

五月蓋屋、令人頭禿。風俗通（天象45）

右前者は『拾芥抄』上に「風俗記」、後者は同書に「風俗」とある。『明文抄』の「風俗通」四則は、未詳である。

◎毛詩（詩經）　毛詩で困難を感じるのは、底本を何にするか、対象句の位置（巻章など）をどう示せばよいかである。思案の末、古い校訂であるが、服部宇之吉校訂『毛詩』（『漢文体系』所収、明治四十四年刊）を用いることとし

た。引用はその巻数を用いない。

相鼠有體、人而無禮、胡不遄死。毛詩（帝道下347）

右は『毛詩』鄘風・相鼠の句である。

相鼠有及無禮、人而無儀、不死何爲、人而無禮、何不遄死。

管蠡抄　巻三　誡無禮廿

この段階で句の省略があり、それを更に縮約している。その転ずる様態を記しえないが、成句の形が落着するのに、複雑な過程がある一例として、ここに採り上げてみた。

君近小人、賢者見侵害。毛詩（帝道上147）

これは、邶風、柏舟の鄭玄註である。「豐年之冬必有積雪也。毛詩註」（帝道上147）は未見。

◎文選　司馬六郎編『文選索引』の学恩で、全二三四則の内、未詳は僅か四則である。文選註は索引により検しえないが、註に所在を確認し、前稿に記した。前稿では、欠文の補充なども案を出した。

第五表

漢籍＼部	天象	地儀	帝道上	帝道下	人倫	人事上	人事下	神道	佛道	文事	武事	諸道	雜物	雜事	計
禮記	3		13	39	17	4	9	3		10		6	6		110
——註							1								1
老子經	4		6	2	3	1	4	1		1	2		1	1	26
六韜			1											1	2

呂氏春秋			9	5	3	4		1					22
列　子						2							2
論　語			6	20	16	8	16	2	19	2	3	4	95
――註				1		1	1	1					4
王隱晉書			1	1									2
維城典訓			1				1						2
淮南子	2	1	3	2	3	1	3						15

第五表の書について

◎禮記　儒教の中心書籍として、数多く用いられた。中でも、曲禮上、二十一則、曲禮下、三十一則と偏っている。朱子の重視した大学は三則、中庸は二則に過ぎない。それも「禮記」の名に収められ、特立してはいない。

鄭玄註と合して一則にしている天象38は『拾芥抄』上によるもので、天象48は、註を付加したと明らかにしている。註のみで一則は次例のみである。この点、孝經とは逆である。

君子居安如危、小人居危如安。禮―（人事下392）

なお、帝道上136は、坊記第三十である。三者の引用に混同がある。

子曰天無二日、土二王、家無二主、尊無二上。　坊記第三十

孔子曰天無二日、土無二王。嘗禘郊社、尊無二上。曾子問第七

天無二日、土無二王、國無二君、家無二尊。　喪服四制第四十九

◎老子經　金言成句として引用されるのは『河上公註老子道德經』であった。章句名にも異同がある。『徒然草』など諸書の解釈・施註に留意すべきことを嘗て論じた。(10)

①大巧若拙、②大辯若訥、③大器晩成、④大音希聲、⑤大才當晩成。後漢書（人倫22・23）

①②は『老子經』洪徳四十五、③④は『老子經』同異四十一、⑤は同じく同異四十一「大器晩成」としたいところであるが、『後漢書』巻二十四馬援傳に「大才當晩成」を見出すのである。

使用度数1の書

『明文抄』の部毎に書名を記しておく。

天象　周髀算經。春秋繁露。證類本草。初學記。大戴禮。東京切韻。風俗。風俗記。

地祇　梁書。

帝道上　孝經援神契。漢舊儀。後京雜記。唐蒙求。陳書。天地瑞祥志。任子。物名。本草。

帝道下　漢官儀。魏文帝政書。金谷園記。皇世紀。月舊記。昌言。愼子。世要論。典語。南齊書。白氏文集。傳氏。文中子。袁子正書。

人倫　鹽子新論。音義抄。吳子。三略。周書陰表。政論。憑衍車銘。符子。法言。

人事上　（春秋）穀梁傳。新序。列女傳。

人事下　花子。坤元錄。隨巢子。聲隅子。東觀記。閔子。養生。論衡。

神道　六帖

文事　萬機論

諸道　釋氏要覽。神仙傳。別錄。

雜物　文子。

雜事　魏文帝書。

表1～5は使用度数2以上を示した。その総数に使用度数1の書、和書関係の成句数を加えて、明文抄の全句数となる。

使用度数の多い書は、表1～5で知るところであるが、25位まで挙げてみる。表で別記した「註」は本体の数に含める。

文　選	246
史　記	202
後漢書	184
漢　書	130
禮　記	110
左　傳	119
論　語	95
貞觀政要	68
孝　經	61
尙　書	59
臣　軌	59
顏氏家訓	57
莊　子	44
毛　詩	39
帝　範	34
周　易	28
老子經	26
孔子家語	24
晉　書	22
唐　書	22
呂氏春秋	22
唐　曆	21
鹽鐵論	18
淮南子	15
群書治要	13

史書が上位にあるのは、本紀・世家・列傳の巻、即ち人物が活動し、生気ある言動に満ちる場がある。下命・上奏の撰ばれた表現の場がある。それ故、数多い名言が表現される。『文選』が最上位にあることには、説明を要する。『文選』六十巻の中で、佳句として採られるのは、主に賦、即ち長篇詩の巻であって、表現と韻律を意識した彫心鏤骨の文が集まっている。これが優れた成句の多い理由であるが、見落せないのは、『玉函祕抄』で『文選』を特に重視したことであろう。下巻二〇六則のうち一五〇則までこの書が占めている。この偏重が『明文抄』にも及んでいるのである。

『禮記』『孝經』は古代人の人間性を培った基本書と思われ、『論語』と共に精神の涵養の中心であった。それ以下に挙がってくる書の必然性は、理解できるであろう。十位以下になると、書籍それぞれの特性のある書が並ぶ。今日の我々からは耳遠い書『晉書』などが出てくる。既に『史記』の十分の一程度の使用であって、さらに以下の数多い書の先触れという感じである。

終りに

『明文抄』の復元を目標として、僅かずつの歩みを続けてきた。復元作業の終期に当たり、諸賢の高見を仰ぐべく、本稿となった。現今、数多くの故事成語の解説書、辞典が刊行されている。私はそれを繙くことはしていない。学問の成果としてそれを見るとき、編纂には各書に個性があるべきであるが、それが見えない。金言成句には、日本語の文化史・思想史が関わっていて、先人の大きい業績の蓄積がある。その歩みを回顧し、確認することが、基礎にならねばならない。誰かが試みねばならないであろう。『明文抄』を「それまでの金言成句集の集大成」と考えるのであるが、資料として極めて不完全な現状である。その復元作業の全体像をここに発表して、更なる完整に向かう基盤としたい。復元の全体像と題したが、和書の記述に至らず、真の全体像は和書関係の記述で全き姿となる。その時を期するものである。

注

（1）山内洋一郎「『明文抄』の復元―漢籍起源の句を中心に―」（「国語国文」第七十巻第五号、平成十三・五）
（2）『類書 Ⅱ』、拾芥抄・縮芥抄、解題、矢田勉・山本真吾。（平成十六・三、汲古書院）
（3）『縮芥抄』一九才では「群忌隆集」と読むか。未詳。
（4）和書の数は確定的ではない。『漢籍起源の語彙成句の国語史的研究』（平成10年8月科学研究費補助金研究成果報告書）で『四民月令』を国書に入れたが、漢籍であることが確定した。
（5）山内洋一郎「廣本節用集態藝門金言成句出典考」三2イ注（1）（山田忠雄編『國語史學のために』第二部、所収）

（6）前稿、四。一二ページ。
（7）注（5）に同じ。
（8）原田種成「軍記物語と貞観政要」（『関東短期大学紀要』第十集、昭和三十九年十二月）
（9）中華書局、唐宋史料筆記叢刊。内山知也「朝野僉載考」（日本中国学会報、第二十五集）に諸本が示されているが、未見。
（10）山内洋一郎「徒然草「身を守るにまどし」の典拠をめぐって――漢籍古注釈の注文の受容、『老子』のばあい――」（『文教国文学』第30号、一九九三）、同『野飼の駒――語史論集――』（一九九六、和泉書院）

古代後期日本語の道と路——小右記を中心に——

東辻保和

はじめに

稿者は、日本語の頻用語彙におけるミチの歴史に関心を持ち、前稿『古代のミチ—道路途—』（日本語文化研究第三号、比治山大学）を発表した。今回はそれを受けるものとして、古代後期の公家日記である「小右記・権記・御堂関白記・左経記・帥記・後二条師通記」について考察したところを述べようと思う。

一

右の文献を通じて、使用語彙（人名を除く）を重複しないように列記してみると左の如くである。（　）は、他にその語の用例の存することを示す。

道　一道　道理　諸道　他道　初道　西大道　三条大路　一条大路（道）　四条佐比大道

洞院西大道　馬道　幸道　同道　行道　京路　七道　臨幸道　六道　龍尾道　匣道路

西海道　天道　道事数　上道　本道　往還道（路）　道官人　道路　別道　王道　至

徳要道　参上道　先令道　道々　別路　行啓道　間道　啓道　乗輿道　行幸路　幸路
待賢門内路　枉道　山陽道　南海道　大宮大道（路）　東大路　万里小路（道）　東院大路
陽明門大路　太政官北小道（路）　南小道　道南　道北　東大路　土御門大路　行路　筵道
道行　南大路（道）　東［洞］院東大路　北辺大路　路頭　道橋之宣旨　山陰道　一道使
仏道　道俗　天文道　文道　無避路　路次　道空［虚］日　大納言道　始道　路間　縁道
路中　陣内路　南道　虞夏之道　毎道　往還之道　東［洞］院西大路　七道使文　一道一人
北道　東海道　西海道　備中上道　上東門大路（道）　京極大路　富小道（路）　造路事
道程　禊路用待賢門大路　二条大路　淀道　道々使　入道　馳道　出雲道　河原道　高倉
小道（路）　北陸道　酒道　冷泉院小道　道便　帰路　至道　神道　海路　道守舎　敷
筵道　道俗子　室町小路　承香殿北道　路水　槐路　雲路　儛道　山陰道使　休廬道
巡検路　南海道相撲使　山陰道相撲使　冷泉小道（路）　六角小道（路）　油小路　春日小路（道）
蔵人所道　大炊御門大路　暦道　左道　北大路　承天美道　大行道　夕路　御大路北頭
道官人　道志　木道工　東大御門大路　東［洞］院向［西］大路　相撲屋道　何道　絹縁道　中
隔西方路　陸路　宿曜道　神解小道［勘解由小路］　無道　鷹司小路　陣砌道　子代小道　道
虚［空］日　非道空　不経常路　狂道　革故之道　遮路　中御門大道　非道雑事　北大宮大路
餓鬼道　正道　匣小道　待賢門路　明法道　敬神之道
（以上は小右記より採る）
医道　致路　海道　遮行路　路　世路　道心　陰陽道　町尻小路　桃園路　例道　般
若道　紀伝道　小代路　還路　洞院西路　大宮路　世尊寺北路　大宮東路　明経道　匣路

相人之道　東海東山道　正親町小路　六条南小路　一条北小路　内裏北路
（以上は権記『増補史料大成 4』より採る）
道東　下道　如道
（以上は『御堂関白記総索引』より採る）
路頗雖遠　度大路　東乃洞院大路北　一条院北路　一条大路以北　東大宮大路以東　東道　大
行道　東宮道縁　路案内　路国之界　巡検行幸路　七条大路　於中路臥　自本路帰出　隠居
道心　大臣道　無道官人　不出行云者三日以上道　東面道　三道　参御所道狭路無間　道間
宇治道　東山路　算道　我道　作路　御輿路　神岡南路　園成寺西路　路間　帰宅道
（以上は左経記『増補史料大成 6』より採る）
覆路　亥限小路　始道復座　灌頂道具　還御路　晩路　一条南小路
（以上は帥記『増補史料大成 5』より採る）
陰道　東道　御車道　本路　掖道　路様　廂路　八省路　金丹之路　道虚　朱雀門大路
御馬道路　相路　二条西大路　二条路更北　開路　相馳道　山路　道仏　五雲路　進退
路　通路　陣舎道　遠路　京極路[殿]　醍醐路　中門大路　南山路　六条大路　夾路
匣小路　要路
（以上は後二条師通記『大日本古記録』より採る）

二

右の文献を表記面に注意してみると、例えば、

行幸路（小右記四、100頁）

があるのに対して、

行幸道（小右記六、54頁）

という表記も見られるのである。これらの事象を、単純に路と道とは区別なく用いられたのだと言い切るには、疑問もあるので、ひとまずこれらと同類の事象を掲げて見ることにする。引例は特に断らないものは、『大日本古記録小右記』（一〜九）からであり、その冊と頁とを記す。

行幸道（六、54）	行幸路（三、196）
上東門大道（四、77）	上東門大路（四、100）
万里小道（六、210）	万里小路（三、159）
陽明門大道（六、116）	陽明門大路（八、108）
富小道（四、204）	富小路（六、223）
大道（四、126）	大路（四、126）
冷泉院小道（七、14）	冷泉院小路（七、113）
一条大道（一、32）	一条大路（四、125）
西大道（一、26）	東院西大路（八、108）

南大道（四、6）　南大路（四、6）
春日小道（八、108）　春日小路（六、223）
室町小道西頭（八、166）　室町小路（六、11）
油小道（七、59）　油小路（六、217）
本道（後二条師道記下、155）　本路（後二条師道記下、122）
往還之道（権記一、141下）　往還之路（左経記、273下）
海道（権記一、16下）　海路（九、23）

以上の諸例に依れば、「道」と「路」の双方が用いられた語彙は、交通の道筋となっていたミチに限られていると考えられる。但し、両語詞の用法が同じと言うのではないようである。次の事例によって、そのことが察せられる。

内大臣依召参御所、其後諸卿就食、此間供御膳歟、及未剋寄御輿、行幸道多以深泥□卿執燎（小右記六、54）

今日卯時左大臣家西門西門行幸路、往還之道而已○人万（小右記三、196）

右の両事例について見るのに、前者は諸卿が随行し、多くのかがり火を持ち御輿が出かける。天皇の通って行く道を「行幸道」と言い、後者では、天皇の左大臣家に行くときの西門の通路ではあっても、その道は万人が行き帰りする道で、「行幸路」という。

余報云、持神璽・宝剣歩行大路、此度新儀歟、大道車馬行路也（小右記四、126）

皇位の印を持って歩く大道は「大路」、此れに対して「車馬」の行く道ならば「大道」とする区別を示すこともあるのであろうか。

一方、律令制度時代に、「五畿七道諸国」（例えば権記一、93上）といわれた山陽道・南海道・西海道等々基幹の行政区画をいう語彙については、一貫して「道」が用いられていて、「路」と選択併用された事例は見当らないようである。「天道」「王道」の場合も、これに準じて理解される。

　余奏無超越之心歟、此度事所不思議也、只任天道了、（小右記二、16）

この事例では、天皇が実資を大納言に任じようとするのに対して、実資は天の道理、即ち天命に任そうと考えた。

又、

　思昨日事、弥知王道弱臣威強（小右記三、16）

この事例では、「王道」は仁徳を本とする古代の王者の権威・政治思想の表れであり、「天道」同様、儒教思想における根本理念なのである。「路」とも選択併記され得た「道」とは、価値を異にしていると言うべきかもしれない。「路」と選択併記された事例の見えない、次の「道」語彙にも通じ得るであろう。（引用の典拠は一例とする。）

天文道（権記一、18下）	明経道（権記二、227下）	木道（小右記七、133）
医道（権記一、44下）	行道（師記、39上）	宿曜道（小右記八、23）
暦道（権記一、135上）	知道（小右記四、280）	明法道（小右記八、230）
仏道（権記一、190上）	非道[之望]（小右記五、155）	餓鬼道（小右記九、81）
陰陽道（権記一、251下）	神道（小右記五、114）	[背]正道（小右記九、88）
般若道（権記二、76下）	酒道（小右記五、55）	
紀伝道（権記二、85上）	儛道（小右記六、87）	

右に列挙したものは、古く「諸道」と言われてきたものである。ここで特に述べておきたいのは、「儛道」と「木道」とである。「儛道」については、

　左兵衛府生大友成道可賞進、而儛道第一政方也、彼所申無例、相共不賞進、（小右記六、87）

とあり、文献の上欄注記によれば、「藤原頼通舞人中第一ノ者ヲ賞セントシテ実資ニ諮ル」とある。又、「儛」には

「被儛人」(小右記七、235)、「大神祭舞人」(同前)、「儛姫」(同九、71)、「儛師」(同九、73)等の事例のあるように、「舞」には芸道としての地位が与えられていたものと考えられる。「芸術」(学問・技術)の一分野に数えられていたか。次のような事例が『大間成文抄』第七、四八六頁(新訂増補史籍集覧 別巻一)にある。

右貞材、久歯算道、多習芸術、視其才幹、尤堪勾勘、望請、天裁、以貞材被拝任算師雅親転属之所、将令知至道之貴矣、

これに比して、次の「芸」や「雑芸」とは異なるものであろう。

又自近江守許送歌女二人、又亭主相具□師散楽等各尽其芸、(帥記、130上)

有朗詠声、予着奥座、依右大臣被示予勧盃、各及淵酔、雑芸無数、子刻被始神楽、暁更事訖、(帥記、141上)

次に「木道」について述べる。

大略十一月中択吉日可遂、向陰陽師可一定、召木道工・車造・錦織手等令仰之、(小右記八、155)

これは「きのみちのたくみ」と訓まれるが、古語辞典では、「木工」を「こたくみ」と訓み、「きのみちのたくみ」に同意だとされている。源氏物語(帚木)に「きのみちのたくみ」とあるのは、一般にはこちらが用いられたのであろうか。「木道」は、木を材料として様々なものを作り出すこと、及びそれらの作業をする人を意味したと考えられる。「たくみ」はその意味を確実化するものと理解される。かくして、この語における「道」は、他と同様に、方法、技術、作業等の意味に解することが出来るであろう。

三

最後に、「道」と選択併用された事例の見えない「路」語彙を、小右記から挙げてみよう。これには、大路、小路、

「○路」の三通りがあり、その内「オホチ」「コウチ」は動かないであろうが、「○路」の方は古代にどのように呼んだかは、なかなか難しい。しかしいずれにせよ、人間の通行する路の幅の広い、都の主要な「大路」、大路から分かれた、幅の狭い「小路」、その区別を要しない「○路」に分けられていたのであろうと思われる。

土御門大路（三、250）	四条大路（七、212）	巡検路（六、124）
東大路（三、159）	東院東大路（九、81）	東洛室町小路（六、244）
東院大路（三、224）	北大宮大路（九、70）	春日小路辻路（六、244）
陽明門大路（三、224）	洞院之西路（一、35）	幸路（七、59）「行幸路」ニ同ジ
北大路（五、124）	内路（三、69）	大内裏中隔西方路（七、180）
東洞院大路（六、223）	行幸路（三、196）	待賢門路（九、62）
大炊御門大路（六、244）	万里小路（三、159）	陸路（七、181）
北辺大路（七、78）	室町小路（六、11）	海路（九、23）
東大御門大路（七、145）	行路（四、250）	常路（九、23）
京極大路（四、204）	無避路（四、44）	遮路（九、47）
待賢門大路（七、29）	槐路（六、63）	帰路（八、107）
二条大路（四、2）	雲路（六、63）	

有情物の存在を表す「アリ（アル）」と「ヲリ（オル）」「ヰル（イル）」

柳田征司

一、はじめに

物事の存在を表す語についての研究は、一九五〇年代にはじまり、一九八〇年代から金水敏氏の研究を中心に大きく展開して、この問題の全体像が見えて来た。筆者も柳田（一九八五）で扱い、存在を表す語と深くかかわる進行態・既然態表現についても論じたことがある。(1) しかし、解明されるべき問題はいまだ多く残されている。その中で筆者の立場からどうしても明らかにしたい問題が二つある。一つは有情物の存在を表す「アリ（アル）」と「ヲリ（オル）」「ヰル（イル）」とがどのように使い分けられているのかということであり、もう一つは「オル」と「イル」とが変遷して行く中でどうして今日のような方言分布をすることとなったのかということである。本稿は前者の問題について考えてみようとするものである。この問題についても柳田（一九八五）で筆者の解釈を提出したのであるが、紙幅の関係もあって先学の研究に触れることが少なかったこともあり、筆者の解釈の後にも多くの考えが提出されているので、それらをも踏まえて、筆者の考えるところを論じてみたい。

二、諸研究の展望

存在を表す表現についての参考文献については金水（一九九九a）に詳しい。[2] その中から有情物の存在を表す「アリ（アル）」と「ヲリ（オル）」「ヰル（イル）」について展開されて来た諸論文を抜き出し、これに管見に入った論文を加えて、展望する。[3] それらの論文は二類三種に分けられる。

第一類　過去の言語を対象とする論文、または現代語をも対象とするけれども主として過去の言語の側から考察する論文

第二類　主として現代語を対象とする論文

第一種　有情物の存在を表す語として「アル」と「イル」または「オル」を併用する方言を対象とする論文

第二種　有情物の存在を表す語として「アル」を専用する方言（八丈島方言・南紀方言）を対象とする論文

南紀方言の存在表現については、はじめ佐藤（一九七九）金水（一九八四）によって日本語の存在表現の最も古い姿をとどめるものと見られたが、丹羽（一九八五・一九九五）はその方言分布から「アル」が新しいものであるとの解釈を示した。これを踏まえて金水（一九九六）は「アル」専用方言の歴史的位置づけを試みているが、筆者は、八丈島方言と南紀方言とが、いつ、なぜ「アル」専用方言にならなくてはならなかったのかについて、説明する用意がない。そこでこの問題については本稿では扱わない。なお、また、主として現代語を対象とする論文が扱う言語は東京方言かと見られるが、必ずしも厳密でない。愛媛県松山市方言を身につけている筆者は人の存在を「アル」で表すとされる用法のうち多くを「オル」で表すように思われる。例えば、「昔あるところにおじいさんとおばあさんがおったんじゃと。」というように言う。朝日新聞一九七二年一〇月九日声欄の東京都在住（出身不明）の婦人（六〇歳）（三

浦（一九七五）指摘）や丸谷才一（一九八二a）が昔話の冒頭の「アル」に違和感を覚えたのも方言差がかかわるのかも知れない。今後各地の方言における用法を精査する必要があるが、本稿の考察の範囲では大きな影響はないと考える。また、諸研究が扱う過去の言語が奈良・京都のことばで、現代語が東京方言である点も、筆者は東京方言も京畿のことばから変化したものと考えるもので、本稿の考察の範囲では大きな問題はないものと考える。

さて、そう考えた上で、現代語を対象とする諸研究が有情物の存在を表す「アル」と「イル」との使い分けをどのように説明するかを見ると、理論的に使い分けを論じる論文は一つの原理で説明しようとし、外国人に対する日本語教育のためという実用的な研究は作例によって「アル」の用法を列挙する傾向がある。当然のことであろう。具体的な用法を列挙した後、一つの観点に集約する論文もある。

〈一つの観点で説明するもの〉

○三上（一九五三・一九五四・一九六九・一九七〇）佐治（一九七八・一九八四）北原（一九八四）

イル＝能動、アル＝所動。また、アル＝不特定の人間

能動詞とは受身になる動詞、所動詞とは受身にならない動詞という。また、「アル」は不特定の人間の存在を表すとする。ただし、所動と不特定との関係は明確に論じられていない。また、三上（一九五四・一九六九）では非情視・無生物扱い・品物扱いという語も見える。佐治は、三上に従うが、意志・非意志という言い方もする。北原は不特定の人間の方を継承する。

○国広（一九六七）　イル＝自発性に基づく存在を継続相において把捉、アル＝存在を客観的固定的に把捉

○三浦（一九七五）　イル＝動きまわるものと把握、アル＝動かない時や動きを捨象して静止的に把握

○丸谷（一九八三b）　アル＝物扱い

○大鹿（一九八四）　イル＝量的場所の存在、アル＝質的場所の存在

○柴田（一九八六）　イル＝停止中の状態、アル＝存在

○金水（一九八七）　イル＝動的主体の場所占有、アル＝ある心理的な領域に対象を設定するタイプの存在表現

○原沢（一九九三）　イル＝具体、アル＝抽象

○金水（一九九六）　アル＝抽象的な存在、「抽象的（即ち無意志的）」（一八一頁）ともあり。金水（一九九八）では「抽象的概念的存在」（六七頁）とする。

○鈴木（一九九八）　イル＝特定、アル＝関係・状態

○山口（二〇〇四）　イル＝時間の経過につれて変わると思われるあり方、アル＝そのままそこに存在し続けるあり方。「それ（柳田注、ゐる）は、或る一時点のことを描写するものである。それだけ、「ゐる」の表す内容は「あり」と比べて具体的である。」（二三五頁）とも。

〈「アル」の用法を列挙するもの〉

○屋久（一九六七）　高橋・屋久（一九八四）による。

1、所有のカテゴリーに属するもの、2、おこり・おこなわれのカテゴリーに近いもの、3、聞き手のまだ知らない人や動物を登場させて、新しい場面を設定する場合、4、一定の属性をもった場所に、一定の属性をもった人や動物が存在することをあらわす場合、5、場所を限定せず、あるいは「世間」とか「世の中」というばく然とした広い範囲の中に、一定の属性をもった人や動物が存在することをあらわす場合、6、メンバー全体の中に、メンバーとしての属性の他に一定の属性をあわせもったメンバーが存在することをあらわす場合、7、組織体の中に、一定の属性をもった人や動物が存在することをあらわす場合

○高橋（一九七四・一九八三）　ただし、前者は1・2・4のみ。

1、ヒトが所有の対象となる所有構文（屋久1）、「わたしには一人の叔母があります。」

2、範囲・わくぐみの中の存在（屋久567）、「そのなかに一人まだ若い男があった。」

3、居住地での居住（屋久34）、「中村に大作という男があった。」

4、「コトがアル」（屋久2）、「きょうお客がある。」

以下の研究は屋久・高橋と同じ用法を指摘する。2を部分集合と呼んだりするなど、説明のしかたが異なるものがあるが、原則として一々記さない。

○森田（一九七七）1・3、

○佐治（一九七八・一九八四）1・2・3、

○浜田（一九八一）1・3、

○寺村（一九八二）1・2

○金水（一九八四）1・2・3、ただし、3を2と同じ用法と見る。

○金水（一九八七）1・2・3、ただし、2を属性による対象の分類とメンバーの例示に分ける。

○丸谷（一九八三b）1のほかに、物扱いにする時、ナイの反対語としてのアルを挙げる。

○佐治（一九八六）所引邢　1〜4をくわしく検討するほか、物扱い、マイナスの表現を挙げる。

「イル」と「アル」との違いを一つの観点から説明する説がさまざまであるのに対して、「アル」の具体的な用法は屋久・高橋が挙げたところに収斂している。ただし、収斂するとはいっても、その内実と外延についてはなお精査・考察を必要とするようである。更に、それ以上に問題であるのは、そのような用法の時になぜ「アル」が用いられるのか、または用いられることがあるのかが説明されていないことである。

さて、ここで歴史的視点を導入して来ると、昔話等の冒頭の「アル」が『竹取物語』や『伊勢物語』の冒頭に見える「アリ」の残存であることは明らかである。また、瀬良（一九五七）は所有の「アリ」が早く『万葉集』に見えることを指摘し、金水（一九八四）は所有と部分集合の例を平安時代の作品から示している。現代語における有情物の存在を表す「アル」の用法の多くは古く行われていたものが残存するもので、それがさまざまな変容を受けているのであろう。そうであるならば、「アル」と「オル」「イル」との使い分けについては古くさかのぼって、過去の言語における使い分けから考察を進める方が理にかなっている。そこで、主として過去の言語を対象として有情物の存在を表す「アリ」と「ヲリ」「ヰル」とについて考察した論文を見ると、その使い分けを次のように捉えている。主として対象としている時代を示した。

○高田（一九五七）上代　　アリ＝Ⅰ抽象性を含んだ事物が存在、Ⅱ具体的事物がある状態を占めて存在

○瀬良（一九五七）上代　　アリ＝一つのものとして捉えられている、事物と同じく静的な存在

ヰル・ヲリ＝行為的存在、現実に働くものの存在

○沼田（一九七九）中古　　アリ＝その人・動物は抽象的場所（広い場所）に存在し、それ故観念的な存在を表す

ヲリ・ヰル＝その人・動物は具体的場所（狭い場所）に存在し、それ故実際に位置を占めて存在していることを示す。このほか存在主体の表現のされ方を問題にする。

○大野（一九八〇）　　アリ＝語源、生ル（生まれ出る）から、出現する

ヲリ＝語源ウ（坐）＋アリから、そこに坐っていて動かない、残留する

○金水（一九八二）中世を中心に上代・中古も

アル＝未知・不特定・初出などの性格を持つ。人物を抽象的・観念的に措定する表現。このタイプの表現ではどこに存在するかという情報は必ずしも重要ではなく、場所的情報を欠くものもある。また、述語のアスペクチュアルな性格から見ると、時間を捨象した状態性判断であるといえる。このほかに、人の生死に関する表現と、所有の用法とがある。

イル＝具体的な空間の占有を表す。動作・行為性の強い表現

○柳田（一九八五）　アリ＝無意志動詞、ヲリ＝意志動詞

「アリ」を抽象的、「ヲリ」「ヰル」を具体的と捉える考え方が主流を占めようとしているが、そのように集約してしまうと、「アリ」と「ヲリ」「ヰル」とになぜそのような違いが存するのかが見えにくくなってしまうと思われる。

三、『竹取物語』『伊勢物語』の「アリ」と「ヲリ」

早い時期の、有情物の存在を表す「アリ」と「ヲリ」との使い分けを見るために先ず『竹取物語』に用いられた例を見る。日本古典文学大系によって見ると、その用例は次のようになっている。(4)

「アリ」の例

①かぐや姫のいはく、「月の宮古の人にて、父母あり。（中略）」と言ひて（六〇頁6行）

②翁のあらむ限りは、かうてもいますかりなむかし。（三二頁5行）

③この女見では、世にあるまじき心地のしければ（三四頁5行）

④生きてあらむかぎりは、かくありて、蓬萊といふらむ山に逢ふや（三七頁12行）

「ありきて」の本文がよいか。

⑤いまは昔、竹取の翁といふもの有（り）けり。（二九頁2行）

⑥かの国の人来なば、猛き心つかふ人も、よもあらじ（六二頁4行）

⑦⑧大伴のみゆきの大納言は、わが家にありとある人召し集めてのたまはく（四五頁3行）

⑨光みちて清らにてゐたる人あり（五六頁13行）

⑩ある人の、「月（の）顔見るは忌むこと」（と）制しけれ共（五八頁10行）

⑪「（略）」と問はせ給ふに、ある人奏す（六六頁12行）「或る人」と解する説もあるが、「そばにいる人」とも。

⑫わが弓の力は、龍あらばふと射殺して、頸の玉は取りてん。（四七頁1行）

⑬船にあるおのこども国に告げたれども、（四八頁9行）

⑭かぐや姫のある所に至りて見れば、なを物思へる気色なり。（五九頁3行）

⑮望月の明さを十あはせたるばかりにて、ある人の毛の穴さへ見ゆるほどなり。（六三頁2行）

⑯脱ぎをく衣に包まんとすれば、ある天人包ませず（六五頁5行）

「ヲリ」の例

⑰をる人だにたはやすく見るまじき物を（三〇頁8行）

⑱この守る人々も弓矢を帯して、母屋の内には、女どもを番にをりて守らす。（六一頁11行）「す」は「をり」にもかかるか。「番にをきて」の本文もあり。

⑲翁、塗籠の戸をさして、戸口にをり。（六一頁13行）

⑳屋の上にをる人々にいはく、「つゆも、物空にかけらば、ふと射殺し給へ」。（六一頁14行）

㉑「こは高になのたまひそ。屋の上にをる人どもの聞くに、いとまさなし。（下略）」（六二頁7行）

㉒もて到りて、唐にをるわうけいに、金をとらす。（四一頁15行）

「アリ」が、用例も多く、広く用いられているのに対して、「ヲリ」は限られた場合に用いられている。柳田（一九八五）では、『時代別国語大辞典上代編』が「ヲリ」について、「単に動かずに居るというのではなく、何かをするために一つのところに待機している意の例が多い」と指摘することを引いて、⑲の例を取り上げ、翁がかぐや姫を月の都の者たちから守るためにそこに居る点に注目した。そして、語り手が、翁の存在を意志的・意図的なものと捉えて「ヲリ」と表現していることを述べた。⑱⑳㉑も同じくかぐや姫を守るためであり、⑰はかぐや姫に仕えるためである。㉒だけは目的をもって居る例ではない。この例で注目されるのは、わうけいという人物が㉒の表現よりも前に「その年きたりける唐船の、わうけいといふ人のもとに、文を書きて、(下略)」(四一頁12行)と既に出て来ているということである。⑱〜㉑の「ヲリ」も既出の人物の存在を表している。既出の人物の存在が常に意志的な存在であるということにはならないけれども、既に話の中に登場している人物の存在を改めて述べるということはその人物をめぐって次の何かが起きることを述べることになるわけで、その人物の存在を意志的なものと捉えることになりやすいのではないか。「ヲリ」は、ある目的をもって人が意志的に居る場合と、既に話題の中に登場している人の存在を表す場合とに用いられていると言える。

他方、「アリ」の方を見ると、その用例は次のように類別できる。

所有 ①

人がこの世に生きていることを表す場合 ②〜④

昔話等の冒頭における表現 ⑤

冒頭以外で初出の人の存在 ⑥〜⑪

既出の人・有情物の存在 ⑫〜⑯

所有の意の場合に現代でも「アル」で表現されやすいのはなぜなのか。それについては、森田(一九八九)の次の考察が参考になると思われる。

「家族、扶養家族、旦那、妻、配偶者、連れ合い、兄弟、連れ、子供、お子さん、恋人、知り合い」など、しばしば「ある」で示される。単に〝私のもの〟という意識ではなく、〝そこから縁を切ってしまうことができない相手〟という意識が根底にある。「私にはお手伝いさんがある」などは無理だが、「味方がある/手下がある/

子分がある／敵がある／ライバルがある」などは可能でろう。（九〇頁）

①の「父母あり」は動かしがたい事実としてあり、その存在が、父母の意志や、更にはその子ども（かぐや姫）の意志をも超えたものとしてあることを表現しているものと解される。これとよく似た把捉がされているのが、②〜④の、人がこの世に生きていることを表す例である。この世に生きて存在していることを、その主体の意志を超えた、動かしがたい事実としてとらえた表現が「アリ」なのであろう。

⑤は、話の冒頭に用いられた例で、不特定の人物の初出なども捉えられて来た例である。このような場合に後世まで「アリ」が用いられるのは、竹取の翁が何かを行うためにそこに居るということを表現しようとしたものではなく、竹取の翁という者が居たということを読者に提示している表現だからである。

⑥〜⑪の例は、話の冒頭ではないけれども、不特定の人が話題の中に初めて出て来る表現である。金水（一九八四）は昔話等の冒頭の例を部分集合の例と見たが、筆者は逆に部分集合と呼ばれて来た例を不特定の人の初出と見たい。初めて不特定の人を話題に出す時は、昔話等の冒頭だけでなく、「アル」が用いられやすいのではないか。それは、その人を話題に出すことが目的であって、その人が何かを行う目的をもってどこかに居ることを表現しようとしているのではないからである。

⑫〜⑯の「アリ」は、既に話題になっている人の存在を表す例で、「ヲリ」で表現されてもよい例である。⑬の「アリ」は⑳㉑の「ヲリ」と、⑮⑯の「アリ」は⑰の「ヲリ」とその用法が類似する。

参考までに右の「アリ」がどのように現代語訳されているかを『日本古典文学全集』（小学館　一九八五・二、第一五版）と三谷栄一『竹取物語評解』（有精堂　一九五六・二、第一九版）によって示すと次の通りである。

①　あります（九八頁5行）　ありますす（二八四頁15行）

②　いる（五五頁28行）　生きている（一三七頁19行）

③　生きていられない（五八頁21行）　生きておられそうもない（一五六頁2行）
④　航海をつづけ（六四頁1行）　漕ぎ廻って（一七三頁18行）
⑤　いた（五一頁2行）　おった（一一三頁2行）
⑥　ありますまい（一〇〇頁28行）　ありますまい（二九四頁8行）
⑦⑧　ありったけの（七五頁9行）　あらゆる（二一六頁13行）
⑨　ある（九二頁16行）　ある（二六八頁14行）
⑩　いる（九五頁10行）　ある（或）（二七六頁14行）
⑪　ある（或か）（一〇七頁20行）　ある（或）（三一五頁16行）
⑫　いたら（七八頁1行）　いたら（二二二頁1行）
⑬　乗っていた（八〇頁7行）　乗り込んでいる（二三〇頁3行）
⑭　いる（九六頁4行）　いる（二七七頁12行）
⑮　いる（一〇二頁10行）　いる（二九八頁17行）
⑯　そこにいる（一〇五頁16行）　その場にいる（三〇九頁9行）

①〜⑪と⑫〜⑯とでは、前者の場合には「ある」が用いられることがあるのに対して、後者の場合には「いる」が用いられている。

次に、地の文の例について「アリ」と「ヲリ」で表現された主体を見ると次のようになっている。

〈「アリ」の主体〉

かぐや姫に仕える人⑩

かぐや姫を守るために集まった人々⑮

大伴の大納言に仕える者たち⑦⑧⑬
竹取の翁⑤
かぐや姫⑨⑭
天人⑯

〈「ヲリ」の主体〉
かぐや姫に仕える人⑰
かぐや姫を守る女ども⑱
かぐや姫を守るために屋上に居る人々⑳㉑
唐の商人わうけい㉒
竹取の翁⑲

両者の主体はかなり共通するが、「アリ」の方にはかぐや姫と天人の例があって、「アリ」の方が敬意度が高い可能性が考えられる。自発の助動詞「ル」が尊敬の意を生じるように、意志動詞「ヲリ」よりも無意志動詞「アリ」の方が敬意度が高い可能性は大きい。しかし、用例が少なく明らかでない。

次に、同じく日本古典文学大系によって『伊勢物語』の例を見る。ただし、定家本にない章段は対象からはずした。『伊勢物語』には明確に本動詞として用いられた「ヲリ」は一例しか見えない。

○おとこ、弓籙を負ひて戸口にをり。（一一四頁8行）

この例は、盗み出した女を守るために意志的に居る場合に用いられている。ただ、「テヲリ」の形で冒頭に用いられ、進行態・既然態表現とは解しにくい「ヲリ」の例が一例ある。異文はない。

○むかし、心つきて色好みなるおとこ、長岡といふ所に家つくりてをりけり。（一四二頁8行）

この例は「ありけり」とあってよい例で、筆者の説にとって都合の悪い例である。冒頭の例であるから、他の説にとっても説明できない例ということになるであろう。

このほかは「アリ」が用いられている。『竹取物語』に見えなかった例としては、「コトがアル」と説明されて来た例が一例見える。

○野にありけど、心は空にて、こよひだに人しづめて、いととく逢はむと思（ふ）に、国の守、斎宮のかみかけたる、狩の使ありときゝて、夜ひと夜酒飲みしければ、（一五一頁11行）

所有と見られる例は八例存する。『竹取物語』の例は親属の例であったが、『伊勢物語』には親属の例（七例）、親（一三四頁10行・一六二頁14行）、子（一六七頁3行）、男・女（一二三頁9行・一六七頁3行・一七五頁5行）、妻（一一六頁10行）のほかに友の例がある。

○むかし、おとこ、いとうるはしき友ありけり。（一三八頁5行）

次に、人がこの世に生きていることを表す場合の例が四例（一一六頁3行・一一七頁13行・一四八頁14行・一四八頁14行）見える。（5）段の冒頭に用いられた例は、「昔男ありけり」が二二例あるほか、次のようなその他の表現が一〇例見える。

○むかし、紀の有常といふ人有（り）けり。（一二二頁4行）

冒頭以外で初出の人の存在を表す例は二二例見える。「なり（＜にあり）」二例を含む。

○これは、二条の后のいとこの女御の御もとに、仕うまつるやうにてゐ給へりけるを、かたちのいとめでたくおはしければ、盗みて負ひていでたりけるを、御兄人堀河の大臣、太郎国経の大納言、まだ下らうにて内へまいり給ふに、いみじう泣く人あるをきゝつけて、とゞめてとりかへし給うてけり。（一一五頁1行）

「泣く人」は既に語られている人であるが、ここは語り手が堀河の大臣と太郎国経の大納言の立場に立って初めて気付いた人として表現しているものと見られる。このような例も初出と見た。既出の人の存在に「アリ」を用いた例は四例（一四二頁10行・一四四頁14行・一四七頁5行・一五一頁3行）である。

「アリ」と「ヲリ」との間に待遇差があるかどうかについては「ヲリ」の用例が少なくて明らかでない。なお、話の冒頭の場合でも敬意を表すべき人が主体である場合には「アリ」ではなく、次の形が用いられている。

おはします　天皇（一三三頁10行・一五五頁4行）女御（一五六頁2行）親王（一三六頁9行・一五六頁4行・一五八頁14行）

おはす　太政大臣（一六九頁10行）

いまそがり　大臣（一五八頁2行・一六九頁6行）

以上『竹取物語』と『伊勢物語』の用例からわかることを要約すると次のようになる。

1、有情物の存在を表す語としては「アリ」が多く用いられ、「ヲリ」は例が少ない。

2、所有を表す場合、人がこの世に生きていることを表す場合、冒頭を初めとして不特定の人の初出の場合、事柄の生起を表す場合には「アリ」が用いられている。これはその主体の存在が無意志的であると把握したものと見られる。(6)

3、既出の人の存在を「アリ」で表現することもある。その場合はその存在が無意志的であると把握したものと見られる。これに対して、「ヲリ」は、目的をもって、意志的に存在することを表すか、既出の人が居ることを表す。ただし、これで説明できない「ヲリ」の例が一例『伊勢物語』に見える。

4、「アリ」と「ヲリ」との間に敬意の差があるかどうかは明らかでない。高い敬意を表すべき場合には無意志・意志よりも敬意の方が重視されている。

四、意志と無意志

動詞は意志動詞と無意志動詞とに分けることができる。使役の助動詞「ス」（下二段活用）「サス」（同前）が生じたことによって、この二元的把握は、ヲ格をとるかとらないかという違い、即ち他動詞と自動詞という把握にとってかわられることになる。そのようにして、現代日本語では意志動詞・無意志動詞という意識は弱まって来ているけれども、古くはある動作・作用が意志的・意図的になされたか無意志的・自然に起きたかの違いが重要な関心事であった。

存在を表す動詞「ヲリ」が生まれて来る以前、日本語の存在を表す動詞は「アリ」一語であった。従って、この動詞は、意志なきものの存在も意志あるものの存在も、意志あるものの意志的な存在も無意志的な存在も、いずれの場合の存在も表していたと見られる。しかし、動詞を意志動詞と無意志動詞とに分ければ、「アリ」は、大野（一九七七）が言うように「生レ」と同源で、無意志動詞であったと見られる。そこに、有情物など動くものが坐ったり停止したりする意を表す動作動詞「ヰル」の古い終止形「ウ」に、その動作の継続を表すために「アリ」が付いて融合し、「ヲリ」が生まれる。[7]「ヰル」は意志動詞であるから、「アリ」がついて継続の意を表すようになっても、「ヲリ」全体は意志動詞であった。従って、「アリ」と「ヲリ」との関係は、あらゆる存在を無意志動詞「アリ」で表現していたところに、意志動詞「ヲリ」が生まれて、意志的な存在の表現の部分を分担して行ったものと把握されるべきである。「ヲリ」が生まれてから後の「アリ」は、「ヲリ」が存しなかった時のそれとは少しずつ変容し、無意志的な存在の表現の部分を分担して行ったはずである。しかし、もともと「アリ」は意志・無意志の別なく存在全般に用いられていたのであるから、「ヲリ」が生まれた後も「ヲリ」と同じ内容の表現に「アリ」が用いられることがあって当然である。「アリ」と「ヲリ」とが類似の文脈で用いられた例があるのはそのように理解される。しかし、この場合も表現者の把握のしかたには無意志的・意志的という違いがあるものと解される。

後世、有情物の存在は「イル」「オル」が、非情物の存在は「アル」が表すという方向に動いて行くけれども、有情物の存在に「アル」が用いられる部分というのは最も無意志的な存在を表す部分であると見てよいのではないか。

五、おわりに

筆者は、意志・無意志という視点から日本語の歴史に光を当てる必要があるのではないかと考えるようになり、次のような問題について考察を進めて来た。

他動詞の「ス」（四段活用）と使役の「ス」「サス」（下二段活用）

「活用語の語幹末に生じた母音連続（続）」（上）（下）（『国語国文』　一九八五・五、六、『室町時代語を通して見た日本語音韻史』（武蔵野書院　一九九三・六）に収める）

「修行者あひたり」型表現

「「修行者あひたり」型表現の定義と範囲」（『愛媛国文と教育』23　一九九一・九）

「「修行者あひたり」型表現の来由」（『文化言語学――その提言と建設』三省堂　一九九二・一一）

意志動詞の無意志的用法

「意志動詞の無意志的用法――あわせて使役表現のいわゆる許容・放任・随順用法について――」（『国語学論究　5　中世語の研究』明治書院　一九九四・一二）

本稿では、有情物の存在を表す「アリ（アル）」と「ヲリ（オル）」「ヰル（イル）」の問題が意志と無意志の問題の重要な一角を占めるのではないかということを論じた。本稿で論じたところが認められるとして、ここにおける意志・無意志という二元的把握がどのように弱まって行くのかについては今後解明される必要がある。また、「ヲリ」と「ヰル」との関係、人と動物との関係、敬語表現との関係、非存在表現との関係なども残された問題である。

注

（1）拙著『室町時代語資料による基本語詞の研究』（武蔵野書院　一九九一・七）

（2）金水氏のホームページ中「言語学特殊講義演習資料」にも参考文献が挙げられている（二〇〇五・四・一現在）。

（3）金水（一九九九a）に見える論文は省略したかったが、本稿の読者が一々それに当たるのは不便であると思われるので、省略しないこととした。

三上　章（一九五三）『現代語法序説』刀江書院　一九五三・六（くろしお出版　一九七三・六によった）

三上　章（一九五四）バス・ガアルに代って『言語生活』　一九五四・一　『三上章論文集』（くろしお出版　一九七五・六）に収める。

風間　力三（一九五五）「ゐる」の意味史『甲南大学文学会論集』2　一九五五・二

高田　昇（一九五七）存在を表わす「あり」について――「ゐる」「をり」の比較を中心に――『国文論叢』6　一九五七・一一

瀬良　益夫（一九五七）万葉集における有情とその存在の表現――「ゐる」「をり」を中心として――『語文研究』6・7　一九五七・一二

飯豊　毅一（一九五九）八丈島の語法　国立国語研究所『ことばの研究』秀英出版　一九五九・二

村内　英一（一九六二）和歌山県方言　楳垣実編『近畿方言の総合的研究』三省堂　一九六二・三

国立国語研究所（一九六七）『日本言語地図』2　一九六七・三

屋久　茂子（一九六七）言語効果研究室41年度研究補助員研修報告書　ガ格の名詞と組みあわされる「ある」の用法

―(あわせて)「人がある」と「人がいる」の違い―　国立国語研究所　一九六七・三　筆者未見。
国広　哲弥(一九六七)『構造的意味論―日英両語対照研究―』三省堂　一九六七・一二
三上　章(一九六九)オ降リノ方ハゴザイマセンカ『月刊文法』一九六九・一〇『三上章論文集』に収める。
三上　章(一九七〇)『文法小論集』くろしお出版　一九七〇・一二(一九七四・七による)
高橋　太郎(一九七四)「こどもがある」と「まいごがある」『中学の言語教育』一九七四・五
三浦つとむ(一九七五)『日本語の文法』勁草書房　一九七五・七
大野　晋(一九七七)動詞アリの語源について　五味智英先生古稀記念論文集刊行会　万葉七曜会『五味智英先生古稀記念上代文学論叢　論集上代文学　第八冊』笠間書院　一九七七・一
森田　良行(一九七七)『基礎日本語』角川書店　一九七七・一〇　同『基礎日本語』(角川書店　一九八九・六)に集成。後者四版による。
佐治　圭三(一九七八)共起の条件―外国人の誤用例から―『阪倉篤義博士還暦記念論集　日本文学日本語　5　現代』角川書店　一九七八・八　佐治『外国人が間違えやすい日本語の表現の研究』(ひつじ書房　一九九二・一〇)に収める。
沼田　貞子(一九七九)存在を表す「あり・をり・ゐる」について―中古の仮名文学作品における比較を中心に―『山口国文』2　一九七九・二
佐藤　亮一(一九七九)居る―東西の対立―　徳川宗賢編『日本の方言地図』中公新書　一九七九・三
大野　晋(一九八〇)『日本語の世界　1　日本語の成立』中央公論社　一九八〇・九
浜田　敦(一九八一)七つの子がある『土井先生頌寿記念論文集　国語史への道　上』三省堂　一九八一・六
叶　幼华(一九八二)”イル“　和　”アル“　的用法弁析『日語学習与研究』一九八二・八
村内　英一(一九八二)和歌山県の方言『講座方言学　7　近畿地方の方言』国書刊行会　一九八二・一〇
寺村　秀夫(一九八二)『日本語のシンタクスと意味　第I巻』くろしお出版　一九八二・一一

金水　敏（一九八二）人を主語とする存在表現―天草版平家物語を中心に―『国語と国文学』一九八二・一二

丸谷才一（一九八三a）国語教科書を読む① 分かち書きはやめよう　朝日新聞　一九八三・五・一六夕刊　丸谷『桜もさようならも日本語』（新潮社　一九八六・一）に収める。

丸谷才一（一九八三b）国語教科書を読む 再論「人間はイル 物はアル」が普通　古文のアリは「暮らす」の意　朝日新聞　一九八三・六・二一夕刊

高橋太郎（一九八三）ことばの質問箱「ヒトガイル」と「ヒトガアル」『言語生活』一九八三・七

北原保雄（一九八四）「ある」の用法―「おやゆびたろうが　ありました」はいえるか―『月刊国語教育』一九八三・九　北原『日本語文法の焦点』（教育出版　一九八四・一〇）に収める。

高橋太郎・屋久茂子（一九八四）「～が　ある」の用法―（あわせて）「人がある」と「人がいる」の違い―『国立国語研究所報告79 研究報告集』5　一九八四・三

大鹿薫久（一九八四）「ある」についての素描『山辺道』28　一九八四・三

佐藤虎男（一九八四）方言の高次共時論的研究（『方言研究ハンドブック』和泉書院　一九八四・四）

泉名隆行（一九八四）アル・イル・オルと動作態―紀南における調査―『和歌山のことばと文学　村内英一教授退官記念論集』一九八四・四

佐治圭三（一九八四）誤用例の検討『日語学習与研究』一九八四・八　佐治『外国人が間違えやすい日本語の表現の研究』（ひつじ書房　一九九二・一〇）に収める。改稿するか？

金水　敏（一九八四）「いる」「おる」「ある」―存在表現の歴史と方言―『ユリイカ』一九八四・一一

丹羽一弥（一九八五）紀伊半島の「アル」と「オル」『名古屋方言研究会会報』2　一九八五・？　井上史雄他編『日本列島方言叢書⑭近畿方言考②三重県・和歌山県』（ゆまに書房　一九九六・一〇）に収める。

柳田征司（一九八五）『室町時代の国語』東京堂　一九八五・九

中西由佳（一九八六）和歌山県方言の旅「ある・いる・おる」の方言分布の把握の試み『国文橘』14　一九八六・一

柴田　武（一九八六）特集・言語学大問題集・10【講座名】国語学入門【テーマ】アルとイルはどう違うか『月刊言語』一九八六・五
佐治　圭三（一九八六）在中華人民共和国日本語研究センターにおける　研修生の日本語研究紹介（その二）『日本語学』（一九八六・一〇）所収の邢秀敏「有情物における「ある」の使用について」
金水　敏（一九八七）チャレンジコーナー　ジュニア版『月刊言語』一九八七・五
徳川宗賢・真田信治（一九八八）和歌山県中部域の言語動態に関する調査報告『日本学報』7　一九八八・三
金水　敏（一九八九）敬語優位から人称優位へ―国語史の一潮流―『女子大文学 国文篇』40　一九八九・三
大野　仁美（一九九二）南紀海岸部の方言における存在を表わす動詞　日本語方言研究会第54回研究発表会発表原稿集　一九九二・五
原沢伊都夫（一九九三）存在動詞「いる」と「ある」の使い分け―語用論的アプローチ―『日本語教育』80　一九九三・七
西山　祐司（一九九四）日本語の存在文と変項名詞句『慶応義塾大学言語文化研究所紀要』26　一九九四・一二
富田美知子（一九九五）存在動詞「ある」「いる」の用法『人文論究』59　一九九五・三
丹羽　一弥（一九九五）物の流れと語形の伝播―紀伊半島のアルとオルの場合―『日本語論究』4　一九九五・九
金水　敏（一九九六）日本語の存在表現の地理的分布と歴史的解釈『文化学年報』15　一九九六・三
鈴木　英夫（一九九八）規範意識と使用の実態―「（人が）ある」と「（人が）いる」を中心として―『日本語学』一九九八・五
金水　敏（一九九八）「あり」「ゐる」「をり」＝存在の表現の意義（ex「立ちて見、ゐて見」など―伊勢物語）『国文学解釈と教材の研究』一九九八・一〇（金水（一九九九）に収める）
金水　敏（一九九九ａ）近世・近代上方方言における存在表現とアスペクト表現―大阪落語 SPを中心に―　平成九

年度―平成一〇年度科学研究費補助金基盤研究C（1）研究成果報告書　明治時代の上方語におけるテンス・アスペクト形式―落語資料を中心として―　一九九九・三
金水　敏（一九九九b）大阪落語SP存在表現・アスペクト表現用例集　同右
金水　敏（一九九九c）上方洒落本存在表現・アスペクト表現用例集　同右
金水　敏（一九九九d）『穴さがし心の内そと』存在表現・アスペクト表現用例集　同右
金水　敏（一九九九e）近世江戸・近代共通語の「いる」と「ある」同右
山口　明穂（二〇〇四）『日本語の論理―言葉に現れる思想―』大修館書店　二〇〇四・二
光村図書　言葉の質問箱　語彙に関するもの6　光村図書ホームページ　初出年月不明

（4）柳田（一九八五）では、「女、塗籠の内に、かぐや姫を抱へてをり」（六一頁12行）のような「てをり」をも対象としたが、本稿では原則として進行態・既然態表現とも解され得る例は対象としないこととした。

（5）ほかに「てあり」（一六九頁1行・同）「ありわびて」（一一五頁4行）「ありわたる」（一四七頁11行）がある。

（6）否定の表現「ナシ」は例が少ないので扱わなかった。

（7）拙稿「「ヲリ」（居）の語源」（語源研究40　二〇〇一・一一）

（付記）内藤好文「現代日本語における《ある》と《いる》の用法」（『研究』（神戸大学文学会）7　一九五五・三）が、「イル」を意志的、「アル」を無意志的ととらえ、人間の場合も同じ原理で使われていることを述べていることを知った。ただし、考察・論証はなされていない。（初校時）

漢書読みと史記読み――漢籍読誦音の伝承の一面――

来田　隆

一、はじめに

室町時代の漢籍の訓法は、一部の例外はあっても、基本的には平安・鎌倉時代のそれを継承している。しかし、平安中期以降に固定した訓法の特徴を純粋には示してはおらず、仏書にみられる訓法の混入、博士家の各家の訓法の相違も失われ、古訓法を伝える声点付き和訓や師説等も不明確になっている。それは、漢籍の訓読が博士家の学者の所管から五山僧へと変わったことにあると説かれている[1]。

五山僧は多くの漢籍抄物を作成しているが、訓点資料としては、史書についていえば、漢書には宮内庁書陵部蔵漢書がある。これは竺雲・万里・綿谷・桃源の加点を移したもので、「竺点」「瓠点」「蕉点」などと記した書き入れや貼紙も付されている[2]。史記には国立歴史民俗博物館蔵史記（南化本）がある。これは史記の古刊本書き入れ群の一つで、純然たる訓点資料ではないが、博士家説の書き入れの他に月舟寿桂等の書き入れがあり、その中には史記抄からの引用もある[3]。前者については、漢書抄・史記抄との関係についての考察も進められつつあるが[4]、五山における史書の訓法は、これらの訓点資料や書き入れ等を総合することによって、その全貌が明らかにされるであろう。

一方、抄物においては原典の引用は一部分にとどまる場合が多い。しかし、その抄文において原典の訓法について言及することがある。訓点資料は、訓自体はその根拠について何も語らないけれども、抄文での言及は訓の是非や根拠を説くものであり、五山僧の漢籍に対する訓法や訓読態度を知る資料となる。

ここに取り上げるのは、漢書抄と史記抄とである。漢書抄は京都大学蔵漢書抄六冊である。一は笠雲等蓮講桃源瑞仙聞書、二は綿谷周瓞講景徐周麟聞書（21丁裏まで。22丁表以降は桃源講景徐聞書）、三・四・五・六は景徐周麟抄である[5]（いずれも『続抄物資料集成』に複製）。史記抄は京都大学図書館蔵史記抄十九冊である。一の32丁裏3行まで、十・十一・十二・十四の28丁裏8行までと、二十は牧中梵祐講桃源聞書であり、一の32丁裏4行以降、二・三・四・五・六・七・十四の28丁裏9行以降、十五冊から十九冊までは桃源抄である。

五山における漢書と史記の学問については、多くの先学の説かれているところである。[6] それを要約すれば、漢書は、前漢書は先行する訓点資料がなく、笠雲が五山に於いて初めて加点し、講義も行い、「漢書連」と評された。笠雲の漢書の訓読は、「劉宋新注」によっていて、古来の博士家とは異なる新点を加えている。笠雲は漢書を太岳宗崇に学んだが、笠雲の漢書学は綿谷に受け継がれ、綿谷も講義を行っている。一方、史記については、牧中は大椿周亨・江心川首座に学び、桃源へと受け継がれる。桃源は、漢書については笠雲や綿谷から学んだ。漢書の訓法と史記の訓法とは異なるところがあるが、それを統合したのが桃源瑞仙であるとされる。両者の学統は次のようである。

この系統図は模式的であって、例えば牧中は笠雲の漢書の講義を受けているといった相互の交流がある。史記抄に漢書抄の影響の強いこともすでに指摘されているところである。[7]

漢書と史記とで訓法に相違するところがあることは、例えば漢書抄四に「漢書読ミ」「史記読ミ」として原典の訓点を区別して示していることからも明らかなところである。漢書抄と史記抄に指摘されている両者の訓法上の相違点は、おおよそ次の四類にまとめられる。史記抄に引用されている竺雲説から引例する。

(1)音読と訓読の異同

○推《タイ》-轂《ゞ》——。推《ヲス》レ轂《ヲ》——トハ読ムマイソ。推-轂《ス》ト読メハ意カヨウナルソト妙智ノヲシナルソ。（十四2ウ）

(2)和訓の異同

○且《ソノウヘ》魯——。且字ヲハ、イツモ此様ナ処ニヲクソ。且《ソノウヘ》トヨムカヨイソ。竺雲ハ、イツモ且《ソノウヘ》トナラテハ、ヨマレヌソ。（十19ウ）

(3)助辞・返読などの訓法の異同

○不《オモハサリキ》レ意トヨメトモ、鹿苑（右傍「妙智院住鹿苑」）ハ、イツモ不《スキ》レ意《オモハ》トヨマル、ソ。（十一23オ）

(4)漢字音の異同

○虜《ロゞ》《リヨ》魏——。竺雲ワ、イツモ、虜《ロ》スルトヨマル、ソ。（十19オ）

本稿では、これらの異同のすべてについてここで取り上げる余裕は無いので、(4)の漢字音の異同に関するものに限定して考察する。漢書抄は竺雲講と綿谷講の漢書抄一・二を取り上げ、竺雲・綿谷の注と史記抄の牧中・桃源の注とを比較して、五山における漢籍読誦音の伝承のすがたの一面を明らかにしたい。

二、竺雲説（綿谷説）

漢書抄一（竺雲講桃源聞書）には漢字音に関する注は五十三条見られる。(8) それらは、(i)漢音読と呉音読に関するもの、(ii)一字に二音以上あって意義によって区別される、いわゆる破音字に関するもの、(iii)その他に分けられる。

(i)が二十三条、(ii)が三十七条、(iii)が三条である。

(i)漢音・呉音に関する注から見ると、まず目につくのが次のような注記である。

①田《テン》栄。田ハ清テヨムソ。(3オ)

②博士《シ清》(56オ)

③明白《メイバク》ナリト濁テヨマル、ソ。(32ウ)

①②は漢音読の標示、③は漢音読かつ連濁することを示すものである。このような「スム・ニゴル」注記は基本的には漢籍読誦音としての漢音読を表示したものであることは既に論じたことがある。(9) (i)の二十三条中二十条がこの種の注記であり、後に取り上げる牧中や桃源に比して笠雲に多く見られ、漢籍読誦音としての漢音読保持という態度が笠雲には強かったことが知られる。

「スム・ニゴル」注記の他に、漢音読に関するものとして次のようなものがある。

④五十斤《キン》。平家ニナントシタヤラウ、五百斤《コン》ト語ルソ。(47オ)

⑤或《コク》-之《シ》ス。(中略)或之者疑《ウタカイハシリ》之テ、惑ト同モノソ。或之ノ字ハ卒徒シタコトナレトモ、ムツカシイ字ソ。或字ハ或《ワク》ノ音ハサラニナイソ。惑モコクノ音ソ。ナントシタヤラウ、カフヨミツケテ読ソ。無レ力事ソ。経ヤナントニ、或《コク》ト読テハ、ナニヲ云ヤラウテアラウソ。或《マトヘリ》之ト読タリトモ、大事モアルマイソ。(10オ)

④は「斤」を平家物語では「コン」と読むことを不審としている。「五十斤」は数詞であり、このような語まで呉音に読む必要はないという意味かと思われる。⑤は、「或(惑)」にはワクの音は「サラニナイ」としているところからすれば、漢音読標示の例から外すべきかも知れないが、ワクの音は『観智院本類聚名義抄』には「和音ワク」として登載されているところである。

笠雲は漢音読保持の態度が鮮明であるとはいえ、次のような注記もある。

⑥分明《ブベイ》ト実田ハヨマレタソ。分明《フンミヤウ》ト読タリトモ無子細ソ。（15オ）

「実田」については詳らかにし得ていないが、語によっては呉音読を認めているわけである。

次に、(ii)破音字に関する注としては次のような例がある。

⑦貸貸《タイトク》ハ同字ナレトモ、人ニカス時ハ貸《タイ》ソ。カル時ハ貸《トク》ソ。日本ノ徳銭ト云ヲ、貸《トク》銭トカイタラハヨカラウトヲシナルソ。人ノモノヲ、サヘテカルホトニソ。（63ウ）

⑧煮《シヤ》棗。処名ノ時ハ煮《シヤノ》ノ音ソ。（25オ）

⑨向字——。向ハ別タル釈カアラハヤチヤホトニ、向《キヤウ》ノ音ソ。論語ノ叙ヤナントニハ向《シヤウ》トヨムソ。（14オ）

⑩幹《クハン》-棄——《ヲ》。幹棄ハ、ナケコロハカシテスツルソ。トコテモ管ノ音ヲツケタソ。（41ウ）

⑪酈食——落魄。落魄《タク》トヨムカ、魄《ハク》ノ音ニツケタソ。（28ウ）

⑫木罌瓴《ホクエイフ》。木罌瓴《ホクアフフ》トヨメトモ、上ノ音カヨイソ。（8オ）

⑦は破音字の説明として卑近な例で分かりやすい注である。そのためか、後述の如く牧中や桃源もこの注を引き継いでいる。漢字音は、中国側注釈書に音注があればそれに依ることを原則とする。⑩⑪⑫はそれを示す例である。⑩は「師古曰、幹転也、音管」、⑪の「魄」は「鄭氏曰、魂音薄」とある。[10] ⑫は単に「上ノ音カヨイ」としか述べていないが、後（31）に掲げるように、漢書の音注によれば「罌」はエイである。

しかし、中国側注釈書に音注が無い場合に異説が生じる。その場合の竺雲の処置は次のようである。

⑬宛句《コウ》。句《ク》トヨウタモ大事モナイソ。（11オ）

⑭推轂ハ、車ニツイタ事ソ。車ヲ推スヤウニ人ヲ薦ヲ云ソ。推《タイ》ノ音テナウテハカナウマイト思タカ、史記ニハ推《スイノ》音ヲツケタ処カアルソ。本ハ呂后ノ事ニ推轂ト云事カアルソ。（55オ）

⑮夫蓼——。蓼《リクノ》音カアルソ。此ニ音ヲツケネハ蓼《リヨウ》トヨマウカソ。（35ウ）

⑯太子洗馬——。洗《セイ》馬トモヨマウスカ、洗《セン》馬トヨミツケテヨムソ。百官志ニ音ヲハシ洗トツケタカソ。馬ノスソヲアラウソ。（53ウ）

⑰周最《シュ》。最字ニ取ノ音カアルソ。マタ音ヲツケタヲハ不見トモ、カウヨミツケテヨマル丶ソ。（4オ）

⑬⑭は複数の読みをそのまま認める例であり、⑮は音注が無ければ一般的な読みに従っておくとする例である。また、⑯⑰のように、従来の「読ミツケ」[11]に従うという場合もある。ちなみに、⑯は「ヨマルルゾ」と尊敬表現になっているのは、太岳の読みを伝えている可能性がある。

人名や地名といった固有名詞の読みはそれぞれに慣用があって、理論的には導き出せないために読みが定まらない場合が多い。(ii)の二十五条のうち九条は固有名詞の音に関するものである。

⑱高帝——。曲逆《キョクケキ》、クグ。通鑑集覧ニ、曲逆《キョクケキ》カヨイ。文選ニハ曲逆《クグ》トアルソ。（22ウ）

⑲尉《イ》他。杜詩ニ、尉《ウツ》他トヨムワ、ワルイソ。唐ニ尉遅生ト云カアルホトニ、マキレテソ。姓ノ時ハ尉《ウツ》ソ。此ハ南越ノ尉テ、名ハ他姓ハ趙チヤソ。（29ウ）

⑳呉王夫差《シ》。夫差《サ》トモヨムソ。（30オ）

㉑亡是《フシ》公——。大椿ハ、亡是《ハウセ》公トヨマレタソ。（57ウ）

㉑「亡是公」の例は、同じ語であっても、史記家（大椿）と漢書家（竺雲）とで読みを異にする場合があったことを示している。

(i)(ii)以外として、(iii)その他には当該字と通用する字の音をもって読むことのあることを指摘する注がある。

㉒与レ公《ヲウ》——。公ハ与翁ノ字通シテ公《シウ》《ヲウス》トヨムソ。（44ウ）

㉓在《アルヲカ》二俛-卬——。俛亦俯字ト注ニシタホトニ、俛卬《フキヤウ》トヨマウソ。コトアタラシフ俛《ヘン》卬ト読ハヲカシイソ。王義之之蘭亭記ニ、俛仰之間以為陳迹トアルヲモ、俛《フ》仰トヨム。俛《ベン》仰トハ不読ソ。（48ウ）

㉓は、「俛亦俯字」という注によって「俛」はフと読むのが正しいとし、「コトアタラシ」くベンなどと読む必要はないとする。

その他に、漢字音の問題ではないが、次のような注がある。

㉔以行――。飭《チョク》ハ、ト、ノヲルソ。飾《ショク》ノ字ハカサルソ。相国寺ニ永飭侍者ト云モノカアツタカ、初ノ名ヲカユル時、此字ヲ名ニツケトテ、飭《チョク》ト云ワレタヲ、卒粗テ聞チカヘテ維那寮ヘイテ、ショクト云タホトニ、其カラシハラク永　《ショク》ト云レタソ。（14オ）

このエピソードは後掲の牧中㊷にも引かれているが、ここでは永飭侍者が「飭」の音をショクと聞き違えたことになっている。

以上、竺雲説を見たが、漢書抄二の綿谷講の部分にも漢字音に関する注が九条ある。少数ゆえその態度は明確にしがたいが、そのうちの三条は竺雲の注と通ずるものである。用例のみを掲げておく。

㉕貸字ハ二ノ音アルソ。上カラ下ヘ借ハ、貸《タイ》音ソ。下カラ上ヘカルハ貸《トクノコヘソ》――。（10オ）⇓⑦（「用例⑦を参照」の意。以下同じ）

㉖夫蓼《ソレリウ》――。蓼《リク》音モアルソ。（15ウ）⇓⑮

㉗曲　逆《キヨクケキ》トヨウタリトモ笑事モ無ソ。（5オ）⇓⑱

三、牧中説

史記抄牧中講桃源聞書には、漢字音に関する注は三十九条見られる。それらを、⑴先行説あるいは特定個人の説を引用するものと、⑵牧中講にのみ見られるものとに分けると、⑴が二十六条、⑵は十三条であって、牧中においては⑴が多数を占めている。

⑴はさらに⒜竺雲説であることは明示しないが漢書抄一の注と一致するもの、⒝「竺雲（妙智）ハ」として竺雲説であることを明記するもの、⒞その他に分けられる。

⒜類は七条ある。すべて(ⅱ)破音字に関する注である。

㉘貸銭ハ、貸ノ字ハ貸《カス》ト云時ハ貸《タイ》ノ音ソ。貸《カル》ト云時ハ貸《トク》音ソ。借《カス》ノ時ハ借《シヤ》、借《カル》ノ時ハ借《シヤク》ノ音ト同様ナソ。（十一11オ）⇓⑦

㉙家貧──。落魄ハ、ホロリトシタナリソ。落魄《ハク》ト如字ニ読タカヨイソ。アレトモ皆落魄《タク》トヨマシモソ。（十二15ウ）⇓⑪

㉚向《シヤウ》寿。氏ノ時ハ向《シヤウ》ノ音ソ。名ノ時ハ向ノ音ソ。（十一1ウ）⇓⑨

㉛以木罌《エイ》缻《フ》──。罌ハ、アフノ音モアルソ。漢書ニハ罌《エイ》、一政反ニツケタソ。（十二4オ）⇓⑫

㉜曲遇《クキヨク》《クグ》又ハ曲 遇《キヨクケキ》トヨムカヨイソ。文選ニ曲遇《クク》トヨムハワルイト云ソ。（十二18オ）⇓⑱

㉝尉他──南越ノ尉ニナリタホトニ、尉佗ト云ソ。尉佗《ウツ》トヨムハワルイソ。尉氏ノ時コソ尉《ウツ》トハヨメソ。尉佗カ氏ハ趙氏ソ。趙佗ト云モノソ。（十二16ウ）⇓⑲

これらについては竺雲注と同じ主旨であるが、牧中の注の方が分かりやすくなっている。

⒝類「竺雲ハ」として竺雲説であることを明示するものは九条ある。(ⅰ)漢音・呉音に関するもの、(ⅱ)破音字に関するもの、(ⅲ)その他に分けて掲げる。

(ⅰ)漢音・呉音に関するもの

㉞将軍ハ、竺雲ハ軍ノ音ハ君トヨマル、ソ。（十15ウ）

㉟行在所トハ（中略）トコテマリ、天子ノ居処ヲ行《アン》在所ト云ソ。竺雲ハ只行《カウ》在所トヨマシムソ。（十四15オ）

㊱乃罵——程不識《シヨク》。識《シキ》ノ音ハ呉音ソ。識《シヨク》トヨムハ漢音也。妙智ハ程不識《シヨク》トヨマシモソ。ウラウシウサチヤソ。(十四4オ)

㊲黥布《ホ》——。竺雲ハ布《ホ》トヨマル、ソ。ケニモ甫ノ音也。(十二1オ)

これらの注からも、先に指摘した竺雲の漢音読を保持しようとする姿勢の強かったことが分かる。㉟「行在所」は、節用集類には「アンザイシヨ」として登載されているところであり、㊱㊲のように人名の場合であっても竺雲は漢音読を採用する場合があったということである。

(ii)破音字に関するもの

㊳〈汭深潜以自珍〉汭《イツ》《ミツ》、汭《ホツ》《マイ》。昧《ハイ》《マイ》ノ音ヲツケタソ。竺雲ハ汭《マイ》トヨマレタソ。(十一38ウ)

㊴虜《ロ〆》《リヨ》魏——。竺雲ワイツモ虜《ロ》スルトヨマル、ソ。(十19オ)

㊵闔廬《ロ》《リヨ》、竺雲ハ廬《ロ》トヨマシムソ。廬《リヨ》トモヨムソ。(十17オ)

これらについては今のところ竺雲の説の根拠は不明とするほかない。㊳「汭」は、集解には「徐広曰汭亡筆反、潜蔵也」、索隠には「張晏曰潜蔵也、音密又、音勿也」(12) とあって、複雑な音を持つ字である。

(iii)その他

㊶安期生《ギ》ト竺雲ハヨマル、ソ。(十一27ウ)

㊷飭治——。飭《(ママ)》ハカサルテ飭《シヨク》ノ音也。飭ハ修整之心テ、飭《チヨク》ノ音也。(中略)竺雲ノ話テ笑シモ、昔飭《チヨク》侍者ト云モノカアツタカ、維那寮テ名ヲ人カ問タレハ、カサルト云字テサウト答タソ。我名ヲタニ不知ソカウ云タト云テワラワル、ソ。(十四20オ〜ウ)⇓㉔

㊶は竺雲は連濁して読むということであろう。㊷は竺雲の㉔と同じであるが、牧中の引用によれば、永飭侍者は「飭」と「飾」の字の区別ができなかったということがはっきりする。

ところで、竺雲の説を「竺雲ハ」として引用していることは、牧中はそれを一説として引用しているということである。漢音・呉音について言えば、牧中は竺雲ほどには漢音読について厳格ではなかったと言えそうである。漢音と呉音について牧中は次のように述べている。

㊸サレトモ最初カラ承伝ルハ呉音ナルホトニ、挙レ国呉音ニ熟スルホトニ、暗ニ云フ時ハ、呉音ニ云ソ。人モヨク易解ソ。勅命ナレハ、開レ書読ム時ハ皆漢音ニ清《スン》テ読ソ。（二十4ウ）

漢籍読誦音としての漢音読の伝統に対する牧中の柔軟な態度が、「人モヨク易解ソ」ということばに読み取れよう。先掲の竺雲（⑤）の「或（惑）」の音についても、竺雲は「ワクノ音ハサラニナイ」としていたが、次例のように牧中はコクとワクとのいずれの読みも認めているのである。

㊹迷惑《ワク》《コク》、トチヘモヨムソ。（十一32ウ）

(c)類の竺雲以外の説を引用するものは次の三条である。すべて(ii)破音字に関するものである。

㊺刺《シ》客トモ刺《セキ》客トモヨムソ。刺《シ》ノ音ハ芒刺トテウハラソ。刺《セキ》ノ音ハサスソ。大椿ハ刺《セキ》客トヨマレタソ。千首座ハ刺《シ》客トヨマレタソ。先ハサシコロスチヤホトニ、刺《セキ》客テアラウソ。大略、刺《シ》客トヨムソ。サトト云心ノ時モ刺《シ》トモヨムソ。（十一41ウ）

㊻無是公――ハ、漢書ニハ亡是公トアルソ。在亡トカイテ在亡《ブ》トヨムホトニ、亡《ブ》是《シ》公ト先ハヨマウステアルソ。川江心ハナセニヤラウ、イツモ亡是《ハウセ》公トイツモヨマレタソ。（十四24ウ）⇓㉑

㊼嫪毐《キウアイ》ヲ、江西ノ談義ノ時ニ嫪毐《ラウトク》トヨマレタヲ、人カソシリタト云ヲ聞テ腹立メ、又談義之時云ハレタソ。サリトテハ音ヲ嫪毐《ラウトク》トツケタモアルホトニ、ヨマイテハソ。毒《（ママ）》ハ毒ト字カ通スルソ。点カ一点不レ足テコソアレ、通スルソ。毒ノ音モアルソ。アレトモ先嫪毐《キウアイ》ト読ツケタソ。（十一41オ）

㊺㊻は、同じ史記家であっても大椿と江心川首座とで読みを異にすることがあったことを示す例である。㊻㊼は人

名の読み方である。㊻「亡是公」の読みについては竺雲㉑も取り上げていたが、竺雲は大椿説とするところを牧中は川江心説としている。(13)㊼は「嫪毒」の「毒」字は「毐」の誤写であろうが、ラウドクとする江西説(14)に対して議論があったということである。二つの字形の類似がその要因として考えられよう。

(2)牧中講にのみ見られる十三条には次のようなものがある。

㊽身毒国ハ教者ハ身毒《シントク》トナラテハヨマヌソ。乾毒トモカクホトニ、乾毒トカイタラウ時ハ乾毒《ケン》トヨマウソ。索隠ニ身音捐トシタホトニ、身《エン》毒トハヨマウソ。仏祖統紀ニハ、身毒ノ下ニ、乾ノ音ヲツケタソ。サラウ時ハ、身《ケン》毒トモ可読ソ。（十四23オ～ウ）

㊾綿蕞ハ、此テハ茲会反テ蕞《サイ》也。漢書テハ子悦反蕞《セツ》ノ音也。（十二20オ）

㊿澠《メン》《ミン》池。トチヘモヨムソ。講談ノ間ニハ大略澠《メン》トヨムソ。（十一28ウ）

51冒頓《ホクトク》《ホフトン》。冒ハ、此ニハ墨音ヲツケタソ。如字ニ読ム時ハ冒《ホウ》ノ音ソ。頓字ノ音ヲハ、此ニハツケネトモ、頓《トク》ノ音ヲモツケタソ。又ハ頓トモツケタソ。如字ニ読ム時ハ頓《トン》ノ音ソ。頓《トク》ノ音ノ時ハ、特ノ字ヲツケタソ。（十四9オ）

52注ニ、公輸般ヲハ公輸《ユ》《シュ》般ト両音ニヨムソ。（十一9オ）

53烏孫《ヲウソン》トヨマル、ソ。（十四11オ）

54孔墨――。墨ノヨミハ不濁シテヨムソ。（十四18オ）

㊽は「身毒」の「身」を「教者」（経文を講釈する僧）はシンと読むが、音注がある場合には、それに従って読むべきだということである。㊾は同じ語であっても漢書と史記とで読みが異なることを示す例である。㊿以下は固有名詞であるが、51 52は複数の読みを認めている。54「孔墨」は「孔子」と「墨翟」のことであるが、「読ミクセ」として「墨」を「不濁シテヨム」のであろう。

四、桃源説

史記桃源抄には漢字音についての注は三十七条ある。それらを(1)先行説あるいは特定個人説の引用と、(2)桃源抄にのみ見られるものとに分けると、(1)は十条、(2)は二十七条であって、桃源においては先行説の引用は相対的に少ないことが知られる。

(1)は(a)明記はされていないが笠雲・綿谷・牧中の注と共通するものと、(b)「妙智（自彊）」「綿谷」と明記したものとに分けられる。

(a)類は以下の八条である。

〈笠雲注と共通するもの〉

㊺五十斤《コンノ》ノ金ヲ賜テ、帰ヘサレタト平家ニ語ルソ。斤ニハ斤《コン》ノ音カアラウソ。呉音ニヨウタソ。（五33オ）⇓④

㊻為太子洗《セン》馬。洗《セイ》馬トモヨマウ歟。洗《セン》馬トヨミツケテヨムソ。百官表ニ音ヲハシ洗《セン》トツケタ歟。馬ノスソアラウソ。（十四44ウ）⇓⑯

㊼軍句《コフ》-注《キウニ》。（中略）句ハ如字ニモヨム。又ハ鉤ノ音ヲツケタハ、平声ニモナルソ。（六15ウ）⇓⑬

〈笠雲注・牧中注と共通するもの〉

㊽大梁人尉《ウツ》《キ》繚来――。尉《キ》ト点シタハワルイケナソ。一本ニハ音鬱トツケタソ。姓ノ時ハ尉《ウツ》ナリ。官ノ時ハ尉ナリ。尉《ウツ》遅敬徳ナント、云テアルソ。南越尉《イ》佗ニカキリテ尉《イ》トヨムソ。ナセニナレハ、初ハ南越ノ尉テアッタカ、其後ニ王ニナッテモ、其官ノ字ヲ姓ノ様ニ尉佗ト云ソ。（三3オ～ウ）⇓⑲・㉝

〈笠雲注・綿谷注と共通するもの〉

㊾子貸トハ、金銭千貫ヲ以テ子母ニスルソ。子息ヲ生長スルホトニ、子貸ト云ソ。此ハ貸《カス》チヤホトニ貸《タイ》ノ音ナリ。（十八26オ）⇒⑦・㉘

㊿又戦㆓曲《ク》遇東《ニ》㆒。曲遇《キョクケキ》ト音ヲ付タハ、水ノメクツテマカリサウル処チヤホトニソ。曲遇《クキョウ》ト顒ノ音ヲ付タルモアルソ。是モヨケ（ママ）ケナソ。曲遇《クク》カ一チヨイソ。曲遇《キョクク》トハ不読ソ。（五17オ）⇒㉗・㉜

〈牧中注と共通するもの〉

(61)烏《オウ》孫（中略）。烏《オ》テコソアラウスレトモ、烏《オウ》孫ト読ツケタソ。烏《オウ》江ナントノツレソ。烏《オ》孫公主ト云時ハ烏《オウ》トハヨマヌソ。（十六2オ）⇒(53)

(62)言ハ、チヤツト病ノナリヲ見テ、ヤカテ五蔵之輸ヲ知ルソ。（中略）サラウニハ、輸《シュ》ノ音テアラウス歟。輸《ユ》トヨミツケタソ。輸《ユ》ハ直音ナリ。輸《シュ》ハ拗音ナリ。ツメハ同コトソ。（十三5オ）⇒(54)

(55)は、平家に於ける「斤（コン）」の読みについて、呉音読であることを説明しており、(58)の「尉」についても、官位の意の場合はイ、姓名の場合はウツというように笁雲・牧中の注より丁寧な解説になっている。牧中注を引用する(61)(62)についても、より詳しい注となっている。

これらは、説明は詳しくなっていても、主旨に違いはないのであるが、(60)「曲遇」の読みについては、桃源の説は他と異なっていて注意される。笁雲はキョクゲキを良しとし、牧中も同意であるが、桃源はクグを良しとしているのである。桃源は笁雲や牧中の説を無批判に受け入れてはいないことが知られる例である。

(b)「妙智（自彊）ハ」あるいは「綿谷ハ」と明示したものは次の二条である。

(63)詣《ーセシム》㆓行《カウ》‐在‐所《ニ》㆒。世間ニハ皆行《アン》‐在‐所《ショ》ト読ソ。妙智ハイツモ行《カウ》‐在‐所トアソハシタソ。（十六31オ）⇒(35)

(64)田横《テンワウ》清往従之。常ニハ人カ田横《デンクワウ》トヨムカ何ニ音ヲツケタヤラウソ。自彊ハ横《ワウ》トアソハシタカ、綿谷ハ横《クワウ》トヨマレタケナソ。横《クワウ》ノ音モアリハアルソ。杜詩（中略）ト作タソ。注ニ（中略）横音光トツケタホトニ、其詩テ横《ワウ》門トヨウテハ、大ニケカソ。サルホトニ、若、田横《クワウ》ト可読ナラハ、音ヲ可レ付カ。史漢ニハ田儋伝ニ栄カ弟横ト云ニハ注ヲモセヌソ。サラウ時ニハ如字ニ可読ソ。師伝カナケレハ、スチナイ事ヲ云テ、後学ニ誤ル事カアルソ。（五25オ）

63は牧中注のままである。64「田横」は人名であるが、「横」の読みが竺雲と綿谷とで異なっていて、竺雲はワウ、綿谷はクワウと読むが、史記には音注がないので「如字ニ読」むならばワウであるとする。このような諸説が生じていることについて桃源は、「師伝カナケレハ、スチナイ事ヲ云テ後学ニ誤ル事カアル」として、師説の重要性を指摘している。

(2)桃源抄にのみ見られる注は二十七条あるが、それらを(i)漢音・呉音に関するもの、(ii)破音字に関するもの、(iii)その他に分けて、注意される点を述べる。

まず、(i)漢音・呉音に関しては、桃源も漢音読を基本にしていることはいうまでもないが、漢籍以外の用語の場合はそれぞれの文献での「読み癖」に従ってよいとしている。

65日本ノ歴家ニハ大《タ》陰《ヲン》トヨムソ。史記テハ大陰《タイイン》トヨフタリトモ、ヨカラウソ。暦ノ読クセヲ立テ読ナラハ、大《タ》陰《ヲン》テアラウソ。（十八11ウ）

66自言《イツシク》 病頭痛《ツツウヲ》。此モ漢音ニ読ハ、頭痛《トウツウ》ト可レ読トモ、医書ハ太半呉音ニ熟シタホトニ、呉音ニ読タリトモ苦シカルマイソ。（十三19ウ）

67湧疝《セン》也。疝音山ナレトモ、呉音ニ読ホトニ、疝《セン》ト云ソ。此ニフクリ風ト云モノソ。（十三22ウ）

(ii)破音字に関するものとしては次のような例がある。

68従杜南入蝕《リヨク》中。蝕音力。此ヲ自見スル人カ、他書テ見テ蝕《リヨク》トヨム人ハアルマイソ。孟康ハ音食ト付タホトニ、蝕《シヨク》ト読タリトモ大事ハアルマシケレトモ、食ノ音ハ不付トモヨマウスホトニ、曲カアツテコソ。此

様ナ音ノアルヲハ、常ニナイ音ヲ本ニ読タカヨイソ。サアレハトテ、人カ食ノ音ニ読タリトモ笑ハセマイソ。（五20ウ）

(69)滑読如字ト云時ハ、滑《クワツ》ノ音テモアラウソ。アレトモハヤ、滑稽《コツ》ト読ツケタソ。（十六21ウ）

(68)「蝕」字は「自見スル人」（師匠がなく自分で学ぶ人）はショクと読むだろうが、史記では「音力」という注に従ってリョクと読むべきだということである。そして、孟康の漢書注には「音食」とあるが、このように一般的な読みが音注に付されるような字の場合は、常には一般とは異なる読みをした方が良いと言う。ただし、ショクと読む者がいたとしても「笑イハセマイ」というところに漢字音に対する桃源の柔軟な態度が示されている。(69)のように、桃源も「読ミツケ」を認めている。

(iii)その他として、史記古点に関する注がある。桃源の参照した史記古点本は特定の古鈔本ではなく、『心華和尚善本』（十七奥書に顚末記がある）であって、それは博士家の訓説を集成したものと考えられているが、(15) 古点の漢字音に言及した注は五条ある。

(70)剣ハ音召ト付タソ。古本ニハ、剣《ケウ》ト点シタハワルイソ。（一35オ）

(71)モト、人ノ読トテ、氾《ハン》水トヨウタシト思タカ、古本ニ氾《シ》水ト点シタソ。トコヤラウニ祀ノ音ヲツケタカアル時ハ不審モナイソ。（中略）漢書帝紀ニハ、漢王即《ツク》二皇帝位《ニ》于氾水之《ハンノ》陽《キタニ》一ト点シタハ、三劉宗祁校本ニ音ヲ付タシモノソ。サレハコソワルクワオホエマイト思タレハソ。シカト氾《ハン》水ト可読ソ。古本ニハ陽ヲモ陽《ミナミ》ト点シタカアルホトニ、性体モナイ事モアルソ。（五26ウ）

(71)「氾水」は川の名であるが、同じく川の名を表す「汜水（シスイ）」があり、大漢和によれば「「氾水」とも作る」とあって、字体の類似が音の混同を引き起こしたようである。桃源は、史記古本にシと読むべき音注は無く、漢書では音注によってハンスイと読んでいるゆえハンスイを妥当とするのである。古点に対しても桃源は「性体モナイ事モアル」として、それを批判的に受容している。

以上、史記抄の桃源説を見てきたが、なお、漢書抄二の22丁表以降の桃源講景徐聞書の部分にも漢字音に関する注が四条ある、そのうち一例は竺雲説の引用である。

(72)推《ヲス》ハ―《スイ》ノ音カ史記ニハアリ。推轂《スイコク》トモヨマウソ。（二―23オ）⇓⑬

五、まとめ

漢書抄一・二と史記抄に見られる漢字音に関する注について、(i)漢音・呉音に関するものと、(ii)破音字に関するものに分けて見てきた。(i)については、竺雲・綿谷・牧中・桃源の間に大きな相違はなく、いずれも漢籍読誦音としての漢音読を基本とするものであった。すでに岐陽方秀によって、伝統的な漢文訓読のありかたが否定され、漢字音についても、「呉音漢音ノ事、更難レ信、然レドモ本国久読ミツケタ様ニヨマネバキカレヌナリ」（『桂庵和尚家法和点』）とする主張がなされていた。けれども、竺雲等は伝統的な読誦音としての漢音読を保持している。(ii)については、中国側注釈書の音注に従うことを基本として、音注が無い場合には「読ミツケ」に従うこともあるというものであった。

このような基本的態度は、竺雲・綿谷から牧中・桃源へと伝承されているのであるが、相互に若干の違いも見られ、特に竺雲にあっては漢音読を保持しようとする態度が他に比して顕著であった。これは、依るべき師行本が前漢書にはなかったために、その訓読にあたって竺雲は漢籍読誦音の伝統に忠実たらんとした結果ではないかと考えられる。

「漢書読み」「史記読み」とはいっても、漢字音に関しては両者に大きな相違はなく、本稿で述べたことも目新しい点は少ない。原典の内容理解にあって重要なのは、和訓や助辞の訓法・返読のありかたであって、漢字音はさほど重要ではないからであろう。漢書抄や史記抄における訓読に関する注も和訓や助辞の訓法・返読のしかたに関するものが多数を占めるのであるが、それらについては機会を改めて論じたいと考えている。

注

（1）中田祝夫『古点本の国語学的研究』（昭和29年）、小林芳規『平安鎌倉時代に於ける漢籍訓読の国語史的研究』（昭和42年）
（2）今泉淑夫『桃源瑞仙年譜』（平成8年）
（3）水沢利忠「南化本『史記』と『史記正義』の研究」（『史記正義の研究』平成6年）
（4）村上昭子「宮内庁書陵部蔵三十五冊本前漢書の書入れについて――史記抄・漢書抄との関係より――」（『松阪大学短期大学部論叢』38　平成12年）、「漢書抄四（d本）の本文について」（同上41　平成15年）
（5）大塚光信「漢書抄」（『続抄物資料集成』十巻、平成4年）
（6）足利衍述『鎌倉室町時代之儒教』（昭和7）、芳賀幸四郎『東山文化の研究』（昭和20年）、水沢忠利『史記会注考証校補八』（昭和36年）、注(2)書。
（7）注(5)大塚論文、および柳田征司「桃源瑞仙聞書・抄『史記抄』の本文について」（『室町時代語資料としての抄物の研究』平成10年）。
（8）条の数えかたは、一文に複数の字についての解説が含まれる場合も一条と数えている。
（9）来田隆「抄物に於ける「清《スム》」「濁《ニゴル》」注記について」（『国語学』84　昭和46年3月。『抄物による室町時代の研究』（平成13年）に収む）
（10）『欽定四庫全書』（台湾商務印書館発行）による。
（11）「読ミツケ」に関しては、李承英「室町期抄物における「ヨミクセ・クセ」「ヨミツケ」「ヲシツケ（ヨミ）」「名目（ヅカイ）」――用語の分布と意味――」（『日本語の研究』1　平成17年1月）がある。

（12）水沢忠利『史記会注考証』本文による。

（13）注（5）大塚論文では、この違いについて、「大椿、江心ともに同意見であったので、牧中にとって身ぢかな江心の方をとりあげしるしたものであろう」と説かれる。

（14）注（5）大塚論文では「江雲」は「耕雲すなわち花山院長親のことであろう」とされる。

（15）注（6）水沢書。

呉音直読資料に於ける四声点の加点の諸相

沼本克明

一、呉音直読資料の四声点

中国語は分節音素の組み合わせの限界をプロソディ――四声――でカバーする事によって成り立っている言語であって、四声が必須の言語――声調言語――である。外国語として中国語を取り入れた我が国の先人は、文字言語としての中国音の学習の場にその習得乃至確認の手がかりとして四声点を利用した。我が国におけるその四声点の源流や発達についいては既に色々な研究が為されている。源流は中国にあることは動かない事実と認めてよいであろうが、四声点の発生と展開についいては尚今後詰めるべき点が残っている。特に梵語漢訳の場における両言語のプロソディの在り方のずれの処理においては切実な問題であったはずで、そう言う視点からも再検討が残っているように思われる。また、我が国における四声点の展開にも、近時新たな問題が提起されている。日本側の現存資料を重視すれば、四声点の初見は平安初期末から後期初頭（九〇〇年前後）以後に限られていた。平安初期（八〇〇～八九〇年以前）の訓点資料約百点には四声点が使用されていない。筆者は、そう言う事実と四声点の初見資料が密教教典の訓点資料と関わっていると思しき点を重視して、四声点乃至四声の認識は平安密教の将来――それは悉曇学の将来を意味する――に伴うものであったのではないかという予想を立てた。しかしながら、近時小林芳規博士の角筆研究の成果によると、奈良朝写経の訓点に角筆による四声点が使用されている事が明らかにされた。(1) このことは今後四声点の問題に再検討を加える必要が出てきたことになる。

但、現状で言えることは、その奈良朝期の角筆で使用された声点は、その使用が平安時代へ連続していかなかったらしいということである。従来指摘されてきた約百点といわれる平安初期の訓点資料には声点の使用された文献が存在しないからである。この断絶が埋められるのか、しかるべき理由により必然であったのか、今後の楽しみである。

さて、呉音系漢字音の問題に限定して言うと、平安後期にいたって漢音の四声の枠組みでそれまで伝承されて来ていた呉音系読誦音が把握し直されたものが呉音の声調であると見なければならない。(2) 本稿は、その呉音声調の歴史的な流れを前提として、呉音の和化現象について取り上げ、その背後に有った字音史の一面を描き出そうとするものである。

日本漢字音における四声点は、漢音と呉音とでは様相を大きく異にする。四声点の使用そのものは梵音や漢音での方が古く、(3) 呉音は既述したように、後に漢音の四声点が応用されたものと考えられる。呉音の四声点加点資料は今の所平安後期の大般若経の加点資料が最も古いものの様である。(4)

その呉音資料の四声点を調べてみると、使用形式と学統とに緊密な関係が認められる。この点に就いては嘗て報告した事があり、(5) その要点を纏めると次の様になる。

(A)四声形式の資料

①清濁を区別しない資料（形式Ⅰ）

慈光寺本大般若経平安後期点
承暦抄本金光明最勝王経音義
その他

（法華経・大般若経等の呉音直読資料や訓点資料の呉音読漢語の声点には全期を通じてこの形式の声点が見られる。呉音声点加点の原初的・基本的な方式）

②清濁を区別する資料

(a)本濁のみのもの（形式Ⅱ）

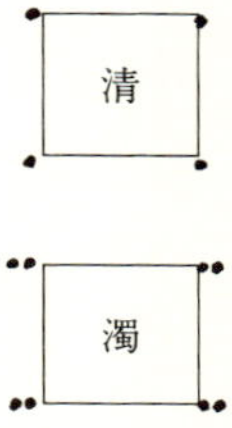

石山寺本仏説六字神呪王経天喜保安点
聖衆来迎寺本法華経院政期点
金剛輪寺本大般若経院政期点　等。（この形式は濁声点定着後の最も一般的方式）

(b)本濁と新濁を区別するもの（形式Ⅲ）

国立国会図書館本春日版法華経鎌倉初期点　等多数。
その他

(B)四声点以外の声点も使用する資料

①六声形式のもの（形式Ⅳ）

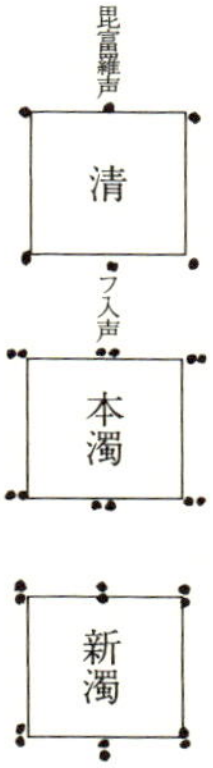

図書寮本四種相違疏文仁安三年点
大東急記念文庫本春日版成唯識論鎌倉中期点
東大寺図書館本春日版中論偈誦鎌倉後期点　等。

②八声形式のもの（形式Ｖ）

大東急記念文庫本春日版法華経鎌倉中期点
同右別本
同右別本　等。

③八声形式で次の形式のもの（形式Ⅵ）

西教寺本法華経院政期点
保延本法華経単字

呉音の四声点は漢音又は陀羅尼の四声点を源流に、形式Ⅰから漸次音韻論的解釈の進化に伴い濁声点の導入、毘富羅声・フ入声の導入、新濁点の導入、平声・入声軽重の導入が行われた。

そしてこれらのⅠ～Ⅵ形式はその使用宗派と次の様な関係に有る。

法相宗　Ⅰ形式→Ⅱ形式→Ⅲ形式→Ⅳ形式→Ⅴ形式
天台宗山門派　Ⅰ形式　→Ⅵ形式
天台宗寺門派　Ⅰ形式→Ⅱ形式→Ⅲ形式
真言宗　Ⅰ形式→Ⅱ形式
高山寺華厳宗　Ⅱ形式

平安後期から院政初期の呉音四声点加点資料として最も古いものは、慈光寺本大般若経（天台宗）、承暦本金光明最勝王経（法相宗）で、共に四声点のみであるから、宗派を問わず呉音読においては四声点から出発した。次の段階で院政期に入り濁声点を使用する石山寺本仏説六字神呪王経（真言宗）、大東急記念文庫本・高知安田八幡宮本大般若経（南都興福寺関係）、金剛輪寺本大般若経（天台宗寺門派カ）、図書寮本類聚名義抄（法相宗）、石山寺本大般若経字抄（?）が見られ南都法相宗、南都華厳宗、天台宗（寺門派）、真言宗では濁声点「∴」が使用された。尚、高山寺華厳宗の資料——華厳経諸本の全て、同音義、円覚経嘉禄二年点、金光明最勝王経鎌倉初期点等——は全てこの形式であり、これは明恵上人が南都の学問（東大寺華厳学）の影響下に在った為と考えられる。真言宗と高山寺華厳宗では以後一貫してこの形式で加点され固定してしまった様である。

これに対して法相宗と天台宗の場合は更に進化して行った。法相宗では四声の外に毘富羅声とフ入声を区別する様になるが、この最も古い資料は図書寮本四種相違疏文仁安三年点で、以下、成唯識論諸本、中論偈誦等いずれもこの形式を使用している。これらの資料は小嶋僧都真興に関係があり、恐らく真興（法相・真言・天台宗兼学）の学問に端を発するものであろう。

天台宗山門派使用の形式Ⅵは極めて詳細な呉音読誦音の分析が反映したものである。この形式が他の宗派と隔絶した独自の方式を意図したものであることは、この形式の本濁が「∴」ではなく、「⌐」である事である。この本濁声点を含めて、この形式に使用されている他の機能の声点「∟」「∵」「∴」「—」「⌐」は全て天台宗山門派で使用されたヲコト点——宝幢院点——を下敷きに作り上げた形式であったと見られるのである。

扨、以上、呉音の四声点の諸形式と宗派との関係を略述したが、これらの諸形式の中で、ⅣⅤⅥの形式は、呉音読誦に於いて漸次発生した和化事象を処理して行く必要から考案されたものである。毘富羅声は去声の上声化という事象、フ入声は唇内入声韻尾の促音化の処理の為であった(6)。

本稿の主題は、この唇内入声韻尾の処理の問題に絞って論じてみようとするものである。

日本漢字音では漢音・呉音を問わず、入声字は「入声点——漢字の右下——」で示され、平・上・去声に対する特徴を維持してきた。呉音読誦資料に於いても、唇内入声字は「入声点」で示される。但し、「フ入声点」使用資料では、「入声点」と「フ入声点」が併存し、指し分けられている。この「フ入声点」の機能については、幾つかの解釈が分かれる。一般に、九条本法華経音の巻末にこの声点を「本入声ナルヲ平声ニ呼ブ」と有る事から、唇内入声韻尾がハ行転呼音によって -pu ＞ -fu ＞ -u となった事を示すものであるとされている。この「フ入声点」は九条本法華経音の外に保延本法華経単字（一一三八）にも同様の記事が有り、具体的な点本としては西教寺本法華経院政期点がある から法華経呉音直読の場でも院政期も前半期という時期にハ行転呼していた事になる。この「フ入声」点を使用する資料は宗派に偏りがあり、その結果、現存資料ではそう多くは指摘できない。圧倒的に多いのが形式ⅠⅡⅢの四声体系のもので、入声字は全て「入声」点を指した資料群である。もし右の様に院政前半期にハ行転呼して -pu から -u になり平声と同音に把えられていたとしたら平声点の加点された資料群が相当存在していても良さそうであるが、実際には「仮名書き法華経」の様な場合にしか見出しにくいのが実情である。(7) 鎌倉時代の例を示しておく（末尾写真1「国会図書館本春日版法華経鎌倉中期点」参照）。

以上の事を漢字音の音韻変化との関係で改めて整理して示すと次の様になる。

	A	B	C
舌内入声	-t ＞	-ti・-tu	
喉内入声	-k ＞	-ku・-ki	
唇内入声	-p ＞	-pu ＞ -fu	＞ -u

入声音は開音節化したBC段階にも「―ツ・チ」「―ク・キ」「―フ」の形でその特徴を維持した。但し、唇内入声音は、更にハ行転呼を起こして「―ウ」となったC段階で、入声音の特徴を消失した。

字音直読資料ではBCの段階を通じて、一貫して全ての入声音字を「入声点」又は「フ入声点」で加点している。

C段階の唇内入声音字を平声点で加点した資料は「仮名書き法華経」の或いは訓点資料中の漢語の様な――和化した発音で斉唱又は読誦する――ものに限られる。因みに、「フ入声点」も「入声点」であり「平声点」と等価のものではない。「入声点」と「フ入声点」との関係は、既述した様に、その導入当初は

入声　法華《ホツケ》　法師《ホツシ》　立法《リツホフ》　業障《ゴツシヤウ》　十方《ジツハウ》（以上声点は右下入声点）

フ入声　法話《ホフワ》　説法《セツホフ》　建立《コンリフ》　三業《サムゴフ》　十善《ジフゼン》（以上声点は下辺中央フ入声点）

の様な音韻的関係に在った筈である。即ち、字音直読の世界では、Cの段階に至り「ホウワ」「セッポウ」等と発音しても、「フ入声点」という手段で、入声音である事を保証していたという事である。

これを要するに、字音直読の場で声点を加点した様な資料では、その背後で進行した音韻変化とは切り離された学問としての体裁が保持されていた、少くともそうする事が正式な方法であったという事になる。伝統を保持した法華経の字音直読では江戸時代版本でも唇内入声字に平声点を指した例は存在しない様に見える（末尾写真2「江戸時代慈海版法華経」参照）。

大般若経や華厳経などの字音点にも管見の範囲では平声点を指した資料は見出していない。所が、仏説六字神呪王経や仁王護国般若経の字音点には、唇内入声字に直接平声点を指した資料が出現している。管見では、この種の資料は東寺及び仁和寺に所蔵されているものに限られている様に思われる。これらの、一般的な呉音直読資料の在り方とは様相を異にする資料の背景はいかなるものなのであろうか。

二、唇内入声字の平声点差声資料

先ず管見に及んだ唇内入声字の平声点差声資料を挙げれば次の如くである。

(1)東寺蔵仏説六字神呪王経文永十一年点
(2)仁和寺蔵仁王護国般若経
(3)東寺蔵仁王護国般若経

いずれも東寺・仁和寺のもので、真言宗の関係の深い二寺に所蔵されている資料である。以下に順次内容を紹介していく。

(1)東寺蔵仏説六字神呪王経文永十一年点（金剛蔵二二箱二一号）（末尾写真3参照）

本経典は、梁代（五〇二～五五七）、失訳。本呪を誦すれば、一切悪呪の道を断ち、所有の罪業重障を消滅すると説いている。従って、滅罪・調伏・病気平癒の祈祷法会に於いて読誦されたものである。いつ頃からこの経の呉音直読が始められたものかは未詳であるが、石山寺に既に天喜元年（一〇五三）の呉音直読資料が存在しているので、平安後期には行われていた事が知られる。その石山寺天喜点は既に紹介した様に四声点のみのⅡ形式であり、入声音字は唇内入声音を含め全て「入声点」のみで加点されている。

この東寺本の奥書は「文永十一年（一二七四）六月二日於北小路房未一点令書之了祈祷病者故也」と有り、病人の祈祷の為に書写され、同時に音読用に加点されたものであろう。

本書の唇内入声字には、5行目「雜魔」の様に平声点を加点した部分が出現している。同行「及諸」と有る様に、入声点も加点されている。因みに舌内入声と喉内入声字は全て入声点のみである。

この平声点と入声点は恣意的に加点されたものではなく、明確に使い分けられている。

入声例　及諸　雜氷　雜水　雜器　及僧

平声例　雜魔　某甲　六合内　和合　非法　行業　及共　呪法　畳筵《テウエム》　及人民　法蔵

即ち、促音化した部分に「入声点」、促音化していない部分——鎌倉末期には-fuから-uになっていた——には「平声点」が加点されたものである。東寺真言宗の本経の呉音直読は背景で進んだ日本語の音韻変化に従った読誦音によって加点されていた事になる。

(2)仁和寺蔵仁王護国般若経

本経は唐不空の訳、真言密教における鎮護国家祈願の仁王経法の本経として呉音読誦された。真言宗に於けるその開始は空海まで遡るがその当時から呉音読誦であったかどうかは未詳である。

仁和寺蔵の本書には奥書識語類が無く、書写時期及び加点時代が不明であるが、数筆の加点はいずれも鎌倉中・後期のもので、南北朝までは降らないと見られる。

本書の唇内入声音字の加点状況は次の如くである。巻首から若干例を順次抜き出して示す。

入声例　十智　十遍　十方　雑《サウ》色　合掌　湿生　法性　法空　三十生　法界
　起習種性　十信　十心　習《シフ》気　十聖

平声例　摂《セフ》法　修習　分法　深入　出入　法眼《ケン》　十力　法音　十六　法要《エウ》　法雨
　千葉《エウ》　十地　四摂　六十二　諸法

入声点は促音化している部分に、平声点は非促音化の部分にと明瞭に差し分けられている。これは先の東寺本六字神呪王経と同じである。「雑《サウ》色」「摂《セフ》法」の二例は仮名と声点がずれているが、声点と仮名は必ずしも同人が同時に付けたとは限らないので不思議ではない。

本資料も亦唇内入声韻尾がハ行転呼されていたのに従って加点されたもので、正式な韻学による知識によったものではない事になる。

(3)東寺蔵仁王護国般若経（金剛蔵一九四箱二七号）（末尾写真4参照）

本書は東寺版の版経で、開版の時期は明確ではないが、田中稔氏によって鎌倉時代に既に東寺で数は多くはないが開版が行われ、本経はその一つとされたものである。(8) 刊記・識語類は存しない。

全巻に鎌倉末期〜南北朝と思われる墨筆の声点と仮名が加点されている。但し仮名は殆どが摺り消されている。是は後に述べるように再刻の手本にしたために余計な部分を除去したためであろう。

本書の唇内入声字の声点を、先と同じように示してみる。

入声例　十智　摂法　分法　十遍　十方　雑色　十方　合掌　湿生　法性　法空

　法相　三十生　業果　習《シツ》種

平声例　修習　出入　法眼　十力　法音　十六　法要　入大　法雨　十地　四摂

　界法　六十二　諸法　法集

この資料でも基本的には入声点は促音化した部分、平声点は非促音化の部分に加点されている。従って、本資料には部分的に異例となる「摂法」「分法」の様な例が見られるが、結果的に前号(2)と同様の加点となっている。

以上、管見の範囲で唇内入声字に平声点の差された字音点資料を指摘した。この種の資料は、先に述べた様に管見の呉音直読資料としては非常に稀なものである。今後の調査によって更に増加する事が予想される事勿論であるが、現在までの所、いずれも仁和寺・東寺という真言宗の資料である。但し仁和寺・東寺の全てがそうであるのではない。東寺に所蔵されている次の仁王般若経二本は、他の多くの呉音読資料と同じく、入声字は全て入声点が加点されている。

(4)東寺蔵仁王護国般若経（金剛蔵二八二箱七号）

(5)東寺蔵仁王護国般若経（金剛蔵一九四箱二九号）（末尾写真5参照）

右の(4)東寺蔵仁王護国般若経は、やはり東寺版で開版時及び加点時期は明確にし難いが鎌倉後期〜南北朝期のものであろうと推定される。朱声点一筆、仮名数筆が難字の部分に加点されている。唇内入声字の声点を見ると、全て入声点が差されている。

亦、(5)東寺蔵仁王護国般若経も例外なく入声点が加点されている。

従って、(1)(2)(3)の如きは、仁和寺・東寺においても唇内入声字に平声点を差すのはやはり例外的なものであったと見るべきであろう。

所で、(5)東寺蔵仁王護国般若経の巻末には次のような刊記が有る。

東寺西院根本版依朽損文安元年甲子四月重刊／奉行権律師覚増

亦本書二帖を収めた帙底面には東寺僧賢賀により次の様な識語が書かれている。

今此新訳仁王般若経者当寺根本版依旧損／文安年中之重刊且又毎歳正月十六日仁王会読誦／本彼是可秘蔵補虫損加繕装畢／延享第三歳在丙寅孟春十五日　僧正賢賀春秋／六十三歳

右の刊記・識語によって次の様な事が知られる。

南北朝以前に東寺版として開版された仁王経――根本版――が朽損したので室町時代初期文安元年（一四四四）に復刻されたのが本書である。この本は毎年正月に行われた仁王会の読誦に使用された。「彼此可秘蔵」からすると「根本版」も別に存在したと見なければならない。

その「根本版」が右の「(3)東寺蔵仁王護国般若経（金剛蔵一九四箱二七号）」と見られる。

この(3)と(5)とが深い関係に在る事は、先に少しく言及した様に、(3)に本来加点されていた朱筆の仮名が全て擦消されてしまっているが（部分的に見える仮名は後筆の墨点である）、この(3)を(5)と比較してみると、その擦消された仮名が(5)では全て復元されて書き込まれている事が明らかになる。「ム」「ン」の区別、合拗音の区別等古い鎌倉以前の姿が本のまま保存され、移点されている。

(3)で擦消された理由は不明であるが、復刻の原本にする際に付刻される事を避けようとしたものかも知れない。(5)にそれが忠実に移点復活されたのは、根本版として仮名までを含めて原姿の復元の意図を読みとる事が出来るのではないかと考える。

扨、この(3)・(5)両本の声点に注目すると基本的には共通しているのであるが、既に述べ来った様に、唇内入声字の声点の差し方に限って大きな違いが認められる。その状況を知る為に巻首から順に唇内入声字を比較してみると次の様である。

(3)　十(入濁)智(平)　摂(入)法(入)　修(去)習(平濁)　分(平濁)法(入)　深(去濁)入(無)　出(入)入(平)
法(平)眼(平濁)　十(平濁)力(入)　法(平)音(去)　十(入濁)遍(平)　十(平濁)六(入)　十(入濁)方(去)
法(平)要(平)　入(平)大(平濁)　法(平)雨(上)　答(入)者(平)　雑(入濁)色(入)　千(去)葉(平)

(5)　十(入濁)智(平)　摂(入)法(入)　修(去)習(入濁)　分(平濁)法(入)　深(去濁)入(入)　出(入)入(無)
法(入)眼(平濁)　十(入濁)力(入)　法(入)音(去)　十(入濁)遍(平)　十(入濁)六(入)　十(入濁)方(去)
法(入)要(平)　入(入)大(平濁)　法(入)雨(上)　答(入)者(平)　雑(入濁)色(入)　千(去)葉(入)

(3)は入声点と平声点とが出現し、入声点は促音化したものに加点されているのに対し、(5)は全て入声点のみが加点されている。この事は、時代の新しい(5)の方に、古い伝統的な加点法が採用されているという事になる。即ち根本版の復元時に正式な加点法に改められたという事になる。

尚、因みに付け加えておけば、それでは(5)では促音化したものとそうでないもの——多分ハ行点呼されて -u——が全く無視されてしまったかというと、そうではないらしい。(5)では同じく入声点で加点されながらも、促音化したものは、入声軽点を差して区別していたと見られる。右引用例で、⑶の入声点に対応する⑸の例はいずれもその加点位置は、去声点と入声との中間の入声軽の位置に差されているのである。但しこの様な加点法の類例は今の所多くは見られず、尚良く検討してみる必要がある。

⑶と⑸の二資料の比較から、東寺の呉音直読加点資料に、唇内入声字の非促音化例を平声点で差声する資料が存在するが、それは東寺に於いても劣勢な資料に属し、仁王経の改版に伴う再加点に於いては、伝統的な――換言すれば、当時の仏教界に於いては常識の範囲に属する――入声音は「入声点で示す」という方式に修正されたものの存する事が分かる。

三、纏め

漢字音の三内入声音 -t -k -p は日本漢字音としては結果的に開音節化して定着したが、その過程で、それぞれ異なった動きをしている。舌内入声音は、理想的な漢字音の姿としては室町時代末期まで入声音 -t を保持するものであった。喉内入声音は促音化の問題が起こったが、これは下接字がカ行音という音韻制約の下での現象であったために、問題は起こらなかった。

唇内入声音は、開音節化した -fu の段階での大々的な促音化の処理の問題と、日本語の音韻変化であるハ行転呼音との関与を避ける事が出来なかった為に起こった平声化の処理の問題とを引き起こした。

この唇内入声字の、前者の問題は、天台宗法華経字音学及び法相宗（多分その源流は天台宗）では「フ入声点」の考案に依って処理した。後者の問題は、声点によって処理するとなれば、直接「平声点」を加点する方法が当然あり得る。しかしながら、実際の呉音直読資料では平安時代から江戸時代まで、平声点を使用した資料は、Ⅰ～Ⅵ

形式の全てに於いて容易には見出し得ない。これは、呉音直読を行う世界に於いては、日本語の音韻的背景が変化しても、知識音「入声はツチ・クキ・フ」としてその特徴が維持されていたと見なければならない事を物語っている。

その様な一般的な資料に交じって、僅かながら、東寺・仁和寺に直接「平声点」を差した資料が存在する。これはこの両寺に於ける呉音読誦がハ行転呼されていた事を直接反映させたものと解釈せざるを得ない。従って東寺・仁和寺の読誦学は、学問的知識に縛られない――見方を替えて云えば弛緩したもの――であったという事になる。

我々はこの種の資料の存在によって、字音読誦の場に於いても、鎌倉時代文永時代には確かに唇内入声音がハ行転呼されて、平声字と全く区別し得ない形にまで至っていた事を知る事が出来る。なお、この種の資料が仁和寺と東寺のみというのは、今後の精査を必要とするが、偶然ではなく、少なくともこの両寺の学問的な基盤を共通にしていたという事ではないかと考えられる。

但し、真言宗全体の呉音直読学が弛緩したまま終焉に至ったとは言えない。それは江戸時代の真言宗系の資料でも正しく四声点が使用され、平安時代以来の正当な加点法が実践されている資料が現存するからである。(9)

注

(1) 小林芳規『角筆文献研究導論　上巻　東アジア篇』附章　奈良時代写経の角筆加点の性格、参照。

(2) 拙著『平安鎌倉時代に於る日本漢字音に就ての研究』本論第一部第五章呉音の声調体系について、参照。

(3) 拙著『日本漢字音の歴史的研究――体系と表記をめぐって――』第六部表記史論、参照。

(4) (2)拙著本論第一部第三章呉音の学習と伝承、参照。

(5) 注(4)に同じ。

（6）注(2)拙著、本論第一部第四章第一節呉音読に於る促音化に就て、参照。

（7）注(3)拙著、第二部呉音論第三章鎌倉時代の呉音読漢語の声調、参照。

（8）田中稔「版経」（『東寺観智院金剛蔵聖教の概要』京都府教育委員会・昭和六十一年）参照。

（9）『補忘記』の著者として著名な観応は真言宗根来寺の僧であるが、その『補忘記』の中で、「平入軽及新濁本濁フ入声之指分者根来寺五智房已来盛相伝之故佗山大分四声之外無之」「頂上毘富羅声者……天台及法相宗用之……根来寺摂上声不別立也」と説いており、フ入声等を区別する八声体系は天台宗と法相宗の所用で、真言の他山は使用せず、根来寺のみ五智房（覚鑁の資融源）以来使用するという。これは実際の残存資料と良く一致する。（末尾写真6「観応版」参照）

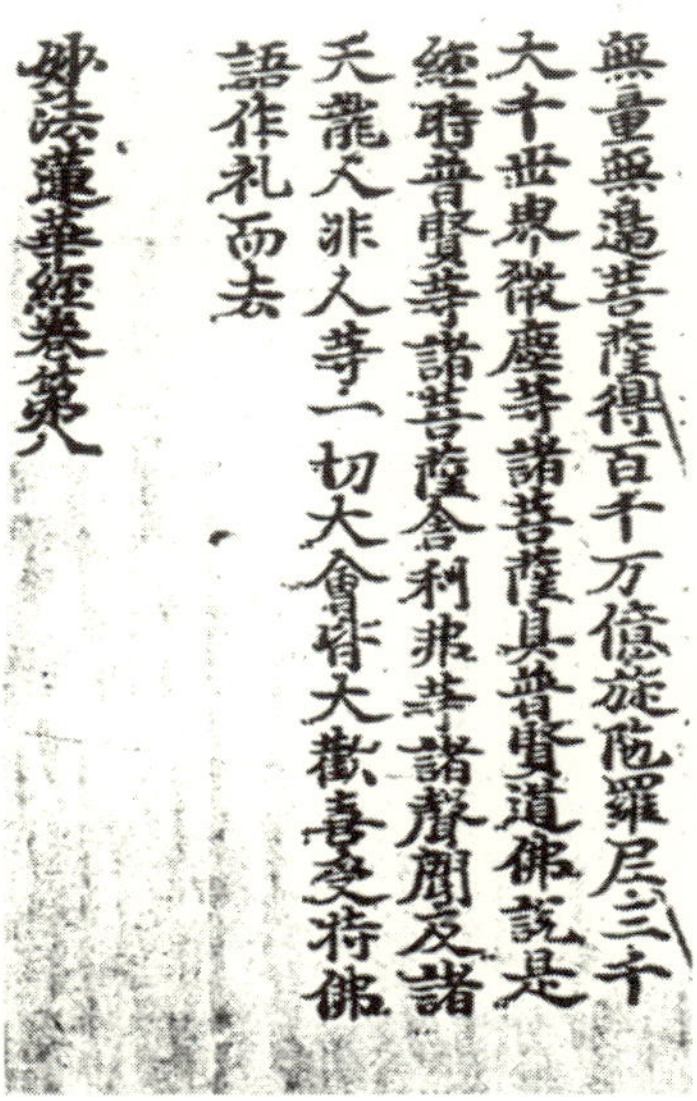
無量無邊菩薩得百千万億旋陁羅尼三千
大千世界微塵等諸菩薩具普賢道佛說是
經時普賢等諸菩薩舍利弗等諸聲聞及諸
天龍人非人等一切大會皆大歡喜受持佛
語作礼而去
妙法蓮華經巻第八

写真1　国会図書館本春日版法華経鎌倉中期点

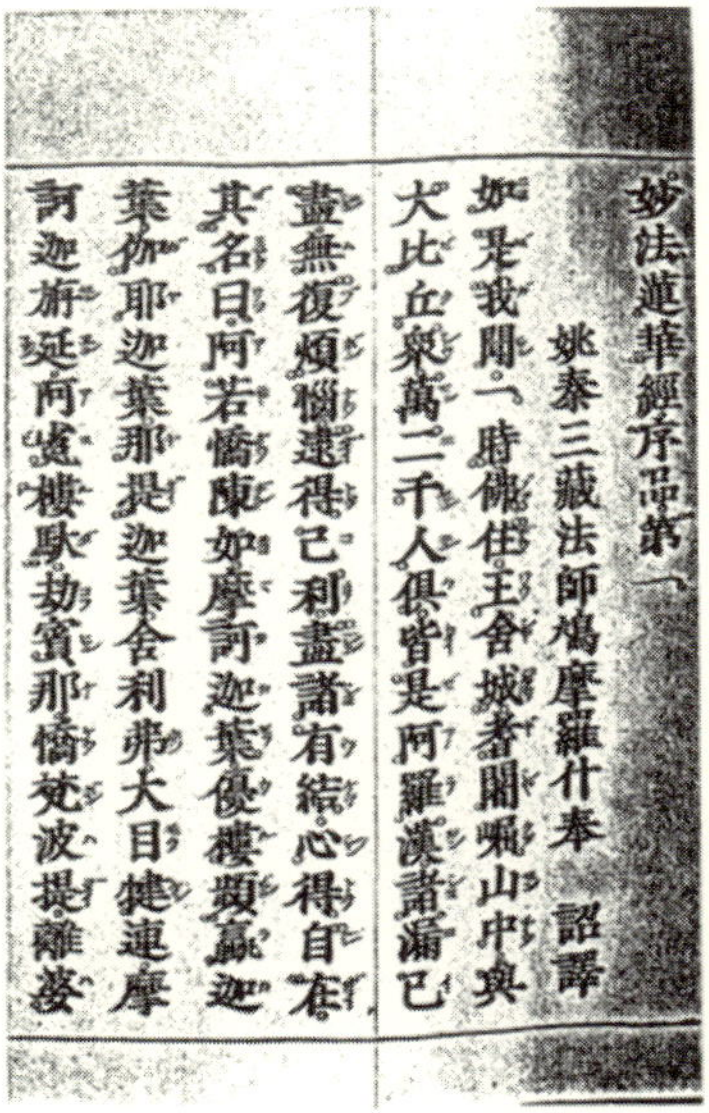
妙法蓮華經序品第一
姚秦三藏法師鳩摩羅什奉　詔譯
如是我聞一時佛住王舍城耆闍崛山中與
大比丘衆萬二千人俱皆是阿羅漢諸漏已
盡無復煩惱逮得己利盡諸有結心得自在
其名曰阿若憍陳如摩訶迦葉優樓頻螺迦
葉伽耶迦葉那提迦葉舍利弗大目犍連摩
訶迦旃延阿㝹樓馱劫賓那憍梵波提離婆

写真2　架蔵慈海版法華経

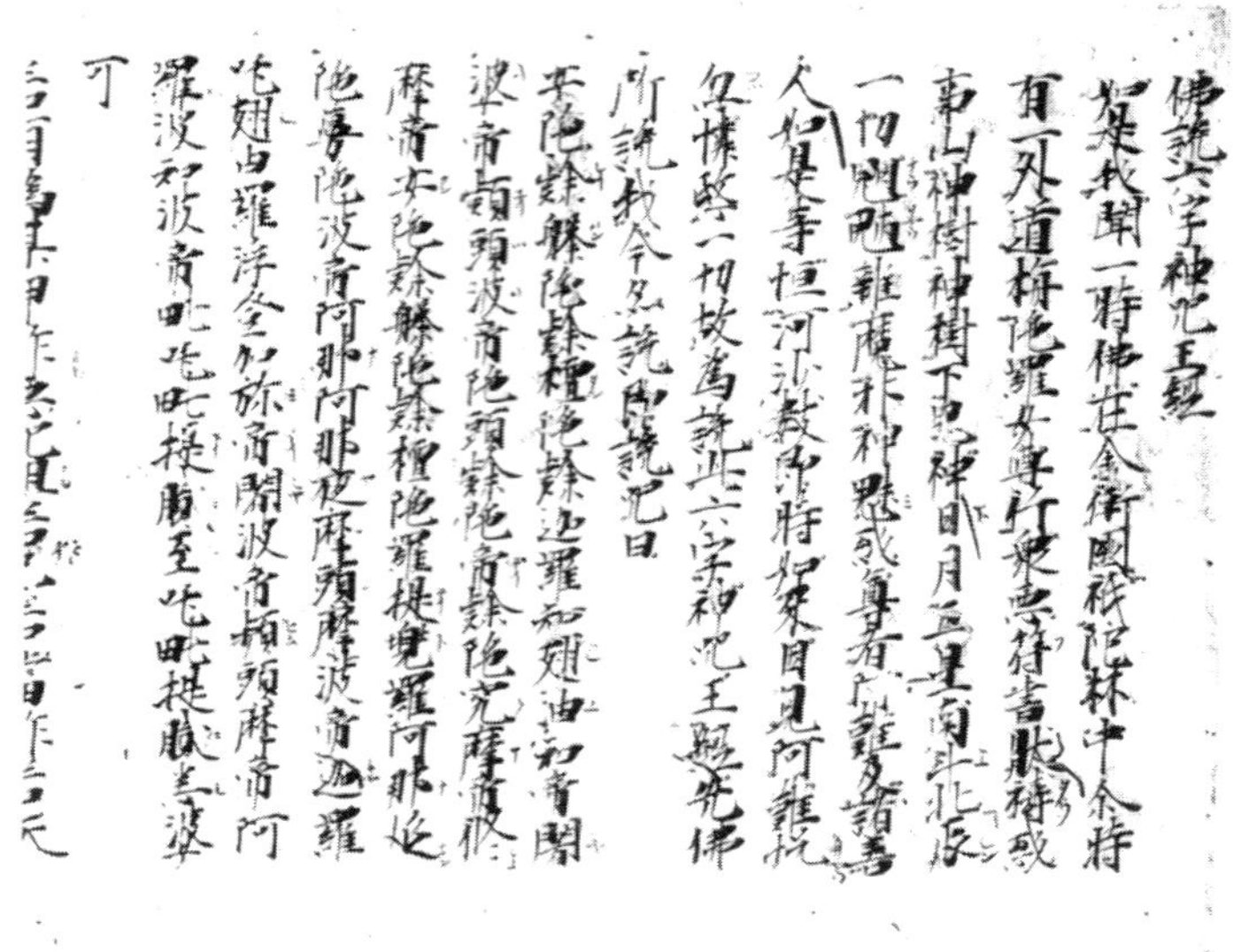

写真3　東寺蔵仏説六字神呪王経文永十一年点

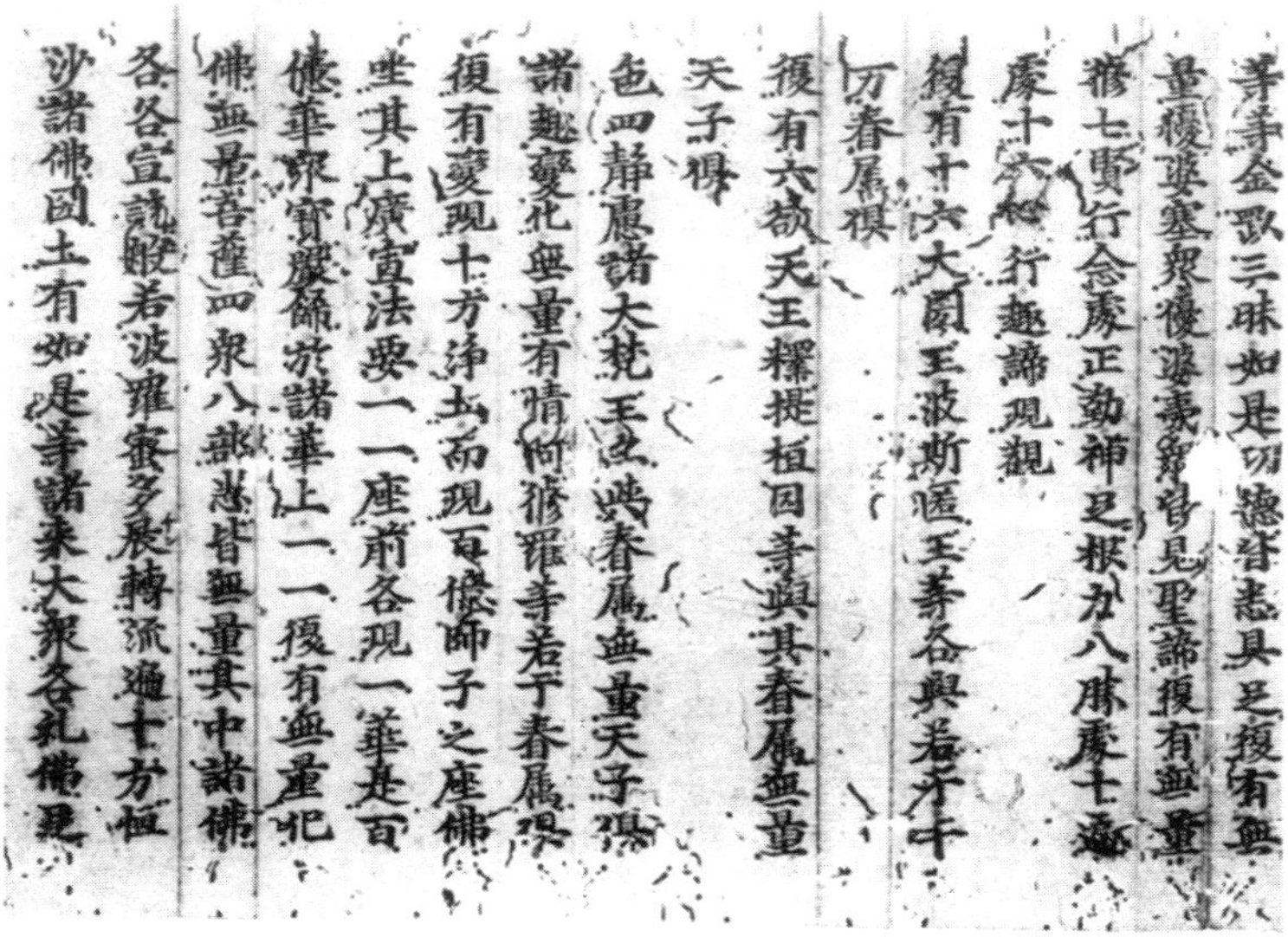

等等金剛三昧如是功德皆悉具足復有無
量優婆塞衆優婆夷衆皆見聖諦復有無量
修七賢行念處正勤神足根力八勝處十遍
處十六心行趣諦現觀
復有十六大國王波斯匿王等各與若干千
万眷屬俱
復有六欲天王釋提桓因等與其眷屬無量
天子俱
色四靜慮諸大梵王與其眷屬無量天子俱
諸趣變化無量有情阿修羅等若干眷屬俱
復有變現十方淨土而現百億師子之座佛
坐其上演宣法要一一座前各現一華是百
億華衆寶嚴飾於諸華上一一復有無量化
佛無量菩薩四衆八部悉皆無量其中諸佛
各各宣說般若波羅蜜多展轉流遍十方恒
沙諸佛國土有如是等諸來大衆各礼佛足

写真4　東寺蔵仁王護国般若経

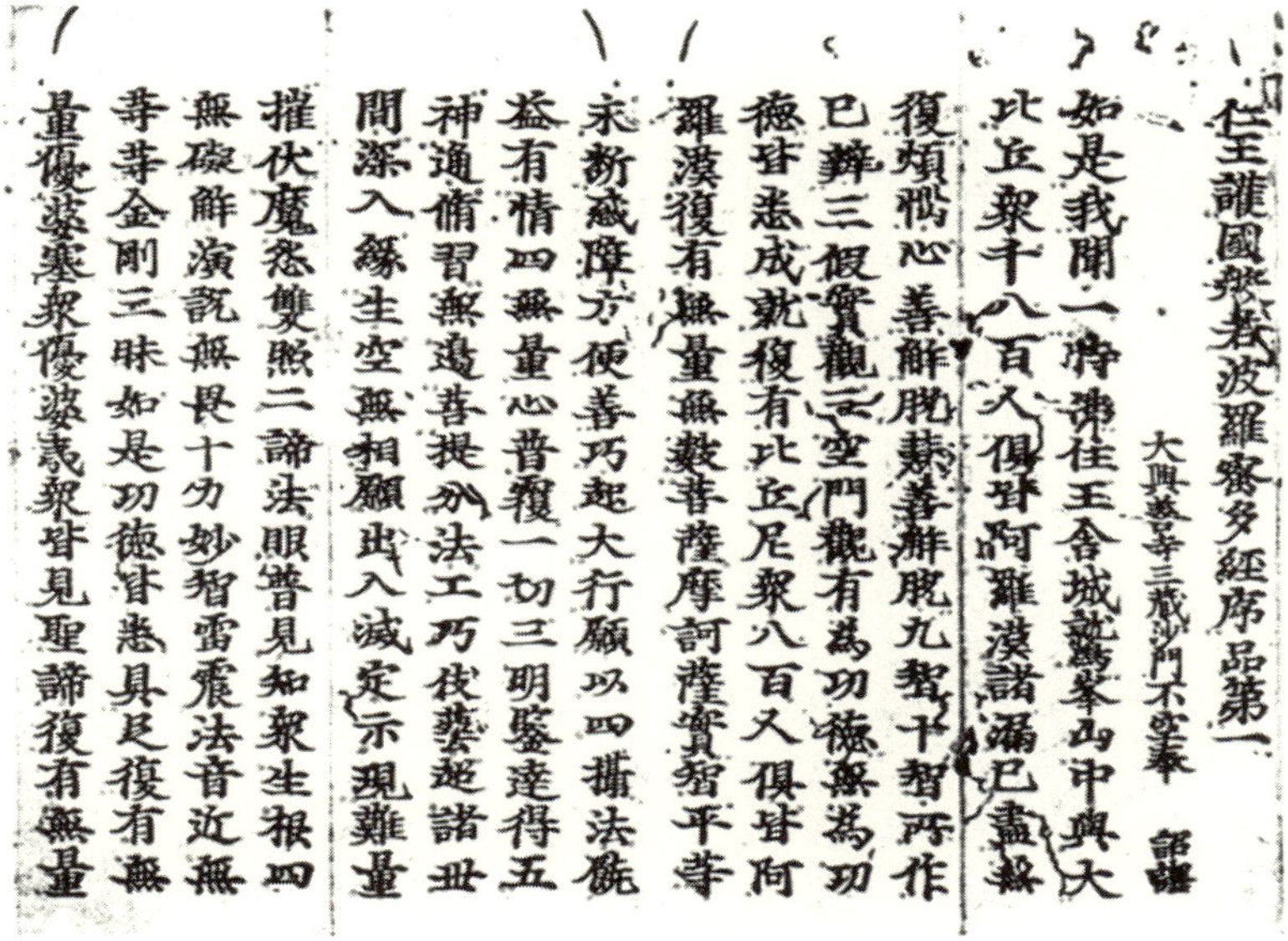
仁王護國般若波羅蜜多經序品第一
大興善寺三藏沙門不空奉　詔譯
如是我聞一時佛住王舍城鷲峯山中與大
比丘衆千八百人俱皆阿羅漢諸漏已盡無
復煩惱心善解脫慧善解脫九智十智所作
已辦三假實觀三空門觀有為功德無為功
德皆悉成就復有比丘尼衆八百人俱皆阿
羅漢復有無量無數菩薩摩訶薩實智平等
永斷惑障方便善巧起大行願以四攝法饒
益有情四無量心普覆一切三明鑒達得五
神通脩習無邊菩提分法工巧伎藝超諸世
間深入緣生空無相願出入滅定示現難量
摧伏魔怨雙照二諦法眼普見知衆生根四
無礙解演說無畏十力妙智雷震法音近無
等等金剛三昧如是功德皆悉具足復有無
量優婆塞衆優婆夷衆皆見聖諦復有無量

写真5　東寺蔵仁王護国般若経

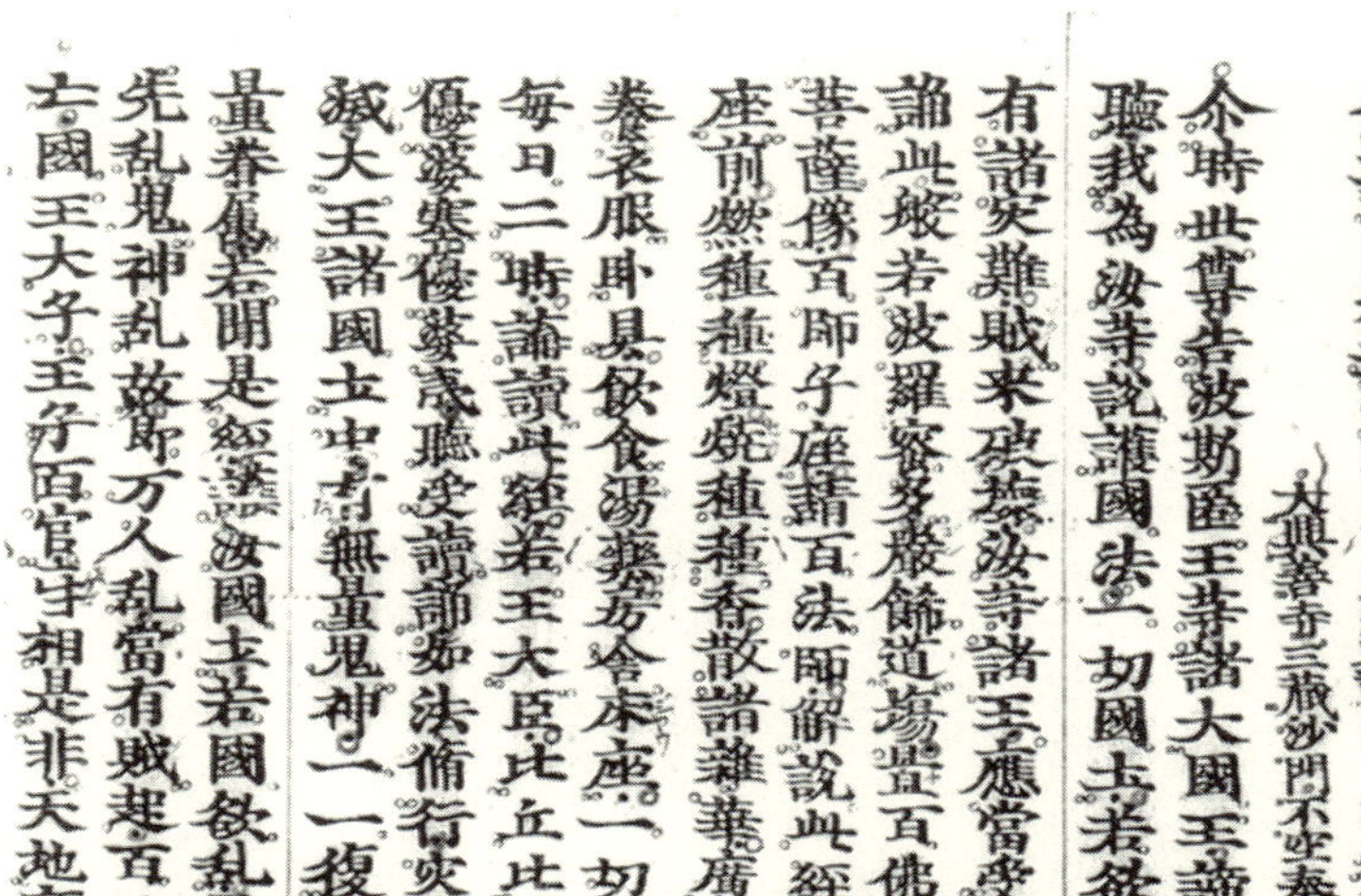
仁王護國般若波羅蜜多經護國品第五
大興善寺三藏沙門不空奉　詔譯
尒時世尊告波斯匿王等諸大國王諦聽諦
聽我為汝等說護國法一切國土若欲乱時
有諸災難賊來破壞汝等諸王應當受持讀
誦此般若波羅蜜多嚴飾道場置百佛像百
菩薩像百師子座請百法師解說此經於諸
座前然種種燈燒種種香散諸雜華廣大供
養衣服卧具飲食湯藥房舍床座一切供事
每日二時講讀此經若王大臣比丘比丘尼
優婆塞優婆夷聽受讀誦如法脩行災難即
滅大王諸國土中有無量鬼神一一復有無
量眷屬若聞是經護汝國土若國欲乱鬼神
先乱鬼神乱故即万人乱當有賊起百姓喪
亡國王太子王子百官互相是非天地變怪

写真6　観応（新義真言宗智山派）版仁王経（貞享二年〈一六八五〉刊）

助数詞「はい（貝）」から「はい（盃）」「かひ（貝）」へ

三保忠夫

一、はじめに

助数詞は、身近な言葉である。しかし、古くから様々な形で用いられてきたため、今日、その原義や用法、あるいは、その成り立ちや由来などのはっきりしないものが少なくない。民間語源説や興味本位の発言が飛び交うのもこうした時であるが、結局、十分な検討資料を欠き、説得力を持つに至らないことが多いようである。

本稿では、イカ・タコを数える「はい」を取上げ、検討してみたい。この言葉の由来もはっきりしない。近年は、理論的な認知論的立場からの発言も見られるが、今日的視点で一元的に説明しようとするためか、目下のところ、無理な点が残るようである。それはそれで大事な視点であり、解釈方法である。それぞれの立場でぎりぎりのところまで究明していくことに意義がある。ただ、関係する事象があれば、これを可能な限り把握しておくのも大切であろう。

この「はい」という助数詞は、もと、アワビ（類）を対象とする助数詞ではなかったかと考える。やはり資料を欠き、その立証は十分ではないが、まずは私案を提示して大方の御批正を仰ぎ、あわせて資料収集の御協力を戴きたい。

二、古代の助数詞「貝《はい》」

古代には、アワビは神饌《しんせん》として、また、貢納物として格別の存在であった。(1) それ故、計量単位も厳しく規定され、八世紀の木簡では、次のような「貝《はい》」（及び、「烈」「条」「連」）が用いられることになっていた。時には「螺《(さざえ)》卅貝」との例もみえる。詳しくは先に整理したが、(2) 次に可能な範囲で用例を示そう。なお、『城』とは、奈良国立文化財研究所編『平城宮発掘調査出土木簡概報』の略称である。

鰒廿貝　（二条大路木簡、東西溝SD五一〇〇、96·18·3　033　UO47.『城』二二）

鰒廿貝　（二条大路濠状遺構SD五一〇〇、98·18·3　033　UO47.『城』三一）

焼鰒五十貝　（二条大路木簡、東西溝SD五一〇〇、115·16·2　051　UO46.『城』二二）

「鰒」とは、生鮑であろうか。または、何らかの熱処理を施したものであろうか。「焼鰒《やきあわび》」とは、その殻付のまま火にあぶって焼いたものであろう。「鰒」につき、『倭名類聚抄』によれば「アワビ」とある。アワビは、扁平状の一枚の殻をもつ巻き貝である。

鰒　四声字苑云鰒〈蒲角反　与雹同　今案一音伏　見本草音義〉魚名　似蛤《(蛤)》偏著石　内《(肉)》乾可食　出青州海中矣　本草云鮑一名鰒〈鮑音抱　和名阿波比〉崔禹錫食経云　石決明〈和名上同〉食之心目聰了　亦附石生　故以名之

（倭名類聚抄・道円本、巻一九、一四オ、亀貝類、傍らの（　）内は箋注本の文字）

助数詞「貝」は、「廿」「五十」といった字音読と見られる漢数字を承けるから、やはり、字音読であろう。「貝」につき、『色葉字類抄』には「貝《ハイ》〈カヒ／水物〉　貝蛸〈カヒタコ〉」（前田本、上九四ゥ、動物）とある。「貝」字の右肩の朱筆単点は、これが漢音「ハイ」（去声）であることを示している。呉音では「バイ」（平声濁音）である。

腸蒸鰒廿八貝｜　（二条大路木簡、東西溝ＳＤ五一〇〇、124・16・2　051　UO46.『城』二二）

腹《ママ》蒸鰒卌五貝｜　（二条大路濠状遺構ＳＤ五一〇〇、112・16・3　051　UO20.『城』三一）

腸蒸鰒〈卌四□〉｜　（平城宮左京二条二坊十二坪（二条北側溝Ｂ区）、103・19・3　051）

右は、『平城宮左京二条二坊十二坪―奈良市水道局庁舎建設地発掘調査概要報告―』（奈良市教育委員会編、一九八四年）、『木簡研究』第六号（亀井伸雄氏）、『奈良文化財研究所　木簡データベース』による。細字部の三字目は判読できないようだが、「貝」字と類推される。「腸蒸鰒」は、蒸しアワビの類らしい。次も同様であろうか。

宮内蒸鰒卅貝｜　（二条大路濠状遺構ＳＤ五一〇〇、(124)・15・2　033　UO41.『城』三一）

蒸鮑壱籠〈々別卅口〉｜　（溝ＳＤ三七一五、148・24・3　051.『木簡研究』第八号（加藤優氏））

右は、図版でも、一見、「口」字のように見えるが、「貝」字ではなかろうか。精密検査を要する。

鮮鰒十貝｜　（二条大路木簡、東西溝ＳＤ五三〇〇、(143)・23・5　031　JD18.『城』二四）

鮮鰒一貝｜　（二条大路濠状遺構ＳＤ五一〇〇、182・40・5　032　UO20.『城』三一）

・　東□□（鮑二カ）□□

堅魚（二一カ）□□

・

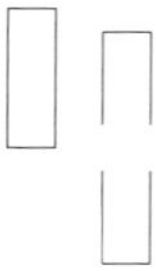

鮮鮑四貝| □□□（四月八カ）（東一坊大路西側溝ＳＤ四九五一、146・(35)・3 081 BE13.『城』三四）

阿波国生鰒五十貝|（朱雀大路西側溝ＳＤ二六〇〇、126・23・5 032 CQ21.『城』三四）

「鮮鰒」は、殻付きの生のアワビをいう。「鮮鮑」との用字は古いものかも知れない。なお、藤原宮出土木簡に「生鰒廿孔」と見え、長屋王家木簡に「生鰒」（ＳＤ四七五〇、(76)・26・3 039 TC11.『城』二五）と書いた木簡がある。

麻生割鰒卅貝|（二条大路木簡、東西溝ＳＤ五三〇〇、126・12・3 051 JD24.『城』二四）

麻生割鰒卅貝|（二条大路木簡、東西溝ＳＤ五三〇〇、(95)・18・2 081 JD26.『城』二九）

麻生割鰒卅貝|（二条大路濠状遺構ＳＤ五一〇〇、(120)・17・2 051 UO12.『城』三一）

比焉鰒五十一貝|（二条大路木簡、東西溝ＳＤ五三〇〇、123・15・3 051 JD17.『城』二九）

比焉鰒廿九貝|（二条大路濠状遺構ＳＤ五一〇〇、114・16・1 051 UO41.『城』三一）

比焉鰒卅三貝|（二条大路濠状遺構ＳＤ五一〇〇、113・16・1 051 UO47.『城』三一）

□□（鰒カ）□□（廿貝カ）|（『平城京木簡一』四五六、ＳＤ四七五〇溝、(144)・(21)・2 6039 TB11）

木簡の下は折れ、左は割れている。「麻生割」、「比焉鰒」などは、どのようなものかわからない。

加吉鰒廿四□|（二条大路木簡、東西溝ＳＤ五一〇〇、133・18・3 051 UO12.『城』二二）

賀吉鰒廿一貝|（二条大路濠状遺構ＳＤ五一〇〇、130・16・2 051 UO48.『城』三一）

賀吉鰒廿二貝|（二条大路濠状遺構ＳＤ五一〇〇、121・17・2 051 UO47.『城』三一）

賀吉鰒廿四貝|（二条大路濠状遺構ＳＤ五一〇〇、122・15・2 051 UO47.『城』三一）

賀吉鰒廿六貝|（二条大路濠状遺構ＳＤ五一〇〇、112・16・2 051 UO42.『城』三一）

賀吉鰒廿八貝|（二条大路濠状遺構ＳＤ五一〇〇、(80)・14・2 019 UO46.『城』三一）

賀吉鰒卅二貝|（二条大路濠状遺構ＳＤ五一〇〇、143・16・3 051 UOZ.『城』三一）

加吉鰒卅七貝｜（二条大路濠状遺構ＳＤ五一〇〇、132・18・2　051　UO39.『城』三一）

藤原宮出土木簡にも、「加岐鰒」（ＳＤ一七〇、UB30　033）、「加岐鮑」（外濠ＳＤ一七〇、QR29　051）、「加支鮑」（外濠ＳＤ一七〇、QR29　051）と見える（『飛鳥藤原宮発掘調査出土木簡概報（五）　藤原宮出土木簡（四）』、『同（六）　同（五）』による）。「加吉鰒《かきあわび》」「賀吉鰒《かきあわび》」は不詳だが、あるいは、カキ（蠣）を意味するのであろうか。『倭名類聚抄』では、「鰒」とは別に「蠣」（和名加木）を掲出するが、「吉」「岐」「支」は甲類の仮名であり、考えてみる必要がある。

以上は、アワビ、また、カキアワビの個体を「貝」で数えた用例である。いずれも大きな貝殻を付けたままで籠か筥かに入れて貢進したのであろう。焼きアワビや蒸しアワビは、更に干し、後、削って食したとみられる。

螺卅貝｜（二条大路木簡、東西溝ＳＤ五一〇〇、105・22・3　033　UO46.『城』二二）

螺廿貝｜（二条大路濠状遺構ＳＤ五一〇〇、105・20・2　033　UO47.『城』三一）

「螺」につき、「賦役令」の「凡調絹絁」に続く「若輸雑物者」の条に、「螺〈謂。蜯之類也。釈云。鄭玄注／周礼曰。蜯属也。音郎果反。〉三十二斤。」（『新訂増補国史大系　令集解』、三八二頁）と見える。「蜯」は、『倭名類聚抄』の「亀貝類」に、「蚌蛤　兼名苑云蚌蛤〈放甲二音　蚌或作蜯　和名波萬久理〉一名含漿」（巻一九、一二ウ）とあるように、ハマグリをいう。だが、「螺」は、巻き貝で、サザエと解する向きが多い(3)。『倭名類聚抄』には、「甲蠃子」にツビ（豆比）、「栄螺子」にサザエ（佐左江）、「大辛螺」にアキ（阿木）、「小辛螺」にニシ（仁之）との和名が示されている（巻一九、一一オ～一二ウ）。貢進物としてサザエが外されることはなかったと推測され、「螺」が、これに相当しないとすれば、これを表す文字が見当たらない。この「螺」とは、サザエ（栄螺子）をいうのであろう。長屋王家木簡に「隠伎国周吉（郡脱）奄加里〈□部方男／螺六斤〉和銅□」（南北溝ＳＤ四七五〇、(137)・24・2　039　TH11.『城』二七）とも見える。「六斤」は、魚介類を貢納する規定量らしい。『令義解』『令集解』の所説は、古注の一つとして尊重する方がよいが、常に正しいわけではないかも知れない。

この他、大宰府木簡に「生鮑六十具・都備五十具」と見える例がある。「都備」は、巻き貝の、やはり、サザエであろうか。また、「・東市買進上物　雉一翼　鮮鮒十隻　螺廿具　右物付倭／・麻呂進上如前　天平八年十一月廿五日下村主大魚」（東西溝SD五一〇〇、313・26・4　011　UO28.『城』三〇）との例もある。これらの「具」字は、「貝」のつもりではなかろうか。例えば、『新訳華厳経音義私記』小川本では、「蠡〈音流羅反／具布延〉」（上巻、経二三巻）、「珠具〈案西域（ママ）以具為銭／故列在宝類也〉」（下巻、経七六巻）と、「貝」とあるべきところが「具」の形で書かれている。『日本霊異記』真福寺本では、「縄集着蠊十貝而上」とあり、また、「汝贖放之蠊十具也」ともある（巻中、一六話、「蠊」に「河支」という訓注がある）。また、『延喜式』巻三九・内膳司の「年料」の条に、「尾張国。〈為伊二擔廿壺。白具二擔四壺。（略）〉」（国立歴史民俗博物館蔵本、「歴史篇」第一七巻、二八六頁）とあるが、これは、「尾張国正税帳」（天平六年十二月二十四日）に「進上交易白貝内鮨壱斛伍斗」（『正倉院文書』第一巻、六一〇頁）とある条が参照される。『言《とき》継卿記《つぐきようき》』（大永〜天正年間）でも「貝」字の期待されるところに「具」字を書いた例が多い。

なお、右の「比焉鰒」は「籠」でも、また、「御取鰒」「玉貫鰒」「夏鰒」等は「烈」で、「辛海細螺」は斗升で、それぞれ計量されている。アワビには、また、「烈」「条」「連」などという助数詞も用いられているが、省略する。

三、中世・近世、方言における「盃《はい》」

『宇津保物語』前田家本に、「一尺三ずんばかりのわたき（ママ）のもひに、なまもの・からもの・すしもの・かいつもの、たけたかくうるはしくもりて」（あて宮、古典文庫、六九四頁）と見える。魚介類の内の貝の類は「かひつもの」と称され、賞味されていたことがわかる。しかし、先に見た助数詞「貝」は、「正倉院文書」にも『延喜式』にも用いられていない。恐らく、資料（文書）の性格が相異するためであろうが、あるいは、律令体制の衰微するに伴い、貢納システムも推移し、公文書類では用いられなくなったのかも知れない。

平安・鎌倉時代を経た時分、「貝」に代わって目に付くのは「盃《はい》」という助数詞である。その用例として、次のようなものがある。その対象はアワビ・サザエに限らない、タコやカニなどにも用いられている（返り点は私意）。

甲斐備中守久衡　蚫《（あわび）》百盃　鯛十　筋子五幷五百足　進レ之　（『親元日記《ちかもとにっき》』寛正六年〈一四六五〉七月二十五日）

三富豊前掾、烏賊《（いか）》魚五十盃　献レ之　（『実隆公記《さねたかこうき》』大永四年〈一五二四〉十一月十二日）

一、あわひ　壱はい　代三文　（北条家朱印状写、永禄三年〈一五六〇〉二月二十三日、『戦国遺文』）

ここでは、タイ・カツオ、生干《なまひ》のカツオ・大アジ・イワシ・イナダには「ツ」が用いられている。

鯛卅枚、あわひ百盃　（後北条氏繁後室ヵ朱印状、天正十二年〈一五八四〉正月五日、同右）

『山科家礼記《やましなけらいき》』には、「あわひ十はい」「たこ二はい」「大タコ二ハイ」「あかゝい十五はい」「にし廿はい」「かさめ十はい」などと見え、「（酒）」「さけ」〈飯わんに〉や「水」〈なべに〉も「はい」「ハイ」と数えている。

右は、漢字で「盃」、仮名で「はい」と書くものであるが、『節用集』印度本系には「輩」字が用いられている。

蟹《カニ》〈一輩《ハイ》〉（弘治二年本、カ部、畜類）
烏賊《イカ》《カイ》〈一輩《ハイ》〉（永禄二年本、イ部、畜類）　蟹《カニ》〈異名／ー招潮《セウテウ》　一輩《ハイ》〉（同、カ部、畜類）
烏賊《イカ》〈一輩《ト》／云也〉（堯空本、イ部、畜類）　蟹《カニ》〈異名招潮　ー《カニ》一輩《ハイ》／ト云也　鰔《カニ》　蛫《カニ（存疑）》カニ〉（同、カ部、畜類）
烏賊《イカ》〈一輩《ハイト》／云也〉（両足院本、イ部、畜類）

これらにおいては、「蟹」に続いて「蠣《カキ》」「蝤蛑《ガザメ》」「貝鮑《カイアワヒ》」なども見えるが、「一輩《ハイ》」との用法注はない。また、イ部には「一盃《ハイ》」という助数詞もあがっているが、ここには用法注がなく、蟹や烏賊などとの関わりは不詳である。

一輩《（イツ）バイ》〈蟹《カニ》〉（『運歩色葉集』元亀二年本、ィ部）……　［静嘉堂文庫蔵本も同様にあるが、「蟹」の字体不詳］

仮名の「ハイ」の右肩に朱筆単点が付されており、この音節が半濁音（あるいは、濁音）であったと知られる。

イ部には、別に「一盃《バイ》」とも見え、同じく朱筆単点が付されているが、用法注はない。また、巻末の「魚之名」の条には、「烏賊《イカ》〈一輩〉」（同、ィ部）・「蟹《カニ》〈一輩〉」（同・カ部）と見えるが、「蚫《アワビ》石決明《同》」（同、ァ部）には何の用法注もない。

従って、これらの辞書によれば、カニ・イカの助数詞は「盃《ハイ》」ではなく、「輩《ハイ》」であり、しかし、アワビはこの対象外であった（助数詞は不詳）ということになりそうである。この背後の事情については、まだよく考えない。

井原西鶴の作品には、「玉子《たまご》十三、鮹《たこ》二はい」（『好色二代男』一、貞享元年〈一六八四〉刊）、「鮹《たこ》二盃《はい》うつて出る時」（『世間胸算用』四、元禄五年〈一六九二〉刊）・「奈ら中のものが一盃くうたであらふ」（同、懸詞）と見える。近松門左衛門作の浄瑠璃『用明天王職人鑑』（宝永二年〈一七〇五〉上演）には、「……先《ま》づ悦《よろこ》びの一献《こん》と。青海波《せいがいは》と名付けたる一吸《いっきふ》九盃《はい》の大蚫《あはび》。」と見える。アワビ殻は、その呼水孔を塞いで酒杯に用いることがある。これは一盃で普通の九盃分に当る大アワビの殻だという。酒杯の数え方と蚫のそれとを懸けているかも知れない（原文は仮名書きで「九はい」「大あはび」とある）。

近世の書札礼などでは、タコ・イカ、また、「生貝《なまがい》」（アワビ生肉）や「蛤《はまぐり》」「石花《かき》」などを多く「盃《はい》」で数える。[4]

蛸《たこ》　一盃《ハイ》　（『書札調法記』、初版は元禄八年〈一六九五〉）

蛸《たこ》　一盃《ハイ》　（『御家書札大成』、初版は弘化二年〈一八四五〉）

鱆魚《たこ》。〈二盃《ハイ》〉　（『都会節用百家通』、初版は寛政十三年〈一八〇一〉）

生貝《なまがひ》。泥障烏賊《あをりいか》。蛤《はまぐり》。石花《かき》。飯蛸《いひだこ》。烏賊《いか》〈此類／何盃〉　（同右）

但し、次の『新板用文章』は、この助数詞を「杯」と表記する。これは、独自色の強い資料である。

烏賊《いか》　蛸《たこ》　一杯　（新板用文章、江戸後期刊）　蚫《あわび》　〈一杯／二杯〉　（同）

以上は、中央、または、都市部における用例といってもよいが、これに対する地方における用例として次がある。

新潟県の佐渡に伝わる江戸時代の文書では、基本的には、「串貝《くしがい》」(串鮑)を「盃」、タコ(大蛸・小蛸)を「頭」、「烏賊」を「枚」で数えている。寛永八年(一六三一)二月の「徳和村年貢皆済状」、明暦三年(一六五七)正月の「外海府御年貢御地子小物成留帳」〈本間又右衛門家文書〉、元禄七年(一六九四)十月の「田野浦村年貢割付状」、宝暦二年(一七五二)十月の「年貢割付証文」、宝暦四年(一七五四)四月の「年貢皆済日録」、宝暦九年(一七五九)十月の「年貢割付証文」、万延元年(一八六〇)十月の「後尾村年貢割付証文」、江戸後期ヵの「村々小物成《こものなり》諸運上小役場取立方銀当リ之事」(「地方向覚書」中)、慶応元年(一八六五)の「四十物《あいもの》立銭取立小前帳」などがそれである。

また、安永八年(一七七九)の「水津御番所付問屋他国出入之品場銭帳」では、「塩鰒《しおふぐ》」を「盃」、寛政十二年(一八〇〇)の「寛政十二申一ケ年分四十物并国産之内他国出高凡書付」では、「塩烏賊」を「盃」(「鰯」を「疋」、「鰹」「鱒」などを「本」とも)、文政九年(一八二六)九月四日の「四十物取調書上扣《ひかえ》」では、「串貝」「干鰒《ほしふぐ》」を「盃」、「小鮹」を「頭」、「烏賊」を「枚」、元治元年(一八六四)八月の「立銭書上帳控」では、「生蛸」を「盃」で、近代に入って、明治八年(一八七五)三月三十一日、相川県参事鈴木重嶺が内務卿大久保利通に宛てた「本州所産ノ食物器具薪炭等ノ数量価金ノ申牒」では、「塩烏賊」「干河豚《ほしふぐ》」を「盃」、「干鮹」を「頭」で、それぞれ数えている。大正十一年(一九二二)五月の小木町大字木流村の「大鰒浜帳」では、フグ(鰒)を「尾」とも「配」とも数え、二者の間に区別がない(例外的に「本」を用いた例が二例だけある)。「配」は「盃」に同じであろう。「盃」は、樽入りの「干鰯」、浜樽入りの「焼炭」や「酒」などにも用いられる。[以上は、『佐渡相川の歴史 資料集』『新潟県史 資料編九 近世四 佐渡編』『佐渡小木町史』などの所収文書による。]

イカは、開いて干し、梱包・搬送・保存の便宜を計ったのであろう。魚介類の保存手段には乾燥(天日・焼・蒸)・薫製・塩蔵などがある。中でも天日干しは、もっとも安上がりであり、「枚」は、その助数詞である。タコを数える「頭」は、より古く、『親元日記』に「/佐渡国本間河原田大和守時直糒一袋・海苔一折・蛸一|頭進之」(一四

六五年〈寛正六〉六月六日）と見える。右の「徳和村年貢皆済状」には「一　壱かしら　たこ」という仮名表記がある。この佐渡には、上納すべきタコの、現物の代わりに銀を納めることも多く、この場合、「蛸役大蛸一頭分」と表現する。

関連して、越後国小泉荘加納の国人領主であった色部氏に関する『色部《いろべ》氏年中《しねんじゆう》行事《ぎようじ》』（色部正長蔵本、一六世紀末成カ）には、「蚫　五十盃」「蚫　三拾盃」「あわひ　十盃」「あわひ　二十五つと《五盃つゝみ》」などと見える。

また、明治初期の代表的な珠算書『明治小学塵劫記』（明治十一年三月、東京万青堂出版）には、「章魚《たこ》七千四百十六万六千六百五十八盃《はい》　七十八万九千〇〇七除　答九十四盃」との例題が見える。著者福田理軒は幕末の有名な和算家で、大阪で数学塾順天堂を起こした人物である。この教科書は、意図的に多彩な助数詞表現を用いている。

次に、今日における各地の方言を窺えば、次のようである。即ち、『方言資料叢刊』第六巻によれば、(5) ①北海道厚田郡厚田村方言、②青森県中津軽郡相馬村方言、③岩手県盛岡市方言（魚屋で買うときは「ハイ」という）、④宮城県柴田町大字槻木方言、⑤栃木県佐野市方言、⑥神奈川県横浜市南区前里町方言、⑦長野県松本市島立（町区）方言、⑧富山県富山市方言（老年層「ヒキ」、若年層「ハイ」）、⑨石川県珠洲市三崎町粟津方言、⑩三重県鈴鹿市白子方言（カニも「ハイ」）、⑪滋賀県伊香郡西浅井町塩津浜方言、⑫大阪府大阪市都心部方言、⑬島根県大原郡木次町方言、⑭島根県邑智郡桜江町小田方言、⑮広島県安芸郡倉橋町室尾方言（「コン」という。漁師は「ハイ」）、⑯山口県都濃郡鹿野町方言（アワビは「ツ」）、⑰山口県山口市方言、⑱福岡県北九州市若松区島郷方言、⑲長崎県手熊町方言では、イカ・タコを「イッパイ　ニハイ」と数える。これらの方言においては、昔から「ハイ」を用い、これに対し、他の方言では「ヒキ」、および「ツ」を用いているようである。一般的な趨勢としては、「ハイ」から「ヒキ」へ移りつつあるかもしれない。但し、⑧富山県富山市方言の右のような状況からすれば、また、新潟県北蒲原郡京ヶ瀬村大字駒林方言・同県小千谷市高梨町方言では以前から「ヒキ」と数えているところからすれば、富山・新潟などの北陸地方は、かつては「ヒキ」、新しくは「ハイ」という、むしろ、他とは逆の傾向にあるようである。

右の調査では、アワビやカキ、フグ、その他についての数え方がはっきりしない。今回は、「調査語」として「烏賊・蛸」、「予想される助数詞」として「杯」（というより「はい」）を念頭において調査されており、そのため、アワビ以下の場合が洩れてしまった。かろうじて、⑯山口県都濃郡鹿野町方言に、アワビは「ハイ」でなく「ツ」で数えると報告されているが、方言によっては、アワビ、その他に「ハイ」を用いるところがあったかも知れない。

この他、静岡・兵庫でも、イカを「イッパイ」と数えるとの報告がある。(6) あるいは、この他にも調査されたものがあるかも知れない。否、現時点で各地の漁業従事者、その他を尋ね歩けば、生々しいより詳細な調査も可能であろう。

四、「貝」から「盃」へ

右には、助数詞の「貝《はい》」と「盃《はい》」の用法を見てきた。両者は、どのような関係にあるのであろうか。

前者は、奈良時代に、主にアワビを対象として、後者は、室町時代以後、アワビ・サザエに限らず、ハマグリ・カキ・アカガイ・ニシ、また、タコ・イカ・カニ、さらに、フグなどを対象として用いられている。しかし、用法上は重なるところが大きい。また、表記の文字は違っても耳に聞く発音は同じである。とすれば、両者は連続的な関係にあり、後者は、前者の用法が拡大したもの、用字も変化したのであろうと推測される。

但し、平安・鎌倉時代の様相が、どうもはっきりしない。二つの時間帯をつなぐ用例は、目下、次の程度である。

まず、先にあげたように、『日本霊異記』に「縄集着蠊十貝而上」「汝贖放之蠊十具也」（「蠊」に訓注「河支《かき》」）と見える。この話は『今昔物語集』にも採られたようであるが、ここでは「釣ノ縄ニ喋付テ蜿十貝上タリ」（巻二〇、一七語）と見える(7)。これらは、編纂物における用例であって古文書のそれではない。だが、「貝」の用例ではある。

　佐渡国

一宮〈神主本宮被成年貢、／且蚫三百具進、〉（神祇官諸社年貢注文、永万元年〈一一六五〉六月、『平安遺文』、七）

「永万文書」から一部だけを引いた。「蚫三百具」とあるが、これも「貝」字の誤写か書き癖かであろう。

進上　答志嶋七月御贄事

　合

大束蚫貢拾伍束

蒸蚫伍拾伍貝

大布苔拾帖

心太弐拾為

右、進上如件

（志摩国答志嶋御贄送状、永万元年七月八日、『平安遺文』、七）

欲㆑被㆑労㆓送蒸蚫仟貝・干鳥・干鯛・朱漆鉢拾伍口㆒状（『兵範記』、保元二年〈一一五七〉八月六日）

一能登国神人等役

和布三百帖、丸蚫三百貝（越前気比宮政所作田所当来等注進状、建暦二年〈一二一二〉九月、『鎌倉遺文』、四）

この文書では、「一　佐渡国」の条に「丸蚫四百貝」、「一　領家御分」の条に「丸蚫二百三十一貝」とも見える。

これらの三資料は、古文書、または、古文書を踏まえたものであり、その点、八世紀の用例とつながりそうである。

一、串貝　三百五拾貝〈但、海士貝也、船壱艘ニ付／五拾盃ッ、御定り〉　色納

一、串貝　百盃〈戊年ノ新舟弐艘出来候〉

（明暦三年〈一六五七〉外海府　御年貢御地子小物成留帳、本間又右衛門家文書、『佐渡相川の歴史　資料集一』）

この近世文書（帳簿）は先にも引いた。佐渡の下相河村より鷲崎村までの外海府三〇ケ村の小物成《こものなり》を列記したものであり、「串貝」（アワビ）を数えるのに「貝《はい》」と「盃《はい》」を混用している。通計すれば「貝」は五例、「盃」は二〇例を数え、この二表記の間に何の差異もない。このような混用例が、中世前後に数多くみつかれば、「貝」から「盃」への流れもはっきりしてこようが、管見ではこれに留まる。因みに、この文書では、イカは「枚」、タコは「頭」で数え分けている。なお、小物成とは、江戸時代の雑税の総称で、本途《ほんど》物成を本年貢というのに対し、土地の用益、その他に課する小年貢のことである。「串貝」は、アワビを串に刺して干したもの、「海士貝」はアワビをいう。

沖合水入稼壱ケ年目当高　　島前浦々

一干鮑弐千五百斤　　拾三ケ村

但、水練三人、一日生貝百八拾貝宛、都合壱万九千八百貝之積りを以如斯

是ハ目当高弐千五百斤之内、千八百斤越ヱ候ハヽ、壱斤ニ付銀四分宛、惣斤高ニ懸、御褒美増銀下候積り、

（隠州干鮑水練入漁新規取極請書、海士郡海士村受賀・村尾益行所蔵文書、享和元年〈一八〇一〉六月二十一日）

幕府は、中国向け貿易において必要な俵物《たわらもの》が不足したので、隠岐に他国の潜り海士を入島させ、干鮑生産の新設を強行した。抵抗できない島民は、この請書を出した（『新修島根県史　史料篇（二）近世（上）』、一九八四年復刻版、七一九頁。文書の前後を略す）。一ケ年の「働日数百十日ニ極メ、水練之者は島前へ三人、島後へ五人、都合八人被遣、一日壱人前取揚鮑六拾貝宛」との見積りにより、島前一三ケ村の目当高は、海士三人×六〇貝宛《ずつ》×一一〇日＝「壱万九千八百貝之積り」となり、島後三二ケ村の目当高は、「干鮑四千斤」で、その但し書きには「但、水練五人、一日三百貝宛、都合三万三千貝之積りを以如斯」と見える。この折には、煎海鼠《いりこ》の請負目当高の増額も強行された。

この享和元年六月に隠岐を調査し、請負高を決めたのは幕府俵物取調役人羽倉権九郎を筆頭とする一行であっ

た。羽倉は、幕領日田《ひた》（大分県日田市）の代官で、四年前の寛政十年（一七九八）に「俵物取糺方御用」を兼任し、この享和元年には九州の諸国、安芸・周防・長門などの諸国をも廻浦している。[8] 俵物（煎海鼠・干鮑・鱶鰭《ふかひれ》）は、幕府にとって重要な輸出品であり、これらに関する用語や数量表現の方法は、ひとり隠岐に留まるものではないと推測される。但し、口頭や地方文書に「貝《はい》」が用いられたとしても、正規の取引文書や対中文書等においては、しかも、加工した「干鮑」の計量単位としては、普遍的な重量単位「斤」が使われることになっていたようである。

可成丈取揚候鮑者、一貝ニ而も、干立相納候積、堅手合仕置候ニ付、（文書の前後を略す）

（俵物御用一途留、周吉郡西郷町元屋・横地和子所蔵文書、文化六年〈一八〇九〉四月、同右『県史』、七四二頁）

隠岐の島後の大庄屋惣七の控えた文書の一つである。こうした隠岐関係の文書には、なお、多くの類例がある。[9]

一方、「盃」の用例は、目下、先に掲げた『親元日記』（寛正六年〈一四六五〉以下が早期の用例となる。ところで、『日葡辞書《にっぽじしょ》』には、Ippai という見出し語に、「何か飲物のいっぱい入った盃（*Sacazzuquis*）やコップとか、御器（*Goquis*）や茶碗とか、鮑貝や殻つきの貝とかを数える言い方」（既掲『邦訳』、三三七頁）という語釈が見える。前半部は、容器をもってその内容物を数える方法をいうものだが、後半部に注意される。ここにアワビ（など）と見え、しかし、イカともタコとも見えないのである。「鮑貝」とはアワビの生貝、「殻つきの貝」とは、それに準ずる蛤《はまぐり》・石花《かき》（蠣）のような貝をいうのであろう。共に身の入った貝そのものをいい、二次利用した殻などをいうのではない。

当初、この語釈は、どのような根拠によるものか、どんな批判を経たものかと慎重にならざるを得なかった。だが、この助数詞は、他の文字資料では、基本的に「盃」字で表記されている。そこで、この助数詞「はい」と「盃」字とアワビとの三者には密接な関係があるのではないか、「盃」という文字用法は、アワビの形体を写したものではないかと考えるようになった。「盃」という漢字はサカズキ（また、酒）を意味し、『干禄辞書《かんろくじしょ》』『観智院本類聚名義《かんちいんぼんるいじゅみょうぎ》抄《しょう》』（僧中一四）によれば、「盃」は「杯」（正字）の通字という。だが、実際の用例では「盃」字が用いられる。古代（八世紀以降）の容器名は、その材質・製法などに相応して金・木・土・石・皿などの偏旁が使い分けられており、そうした正・俗・通といった字体規範は必ずしも通用しない。ここも、「木」偏ではなく、「皿」という意義符に意味があり、これが意図的に選ばれたと考えられる。というのもアワビの生貝や焼アワビ・蒸アワビは、殻付きのままで流通し、また、梱包・搬送される。「盃」は、そうしたアワビの形体にも近しい文字である。また、「盃」は、アワビほどの用例はみられないが、サザエやアカガイなどにも用いられる。貝類は、その食後、それなりの貝器《ばいき》（匙・食器・容器など）として再利用されることが多かった。こうした共通性は、また、助数詞の共有を許容することにもなろう。

推測すれば、古代（八世紀）の助数詞「貝《はい》」は、中世後半（一五世紀）から「盃《はい》」という形に生まれ変わりつつあったのであろう。その間には、「はい」「輩」（また、後に「配」）といった表記も見られる。これは、その「はい」という語音（語）は変化しなかったものの、「貝」という漢字表記が衰え、ために、用いるべき表記方法に迷う時期があったことを意味しよう。その時期を経て、やがて「盃」表記が優勢になっていったようだが、この流れは、右のようなアワビの形体によるところが大きいと見られる。

では、その「貝」という漢字表記は、なぜ衰えたのか。それは、衰えたというより、助数詞としての「貝」字の使い方が、漢語表記から和語表記へと移ったためのようである。即ち、まま触れてきたように、貝類は、その食後、種々の形で再利用される。アワビ貝は、古来、神仏に供物を供える御器、また、食物を盛る食器として使われたので「御器貝《ごきがい》」の異名があり、また、これを「カイツキ」（貝坏の意か）と称する地方もあるという。[10] ホタテ貝などは炊事・食事の用具に、ハマグリは練薬《ねりぐすり》や薫物《たきもの》の容器[11]や貝合わせの遊具ともされ[12]、サザエ・アカニシ・バイ貝などの蓋《ふた》も粉にして甲香《こうこう》に用いられた。こうした形で利用される貝、――特に、薬・薫物・匂香などを入れたハマグリ（の殻）は「貝《かひ》」（和語助数詞）と数えられたようである。資料の残存量に関係するのであろうか、用例は中世後半頃から多くなる。

朽木中将殿よりさゝい五十給候、則たき物かい二かい返事申候也

（『山科家礼記』、文明九年〈一四七七〉三月二十五日）

同薬《（華撥円）》老母に三貝計遣之、福生庵へ一貝遣候、返に和布被送候、沢路修理に一貝遣了

（『言継卿記』、天文十三年〈一五四四〉八月六日）

「華撥円」「牛黄円」「蘇合円」「麝香丸」などは「貝」で数え、「ー散」と名の付く散剤は「二さい」と数える。

薬《クスリ》　一貝《カイ》（上杉謙信筆伊呂波尽手本、天正五年十二月二十三日、『大日本古文書　家わけ十二　上杉家文書三』）

勝次第匂香一貝《バイ》ツ、可被下之旨仰也　（『兼見卿記』、天正十一年〈一五八三〉十一月二十三日）

囲碁の勝負の賞に「匂香」一貝ずつを与えるという。

牛黄・清心円二貝給之　（『慶長日件録』、慶長十五年〈一六一〇〉正月十二日）

又この御たき物十かひ、御心えてつたへられ候へのよし、申とて候

（女御藤原前子女房奉書、慶長十九年正月二十八日、『大日本古文書　家わけ八　毛利家文書一』）

薫物用の貝は、当然ながら磨かれていたようであり、[13] 貝合わせの貝は、内側に美しい絵を描く。

享徳三年（一四五四）飯尾永祥著『撮壌集』書陵部蔵本には、「筭数類」の部に「壱　弐　参」以下の大字、「……隻　連　重　貝　斤　枚　鈞」などの助数詞類があげられている。その中に「貝」の一字が見えるが、時代からすれば、これも和語助数詞「貝《かひ》」の可能性が高い。

清原宣賢自筆『塵芥』には、カ部器財門に「貝《カイ／ハイ》」（上62ウ、声点なし）とある。食器・容器・遊具などに用いられる貝（名詞）をいうものであろう。関連して、名数語彙の内に「一盃」（下106ウ）と見えるが、この用法は不詳で

ある。

以上のように、「貝」字は、漢語助数詞「はい（貝）」から和語助数詞「かひ（貝）」の表記へと移り、漢語助数詞「はい」は、「貝」表記から「盃」表記へと移ったと考えられる。移行期は中世であろう。これを略示すれば、左図のようになろう。

古代　　　　　　　　中世

「貝《はい》」（アワビなど）──「貝《かい》」（薬・薫物など）

　　　　　　　　　　└「盃《はい》」（アワビなど）

五、おわりに

「盃《はい》」は、甲殻類のカニ、頭足類のタコ・イカ、魚類のフグなどを数える場合にも用いられた。甲羅《こうら》を剥《は》がして食するカニは、貝類にならうというのであろうか。タコ・イカ・フグなどは、体形がふっくらとして軟らかいために、貝類の「盃」が流用されたのであろう。貝やタコ・イカなどを一連のものとするものの見方は、今日の学問世界にも生きており、「かい（貝）」とは、殻を持つ貝類や殻を持たないタコ・イカ、ナメクジなどの軟体動物全体を意味するとされる。水中における貝は、なるほど軟体動物であり、オウムガイなどは、タコとよく似た頭足類であるが、巻き貝状の殻を持っている。カタツムリの俚言の一つにナメクジ（ラ・リ）のあることもよく知られている。

『日本紀』には「菟道貝蛸　皇女《（うじのかいだこのひめみこ）》」という女性が登場し、この名に「貝蛸」という言葉が使われている。

其一を曰二（ふ）菟道の貝《カヒ》蛸《タコ》皇女一（と）〈又名は菟道の／磯津皇女也〉（『日本書紀』前田本、敏達五年三月）

『日本紀私記甲本』に「貝蛸《カヒタコ》」（敏達）、『和名類聚抄《わみようるいじゆしよう》』巻一九に「貝蛸　日本紀私記云貝蛸〈加比太古《（かひたこ）》〉」（道円本、亀貝類）ともある。貝蛸《かいだこ》は飯蛸《いいだこ》（産卵期に飯粒《めしつぶ》状の卵が詰っているところからの称という）というタコの異名であるが、「貝」と混同されるようなことはないのであろうか。漢和辞書であり、一種の百科辞書でもある源順《みなもとのしたごう》編『和名類聚抄』（承平年間〈九三一～九三八年〉成立）は、「竜魚類」（魚類）と「亀貝類」の二項を設け、後者の中に、カメ・サザエ・ハマグリ・アワビ・カキ・イカ・タコ・カイダコ・ガザメ・カニ、その他を列挙している。

助数詞、即ち、数え方の問題は、その対象物のあり方とも密接に関係する。アワビには祭祀や貢納の歴史があり、また、〝熨斗アワビ〟の文化史もある。アワビと「盃《はい》」とのつながりは、一つに、特殊な存在であったアワビが一般化していったという問題も絡んでいるかも知れない。但し、今日は、また、高級食材として庶民の口から遠のいてしまった。タコ・イカなどにも食生活史上・漁業史上の文化史があり、その保存や調理の歴史も看過できない。タコ・イカが「頭《かしら》」「枚」から「はい」へ傾いていったのは、その生食の普及と関係があるかも知れない。それぞれはヒトの生活と密接な関係をもち、かつ、共に推移する。言葉も、それに伴って変わっていくのであろう。

助数詞の「はい」の用字は、中世後半から「杯」字でも通用するようになったかと推測される。酒・サカズキにこれを用い（『花園天皇宸記』など）、アワビ・イカ等についても、「烏賊《いか》蛸《たこ》一杯」「鮑《あわび》〈一杯／二杯〉」（『新板用文章』、江戸後期刊）と見える。時代とともに「盃」字の意味・用法がサカズキに収斂しつつあり、逆に、「杯」字のそれが拡大し、一般的によく用いられるようになったからであろう。

「はい」という助数詞は、近年は、また、後退しつつあるらしい。鳥取県の境港水産物直売センター（県営中卸店舗）でも、「はい」は容易に見出せず、カニでも「枚」「尾」「匹」などが用いられている。『朝日新聞』の報道記事に、（ズワイガニの）「初セリのあった兵庫県香住町の柴山港漁協で一匹七万円、福井県三国町の三国漁協では三万円の最高値がついた。」（一九九二年十一月七日）、「ズワイガニ二千匹のうち、二匹の脚に網の一部がからまっていた。」（一九九九年五月二十六日、カニ漁悩ます放置網）とある類は、新聞協会用語懇談会の「助数詞適用の基準」（一九六五年）

によるのであろう。同じ『朝日新聞』でも、小さな囲みの一コマ料理教室に、「母から娘へ（141）かに脚の辛み炒め」（料理研究家・遠藤きよ子）として「ゆでたずわいがにの脚1ぱい分は、食べやすく下処理して」云々（一九九七年十二月三十日、一面）と見え、下の広告欄にも、「松葉ガニ　一パイ　3500.-」（広告主：松江・長岡屋本店、一九九二年十一月二十八日）と見える。が、「松葉ガニ　2枚セット　●特大 12,000円」（広告主：境港・大伸水産、同年同月三十日）とも見える。「はい」は、まずは公的な場から、次いで個人的な場から、順次、姿を消しつつあるようである。

「はい」という助数詞が、その対象を広げていく事情、また、後退していく事情、その表記の一つとしての「輩」の背景などについては、更によく考えてみたい。アワビ、タコ・イカ、カニの助数詞についても、それぞれ個別に調査する必要がある。併せて、言葉の地方的問題、都鄙間の問題、業種間の問題なども考えてみなければならない。

なお、助数詞「はい」につき、船も「イッパイ　ニハイ」と数え、⑧富山県富山市方言（大きい船は「ソー」、小さい船は老年層で「ハイ」、若年層で「ソー」）、⑨石川県珠洲市三崎町粟津方言（小船は「ソー」、大きいのは「ハイ」）、⑩三重県鈴鹿市白子方言（「ソー」、漁業の人は「ハイ」）、⑮広島県安芸郡倉橋町室尾方言（「ハー」）、⑯山口県都濃郡鹿野町方言（大きな船は「ソー」「セキ」、昔からの和船は「ハイ」）、また、高知県中村市敷地方言（「ソー」、大きい船「セキ」「ハイ」）、⑱福岡県北九州市若松区島郷方言（「ソー」、大きな船を「セキ」、櫓で漕ぐ程度の小さな船を「ハイ」〈古い言葉か〉）には、この言い方があると報告されている（『方言資料叢刊』第六巻）。しかし、紙幅の都合もあるのでここでは省くこととする。

注

（1）拙著『木簡と正倉院文書における助数詞』（二〇〇四年一月、風間書房）、九三頁。古代アワビ産業の発達、また、大和朝廷によるその収取につき、小山修三氏・狩野久氏などに所論がある。

(2) 注(1)文献、二八五～二八八頁。
(3) 関根真隆著『奈良朝食生活の研究』、一六五頁、他。
(4) 拙著『日本語助数詞の歴史的研究』（二〇〇〇年一月、風間書房）。
(5) 広島大学方言研究ゼミナール編『方言資料叢刊』第六巻（特集「方言助数詞の研究」、一九九六年）、アクセント表記のための符号を略す。
(6) 平山輝男編『現代日本語方言大辞典』、第一巻（一九九二年三月、明治書院）、四二六頁。
(7) 以下にも「蛻十貝」（二例）と見える。文脈によれば、「蛻」は海水に棲息する生物らしい。しかし、文字には誤写があろうか。また、「十貝」を「具」字とする伝本もある。
(8) 荒居英次「隠岐の俵物生産と幕府派遣海士の入島」（地方史研究協議会編『山陰　地域の歴史的性格』、一九七九年一〇月、雄山閣）。
(9) 注(8)文献。ここに引用される村尾益行所蔵文書などには、助数詞「貝」の用例が散見している。
(10) 大場俊雄著『あわび文化と日本人』（二〇〇〇年四月、成山堂書店）、一〇八頁以下。ここでは、生活にとけ込んだアワビ殻の使い方につき、貴重な報告が行われている。（次の作品も大場氏の紹介による）
なお、イヌ・ネコの餌を入れる器を地方によっては「ごき（御器）」という（『日本国語大辞典』、七、小学館）。夏目漱石の『吾輩は猫である』の主人公の御器《ごき》は「鮑貝《あはびがひ》」であった。一例だけ引く。

到底《たうてい》うちのものさへ膳《ぜん》に向《むか》はぬさきから、猫《ねこ》の身分《みぶん》を以《もつ》て朝《あさ》めしに有《あ》りつける訳《わけ》のものではないが、そこが猫《ねこ》の浅《あさ》ましさで、もしや烟《けむり》の立《た》つた汁《しる》の香《にほひ》が鮑貝《あはびがひ》の中《なか》から、うまさうに立《た》ち上《あが》つて居《を》りはすまいかと思《おも》ふと、じつとして居《ゐ》られなくなつた。（『夏目漱石Ⅰ』〈日本近代文学大系24〉、一九七一年四月、角川書店、三六四頁）

『作家用語索引　夏目漱石　第十巻　吾輩は猫である（索引）』（一九八六年五月、教育社）によれば、この作品には「鮑貝《あはびがひ》」が延べ六例見える。みな、吾輩（ネコ）の御器としての「鮑貝《あはびがひ》」である。
(11) 昭和三、四十年頃までのことであろうか、祭の夜店などでは、子供向けの嗜好品として、ハマグリの殻にニッキ（肉桂）

風味の練り物（ペースト）を詰め、赤い帯封をして売っていた。今、インターネットでは、「昔のお菓子」の一つとして「貝ニッキ」（ニッキ風味の黒砂糖を貝殻に詰めたもの）なるものが紹介されている。

(12) 貝覆い（貝合わせ）につき、『言継卿記』に、「今参局にて貝借用、一番覆候了」（天文三年〈一五三四〉二月二十三日）、「御貝覆二番」（永禄七年〈一五六四〉一月十六日）などと見える。

(13) 「一 五月五日ニ／ 上様へ しやかうち、扇三本、此内一本、当公方様（足利義輝）哥被遊候ヲ、引物進上候、同薫三貝、貝ハミかヽれ候、直ニ御上候、うけ取ふかミ右馬助」（相良氏将軍家使僧迎接日記、永禄七年四月二十八日～六月十五日、『大日本古文書 家わけ第五 相良家文書之二』、五六二頁）。

〔付記〕本稿に用いた資料の内、『延喜式』は『国立歴史民俗博物館蔵貴重典籍叢書』（歴史篇）、『兵範記』は『史料大成』、『親元日記』は『増補 続史料大成』、『実隆公記』『言継卿記』『兼見卿記』『慶長日件録』は『続群書類従完成会』、『好色二代男』は『新日本古典文学大系』、『世間胸算用』・近松門左衛門作の浄瑠璃『用明天王職人鑑』〈近松浄瑠璃集 下〉は『日本古典文学大系』、『色部氏年中行事』は『新潟県史 資料編 4 中世二 文書編Ⅱ』（新潟県編集、一九八三年）による。

漢字使用率から見た定家筆平仮名文における頻用の漢字

——『奥入』『嘉禄本古今和歌集』『拾遺愚草』を比較して——

村田正英

一　はじめに

稿者はこれまで、藤原定家自筆平仮名文における漢字について、その漢字と訓との関係を整理しながら、その字種の広がりから、定家の、さらにはその時代の平仮名文における常用の漢字の存在を探ろうとしてきた。そして前稿[1]では、特に定家筆の『奥入』『拾遺愚草』を比較してそれぞれの中で使用回数の多い漢字がすべて同じ定家筆の『嘉禄本古今和歌集』も含めて三資料に共通して見出せる漢字であることを述べた。

しかし、漢字の使用回数の多少は、その母集団となる語そのものの出現回数に左右される場合もある。たとえば『拾遺愚草』正篇三巻において「いろ」という語は漢字表記例も含めて計二八三回の使用例が見られ、その内、漢字「色」で表記された例は一六六例見られる。これに対して「かみ」という語六八例の内、漢字「神」で表記された例は六一例であった。数の上ではたしかに「色」の方が「神」よりも漢字の使用回数は多いのであるが、語としての「かみ」の出現回数が少ない以上、単純に比較することはできないのである。今回「漢字使用率」による全体的な比較を考えたのは、こうした見かけ上の差を修正し、漢字の使用頻度を均等に測ろうとしたためである。

また、たとえば「心」字は『拾遺愚草』正篇全体を通して二一三回の使用回数が数えられたのに対し「露」字は二六回の使用回数にとどまっている。この両字について語の出現回数をも視野に入れると、「こころ」は二三〇回で「心」の漢字使用率は九二・六%、一方「つゆ」の出現回数は二〇八回であり「露」の漢字使用率は一二・五%となる。両者ほぼ匹敵する母集団（語の出現回数）を擁しながらのこの差は、同じく定家常用の漢字といいながら、どこか質的な違いを感じさせるのである。

本稿は、定家筆の三つの資料について、それぞれに見出せる漢字の漢字使用率を算出し、その結果を互いに比較検討することで、平仮名文における定家常用の漢字の中に、頻用される漢字と稀にしか用いられない漢字とがあることを示し、その中で特に、頻用される漢字についてその背景を考えようとするものである。

対象とした資料は、次の通りである。いずれも、和歌の表記に用いられた漢字に限って取り上げた。

○『奥入』……嘉禄元年（一二二五）定家六四歳頃の書写か。テキストは『定家自筆本　奥入』（日本古典文学会覆製）。対象とした歌数三六〇首。

○『嘉禄本古今和歌集』……嘉禄二年（一二二六）定家六五歳の書写。テキストは『冷泉家時雨亭叢書　古今和歌集嘉禄二年本　古今和歌集貞応二年本』（朝日新聞社刊　影印本）。対象とした歌数一一一一首。以下『嘉禄本』と称する。

○『拾遺愚草』正篇（上・中・下三巻）……貞永元年（一二三二）定家七一歳以降の書写。(2) テキストは『冷泉家時雨亭叢書　拾遺愚草上中』および『冷泉家時雨亭叢書　拾遺愚草下　拾遺愚草員外　俊成定家詠草　古筆断簡』（朝日新聞社刊　影印本）。対象とした歌数二八五〇首。ただし、中巻の「韻哥百廿八首」中の韻字にのみ見られる漢字は、ここには含めなかった。それらは韻字としてことさらに選んで用いられたものであろうと考えたからである。また、上巻および下巻の付箋に記された歌は後人の手になるものと考えられるので、そこに用いられている漢字も今回の考察の対象からは除いた。以下『愚草』と称する。

二　『奥入』・『嘉禄本』・『愚草』における漢字使用率による漢字の分類

ここでいう「漢字使用率」とは、漢字と仮名とを交えて記された文献において、その文献中のある語の全用例数（これを語の「出現回数」と呼ぶ）を分母とし、その表記に特定の漢字が用いられた回数（これを漢字の「使用回数」と呼ぶ）を分子として計算した当該漢字の使用比率のことである。

例えば、「あかつき」という語を漢字「暁」で表記した例が四例、「あか月」と表記した例が五例、平仮名で「あかつき」とした例が五例あったとすると、漢字「暁」についての漢字使用率は四／一四で二八・六％となる。同様に「なみ」を「浪」で記した例が一〇〇例、「波」の例が二七例、「なみ」が七三例とすると、「浪」の漢字使用率は一〇〇／二〇〇で五〇％、「波」は二七／二〇〇で一三・五％となる。

なお、出現回数・使用回数の算出に当たっては、なるべく単語・単字に分解して計算した。例えば、「白露（しらつゆ）」「白雪（しらゆき）」は、「白（しら）」と「露（つゆ）」あるいは「白（しら）」と「雪（ゆき）」に分けて取り扱った。ただし「白妙（しろたへ）」のように「白（しろ）」と「妙（たへ）」の組み合わせしか見えないものは、あえて分割せず「白妙」のままで一語として扱った。

次の〈表一～三〉は、右のような方法で資料ごとの各漢字の使用率を算出し、表にまとめたものである。ただし、語出現回数一〇回未満のものについては、漢字使用率を算出することをしなかった。これは先にも述べたところであるが、語の出現回数自体が少ないと、漢字使用回数が一回でも、それが五〇％になったり一〇〇％になったりするので、そうしたゆれの大きいものを除いて考えるためである。

漢字は、漢字使用率のきわめて高いもの（八〇％以上。これをAランクとする）、比較的高いもの（五〇％以上八〇％未満。これをBランクとする）、比較的低いもの（二〇％以上五〇％未満。これをCランクとする）、きわめて低いもの（二〇％未満。これをDランクとする）に分けて示した。

また、資料間の漢字字種の共通度を測るため、次の《ア〜ウ群》の区別を行った。《ア群》は三資料すべてに見出せる漢字、《イ群》は当該資料を含む二資料に共通して見出せる漢字、《ウ群》は当該資料にのみ見出せる漢字である。さらにまた品詞の別による大まかな分類も行った。

『奥入』〈表一〉

漢字使用率	ア群
A	〔名詞〕秋・風・神・心・月・中・花・人・身・道・物・山 〔動詞〕見・見え 〔助詞等〕許《ばかり》
B	〔名詞〕方・河・草・事・浪・春・日・松・世・夜《よ》・我 〔動詞〕思ひ
C	〔名詞〕今・色・君・櫻・袖・名・昔 〔動詞〕入り 〔助詞等〕哉・哉《がな》・覧
D	〔名詞〕千・露 〔動詞〕有り・歸り・戀ひ 〔形容詞〕大《おほ》
語出現回数一〇回未満	〔名詞〕相坂・池・家・宇治・浦・江・枝《えだ》・影・門・木《き》・雲・紅・煙・心地・心ち・衣・嶋・白妙・橘・時・所・鳥・年・夏・涙・葉・久方・舟・冬・郭公《ほととぎす》・枕・水・峯・宮・虫・梅《むめ》・柳・山吹・雪・夕・夢・吉野 〔動詞〕打ち・怨み・返し・吹き・見せ・渡し

ウ　群	イ　群	
		〈一五字種〉
		〈一二字種〉
		〈一一字種〉
	〔名詞〕子・里〔動詞〕立ち・行き〈四字種〉	〈六字種〉
〔名詞〕伊豫・上《うは》・垣・片岡・棹・下《した》・手《た》・塵・罪・馬《むま》・午《むま》〔動詞〕振り・巻き〈一三字種〉	〔名詞〕朝《あした》・伊勢・鴈・霧・玉津・誰・外《ほか》・井・荻〔動詞〕過ぎ・染め・問ひ・申し・迷《まど》ひ・忘れ・〔形容詞〕若し〈一六字種〉	〔形容詞〕白《しら》・深し・悲し〔副詞等〕猶・又〔助詞等〕也〈五四字種〉

『嘉禄本』〈表二〉

漢字使用率	ア群	イ群
A	〔名詞〕 秋・今・色・風・河・神・草・紅・心・衣・月・時・年・夏・浪・涙・花・春・久方・人・舟・冬・枕・松・身・水・峯・宮・昔・梅・物・山・雪・我 〔動詞〕 見・見え 〔助詞等〕 哉・哉《がな》・許《ばかり》 〈三九字種〉	〔名詞〕 霞・菊・田・錦 〔動詞〕 限り
B	〔名詞〕 浦・君・雲・影・方・木《き》・事・櫻・袖・中・日・郭公《ほととぎす》・道・虫・夢・世・夜 〔動詞〕 有り・思ひ・返し・歸り・吹き 〔形容詞〕 白《しら》・深し 〔副詞等〕 猶 〈二五字種〉	〔名詞〕 雨・唐・鹿・時雨・龍田・玉・手《て》・原・藤 〔動詞〕 迷《まど》ひ
C	〔名詞〕 露・鳥・名 〔動詞〕 打ち・怨み 〔形容詞〕 悲し 〔助詞等〕 也・覧 〈八字種〉	〔名詞〕 絲・海・鴈・霧・聲・里・霜・誰・友・萩・邊・本《もと》・紅葉・緒 〔動詞〕
D	〔名詞〕 嶋・千・葉・夕・吉・野 〔動詞〕 戀ひ 〔形容詞〕 大 〈七字種〉	〔名詞〕 波・野・故郷《ふるさと》 〔動詞〕 老い・過ぎ・住み・染め・問ひ 〔形容詞〕
語出現回数一〇回未満	〔名詞〕 相坂・池・家・宇治・江・枝・門・煙・心地・心ち・白妙・橘・所・柳・山吹 〔動詞〕 入り・見せ・渡し 〔副詞等〕 又 〈一九字種〉	〔名詞〕 曉・朝《あした》・梓・跡・天河・嵐・伊勢・泉・卯・内・大井・鏡・春日・桂・岸・北・昨日・匣《くしげ》・苔・坂・五月・五月雨・白河・住吉・關・

		ウ　群
〈五字種〉		
〈一〇字種〉		〔名詞〕 葦引・鶯・女郎花 〔動詞〕 流れ 〔形容詞〕 高し 〔助詞等〕 南《なむ》
〈二三字種〉	氷り・忍び・立ち・行き・別れ・忘れ・渡り・折り 〔形容詞〕 浅し	〔名詞〕 蟬
〈九字種〉	若し	〔名詞〕 天《あま》・瀧・為・常・何・後《のち》・初《はつ》・一《ひと》・獨《ひとり》・時鳥《ほととぎす》・都・芳野・夜《よる》 〔動詞〕 曙《あ》け・逢ひ・出で・栽《う》ゑ・置き・隠れ・超え・知り・取り・鳴き・成り・匂ひ・待ち・守《も》り・惜《をし》み 〔形容詞〕 寒し・早し・舊《ふる》し 〔助詞等〕 釼《けむ》・霜・鶴
〈五〇字種〉	高砂・竹・谷・旅・玉津・玉柞・千鳥・隣・西・庭・橋・濱・火・姫・深草・伏見・外《ほか》・螢・緑・紫・弓 〔動詞〕 契り・始め・申し	〔名詞〕 朝《あさ》・漢河《あまのがは》・綾・荒玉・霰・在曙《ありあけ》・泡・礒・巌《いはほ》・空《うつ》蟬《せみ》・奥・帯・篝《かがり》・笠・河原《かはら》・神無月・亀・鴈金・蛬《きりぎりす》・小《こ》・駒・今夜《こよひ》・早苗・住吉《すみのえ》・末・底・織女《たなばた》・千年《ちとせ》・列《つら》・鶴《つる》・布・程・美作《みまさか》・耳・社《やしろ》・渡津海・尾 〔動詞〕 返り・枯れ・定め・尋ね・釣り・泊り・残り・招き・結び・廻《めぐ》り 〔形容詞〕 暗し・涼し・長し

〈六字種〉
〈一字種〉
〈三四字種〉
〔副詞等〕更に 〈五二字種〉

『愚草』〈表三〉

	ア群	
漢字使用率 A	〔名詞〕秋・池・江・風・神・木《き》・心・衣・月・時・花・日・人・身・水・柳・山 〔動詞〕見《み》・見え・見せ 〔副詞〕猶・又 〔助詞等〕哉・哉《がな》 〈二四字種〉	〔名詞〕竹・庭・火・井
B	〔名詞〕今・色・枝・河・紅・心地・白妙・年・名・夏・浪・峯・久・方・舟・冬・枕・松・物・雪・世・我 〔動詞〕思ひ 〔助詞等〕許《ばかり》 〈二三字種〉	〔名詞〕雨・内・海・霞・桂
C	〔名詞〕宇治・方・君・草・雲・心ち・袖・橘・中・涙・葉・春・郭公《ほととぎす》・宮・昔・虫・梅・夢・夜 〔形容詞〕白《しら》 〈二〇字種〉	〔名詞〕暁・天河・嵐・卯・
D	〔名詞〕相坂・浦・影・煙・事・櫻・嶋・千・露・鳥・道・夕・吉野 〔動詞〕有り・入り・打ち・怨み・返し・歸り・戀ひ・吹き・渡し 〔形容詞〕大・悲し・深し 〔助詞等〕也・覧 〈二七字種〉	〔名詞〕跡・絲・鏡・春日・
語出現回数一〇回未満	〔名詞〕家・門・所・山吹 〈四字種〉	〔名詞〕梓・泉・大井・北・匣《くしげ》・

イ　群		ウ　群	
〈四字種〉			
〈八字種〉	・田・手《て》・友		
〈二二字種〉	唐《から》・菊・岸・昨日・坂・五月雨・霜・關・龍田・谷・玉椊・千鳥・紫・紅葉・弓・荻 〔動詞〕 老い・氷り	〈三字種〉	〔名詞〕 戸・長月 〔副詞等〕 如何《いかに》
〈三六字種〉	苔・聲・五月《さつき》・鹿・時雨・住吉《すみよし》・旅・玉・波・錦・野・萩・橋・濱・原・姫・藤・故郷《ふるさと》・邊・螢・緑・本《もと》・緒 〔動詞〕 限り・忍び・住み・契り・始め・別れ・渡り・折り 〔形容詞〕 浅し	〈一七字種〉	〔名詞〕 葦・會坂・在明・晨《あり》・明《あけ》・片・十月《かみなづき》・半《なかば》・法《のり》・三《み》・屋・代・四《よ》・万《よろづ》 〔動詞〕 明け・厭ひ・狩り・歎き
〈一二字種〉	子・白河・高砂・隣・西・深草・伏見	〈二八字種〉	〔名詞〕 秋津・淡路・扇・葵・石井《いはゐ》・市《いち》・石清水・牛・大伴・梯《かけはし》・鵲・詞《ことば》・嵯峨・篠波《ささなみ》・師※字音語・民・津・翅《つばさ》・燈《ともしび》・子日《ねのび》・林・吹上・御津《みつ》・湖《みづうみ》・南・武蔵・終夜《よもすがら》・小倉

右の表からわかることを若干の考察を加えながら列記する。

一、各資料においてA・Bランク（漢字使用率の高いもの）にはア群（すなわち、三資料に共通して見出せるもの）が多い。特にAランクでその傾向はきわめて顕著である。その中で、三資料いずれにおいてもAランクの高率を示しているのが次の一一字種である。

秋（あき）・風（かぜ）・神（かみ）・心（こころ）・月（つき）・花（はな）・人（ひと）・身（み）・山（やま）・見（み）・見（みえ）

これらは、いずれの資料においても、その語が五回出現すればそのすべて、または少なくとも四回は確実に漢字を用いて表されているというものであり、定家においてこれらはむしろ漢字で記すのが常態であったのではないかと考える。

二、しかし、一方では、ア群に属する漢字の中に、使用率のきわめて低いものも存する。特に「千（ち）」「戀」「大」の三字種は、三資料共通してDランクを示している。

三、また、各資料、ゥ群に属する漢字はそのほとんどがDランクである（『奥入』については、ゥ群に該当する漢字はすべてその語の出現回数が一〇回以下なので、ここでは扱えない）ことも注目される。三資料のうち一つの資料にしか見出されない漢字は、使用率もきわめて低いということである。

それらの中で『嘉禄本』の「時鳥（ほととぎす）」「芳野（よしの）」、『愚草』の「十月（かみなづき）」「代（よ）」などは、一方に「郭公（ほととぎす）」「吉野」「神な月」「世」の表記が存し、後者の表記の方が、使用回数の上でも優勢を占めており、また前者においてはより限定的な用い方がされている。すなわち『嘉禄本』において「芳野」は一例しかなく「吉野」四例に対して使用回数は少ない。「時鳥」八例はいずれも「郭公」の表記が用いられた歌の後に見えるものである。また『愚草』の「十月」一例は、一月から十二月まで月ごとに花鳥を詠んだ歌の中で「十月　残菊」として掲げられた歌の冒頭に一例見られるものである。また「代」は『愚草』に「万代」「三代」の二例の用例しかなく、どちらも歌の冒頭に数詞と共に用いられ、帝の治世を明示しようとしたものと考えられる。

もとよりア群に属する漢字が、三資料すべてAランクの使用率を維持しているというわけではない。例えば、「春」字は『嘉禄本』ではAランクであるが『奥入』ではBランク、『愚草』ではCランクとなっている。また「櫻」字は『嘉禄本』でBランク、『奥入』ではCランク、『愚草』ではDランクに属している。このように漢字によって資料間でかなりの使用率の差が見られるものも少なくはない。

そこで、特に、使用率のきわめて高い漢字と逆にきわめて低い漢字とについて、各漢字の使用率が資料間でどのようになっているのかについて、次に見る。

四　資料相互における漢字使用率の比較と検討

漢字使用率Aランクの漢字と、Dランクの漢字とについて、資料の間での使用率を対照させたものを次に掲げる。本来ならば使用率B・Cランクについての検討もしなければならないのであろうが、ここに掲げるAランク、Dランクの漢字の中には、B・Cランクへの揺れを見せるものもあり、結果的にはB・Cランクの間でのみ変化を見せる漢字以外はすべて対象として見ることになると考えた。

(一)、各資料のア・イ群に属する漢字で使用率がAランクである漢字（ただし、語の出現回数が一〇回未満のものは除く）を挙げると次の通りである（比較が目的なので《ウ群》の漢字は取り上げない）。

『奥入』……一五字種

《ア群》秋・風・神・心・月・中・花・人・身・道・物・山・見（み）・見え・許（ばかり）

『嘉禄本』……四四字種

《ア群》秋・今・色・風・河・神・草・紅・心・衣・月・時・年・夏・浪・涙・花・春・久方・人・舟・冬・枕・松・身・水・峯・宮・昔・梅・物・山・雪・我・見（み）・見え・哉・哉（がな）・許（ばかり）

《イ群》霞・菊・田・錦・限り

『愚草』……二八字種

《ア群》秋・池・江・風・神・木・心・衣・月・時・花・日・人・身・水・柳・山・見（み）・見え・見せ・猶・又・哉・哉（がな）

《イ群》竹・庭・火・井

さて、右の漢字五六字種（重複するものはまとめた）について、それぞれの漢字の使用率を資料間で対照させたものが次の〈表四〉である。なお、当該漢字の表す語の出現回数が一〇回未満となっている資料については、漢字使用率に換えてその漢字の使用回数を○に入れ算用数字で示した。その場合の使用率の比較は、残る二資料の間でおこなった。また、二資料においてその語の出現回数が一〇回未満のものについては、使用率の比較は行わず、漢字字種のみ列挙した。

〈表四〉

(a)三資料、または語出現回数の少ないもの・漢字使用例のないものを除く二資料において、当該漢字の使用率がともにAランクのもの……一四字種

《ア群》

	『奥入』	『嘉禄本』	『愚草』
○秋（あき）	一〇〇・〇	九二・三	九七・四
○風（かぜ）	一〇〇・〇	八九・〇	八四・一
○神（かみ）	八六・七	九七・三	八九・七
○心（こころ）	九六・二	九九・二	九二・六
○月（つき）	一〇〇・〇	九三・四	九八・四
○花（はな）	九七・三	九七・四	八八・四
○人（ひと）	九七・四	九八・九	九二・二
○身（み）	九七・一	九六・二	九七・三
○山（やま）	九〇・七	九九・六	九七・九
○見（み）	八一・四	九〇・一	九四・三
○見（みえ）	一〇〇・〇	一〇〇・〇	一〇〇・〇
○衣（ころも）	⑨	一〇〇・〇	九八・四
○時（とき）	⑧	九六・一	八八・六
○水（みづ）	⑧	九七・七	九四・八

(b)三資料、または語出現回数の少ないもの・漢字使用例のないものを除く二資料において、当該漢字の使用率がAないしBランクのもの……一九字種

《ア群》

	『奥入』	『嘉禄本』	『愚草』
○河（かは）	六九・二	八八・二	七五・〇
○浪（なみ）	六〇・〇	八七・〇	五〇・〇
○日（ひ）	六三・六	七八・九	八五・二
○松（まつ）	五七・一	八二・一	七二・四
○物（もの）	八〇・八	九三・七	五八・二
○我（われ）	六六・七	九四・九	五七・五
○許（ばかり）	八三・三	九〇・九	五〇・九
○木（き）	④	七一・四	八〇・七
○紅（くれなゐ）	②	九〇・〇	七二・七
○年（とし）	②	九一・三	七三・三
○夏（なつ）	⑥	一〇〇・〇	七八・一
○久方（ひさかた）	①	九〇・〇	五八・八
○舟（ふね）	③	一〇〇・〇	七六・九

		『奥入』	『嘉禄本』	『愚草』
○冬（ふゆ）		②	九二・三	七九・一
○枕（まくら）		③	九〇・〇	五八・一
○峯（みね）		③	九〇・〇	六四・八
○雪（ゆき）		①	九八・二	五六・九
《イ群》				
○霞（かすみ）			八三・九	五二・〇
○田（た）			九二・三	五二・一

(c)三資料、または語出現回数の少ないもの・漢字使用例のないものを除く二資料において、当該漢字の使用率がA～Cランクのもの……一二字種

	『奥入』	『嘉禄本』	『愚草』
《ア群》			
○今（いま）	四六・二	八九・五	五五・三
○色（いろ）	二六・七	九〇・八	五八・七
○草（くさ）	五六・三	九一・一	四四・九
○中（なか）	九一・七	七八・〇	三四・〇
○春（はる）	七七・三	八八・二	二一・五
○昔（むかし）	二五・〇	八八・二	三八・七
○哉（かな）	三五・七	九五・五	八七・一
○哉（がな）	四三・八	九二・三	八二・六
○涙（なみだ）	①	九〇・二	三三・八
○宮（みや）	②	九四・七	三六・八
○梅（むめ）	⑦	九一・三	四三・二
《イ群》			
○菊（きく）		八三・三	二八・六

(d)三資料、または語出現回数の少ないもの・漢字使用例のないものを除く二資料において、当該漢字の使用率がA～Dランクのもの……三字種

	『奥入』	『嘉禄本』	『愚草』
《ア群》			
○道（みち）	八〇・〇	七八・六	一五・八
《イ群》			
○錦（にしき）		九〇・〇	九・一

○限（かぎり）　　　　　　　　　　八六・七　　一〇・〇　一

(e)『愚草』以外の資料における語の出現回数が一〇回未満と少ないために比較ができないもの……八字種

《ア群》池（いけ）・江（え）・柳（やなぎ）・見（みせ）

《イ群》竹（たけ）・庭（には）・火（ひ）・井（ゐ）

右の表の(a)〜(e)のグループの中で、資料間の比較ができない(e)グループを除く四八字種について特に注目すべきことを列記する。

一、(a)に属する「秋」「風」「神」「心」「月」「花」「人」「身」「山」「見」「見え」の一一字種を定家頻用の漢字と考えることについてはすでに述べた通りであるが、「衣」「時」「水」についても、『奥入』におけるそれらの語の出現回数はそれぞれ九回、八回、八回であり、出現回数に対する使用回数すなわち漢字使用率は一〇〇%となる。これも定家頻用の漢字と見なすことができる。

二、(b)グループに属するものは一九字種あるが、資料による使用率の差は若干あるものの、特に大きな違いはないと考える。これらを含めた(a)・(b)の計三三字種は、漢字表記優位のものとすることができよう。

三、資料によってランクに大きな違いが認められる(c)・(d)の一五字種においては「色」「昔」「哉（かな）」「哉（がな）」では『奥入』の低率が目立つが、一方では「中」「春」「道」について『愚草』の低率が際立っている。これらの漢字の中で、Aランクを示すもののほとんどが『嘉禄本』であることは注目される。『嘉禄本』における漢字使用率が他の資料に較べて高いことが知られるのである。

(二)、次に、各資料において漢字使用率がDランクのものは次の通りである（《ウ群》の漢字は除く）。

『奥入』……一〇字種

《ア群》千・露・有り・帰り・戀ひ・大（おほ）

《イ群》子・里・行き・立ち

『嘉禄本』……一六字種

《ア群》嶋・千・葉・夕・吉野・戀ひ・大（おほ）

《イ群》波・野・故郷（ふるさと）・老い・過ぎ・住み・染め・問ひ・若し

『愚草』……六三字種

《ア群》相坂・浦・影・煙・事・櫻・嶋・千・露・鳥・道・夕・吉野・有り・入り・打ち・怨み・返し・歸り・戀ひ・吹き・渡し・大（おほ）・悲し・深し・也・覧

《イ群》跡・絲・鏡・春日（かすが）・苔・聲・五月（さつき）・鹿・時雨・住吉（すみよし）・旅・玉・波・錦・野・萩・橋・濱・原・姫・藤・故郷（ふるさと）・邊（べ）・螢・緑・本（もと）・緒・限り・忍び・住み・契り・始め・別れ・渡り・折り・浅し

先と同様に、それぞれの漢字の各資料における使用率を対照させてたものが次の〈表五〉である。なお、二資料においてその語の出現回数が一〇回未満のものについては、使用率の比較は行わず、漢字字種のみ列挙した。

〈表五〉

(f)三資料、または語出現回数の少ないもの・漢字使用例のないものを除く二資料において、当該漢字の使用率がともにDランクのもの……一〇字種

《ア群》

	『奥入』	『嘉禄本』	『愚草』
○千（ち）	七・七	二・九	一九・三
○戀（こひ）	七・三	八・〇	一・八
○大（おほ）	一六・七	五・六	一四・六
○嶋（しま）	②	一六・七	五・六
○夕（ゆふ）	③	八・七	一・三

○吉野（よしの）	①	一六・○	二・四
《イ群》			
○波（なみ）		八・六	一三・五
○野（の）		一八・二	一七・二
○故郷（ふるさと）		七・七	二・七
○住（すみ）		一三・○	二・二

(g)三資料、または語出現回数の少ないもの・漢字使用例のないものを除く二資料において、当該漢字の使用率がCないしDランクであるもの……二四字種

	『奥入』	『嘉禄本』	『愚草』
《ア群》			
○覧（らむ）	三六・七	三三・六	三・○
○露（つゆ）	一八・二	二四・四	一二・五
○葉（は）	①	四・三	二六・七
○鳥（とり）	②	三六・八	一九・○
○打（うち）	②	三三・三	四・三
○怨（うらみ）	①	三一・三	四・三
○悲（かなし）	①	四二・九	一・八
○也（なり）	①	二二・一	二・九
○入（いり）	二五・○	③	六・五
《イ群》			
○絲（いと）		二○・○	五・○
○聲（こゑ）		三七・八	一五・八
○里（さと）	六・三	四一・○	
○萩（はぎ）		二六・七	二・九
○邊（べ）		二○・○	一一・一
○本（もと）		四七・四	五・五
○緒（を）		二○・○	五・六
○老（おい）		一一・一	三三・三
○忍（しのび）		二九・四	二・七
○立（たち）	五・三	三四・四	
○行（ゆき）	一七・六	三五・四	
○別（わかれ）		三五・二	三・八
○渡（わたり）		三六・四	八・六
○折（をり）		四三・五	二・七
○浅（あさし）		三三・三	四・六

(h) 三資料、または語出現回数の少ないもの・漢字使用例のないものを除く二資料において、当該漢字の使用率がB～Dランクのもの……一四字種

	『奥入』	『嘉禄本』	『愚草』
《ア群》			
○事（こと）	六三・〇	六〇・〇	五・七
○櫻（さくら）	二〇・〇	五三・五	一八・〇
○有（あり）	一・六	五〇・六	〇・五
○帰（かへり）	九・一	六四・七	一・一
○浦（うら）	③	五二・九	一〇・五
○影（かげ）	②	七一・四	九・六
○返（かへし）	①	六一・五	五・三
○吹（ふき）	②	六二・八	六・九
○深（ふかし）	④	六一・一	三・二
《イ群》			
○鹿（しか）		六〇・〇	三・一
○時雨（しぐれ）		七八・六	一六・九
○玉（たま）		六七・五	七・五
○原（はら）		五〇・〇	七・八
○藤（ふぢ）		五三・八	五・三

(i) 三資料、または語出現回数の少ないもの・漢字使用例のないものを除く二資料において、当該漢字の使用率がA～Dランクのもの……三字種

	『奥入』	『嘉禄本』	『愚草』
《ア群》			
○道（みち）	八〇・〇	七八・六	一五・八
《イ群》			
○錦（にしき）		九〇・〇	九・一
○限（かぎり）		八六・七	一〇・〇

(j)-1 『奥入』以外の資料における語の出現回数が一〇回未満と少ないために比較ができないもの……一字種

《イ群》子（こ）

(j)-2　『嘉禄本』以外の資料における語の出現回数が一〇回未満と少ないために比較ができないもの……四字種

《イ群》過（すぎ）・染（そめ）・問（とひ）・若（わかし）

(j)-3　『愚草』以外の資料における語の出現回数が一〇回未満と少ないために比較ができないもの……一七字種

《ア群》相坂（あふさか）・煙（けぶり）・渡（わたし）

《イ群》跡（あと）・鏡（かがみ）・春日（かすが）・苔（こけ）・五月（さつき）・住吉（すみよし）・旅（たび）・橋（はし）・濱（はま）・姫（ひめ）・螢（ほたる）・緑（みどり）・契（ちぎり）・始（はじめ）

右のうち、漢字使用率の比較ができない(j)グループの二二字種を除いた五一字種について整理する。

一、(f)に属する一〇字種については各資料の漢字使用率がDランクであり、語の出現回数一〇回のうち漢字の使用は一回しかないというものである。特に「千」と「戀ひ」と「大（おほ）」の三字種は三資料に共通してきわめて低い使用率を示しているものである。

「千」は三資料ともに「千鳥」「千世」「千年（ちとせ）」のように他の漢字とともに複合語を表すのに用いられた例がほとんどであり、平仮名とともに用いられたものは『愚草』において「千さと」「千よ」の各一例が見られるだけである。

「大」も同様に「大宮」「大河」「大井河」「大伴」と他の漢字とともに用いられた例のみである。今回の作業にあたっては熟語もなるべく単語に分解して集計することとし、「おほはら」「おほぞら」「おほよど」などの「おほ」も語の出現例に含めてしまったのでこうした結果となったとも考えられ、複合語としての「おほみや」を単位として集計を行えばまた異なった結果になったとも考えられる。

「戀」は、名詞として用いられた例も少なくないが、動詞としても用いられている。これについては後述する。

また、《イ群》の「波」については、同訓の漢字「浪」が『嘉禄本』でAランク、『奥入』『愚草』でもBランクと比較的高い使用率を示しているのに対し、Dランクときわめて低率である。しかも、『愚草』における二七例のうち、一〇例は「河波」「年波」「藤波」「篠波（さざなみ）」のように複合語の下位要素として他の漢字の下に用いられており、その他に八例は歌の末尾に「うら波」「しら波」などのようにこれも複合語の下位要素として用いられている。『嘉禄本』においても「波」字五例中三例が「藤波」であり、一方の「浪」字にはそのような傾向は認められないことなど考え合わせると、「波」には、語頭・句頭には用いられないという制約があったのであろうか。

二、次に、(g)グループ二四字種のうち漢字使用率において高率を示すもののほとんどが『嘉禄本』であることは注目される。

特に《ア群》の「露」は、『嘉禄本』以外の二資料においてDクラスを示しており、また《イ群》の「絲」「邊」「緒」は二資料のうち『嘉禄本』においても二〇％というDクラスにきわめて近い使用率を示している。この「絲」以下の三字は、(f)グループと同類と見てよいと考える。

三、(h)・(i)に属する一七字種は資料の間で漢字使用率の開きが大きいものであるが、このうち、《ア群》の「櫻」は『嘉禄本』のみがBランクを示し、他の二資料ではDランク及びDランクに近い使用率に留まっている。動詞の「有」「歸」も『嘉禄本』以外はきわめて低い使用率を示している。㈠の「三」でも触れたが、ここでも『嘉禄本』の使用率の高さが目立つ。

『嘉禄本』では一首が一行に記されており、『嘉禄本』における漢字使用率の全般的な高さは、前稿でも述べたように、紙幅に余裕の少ないところから生じたものと考えられる。

そこで、『嘉禄本』の使用率を参考程度にとどめて見るならば、「事」「道」以外の(h)・(i)グループの漢字は、「櫻」「有」「歸」を含め一五字種すべて、(f)グループと同類と見ることも許されるのではないだろうか。さらにまた、(g)グループも「葉」「入り」「老い」「覧」以外は、「露」以下二〇字種も同様に考えられるのではないだろうか。

なお、これら(f)〜(h)のグループに属する漢字の中には、先の(a)〜(d)のグループと較べて字画の多い漢字が少なくないように思える。しかしこれは、文中における筆記体の字形ならびに文中における当該字の位置（歌の冒頭か否か）なども考慮する必要があり、安易な判断は控えるべきであろう。

(三)、〈表四〉と〈表五〉とを通覧するとき、次の事柄にも気付かされる。

すなわち、動詞にあたる語の漢字使用率の低さである。以下動詞に関してのみ、《ア群》《イ群》に《ウ群》まで含めてその使用率のランク別に挙げると次のようになる。

『奥入』

Aランク……《ア群》見（み）・見え

Bランク……《ア群》思ひ

Cランク……《ア群》入り

Dランク……《ア群》有り・歸り・戀ひ《イ群》立ち・行き

『嘉禄本』

Aランク……《ア群》見（み）・見え《イ群》限り

Bランク……《ア群》有り・思ひ・返し・歸り・吹き《イ群》迷（まど）ひ《ウ群》流れ

Cランク……《ア群》打ち・怨み《イ群》氷り・忍び・立ち・行き・別れ・忘れ・渡り・折り

Dランク……《ア群》戀ひ《イ群》老い・過ぎ・住み・染め・問ひ《ウ群》曙（あ）け・逢ひ・出で・栽（う）ゑ・置き・隠れ・超え・知り・取り・鳴き・成り・匂ひ・待ち・守り・惜しみ

『愚草』

Aランク……《ア群》見（み）・見え・見せ

Bランク……《ア群》思ひ

Cランク……《イ群》老い

Dランク……《ア群》有り・入り・打ち・怨み・返し・歸り・戀ひ・吹き・渡し《イ群》限り・忍び・住み・契り・始め・別れ・渡り・折り《ウ群》明け・厭（いと）ひ・狩り・歎き

『嘉禄本』におけるB・Cランクの字種の多さについては、先述したような事情も勘案しなければならないのであるが、他の『奥入』『愚草』においては「見」「見え」「見せ」「思ひ」が高率を示す以外は、ほとんどが使用率きわめて低いDのランクである。

いま試みに、宮島達夫氏編『古典対照語い表』によって『古今集』『後撰集』に見られる語上位三〇語を拾い出してみると次のようになっている（『古典対照語い表』に挙げられている『古今集』『後撰集』の語は和歌部分のみのものである）。

『古今集』上位三〇語（品詞別出現頻度順）

〔名詞〕ひと（人）・はな（花）・もの（物）・こころ（心）・あき（秋）・やま（山）・われ（我）・きみ（君）・み（身）・はる（春）・いろ（色）・こと（事）・とき（時）・かぜ（風）・よ（世）

〔動詞〕あり（有）・おもふ（思）・みる（見）・す（為）・なく（鳴・泣）・く（来）・しる（知）・なる（成）・ちる（散）・あふ（会・逢）・いふ（言）・みゆ（見）・たつ（立）

〔形容詞〕なし（無）
〔その他〕わが（我）

『後撰集』上位三〇語（品詞別出現頻度順）

〔名詞〕ひと（人）・もの（物）・こころ（心）・み（身）・はな（花）・あき（秋）・きみ（君）・こと（事）・やま（山）・われ（我）・いろ（色）・はる（春）・とし（年）・こゑ（声）・よ（世）
〔動詞〕あり（有）・みる（見）・おもふ（思）・す（為）・しる（知）・いふ（言）・なる（成）・く（来）・なく（鳴・泣）・あふ（会・逢）・みゆ（見）・きく（聞）・ふ（経）
〔形容詞〕なし（無）
〔その他〕わが（我）

右に挙げた語群は、和歌において、一般にきわめて使用頻度の高い（すなわち出現回数の多い）語と見ることができる。これを参考にして次のようなことが言えよう。

一、このうち、多くのものが今回取り上げた三資料ないし二資料において漢字表記例の見出せるもの（傍線を付したもの）である。特に名詞については、右に挙がっているすべてがこれに該当する。その中には、あき（秋）・かぜ（風）・こころ（心）・はな（花）・ひと（人）・み（身）・やま（山）・み（見）・みえ（見え）のように三資料共通してきわめて高い漢字使用率（Aランク）を示すものも少なくない。

二、一方、名詞以外の語に目を向けると、あり（有）・おもふ（思）・みる（見）・みゆ（見）のようにその漢字表記例が三資料に見出せるものもあるが、いふ（言）・きく（聞）・く（来）・す（為）・ちる（散）・ふ（経）などは、和歌における出現回数の多い動詞でありながら、三資料の中にその漢字表記例がまったく見出せない。

このことを併せて考えると、少なくとも今回扱った『奥入』を初めとする三つの和歌の資料において、名詞以外の品詞、なかでも動詞にあたる語については、一部の語を除き、漢字で表されることは全般的に少なかったと言わざるを得ない。

以上㈠〜㈢にのべたことを考え合わせまとめると、次のようになる。

一、漢字使用率の高い漢字は、今回扱った三資料に共通するものが多い。特に、「秋」「山」など(a)グループに属する漢字は、三資料すべてにおいて漢字使用率がきわめて高いものである。これらは定家頻用の漢字と言えるであろう。そして、それらの表す語は三資料に共通して現れるというだけでなく、その多くが『古今集』『後撰集』において頻出するものでもあり、一般的に和歌によく用いられる語であったと考えられる。

二、一方で(f)グループの「千」「戀」「大」のように、三資料いずれにおいても漢字の使用率がきわめて低いものもある。また、『嘉禄本』の事情を考慮すると、(g)・(h)・(i)（すなわち(d)）グループのほとんどの漢字は、(f)グループと同様に仮名表記がきわめて優位のものと見なすことができる。

三、一つの資料にしか見出せない漢字には、漢字使用率のきわめて低いものが多い。

四、動詞の漢字表記については、全般的に低調である。

五　むすび

定家筆平仮名文に見出せる漢字の使用率についてこれまで述べてきたことの要点を列記し、一部いささか卑見を加えてむすびとする。

一、定家筆の『奥入』『嘉禄本古今和歌集』『拾遺愚草』（正篇）において漢字使用率の高い漢字には三資料に共通して見られるものが多い。特に三資料通じてきわめて高い表記率を示す漢字群があり、それらは定家頻用の漢字と見なしてもよいものである。なお、そのほとんどは『古今集』および『後撰集』の和歌において出現頻度の高い語を表す漢字である。文章の書記に際して、文中に頻出する語は、労力・時間の節約やスペースの有効利用の必要性から、漢字で書かれる可能性が高かったということであろうか。

二、一方、三資料に共通して見出せる漢字の中にも漢字使用率のきわめて低いものが存する。使いやすい漢字とそうでない漢字とがあったのであろうか。

三、動詞にあたる語は、全般的に漢字使用率は低い。

注

（1）藤原定家自筆『拾遺愚草』における和語表記の漢字―使用頻度に着目して―（『鎌倉時代語研究』第二十三輯）

（2）冷泉家時雨亭文庫蔵『拾遺愚草』正篇の三巻をすべて藤原定家の自筆であるとすることには、かねてより疑問が寄せられている。稿者も、三巻全体が、これをまとめた時期の定家の年齢にしてはかなり力強い筆遣いであることから、定家自筆説については疑問を抱かざるを得ないが、今はこれに深入りしない。

親鸞遺文の左注について――その形式と字訓の性格――

金子彰

一、はじめに

伝存する親鸞遺文に、丹念に書き入れられた多彩な注が披見する。真蹟に見られる書き入れ注の多くは親鸞晩年の六〇歳代以降に行われたものと見られる。それらは語のレベルの注や文のレベルの注、諸記号の書き入れまで多岐にわたる。行間の狭いスペースへの書き入れ注が、彼の著述注釈活動の特色の一つとして注目される。複製本の(1)写真版に見られる墨と朱とで書き入れられた注、特に左注について、その形式と字訓の性格とを整理してみる。親鸞の左注の先行研究には、秋葉安太郎氏等や中川浩文氏、龍谷大学仏教文化研究所等によるものがある。(2)秋葉氏等は浄土和讃の左注のうちで左訓を古字書のひとつ、名義抄と比較したものである。中川浩文氏も三帖和讃の左訓を新撰字鏡等数種の古字書で比較検討された。そして「訓の付され方の基本には、つねに字書的な拠り所に通じる普遍性をもった和訓を選別される国語的な見方の態度があった」と指摘された。ここで取り上げられた左訓等は教義上難解な特定の字訓解明に主眼があり、遺文の字訓全体に亙っての検討解明は今後に残された所が多い。龍谷大学仏教文化研究所による字訓の一連の報告は遺文の全字訓を把握せんとするもので貴重な労作であり、親鸞の字訓研究の一大基礎資料の提示と見られるが、そこでは活字本等に底本を求めている。私も親鸞の仮名交じり注釈書について、別稿でその注釈方法や字訓釈の実態の一部を報告した。(3) そこでは注釈書の本行に見られる注釈の形式や字訓の性格等を主に分析したものである。本稿では独自に複製本に底本を求め字訓集稿を作成してその形式と字訓の性格とを分析してみようとする。従来の研究は古字書訓との一致の指摘をもって、親鸞の左訓に用いられた字訓の性格を述べようとされているが、本稿では古字書掲載訓がどのように引用されているか等を検討し、その傾向の一端について述べてみたい。

二、左注の形式

左注は次のように字訓や文による注釈の形態をみせる。被注釈語も、語のレベルのものや熟語のもの等が見られる。

○攝取《セフシュ》（左注「攝」オサメ「取」トリタマフトナリ）（一念多念文意　一三頁2行）

○法則《ホフソク》（左注「法則」コトノサタマリタルアリサマトイフコ、ロナリ）（一念多念文意　五〇頁3行）

しかも左注は次に掲げるように、同一被注語に対しては仮名交じり注釈書の本行に同一の注釈語や注釈文も披見し、その都度、任意に注を施した場合以外に、手控え等が存在しそれに基づいた注釈もあることを予想させる。

○攝取《セフシュ》（左注「攝」オサメ「取」トリタマフトナリ）シテ・ステタマハサルナリ・攝《セフ》ハ・オサメタマフ・取《シュ》ハ・ムカヘトルト・マフスナリ・オサメトリタマフトキ・スナワチ・日《ヒ》オモ・ヘタテス・正定聚《シヤウチヤウシュ》ノ・クラヰニ・ツキサタマルヲ・往生《ワウシヤウ》ヲ・ウトハ・ノタマヘルナリ・（一念多念文意　一三頁2行）

○大涅槃《ネチハン》（左注マコトノホトケナリ）（一念多念文意　一七頁4行）

○无上大涅槃《ムシヤウタイネチハン》（左注マコトノホトケナリ）（一念多念文意　二〇頁2行）

○等正覺《トウシヤウカク》（左注マコトノホトケニナルヘキミトナレルナリ）（一念多念文意　一七頁3行）

○等正覺（左注ホトケニナルヘキミトサタマレルヲイフナリ）（一念多念文意　二〇頁3行）

左注の形式を整理し左注例を抄出して示すと次のようになる。

(1)被注漢字に一和訓

○闇《アム》ハレテ（左注ヤミ）（西方指南抄中末　一二〇頁6行）

○悪鬼悪神《アククヰアクシン》（左注「悪鬼」アシキオニナリ）（一念多念文意　三八頁3行）

○卯歳《ノ》仲春《シユン》上旬《シユン》之候（左注「候」カタチ）（教行信証六末　九二頁2行）

○波浪（左注「波」大ナミ、「浪」小ナミ）（教行信証三　二九頁5行）

○波浪《ハラウ》（左注「波」オナミ、「浪」コナミトイフ）（西方指南抄下末　一二六頁4行）

被注漢字の意義に即した字訓の採用が見られるが、訓として「候」に「カタチ」の注釈は文脈からすれば独特なものとも見られ、名義抄あたりにも見られないものである。「波浪《ハラウ》」には「大・小」の具体的な意義注釈も見られる。

(2)被注漢字に二和訓

○群胡《クンコ》大叫《ニサケフ》（左注「群」アツマリ・アツマル）（教行信証六末　六六頁7行）

○召《テウニ》（左注メス・マネクトモ）（教行信証六末　七〇頁6行）

○戀《レンヲ》（左注シタウ・コウトモ〈朱〉）（教行信証二　九五頁4行）

○潔《ケチニシテ》（左注イサキヨシ・アサヤカナリ）（教行信証五　一二頁2行）

○平等《ヒヤウトウ》（左注「平」ヒトシクス・タイラカナリ反、「等」ヒトシト反）（浄土和讃　五五頁3行）

○化《クワ》周□《シハン》國《ニ》（左注「周」アマネシ・オナシフ朱重ネ書キ）（教行信証六末　七二頁5行）

○一部《フ》（左注「部」アツム反・ワカツ反）（浄土和讃　七四頁3行）

○字訓《クン(朱)》（左注オシヘ・コ、ロトイフ）（教行信証三　四一頁7行）

○鈔　要文（左注「鈔」ヌク・エラフトモ）（教行信証三　三七頁2行）

○抄（左注「抄」ヌキイツ）（教行信証四　八頁5行）

○衆《スヘテ(朱)》（左注ミナ・コト〱ク）（教行信証三　一七頁3行）

○大應供《オウク》（左注「應」カナウ反・コタウ）（浄土和讃　一六頁4行）

○阿弥陀佛《ノ》光明《ハ》清潔《ケチニシテ》（左注「潔」アサヤカナリ　イサキヨシ）（教行信証五　一二頁2行）

二字訓併記は、文脈上同義訓の場合が多い。「群《クン》」の「アツマリ・アツマル」は、「釈迦没シテ群胡大ニ叫ブ」でありその意義注である。「召《テウニ》」の「メス・マネク」、「戀《レンヲ》」の「シタウ・コウ」等も同様である。また、「潔《ケチニシテ》」の文脈は「佛ノ光明ハ清潔ニシテ」であり、第二訓「アサヤカナリ」は観智院本類聚名義抄にも見られないが付加されている。「周《シ》」字に対しては初め「オナシフ」の訓が注釈され、他国に宗教上の感化を及ぼすという文脈から、朱で「アマネシ」が重ね書きされたものと見られる。「一部《フ》」は「観経一部アラワシテ」という文脈からみて妥当な「アツム」訓以外に反義訓の「ワカツ」も併記されている。又、「鈔」は仮名交じり注釈書の本行の字訓釈に同様な注釈もある。

○抄《セウ》ハスクレタルコトヲヌキイタシアツムルコトハナリコノユヘニ唯信抄《ユイシンセウ》トイフナリ（唯信抄文意　五頁2行）

(3)被注漢字に三和訓

○適悦《エチシテ》（右訓「適」チヤク・シヤク、左注「適」スナハチ・マサニトモ・タマ〱トモ）（教行信証六末　五九頁6行）

○化《クエ》スル（左注メクム・アワレムト反・オシフ反）（浄土和讃　二五頁4行）

○弥陀ノ功徳ヲ稱《ショウ》セシム（左注「稱」ショウ反・ハカリ反・ヨム反・トナウ反）（浄土和讃　二一頁4行）

三字訓併記ともなると、文脈上から少し離れた訓も見られる。「稱」字は他の遺文では次掲の字訓釈が見られる。

「稱《ショウ》」の左訓

○名号ヲ稱スルナリ（左注「稱」トナフルナリ）（西本願寺本唯信抄　八七頁5行）

○口稱《クショウ》ノ義《キ》（左注「口稱」クチニトナフルナリ）（願入寺蔵唯信抄　一頁2行）

○智稱《ノナリ》（左注「稱」ナツク）（教行信証四　四六頁4行）

○稱《スト》　薗林遊戯地（左注「稱」イフ）（教行信証四　五二頁5行）

○復稱《シテ》（左注「稱」イフ）（教行信証六本　二三頁1行）

○稱譽《セム》（左注「稱」ホメ、「譽」ホム）（教行信証五　一四頁1行）

○稱字　處陵《リョウノ》反知二ル軽重一ヲ也説文曰銓《ハカリ》也是《コレ》也等也／俗ハ作二ル秤《ハカリニ》二云正斤両也昌孕《ショウヨウノ》反昌陵《リョウ》反（教行信証二　五一頁）

「ハカリ」訓以外は文脈に即した訓と見られるが、「ハカリ」訓は次に見るように親鸞の古字書引用等を窺わせる。

○今信知《コンシンチ》・弥陀本弘誓願《ミタホンクセイクワン》・及稱《キフシヨウ》名號《ミヤウカウ》（中略）・稱《ショウ》ハ・御《ミ》ナヲ・トナフルトナリ・マタ・稱《ショウ》ハ・ハカリトイフ・コヽロナリ・ハカリト・イフハ・モノ・ホトヲ・サタムルコトナリ・名號《ミヤウカウ》ヲ・稱《ショウ》スルコト・トコヱ・ヒトコヱ・キクヒト・ウタカフ・コヽロ・一念モナケレハ・實報土《シチホウト》（左注「實報土《シチホウト》」アンヤウシヤウトナリ）ヘ・ムマルト・マフス・コヽロナリ・（一念多念文意　九八頁5行）

ちなみに「稱」字を古字書の一部で検索すると「ハカリ」訓が見られる。

○稱　歯證反等ㇾ是ㇾ好ㇾ／銓ㇾ度ㇾ（高山寺本篆隷萬象名義四　八二オ1行）

○稱　ハカリ知軽重也／俗作秤正竹小也（前田本色葉字類抄上　二八オ）

○稱　處陵反又去　カナウ　ノタハク　ハカリ／ハカリ　アグ　ホム　ハカル　ナヅク

（観智院本類聚名義抄法下　一八頁）

(4)被注漢字に和訓とは異なる性格の字訓釈

○詔書《セウ》（左注「詔書」センシナリ）（教行信証六末　六三頁4行）

○北鬱單（左注　北州也）（教行信証六末　一八頁8行）

○戎狄《シユテキ》（左注「戎」ニシノエビス、「狄」キタノエヒス）（教行信証六末　六八頁8行）

○楚越（左注「楚」北、「越」南）（浄土論注上　四二頁5行）

左注として、和訓以外で意義解説を行ったものと見られる。

(5)被注漢字に一文釈

○貧瞋《トムシン》（左注「貧」トムハメヲアイシオトコヲアイシ、「瞋」シンハイカリハラタツ）（浄土高僧和讃　七七頁3行）

○瞋怒《シンヌ》（左注オモテニイカルヲシントイフ　コ、ロニイカルヲヌトイフ）（浄土和讃　八九頁1行）

○歓喜《クワンキ》（左注「歓」ミヲヨロコハシム、「喜」コ、ロヲヨロコハシムトナリ）（一念多念文意　四五頁1行）

○歓喜《クワンキ》（左注「歓」ヨロコヒ　「喜」ヨロコフ　「歓」クワンハミヲヨロコハシムルヲイフナリ　「喜」キハコ、ロヲヨロコハシムルヲイフナリ）（浄土和讃　三八頁2行）

○慶喜《キヤウキ》（左注ウヘキコトヲエテヨロコフコ、ロナリ）（唯信抄文意　七六頁1行）

○最《サイ》第一（左注「最」サイハコトニモトモスクレタリトイフコ、ロナリ）（浄土和讃　一六頁1行）

○信行《シンキヤウ》（左注「信行」シンヲモトメキヤウカネタルヒトナリ）（西方指南抄中末　五四頁3行）

○究竟《クキヤウ》（左注「竟」キヤウオハキワメキワムオワリオワル）（浄土高僧和讃　一七頁3行）

左注を文で注釈する場合、その都度注釈した場合と注釈文がある程度出来上がった固定したものを使用した場合とがあったようである。右の「信行」の左注に対して、書状の覚信房宛返書等に次掲のような同様な趣旨の文も見られる。

○信の一念行の一念ふたつなれども信をはなれたる行もなし行の一念をはなれたる信の一念もなし（9行）

他にも注釈書の本行に見られる次のような同趣旨の固定した注釈文も見られる。

○歓《クワン》喜《キ》トイフハ・歓《クワン》ハ・ミニ・ヨロコハシムルナリ・喜《キ》ハ・コ、ロニ・ヨロコハシムルナリ・ウヘキコトヲ・エテムスト・カネテ・サキヨリ・ヨロコフ・コ、ロナリ　（一念多念文意　八頁5行）

○喜《キ》ハコ、ロノウチニヨロコフコ、ロタエスシテツネナルヲイフウヘキコトヲエテノチニミニモコ、ロニモヨロコフコ、ロナリ　（唯信抄文意　七六頁1行）

○慶《キヤウ》喜《キ》スルヒトハ・諸佛《シヨフチ》トヒトシキヒトトナツク慶《キヤウ》ハヨロコフトイフ信心《シンシム》ヲエテノチニヨロコフナリ

（唯信抄文意　七九頁4行）

(6)被注漢字に二文釈

○聞光力《モンクワウリキ》（左注「聞」モントイフハキクトイフキクトイフハコノホフヲキ、テシンシテツネニタエヌコ、ロナリ　（浄土和讃　二〇頁3行）

○希有最勝人《ケウサイシヨウニン》（左注「希」マレナリ「最」モトモ反スクレタリ反「勝」スクレタリ反スクレテ反　サイハモトモコトニスクレタリアリカタクスクレタルヨキヒト、ホムルコ、ロナ　（浄土高僧和讃　八八頁3行）

○哀婉雅亮《アイエンカリヤウ》　（左注アワレニタワヤカナルヒ、キタワヤカナリ「亮」リヤウハタスクトヨムマタハヒトノナニハナンノスケトヨムナリ）（浄土和讃　四七頁3行）

第二文の多くは補足説明の様相を見せるが、「亮《リヤウ》」について「マタハヒトノナニハナンノスケトヨムナリ」の注釈は別義の注釈で意義の展開を図ったものかと見られる。

(7)被注漢字に三文釈

○眞實《シンシチ》（左注「眞」マコト「實」ミトナル「眞」シンハクヰナラス　ケナラス　クヰハイツワル反　ヘツラウ反
シンハカリナラス　シチハコナラスコノムナシカラス）（浄土和讃　三三頁3行）

(8)被注漢字に和訓と文釈の併用の注釈

○歌嘆《カタン》ス（左注「歌」ホメ「嘆」ホム「歌嘆」コヱニアケテホムルヲカトイフ　コ、ロノウチニホムルヲ
タントイフ）（浄土和讃　四二頁3行）

以上右で見たように、親鸞の左注の形式は字訓釈、文による注釈等多彩であることがわかる。

三、左注の字訓の性格

ここで同一被注漢字について、左注と注釈書の本行とではどのような字訓釈が行われているか、その様相を検討する。字訓例を抄録一覧する。注釈書の本行の字訓が院政、鎌倉時代の主な古字書二書、観智院本類聚名義抄・色葉字類抄の和訓とを比較することで字訓の性格の一端を見てみたい。親鸞の字訓がこれら古字書の掲載訓にどのように見られるか。古字書の掲載訓の掲出順位とどのように関係するかを見ていく。これらの古字書の上位掲載訓はより当時通用の訓であろうから、親鸞の字訓と比較することはその性格の一端を明らかにすることになろう。

以下の字訓一覧は、上から仮名交じり注釈書の本行の被注釈漢字（但し漢字の字音訓は省略した）、カッコ内は被注漢字を含む文脈例、字訓、カッコ内は観智院本類聚名義抄・前田本色葉字類抄又は黒川本の和訓の掲出順位、カッコ内空欄は当該訓が見られないもの、出典（出典の略号は注(4)に示した）。下段は左注の字訓例、仮名遣いは原文のままを示し、傍線は私に付し、漢字字体は現行の通行字体に訂して示したものである。

㈠□ハ―ナリ（一字訓が示されているもの）

【名詞】

（仮名交じり注釈書の字訓）

界（極楽無為涅槃界）サカイ（1・　）唯
逆（不逆違）サカサマ（2・1）尊広・略
金（能令瓦礫変成金）コカネ（2・1）唯
相（真実功徳相）カタチ（4・　）尊広
自（自来迎）オノツカラ（3・1）唯
自（自到不退轉）オノツカラ（3・1）尊広・略
自（自来迎）ミツカラ（1・1）唯
者（過無空過者）ヒト（2・2）一
堅（堅ノ金剛心）タ、サマ（　・2）一・尊広
諸（無諸邪聚及不定聚）ヨロツ（　・　）一

（左注の字訓）

界（左注カイ）（教行）
逆（左注サカサマ）（教行）
金鎖（左注コカネノクサリ）（浄二）
相好（左注サウハオホカタチカウハコカタチ）（浄土）
相（左注カタチ）（唯）
相（左注アヒ）（西方）
相（左注オモヒ）（教行）
自（左注ワカ）（西方）
者（左注モノ）（一・西方）
者（左注ハ〈朱〉）（西方）
堅（左注タ、サマ）（教行・尊広略）
堅（左注タテサマ）（教行）
諸（左注ヨロツノ）（一）、
諸（左注モロ〳〵ノ）（浄土）

稱（及稱名号）ハカリ（3・1）一

内（内懐虚仮）ウチ（1・1）唯

末（魏末）スヱ（1・1）尊広

名（聞名念我）御ナ（1・1）唯

横（横超）ヨコサマ（1・1）一・唯・尊広・略

位（即位）クラヰ（1・1）一

【動詞】

迂（超ハ迂ニ対ス）メクル（3・　）尊広

依（我依修多羅真実功徳）ヨル（1・1）尊広・略

慶（慶喜）ヨロコフ（5・2）唯

行（行住座臥）アルク（4・1）一

恐（恐難生）オソル（4・4）唯

遇（遇無空過者）マウアフ（1・2）一

過（遇無空過者）スクル（6・1）一

稱（左注ショウ反ハカリ反ヨム反トナウ反）（浄土）

稱（左注イフ）（教行）

稱（左注ナツク）（教行）

稱（左注ホム）（教行）

内（左注ウチ）（唯）

末（左注スヱ）（教行）

名（左注ミナ・ナ）（西方・一）

横（左注ヨコサマ）（尊広・略）

位（左注クラヰ）（西方）

迂（左注メクル）（教行・尊広・略）

依（左注ヨル）（西方）

慶（左注ヨロコフ〈朱〉）（教行）

行（左注アルク）（唯）

恐（左注オソレテ）（教行）

恐（左注オソラク）（教行）

遇（左注アフ）（浄土）

過（左注スクル）（教行）

過（左注トカ）（教行）

臥（行住座臥）フス（1・　）一
願（恒願一切臨終時）ネカフ（1・1）一
獲（勢至獲念佛圓通）ウル（1・1）尊広
座（行住座臥）ヰル（1・1）一
生（致使凡夫念即生）ムマル（2・1）一
取（摂取）ムカヘトル（　・　）一
昇（昇道無窮極）ノホル（4・2）尊広・略
稱（及稱名号）トナフル（　・2）一

盡（上盡一形）ツクル（1・1）一

照（常照我身・常照是人）テラス（1・1）一・尊広
摂（摂護不捨）オサメトル（　・　）一
摂（摂取）オサム（1・　）一
截（横截五悪趣）キル（2・2）尊広・略
絶（必得超絶）タチハナル（2タツ・　）尊広

臥（左注フス）（唯）
願（左注ネカヘト）（一念）
獲（左注エタリ）（尊広）、（左注ウル）（教行）
座（左注ヰル）（西方）
生（左注ムマル〈朱〉）（西方）
生（左注ヨ）（唯信）
取（左注トル）（浄土）
昇（左注ノホルトイフ）（尊広）
稱（左注シヨウ反ハカリ反ヨム反トナウ反）（浄土）
稱（左注イフ）（教行）
稱（左注ナツク）（教行）
稱（左注ホム）（教行）
盡（左注ツクル）（唯信）
盡（左注ツク・ツクス）（教行）（西方）
照（左注テラス）（西方）（尊広）（浄土）
摂（左注オサム）（西方）（尊広）（浄土）
截（左注キル）（教行）
絶（左注タエ）（教行）

即（即生・即得往生）ツク（2・2）一・一
足（能令速満足）タリヌ（7・1）一

知（今信知）シル（1・1）一
致（致使凡夫念即生）ムネトス（2・3）一
持（不簡多聞持浄戒）タモツ（1・1）唯

住（行住座臥）タヽル（3・3）一

超（横超）コエテ（1・1）一・唯・尊広・略
得（必得往生）エシム（1・1）尊広
得（必得往生）エタリ（1・1）尊広・略
得（必得超絶）ウル（1・1）唯
閉（悪趣自然閉）トツ（1・1）尊広・略

満（能令速満足）ミツ（1・1）一
聞（聞名念我）キク（1・1）唯
来（来迎）カヘル（1・　）唯

即（左注スナワチ）（教行）（一念）（西方）
足（左注タル）（教行）
足（左注ミアシ）（正像末）
知（左注シル）（西方）
致（左注ムネ）（教行）
持（左注タモチ）（教行）
持（左注コヽロエ）（教行）
持（左注トヅ）（見聞集）
住（左注ヰル）（一）
住（左注タヽル）（唯信）
超（左注コウル）（尊略）

得（左注ウ）（西方）（一）
閉（左注トツ）（尊広）
閉（左注フサグ）（教行）
満（左注ミツ・ミチ）（教行）（浄高）
聞（左注キク）（教行）

来（来迎）キタル（3・1）唯
楽（慶楽）タノシム（1・1）一
立（立弘誓）タツ（2・1）唯
違（不逆違）タカフ（1・1）尊広・略
恵（恵以真実之利）メクム（1・1）一

【形容詞】

宜（宣哉）ヨシ（1・29）尊広・略
空（遇無空過者）ムナシク（1・1）一
虚（虚仮）ムナシ（1・2）唯
近（不問時節久近）チカシ（1・1）一
深（罪根深）フカシ（1・1）唯
直（直為弥陀弘誓重）タヽシキ（9・　）一
同（便同弥勒）オナシキナリ（1・1）一
鈍（利鈍）コヽロノ・ニフキヒト（1・1）尊略

来（左注キタル）（西方）
楽（左注タノシム）（西方）
楽（左注コノミネカウ）（教行）
楽（左注コノム〈朱〉）（教行）
立（左注タツ）（浄土）
立（左注ナス）（教行）
違（左注タカフ）（教行）（西方）
恵（左注メクム〈朱〉）（教行）
宜（左注ヨロシクーベシ）（浄土）
空（左注ムナシク）（西方）
虚（左注ムナシク）（一）
近（左注チカシ）（教行）（西方）
近（左注チカヅク）（西方）
深（左注フカキ）（西方）
直（左注マサシク）（教行）
直（左注スカタ）（見聞集）
同（左注オナシト）（西方）
鈍（左注ニフキ）（教行）

如（次如弥勒）コトシ（1・1）一
能（能令速満足）ヨシ（1・16）尊広・略
无（无諸耶聚・遇无空過）ナシ（1・4）一・一
利（利鈍）コ、ロノ・トキヒト（1・2）尊略

【形容動詞】

假（虚假）カリナル（1・　）唯
勝（勝ノコ、ロ）スクレタリ（3・1）唯
大（大ノコ、ロ）オホキナリ（1・1）唯
明（甚分明）アキラカナリ（1・1）唯

【副詞】

恒（恒願一切臨終時）ツネニ（1・2）一
常（常照我身）ツネニ（1・1）尊広・略
漸（漸頓）ヤウヤク（5・1）尊略
総（総不論照攝）ミナ（6・9）一

如（左注ニシテ）（西方）
能（左注ヨク）（西方）
无（左注ナシ）（諸遺文）
利（左注トシ）（教行）
假（左注カリナリ）（教行）（一）
勝（左注スクレタル）（浄土）（浄高）（一）
勝（左注マサリ）（唯信）
勝（左注カチ）（西方）
大（左注オホキニ）（西方）
大（左注オホ〈朱〉）（西方）
明（左注アキラカナリ）（浄土）
明（左注アカクナル）（西方）
恒（左注ツネニ）（一）
常（左注ツネナリ）（西方）（浄高）（一）
漸（左注ヤウヤク〈朱〉）（西方）
総（左注ミナ）（西方）
総（左注フサネテ）（教行）（尊略）

総（左注スヘテ）（教行）（尊略）

即（即得往生・即不得生）スナワチ（1・1）一・唯・尊広

即（スナワチ）（西方）（一）

能（能令速満足・能発一念）ヨク（1・1）一・唯・尊広

能（ヨク）（西方）

必（必得往生・必得超絶）カナラス（1・1）唯・尊広・略

必（カナラス）（西方）

巨視的に見ると、多くの字訓は左注と注釈書の本行とで一致するようである。一致しないものは偶（マウアフ）・取（ムカヘトル）・摂（オサメトル）・絶（タチハナル）等の複合語に見られたり、自（オノツカラ・ミツカラ・ワカ）・者（ヒト・モノ）・即（ツク・スナワチ）・来（カヘル・キタル）・宜（ヨシ・ヨロシク）・直（タ、シキ・マサシク・スカタ）・如（コトシ・ニシテ）等文脈の相違に基づく字訓釈の違い等のものである。また親鸞の字訓の多くは両字書の掲載訓であり、しかも両字書の掲載訓の上位訓しかも第一位訓と一致するものが多い傾向にあることがわかる。古字書の掲載訓の上位訓はより当時の通用訓であることが知られている。それらと一致する親鸞仮名交じり注釈書の本行と左注の字訓釈は、特殊で難解な字訓を避けて、文脈により妥当な一般的な通用訓を採用した方法が明確に把握されよう。又右の一覧表の数字の空欄は、親鸞の字訓が両字書に見られないものであるが、複合語的な字訓の場合であり、両字書には完全に一致する訓の見られなかっただけである。

㈡□ハ―ナリ―ナリ　（二字訓が示されているもの）

迎（総迎来）ムカヘタマフ・ムカフル　マツ（1・1）（　・　）唯　迎（左注ムカフ）（西方）

形（上盡一形）カタチ・アラワス（1・1）（2・20）一　形（左注カタチ）（教行）

弘（彼佛因中立弘誓）ヒロシ・ヒロマル（1・4）（　・　）唯

解（異学別解）サトル・トク（3・20）（2・2）一

教（教念弥陀専復専）オシフ・ノリ（2・1）（1・10）唯

甚（甚分明）ハナハタ・スクレタリ（1・2）（　・　）唯

盡（盡十方）ツクス・コトヽヽク（2・1）（3・3）尊広・略

少（若少一心）カクル・スクナシ（6・　）（1・1）唯

絶（必得超絶去）タチステ・ハナル（　・　）（　・　）尊広

専（専復専）モハラ・一《ヰチ》ト（1・1）（　・　）唯

総（総不論照摂）スヘテ・ミナ（3・4）（6・　）尊広・略

形（左注イノチ）（唯信）

弘（左注ヒロク）（浄土）（唯信）

弘（左注ヒロマル）（浄土）

弘（左注ヒロメ）（正像末）

解（左注サトル）（教行）（西方）

解（左注サトス）（教行）

教（左注ノリ）

甚（左注ハナハタ）（教行）

盡（左注ツクス）（教行）（西方）

盡（左注ツクル）（教行）（唯信）

盡（左注ツク）（教行）（西方）

少（左注オサナキ）（教行）

少（セバシ）（西方）

絶（左注タエ）

専（左注モハラ）（教行）（西方）
（浄土高）

総（左注スヘテ）（教行）（尊略）

総（左注ミナ）（西方）

総（左注フサネテ）（教行）（尊略）

則（則是具足）スナワチ・ノリ（1・2）（3・1）一
速（能令速満足）スミヤカニ・トキコト・トシ（1・6）（1・　）一・尊広・略
尊（如来尊号甚分明）タフトク・スクレタリ（1・1）（　・　）唯
致（自致不退転）イタル・ムネトス（1・3）（2・3）尊広・略
若（若少一心）モシ・コトシ（1・1）（8・2）唯
復（教念弥陀専復専）マタ・カサヌ（1・4）（16・　）唯
便（便同弥勒）スナワチ・タヨリ（1・4）（2・1）一
発（能発一念喜愛心）オコス・ヒラク（1・1）（2・5）尊広
来（総迎来）カヘル・キタラシム（1・　）（3・1）唯

則（左注サタマリタル）
速（左注スミヤカ也）（教行）、
速（左注トクス）（教行）（西方）
尊（左注タウトミ）（浄土）
致（左注イタル）（教行）
到（左注ムネ）（教行）
若（左注コトシ）（浄土高）（教行）
復（左注カヘル）
便（左注スナワチ）（浄土）
便（左注タヨリ）（浄土）
発（左注ヒラキ）（浄土高）
来（左注キタル）（西方）

注釈書本行の複数字訓と左注の字訓とはこれも多く一致するが、しかも注釈書の第一位訓と左注の字訓とが一致する傾向があるようである。第一位訓は当該文脈の意義注として妥当なものが選ばれていると見られるが、それらが左注の字訓と多く一致することは、それらがより通用の字訓の性格をもつものであろう。前項の(1)同様、古字書の掲載訓との一致度をみると注釈書の第一位訓は第二位字訓よりも、両字書に掲載の上位訓との一致度が高いようである。そして第二位字訓は、両字書に見られない場合もあるようである。注釈書の字訓と左注の字訓とがすべて一致しない「少・絶・則・復」等は、文脈上の字訓選択の問題かと見られる。

(三)□ハ―ナリ―ナリ―ナリ　(三字訓が示されているもの)

要(故使如来選要法)モハラ・モトム・チキル　唯(10・　)(1・24)(5・　)

　要(左注モトム)(教行)　要(左注ハカラフ)(教行)

去(必得超絶去往生)スツ・ユク・サル　尊広・略(7・10)(　・　)(1・1)

　去(左注スツ)(教行)　去(左注ユク〈朱〉)(教行)　去(右注サラ〈朱〉)(教行)

将(不簡貧将富貴)マサニ・モテ・ヰテユク　一(5・2)(7・4)(　・　)

　将(左注マサニ)(教行)(西方)　将(左注モテ)(教行)

常(常照是人)ツネナルコト・ヒマナク・タエス　一(1・1)(　・　)(　・　)

　常(左注ツネナリトイフ)(西方)(一)

上(上盡一形)カミ・スヽム・ノホル　一(1・1)(12・　)(11・　)

　上(左注カミ〈朱〉)(西方)

総(総迎来)フサネテ・スヘテ・ミナ　唯(1・1)(3・3)(6・9)

　総(左注フサネテ)(教行)(尊略)　総(左注スヘテ)(教行)(尊略)　総(左注ミナ)(西方)

重(直為弥陀弘誓重)カサナル・オモシ・アツシ　一(3・1)(1・1)(　・9)

　重(左注カサナル)(浄土)　重(左注オモシ)(唯信)(正像末)　重(左注アマタ)(浄土)

注釈書の本行の三訓併記の場合、注釈書の上位訓と左注の字訓とが一致することが多いようである。そして古字書の掲載訓は注釈書の上位訓とが一致するようである。第一位字訓は当該漢字の文脈上の字訓が示されているようであるが、下位の字訓は意義解説から離れた字訓提示もある。下位字訓は古字書に掲載されていない訓の場合もあるようである。

四、むすび

左注に使用された字訓は、仮名交じり注釈書本行の字訓とも多く一致し、親鸞においては、左注という狭いスペースでの注釈活動も、本行と同じ姿勢で行われたことが窺われる。親鸞の多彩な字訓釈は巨視的に見て当時通用の古字書掲載訓と多く一致し、しかも掲載訓の上位訓との一致が多いことが見られた。敢えて難解な字訓を使用せず、当時の一般的な通用字訓の使用がその性格として確認できるようである。しかも複数字訓を併記することも多く見られることも特徴である。本稿では親鸞の字訓釈の多彩な様子を記述したのであるが、小林芳規博士には訓点資料を分析された字訓史解明の一連の研究があり(5)、その成果のひとつに字訓史に共通する変遷の原理をつぎの如く説かれているものがある。

平安初期の訓読法が、一つ一つの漢文を文全体としてとらえ、その文意を正確に理解してこれに対応する当時の口語を当てて微妙な意味用法をも訓読の上に表し出した、文脈に支えられた一回限りの方式であったのに対して、院政期点の示す訓読法は、漢文の各漢字を一字一字として、それに対する一定の訓をもって読み、これの寄せ集めとして訓読する、いわば即字的な訓読法に変化したことである。その背景には、古代日本人が文化の源泉と仰ぎ吸収した中国文化との交流の歴史的な推移が大きく関与している。

院政期以降は、文脈に即した一回限りのものから、一字毎に一定の字訓に固定した即字的なものへ変遷したのだと言われる。親鸞に於いては「一字毎に一定の字訓に固定した即字的なもの」というより文脈に即そうとする字訓釈が窺われた。赤松俊秀博士(6)は、親鸞が平易で門弟らが容易に理解できる著書を自分で書写して与えたのは、『教行信証』のような難解な著書を理解し得ない大多数の門弟に対する彼の心づかいからだと言われる。すると右でみたような多彩な字訓釈も当時通用の平易なものが文脈に即して採用されているのは容易に理解されるのである。

注

（1）『親鸞聖人真蹟集成』全九巻（法蔵館、一九七三・一九七四）。出典の漢数字は頁数、算用数字は行数を示す。

（2）秋葉安太郎他、山田瑩徹担当「親鸞聖人真跡三帖和讃国宝本の研究―浄土和讃について」（『語文』（日本大学）20　一九六五年三月）

中川浩文「三帖和讃における左注について―古字書との関係を主として―」（龍谷大学論集400・401　一九七三年三月）

中川浩文「三帖和讃における訓注―その国語学よりの検討―」（『龍谷大学論集』417　一九七五年一〇月）

武田龍精他（共同研究）「親鸞聖人著作用語の学術的解明―三帖和讃左訓集―」（『龍谷大学仏教文化研究所紀要』16　一九七七年六月）

嬰木義彦他（共同研究）「親鸞聖人著作用語の学術的解明―三帖和讃左訓と古字書―」（『龍谷大学仏教文化研究所紀要』18　一九七九年六月）

浅井成海他（共同研究）「親鸞聖人著作用語の学術的解明―用語解釈及び字訓・左右訓の分類（一）（二）―」（『龍谷大学仏教文化研究所紀要』20・22　一九八二年三月　一九八三年九月）

浅井成海他（共同研究）「親鸞における他力救済用語の総合的研究―教行信証の左右訓と古字書（一）（二）―（『龍谷大学仏教文化研究所紀要』25・27　一九八六年一一月　一九八九年二月）

（3）拙稿「親鸞の片仮名交じり注釈書の文章表現法の特質」（『訓点語と訓点資料』七七輯　一九八七年三月）

拙稿「親鸞の注釈活動―片仮名交じり注釈書の注釈文の構造―」（『思考力を育てる国語教育』明治図書　一九八七年三月）

拙稿「親鸞の片仮名交じり注釈書の字訓釈」（『言語表現の研究と教育』三省堂　一九九一年三月）

拙稿「親鸞の片仮名交じり注釈書の字訓―古字書との関係を主として―」（『小林芳規博士退官記念国語学論集』汲古書院　一九九二

年三月）

（4）教行信証（教行）、西方指南抄（西方）、尊号真像銘文広本（尊号広）、尊号真像銘文略本（尊号略）、浄土和讃（浄和）、浄土高僧和讃（浄高）、正像末和讃（正像）、唯信抄（唯信）、唯信抄文意（唯文）、一念多念文意（一念）、浄土三経往生文類（浄三）、皇太子聖徳奉賛（皇太子）、大般涅槃経要文（大般）、浄土論注（浄論）、見聞集（見聞）、書状（書状）

（5）「字訓の変遷」（漢字講座3『漢字と日本語』一九八七年一一月　明治書院）

「漢文訓読史研究の一試論」（『国語学』第55輯　一九六三年一二月）

「訓読法の変遷—平安時代の妙法蓮華経の古点本を例として—」（『漢文教育の理論と指導』一九七二年二月　大修館）

「唐代説話の翻訳—金剛般若教集験記について」（『日本の説話』第七巻　一九七四年一一月　東京美術）

（6）『親鸞』（吉川弘文館　一九六一）

猶、本稿の引用に際しては漢字に附された声点、返り点等は省略し、漢字は通行字体に訂して示した。

広島大学角筆文献資料研究室蔵即身成仏義の訓点について

松本光隆

はじめに

広島大学角筆資料研究室に所蔵される即身成仏義は、江戸時代初期の版本一冊で、取り合わせの十巻章の一部として所蔵されている角筆点の加点の存する資料である。小林芳規博士の編纂になる角筆文献目録には、一五四五の番号が与えられて登録された資料[1]で、本文には、附刻の訓点が存し、朱点、墨点の加点と、角筆点の加点が存する。訓点記入の前後関係は、角筆点の凹みに、墨筆の墨液が染み込んだと認められる部分の存することから、角筆点の加点の後、墨点が加点された事が知られる。

本資料には、墨書の識語が存する。表紙に「沙門盛淳」と存し、表紙見返には「詮曰／准后宮院家／詮量院僧正」（天地逆）、共紙原表紙には「沙門盛淳」「天保十四辛／寅二月日／石川山／清盛求之」「教光」「教道与授之」、裏表紙には朱書「愛染寺」の書入が存している。この内、盛淳は、野沢血脈集において、

○第三十八。雅厳　永禄七（一五六四）甲子六月十六日深応法印被授許可。時年十九。同八年伝法授与已号後正覚院僧正。深応付法。飛鳥井一品雅綱卿息。百六代後奈良院天文十七年（一五四八）誕生也。文禄四年（一五九五）乙未三月二十日入滅。年四十八　付法二十人」

義演 醍醐三宝院 准三后
　深有 同行樹院
（中略）
　快盛 玄俊房
　盛淳 超音房
　玉勝 醍醐良蔵坊
（以下略）

と見える僧と考えられるとすると、盛淳は、安土桃山時代から江戸時代初期の真言宗僧であって、訓点の書入時期も安土桃山時代から江戸時代初期である可能性が大きい。

本資料の上欄外には、朱書によって「二日」「三日」等の書入が存し、十巻章の伝授の場と関わった資料であろうと推定される。

一、即身成仏義における角筆点の表記法

広島大学角筆資料研究室蔵即身成仏義に書き入れられた角筆点の記入は、附刻訓点を考慮に入れた加点がなされている。例えば、

○説〈トキ〉玉フ　彼〈カ〉《カ》ノ　経「去」「—」説「入」「云」何〈イカン〉《イカ》ン

（一オ4・用例中の《　》は角筆点、〈　〉は墨点、「　」は朱点、括弧に包まないものは、附刻訓点を示す。以下同じ。）

○都〈スベテ〉《スヘ》テ　絶〈ゼツ〉《ゼツ》セリ「入濁」二　能〈ノ王〉「去」｜所ヲ「平」一（九ウ1）

の如き例が存している。初掲例の「云何」には、「ン」の附刻訓点が存するが、これに対し角筆点は「イカ」の二文字を加点し、附刻訓点と併せて「イカン」の表示をする。後掲例では、「都」字に「テ」の附刻訓点が存して、角筆点は「スヘ」二字を加点して「スベテ」訓を表示している。これらの例から、角筆点の加点は、先行する附刻訓点を考慮して、附刻訓点と相補う形で加点されたものであると知られるが、以下の如き例外も存している。

○速〈スミヤカニ〉《スミ□カニ》ニ　証「平」「スト」ス　大「平濁」　覚ノ「入」　位〈クライヲ〉ヲ「訓」（三オ2）

○自「平濁」｜性「平」　離〈ハナレ〉《ハナ》〈正ヲズ〉タリ二　言〈ゴン〉「去濁」　説〈ゼト〉《セ》ヲ「入新濁」一（五オ4）

前掲例は、「速」字の訓の最終音節が重複した例であり、後掲例は、「離」字の角筆点に「レ」の不足のある例である。かかる例外が存するものの、概ね角筆点の加点は、附刻訓点に対して補う形で加点されたものであると判断される。

かかる角筆の訓点は、仮名と漢字（類音字）による加点が存する。漢字による訓点は、

○後ノ十「不入声濁」｜六「入」生（上濁）「上濁」成〈上〉《上》ス「スト」二（上濁）「上濁」正「平」覚「入新濁」一（一ウ1）

○逮《大》「平」二｜得シ「入」神（去濁）「去濁」｜境〈キヨ〉「平」｜通ヲ「上」一（二オ3）

○此ノ　経ノ「去」偈〈下〉《下》ハ〈ヤクシ〉シテ「平濁」約二　五「平濁」　仏〈ブツ〉ノ「入濁」　三〈サン〉（平軽）「平軽」　摩〈マ〉「上」　地〈チ〉ニ「上」一（五オ3）

の如く、初掲例の「成」字に「上」の加点が存し、第二例では、「逮」字に「大」の加点が、第三例目では、「偈」字に「下」の加点が存して、漢字類音字の加点が存している。また、仮名としては、

○明《アカ》ス二　法「不入声」　然「去」　具《ぐ》「平濁」　足「入」　之　義ヲ「平濁」一（一七ウ5）

などの例において平仮名字体が現れ、本資料の角筆点の訓点としては、片仮名・平仮名と漢字（類音字）が使用されている。

角筆点の表記には、以下の如きものが存する。

○有《ル》二何《〈ナ〉ノ》(訓)憑《〈ヒヨ〉《ヒヨ》》(平軽)「平」拠《〈コ〉《コ》カ》(上)「上」一（一オ3）

○昼「平」夜「平」四「平」時《〈シ〉ニ》「上濁」精《〈正〉《ショ》〈ジシ〉《シ》シテ》《正》「去」進「平濁」（一オ6）

○次《ニハ》　表《〈ヒヨ〉《ヒヨ》シ》(上)「上」無「上」数《〈シュ〉《シ》ヲ》「平」（四オ2）

初掲例の「憑」字に対する角筆点「ヒヨ」、第二例の「精」に対する「ショ」、第三例の「表」に対する「ヒヨ」の加点例で、オ段拗長音の表記例である。かかる表記については、オ段拗長音の長音部の無表記であるのか、オ段拗長音の短呼事象であるのかが問題となるところであるが、同資料内には、次の如き表記例が認められる。

○漸《〈ゼン〉《ゼン》》(平濁)「平濁」次《〈シ〉《シ》》(平)「平」昇《〈ジョウ〉《ショー》》(平濁)「平」進《〈シン〉ス》(平濁)「平新濁」（一四ウ4）

右の例は、オ段拗長音の長音部に「ー」の表記された例で、この例から、オ段拗長音の先の例は、オ段拗長音の長音部無表記の例と判ぜられる。右の「ー」符号は、本資料角筆点において、オ段長音の長音符号として用いられている。本資料のオ段長音の表記は、

○般「去」若「平」経「上」及瓔《ヒ〈ヨ〉《ヨ》》「去」珞《〈ラ〉《ラ》》「入」経《〈キヨ〉》「上」等《ニ》「平」（六オ2）

○三「去」密「入」相(去)「去」応《《オ》スルカ》(上)「上」故《ニ》（一五ウ3）

○重「去濁」重「上濁」帝「平」網「去」名《《モ》》(去)「去」即「入」身《ト》(上)「上」「去」者（一五ウ4）

の様に、第一例目の「瓔」字の「ヨ」表記、第二例目の「応」字の「オ」表記、第三例目の「網」字の「モ」表記などとして現れた例がある。これらの表記は、以下の表記との比較によって、オ段長音の長音部の無表記であると認められる表記法であって、短呼例ではないと認められる。この他に、オ段長音の表記には、以下のものが存する。

○故《〈ガユエニ〉ニ》　此《〈コ〉ノ》　経《〈キヨ〉ニ》「去」号《〈コヲシ〉《コヲシ》シテ》(去)「去」　識《〈シキ〉ヲ》一（五オ2）

○有《〈ア〉〈ラ〉ン》二　何《〈ナン〉ノ〈ナンノ〉》　造《〈ソ〉《ソヲ》〈ソ〉》「去濁」作《〈サ〉《サ》カ〈サク〉》「平」一（九ウ2）

○刀《〈トヲ〉《トヲ》》(去)「去」「・」剣《〈ケン〉》(上)「上」（一〇ウ4）

右の第一例目の「号」字の「コヲ」表記、第二例目の「造」字の「ソヲ」表記、第三例目の「刀」字の「トヲ」表記であって、これらの例においては、オ段長音の長音表記に「ヲ」を与えたものである。また、

○不(上)「上」倒《〈トウ〉《トウ》》(平)「平」不(上)「上」「ー」謬《〈ミョ〉ナリ》(上)「上」（一九オ4）

の例があって、「倒」字に「トウ」の表記が認められ、「ウ」を表記した例が存している。

オ段長音の長音表記に、長音符号「ー」を用いた例は以下の如きものが存する。

○含二《「ソテ」シテ》(去濁)「去濁」衆《〈シュ〉》(上)「上」象一《〈ソ〉ヲ》(平濁)「平濁」而常《〈ジョー〉》「去濁」恒《〈ゴー〉《ゴー》ナリ》「上濁」（二ウ2）

○縦《《ジュー》》(去濁)「去濁」「ー」横《《ヲー》》(平)「平」重「去濁」重《ニシテ》「上濁」（一六オ3）

○如二鏡《シ》(平)「平」中《ノ》(上)「上」影《〈ヨヲ〉《ヨヲ》》「平」像《ト》「平濁」灯《〈トヲ〉《トヲ》》(去)「去」光《〈コー〉《コー》ノ》(上)「上」渉「平」「ー」入一《トノ》「不入声」（一六オ4）

右の第一例目の「恒」字の「ゴー」表記、第二例目の「横」字の「ヲー」表記、第三例目の「光」字の「コー」表記例の如きものであって、長音符号として「ー」を用いたものである。

以上の如く、本資料のオ段長音の表記は、無表記、「ヲ」表記、「ウ」表記、長音符号「ー」の四種の表記が認められるものであって、オ段拗長音の表記にもちいられた「ー」符号は、長音符号であると帰納されるとともに、長音が表記されない例も短呼の例ではなく、無表記の例と判断される。

本資料の角筆点には、撥音韻尾字の加点に、次の如き例が存する。

○現《〈ゲ〉《ゲ》》「平濁」世《ニ》「平濁」証二《〈正〉《正》》「平」得《シ〈トクシ〉》(入濁)「入新濁」歓「去」喜「平新濁」地一《ヲ》「平濁」（一オ6）

○以歓二《テ〈タン〉《タ》ス》(去)「去」即「入」身「去」成「上濁」仏《ノ》「入濁」四「平」字一《ヲ》「平濁」（三ウ3）

○含二《〈ガン〉《カ》セリ》「去濁」無「平」辺《ノ》「平」義一《ヲ》「平濁」（三ウ4）

右の如き例で、第一例目の「現」字に対する角筆点「ゲ」、第二例目の「歎」字に対する角筆点「タ」、第三例目の

「含」字に対する角筆点「カ」の例で、いずれも撥音韻尾に対する仮名が付されていない。このような表記例に対して、本資料中には、以下の如き例が存する。

○此(平)「平」「ー」三《サン》(去)「去」ー味「平」ト者（一オ5）

○出二「入」ー過〈クワ〉シ「平」語〈ゴ〉《ゴ》「平濁」言〈ごん〉《ゴン》ノ「去濁」道一ヲ「平濁」（四オ4）

○生下ス「去」（中略）勤〈ゴン〉《ゴン》(平濁)「平軽」勇「ユ」〈入〉ノ(上)「上」菩「上濁」薩「入」衆上トヲ「上」（六オ6）

右の撥音韻尾字の角筆点加点例で、第一例目の「三」に対する「サン」、第二例目の「言」に対する「ゴン」、第三例目の「勤」に対する「ゴン」の表記例には、撥音韻尾に対して「ン」の表記が存している。

本資料の角筆点における撥音韻尾は、以上の如く、無表記とされる場合と韻尾を「ン」で表記する場合の存したことが理解される。

本資料の角筆点における入声字の表記には、以下の如きものが認められる。

○受二〈ウ〉《ウ》ケ明(上)「上」法一ヲ「不入声」観〈くハン〉(去)「去」察〈サッシ〉《サ》シ「入新濁」（二オ5）

○於二〈ヲイテ〉諸「上」教〈丘ヨ〉ノ「平」中闕一ニ〈ケッシテ〉《ケシ》シテ「入」而不レ〈セ〉ス〈濁〉「ト」書一〈シヨ〉セ（二ウ5）

○三「去」密〈見ツ〉「入」加「上」持「上」速〈ソク〉「入」疾〈シ〉《シ》「入」顕〈ケン〉ト「平」者（一一ウ3）

右の例は、t入声字の韻尾の無表記例で、第一例目の「察」字の角筆点「サ」、第二例目の「闕」字の「ケ」、第三例目の「疾」字の「シ」の表記例が認められる。角筆点には、これら無表記の例と共に、

○都〈スベテ〉《スヘ》テ絶二〈ゼツ〉《ゼツ》セリ「入濁」能〈ノ王〉「去」ー所一ヲ「平」（九ウ1）

○決《ケツ》「入」断《タン》(去)簡《ン》(去)「去」択《ジャク》「ノ」(入濁)「入新濁」義ナリ「平濁」（一八オ5）

の例が認められる。第一例目の「絶」字の「ゼッ」、第二例目の「決」字の「ケツ」の如くの「ツ」表記例が存する。

本資料における角筆点のt入声字の韻尾の表記には、「ツ」表記と無表記の二種が認められる。

二、即身成仏義における墨点の表記法

広島大学角筆資料研究室蔵即身成仏義には、右の角筆点の他に、墨筆による訓点が記入されている。以下には、墨点の訓点について、表記法を検討する。墨点は、片仮名の訓点の他、次の如くの例において平仮名体の加点が存する。

○思《〈シ〉》コ念《〈ねん〉セヨ》《ヘシ》(平)「平」之ニ（二オ4）

○明《〈アカ〉ス》ニ持(上濁)「上濁」レ明(上)「上」悉《〈シチ〉》(入)「入」レ地《〈ジ〉》「平濁」及《〈ヲヨビ〉》法《〈ホ〉》「不入声」仏《〈ふつ〉》「入濁」悉「入」レ地《ヲ》一「平濁」（二オ6）

○他《〈タ〉》「上」受《〈□□〉》「平濁」用《〈よう〉》「平」身《〈ノ〉》(上濁)「上新濁」所説《〈ノ〉》「入」顕「平」教《ナリ》「平新濁」（三オ1）

第一例目の「念」の「ねん」、第二例目の「仏」の「ふつ」、第三例目の「用」の「よう」の如き例であって、仮名点の加点に、墨点において、平仮名の字体が認められる。

墨点の訓点には、漢字の使用が認められ、

○如《〈シ〉「シ」》ニ地「平濁」位「平」品《〈本〉ニ》「平」説《〈ト〉〈ト〉クカ》一（一ウ5）

○此偈《ノ〈下〉ハ》「平濁」顕《〈ケン〉》「平」現《〈元〉スル》「平濁」何義《ノヲカ》「平濁」（六ウ3）

○諸「上」仏「入」声《〈正〉》〈正〉(去)「去」聞《ノ》〈モ〉(上)「上」縁(上)「上」覚(入濁)「入濁」（六ウ6）

の如く、第一例目の「品」字の「本」、第二例目の「現」字の「元」、第三例目の「声」字の「正」などの漢字類音字の書入が存する。この他、墨点には、以下の如き例が存する。

○一「入」レ切《ノ》「平」仏《「ケ」「ヒ」》及一「入」レ切「平」衆「上」生「上新濁」器《〈木〉》(平)「平」レ界「平」等《ノ》「平」四「平」レ種「平」法「入」レ身「去」三「去」レ種「平新濁」世ニ「平」レ間「去」（六オ3）

○三(去)「去」密「入」《〈タ〉ハ》甚「平濁」深「去濁」微「上」《〈見〉〔ミ〕〈左イ〉〔サイ〕ニシテ》細「平」　（一一ウ4）

初掲例の「器」に対する「木」、二例目に掲げた「微細」に対する「見左イ」の如く、万葉仮名による書入が存する。この万葉仮名の書入は、角筆点には認められないものであって、本資料においては墨点特有のものである。

墨点のオ段拗長音の表記には、次の如きものが認められる。

○説《〈ト〉ク》三(去)《〈サ〉》劫(入濁)「不入声濁」《〈五〉》成(上濁)「上濁」《〈シヨ〉》仏「入濁」《〈フツ〉ト》　（一オ2）

○逮二「平」《〔大〕》─得「入」《シ》神(去濁)「去濁」─境「平」《〈キヨ〉》─通「上」《ヲ》　（二オ3）

○法「入」─身「去」自「平」《〈ジ〉》─証「平」《〈シヨ〉ノ》三「平軽」摩「上」地「上濁」《ナリ》　（二ウ6）

第一例目の「成」字の「ショ」、第二例目の「境」字における「キヨ」、第三例目の「証」字における「ショ」の如き表記例で、長音部無表記の例が存して、一般的表記である。この他、墨点には、

○発「入」《〈ホツ〉》生「去」《〈ジ〉シテ》成レ「上濁」《〈上ヲ〉スル》印「平」《ヲ》　（一〇ウ6）

の例が存して、「成」字に「上ヲ」と表記され、長音の表記として「ヲ」字を与えた例が存する。オ段拗長音に関しては、角筆点の表記には認められない表記である。

角筆点には、オ段拗長音の長音の表記に、次にも掲げた如くの長音符号「ｌ」による表示が存したが、墨点にも存している。

○含二(去濁)「去濁」《「ンテ」シテ》衆(上)「上」《〈シユ〉》象一(平濁)「平濁」《〈ゾ〉ヲ》而常「去濁」《〈ジヨｌ〉》恒「上濁」《〈ゴｌ〉〔ゴｌ〕ナリ》　（二ウ2）

右の例の「常」字の加点例の如きであって、以上のいずれの表記法も、角筆点の表記法と同様である。

この他、角筆点には認められなかった以下の表記が認められる。

○無二《〈ナ〉シ》傾《〈キヤウ〉》─壊一《〈エ〉〔エ〕》　（二オ2）

○如レ《「ク」》是等《「ラ」ノ》教「平」《〈キヨウ〉》理「平」《〈リ〉》証「平」《〈シヨ〉》─文「去」《〈モン〉ニ》　（三オ4）

○漸《〈ゼン〉《ゼン》》(平濁)「平濁」次《〈シ〉《シ》》(平)「平」昇《〈ジョウ〉《ジョー》》(平濁)「平」進《〈シン〉ス》(平濁)「平新濁」（一四ウ4）

初掲例の「傾」字の「キヤウ」、二例目の「教」字に対する「キョウ」、第三例目の「昇」に対する墨点「ジョウ」の例が存して、オ段拗長音に「ウ」を用いて表記された例が認められる。

墨点におけるオ段長音の表記には、以下のものが認められる。

○法《〈ホ〉》「不入声」仏《〈ふつ〉》「入濁」悉「入」地《ヲ》「平濁」（二オ6）

○二《〈フタツ〉ニハ〈ソ〉》　相「平」三《ニハ》用「平」（四オ1）

○有二《〈ア〉(ラ)ン〈ナン〉ノ》　何《〈ナンノ〉〈ソ〉》造《〈ソ〉《ソヲ》》「去濁」作一《〈サ〉《サ》カ〈サク〉》「平」（九ウ2）

右の第一例における「法」字の墨点「ホ」、第二例目における「相」字の墨点「ソ」、第三例目の「造」字の墨点「ゾ」は、長音無表記の例である。次に掲げた例には、オ段長音の「ヲ」表記例が認められる。

○故号《ニ〈コヲス〉》レ(去)「去」位《〈ト〉》「平」（二ウ2）

○新「去」訳二《ニハ〈ヤク〉》「入」「ヤク」等《ス〈トヲ〉》「平」覚一《〈ガク〉ト》「入」（五オ1）

○我即レ同二《チ〈トヲ〉ナリ ス》(上濁)「上濁」心「去」位一《ニ》「平」（五ウ2）

第一例目の「号」字の「コヲ」、第二例目の「等」字の「トヲ」、第三例目の「同」字の「トヲ」の如きものである。

墨点のオ段長音の表記には、長音符号を用いた例もあって、

○真「去」言「上濁」法《〈ボー〉ノ》(入)「不入声濁」中《「ニノミ」》（二ウ4）

○如二鏡《シ》(平)「平」中《ノ》(上)「上」影《〈ヨヲ〉《ヨヲ》》「平」像《ト》「平濁」灯《〈トヲ〉《トヲ》》(去)「去」光《〈コー〉《コー》ノ》(上)「上」渉「平」「ー」入一《トノ》「不入声」（一六オ4）

先にも掲げた「恒《〈ゴー〉《ゴー》ナリ》「上濁」」（二ウ2）の例と共に、右の例が存する。初掲例の不入声「法」字の右傍墨点「ボー」、二例目の「光」字の墨点「コー」の例である。また、墨点には、オ段長音の「ウ」表記の例があって、次の如き例が存している。

○観《〈くハン〉》(去)「去」―察《〈サッシ〉《サ》シ〈ソウ〉》「入新濁」　相「去」―応《スレハ》「上」（二オ2）
○他《〈タ〉》「上」受《〈□〉》「平濁」用《〈ようノ〉》「平」身(上濁)「上新濁」所説《ノ》「入」顕「平」教《ナリ》「平新濁」（三オ1）
○重「去濁」重「上濁」帝《〈タイ〉》「平」網《〈ホウ〉如ナルヲ》「去」（三オ6）

右の第一例目の「相」字の墨点「ソウ」、第二例目の「用」字の墨点「よう」、第三例目の「網」字の墨点「ホウ」の如き例である。

墨点におけるオ段長音の表記は、無表記、「ヲ」表記、「ウ」表記、長音符号「ー」表記の四種であって、角筆点の表記法と同様である。

墨点における撥音韻尾字の表記には、次の如く「ン」表記のものがあって、本資料の墨点の一般的な表記法である。

○諸《〈ショ〉》(上)「上」「―」経《〈キョ〉》(上)「上」「―」論《〈ロン〉ノ》(平)「平」中《〈ナカ〉ニ》（一オ2）
○一「入」「―」字「平濁」頂《〈チョ〉》「平」輪《〈リン〉》「去」王《〈ノヲ〉ノ》「上」三(上)「上」摩「上」地《ナリ》(平濁)「上濁」（一オ5）
○如二地《シ》「平」位《〈イ〉》「平」品《〈ホン〉ノ》「平」中《〈な〉〈カ〉ノ》一（一ウ4）

第一例目の「論」字の「ロン」、第二例目の「輪」字の「リン」、第三例目の「品」字の「ホン」の如きものである。本資料中の墨点には、撥音韻尾字の撥音の無表記例が存している。角筆点にも存した表記法であるが、以下の如きものが存する。

○昼「平」―夜「平」四「平」―時《〈シ〉ニ》「上濁」精《〈正〉《ショ》〈ジン〉《シ》シテ》《正》「去」―進「平濁」　修《〈主スレハ〉レハ》「上」　現《〈ゲ〉《ゲ》》「平濁」―世《ニ》「平濁」（一オ6）
○含二《〈ガ〉シテ「ンテ」》(去濁)「去濁」　衆《〈シュ〉》(上)「上」象一《〈ソ〉ヲ》(平濁)「平濁」（二ウ1）
○清「去」「―」浄「去濁」無「上」垢「平」塵《〈シ〉ト》「去濁」者（四ウ2）

第一例目の「現」字の墨点「ゲ」の例は、角筆点の加点が存して、同様の表記法を採ったものであるが、第二例目の「含」字の墨点「ガ」や、第三例目の「塵」字の墨点「シ」には、角筆点が存していない。本資料の墨点の撥音韻尾字の表記には、以上の二種のものが存するが、いずれも角筆点の表記法に通ずるものである。

本資料における墨点のｔ入声字の字音の表記には、次の如きものが存する。

○為《〈ナリヌレハ〉スレハ》二　金「去」剛《ト》「上濁」一　堅《〈ケン〉》(去)「去」実《〈シツ〉ニシテ》「入濁」（二オ2）

○闕「入」《〈ナンヌレハ〉〈ケツシテ〉《ケシ》シテ》　而　不《〈セ〉ス〈濁〉「ト」》レ　書《〈シヨ〉セ》一（二ウ5）

○通(平)「去」二　達《〈ダッス〉レハ》「入新濁」菩「上濁」提「上濁」心《ニ》「上」一（三オ2）

右の第一例目の「実」字の墨点、第二例目の「闕」字の墨点「ケツ」、第三例目の「達」字の墨点の例の如く、ｔ入声の韻尾に対応して「ツ」表記をしたものが存する。韻尾の表記に関しては、次に掲げた「説」字、「刹」字の如く、韻尾だけの表記も認められる。

○是(平濁)「平濁」説《〈ツ〉》(入)「入」三(平軽)「平軽」摩(上)「上」地《ト》(平濁)「上濁」者（二ウ6）

○過《タリ》二刹《〈ツ〉》「入」塵《〈ジン〉ニ》「去濁」一（一八ウ3）

ｔ入声韻尾の表記には、「チ」表記のものも認められ、

○持(上濁)「上濁」明(上)「上」悉《〈シチ〉》(入)「入」地《〈ジ〉》「平濁」及《〈オヨビ〉ヒ》　法《〈ホ〉》「不入声」仏《〈ふつ〉》「入濁」悉「入」地《ヲ》「平濁」（二オ6）

の如く「悉地」に対する墨点の表記に現れている。韻尾の無表記例も存して、次の如くである。

○求《〈モトメ〉テ》二　仏《〈ブ〉》「入濁」慧《〈テ〉ヲ》「平」一（三オ1）

○自「平濁」性「平」離《〈ハナレ〉《ハナ》タリ》二　言《〈ゴン〉》「去濁」説《〈ゼト〉《セ》ヲ》「入新濁」一（五オ4）

○出《〈シュ〉《ツ》〈正〉スト》「入」二生「去」一「入」切《ノ》「平」声「去」聞「上」辟《〈ヒヤク〉《ヒ□ク》〈シ〉《シ》》「入濁」支「上」仏「入濁」諸《ノ》菩「上濁」薩《ノ》「入」位《《ヒ》「ヒ」ヲ》一（八ウ1）

○観《〈クハン〉》(去)「去」二察《〈サ〉シ》(入新濁)「入新濁」此《〈コ〉ノ》〈|〉義《〈ギ〉ヲ》「平濁」一（一二オ1）

第一例目の「仏」字に対する墨点「ブ」、第二例目の「説」字に対する墨点「ゼ」の如く、入声韻尾の無表記例が認

められるが、この二例は、連声と関係する例である。第三例目の「出」字の墨点は、「シュ」の如く韻尾無表記の例であって、角筆点の「ツ」が添えられた例である。第四例目の「察」字の墨点は、「サ」とあって、韻尾の無表記例であると認められる。

本資料の墨点におけるt入声字の字音は、右の如く「ツ」表記、「チ」表記、無表記が認められるが、角筆点においては、この内、「チ」表記の例が認められない。

三、おわりに

以上、広島大学角筆資料研究室蔵即身成仏義における角筆点と墨点について、オ段拗長音、オ段長音、撥音韻尾字、t入声字の表記法を検討してきたが、角筆点の表記法は、オ段拗長音の長音表記に無表記、長音符号の二種、オ段長音の長音表記には、無表記、「ヲ」表記、「ウ」表記、長音符号の四種が認められた。撥音韻尾の表記には、無表記と「ン」表記が認められ、t入声字の韻尾の表記には、無表記と「ツ」表記が認められた。これに対して墨点では、オ段拗長音の長音表記に、無表記、「ヲ」表記、長音符号、「ウ」表記が認められて、角筆点の表記法を含んで、多彩な表記法が展開されていた。オ段長音の表記には、無表記、「ヲ」表記、長音符号、「ウ」表記の例が存して、角筆点と同様の表記法が認められた。墨点における撥音韻尾の表記では、「ン」表記と無表記が存して、角筆点の表記法に通ずるものであった。墨点のt入声韻尾の表記においては、「ツ」表記、「チ」表記、無表記の例が認められ、角筆点の表記法を含んで、より多様な表記法を採っていることが判明した。

本資料における角筆の表記法は、当時の一般的な規範的表記法とは異なるものであることが認められ、このことは従来から説かれてきたことと一致しているが、角筆点の表記法に限らず、本資料に加点された墨点の表記法も、角筆点の表記法を含み込んだ形で展開されているものであって、当時の表記の内に、墨点における表記についても、所謂規範的な表記法とは異なる、角筆的表記法をとる場合のあったことが注目される所である。

注

（1）小林芳規篇「角筆文献目録（一九九五年版）」（平成八年五月）

平安時代和文文学作品における「名詞＋ら」について

原　卓志

はじめに

複数をあらわすといわれる接尾辞「たち」「ども」「ら」の機能については、古典語・現代語の各分野において先学の研究成果が数多く公にされている。特に古典語における「ら」に関して、小松登美氏は、平安時代和文文学作品（以下「平安時代和文」と略称する）における「たち」「ども」「ら」「ばら」の上接語を分析し、接尾辞「ら」が、「たち」「ども」「ばら」とは接続領域を異にしており、それは、「ら」の有する独自の意義領域に要因があるとされた。(1) 阪倉篤義氏は、上代における「ら」が、情態を形容的に表現する体言を構成する接尾辞である（たとえば「つぶら」「うまら」「あから」など）ことを説かれ、これと同様に、名詞に接続する「ら」も、「その名詞によって代表される一つの情態を総体的にあらはし、さらにはまた、その名詞の属性を抽象していふといふ機能をはたすものであつた」と論じられた。そして、名詞に接続する「ら」を「一つのものを代表的に呈示しながら、その背後や周辺に、これにまつはつて存在し、これによって代表されるやうな事態を暗示的に表現しようとする、一種の朧化法的表現である」とされた。(2) この説を承けて、築島裕氏は、「この「ら」の本質は、平安時代に下っても、依然として同様に認められる」とし、平安時代和文の「ら」の例が、男性の語などに比較的多いこと、比較的早い時期の和文に見られることを指摘された。[3] 毛利正守氏は、朧化法的表現の「ら」が早く複数をも含むようになったこと、また、平安中期頃に漢文訓読の場において例示の「ら」が生まれたことを、上代日本の漢字文献における「等」字の用法と、中国漢文における「等」字の用法とを比較しつつ、漢文訓読における「等」字の訓法とを関わらせて論じられた。そして、平安中期の和文的な文章では、「朧化法的表現の「ら」は「のら・さけら・ざふじら・おもとびとら」など和文にわづかに残る。「ら」は漢籍の「等」又複数の「ら」・例示の「ら」と影響し合ひ、特に「代名詞＋ら」の形が後世につづく」とされた。[4] 近年、上野智子氏は、高知県方言で盛んな「ら（ー）」を取り上げて分析し、「ら」の通時的な検討を行った上で、「接尾辞から次第に副助詞的機能を拡大しながらも、副助詞に移行したのではなく、接尾辞のまま機能を細分化することによって、接尾辞機能と副助詞機能とを併せ持つようになった」とされ、接尾辞機能である「暗示性」と副助詞的機能である「明示性」との相互関係を提示された。[5]

接尾辞「ら」の機能については、以上のような研究によって、ほぼ明らかになってきたが、古典文学作品の解釈においては、「ら」が複数をあらわす接尾辞「たち」や「ども」に置き換えられて現代語訳されたり、人をあらわす名詞に付いて、謙遜や親しみ、あるいは、さげすみの意を添えると説明されるだけのことが多いように思われる。はたして、平安時代和文に見られる「名詞＋ら」を「たち」「ども」に置き換え可能な表現として、謙遜・親しみ・さげすみの意を添えるだけの表現として解釈して良いのであろうか。これまでの研究成果を踏まえるならば、これらはどのように解釈されるのであろうか。本稿では、複数をあらわす接尾辞「たち」「ども」との関係をも含めた接尾辞「ら」の通時的研究への取り掛かりとして、平安時代和文に用いられた「名詞＋ら」について、先学の研究成果に導かれつつ、個々の用例に解釈を施し、その解釈を通して、あらためて接尾辞「ら」の機能について検証してみたい。

一、平安時代和文文学作品における「名詞＋ら」の使用状況

接尾辞「ら」の上接名詞については、すでに小松登美氏をはじめ、多くの報告があるが、もう一度概観しておきたい。次に掲げる表は、上接名詞を「人間をあらわす名詞」と「人間以外の事物をあらわす名詞」に二分し、さらにその内部を、人称代名詞、指示代名詞、固有名詞、普通名詞に分け、平安時代の和文文学作品ごとにその用例数をまとめたものである。[6] なお、「これら」「それら」「かれら」は指示代名詞として扱い、「人称代名詞」として扱ったのは「われら」「まろら」「おのら」「おのれら」「なにがしら」「なむぢら」「きむぢら」である。

〔表〕上接名詞の種類からみた接尾辞「ら」の用例数

作品	人間をあらわす名詞									人間以外の事物をあらわす名詞		備考
	自称				対称		その他					
	人称	指示	固有	普通	人称	指示	普通	固有	指示	普通	指示	
竹取物語	2				3		4					
古今和歌集			1					1		3	2	
伊勢物語												
土佐日記							2	1		1	1	
後撰和歌集							1			3		
大和物語										1	1	
平中物語	1									1		
蜻蛉日記							1		5	*2	2	*歌、掛詞「ふたら」

宇津保物語	37	1	＊29		3		26	7	22	3	16	＊内3例は本文に問題有り。
落窪物語	13		3						2		1	
枕草子（能因本）											2	
拾遺和歌集	1							1		＊1		＊「のら」の例。
和泉式部日記												
源氏物語	15		＊1		1	1				△2	2	＊「三条ら」、△1例は「まかはら」
紫式部日記	1								1		3	
栄花物語	9								3		1	
浜松中納言物語	1											
更級日記									1			
夜の寝覚	1								1			
堤中納言物語											6	
狭衣物語	4											
讃岐典侍日記	1								1			
大鏡	1		1	13							2	

人間をあらわす名詞においては、人称代名詞、指示代名詞に「ら」が下接する例が平安時代を通して見られるが、固有名詞、普通名詞に下接する例は、『大鏡』を例外とすれば、『源氏物語』までは見られるが、それ以降の作品には見られなくなる。人間以外をあらわす名詞においては、指示代名詞に下接する例が平安時代を通して見られるのに対して、普通名詞に下接する例は、『源氏物語』までの作品に見られ、それ以降は見られなくなる。すなわち、「人称・指示代名詞＋ら」が平安時代を通して見られるのに対して、「固有名詞＋ら」「普通名詞＋ら」は、比較的早い時期に成立した作品に見られるが、『源氏物語』以降には見られなくなる[7]といえそうである。

また、「固有名詞＋ら」「普通名詞＋ら」の用いられる作品は男性作者と考えられる作品に多く、男性の会話文に多くの例を見る。[8] 数少ない女性の会話文では、次に引用するように、自称として用いた「固有名詞（この場合は固有名詞に準ずると考えられる女房名）＋ら」の例は、思わず姿勢を正すような、あらたまった口調の中で用いられたと考えられ、「普通名詞＋ら」の例は、女性が使うことばとしては、かなり堅苦しいことばとして受け止められる。

(1)殿守、「げにさなむものしたまふ。何かは許し聞こえたまはざらむ。そがうちにも、殿守ら侍れば、御願ひも必ず叶へたてまつりはべらむ」と、〔あて宮付きの女房殿守→滋野真菅〕（宇津保物語、祭の使・①四八四）

(2)この三条が言ふやう、「大悲者には、他事も申さじ。あが姫君、大弐の北の方ならずは、当国の受領の北の方になしたてまつらむ。三条らも、随分にさかえて返申は仕うまつらむ」と、額に手を当てて念じ入りてをり。〔玉鬘の付きの下女三条のことば〕（源氏物語、玉鬘・③一〇五）

(3)「……声もはやりかにて言ふやう、『月ごろ風病重きにたへかねて、極熱の草薬を服して、いと臭きによりなん、え対面賜はらぬ。目のあたりならずとも、さるべからん雑事らはうけたまはらむ』と、いとあはれに、むべむべしく言ひはべり。……」〔博士の娘のことば〕（源氏物語、帚木・①一六二）

例(1)は、あて宮に仕える古女房の殿守のことばである。あて宮との結婚の日を勝手に決めたという強引な真菅に対して、殿守は、あまり急なことをせず、相手方の了解を取るべきであると諭す。しかし、真菅は語気荒く「その必要はない」と突っぱねる。そのことばを受けた殿守のことばである。険悪になったその場の雰囲気に、思わず姿勢を正し、あらたまった口調になった殿守である。例(2)は、玉鬘の付きの下女三条が仏に祈る場面であり、自ずとあらたまった口調になってしまったのであろう。例(3)は、「風病」「極熱」「草薬」などの漢語を交えるなど、博士の娘の異様なことばづかいの中に用いられている。普通の女性なら使わないような、極めて堅苦しいことばとして捉えられる。

この他、次のように、夫の悪口をたしなめるような場面（例(4)）や、夫に自らの願いを伝えるような場面（例(5)）などで用いられており、いずれも、あらたまった場面で用いられた例であると解釈できる。

(4)北の方、「などか、ものものたまはで、荒々しう、かく悪毒は吐きたまふ。むかし思ひ出でて、心地のむつかしきか。あしこを子にて持たまへるは、などかはある。まだ腰かがまりたまはざめれば、人と等しくなりたまふ世もありなむ。女子らし外したまふとも、男子の筋にも入るやうもありなむは。……」（俊蔭娘→夫兼雅）

（宇津保物語、蔵開中・②五一五）

(5)「舞には親王たちの御子ども、左大弁、兵衛督、中将などの御子ども出ださるなりや。宮あこ、家あこなどをば、例の人にはあらで、仲頼、行政らしていかで習はせむとなむ思ふ」（大宮→夫正頼）

（宇津保物語、菊の宴・②三五）

これに対して、「人称・指示代名詞＋ら」は、男性の会話文に多く見られるものの、女性の会話文や、女性の作品にも少なからずその使用例が認められることから、男女の区別無く使用されていたことが理解される。

二、「固有名詞＋ら」について

固有名詞が自称として用いられる場合に、同じ聞き手に対して「ら」を付けたり、付けなかったりする例が見られる。このような場合、固有名詞単独の自称と、「固有名詞＋ら」の自称とでは、どのような違いが見られるのであろうか。その違いに、平安時代の和文に用いられた「ら」の機能を見出すことができると思われる。

(6)かかるほどに、右近将監清原松方、琴の師、つかさの少将仲頼に、陣にていふほどに、「①松方は、いと興ある人に見たまへつきて、露塵も参りはべらざりつる」（中略）「……わいて一日も下りたまひなば、とみにやえ帰りたまはざらむ。かしこ見たまふるには、つたなき松方ら②だに、都のこと思ひ出でられずなむ侍る。まして、君だちのものの音かき合はせつつおはしまさむは、故郷は思ほしかけてむや。あやしく、見たまふるにかひある君になむものしたまふ」〔右近将監清原松方→右近少将源仲頼〕

（宇津保物語、吹上上・①三八一〜三八二）

この例は、右近将監清原松方が、長く右近の司に参上しなかった理由として、自分が興味深い人に魅せられてしまったこと、そして、その人とともに行った吹上の素晴らしかったことを、上司である右近少将源仲頼に語る場面である。そもそも、自称に実名を用いることこそが謙遜の意をあらわすとされることからすれば、右の①②は両者とも謙遜の意をあらわすことになる。②の「松方ら」は、「ら」を付けることによって謙遜の意を強めているのであろうか。ここで注意したいのは、②「松方ら」が、松方と仲頼をはじめとする君達を対比しつつ、吹上の素晴らしさを強調するところに用いられていることである。その対比は、「風流を解さない（つたなき）松方」と「風流を解する君達」の対比であって、「松方」という個人というよりも、「松方」という個人の有する性質の方に注目している。これに対して、①「松方」は、単に「松方」という個人を指し示すのであって、その性質を問題としているのではない。

このように、「ら」は上接名詞の有する性質に注目し、その性質を問題として取り上げようとする場面で用いられていると考えられる。しかし、単に上接名詞「松方」の有する性質を言うのであれば「つたなき松方」と表現すればいいのであって、殊更に「ら」を付ける必要はない。ここで想起されるのが、阪倉氏によって明らかにされた、上代の朧化法的表現としての「ら」の機能である。「松方」の有する性質とは、阪倉氏の説かれる「名詞によって代表される一つの情態」であり「その背後や周辺に、これにまつはつて存在」するものであると考えられる。上代の「ら」は、そのような情態を「総体的にあらはし」「抽象していふ」働きがあるとされるのである。これを「つたなき松方ら」に当てはめて言い換えるとすれば、「ら」は、「松方」の有する性質「風流を理解しない者」に注目し、そのような性質を持つものを総体的に（抽象して）表現する働きを持っており、「松方のような、風流を理解しない（つたなき）者」のごとくに解釈されるのである。

(7)しばし思ほしためらひて、「①忠雅らは、ともかくもいかでか。臣下といふものは、君の若くおはします、御心の疎かにおはします時こそ侍れ、かく明王のごとおはします世には、何ごとをかは定めまうす。ただ御子のよしみに、『かくなむと思す。いかが』と聞こえたまはむに、御心に定めさせたまひて、これをと思さば、何の疑ひか侍らむ」（中略）おとど、「②忠雅は承りはべりぬべし。公卿、大臣、定めまうしはべりなむ。近うは、娘のことなれど、ここにこそは。まづかかることは下よりなむ。いかなるべきことぞ、男ども」とのたまへば、〔太政大臣藤原忠雅→朱雀院中宮である后の宮〕（宇津保物語、国譲下・③二五三～二五四）

例(7)は、后の宮が長兄の太政大臣忠雅に、「次兄兼雅の娘である梨壺腹の皇子を東宮に立てたい」と意向を語ったのを受けたことばであり、后の宮に対して謙遜の意をあらわすために実名「忠雅」を自称として用いている。①「忠雅ら」は、后の宮と自分（忠雅）を対比させつつ、現東宮にとって后の宮は母親に当たるが、自分（忠雅）は臣下に過ぎないことを述べようとしていると解釈される。すなわち、「忠雅」という個人の有する「東宮に対しては臣下に過ぎない者」という性質に注目し、そのような性質を持つものを総体的に表現していると考えられ、「忠雅のような、臣下に過ぎない者」の意味に解釈される。一方、②「忠雅」は、后の宮の重ねての発言を承け、根負けしたように、個人的には了解したことを言うのである。この場合は、「忠雅」個人を指し示す表現であり、その性質を問題として取り上げるものではない。

(8)帯刀つくづくと聞きて、爪弾をはたはたとして、「なでふ、かかること申したまふ。君と申しながらも、恥かしげにおはすとは見たてまつらずや。ただ今の御仲は、人放ちげにもあらぬものを。かののたまひつるやうに、志たがはず、はなやかなる方にやりたてまつりて、『御徳見む』と思したるか。あな心憂。少しよろしき人の、さる心持たるやはある。なでふ御名だての落窪ぞ。老いひがみたまひにけり。これをかのあたりに聞きたまひて、いかが思すべき。今よりかかることのたまふな。君の思したることいと恥かしくいとほし。この御妻のいたはり、かうやいと得まほしくおはする。さらずとも、①惟成ら侍らば御身一つはつかうまつりてむものを。かやうの御心持たる人はいと罪深かなり。また聞えたまはば、『②惟成法師になりなむ』と、いといとほし」と言ふ。（中略）帯刀笑ひて、「よしよし。なほ『申しそのかさむ』と思しめしたり。ただ③惟成、法師になりはべりなむ。御罪いといとほし。親の御世をば、いかで知らざらむ」とて、剃刀脇にはさみて持たり。（帯刀こと惟成→母）（落窪物語・二四九〜二五一）

例(8)は、右大臣の娘と中将との縁談を強引に進めようとしている母親（中将の乳母）に息子の惟成（帯刀）が意見する場面である。自称に実名を用いることで、母親に対する謙遜の意をあらわしている。②③の「惟成」は、「私（惟成）はきっと法師になってしまう」と、母親が自分の意見を聞かない場合の処置を述べたものであり、惟成個人を指し示し、その性質を問題にしない。一方、①「惟成ら」は、「惟成」個人の有する「さほど裕福な身分ではないが、実子であるという立場から、母親の世話をしようと考えている者」という性質に注目し、そのような性質を持つものを総体的に表現していると解釈される。物語には、この後に「おとど、独り子なりければ」という記述があり、惟成が一人子であることがわかる。「惟成ら」を「惟成たち」のように解釈するのはあたらないであろう。

(9)越前守、「あはれの御心や。物思ひ知りたまはぬぞかし、徳は見ずと。御心にこそ『さしあたりて見ず』と思すらめ、大夫、左衛門佐になりたるは、誰がしたまふにか。①景純が、この殿の家司になりて加階せしは、誰がせしぞ。今にても見たまへ。また、男も人々しくならむことは、ただこの御徳。（中略）目の前なることどもを見れば、うれしくあはれにおぼえたまはずやある。②景純らも国を治めて、徳なきにしあらねど、妻をま

づ思ふとて、え奉らず。今にてもえ奉るまじきは、子は志の薄きぞかし。……」〈越前守景純→母北の方〉

〈落窪物語・三五〇〉

例(9)は、越前守景純が母北の方を諫めて言うことばである。①「景純」は、大将家の家司として仕えている個人としての自分（景純）を指し示すだけであるが、②「景純ら」は、落窪の君と対比される自分（景純）を述べている。継子として北の方にいじめ抜かれて、決して北の方に恩を返さなければならない立場にない落窪の君が、様々な力添えをしてくれることと対比して、「私（景純）のような、実子として当然母に恩を返さなくてはならない立場の者」という意味に解釈できよう。

このように解釈してみると、「ら」は、上接名詞の有する性質に注目し、そのような性質を持つものを総体的に表現しようとする働きがあると見られ、阪倉氏の明らかにされた上代の「ら」における朧化法的表現が生きていることが理解される。上接名詞の有する性質は、例(6)の「つたなき」のように、名詞を修飾する形容詞として直前に述べられることもあるが、例(7)以下のように、文脈や場面から導き出される場合もある。先に掲げた例(1)・(2)も同様に、「私（殿守）のような、あて宮付きの古女房であり、仲介者として頼りになる存在である者」（例(1)）、「私（三条）のような、姫（玉鬘）にお仕えしている身分の低い者」（例(2)）のように解釈できよう。

自称以外の他者をあらわす「固有名詞＋ら」の例は、次のように、いくつかの固有名詞が列挙され、最後に「ら」が付される形であらわれる。

(10)延喜五年四月十八日に、大内記紀友則、御書所預紀貫之、前甲斐少目官凡河内躬恒、右衛門府生壬生忠岑らに仰せられて、万葉集に入らぬ古き歌、自らのをも、奉らしめ給ひてなむ。〈古今和歌集・仮名序〉

(11)おとど、「誰々か、ものせられたりし」。仲頼、「仲忠、行政ら、近正、時蔭、村蔭、安則、定松、数成、左右の府の官人、物の節ども中にも、選びてなむまかり下りてはべりし」〈右近少将源仲頼→左大将源正頼〉

（宇津保物語、吹上上・①四三三〜四三四）

⑫成信、重家ら出家し侍ける頃、左大弁行成がもとに言ひ遣はしける　（拾遺和歌集、一三三五番詞書）

各例ともに、「A、B、C、〔D＋ら〕」ではなく、「〔A、B、C、D〕＋ら」と解釈されるであろう。例⑽の『古今和歌集』仮名序の例は、撰者である紀友則、紀貫之、凡河内躬恒、壬生忠岑の四人をひとまとまりのものとして捉え、それが有する「歌に志ある者」といった性質に注目し、そのような性質を持つものを総体的に表現したと解釈できる。例⑾は、仲頼が、吹上御殿に同行した人物を挙げることばである。物語の記述から「仲忠、行政」という二人が、吹上への主たる同行人であったことは明らかである。「仲忠、行政」をひとまとまりのものとして捉え、「仲忠、行政」の有する「当世きっての風流人」といった性質に注目し、そのような性質を持つものを総体的に表現したと考えられる。例⑿でも同様に、長保三年二月に出家した「成信、重家」をひとまとまりのものとして捉え、その「当代の貴公子として有名であり、将来を嘱望されていた(9)」といった性質に注目し、そのような性質を持つものを総体的に表現したものであると解釈される。

このように、平安時代の和文に見られる固有名詞に下接する「ら」は、上接の固有名詞の性質に注目し、そのような性質を有するものを総体的に表現する機能を果たしていると解釈され、いわゆる例示の機能を持った「ら」であると判断しなければならないような例は見られない(10)。

三、「普通名詞＋ら」について

「普通名詞＋ら」の例は、次に掲げるように複数をあらわしたと考えられるものが多い。

⒀かねて、事みな仰せたりければ、その時、一の宝なりける鍛冶工匠六人を召しとりて、たはやすく人寄り来

まじき家を作りて、竈を三重にしこめて、工匠らを入れたまひつつ、皇子も同じ所に籠りたまひて、領らせたまひたるかぎり十六所をかみに、蔵をあげて、玉の枝を作りたまふ。（竹取物語・六一）

⒁かくいふ間に、夜やうやく明けゆくに、楫取りら、「黒き雲にはかに出で来ぬ。風吹きぬべし。御船返してむ」といひて、船帰る。（土佐日記・四五）

⒂種松、「思ほゆる限りは仕うまつらせはべり。つたなき百姓らは、興ある筋をなむ思ひ寄らずはべらむ。……」など。〔種松→源涼〕（宇津保物語、吹上上・①四一二）

⒃かかるほどに、殿、左の馬寮の検校したまふ。「明日御つかさの手番なり。比べの官人ごとに賜ぶべき御馬の脚、調べ御覧ぜむ」とて、御馬十引かせて、馬頭、助、下部ら、左近中将、少将、物の節ら、引きて参りたり。（宇津保物語、祭の使・①四五一）

複数をあらわす接尾辞には「たち」「ども」がある。これらが、単なる複数をあらわすとすれば、なぜ「たち」「ども」を用いずに「ら」を用いたのであろうか。そこには、やはり「ら」でなくてはならない理由があったのではないかと考える。おそらく、先に考察したような、上接名詞の性質に注目し、そのような性質を有するものを総体的に表現するという「ら」の機能が働いているのであろう。

例⒀では、「工匠のような、当時天下第一の腕前を持っているとして皇子が招集した者」の意味に解釈される。例⒁は、「楫取りのような、天候の変化を読むことのできる者」の意味に解釈される。『土佐日記』には、「楫取りら」がもう一例見られるが、こちらも同様の性質に注目した表現である。一方、「楫取り」という表現は、一九例見られるが、いずれも船頭その人を指し示しており、「楫取り」の有する「天候の変化を読むことのできる者」などの性質を取り上げようとはしていない。例⒂は、直前の「つたなき」という性質に注目し、「百姓のような、風流を理解しない者」という意味に解釈できる。例⒃は、「馬頭、助、下部」「近中将、少将、物の節」をそれぞれひとまとまりとして捉えた「〔A、B、C〕＋ら」の形であると判断される。前者は「馬寮に所属している者」という性質、後者は「左近衛府に所属している者」という性質に注目し、そのような性質を有する者を総体的に表現したものであろう。

以上のような人間をあらわす普通名詞の他、人間以外の事物をあらわす普通名詞に「ら」が下接する場合も同様に解釈することができる。

(17)親の守りける人の女に、いと忍びに逢ひて、ものら言ひける間に、親の呼ぶと言ひければ、急ぎ帰るとて、裳をなむ脱ぎ置きて入りにける。その後、裳を返すとて、よめる　（古今和歌集、七四五番詞書）

(18)おなじ宮、おはしましける時、亭子院にすみたまひけり。この宮の御もとに兼盛まゐりけり。召しいでてものらのたまひなどしけり。うせたまひてのち、かの院を見るに、いとあはれなり。（大和物語第七二段・三一七）

例(17)・(18)の「もの」は「ことば」の意味である。それぞれ、その「もの（ことば）」の有する性質に注目していると考えられる。すなわち、例(17)は、恋人との「愛のことば」「末永くとの契りのことば」を意味し、例(18)は、故式部卿宮敦慶親王（宇多天皇の皇子）の平兼盛への「しみじみと趣深いことば」を意味すると解釈できる。

(19)家に、行平朝臣まうで来たりけるに、月のおもしろかりけるに、酒らなどたうべて、まかりたゝむとしけるほどに　（後撰和歌集、一〇八一番詞書）

(20)この男の友だちども集り来て、いひ慰めなどしければ、酒ら飲ませけるに、宵になりにければ、いささかけ近き遊びなどして、（平中物語・四六二）

酒は、風流をたしなむ人々が集まって月を愛でたり、心の通い合った同士が語り合うような場面では欠くことのできない飲み物であったのであろう。すなわち、例(19)・(20)の「酒ら」は、「酒のような、このような場には欠かせない、結構な飲み物」の意味に解釈できよう。なお、例(19)では「酒ら＋など」となっていて、例示の機能を有する副れる。

助詞「など」が「酒ら」に接続している。このことから、ここに用いられた「ら」には例示の機能がないと判断される。

㉑元日。……芋茎・荒布も、歯固めもなし。かうやうの物なき国なり。求めしもおかず。ただ押鮎の口をのみぞ吸ふ。この吸ふ人々の口を、押鮎もし思ふやうあらむや。「今日は都のみぞ思ひやらるる」「小家の門の注連縄の鯔の頭・柊らいかにぞ」とぞいひあへなる。（土佐日記・三四）

この例は、人間以外の事物をあらわす名詞に「ら」が下接した例として分類したが、擬人化された「押鮎」のことばである。正月の食品である「押鮎」が、同じ正月の注連飾りに付けられる「鯔の頭」や「柊」を恋人として思い出しているという趣向である。あるいは「鯔の頭」「柊」を固有名詞に準ずるものとして扱うこともできようが、いずれにしても、「鯔の頭や柊のような、都に残してきた恋人」という解釈ができる。

以上のように、平安時代の和文における、普通名詞に下接する「ら」も、単なる複数をあらわすというものではなく、上接名詞の有する性質に注目し、そのような性質を有するものを総体的に表現するという機能を果たしていたと考えられる。固有名詞の場合、「A＋ら」であれば単数になるが、「〔A、B、C〕＋ら」の形になると、「A、B、C」をひとまとまりのものとして捉えるが、現実には「A、B、C」の複数である。普通名詞の場合「一人の学生」「三人の学生」のように、基本的には単数にも複数にも用いられるがゆえに、上接の普通名詞がもともと複数であると解釈される場合には「A＋ら」も複数であると解釈されるのである。つまり、もともと「ら」には複数をあらわすという機能が備わっているわけではない(11)。普通名詞において、特に複数であることを明示しようとする場合には「たち」（人間をあらわす普通名詞で、敬意を表そうとする場合）や「ども」を用いるのが一般的であったと考えられる。

四、「代名詞＋ら」について

まず、「人称代名詞＋ら」について見ると、「我々」「お前たち」のような意味で、複数をあらわしていると解釈できそうな例が多く見出される。たしかに、複数をあらわす接尾辞である「たち」「ども」は原則として代名詞に下接しないのであるから[12]、「ら」が、代名詞に下接する場合には、複数をあらわすという機能を持つようになったと考えることもできる。しかし、「代名詞＋ら」の総ての例が複数をあらわしていると解釈することもできず、また、時代が降るほどに複数の例が多くなるというわけでもない。やはり、「ら」が用いられる以上、これまでに考察してきたような「ら」の機能が何らかの形で生きているのではないかと思われる。

(22)大将、「子ばかり愛しきものやはありける。君は思ひたまふや」。「いさ、いまだ汚ければ見ず」。大将、「いふかひなきことする君かな。①まろらが子は、すなはちより、懐にこそ入り居たれ」。中納言、「それ、女ならば。②われらが子は、親にまさるなし。男は③われに劣らむには、何にかはせむ。女ならば琴をも習はし、をかしきものをも取らせて、あやかなる交じらひもやすると思はめ。④まろがもとに、女の蔵こそ侍れ」。大将、「賜へ。それ用なかなり。⑤まろが子に取らせむ」。いらへ、「⑥まろが子の妻になしたまへ。さながら取らせむ」。（右大将藤原仲忠と中納言源涼との会話）（宇津保物語、蔵開下・②五二八〜五二九）

右大将藤原仲忠の自称①「まろら」と⑤「まろ」、中納言源涼の自称②「われら」と③「われ」、④⑥「まろ」を比べると、③〜⑥が自分個人を指し示した単数の表現であり、①が仲忠と女一宮夫婦、②が涼とさま宮夫婦をあらわす複数の表現であると解釈することもできよう。しかし、「ら」が上接名詞の有する性質に注目し、そのような性質を持つものを総体的に表現するという機能を果たしていると考えるならば、①「まろら」は、「自分の子どもほど可愛いものはないと思っている者」という性質に注目し、②「われら」は、「子どもなんか、汚くて見ようとも思わない者」という性質に注目していると見ることができる。

(23)后の宮、……太政大臣に聞こえさせたまふ。「……御国譲りのこと、この月になりぬるを、のたまふやうは、『同じ日、東宮も定めさせむ』となむあめる。それを、①おのらもあるに、一の上にては、そこにこそものしたまへ。また次々かくやうごとなくものしたまふを、かの筋は大臣のみこそは。……」（中略）中宮、「……かくさるべき人をおきてはいかでかと、②おのらもそこにも申さばこそは、さすがに道理失ひたまはず、賢しくおはする人なれば、心には飽かず悲しと思すとも、世を保たむと思ほす御心あらば、許したまふやうあらめ。③おのれ一人、かうなむ思ふとは申さじ」〔后の宮→長兄の太政大臣藤原忠雅〕

（宇津保物語、国譲下・③二五一～二五四）

例(23)は、源氏に対抗して、「藤原氏の血筋である次兄兼雅の娘である梨壺腹の皇子を東宮位に就けたい」という后の宮のことばである。①②の「おのら」は后の宮一人を指している単数の例である。この「おのら」は、「藤原の一族であるとともに、今上（朱雀）帝の中宮であり、現東宮の母親でもある者」という性質に注目したものであると解釈される。③の「おのれ」は、そのような性質を問題とするのではなく、単に自分個人を指し示した表現である。

(24)「……このおはしますらむ女君、筋ことに承れば、いとかたじけなし。ただ①なにがしらが、私の君と思ひ申して、頂になむ捧げたてまつるべき。……」（中略）「さらにな思し憚りそ。天下に目つぶれ、足折れたまへりとも、②なにがしは仕うまつりやめてむ。国の中の仏神は、③おのれになむなびきたまへる」など誇りゐたり。

〔大夫監→玉鬘の乳母〕（源氏物語、玉鬘・③九〇～九一）

例(24)は、肥後の土豪である大夫監が、玉鬘を妻として迎えることを望み、乳母に迫る場面である。①「なにがしら」を日本古典文学全集頭注のように「男性の謙遜した自称」と説明するのでは、②「なにがし」、③「おのれ」のように「ら」を伴わない自称と、どのような違いがあるのかがわからない。ここでは、「このおはしますらむ女君、筋ことに承れば」とあるように、玉鬘の高貴な血筋と対比しつつ、「血筋の卑しい者」という自分の性質に注目して、「私のような、血筋の卑しい者」と総体的に表現したのではないかと考えられる。②③の「なにがし」「おのれ」は、ただ自分自身を謙遜しながら指し示すだけの自称であって、特にその性質を問題としているのではないと解釈される。

このように「人称代名詞＋ら」が、単に自分自身を謙遜して指し示したり、複数であることをあらわすのではないとすれば、以下のような例も、それぞれ※印を付して掲げたような意味に解釈することができるであろう。

(25)男君たちは常に参り馴れつつ、尚侍の君の御ありさまなどをも、おのづから事にふれてうち語りて、「まろらをも、らうたくなつかしうなんしたまふ。……」など言ふに、〔鬚黒大将の男君→姉真木柱〕

（源氏物語、真木柱・③三八八）

※「（血縁関係にある人ならばともかく）私（たち）のような継子の立場にある者」の意味。

(26)帥殿も、わが御心のいかなればにか、「いと思はずなりける殿の御心かな。女御参りたまひて後は、よもとこそ思ひきこえつるに、一の宮の御迎への有様などぞ、まことにありがたかりける御心なりけり。われらはしもえかくはあらじかし」とぞ、内々には聞えたまひける。〔帥殿伊周のことば〕（栄花物語巻六・①三〇九）

※「（道長に比べれば）私のような心の狭い者」の意味。

(27)さるべき人々なども皆参るに、「中将の乳母の、京におはし着かむも心もとなしと急ぎ出で立つめるを、さらでありぬべきやうなれど、おのれらだにおぼつかなういぶせきを、まいてことわりなり。……」など、口々言ひあひたり。〔中納言を迎えに行こうとする人々のことば〕（浜松中納言物語・一二九）

※「私（たち）のような、関係者だといっても、乳母ほどの親密な関係があるわけではない者」の意味。

(28)「……なにがしの少将のかげ妻にて、道行き人ごとには心をつくし、胸をこがしたまはむやは。あやしうとも、またなくかしづきたてまつらむを取りどころにおぼせかし。なま公達はなかなかいと心地悪しきものぞ。殿のおはしまさむ限りは、なにがしらをば、えこそその公達はあなづりたまはざらめ。さばかりの少将には、ならむと思はばなりぬべし。……」〔式部大夫→飛鳥井姫君〕（狭衣物語・上一〇七）

※「私のような、狭衣中納言に親しくお仕えしている者」の意味。

また、対称の人称代名詞に「ら」が下接した次の例についても、例(29)は「お前たちのような、自分の栄達ばかりを考えて、親である私の邪魔をするような者」という意味に、例(30)は「お前たちのような、いつも私に親しく仕えてくれる者」の意味に解釈でき、単に「お前たち」のように複数に解釈するだけでは不十分ではないかと思われる。

(29)治部卿のぬし、太刀を抜きかけて、「汝らが首、ただ今取りてむ。汝はわが敵とする大臣の方によりて、謀らしむる奴なり」といひて、〔滋野真菅のことば〕（宇津保物語、あて宮・②一四五）

(30)御馬添に口がためたまひて、「もしかかること世に聞こえば、きんぢらをさへ罪に当てむ」と、いましめたまひて、〔兼雅→馬添〕（宇津保物語、俊蔭・①一〇二）

「指示代名詞＋ら」の例についても、同様に解釈することができる。すなわち、「これ」「それ」などの指示代名詞が指し示す事物・事態の有する性質に注目し、その性質を持つものを総体的に表現していると考えられる。

(31)中納言、「苦しや。先々のやむごとなき人をだにも、あるものともしたまはざなるものを、これらは、何のことにかあらむ。親の人並々にていたはるにこそ、女は人とも見ゆめれ。かかるいたづら人の子をば、何にせむ」〔新中納言実忠→兄民部卿実正〕（宇津保物語、国譲下・③三四三）

(32)この殿には、小松僧都の霊の、はじめはこの御産屋などのをりはいと恐ろしかりしかど、それをよろづにいひのままにせさせたまひしほどに、いみじき御得意になりて、それぞこの年ごろ何ごともいとよく告げきこ

えさせつるも、それらも音なきを、殿はあやしくおぼつかなく思しめすほどに、（栄花物語巻二十一・②三八〇）

(33)「あなあやし。後の聞えもあり、他人を参らせむやは。姉二人あり。一人は右中弁の妻。いま一人は蔵人の少納言の妻にてこそあれ。それらをば出し立つべきにあらず。また、これこそ、そのなかすぐらるるかたちならめ。……」と、かき乱り心地騒ぎぬ。（男君の思い）（夜の寝覚・八八）

(34)「当時に親侍る、正頼が男どもまかりなりはべりて、かれらが遅れはべらむは、この朝臣の霊の見はべらむことなむ、いと悲しうはべる。……」（左大臣源正頼→朱雀帝）（宇津保物語、国譲上・③一一六）

(35)入道殿、うち笑はせたまひて、「今日は、かやうのたはぶれごと侍らでありなむ。道長解きたてまつらむ」とて、寄らせたまひて、はらはらと解きたてまつらせたまふに、「これらこそあるべきことよ」とて、御けしきなほりたまひて、（道隆次男中納言隆家のことば）（大鏡、道隆・二八三）

(36)「御消息などは常に聞こゆれど、それはた聞こえぬよりもおぼつかなくなむ。いかでそれらも、かかるついでにこそ承りぬべかなれ」（東宮→大宮）（宇津保物語、菊の宴・②五四）

例(31)〜(34)は、指示代名詞が人間を指す例、例(35)・(36)は、人間以外の事物を指す例である。例(31)の「これ」は、実忠の一人娘袖君を指しており、「私の娘（袖君）のような、身分の低いふがいない者の娘」という意味に解釈できる。例(32)は、小松僧都の霊を指して、「小松僧都の霊のような、長年の間に得意となっていたもの」という意味に解釈できる。例(33)は、「二人ある姉のような、例の娘とは全く違う人」と解釈できよう。例(34)は、「源実忠朝臣のような、父親が亡くなってしまった者」と解釈される。例(33)は、姉二人を指し示すことから複数であり、このような複数の人を指し示す例が多く見出されるが、数は少ないながらも、例(31)・(32)・(34)のような一人の人物を指し示す例も見られる。

例(35)は、道長が自ら隆家の紐を解くことを指している。隆家は、中関白家に属する自分に対して、それ相応の配慮を示すことを望んだのである。その配慮が込められた行為を「これら」と言ったのであろう。例(36)は、「手紙を差し上げて返事がもらえないのは、手紙を差し上げないのよりも不安に思われる」というような性質を有すること、すなわち、あて宮との結婚話（入内話）を指している。人間以外の事物・事態を指し示す場合も、その事物や事態が複数であることが多いが、例(35)・(36)のように、複数であるとはいえないような例も見出される。

平安時代の和文に用いられた「代名詞＋ら」は、たしかに複数の例に用いられることが多い。しかし、なお上接名詞の性質に注目して、そのような性質を有するものとして総体的に表現するという機能が生きており、複数をあらわす機能へと、その機能を変化させたとは言い難いように思われる。

むすび

平安時代の和文に見られる接尾辞「ら」について、「固有名詞＋ら」「普通名詞＋ら」「代名詞＋ら」に分けて考察してきた。特に、同じ聞き手に対する自称として、「固有名詞＋ら」という表現を用いる場合と、固有名詞のみの場合があることに注目し、接尾辞「ら」の機能を考えた。その機能とは、阪倉氏の明らかにされた上代における「ら」の機能と同じ朧化法的表現としての「ら」の機能であった。そして、「普通名詞＋ら」「代名詞＋ら」においても、その機能が生きていることを、それぞれの用例解釈をとおして確かめることができた。このことから、平安時代和文に見られる「ら」を、単に「たち」「ども」に置き換え可能な表現として、また、謙遜・親しみ・さげすみの気持ちを添えるだけの表現として解釈するのは、必ずしもその表現に適った解釈であるとはいえないことが理解された。これらは、上接名詞の性質に注目し、そのような性質を有するものを総体的にあらわす朧化法的表現として解釈する必要があるだろう。

さて、毛利氏が漢文訓読の場で生まれたと説かれた例示の「ら」は、本稿で考察した平安時代の和文には見られなかったが、中世の和漢混淆文においては、例示の「ら」が多用されるようになると考えられる。その場合、例示の副助詞「など」とはどのような関係にあったのであろうか。また、「ら」による朧化法的表現が衰微していく平安時代を通して「代名詞＋ら」が見られ、中世以降にまで残されていくのはどのような理由によるのであろうか。これら今後解明されなければならない問題は多い。漢文訓読の場における「等」字の訓法や、中世以降の「ら」の使用実態を明らかにするとともに、複数をあらわす接尾辞「たち」「ども」や、例示をあらわす副助詞「など」との関連にも目を向けて考察しなければならない。

本稿で述べてきたことは、先学の明らかにされてきたことを検証したに過ぎないが、この考察を一つの足がかりとして、残された問題解明に取り組んでいきたい。

注

（1）小松登美「中古仮名文学における複数接尾語について」（「国文目白」第一号、一九六二年三月）。
（2）阪倉篤義『語構成の研究』（一九六六年三月、角川書店）。なお、「たち」「ども」については、複数的な意味をあらわすとされる。
（3）築島裕『平安時代語新論』（一九六九年六月、東京大学出版会）。
（4）毛利正守「「憶良ら」考──上代の接尾語「ら」を通して──」（五味智英・小島憲之編『萬葉集研究』第六集、一九七七年七月、塙書房）。引用に当たって、表記を一部改変した。
（5）上野智子「高知県方言ラ（Ｉ）の暗示性と明示性」（「日本語科学」第九号、二〇〇一年四月）。
（6）用例の検索に使用したテキストは、『古今和歌集』『後撰和歌集』『拾遺和歌集』を岩波新日本古典文学大系所収本、『宇津保物語』『栄花物語』『浜松中納言物語』を小学館新編日本古典文学全集所収本、『狭衣物語』を新潮日本古典集成所収本に依り、その他は小学館日本古典文学全集所収本に依った。用例の引用に当たってその所在を、和歌集では歌番号で、その他はテキストの頁数で示した。なお、本研究での用例検索は、索引を用いず、一回だけの調査である。そのため、数え落としの存する可能性があることを注記しておく。

（7）「固有名詞＋ら」について、小松登美氏は注（1）文献で、「「ら」は、宇津保では国譲以後、他作品では落窪・源氏あたりから、接続領域が、人名および代名詞に限定されてゆく」と述べられた。しかし、「固有名詞＋ら」は、『源氏物語』の「三条ら」の例以降には、『大鏡』の「融ら」の例を見出したに過ぎない。中世の用例を広く収集し、平安時代和文における「固有名詞＋ら」とのつながりを考察する必要があるが、現段階での印象からすれば、中世の和漢混淆文には多くの例が見られるが、和文体の物語の類にはその例が見出しにくく、平安時代和文の「固有名詞＋ら」と中世のそれとを直接的に関連付けるのには躊躇されるのである。最終的な結論は今後の課題として保留し、ここでは、平安時代和文における「固有名詞＋ら」は、『源氏物語』以降見られなくなると解釈しておくこととする。

（8）小松登美氏は注（1）文献で「（代名詞・人名以外に接続する）「ら」は、（中略）男子の作と見られる諸作品にはあるが、女子の作品ではあまり用いず、殊に女性の会話文では原則として用いない」と述べられた。

（9）『愚管抄』巻第四には、二人を「テル中将、ヒカル少将トテ、殿上人ノメデタキ」として紹介している。

（10）平安時代の和文ではないが、次のような例は、例示の機能を有する「ら」を疑わせるものである。

事別宣久、久奈多夫礼良尓所詿誤百姓波、京土履牟事穢弥、出羽国小勝村乃柵戸尓移賜久止宣天皇大命乎、衆聞食宣。

（続日本紀巻第二十、天平宝字元年七月十二日、宣命第十九詔）《割書を小字一行書きに変更した》

本宣命には、引用部分以前に、奈良麻呂の変の首謀者として「久奈多夫礼、麻度比、奈良麻呂、古麻呂等」が「逆党」を率いて反乱を起こしたという記述がある。このことから、右の「久奈多夫礼ら」が、「麻度比」以下を省略した、いわゆる例示ではないかと疑われるのである。疑問は残るのであるが、右の例も「謀反を起こした者」といった性質に注目する「ら」の例として解釈しておくことにする。

（11）このことについては、毛利正守氏の注（4）文献に詳細に論じられている。

（12）「たち」は、人称代名詞に接続した例が見られるが、それは、本来普通名詞であったものが、敬意を込めた人称代名詞として転用された「まうと（真人）たち」「ぬしたち」「くそたち」「おまへたち」「御坊たち」の類である。

参考文献

石野博史……接尾辞「ら」の意味と用法（「文研月報」第二一巻五号、一九七一年）

同　……現代語の「ら」と「たち」（「言語学論叢」第一一号、一九七一年）

伊藤一重……天草版平家物語の複数接尾語の性格について（「国文学論考」第二三号、一九八七年）

同　……平家物語の複数接尾語について（「豊田工業高等専門学校研究紀要」第二〇号、一九八七年）

同　……「古本説話集」の複数接尾語（「解釈学」第一九輯、一九九一年）

同　……「宇治拾遺物語」の複数接尾語（「豊田工業高等専門学校研究紀要」第三〇号、一九九七年）

神田秀夫……「こ」「いも」「ら」について（五味智英・小島憲之編『萬葉集研究』第四集、一九七五年、塙書房）

小林芳規……訓点語法史における副助詞「ら」（「国語と国文学」第三二巻一一号、一九五五年）

佐竹秀夫……複数を示す「ら」（「日本語学」第一八巻一四号、一九九九年）

森　昇一……接尾辞タチ・ドモ・ラ（「国語研究」第一六号、一九六三年）

『草案集』所収「同（大師供）表白」翻字本文・訳文・註釈

田中雅和

凡例

一、翻字本文は「貴重古典籍刊行會」の影印本『山口光圓氏蔵草案集』に基づいて、九丁表七行目から一〇丁裏二行目までを、底本の行取りのままに翻字したものである。なお、行頭には各丁毎の行番号を施した。

一、翻字本文は、文字の大小の別・返点・仮名遣・振仮名や送仮名の状態等も可能な限り底本に忠実に示した。

一、漢字の字体は、底本の姿を反映させるために、原則として正体と異体との関係等も可能な限りそのままとし、両字体を併存させた。但し、印刷の便のために、いずれも現行活字体に従うことを原則とした。

一、底本の仮名は総て片仮名である。翻字本文・訳文では現行の字体に改め、異体字の区別はしなかった。

一、誤字・宛字と思われる場合も、翻字本文では底本のままに翻字し、訳文においては正しいと思われる字を〈　〉に括って当該字の直後に示した。

一、底本の虫損・破損等で判然としない文字は、残っている筆画の一部分等によって推読し、（　）に括って示した。

一、通読の便に配慮し、私に句読点を施した。但し、翻字本文では句点と読点との区別をせず総て「、」で示した。

一、訳文においては、訓読として不読の文字を〔　〕に括って示した。

一、訳文の片仮名は底本に用いられた仮名のままであるが、平仮名は読解のために総て私に施したものである。

一、*印は、それを附した語・語句等が註釈で採り上げてあることを示す。算用数字は註釈の番号に対応する。

翻字本文

（9オ）

同表白

敬恭白、教主尺迦、證明多寳、来迎弥陀、除病薬師、過現當来、浄土穢土、八相成道、諸正遍知、大小半満、已今當説、浅略深秘、顕密聖教、入重玄門、菩提サタ、内秘外現、諸大声聞、龍樹天親、西天論師、南岳天台、東土弘経、惣、分段変《ヘン》易、常寂光土、仏陀達摩、僧伽境界而言　今、諸徳、戒定恵相應御志、高於摩醯修羅之臺、（身）口意清浄之御誠、（深）（沙）伽羅龍之城一モ、蔬食ヲ取リ調ヘ謝徳之床一（ニ）、論鼓ヲ

（9ウ）

打驚コトアリ報恩之（庭）一、其志何者、漢ノ明王治シ天ノ下一ヲ之時キ、迦竺一ク初テ自来シ震旦一、唐ノ高祖　夷《タイラケシ》　海内一之剋ミ、実叉至于渡シ二天竺一二、翻訳三蔵百三十人、傳燈碩学ハ（数）十余輩、誰有シ、不シテ待一講授暗悟一乗之人、未聞、被レテ冊天子一名ヲ振梵漢一ニ之類、彼河西憑江東瑶先来宏才、小山印浄陽ノ遠ハ末代ノ博覧、鷸蚌相挟テ互ニ（生ス）偏執一ヲ、蘭菊争テ美一ヲ共ニ沈ツム是非一ニ、加之、爐山ノ龍ハ立コト草一不シテ委一、鏡陰テ如シ徒一、光宅ノ雲ハ分コト文一強ニ苦ニシテ、玉砕テ非寳一ニ、然、我大師聖霊、生於悪世一、広渲此経、忝ク佛勅ヲ承テ霊山一ニ、唯願世尊、不以為盧憑ク誓約ヲ○釋尊一ニ啓シ、随ノ文ノ御宇、誕顕現シヨリ瑞一以来タ、霊異多ク於濱ノ

10 砂一、弁瑞繁シ於両足一ヨリ、四教四門ノ尺義稍諒スヘシ千舌一、三観三智ノ
11 教相普ク靡一天一ヲ、大極殿ノ開講ニハ道俗君-臣扣テ舌一ヲ感シ、瓦官寺
12 (渲)暢梁陳舊徳合テ袖一テヲ畏リテ、然則、玉泉流清シテ還テ潤シ月支之
13 苔一、台嶺風芳シテ遠ク及日本之雲一ニ、外用既ニ非凡夫一ニ、内證殆近シ

（10オ）
1 如来ニ、○雖トモ知一ト生滅ハ権ノ為一ト、花頂峯ノ暁ノ雲ノ傷メ心一ヲ、乍思一出没ハ即ハチ
2 偽リノ事一ト、石城寺ノ夕風断腸一タヲ、山半ニ告テ終一半月、最後説法音哀レハ
3 聞者落シキ涙一、龕ノ内(ニ)止テ息一ヲ十日、寂滅ノ容顔汗流シテ見人潤シテ袖一ヲ、事ハ
4 雖トモ舊一リト思ハ尚ヲ新ク、思ハ雖トモ別教是一也、不ス再一不ル三一之恨、尚如犢ノ思カ乳一、
5 隔世一隔タル海一之悲ミ、未知可喩方一ヲ、但、我等、不ス狎ナレ衣裏一ニ不トモ昵鬚ノ中一ニ、
6 万里往-復玄義乍居一任セ心一、不望渕底一ニモ不トモ探頷ノ下一ヲ、先代未聞ノ
7 止観不サルニ嗜一マ得タリ之、彼霊山投シ身一ヲ、未出灰断ノ籬一法ノ故ナリ、常帝カ
8 賣シ身一ヲ、尚有兼帯之疵教故ナリ、以テ静ニ思ヒ以倩案ニ、一日ニ千度捨トモ
9 命一ヲ、為ニ妙法ノ直一ト不可及一、片時ニ百返砕トモ骨一、報ニ大師ノ恩一ヲ不可惜一カル、
10 況於恭薬任タル心一之營一ニ乎、況於論讀授ル身一之才一ニ乎、提レハ迹一ニ智
11 者大師、遷化ノ命日ハ廿四日、雖トモ非可改一日一ニ、尋レハ本一薬王菩薩、案ニ斉
12 度ノ縁日一ニ廿九日、亦當レリ可營之日一ニ、依之一、諸徳大法(主)為ニ謝一カ海水
13 之恩一、金鼓此ノ石火之勤、問答決疑之拙キ、(頻)繁礼奠之疎ナル、旁タ〱

（10ウ）
1 雖憚一ト大師知見一、只欲表一ト弟子之懇念一、善根香遥ニ功徳匂遠シ、遍ク
2 施サム塵界一ニ旨趣不具一、大師垂知見給覧

訳文

同表白

敬恭《つつしみうやまひ》て白《まうさく》＊1、教主《けうしゆ》＊2尺迦《しやか》、證明《しようみやう》＊3多寶《たほう》＊4、来迎《らいがう》＊5弥陀《みだ》、除病薬師《ぢよびやうやくし》＊6、過現當来《くわげんたうらい》＊7、浄土穢土《じやうどゑど》、八相《はちさう》成道《じやうだう》＊8、諸正遍知《しよしやうへんち》＊9、大小半満《だいせうはんまん》＊10、已今當説《いこんたうせつ》＊11、浅略深秘《せんりやくしんぴ》＊12、顕密《けんみつ》＊13聖教《しやうげう》＊14、入重玄門《にふぢうげんもん》＊15、菩提《ぼだい》サタ[薩埵]＊16、内秘外現《ないひげげん》＊17、諸大声聞《しよだいしやうもん》＊18、龍樹《りうじゆ》＊19天親《てんしん》＊20、西天《さいてん》＊21論師《ろんじ》＊22、南岳《なんがく》＊23天台《てんだい》＊24、東土《とうど》＊25弘経《ぐきやう》＊26、惣《そうじ》て、分段《ぶんだん》＊27変易《ヘンやく》＊28、常寂光土《じやうじやくくわうど》＊29、仏陀《ぶつだ》＊30達摩《だつま》＊31、僧伽《そうぎや》＊32境界《きやうがい》＊33、と言《まうす》。

今《いま》、諸徳《しよとく》、戒《かい》・定《ぢやう》・恵《ゑ》＊34、相應《さうおう》＊35の御志《おんこころ》は、摩醯修羅《まけいしゆら》＊36〔之〕の臺《うてな》〔於〕よりも高《たかく》、(身《しん》)・口《く》・意《い》＊37、清浄《しやうじやう》〔之〕の御誠《おんまこと》は、(沙《しや》)伽羅龍《からりう》＊38〔之〕の城《みやこ》よりモ(深《ふかし》)。蔬食《そじき》＊39ヲ謝徳《しやとく》〔之〕の床《ゆか》(ニ)取《と》リ調《ととの》へ、論鼓《ろんく》＊40ヲ報恩《ほうおん》〔之〕の(庭《には》)に打驚《うちおどろかす》コトアリ。其志何《そのこころなに》〔者〕となれば、漢《かん》ノ明王《めいわう》＊41天《あめ》ノ下《した》ヲ治《おさめ》シ〔之〕時《と》キ、迦《か》・竺《ぢ》ク＊42初《はじめ》テ震旦《しんたん》に来《きたり》シ〔自〕より、唐《たう》ノ高祖《かうそ》＊43海《うみ》の内《うち》＊44を夷《タイラケシ》〔之〕尅《きざ》ミ、実叉《じつしや》＊45天竺《てんぢく》ニ渡《わたり》シニ〔于〕至《いたる》まで、翻訳三蔵《ほんやくさんざう》＊46は百三十人《ひやくさんじふにん》、傳燈《でんとう》＊47碩学《せきがく》ハ(数《す》)十余輩《じふよはい》。誰《たれ》か有《あり》シ、講授《かうじゆ》を不待《またず》シテ暗一乗《そらにいちじよう》＊48を悟《さとる》〔之〕人《ひと》。未聞《いまだきかず》、天子《てんし》に〔被〕冊《えらば》＊49レテ名《な》ヲ梵《ぼん》・漢《かん》＊50ニ振《ふるふ》〔之〕類《たぐひ》＊51。彼河西《かのかせい》の憑《ひよう》＊52、江東《かうとう》の瑶《えう》＊53は、先来《せんらい》の宏才《くわうさい》なり。小山《せうさん》の印《いん》＊54、浄陽《じやうやう》ノ遠《をん》＊55ハ、末代《まつだい》ノ博覧《はくらん》なり。鷸蚌《いつばう》＊56相挟《あひはさみ》テ互《たがひ》ニ偏執《へんしふ》＊57ヲ(生《しやう》ズ)。蘭菊《らんきく》＊58美《び》ヲ争《あらそひ》テ共《とも》ニ是非《ぜひ》＊59ニ沈《し》ヅム。加之《しかのみならず》、爐《ろ》山《さん》ノ龍《りう》＊60ハ草《さう》を立《たつる》コト不委《つまびらかならず》シテ、鏡陰《かがみくもり》＊61テ徒《いたづらなる》が如《ごと》シ。光宅《くわうたく》ノ雲《うん》＊62ハ文《ぶん》を分《わく》コト強《あながち》ニ＊63苦《ねむごろ》ニ＊64シテ、玉砕《たまくだけ》テ寶《たから》ニ非《あらず》。然《しかれ》ども、我大師《わがだいし》の聖霊《しやうりやう》、悪世《あくせ》〔於〕に生《しやうじ》、此経《このきやう》を広《くわう》渲〈宣〉《せん》し、忝《かたじけな》ク佛勅《ぶつちよく》ヲ霊山《りやうぜん》＊65ニ承《うけたまはり》テ、唯世尊《ただせそん》を願《ねがひ》、以《もちて》盧〈廬〉《いほ》を不為《なさず》、憑《さかし》ク誓約《せいやく》ヲ釋尊《しやくそん》ニ啓《けい》シ＊66、随〈隋〉《ずい》ノ文《ぶん》＊67ノ御宇《ぎよう》、誕瑞《おほいにずい》を顕現《けんげん》＊68せシヨリ以来《このかた》、霊異《れいい》＊69濱《はま》ノ砂《いさご》〔於〕より多《おほ》ク、弃〈奇〉《き》瑞《ずい》＊70両足《りやうそく》＊71ヨリ〔於〕繁《しげ》シ。四教四門《しけうしもん》＊72ノ尺義《しやくぎ》稍《やうやく》千舌《せんぜつ》を諒《りやう》ズベシ。三観《さんぐわん》*73三智《さんち》*74ノ教相《けうさう》*75普《あまね》ク一天《いつてん》ヲ靡《なびかす》べし。大極殿《だいごくでん》*76ノ開講《かいかう》ニハ道俗《だうぞく》・君《くん》‐臣舌《しんした》ヲ扣《うち》テ感《かん》ジ、瓦《ぐわ》官寺《くわんじ》*77の(渲)〈宣《せん》〉暢《ちやう》*78には梁《りやう》・陳舊徳《ちんきうとく》*79袖《そ》デヲ合《あはせ》テ*80畏《かしこま》リテ〈キ〉。然則《しかればすなはち》、玉泉《ぎよくせん》*81の流清《ながれきよく》シテ還《かへり》*82テ月支《げつし》*83〔之〕の苔《こけ》を潤《うるほ》シ、台嶺《たいれい》*84の風芳《かぜかうばしく》シテ遠《とほ》ク日本〔之〕の雲《くも》ニ及《およぶ》。外用《げゆう》*85既《すで》ニ凡夫《ぼんぶ》ニ非《あらず》。内證《ないしよう》*86殆《ほとほど》如来《によらい》ニ近《ちか》シ。生滅《しやうめつ》ハ権《かりそめ》ノ為《しわざ》ト知《しる》ト雖《いへ》ドモ、花頂峯《くわちやうほう》*87ノ暁《あかつき》ノ雲《くも》ノ心《こころ》ヲ傷《いた》メ、出没《しゆつぼつ》ハ即《すな》ハチ偽《いつは》リノ事《こと》ト思《おもひ》乍《ながら》、石城寺《せきじやうじ》*88ノ夕《ゆふべ》の風《かぜ》の腸《はらわ》タヲ断《たつ》。山《やま》の半《なかば》ニ終《をはり》を告《つげ》テ半月《はんげつ》、最後《さいご》の説法音哀《せつぼふこゑあはれ》なレバ*89、聞者涙《きくものなみだ》を落《おと》シキ。竃《がん》*90ノ内(ニ)息《いき》ヲ止《とどめ》テ十日《とをか》、寂滅《じやくめつ》ノ容顔汗流《ようがんあせなが》シテ、見人袖《みるひとそで》ヲ潤《うるほ》シテ〈キ〉。事《こと》ハ舊《きう》なリト雖《いへ》ドモ思《おもひ》ハ尚《な》ヲ新《あたらし》ク、思《おもひ》ハ別《べち》なりと雖《いへ》ドモ教《をしへ》は是一也《これひとつなり》。不再《ふたたびせ》ズ不三《みたびせざ》ル〔之〕恨《うらみ》、尚犢《なほこうし》ノ乳《ち》を思《おもふ》ガ如《ごとし》。世《よ》を隔海《へだてうみ》を隔《へだて》タル〔之〕悲《かなし》ミ、未可喩方《いまだたとふべきかた》ヲ知《しら》ず。但《ただし》、我等《われら》、衣《ころも》の裏《うら》*91ニ不狎《ナレず》、鬚《ひげ》〈髻《もとどり》〉ノ中《うち》*92ニ不昵《したしまず》トモ、万里往‐復《ばんりわうふく》*93の玄義《げんぎ》*94居乍心《ゐながらこころ》に任《まか》セ、渕底《えんてい》ニモ不望《のぞまず》、頷《おとがひ》ノ下《しも》*95ヲ不探《さぐらず》トモ、先代未聞《せんだいみもん》ノ止観《しくわん》*96不嗜《たしな》マザルニ之《これ》を得《え》タリ。彼霊山《かのりやうぜん》に身《み》ヲ投《なげ》シ*97、未灰断《いまだけだん》*98ノ籬《まがき》を出《いで》ざる法《ほふ》ノ故《ゆゑ》ナリ。常《じやう》帝〈啼《たい》〉*99ガ身《み》ヲ賣《うり》シ、尚兼帯《なほけんたい》*100〔之〕の疵有教《きずあるけう》の故《ゆゑ》ナリ。以《もち》テ静《しづか》ニ思《おも》ヒ、以《もち》て倩案《つらつらあんずる》ニ、一日《ひとひ》*101ニ千度命《ちたびいのち》ヲ捨《すつ》トモ、妙法《めうほふ》ノ直《ぢき》*102ト為《なす》ニ不可及《およぶべからず》。片時《かたとき》ニ百返骨《ももたびほね》ヲ砕《くだく》トモ、大師《だいし》ノ恩《おん》ヲ報《むくゆる》ニ不可惜《をし》カルべからず。況《いはむや》恭薬《くやく》*103心《こころ》に任《まかせ》タル〔之〕營《いとなみ》ニ〔於〕おいて〔乎〕をや。況《いはむや》論讀《ろんどく》*104身《み》に授《さづか》ル〔之〕才《ざい》ニ〔於〕おいて〔乎〕をや。迹《しやく》*105ニ提《あぐ》レバ、智者大師遷化《ちしやだいしせんげ》*106ノ命日《めいにち》ハ廿四日《にじふしにち》、可改日《あらたむべきひ》ニ非《あらず》と雖《いへ》ドモ、本《ほん》*107に尋《たづぬ》レバ、薬王菩薩《やくわうぼさつ》*108斉〈済《さい》〉度《ど》*109ノ縁日《えんにち》*110ニ案《あんずる》ニ廿九日《にじふくにち》、亦可營《またいとなむべき》〔之〕日《ひ》ニ當《あた》レリ。之《これ》に依《より》て、諸徳大法《しよとくだいほふ》(主《しふ》)海水《かいすい》〔之〕の恩《おん》*111を謝《むくゆる》ガ為《ため》ニ、金鼓《こんく》*112此《こ》ノ石火《せきくわ》*113〔之〕の勤《つとめ》、問答決疑《もんだうけつぎ》〔之〕の拙《つたな》キ、(頻)繁〈蘋《ひん》蘩《ばん》〉*114礼奠《れいてん》*115〔之〕の疎《おろそか》ナル。旁《か》タガタ大師《だいし》の知見《ちけん》を憚《はばかる》ト雖《いへども》、只弟子《ただでし》〔之〕の懇念《こんねん》を表《あらはさ》むト欲《おもふ》。善根《ぜんこん》の香遥《かはるか》ニ、功徳《くどく》の匂遠《にほひとほ》シ。遍《あまね》ク塵界《じんかい》*116ニ施《ほどこ》サム旨趣不具《ししゆつぶさならず》。大師知見《だいしちけん》を垂給覧《たれたまふらん》。

註　釈

1 敬恭白―「謹（愼・恭）敬白……(而)言」表現形式は鎌倉時代を中心に室町初期頃までよく使われた。書出しが「敬白……」書止めが「……敬白」の表現形式は院政期までの表白文には稀なようである。「敬　ウヤマフ・ツヽシム・オガム・ツトム・ハチ・タカシ・ウヤ」〈類聚名義抄・僧中〉「恭　ウヤマフ・ウヤ・ウヤヽヽシ・ツヽシム・カシコマル・マホ(モ)ル・ミテリ・カサナ(ヌ)ル」〈類聚名義抄・僧上〉

2 教主―教えを説く者。教化を垂れる主。釈尊のこと。

3 證明―真実であることを証明し明かすこと。法華経・見宝塔品第一一で、多宝如来が法華経の会座に出現して、釈尊の説法が真実であると証明している。

4 多寶―多宝如来。亡くなられた後に「法華経」の説かれるべき在々処々に出現して「善哉」と唱えることによって、それを証明しようという本題を持つ如来。

5 来迎―念仏行者の臨終の際に阿弥陀三尊が二五人の菩薩と共に白雲に乗り、その使者を迎えにきて、極楽に引き取ること。

6 薬師―人々の病を癒し、苦悩を救う仏。東方浄瑠璃世界の教主。もと菩薩として修行していた時に一二の大願を発したという。衆生の病を除き、諸々の感覚器官を完備させて、解脱へ導くはたらきがある。

7 過現當来―過去・現在・未来。「過現」は過去・現在の略。当来は未来・将来の意。

8 八相成道―仏の一生涯における八つの重要な事柄の第六相を成道という。釈尊が菩提樹下で諸々の魔を伏し、悟りを完成させたことをいう。八相示現、八相作仏とも言う。八相は①降兜率②托胎③出胎④出家⑤降魔⑥

成道⑦転法輪⑧入滅
9 正遍知―サンミャク・サンブッダの漢訳。正遍覚、正等覚とも訳す。正しい普遍的な智慧。
10 大小半満―大：大乗教。小：小乗教。半：半字教、天台教学における小乗教。満：満字教。完全な教え。天台宗では通・別・円の大乗教。半満二教：釈尊一代の教えを判別して、半字教と満字教とした。
11 已今當説―過去・現在・未来(爾前経・無量義経・大般涅槃経)に亘って法華経が優れて真実であることをいう。
▽「我所説経典、無量千万億、已説、今説、当説、而於其中、此法華経、最為難信難解」〈法華経・巻第四・法師品第一〇〉
12 浅略深秘―通りいっぺんの浅い意味合いと、深く秘められた意味合い。
13 顕密―顕教と密教、すなわち顕露な教えと秘密の教えの略。
14 聖教―仏の教え。信頼さるべき聖典。
15 入重玄門―「玄門」とは深奥の妙理。重大にして深遠なる法門にはいること。従果向因の法門をさす。
16 菩提サタ[薩埵]―菩薩・求道者。悟りを求めて修行する人。悟りを開く以前の釈尊。
17 内秘外現―内に菩薩の行いを秘しながら、外に小乗の徒の相を現ずる事。外観は声聞の姿をしているが、内に菩薩の利他の心とその実践を秘めていること。
▽「内秘菩薩行、外現是声聞、少欲厭生死、実自浄仏土」〈法華経・巻第四・五百弟子受記品第八〉
18 声聞―教えを聞く修行僧。釈尊の弟子を意味する。仏の教えの声を聞き、無限に長い時間をかけて修行した結果、阿羅漢の位に到達する。
19 龍樹―南インド、バラモン出身の仏教者。大乗の論師。中観学派の祖。空の思想を基礎付け、大乗仏教を宣揚した。龍宮から法華経を持ち帰ったという伝説がある。

20 天親―唯識派哲学の祖である世親のこと、旧訳は天親。世親菩薩、世親論師とも言われた。五世紀頃の北インド阿踰陀国の僧。最初小乗の教典を研究したが、兄の無著菩薩の感化で大乗仏教に入り、兄と共に瑜伽派を確立した。

21 西天―天竺(インド)のこと。日本・中国から見て西方にある国の意。

22 論師―三蔵の内で特に論蔵に精通した人。広義には、論議をよくする人、論を作って仏法を宣揚した人。龍樹・世親などをさしていうことが多い。

23 南岳―南岳大師慧思のこと。中国南北朝時代北斉の慧文について法華三昧を悟った後、大蘇山・南岳などに住した。智顗の師。

▽「南岳大師ト者実名ハ恵思也　此大師久住二衡州南岳山一ニ故ニ呼テ処ノ名一ヲ南岳大師ト申ス也　俗姓ハ李氏項城武律ノ人也」〈天台大師和讃註〉

24 天台―天台大師智顗のこと。中国天台宗の開祖。慧思の門に入り法華経を学ぶ。

25 東土―天竺(インド)から見て東方にある国の意で、震旦(中国)のこと。天竺(インド)を西天というのに対して言う。また、天竺・震旦から見て東方の地であるところから、日本を指すこともある。

▽「我東土の衆生を利益すべき願あり」〈宝物集・上〉

▽「我東土《トウド》の衆生を度せむおもひ心ふかく」〈金刀比羅本保元物語・中〉

26 弘経―仏教の経文を世の中におしひろめること。

27 分段―分段生死。有為生死とも言う。寿命・身体に一定の限界(分段)を持つ分段身を受けて輪廻すること。すなわち、迷いの世界にさまよう凡夫が受ける生死。変易の生死と併せて二種の生死という。

28 変易―変易生死。不思議変易生死とも言う。変易身を受ける生存状態の意。二種生死の一つで、菩薩の生死のこと。菩薩の肉体・寿命は、願力によって自由に変化・改易することができて限りがないので、変易の身という。斯かる変易身を受ける生存を変易の生死という。

29 常寂光土―智顗が立てた四土の一つ。本有常住・寂滅・光明の仏土。理想と現実、静(寂)と動(光)の本来(常)一体の世界のことで、真理を体得し、一切の煩悩を絶ち、真の智慧を悟り得た者(仏)の住む絶対的・理想的境地であり、常住の浄土である。

30 仏陀―迷いの眠りから覚めた人、悟れる者、絶対の理を悟った人。仏教の発展と共に仏教における最高の人をブッダと呼ぶようになった。覚者・智者と漢訳する。存在のありさまと、その本質を如実に知見した人格を完成した人を言う。

31 達摩―南天竺の菩提達摩のこと。禅宗の初祖。諡号は円覚大師。

32 僧伽―衆や和合衆と漢訳する。僧侶、単に僧とも言う。仏道を実践・修行する人たちの集団。三宝の一つ。

33 境界―感覚器官と心とによって知覚され思慮される対象のこと。或いは、認識の及ぶ範囲、果報として各自が受けている境遇。日本では、広く環境・境遇、特に前世の果報としてのそれを意味することも多い。

34 戒定恵―「戒と定と恵(慧)」三学と総称する。仏道修行者の必ず修学実践すべき根本の事柄。善を修め非を防ぎ、身・口・意の三業の悪を止めるのを「戒」、心を一所に定めて、心身の乱れ・思慮分別する意識を静めるのを「定」、静かになった心で、惑いを破り真理を証得するのを「恵(慧)」という。

35 相應―色心諸法が一定の条件で和合して離れない関係にあること。心と心の作用との和合、身業と口業との和合など。また、心を集中統一させて理と和合すること。

36 摩醯修羅―摩醯首羅とも。色界の頂上に位置して、仏法を守護する神。もと、インドバラモン教で世界創造と破壊の最高神である。シバ神の異名。大自在天。

37 (身)口意―身業と口業と意業との総称。一切の生命活動を三種に分類したもの。心で思う思慮分別が意業、それが動作・振る舞いに表れるのが身業、言語に表現されるのが口業。

38 (沙)伽羅龍―法華経説法の座に列したという八種の龍王(八大龍王)の一。観音二八部衆の一。護法の龍神。海や雨をつかさどるとされるところから、航海の守護神や降雨の龍神(雨乞いの本尊)とする。海底にある龍宮に住んでいるとされる。

39 蔬食―野菜を食べて魚や肉を用いないこと、その料理。また、粗末な食事。

40 論鼓―論場の太鼓。論議を欲する者はこれを鳴らして衆を集める。

41 明王―聖明なる君主。本文は「明王」だが、或いは「明帝」を指すか、誤記か。「漢の明帝」は後漢の光武帝の第四子で第二代の皇帝、姓名は劉荘、諡は明。儒教を政治思想とした。使を天竺に遣わして仏法を求め、仏典及び沙門迦葉摩騰・竺法蘭等を得て、白馬寺を建てたという伝説がある。これが仏教の中国に入った始めである。

42 迦竺―「迦」は迦葉摩騰《かせふまとう》のこと、摩騰迦・竺葉摩騰・摂摩騰・摩騰とも。「竺」は竺法蘭《ぢくほふらん》のこと、竺蘭と略称される。中天竺の人。後漢の明帝の使者、博士蔡愔・王遵等の一八人の請により、中国に渡った。四二章経を翻訳し、中国に初めて仏法を伝えたとされる。

43 高祖―唐の開祖で初代皇帝・李淵、廟号が高祖。恭帝から位を譲られ国号を唐とし、群雄を平らげて天下を統一した。

44 海内―四海の内。須弥山をめぐる四方の海を四海という。国内、天下、世界。

45 実叉―唐の高僧・実叉難陀。于闐国から中国に来た訳経僧。唐の則天武后に徴されて、梵本華厳経を中国に将来し、訳出した。

46 三蔵―仏教聖典を三種に分類した経蔵・律蔵・論蔵のこと。仏教聖典の総称としても用いられ、転じて三蔵に精通した翻訳僧の尊称としても使われる。

47 傳燈―仏法は衆生の心の闇を照らし、明るく導くところから、仏法を燈火にたとえて言う。師から弟子へ正法を受け伝えること。また、その宗の伝統を受け伝えること。

48 一乗―「一仏乗」ともいう。衆生を仏の悟りに導いて行く教えを乗り物に喩えたもので、それにより一切衆生がひとしく仏になることができると説く。天台宗では一乗を強調し、通常一乗とは法華経を指す。

49 冊―「冊　カシック・エラブ」〈類聚名義抄・僧中〉

50 梵漢―梵(インド・天竺)と漢(中国・震旦)のこと。

51 類―「類　トモカラ・タネ・ニタリ・コトシ・シナ・タグヒ・ヨシ・オホムネ」〈類聚名義抄・佛下本〉訓みとしては、「タグヒ」「トモガラ」の両方が考えられる。「類」字は色葉字類抄において、「タクヒ」訓の二七字中第四掲出字〈中・辞字〉、「トモカラ」訓の五〇字中第二九掲出字〈上・辞字〉。

52 河西憑―河西は中国黄河以西の地の総称。憑は道憑のこと。

53 江東瑶―江東は中国揚子江下流南岸の地方を言う。瑶は法瑶のこと。

54 小山印―小山寺の僧印という意か。「斉中興寺僧印」と「小山寺法瑶」との混同か。

55 浄陽遠―晋代に潯陽に住した廬山東林寺の慧遠、或いは隋代に楊都に住した浄影寺の慧遠、いずれかの誤記か。

56 鷸蚌―鷸(しぎ)と蚌(どぶがい)との争い。無益な争いをしていると、思わぬ第三者に乗ぜられて共倒れになることを戒めた喩え。鷸蚌之争。鷸蚌相挟む。

57 偏執―一つの見解に固執して、他の見解・教えを顧みないこと。偏った執着。

58 蘭菊―中国では、古くは「蘭」はキク科の香草で、多く「菊」と対で詠まれる。

59 是非―対立する二つのものの一方に執着すること。

60 爐山龍―廬山の慧龍をさす。

61 陰―「陰　クル・クモル・クラシ・キタ・フクリ・カゲ・ヒソカニ・カクル・ハヤル・フカシ・モダス(ニ)」〈類聚名義抄・法中〉「陰　クモル・クモ」〈色葉字類抄・中・天象〉

62 光宅雲―楊都の光宅寺に住し、法華に精した梁の僧、法雲をいう。

63 強―「強　コハシ(ウス)・ツヨシ・ツトム・ナマジヒ・バカリ・スヽム・バカリ・スク・マ(ナ)シ・アナガチニ・シフ・アッシ・サカヒ・カキリ」〈類聚名義抄・僧中〉。色葉字類抄「アナカチ」訓の三字中第一(被訓)掲出字が「強」〈中・辞字〉。色葉字類抄「ナマシヒ」訓の四字中第四掲出字に「強」〈中・辞字〉。意味から見ても、訓の候補は「アナガチニ」「ナマジヒニ」の両者が考えられる。

64 苦―「苦　クルシ(フ)・ネムコロ・ハナハタ・ニガシ・ユカム・イト・アシ・キハム・イカシ・スヘシ・タシナミツヽ・スム・サヤカナリ」〈類聚名義抄・僧上〉「ネムコロ」訓の六字中第二掲出字に「苦」〈色葉字類抄・中・辞字〉

65 霊山―霊鷲山の略。霊鷲山は摩掲陀(マガダ)国の王舎城の東北にあった山で、釈尊説法の地として有名。法華経などもここで説かれたという。

66 啓―「啓」字の右傍に上部に返って補入すべき事を表す符号「✓」が施される。それを受けるべき補入部分を示す符号「○」が「誓約」と「釋尊」との間に示される。

67 随文―「隋文」は隋の高祖文帝のこと。

68 誕-顕現瑞―「誕-顕」の如くに合符が示されるが、意味が通じない。或いは合符は「顕-現」の如き位置にあるべき誤りか。「誕　サカル・イツハル(リ)・ウマル(ム)・オホイナリ・ヨコタハル」〈類聚名義抄・法上〉

69 霊異―霊妙で不思議なこと。人間の知恵では考えられないほど優れていること。「霊異　神社部・レイイ」〈色葉字類抄・中・畳字〉

70 弁瑞―本文では「弁」にも「奇」にも見えるが、他所の「スツ」訓の字「弃」に近い。不思議な吉兆、めでたいしるしの意。仏法に関する有り難い現象をいう。

71 両足―両足尊に同じ。人間の中で最も貴い人をいう。仏の尊称。

72 四教四門―天台宗の教学において、蔵教を有門に、通教を空門に、別教を亦有亦空門に、円教を非有非空門に配することをいう。

73 三観―三種の観法。天台では空観・仮観・中観に分ける。智顗は、この空仮中の三観に基づいて化法四教を構成し、また、瓔珞本業経の語に基づいて「従仮入空観」「従空入仮観」「空仮一心観」の三つを説いた。

74 三智―一切智・道種智・一切種智の三種の智慧を言い、それぞれ声聞・縁覚・菩薩に対応する。天台宗ではこの三智を空仮中の三観に配し、三観を因、三智を果と位置付ける。

75 教相―教とは仏の教説のこと、相とは異同を分別すること。仏の教説を分類して系統的かつ組織的に秩序づけることをいう。

76 大極殿―天子の居住した宮中の正殿。陳の後主が智顗を大極殿に請じ『大智度論』を講ぜさせたとされる。
▽「大極殿ノ裏ニシテ　仁王般若ヲ講ゼシニ　諸僧勅ヲ蒙リテゾ　激難鋒ヲバ競ヒケル」〈天台大師和讃〉
▽「大極殿ト者陳ノ朝ノ正殿也」〈天台大師和讃註〉
▽「傳ニ云ク開二キ釋論ヲ於大極一ニ　又講二ス仁王経一ヲ」〈天台大師和讃荻原鈔〉

77 瓦官寺―中国南北朝時代の陳都・金陵の鳳凰台にあった寺院。智顗が出家後、二三歳の時に光州の大蘇山で南岳大師慧思に会って法華三昧を行じて法華経の深義を領解したのち、陳の太建元年から瓦官寺で八年にわたって、次第禅門・大智度論および法華玄義の開講をしたとされる。

▽「晝夜ニ流瀉《ルシャ》シ給ヒテ　瓦官寺ニシテ八箇年　法華ヲ弘宣《グセン》シ給フニ　梁陳舊徳皆ナ来ル」〈天台大師和讃〉

▽「瓦官寺ト者昔内裏ヲ被造替時其ノ内裏ノ瓦ヲ埋地一ニ沙門恵可ト云人此処ニ立寺一ヲ被下其瓦一ヲ令葺也故ニ号瓦官寺一ト也」〈天台大師和讃註〉

▽「八載瓦官闡二玄風一　敷二演智度一發二禪蒙一　梁陳舊徳皆仰宗　遂入二天台華頂中一」〈天台大師画讃〉

78 渲暢―「宣暢」広く世に明らかにすること。「この法を宣暢(センチヤウ)したまひしときに」〈妙一本仮名書き法華経・三・化城喩品第七〉

79 梁陳舊徳―梁・陳は国名。舊徳は、もとからのよしみ、徳の高い人。

▽「晝夜ニ流瀉《ルシャ》シ給ヒテ　瓦官寺ニシテ八箇年　法華ヲ弘宣《グセン》シ給フニ　梁陳舊徳皆ナ来ル」〈天台大師和讃〉

▽「梁陳旧徳ト者彼ノ二代ノ間ニ古徳先徳ト被称一セ程ノ人皆来テ大師ノ説法ヲ聴問シケル也　旧徳ト云古徳ト云先徳ト云替レ共心以テ一也　大師ノ伝ノ中ニハ挙二タル旧徳号一ヲ也　所以ニ白馬寺ノ敬詔定林寺ノ法感禅林寺ノ智礼奉誠寺ノ法安此等ハ皆陳朝隋朝二代ノ間ニ播ス名徳一碩徳也」〈天台大師和讃註〉

▽「梁陳舊徳トハ傳ニ云ク白馬ノ警詔定林ノ法蔵　禪衆ノ智令　奉誠ノ法安　捨一テ指南ノ之位一ヲ　遵二フト北面ノ之禮一ニ」〈天台大師和讃荻原鈔〉

80 袖テヲ合テ―左右の袖を合わせて身なりを整える。打ち解けて服装を乱さないこと、また、相手を敬い畏まる気持ちを表す語。

▽「八載瓦官闡二玄風一　敷二演智度一發二禪蒙一　梁陳舊徳皆仰宗　遂入二天台華頂中一」〈天台大師画讃〉

81 玉泉―天台大師が隋の開皇一二年(五九二年)に故郷である荊州に建立した寺を玉泉寺という。そこで開皇一三年四月に法華玄義を、同一四年四月から摩訶止観を説いた。そのことから、「玉泉」或いは「玉泉の流れ」が天台宗の異称として用いられる。法相宗「玉花」に対する。

82 還―「還　カヘル（ス）・メクル・マクラス・シリソク・マタ・ヤム」〈類聚名義抄・佛上〉訓の候補は「カヘル」「メグル」が考えられる。同時代の仏教説話集などの用字を見ると、「還」は、「カヘル」の訓と意味で用いられた例が圧倒的多数で、「メグル」訓の確例が得られず、「メグル」は「廻」字で表記されることが多い。

83 月支―古の西域の国名。「月氏」とも書く。

84 台嶺―中国浙江省にある天台山を指す。また、我が国の天台宗の根拠地である比叡山を唐風に呼んだ異称としても用いられる。

85 外用―衆生の機に応じて外に現れる様々な作用。光明・相好・説法・神通など。内証に対する語。

86 内證―自らの心の内に仏教の真理を悟ること。また、心中深く悟り得た仏教的真理。或いは、本体や本意をいう。

87 花頂峯―天台山の別峯の一つ。天台山で修行した一〇年の間に、智顗は生涯で最も重い意味を持つ「華頂峯の證悟」を体験したとされる。

▽「其後華頂峰ニシテ　後夜ニ座禅シ給フニ　天魔ハ種々《サマザマ》悩セド　降伏《ガウブク》シ給ヒ終リニキ」〈天台大師和讃〉

▽「花頂峯ト者別伝云寺ノ北ノ別峯ヲ呼テ為花頂一ト矣　銀地ノ北ノ嶺也　此山ニ四時ニ多ク有リ花一故ニ名花頂一ト也」〈天台大師和讃註〉

▽「傳ニ云ク、寺ノ北ノ別峰、呼テ為二華頂一ト、忽チ於二テ後夜一ニ、大風抜レキ木ヲ、雷震ヒ地動キ」〈天台大師和讃荻原鈔〉

88 石城寺―天台山の西門といわれる石城山にある寺。智顗は、晋王の招きをうけて、使者と共に天台山を下山する途次、石城寺に到って病を得、一一月二四日六〇歳で入滅した。

▽「凡ソ十二年ヲ経テ　旧居《キウゴ》ニ帰リ給フ程　人跡久ク絶テコソ　竹樹林トハ成ニケレ　山ノ半ニ到ル程

俄ニ沙門相逢リ　眉髪髭《マユカミヒゲ》モ白クシテ　逡巡《タチモトホリ》テゾ隠レニキ」〈天台大師和讃〉

▽「隋帝頻リニ請ゼシニ　山ヨリ下リ給フ程　石城寺ニ到リテゾ　遷化《センゲ》ノ庭トハ宣給フ　最後ノ説法シ給フニ　辯才常ヨリ妙《タヘ》ニシテ　聴者《キクモノ》涙ヲ流シテゾ　憂ノ海ニハ沈ミケル」〈天台大師和讃〉

89 哀レハ―送られた仮名は「レハ」であるので、「あはレハ」の可能性もあるが、本資料では助動詞(形容動詞活用語尾)「ナリ」の第一音節「ナ」を略して第二音節から送った例が散見するので、「あはれなレバ」と見る。

90 龕―「龕」は仏寺の塔の下につくった小室を指す。そこに尊蔵を祀ったことから厨子・仏壇の意にも転じる。日本では、中世頃から「棺」に通用させることもあった。

▽「龕ヨリ外ノ十日ハ　道俗拝ミ奉ル　容顔変ズル事無クテ　身ヨリ汗ヲゾ流シケル　遠忌ニ至ル時毎ニ龕ヲ開テ拝スレバ　堯眉舜目美《ウルハ》シク　髭髪生《オヒ》テゾ御座《マシマシ》キ」〈天台大師和讃〉

▽「龕ト者受也　盛也　盛ハモルトヨム也　或ハ又地下ノ室ヲ二云龕一ト　是カ当二ル字訓一ニ也　収二ル聖人ノ身骨一ヲ処ヲ二云塔一ト也　其ノ塔ノ下ニ置ク宝ナル故ニサテ二云龕一也ト」〈天台大師和讃註〉

▽「傳ニ二云ク　加趺安坐シ　在レルコト外ニ十日　道俗奔リ赴テ　焼香散華シ　號シ繞リ泣テ拝ス　過二キ十日一ヲ已テ殮二入ス禪龕之内一ニ　則流二スト汗ヲ偏身一ヨリ」〈天台大師和讃荻原鈔〉

91 衣裏―法華経に説かれる七種の喩え(法華七喩・法華七譬)の一つ。法華経五百弟子受記品第八に説かれる衣裏繋珠喩(衣裏珠喩・貧人繫珠喩・衣珠喩)のこと。衣の裏に縫いつけられた宝珠は一切智・仏性を喩える。

92 鬚中―「鬚」が「髻」の誤記、もしくは関連する語だとすると、法華経に説かれる七種の喩え(法華七喩・法華七譬)の一つ。法華経安楽行品第一四に説かれる髻中明珠喩(輪王頂珠喩・頂珠喩・髻珠喩とも)のことか。髻の中の宝珠は法華経の説法を喩える。

93 往復―往き帰り、循環すること。循環して極まらないこと。

94 玄義―幽玄なる教義・道理・理論。天台宗で諸経を解釈する際、経題を釈し、その説く深奥な要旨を明らかにすることをいう。また、智顗の説いた『妙法蓮華経玄義(法華玄義)』の略称。法華文句・摩訶止観と合わせて法華三大部という。

95 頷下―「頷下之珠」のことを指す。「頷下之珠」は驪龍の頷の下にあるという珠玉。荘子・列禦寇の故事「夫千金之珠、必在二九重之淵而驪龍頷下一」による。驪龍之珠ともいう。龍の睡っているすきに危険を冒して探り採るという。手に入れ難い重宝の喩え。

▽「その磧礫を翫んで玉淵を窺はざるものは　曷んぞ驪龍の蟠まれる所を知らむ」〈和漢朗詠集・下・述懐〉

▽「あるいは虚空にかかり、衣裏にかかる、あるいは頷下にをさめ、髻中にをさむる」〈正法眼蔵・一顆明珠〉

96 止観―天台宗の根本教義。「止」は心を外界や邪念妄想に動かされず、特定の対象・真理に集中すること。「観」は不動の心が智慧の働きとなって、対象を真理に即して正しく観照すること。また、智顗の説いた『摩訶止観』の略称。法華文句・法華玄義と合わせて法華三大部という。

97 投シ身ヲ～賣シ身ヲ～―「投《なげ》シ」「賣《うり》シ」の「シ」は助動詞「キ」の連体形。

98 灰断―「無余灰断」の略。「灰身滅智」「灰滅」に同じ。「無余涅槃」「焚身灰智」ともいう。身を焼き去って灰にし、心(智)を滅失すること。心身ともに全くの無に帰し、煩悩を滅した境地。

99 常帝―「常啼」は、常啼菩薩のこと。大智度論によると、その名の由来は、衆生が貧窮憂苦するのを見て悲泣するからとも、仏道を求めて七日七夜の間啼哭したからともいう。

100 兼帯―円教に別教等を兼ね帯びることをいう。華厳部の経は円教に別教を兼ねて説き、般若部の経は円教に通・別の二教を帯びて説かれるとされる。

101 一日～片時～―「縦ひと日かた時にてさぶらふとも、ありがたうこそさぶらふべきに、まして三とせが命をのべ

て給らむ事、しかるべうさぶらふ」〈平家物語・一・願立〉

102 直―直心の略。純一でまじりけがなく、清らかな素直な心。悟りを求める心(菩提心)とされる。

103 恭薬―薬をうやまうこと。仏法では衆生の生死の苦しみを「病」に、それを涅槃へと開覚させる妙法を「薬」に喩える。

104 論讀―「論」は経文の意を論議して明らかにしたもの。或いは、三蔵(経・律・論)の一つ、論蔵のこと。「讀」は経文等を読むこと。

105 迹―垂迹。仏・菩薩が衆生を教化・救済するために、具体的な姿を示現すること、また、その身(垂迹身・変化身)。「本地」に対する語。

106 遷化―遷移化滅の意。菩薩がこの世の教化の縁が尽きて他の国土の教化に遷移する(すなわち、この世界で死去する)こと。

107 本―本地。本来の境地、本来の仏・菩薩のあり方、真実の身をいう。

108 薬王菩薩―良薬を衆生に施して、心身の病苦を治す菩薩。天台大師・智顗は薬王菩薩の化身だとされる。

▽「南岳ハ救世観音ノ後身　天台ハ薬王菩薩ノ再誕也」〈天台大師和讃註〉

109 斉度―「済度」すくいわたすこと。済は救済、度は度脱。迷いの境界にある衆生を導いて、悟りの境界へ救い渡すこと。迷い・生死の苦を海に、仏や菩薩を船師に、悟りの世界を彼岸に喩えた表現。

110 縁日―神仏と衆生とが縁を結ぶ日。有縁日、結縁日、因縁日ともいう。

111 海水之恩―「海水」は極めて大きい形容で、極めて大きな恩のこと。

▽「淮南子泰族訓、江海不レ可二斗斛一也、神異經、西南大荒中有レ人、知二河海斗斛。一」〈通俗編・地理・海水不レ可二斗量一〉

112 金鼓―音を発する仏具の中で、金属の鼓の総称。衆人を招集する時に打ち鳴らしたもの。

113 石火―石をうって発する火。極めて疾く短い喩え。また、はかないこと、諸行無常の喩え。

114 蘋蘩―「蘋蘩」はうきくさとしろよもぎ、共に草の微賤なもの。ともに神霊への供物として用いるところから、神前に供えるものをいう。粗末な供物。

115 礼奠―神仏などの前に捧げ供えること、また、そのもの。

▽「治承四年十月十二日、致二蘋蘩禮奠一」〈東鑑・一〉

116 塵界―けがれた世、俗世界。人間界。

[附記] 本稿で採り上げた表白については、既に村上美登志氏に「説話と唱導――『草案集』所収の「天台大師供表白」を中心に――」（『講座日本の伝承文学 4 散文文学〈説話〉の世界』三弥井書店）・「曼殊院蔵『草案集』「天台智者大師供養表白」註釈」（『唱道文学研究　第一集』三弥井書店）などの御高論がある。本稿を成すにあたって参考にさせて頂いた。記して深謝申し上げたい。なお、本稿で行った翻字本文・註釈とは異同があり、特に訳文（釈文）における解釈・訓読の有り様は相当に異なる。本稿に対する大方のご批正を仰ぎたく、公にする次第である。

漢語の連濁とアクセント変化

――大東急記念文庫蔵光明真言土沙勧信記に基づく考察――

榎木久薫

一　はじめに

本攷は、漢語の連濁とアクセント変化との関係について、「大東急記念文庫蔵光明真言土沙勧信記」に基づいて論じるものである。「大東急記念文庫蔵光明真言土沙勧信記」は鎌倉初期、高山寺明恵上人とその周辺において書写・加点された漢字片仮名交り文であり、字音の仮名・声点の書き入れが多く見られる。本文献はこの点において、日本語文脈の中における漢字音の性格について明らかにするために有効な資料と考えられる。(1)

二・一　漢字音の連濁についてのこれまでの理解

漢語の連濁とアクセント変化との関係について述べる前に、音変化の現象としての漢字音の連濁について考えを述べたい。漢字音の連濁は漢字音の日本語化の現象であるとされながら、和語の連濁と同様の形態音韻論的な現象であると明確に規定されて来なかった。(2)その最も大きな理由は、漢字音の連濁が鼻音韻尾字の後に著しく偏ること

による ものと考えられる。(3) 一方和語の連濁は、特に鼻音の後に限られた現象ではない。というよりも、和語の連濁が生じた時代には、和語に特殊音素としての鼻音は無かったものと考えられている。その一方で、漢字音の連濁に一単位化の意識が関わっているという指摘もなされている。(4)

二・二　和語の連濁についての新たな解釈

ところで近時、肥爪周二氏によって、和語の連濁現象について、音声的な現象としての側面と形態音韻論的な現象としての側面とを統合する新たな説が提示された。(5) 氏の説の本攷と関わる部分を、筆者の観点でまとめると次の様になる。

和語の連濁において、複合語の内部境界位置に鼻音＋阻害音系有声子音という音配列が存在した。その鼻音＋阻害音系有声子音が複合語の結合表示と内部構造表示の機能を担っていた。このような音配列（特に鼻音）が濁音の重要な示差特徴と認識された。後に複合語の内部境界以外の位置にも濁音が立つようになると、濁音の内部境界表示機能は抑制され、連濁形は結合表示のみが前面に出る形式へと転換して行く。しかし、清濁の対立が「非鼻音／鼻音」から「無声音／有声音」の対立へと転換して行くまで、このような音配列が存在した。

肥爪氏は、それぞれの段階の絶対年代を示しておられないが、本文献の書写年代と考えられる鎌倉初期に、複合語の内部境界位置に鼻音＋阻害音系有声子音という音配列が規則的に存在したと考えてよいであろう。

二．三　形態音韻論的現象としての漢字音の連濁

漢字二字以上で一語と見なされる漢語の複合語で前部要素が鼻音韻尾字であって、後部要素の子音が阻害音系無声子音であれば、結合部分に鼻音＋阻害音系無声子音という音配列が現れることになる。このような音配列は和語の複合語中には現れないものである。漢字音が日本語音化し日本語の音韻規則に従うようになった段階で、このような音配列が現れれば、語として分離しているものの様に聞き取られるであろう。漢字音の連濁は、複合語に対するこのような聞き取りを避けるために生じたものと考えられる。

後に用例を示すが、「大東急記念文庫蔵光明真言土沙勧信記」における連濁例を見ると、「眞言師」（用例⑦）以外の連濁字は複合語の後部要素と見なされる。また、「眞言師」は「眞言＋師」としたが、全体で二次的な複合語と見なし得る。

一方、非連濁例には、明らかに複合語ではなく、語として二分されると見なし得るものもある。しかしまた、複合語と見なし得るものでありながら連濁していないものもある。

三．一　漢語の連濁とアクセント変化の関係

「大東急記念文庫蔵光明真言土沙勧信記」に見られる、このような語の複合と連濁との関係について、アクセント変化の観点から考えてみたい。

考察のために、まず本文献で連濁している例と、鼻音韻尾字の後で連濁の可能性がありながら連濁していない例

を採取した。そして、用例で声点の加点されている漢字について単字の声調と比較を行い、単字の声調と異なっているものをアクセント変化の現れと見なした。

なお、単字の声調は法華経単字に示されたものによった。本文献の加点者の呉音単字声調の認識が、法華経単字と全同であるか否かは明らかでない。しかし、本文献の加点者の単字声調の認識が明らかでない現時点では、法華経単字に示されたものを平安後期・鎌倉初期の呉音単字声調の一つの規準として扱うこととする。よって、考察は用例のアクセントを個々の語のアクセントとして固定するのでなく、どの様なアクセント変化があり得たかという観点から行なう。

以下の用例表示は次の通り

*連濁字（非連濁例では連濁該当字）に右傍線を付した

*記号によるアクセント表示は、次の通り

高音節●・低音節○・入声韻尾音節△（入声軽においては高音節▲となる）

*アクセント表示において、語の境界と見なされる箇所に ― を挿入した

*（ ）内に鼻音韻尾字と連濁字（連濁該当字）の法華経単字における声調を示した

*法華経単字の声調と異なる音節に左波傍線を付した。なお、本文献において軽声点が加点されている字については、法華経単字に当該字がなくてもアクセント変化と見なした。

連濁例

① 妙《メウ》(平)音《ヲム》(去)聲《シヤウ》(上濁)ヲ（上149）○○―○●●●（去・去）

② 一切如來眞《シン》(去)實《シツ》(入軽濁)本《ホン》(平軽)願《クワン》(平濁)大灌《クワン》(去)頂《チヤウ》(上濁)光眞言加持土沙ノ（上58）○●●●（去・平）

③ 元《クワン》(去濁)曉《ケウ》(平濁)ト（上85）○●○○（―・去）

④ 不《フ》(上)空《クウ》(上)羂《クエン》(平)索《シヤク》(入濁)經ヲ（上52）●●●○○○△（―・―）
⑤ 縁《エン》(去)起《キ》(平濁)難《ナン》(去)思《シ》(上濁)ノ（上65）○●○○●●（去・平）
⑥ 縁《エン》(去)起《キ》(平濁)難《ナン》(去)思《シ》(上濁)ノ（上65）○●○○●●（去・去）
⑦ 眞言師《シ》(上濁)（上111）― ―●（去・上）
⑧ 變《ヘン》(平)化《クヱ》(平濁)身《シン》（上230）○○○（平・平）
⑨ 歡《クワン》(去)喜《キ》(平濁)愛《アイ》(平)敬《キヤウ》(平)シテ（上237）○●○○○○○（去・平）
⑩ 善《セン》(平)根《コン》(去濁)ヲモ（上37）○○○●（平・去）
⑪ 邊《ヘン》(去圏)際《サイ》(平濁圏)ヲ（上371）○●○○（去・平）
⑫ 温《ウン》(平)室《シツ》(入濁)ト（上267）○○○△（―・―）
⑬ 神《シン》(去濁)反《ヘン》(平濁)ニモ（上158）○●○○（去・平／去）
⑭ 展《チン》(平)轉《テン》(平濁)同《トウ》(去濁)說《セツ》(入)スルハ（上216）○○○○○●○△（平・平）
⑮ 妙《メウ》(平)觀《クワン》(去)察《サツ》(入濁)智（上11）○○○●○△（去・―）
⑯ 十地等《チトウ》(平軽)覺《カク》(入軽濁)ノ（上157）●○●▲（平・―）
⑰ 黃《ワウ》(去)金《コム》(上濁)ナレハ（上124）○●●●（去・去）
⑱ 亡《マウ》(去)者《シヤ》(平軽濁)ノ（上34）○●○（―・平）
⑲ 平《ヒヤウ》(去濁)等《トウ》(平濁)性(平)智（上10）○●○○○○（去・平）

非連濁例

⑳ 增《ソウ》(去濁)上《シヤウ》(平濁)果《クワ》(平)ナルカユヘニ（上398）○●○○○（平・平）
㉑ 講《カウ》(上)讃《サン》(平)セシメテ（上82）●●○○（平・平）

㉒　青《シヤウ》(上)｜丘《キウ》(平軽)大師《シ》ト（上41）●●●｜○（去・去｜）

㉓　毛《モウ》(去)端《タン》(上)｜刹《セツ》(入軽)海《カイ》(上)ノ（上143）○●●●｜●▲●●（去・｜）

㉔　不《フ》(上)空《クウ》(上)｜羂《クエン》(平)索《シヤク》(入濁)經ヲ（上52）●●●｜○○○△（去・｜）

㉕　稱《シヨウ》(去)讃《サン》(平)｜如來ト（上147）○●｜○○（去・平｜）

㉖　大圓《エン》(去)鏡《キヤウ》(平)｜智（上10）○●｜○○（去・平｜）

㉗　深《シム》(去濁)信《シン》(平)｜解《ケ》(平濁)力《リキ》(入)トニ・ヨリテ（上155）○●｜○○○｜○△（去・平｜）

㉘　展《チン》(平)轉《テン》(平濁)同《トウ》(去濁)說《セツ》(入)｜スルハ（上216）○○○○｜○●｜○○（去・｜）

㉙　成《シヤウ》(去)所《シヨ》(平)｜作《サ》(平)智ナリ（上11）○●｜○｜○（去・平｜）

㉚　親《シン》(平軽)疏《ソ》(上)｜（上659）●○●｜（去・平｜）

㉛　本《ホン》(平軽)不《フ》(上)｜生《シヤウ》(上)ニシテ（上25）●○｜●｜●●（平・去｜）

先に、漢語の連濁も和語の連濁と同じ複合語の結合表示の機能を担った形態音韻論的現象と考えられることを述べた。漢語複合語が和語複合語と同様に複合語としての結合表示を必要とするならば、アクセントにおいても同様の現象が起こる可能性がある。

和語複合名詞のアクセントに関するこれまでの研究の成果を、複合語の結合表示という観点から見ると、次の様に理解される。

和語の複合名詞アクセントは、平安末期の中央語において一単位化したアクセント形を取り、(6)また要素語のアクセントの足し合せが既に一単位形であっても、更にアクセント変化する場合がある。これは、複合語のアクセントが要素語のアクセントから変化することが、複合語の結合表示の機能を持っていたことを示すものと考えられる。

三．二　鼻音韻尾字の声調変化

まず、鼻音韻尾字（複合語としてみれば前部要素）について見る。鼻音韻尾字の声調について法華経単字の声調と比較すると、連濁例には不一致例が一例（用例⑯）見られる。しかし、この例の声点に従ったアクセントは（●○●▲）であり、連濁していながら語として分離した形のアクセントを取ることは不審である。「等」の平声軽点は、平声点の加点位置がずれたものと考えられる。

これに対して、非連濁例では、法華経単字の声調との不一致が十二例中六例（用例㉑・㉒・㉓・㉔・㉚・㉛）見られる。非連濁例は大別すると、鼻音韻尾字が複合語の前部要素と見なされるものと、鼻音韻尾字の後に語の境界があると見なされるものとに分かれる。

不一致例の内三例（用例㉓・㉔・㉛）は、鼻音韻尾字の後に語の境界があるものと見なされる。この内、用例㉓・㉔は、鼻音韻尾字が複合語の後部要素としてアクセント変化したものと考えられる（複合語の後部要素としてのアクセント変化については後に述べる）。

これに対して用例㉛では、鼻音韻尾字は複合語の後部要素ではない。この用例について見ると、鼻音韻尾字が単字声調のままであれば、アクセント的にひとまとまりとなり（○○●●●）、一つの複合語と聞き取られる可能性がある。これに対して、「本」が平声軽の声調を取れば、語として二分されることがアクセントによって示される。用例㉚は一応二字の複合語として扱ったが、声点の加点者は単字単位で別語であることを示そうとしたものと考えられる。この用例は、単字の声調のままでは、アクセント的にひとまとまりとなる（○●○）。アクセントによって別語であることを示すためには、「親」が平声軽・「疏」が上声の声調を取るしかない。用例㉚・㉛の様に、非連濁例で鼻音韻尾字の声調が単字声調と異なっている例の中には、アクセントを変えることによって、語の境界を示すことを意図したものがあると考えられる。

次に、用例㉑・㉒を見る。この二例は、鼻音韻尾字が複合語の前部要素と見なされるものである。これらの用例については、複合語の前部要素がアクセント変化していることと、複合語でありながら連濁していないことが問題となる。

複合語の前部要素がアクセント変化していることについては、次の様に考えられる。和語複合名詞においては、複合語の前部要素も後部要素もアクセント変化する場合があるが、音列の早い位置（複合語の前部要素）でアクセント変化する方が、語の結合表示のためのアクセント変化としては有効性が高いであろう。

更にこの二例については、呉音の単字声調としては存在しない二音節字上声の声調を取ることによって、単字の声調と照合することなくアクセント変化していることが理解される。

複合語の前部要素のアクセント変化が複合語の結合表示として機能し[7]、前部要素がアクセント変化している複合語において連濁しないとすれば、漢語複合語の前部要素のアクセント変化と連濁とは対抗的な関係にあると考えることが出来る。ただ、この二つの変化の先後関係（因果的であったのか否かを含めて）について、本文献の用例のみから言及することは難しい[8]。このことについては、「むすび」において今後の課題として言及することとする。

一方で、鼻音韻尾字と連濁該当字のまとまりで複合語と見なすことの出来る用例で、連濁もアクセント変化（前部要素・後部要素とも）もしていないもの（用例㉕・㉖・㉘）がある。漢語における連濁もアクセント変化も複合語の結合表示の機能を担うものであるとすれば、このような用例では、複合語としての融合度が低いことによって、連濁もアクセント変化もしていないものと考えられる。

三・三　連濁字の声調変化

次に連濁字（非連濁例では連濁該当字）について見る。連濁例では十九例中七例（用例①・②・③・⑥・⑯・⑰・⑱）で単字の声調と異なっている。(9) 連濁例では、先にも触れた「眞言師」（用例⑦）も二次的な複合語とすれば、連濁字はすべて複合語の後部要素と見なされる。

その内、用例⑥は一音節去声字が上声化したもので、単字で既に上声であったと考えられる。用例⑱は法華経単字では平声である。一音節字なので、平声軽の声調を取るとは考えにくい。平声点の加点位置がずれたものと見なしておく。

これらを除いて十九例中五例をアクセント変化例とする。これらの内には、従来呉音の声調変化として指摘されている、上声・去声字の後の二音節去声字の上声化例（用例①・⑰）もある。しかし一方で、法華経単字で去声であって平声点が加点されているもの（用例③）、法華経単字で平声であって上声点が加点されているもの（用例②）、入声軽点が加点されているもの（用例⑯）があり、単純な法則性を見出すことは難しい。

非連濁例では、十二例中四例（用例㉒・㉓・㉚・㉛）で単字の声調と異なる。その内二例（用例㉓・㉛）は鼻音韻尾字の後に語の境界があり、連濁該当字は複合語の前部要素と見なされる。用例㉚は先に述べたように、声点の加点者は、単字単位で別語であることを示そうとしたものと考えられる。複合語の後部要素と見なされるもので声調が異なるものは一例（用例㉒）のみである。しかし、非連濁例では、鼻音韻尾字＋連濁該当字に複合語とは見なし得ないものが多く、複合語と見なし得るものは五例（用例㉑・㉒・㉕・㉖・㉘）である。複合語の後部要素が非連濁であってアクセント変化しているものは五例中一例ということになる。この数値は連濁例においてアクセント変化している例と比率として大差がない。

この様に、本文献の用例からは、複合語の後部要素がアクセント変化を起こすか否かと連濁するか否かとの間に、何等かの相関があると指摘することは出来ない。漢語複合語の後部要素のアクセント変化は、前部要素のアクセント変化と異なり、連濁と対抗的な関係にはないものと考えられる。

四　むすび

本攷ではまず、漢語の連濁も和語の連濁と同じ複合語の結合表示の機能を担った形態音韻論的現象であるという考えを述べた。その考えに基づいて、「大東急記念文庫蔵光明真言土沙勧信記」の連濁例と非連濁例について、結合表示としてのアクセント変化との関連という観点から考察をおこなった。

その結果、漢語複合語において、アクセント変化（特に複合語の前部要素のアクセント変化）と連濁との間に対抗的な関係がある可能性を指摘した。ただ、先にも述べたように、この二つの変化の先後関係（因果的であったのか否かを含めて）について、本文献の用例のみから言及することは難しい。また、本文献の連濁・非連濁の用例は必ずしも多いものではない。より用例数の多く得られる文献に基づいて、詳細な記述をする必要がある。そして、更に前後の時代の文献についての調査を踏まえて、この問題（結合表示のためのアクセント変化として、漢字音の声調変化が機能していたという推定の妥当性も含めて）についての解答を求める必要があるであろう。

注

（1）本文献の書誌、漢字音の性格については、榎木久薫（一九八六）・榎木久薫（一九八七）・榎木久薫（一九八九）・榎木久薫（一

九八九）・榎木久薫（一九九一）を参照されたい。

（2）沼本克明（一九八二）

（3）沼本克明（一九八二）

（4）榎木久薫（一九八七）・江口泰生（一九九三・一九九四）・佐々木勇（一九九八）

（5）肥爪周二（二〇〇三）・肥爪周二（二〇〇四）

（6）一単位化しない例外も指摘されているが、少なくとも複合名詞では一単位化するのが基本と考えられる。

（7）複合語の前部要素が単独語形のアクセントから変化していれば後続の語と結合して複合語を形成する、という認識があれば、そのような機能を担うことになろう。

（8）ただ、音韻としての濁音（本濁字）を持つ漢字音において、連濁は単字レベルで本濁字との区別が付かなくなるという問題を生じさせる。もし他の方法によって複合語の結合表示が出来れば、漢字音の連濁は避けたい音変化だったであろうことは指摘出来る。

（9）用例⑬の「反」は法華経単字に平声と去声の複数の声点が加点されている。本文献の声点加点者の呉音単字声調は平声であったものと見なして、アクセント変化例としては取らない。

参考文献

秋永一枝ほか編（一九九八）『日本語アクセント史総合資料　研究篇』（東京堂出版）

江口泰生（一九九三）「漢語連濁の一視点—貞享版補忘記における—」（国語国文62—12）

江口泰生（一九九四）「連濁と語構造」（岡大国文論稿22）

榎木久薫（一九八六）「光明真言土沙勧信記の声点について—軽声点は意図的に差声されたものか—」（鎌倉時代語研究9）

榎木久薫（一九八七）「光明真言土沙勧信記における字音の清濁について—連濁に関する考察を中心として—」（東洋大学短期大学紀要19）

榎木久薫（一九八九）「大東急記念文庫蔵『光明真言土沙勧信記』字音振仮名・声点付き漢字分韻表」（鎌倉時代語研究12）
榎木久薫（一九八九）「光明真言土沙勧信記の字音について」（鎌倉時代語研究12）
榎木久薫（一九九一）「光明真言土沙勧信記における声調変化について――呉音去声字の上声化についての考察――」（鎌倉時代語研究14）
奥村三雄（一九六一）「漢語のアクセント」（国語国文30-1）
木田章義（一九七七）「連濁とアクセント」（国語国文48-1）
木部暢子（一九七八）「形態アクセント論的一考察――複合語アクセントの語構成・連濁をめぐって――」（語文研究46）
金田一春彦（一九三七）「現代諸方言の比較から観た平安朝アクセント――特に二音節名詞に就て――後篇（歴史篇）」（方言7-6）
金田一春彦（一九八〇）「味噌よりは新しく茶よりは古い――アクセントから見た日本語祖語と字音語――」（言語）
小松英雄（一九七七）「アクセントの変遷」（岩波講座　日本語　5　音韻）
桜井茂治（一九五八）「平安院政時代における複合名詞のアクセント法則――五音節名詞を資料として――」（国語学33）
佐々木勇（一九九八）「三重県専修寺蔵『三帖和讃』における字音の連濁」（広島大学学校教育学部紀要第2部20）
佐藤栄作（一九九八）「語構造とアクセント型」（日本語アクセント史総合資料　研究篇）
沼本克明（一九八二）『平安鎌倉時代に於る日本漢字音に就ての研究』「第四章　呉音に於る和化事象の検討　第三節　呉音に於る連濁に就て」（武蔵野書院）
早田輝洋（一九七七）「生成アクセント論」（岩波講座　日本語　5　音韻）
肥爪周二（二〇〇三）「清濁分化と促音・撥音」（国語学213）
肥爪周二（二〇〇四）「結合表示と内部構造表示」（音声研究8-2）
和田　實（一九四二）「近畿方言に於ける複合名詞のアクセント形態」（音声学協会会報71）
和田　實（一九四三）「複合語アクセントの後部成素として見た二音節名詞」（方言研究7）

図書寮本類聚名義抄における毛詩の和訓の引用について

――静嘉堂文庫蔵毛詩鄭箋清原宣賢点との比較から――

山本秀人

はじめに

図書寮本類聚名義抄に登載されている出典表示「詩」の片仮名和訓が、毛詩訓点本の訓を掲げたものであることは、夙に、築島裕氏が、具体例を挙げて指摘された如くであり、更に氏は、観智院本類聚名義抄をも含めた検討もされている。(1)

本稿では、静嘉堂文庫蔵毛詩鄭箋 室町後期清原宣賢点(2)の和訓の内、図書寮本類聚名義抄の現存部分の部首に該当する漢字に対するそれの総てを抽出して、図書寮本名義抄の和訓と個々に対照する作業を経た上で、同書における毛詩の和訓の引用について改めて検討を行う。ここでは、図書寮本名義抄の「詩」表示の和訓、即ち毛詩出典の和訓の総てについて比較検討すると共に、同書に登載されていない毛詩清原宣賢点の和訓についても検討する。以下、諸検討項目に分けて、具体例を掲げながら比較検討を行い(3)、適宜、先の築島氏の検討結果や指摘にも照らしつつ、注意される点や問題点、新たな知見等を提示して行く。

一、図書寮本類聚名義抄の毛詩出典和訓と、毛詩清原宣賢点との一致状況

図書寮本名義抄の「詩」表示和訓と毛詩宣賢点との一致例については、既に築島氏が具体例を相当数掲げて考察されており、それ以上に述べるべき点は少ないが、改めて一部の例を掲げて若干の言及をしておく（以下の挙例においては築島氏が既に掲げられているものを屢〻含むが一々断ることは省略する）。

〔図書寮本名義抄〕

正《宋云本亠政 … ヤム(上平)詩止、 …》（卜・一三一）

堅《弘云虚既乂… イコフ(平平上)詩息、》（土・二二六）

士《川云亠与仕同… コト(平平)詩事、》（土・二三四）

讃譖《千云上谷　弘云壮賃乂… イツハリ(平平上上)詩フ信、》

（「フ信、」は別筆）（言・九六）

湄《玉云莫亀乂… ホトリ(平上〇)詩》（水・四九）

諶《弘云時林乂… マコト(上上上)詩》（言・七九）

誘訹《(上) 亠酉 … ミチヒカヌカ(上上上濁上上平)詩 …》（言・九四）

除去《亠儲 … ヒラク(平平上)詩》（阜・一九六）

婬慝《亠匿 … ヨコシマ(上上上上)詩》（心・二六五）

蹶取《广云… ウコク(平平濁上)詩 …》（足・一一〇）

五《トコロ》 紽ヌヒメセリ(去平平〇〇)詩（糸・三〇二）

〔毛詩宣賢点〕

不レ能レ正《ヤムこと》《ヤムル》 也《正《は》猶レ止《の》也》（二91）

余《ワか》來《シトキにイコヘシことを》 堅《堅《キは》(去)息也・…》（二239）

謂《フ》二士《コトにヲイて》 也驕《ヲコレリと》一《箋云士《は》事也・…》（五209）

朋ー友・已《に》譖《イツハレリ》《ナリ》(去)(音)・ … 《…箋云・譖《セムは》不《そ》レ信《アラ》也・…》

（一八197）

水之《の》湄《ホトリ》（六255）

匪《す》レ諶《マコトアルに》・（一八10）

吉ー士誘《ミチヒカヌカ》 之（一400）

何《ナ》福《のサイハイか》 不《テむ》レ除《ヒラケ》（九134）

靡《ケむ》レ慝《ヨコシマ》（三14）

蹶《ウコカす》二 厥生《のを》(音)一（一六156）

素《シロキイトヲモて》《クミヲモテ江》 糸 五紽《イツスチニせり》《ヌヒメセリ江》（一326）

— （参考）五《イツ》緎《ヌヒメせり》《イツトコロヌヘリ》（一330）

初めの四例は、いずれも図書寮本名義抄において、出典表示「詩」の左傍に更に、それぞれ「止、(也)」「息、(也)」「事、(也)」「フ(不)信、(也)」（但し「フ信、」は別筆）の漢文注が附記されており、和訓と共にこの注記も毛詩の注文と一致している例である。和訓と一緒にこれらの注も採録されたと見られ、毛詩との関係を如実に物語る例である。(4)一例目・二例目の注記は毛伝、三例目・四例目は鄭箋に一致する。八例目は図書寮本名義抄「ウゴク」、宣賢点「ウゴカス」で小異があるが、図書寮本名義抄編者は「ウゴカス」を「ウゴク」＋助動詞と見た可能性があり、このような例も一致例として差支え無いものと判断される。最後の例は、清原宣賢点において「江」表示の和訓、即ち大江家の訓に一致する例であり（「絁」は「紽」の異体と見られる）、大江家訓が採られていることについては、(5)築島氏の指摘がある。これらの和訓の採録範囲を見ると、後述で掲げる例を併せ見ても、基本的に毛詩巻第一〜二十の全巻に亘っていると見られ、少なくとも巻についての特定の巻への偏りは無さそうである。

以上に掲げたものは、詩経本文における和訓を採録したと見られる例の一端であるが、図書寮本名義抄が、注に加点された訓をも採録していることは、次掲の出典表示「詩注」の例から明らかである。

土《イシ(上平)ノ》山之《ノ》戴《ケルツチ(平平)ヲ》石　者也詩注（土・二一三）— 土《イシの》山之《の》戴《イタ、》レ石《ケルツチ》者《のなり》。（一104注）

「詩注」表示の例は、毛伝中の字句を訓点と共にそのまま掲げたと見られる右一例のみであるが、(6)実際には「詩」表示の中にも、注に対する和訓に一致するものが存することは、既に築島氏の指摘がある。図書寮本名義抄編者が毛詩点本として鄭箋本を使用したことは上掲の鄭箋の注を掲げる例からも明らかであるが、注の和訓を採録したものにも、毛伝の和訓、鄭箋の和訓の両者が存するので、各数例ずつ掲げておく（挙例の所在において毛伝は「注」、鄭箋は「箋」と表示する）。

少壮《干云… ワカクサカリナリ(平上平上上〇平上)詩》（土・二三五）— 夭-夭其《はれ》少-壮《ワカクサカンなるそ》也。（一143注）

躐《類云獵ㄥ　フム(上平)詩》（足・一二一）　　躐《フミ》二其胡《シタクヒを》一・（八205注）

丨(湍)迅《トクトシ(去平平平軽)詩》（水・一五）　　激丨揚之《の》水・至湍《てトク》丨迅《トシ》・（四53箋）

湆《類云泣ㄥ　…　シル(平上)詩》（水・二六）　　魚湆《シルの》之中《ウに》（一283箋）

恚《弘云オ(於)睡乂…　フックム(平平上平)詩　…》（心・二五八）　　欲《す》二恚《フツクミイカラマク》丨怒一之・（八100箋）

一例目、四例目は熟字訓として一致する例である。二例目の図書寮本「躐」字は「躐」の異体と見られる。これらは、詩経本文には見出されなかった例を抜粋したものであるが、これらのほか、図書寮本名義抄と一致する同一の和訓が、詩経本文にも、毛伝、或いは鄭箋にも見られるものや、毛伝にも鄭箋にも見られるものなどもあり、基本的に詩経本文・毛伝・鄭箋の和訓が区別無く採録の対象になっていると見られる。

築島氏は、そのほか、毛伝説に基づく訓（宣賢点において朱「イ」表示）と鄭箋説に基づく訓（朱「ケ」表示）との両者がある場合、多く双方の和訓が採録されていることも指摘されている。該当例の一端は、後述で掲げる。

図書寮本名義抄には、「詩」表示の和訓は全部で一六五例存するが（直接「詩」表示の附されている和訓のみの数で、後述する〝疑似出典無表示〟の例はここでは除く、「詩注」一例を含む、名義抄における同一例の重出は一例に数える）、その内、以上のように宣賢点と完全に一致するもの、乃至それに準じて捉えられるものは一二五例である。残りの四〇例は宣賢点と少なくとも単純には一致しないものであるが、これらについては次節で検討する。

二、毛詩宣賢点と単純には一致しないもの

図書寮本名義抄の「詩」表示の和訓で、毛詩宣賢点において一致する和訓が見出されないものの中には、本文の字体（用字）の相違が関わる不一致かと見られる例が少なからず存する。本稿の比較検討では、一般性の高い異体

関係（「与」—「與」など）については、和訓が一致するものは一致例に扱っているが、そのような場合以外に次のようなものがある。なお以下、屢〻経典釈文（通志堂刊本影印による）の毛詩音義を援用する。

〔図書寮本名義抄〕

詳愚《イツハリオロカソ(平平上平上去去)詩》（心・二四七）

強ー（緦）《コハクネキ詩》（糸・二九九）

強緦《类云忍音　ーーコハクネキ(平上平平平軽)詩》（糸・三一一）

詒《季云亠怡　オクラヌカ(上上上上平)詩／
オクレリ(上上平上)詩　ツタフ(上上平)》（言・九七）

訝《弘云魚嫁乂迎、ムカフ(上上平)詩　…》（言・一〇〇）

踕《类捷(ママ)亠　ツマツク(上上上濁平)詩》（足・一二一）

謬《弘云千紺乂…　カツテ(平上平)詩》（言・九七）

〔毛詩宣賢点〕

賢ー者皆・佯《イツハリヲロカにして》愚　（一八58箋）

檀彊《はコハクネキ》」忍之木（四182注）

〔経典釈文〕忍《…沈云系旁作刃爲是…》

貽《ヲクレリ「イ」ヲクラヌカ「ケ」》ニ我佩《か》ー玖《を》一（四145）〔経典釈文〕詒我《音怡》

詒《ノコシ「イ」てツタフ「ケ」》ニ厥孫(平「イ」)(去「ケ」)ー謀《を》一・（一六410）

百《ハク》ー兩《ありてムカフ》　御之《…箋云…御《は》(去濁)迎《ケイ》(平濁)也・…》（一230）

〔経典釈文〕御之《五嫁反本亦作訝…》

言《ワレ》・則嚏《ツマツカン「イ」ハナヒム「ケ」》《嚏跲《チはケフ》也・…》（二102）

〔経典釈文〕疌《本又作踕又作疐…》

疐《ツマツクフム》ニ其尾《ヲにヲ、》一（八204）〔経典釈文〕疐《本又作疌…》

胡《な》憯《そカツて》莫《キ》レ懲《ヤムルこと》　（一二155）

〔経典釈文〕憯胡《七感反曾也亦作慘》

右は、一般的な異体関係では片付き難い本文の漢字字体・用字の相違が関わると見られるものである[7]（但し二例目における「強」—「彊」は比較的一般的な異体関係）。初めの二例は、熟字訓でもあるので対応関係に間違いはあるまい。なお、二例目の「強緦《コハクネキ》」（図書寮本名義抄は二箇所掲出）については、後にも改めて考察する。終りの二例は経典釈文に照らしても不確かではあるが、図書寮本名義抄が用いた毛詩本文では更に偏の相違もあったものか。なお、「詒」字の和訓については、「オクラヌカ」「オクレリ」は、それぞれ鄭箋に基づく和訓（宣賢点左訓・朱「ケ」表示）、毛伝に基づく和訓（同右訓・朱「イ」表示）の両者を採ったものかと見られる。また、「オクレリ」の次位の、直接には「詩」表示の無い「ツタフ」も、毛詩出典の可能性が高いと見られるので、字体の問題には関わらないながら併せて宣賢点の対応箇所と思われる部分を掲げた。このような、表面上出典無表示でありながら上位の「詩」が及ぶと見られる例についても、改めて後述する。

右のような事例に照らせば、次掲も或いは、宣賢点本文の「英」字に該当するのではあるまいか。但し、字書類、経典釈文等をもっても現時点では証拠は得られていない。

缺《(空白) カサル(上上濁平)詩》(糸・三〇三)

二-矛《ホウ》(平濁)・重(平)-英《エイあり》(平)・…《…矛《ホコの》有二英《の》(平)飾《カサリ》一也・…》(四225)

朱-英《エイ》・緑-縢《あり》・…《…朱-英矛《はホコの》飾《り》也・…》(二〇151)

また、「陂提《广云匙尓乂… コレ(上上)詩》」(言・九六)も「諟」そのものが宣賢点本文（毛伝・鄭箋を含む）に見出されないが、或いは図書寮本名義抄が用いた本文では、「是」のいずれかを「諟」に作っていたものか。

右のような字体に関わる不一致例以外は、殆どが、宣賢点に同じ漢字は存するが、和訓が一致しない、字音読になっている、加点が無いなどである。しかしその中でも以下の例は、宣賢点との対応関係をかなり明確に指摘できる例である。

況《真云許訪乂… コ、(平上)詩茲、マス〱(上上〇〇)…》(水・四四)

況《マス〱》(去)也・永歎《クク》(平)《況《キヤウは》(去)茲《シ》・…箋云…茲《コ、ニ》對《ムカて》之…》(九78)

〔書陵部蔵群書治要〕況《コ、ニ》也・永歎《クク》(三194)

況《マス〱》瘁《カシカミヌ》《箋云況茲《は》(平)也・…茲-益《マス〱》・憔《セウ》(平)-悴《スイす》(去)・…》(九215)

〻(話)言《上ヨシ(平平軽)詩 善言、》（言・九七）

純《亠与遁 … ツ、ム(平平上)詩》（糸・二九四）

減《玉云呼逼乂… ミソ(上上濁)詩》（水・三五）

褰縮《茲云所六乂… シ、ム(平平濁上)詩 ／

ユヒツク(上平平上) 真云宿亠》（糸・三〇五）

告《ルときは》二 之話《クワイ》-言《を》一…《話-言《は》古《の》之善言也…》（一八118）

白-茅《ヲモてトン》純(音)-束《セヌカ》《純(音)-束猶《は》二包(平)-之一(平)也。箋云…以《て》二

白-茅《を》一。裏《ツ、ミツカネて》-束…》（一403）

築《ツイて》レ城《を》(音)伊《れ》減《にす》…《減《は》成-溝也…》（一六389）

肅《シ、ムル》 霜《あり》…《肅《アリ》縮《シクはシク》(入)也。霜。降《リて》而收《シウ》レ縮《す》萬-物《を》一…》（八76）

謂レ縮《ユイツクルをイタ》レ 板也。（一一153箋）

初めの二例は、図書寮本名義抄において「詩」和訓に伴って掲げられた漢文注が毛伝や鄭箋に一致する例であり、前節の初掲四例に通ずるものである。一例目については、毛伝の「況茲（也）」を「コ、（ニ）」「マス〈〵」のいずれとも取り得ることから生じた不一致と見られるが、書陵部蔵群書治要 鎌倉中期清原教隆点における毛詩では「況也永歎」については「コ、ニ」と訓じられており、宣賢点においても当該の鄭箋では「茲《コ、ニ》」とされている。なお、図書寮本名義抄の表面上出典無表示の「マス〈〵」も毛詩出典の可能性が考えられ（但しこの次位に出典表示「書」（尚書）の和訓が続く）、宣賢点の「況《マス〈〵》 瘁《カシカミヌ》」は、むしろ「マス〈〵」に対応する可能性の高い箇所として掲げた。また最後の例においても、「シヽム」と共に「ユヒツク」も毛詩出典と考えられるので、併せて宣賢点の該当箇所を掲げた。

以上のような例のほかに、次のような特異な例もある。

〔図書寮本名義抄〕恕已《弘云尸預乂… オモハカル(平去平平上)詩 オモフ(平平上)》

衷ー(恕)《オモヒ(平平上)ーオモフ(平平上)／

オモハカリオモハカル(平去平平上平去平平上)詩》（「ー」は朱書）（心・二四二）

（参考）哀《⼇埃：オモハカル（平去平平上）詩／口部　カナシ（上上上）詩　…》（衣・三四〇）

〔毛詩宣賢点〕

哀《カナシヒ「イ」》《オモハカリ「ケ」江》《オモヒ「ケ」》二窈（上）一窕（音）《を》……《哀（音）《は》…當レ爲レ衷《ツクル》（平）《に》・衷謂《とは》二中一心恕《にオモフを》《オモハカル》一之…》（一40〜42）

〔経典釈文〕哀《…鄭氏改作衷竹隆反》

右で、まず図書寮本名義抄の「恕已」における「恕」字の和訓「オモハカル詩　オモフ」については、表面上出典無表示の「オモフ」を含めて、宣賢点毛伝の「中一心恕《にオモフを》《オモハカル》」が該当箇所と見られ、問題の無い完全な一致例である。ここで問題となるのは、それに続いて掲出されている「衷恕」の和訓の方である。「オモヒオモフ　オモハカリオモハカル詩」は熟字訓らしく掲げられているが、毛詩宣賢点本文（毛伝・鄭箋を含む）に「衷恕」は見出されない。ところが、これの下接字「恕」に該当すると見られる「オモフ」「オモハカル」の部分に注目すると、前の標出字「恕已」における「恕」の二訓と順序が逆になっているのみで同一である。この点などから推測すると、「衷恕」は本来の熟字ではなく（（諸橋）大漢和辞典や漢語大詞典などによっても「衷恕」なる熟字は見出されない）、上接の「衷」については、右掲の詩経本文の「哀窈窕」の「哀」字を、毛伝で「哀（音）《は》…當レ爲レ衷《ツクル》（平）《に》・」とある「衷」字に置き換え、それに該当する和訓を採ったもので、下接の「恕」については、「恕已」における「恕」の二訓と同じく、毛伝の「恕《オモフを》《オモハカル》」を採り、その「衷」と「恕」との和訓を接合したものではないかと思われる。但し、「衷」字の和訓として「オモヒ」「オモハカリ」を採録することは不適切ではないにしても、熟字でもないのに「恕」の和訓と一体化して「衷恕」の和訓として掲げているのは極めて違例であり（不適切と言わざるを得ない）、理由は未詳である。[8] 因みに、参考として挙げた図書寮本名義抄の「哀オモハカル詩　カナシ詩」は、この詩経本文「哀」の訓によるものと見られる。[9]

なお、「衷恕オモヒオモフ　オモハカリオモハカル詩」の一訓目は表面上出典無表示であるが、右述の状況と、抑〻この項には出典表示が二訓目の「詩」のみであることとを勘案すれば、その「詩」が上位にも及ぶと見て良かろう。上述では、このような、和訓に下接して表示される出典名が下位の出典無表示の和訓にも及ぶ可能性の高いことを指摘しており（次節でも改めて検証する）、右はそれとは逆であるので一見矛盾するようであるが、他に出典表示が存しない場合にはこのようなケースもあると見るべきであろう。形式上、統一の取れていない面もあるということにはなる。

図書寮本名義抄の「詩」表示の和訓で、毛詩宣賢点に不一致のものは、毛詩出典として確証の無いものや証拠の希薄なものなども含まれはするが、ほぼ以上のような説明に収まるものである(10)。

三、「詩」表示和訓に連なる〝疑似出典無表示〟和訓について

図書寮本名義抄の毛詩出典の和訓には、宣賢点との間で次のような対応を見せる例がある。

〔図書寮本名義抄〕悠哉《オモフラム(平平上平平)詩　オモフカナ(平平上平上)／オモフツヤ(平平上上上)》（心・二七〇）

〔毛詩宣賢点〕悠《オモフ》《オモフツ江》《オモフカナ》　哉・悠《オモフ》　哉・（一58）

築島氏は、この例について、「詩」は、直接附されている「オモフラム」のみならず、下位の「オモフカナ」「オモフツヤ」にも掛かるということが、宣賢点との対比から判明するとされ、他にも同様例を掲げられている。本稿でもこの種の例については前節で既に言及している通りであり、首肯される指摘である。即ち、「オモフカナ」「オモフツヤ」は表面上、出典無表示であるが、実際には上位の「詩」表示が及ぶものと見られ、いわば〝疑似出典無表示〟とでも称すべきものである。このような例は、出典名が下接表示される片仮名和訓においては、他の出典を含め、屢〻見られる。ところが、大槻信氏は、これを全面的に否定し、右で言えば「詩」は直接附されている「オ

モフラム」のみを指し、下位二訓は純然たる出典無表示であるとされた。更に、もしこの下位二訓が実際には毛詩出典であるとすれば、図書寮本名義抄本来の掲出形態が崩れたものであって、そのような例は総て図書寮本名義抄の転写の過程において生じた誤写の可能性が高いとされた。[11]これに対して、稿者は、毛詩出典の他例や毛詩以外の出典の例を数例挙げて、このような場合、少なくとも原則として、下位の表面上出典無表示である和訓にも掛かると見られることを述べた所である。[12]

ここでは、「詩」表示に続く〝疑似出典無表示〟の和訓が、実際に毛詩宣賢点とどの程度一致するか、該当全例を対象に検討する。これによって、改めて右の問題の検証ともしたい。この場合、右掲例のように、下接型出典表示の和訓が「詩」のみで他出典が存しない場合と、他出典も併せて掲出されている場合とでは、一旦分けて検討することが有効と思われる。まず前者から見て行くと、右掲例と、既に掲げた「詒オクラヌカ詩 オクレリ詩 ツタフ」「縮シヾム詩 ユヒツク」「恕オモハカル詩 オモフ」以外では、次の四例がまず注目される。

〔図書寮本名義抄〕

□説《弘云始悦乂… ツク（平上）詩ㅗ悦服、ヤトル（平平濁上）舎、…》（言・七九）

跲《（空白）ツマツク（上上上濁平）詩 フム（上平）》（足・一二一）

|（灌）注《（下）ㅗ鑄… イル（上平）詩 ツク…》（水・九）

單縫《ㅗ逢… ヌヘル（平上平）詩 ヌヒメ（平平平）》（糸・二九二）

〔毛詩宣賢点〕

我《か》心則説《ツキヌ》《説《は》服也》（一265）

召-伯《か》所《なり》レ説《ヤトシ》《説《セイは》（去）舎也・…》（一300）

跆《ツマック》《フム》二 其尾《に》一・（八205注）

＼注《ソヽクコレに》《イル》レ茲・（一七271）

注《ツケたり》二 旄《を》於干《サヲのハシに》首一・（三145注）

羔-羊之《の》縫《ヌヘルあり》・（一332）

弁《カウフリ》 之縫《ヌヒメのウ》 中《に》（三206箋）

いずれも各二訓とも揃って宣賢点と良く一致し、毛詩出典の可能性が高い。特に最初の例は、「詩」表示のある

「ツク」に附加された「服、(也)」の注記と、〝疑似出典無表示〟「ヤドル」に附加された「舎、(也)」の注とが、共に毛伝と一致しており、「ヤドル」が毛詩出典である蓋然性の高さを良く物語っている。[13]

凝然《憲云魚陵乂… コル(上平)詩　サタマル(平平濁上平)定、》　(丶・六八)

漑灌《上… 下明憲云貫ㄴ… ソ、ク(上上平)詩　コムラ(平平上)藂、

真云貫ㄴ》(水・九)

阜《東云… オホイナリ(平平○○○)詩　サカリナリ(上上上○○)

ユタカニス(平上○○○)　禾云平行圓》(阜・一八六)

如ニ凝脂《コレルアフラの》一(三236)

靡レ所ニ止《トヽマリ》一疑《サタムル》一…《疑《は》定也…》(一八160)

裸灌《はソヽクそ》レ罍《に》也(一六34注)

其《れ》灌・其栵《れあり》(去)…《…灌《は》藂《ソウ》一生《アツマリヲヒタルソ》也…》(一六260)

孔・阜《ハナハタオホイなり》《サカリ》(六198)

(参考)爾殽既阜《にオホシ》(一四177)

右の一例目は、「凝」に対する「コル詩　サダマル定、」の内、〝疑似出典無表示〟の「サダマル」が宣賢点に見られないが、附記された「定、(也)」と毛伝との一致を勘案すれば、右の「疑サダムル(サダム)」が対応箇所と見られる。「凝」―「疑」の相違があるが、一般に「疑」字は「凝」に通用される場合がある。「サダマル」―「サダム」の相違もあるが、文意としていずれも不適ではない。二例目は、〝疑似出典無表示〟の「コムラ」がやはり宣賢点に存しないが、附記された「藂、(也)」が右掲箇所の毛伝「藂生也」によっている可能性が考えられ、この詩経本文の「灌」の和訓である可能性が高い。三例目は、〝疑似出典無表示〟の二訓の内、一訓目の「サカリナリ」は宣賢点に見出されるが、二訓目の「ユタカニス」は見出されないという例である。[14] 或いは「ユタカニス」には「詩」が及ばず、真に出典無表示である可能性もあるが、宣賢点に「オホシ」があるので、これに該当することも可能性としては考えられなくはない。

以上のほか、「濯ス、グ詩　テアラフ」(水・一六「洗濯」)、「洿シボル詩　アラフ」(水・四四「著洿」)、「警イマシム詩　オドロカス」(言・八五「警宿」)があり、これらは〝疑似出典無表示〟の和訓が宣賢点には一致せず、対応箇所の特定も困難である

が（「詩」表示の和訓の側にも同様のものを含む）、宣賢点に漢字自体は存するので、毛詩出典の可能性が無いわけではない（宣賢点に「洿」字は見られないが通用する「汙」字は存する）。但し、不確かな例であることには間違い無い。なお、前節で取り上げた「衷恕オモヒオモフ　オモハカリオモハカル詩」のように、下接型出典表示の和訓が「詩」のみで、〝疑似出典無表示〟の和訓の方が上位に掲げられるケースは、その一例のみである。(15)

また、次のような例は、「詩」以外の出典の和訓が掲出されてはいても、配列から見て、他出典の出典表示が〝疑似出典無表示〟の和訓に及ぶ可能性は無いものであり、右述の「詩」のみの場合と同列に考えられる。なお、終りの二例は、「衷恕オモヒオモフ　オモハカリオモハカル詩」のように〝疑似出典無表示〟和訓が上位にある例である。

〔図書寮本名義抄〕（簡略に掲げる）	〔毛詩宣賢点との一致〕
息ヤム易　ヤスメリ記　トヾマル詩　イコフ（心・二三七「子息」）	○トヾマル　○イコフ
素スナホ易　シロシ詩　モトヨリ（糸・二八九「素在」）	○シロシ　○モトヨリ
沐ユスル　アム詩　カシラアラフ集（水・一七「沐浴」）	▲ユスル　▲アム
淪マミレヌ　ヒキヰル詩　シツメリ後　ホロフ聿　カクル集（水・二〇「淪没」）	▲マミレヌ　△ヒキヰル

（下欄凡例）傍線附き……〝疑似出典無表示〟和訓

○……一致するもの

△……和訓は一致しないが（音読等を含む）対応箇所が特定可能であるもの

▲……漢字は存するが対応するか否か或いはいずれに対応するか不明確であるもの

終りの二例の〝疑似出典無表示〟和訓は毛詩出典か否か不明確であるが、初めの二例は毛詩出典と見られる。

次に、「詩」に続く〝疑似出典無表示〟和訓の次位に、更に他出典の下接型出典表示の和訓が続く場合を検討する。

〔図書寮本名義抄〕恩恩怨《(上)弘云オ(於)根乂…

ウツクシム(平平平上平)詩　ネムコロナリ(平上平濁平〇〇)愛、ヲシム(平平上)切》（心・二四四）

〔毛詩宣賢点〉 恩《ウツクシムシ「イ」》《ネンコロニシ「ケ」》レ斯《コレを》…《恩愛《は》・…》（八93）

〔図書寮本名義抄〉 陂澤《川云土宅… ウルホフ（平平○○）ヒ（平）詩 ウツクシヒ（平平○○○） ナタラカナリ（平平濁上○○○）／シタラカナリ（平平濁上○○○）顔　真云タク》（水・四八）

〔毛詩宣賢点〉 其澤《ウルホヒ》（入）・浸潤《にして》（一四78箋） 先王之澤《なり》《ウツクシヒナリ江》（音）也・（一28） 赤《して》而澤《ナタラカナルそ》也・（六271箋）

前者の「恩ウツクシム詩 ネムゴロナリ愛、」の二訓は、宣賢点の同一箇所の、毛伝に基づく訓（「イ」表示）、鄭箋に基づく訓（「ケ」表示）にそれぞれ一致し、「愛、（也）」も毛伝と一致する。後者は「詩」に続く〝疑似出典無表示〟和訓が二訓存する例であるが、「詩」表示の和訓と共に、三訓とも宣賢点に一致する。これらの〝疑似出典無表示〟和訓については、更にこれらに後続する、それぞれ「切」（小切韻）、「顔」（顔氏家訓）が存し、それらが出典ではないこと、若しくはその可能性の低いことをも検証して更に詰める必要性はある。その点は未考であるが（小切韻は逸書）、毛詩出典の可能性の高いことは、右の毛詩宣賢点との比較対照のみによってもまず疑いの無い所である。

右以外の例を、先と同様に簡略に掲げる。

〔図書寮本名義抄〕

況イフ易 コ、詩 茲、マス〳〵 ナラフ書 タトヘテ真（水・四四）

将オクル詩 オコナフ トス巽 モテ集（〻・六八「将ー（将）」）

謂ツトメ詩 カタル イフ記 ノタバ《ウ》ク論 オモフ聿（言・九〇）

陰ヒソカニ記 クモル詩 カゲ キタ巽（阜・二〇二）

懐ナツク書 ハラム記 イダク ヤスシ詩 オモヒ《フ》 イタル ナツカシムズ侖

キタス巽 来、 ムダク列 ヨル フトコロ礼 フトコロニス集（心・二四四）

（参考）懐ナツク書 ハラム記 ヤスシ イダク イタル オモヒ巽 キタス来、

〔毛詩宣賢点との一致〕

○コ、 ○マス〳〵（前節参照）

○オクル ○オコナフ

○ツトメ ○カタル

○クモル ○カゲ

○ヤスシ ○オモヒ・オモフ ○イタル

ムダク列　ヨル　ナツカシムズ侖　フトコロ礼　オモフ詩
フトコロニス礼（心・二七三）

濱ホトリ詩　ホトリセリ　ソフ後（水・五五「河濱」）
慄オソル詩　ヲノ、ク　オヅ巽（心・二四五「悚慄」）
約ツヾマヤカニ易　セハ〳〵シ侖　ユヒツク詩　ユハフ　コムデ聿（糸・三〇九「指約」）
衣キヌキス詩　コロモキス　キテ列（衣・三二七）

○ホトリ　▲ホトリセリ
○オソル　▲ヲノ、ク
○ユヒツク　▲ユハフ
○キヌキス　▲コロモキス

右では〝疑似出典無表示〟和訓の六例が毛詩宣賢点に一致するが、▲印の四例は、毛詩宣賢点に同一の和訓が見られず、不明確な例である。しかし、いずれも、それぞれ上位の「詩」表示和訓と同じ箇所の異訓であったとしても矛盾はしないものである。なお、後続の出典からの検証は現段階では殆ど未了であるが、抑〻右の〝疑似出典無表示〟和訓には、多くの漢籍に共通して見られる和訓が少なくない。例えば「謂ツトメ詩　カタル　イフ記」の「謂カタル」は、実際には後続の出典「記」、即ち史記（上杉家旧蔵室町点による）にも見出される和訓であり、その意味で、個別に見て「謂カタル」が毛詩出典である（史記出典ではない）ことを証明することは不可能であると言わざるを得ない。しかし、上述で検証して来たように、蓋然性の高い例が少なくないことから、総合的に判断して、右においても下位の〝疑似出典無表示〟和訓に、直上の出典表示が及ぶ可能性が高いと考えるべきであろう。

なお、「懐ヤスシ詩　オモヒ《フ》　イタル」について参考に掲げたように、「懐」の項は二七三頁にも重出されており、そちらでも、結果的には同じ和訓が総て掲出されているが、出典には相違するものがある。これらの和訓のかなりのものが多くの漢籍に共通して存することを物語っているものの、〝疑似出典無表示〟和訓に関して眺めると、二七三頁では「オモフ」が「詩」表示で挙がっていることが注意されるほか、二七三頁では「オモヒ巽」（「巽」は文選）に後続する「キタス来丶」が二四四頁では「来丶」と共に「巽」表示で挙がっていることが注目される（以上傍破線部）。

この例は、文選の「允《マコトに》・懐《キタす》多福《を》」（「懐」左傍に「来也」）（九条本南北朝点[16]・巻一・東都賦）の「懐」の和訓と注とを採ったものと見られる。直上の出典表示が、下位の〝疑似出典無表示〟和訓に及ぶことを端的に示す例と言えよう。

〝疑似出典無表示〟和訓については、以上のほか、例えば、右掲の「懐…ハラム記 イダク ヤスシ詩 オモヒ《フ》 イタル ナツカシムズ論 …」においては、「ヤスシ詩」の上位の「イダク」も問題となる。稿者のこれまでの検討・考察によれば、その上の「記」（史記）が「イダク」にも及ぶ可能性が高いと考えられるが、大槻氏の説では、「イダク」も含めて「詩」が受けるとする（その下位の「オモヒ《フ》」「イタル」には「詩」は及ばずこれらはその下位の「論」（論語）が受けるとする）。しかし、「懐イダク」は諸書に広く見られる和訓であり、実際この和訓は史記（上杉家旧蔵室町点）にも毛詩宣賢点にも存し、少なくともこの例については、出典を実証することは不可能に近い。このように、「詩」より上位に掲出された他出典の和訓と「詩」表示の和訓との間に挟まれる形で掲出されている〝疑似出典無表示〟和訓の、他の例を見ると（傍線を施す）、「汙ケガル礼 シホル アラフ詩」（水・一四「染汙」）、「汔ホト、ヾ易 ツク アヤフシ詩」（水・六三）、「正タヾス易 カミ書 マツリゴト ヤム詩 止、タヾシク巽 タヾ聿」（卜・一三二）の三例が存する。これらにおける各「詩」表示の三訓の方はいずれも毛詩宣賢点に一致する（「正ヤム詩 止、」は第一節参照）のに対して、〝疑似出典無表示〟三訓はいずれも、少なくとも宣賢点には一致する和訓が見出されず、毛詩出典の可能性は低いと言えよう。上位の出典からの検証も必要であるが、このような掲出の場合、下位の出典表示はその上の〝疑似出典無表示〟和訓には及ばない可能性の高いことを示していよう。

四、図書寮本類聚名義抄に見られない毛詩宣賢点の和訓

第一節において、図書寮本名義抄における毛詩出典の和訓の採録範囲には、毛詩の特定の巻への偏りは無いと見

られることを述べたが、原則的に毛詩の和訓の総てを採録しようとしたのか否かを言えば、否ということになる。毛詩宣賢点に存する和訓には、図書寮本名義抄において毛詩以外の出典で採録されているものや、それに近似する和訓を除き、同書に採られていないものは多数に上る。例えば、「水」部所属の漢字の例を掲げれば次のようなものである（左訓の例など一部省略したものもある、原則として読添え語を除去し活用語は終止形にて挙げ、宣賢点における「イ（毛伝）」「ケ（鄭箋）」「江（大江家）」表示は付けたままとする）。(A)〜(D)の四類に分けて掲げ、その内部の（a）は図書寮本名義抄において他にも和訓が全く掲載されていないもの、（b）は他の和訓が掲載されているもの、（b′）はその中で他の毛詩出典の和訓が掲出されているもので、（b′）ではその毛詩出典の和訓を〝疑似出典無表示〟も含めて（　）内に掲げておく。

(A)　漢字自体が極めて平易で且つその漢字に対して極めて一般的な和訓であるもの

（a）水《ミヅ》　洗《アラフ》　波《ナミ》　淺《アサシ》　泣《ナク》　滿《ミツ》　（b）濁《ニゴル》

(B)　右以外の比較的よく用いられる漢字でその漢字に対しては一般的な和訓であるもの

（a）淑《ヨシ》

(C)　比較的特異な和訓であるかまたは漢字自体が比較的珍しいもの

（a）湑《シタム》　泮《トク・ツヽミ・キシ》　淫《オホイナリ》　湛《タノシブ》　濬《フカシ》　漘《ホトリ》

（b）潰《トグ・ミダル》　涼《ウスシ「イ」・マコトナリ「ケ」》　流《モトム「イ」「ケ」・クタツ・カハル》　沮《ヤム「ケ」》　渴《ムサボル・ネガフ》

漂《フク》　滅《ツクス・ソコナフ》　渫《ケガス》　浸《ウルホス・ヒタス》　溥《オホイナリ・ヒロシ》　溢《ツヽシム「イ」》

滯《トヾマル》　涯《ホトリ》　滌《ハラフ》　涵《イル「イ」・オナジ「ケ」》

（b′）濯《オホキナリ（スヽグ詩　テアラフ）》　洵《サカル（マコト詩）》　涘《キシ（ホトリ詩）》　滸《キシ江（ホトリ詩）》

(D)　図書寮本名義抄に漢字自体が標出されていないもの

濩ニル　溽ホトリ　涖ノソム　沛シタム　洞トホシ

このように、図書寮本名義抄に採録されていない毛詩宣賢点の和訓は、毛詩出典の和訓（「詩」表示一六五例、内「水」部二八例、「詩」が及ぶ可能性の高い〝疑似出典無表示〟を加えて全一九五例、同「水」部三八例）よりもむしろ多数に上り、図書寮本名義抄の依拠した毛詩点本と宣賢点との訓の相違も一部には関わると予想されるが、それのみでは説明出来ない。これに関しては、嘗て稿者は、図書寮本名義抄に採録されていない史記の和訓について検討し、そこでも同様の結果を得ている。そしてそれらには、漢字とその和訓とも極めて平易であるために依拠した点本に附訓されていなかった可能性の考えられるものが若干認められた一方、その漢字が珍しい意味で用いられているのに伴い和訓も特異であったり漢字自体が珍しいために、必要度が低いとして敢えて採録されなかった可能性の高いものが相当数認められた。(17) この点は毛詩についても同様であり、(A)が前者に該当すると考えられ、(C)(D)は後者に該当すると考えられる。例えば、採録されている「濯ス、グ詩　テアラフ」に対して、不採録の「濯オホキナリ」はかなり特異な和訓と見られる。

この点に関して、史記では、図書寮本名義抄に採録されていない比較的特異な和訓については、字義を示す集解注が存する場合が、採録されているものに比べてかなり多いことを指摘した。右の毛詩でも、不採録の(C)(D)では、やはり「淫オホイナリ」―「淫大」、「涼ウスシ「イ」・マコトナリ「ケ」」―「涼薄也箋云…涼信也」、「濯オホキナリ」―「濯大」、「濩ニル」―「濩煮之也」、「洞トホシ」―「洞遠也」等々、毛伝・鄭箋を伴うものが大半を占める。但し、毛詩の場合は、図書寮本名義抄に採録されている和訓においても、これまで指摘した如く「正ヤム詩　止、」「士コト詩　事、」「説ツク詩　服、ヤトル舎、」等のように、毛伝・鄭箋の注記を附記して掲げているものが少なくなく、字義を示す毛伝・鄭箋が存するような比較的特異な和訓をも、かなり採録していることを示していると言えよう。史記の場合も、採録、不採録に明瞭な境界があるとは言い難いが、毛詩の場合は、史記の場合よりも一層それが不分明と言うべきのようである。

五、形容詞「ネシ」について

図書寮本名義抄には、毛詩出典として、「強綛《コハクネキ》」なる、難解とも言うべき珍しい和訓が掲げられている。

〔図書寮本名義抄〕綛《类云忍亠》　強ー（綛）《コハクネキ詩》（糸・二九九）

強綛《类云忍音　ーーコハクネキ（平上平平軽）詩》（糸・三二一）

同じ「糸」部に二箇所掲出されているのは、図書寮本名義抄における不整備によると見られるが、「綛」字が漢籍等に容易に見付からない上に、観智院本名義抄では、これが、

〔観智院本名義抄〕綛《亠忍　強ー　／　クネキ（平平平）》（法中六三オ）

と掲げられ、「綛《クネキ》」なる奇妙な和訓に化けてしまっているため、如何なる和訓・語であるのかを一層分からなくしてしまっている。しかし、第二節に既に掲げたように、毛詩宣賢点の次掲毛伝の「彊忍《コハクネキ》」が、この和訓に対応すると見られる（経典釈文も参考に掲げる）。

〔毛詩宣賢点〕無《れ》レ折《ヲルこと》ニ我《か》樹ー檀《を》一《…檀《は》彊忍《コハクネキ》之木》（四182）

〔経典釈文〕忍《本亦作刄同而慎反依字木旁作刄今此假借也沈云系《（ママ）》旁作刄爲是案系旁刄音女巾反離騷云紉秋蘭以爲佩是也》

宣賢点では、「綛」を「忍」に作るが（「強」―「彊」は一般的な異体）、これにより、「強《コハク》綛《ネキ》」と漢字には対応し、「綛《ネキ》」は「ネシ」なる形容詞の連体形であるらしいことが判明する。なお、経典釈文には字体について、字義の適否はともかく「杒」「紉」の記載が見られる。また、毛詩注疏（足利本南宋刊本等による）の本文では、「強

紹」（「殭忍」）を「殭韌」に作っている（「韌」は「強靭」の「靭」の本来の字）。毛詩宣賢点には更に、「忍ネシ」が二例、鄭箋において見出される。

〔毛詩宣賢点〕采レ薇《を》・薇亦剛《コハシ》止《…箋云剛《とは》謂二少《ワカウして》堅《ク》忍《ネキ》（去）時一《を》》（九179）

白ー華菅《をカンにす》（平）兮・…《…箋云…菅《は》柔ー忍《ヤハラカニネクシテ》中《にしてアタル》レ（去）用《に》（音）矣・…》（一五203）

この「紹」「ネシ」に関連しては、三巻本色葉字類抄に、

〔黒川本色葉字類抄〕黏（黏）《ネユ／ネヤス／ネエタリ》紹糊膠《コ》（以下一一字略）《已上同》（中三一オ・ネ辞字）

の掲出が見られるのが注意される（二巻本では「黏《ネユ》（黏）《ネエタリ》紹…」）、十巻本伊呂波字類抄では著しい混乱あり）。これについて、佐藤喜代治氏は『色葉字類抄』（巻中）略注』（一九九五年四月）において、図書寮本名義抄の「強紹コハクネキ詩」と、毛詩の対応箇所（「殭韌」に作る本文による）、経典釈文を掲げ、「「ネキ」は「韌」の意で、「黏《ね》ゆ」という動詞に対して「ねし」という形容詞があり、「ねき」はその連体形であろう。」と述べられている。この指摘の通り、「ネシ」の語幹「ネ」は「ネユ・ネヤス」の「ネ」と同根であろう。[18] 一方、二巻本世俗字類抄、節用文字には、

〔二巻本世俗字類抄〕黏（空白）　忍《ネウス》（天理本上九二ウ・ネ辞字）

〔節用文字〕　糊《ネヤス》黏《同》忍《ネウス》（四七オ・ネ辞字）

とあり、別に「忍ネウス」が掲載されている（七巻本世俗字類抄は「ネ」部を欠く）。この「ネウス」は形容詞「ネシ」の連用形（ウ音便形）＋サ変動詞「ス」の可能性が高い。[19]

ところが、この形容詞「ネシ」は、日本国語大辞典、角川古語大辞典、（小学館）古語大辞典 等々、現今の諸国語辞典・古語辞典類を検じても掲載されているものを見ず、右の佐藤氏論考以外には、この形容詞について記述したものを未だ見出し得ていない。これまで殆ど認知されることの無かった形容詞のようである。

毛詩宣賢点の例から「ネシ」の意味を考えると、弾力があって強い、良くしなって折れたり切れたりしにくい、強靭である、などの意味であろうかと思われる。これについては、同じく清原宣賢による毛詩抄も参考になる。「檀彊忍之木」に対して、「注ニ梅檀ハ。ネバイ木ヂヤ。忍ノ字ハネバウコラユル心ゾ。ネバイホドニ車ニックルゾ。」（両足院本・四18オ、濁点を私に補う）とあり、「忍《ネシ》」に対応する語として「ネバイ」を用いて説明している。「ネバシ」は、鎌倉以降に現れる語のようであり、ねばねばする意味合いを含むこともあるが、毛詩抄の記述によれば現代語で言う「粘り強い」に通う意味もあったかと見られ、或いは中世以降「ネシ」に取って代わった語であるのかも知れない。

この形容詞「ネシ」は、図書寮本名義抄、毛詩宣賢点、二巻本世俗字類抄・節用文字以外には、改編本（観智院本・蓮成院本）名義抄における一例を見出している。

〔観智院本名義抄〕勁《居政又 ｌ切急、アナカチニ／禾シ 東人、(云)シネシ》（僧上四六ウ）

（参考）勁勁(ママ)《今正 居政又 ハケシ(平平濁〇) コハシ(平平上)／ツヨシ(平平上) 勁谷》（僧上四二オ）

〔蓮成院本名義抄〕勁《居政又 ｌ切急、／アナカチニ／ネ《イ》シ 東人々(云)シネシ》（僧二四ウ）

（参考）勁勁《今正 居政又／ハケシ(平平濁上) コハシ(平平上)／ツヨシ(平平上) 勁谷》（僧二一オ）

観智院本名義抄で「勁」字に「禾シ」とあるものがそれで、「禾」は「ワ」の一体であるが同本では間々「ネ」の誤写があり、蓮成院本では「ネシ」であるので（傍書「イ」は異本を表す）[20]、「ネシ」の可能性が考えられる。「勁」は「勁」の異体、乃至通用する字と見られ、「勁」の和訓「コハシ」「ツヨシ」なども併せて見ても、「ネシ」の可能性が高いと見られる。なお、両本でその下に「東人云」として続く「シネシ」は逆に「シ禾シ」の誤写の可能性があり、もし「シワシ」であるなら、現代語に、粘り強いという意味の、方言性が強いかと見られる形容詞「しわい」が存在するのが思い合せられる。[21]

現時点ではこれら以外には形容詞「ネシ」の例は未見であり、更に発見されることを期待したい。

むすび

図書寮本類聚名義抄に登載されている毛詩出典の和訓について、毛詩清原宣賢点との比較を行い、両者が問題無く一致するもののほか、宣賢点に一致しない和訓、「詩」表示に連なる〝疑似出典無表示〟の和訓、図書寮本名義抄に採録されていない毛詩宣賢点の和訓についても検討・考察を行い、関連して、形容詞「ネシ（認・忍）」についても言及した。今後は、図書寮本類聚名義抄に採録されなかった毛詩の和訓が、改編本（観智院本）ではどのような採録状況にあるのかなどが、大きな問題として残る。[22] 今後の課題としたい。

注

（1）築島裕①「訓読史上の図書寮本類聚名義抄」（「国語学」第三七輯、一九五九年六月）（『平安時代の漢文訓読語につきての研究』一九六三年三月 所収）、②「静嘉堂文庫蔵本毛詩鄭箋古点解説」（『毛詩鄭箋㈢』古典研究会叢書 漢籍之部3、二〇〇四年九月 附載）。以下本稿で築島氏の指摘等に言及する場合は、原則としてこの両論考におけるものである。

（2）清原宣賢が永正十八年（一五二一）から天文四年（一五三五）の間に加点したもので、清原頼業（一一二二～一一八九）の訓説を伝えたものと見られる。築島裕 注（1）②解説参照。

（3）図書寮本類聚名義抄は勉誠社刊影印本により、挙例においては、割注は原則として《》に括って掲げ、割注内の改行は特に必要と思われる箇所のみ／にて示す。声点は（平）（平軽）（上濁）等の表示に代え、和訓の声点を除く朱点（朱仮名を含む）は原則として省略する。静嘉堂文庫蔵毛詩鄭箋清原宣賢点は汲古書院刊（古典研究会叢書 漢籍之部）影印本により、割注を本行の字句と共に掲げる場合には同前とし、ヲコト点は平仮名に代え（返点を兼ねるテ点はその点自体も示す）、声点は同前に、音読符は（音）に代え、朱書の「イ」（伝）、「ケ」（箋）はこの通り「 」に括って示す。当該字以外に対する左訓などの異訓は繁を避けて省略することがある。他の資料も特筆以外は公刊されている影印本により、挙例についてもほぼ右に準ずる。

（4）松本光隆氏の口頭発表「図書寮本類聚名義抄における毛詩出典の和訓について」（第一二回鎌倉時代語研究会研究集会、一九八七年八月、於広島大学）においても、書陵部蔵群書治要 鎌倉中期清原教隆点の毛詩などにより、同様の指摘がある。

（5）図書寮本名義抄が拠った毛詩点本の系統に関しては、第四節に掲げるように大江家訓にも採録されていないものが見られるが、同節で述べるように図書寮本名義抄は毛詩の和訓の総てを採録してはいないこと、宣賢点に大江家訓が併記されているのは清原家訓と異なる箇所のみであるはずであり清原家訓と同一の大江家訓も存在したと推測されることなどを考慮すれば、図書寮本名義抄は大江家の加点本に拠ったということも可能性としては想定され得よう。なお、毛詩の大江家訓の性格については、小林芳規『平安鎌倉時代に於ける漢籍訓読の国語史的研究』（一九六七年三月）第五章第二節「大江家の訓法の特徴」を参照。

（6）図書寮本名義抄「石《⼟磧 … 川云禾ｌ以之（上平）ツチ（平平）見土字注》」（石・一四七）の出典表示の無い「ツチ（平平）」に附記された「見土字注」は或いはこれを指すか。なお、築島氏は、注（1）②解説において、「詩注」の例に対して、宣賢点の別箇所「石《ツチの》山之《の》戴《ケルを》レ土《イシ》・曰砠《ショと》」（一113）を対照の上、本文の相違例として指摘されているが、少なくともこれについては誤認されたものである（注（1）①論考では当「土山…」を対照されている）。本文に相違の少なくないこと自体は同氏の指摘の通りであり、その点は本稿第二節の考察でも判明する。

（7）静嘉堂文庫蔵毛詩鄭箋の本文は南宋刊本に拠っている。注（1）『毛詩鄭箋㈢』附載 米山寅太郎「毛詩鄭箋解題」参照。宣賢点において、訓点を依拠した本と本文が異なる場合には注記が附されているが（「維」に対して「唯本」など）、概して大きな相違は無く、それによって解決される例も存しない。

（8）「オモヒ」「オモフ」の間に朱書の「ｌ」があるが、字間に空きがあったため上下を繋いだものかと見られ、標出字に合せて一体化しているとは言えるものの、このような熟字訓様の形式にした理由とは直接の関わりは無さそうである。なお、衣部掲出の「衷」字（「得衷」三三〇頁）にはこの和訓を含めて毛詩出典の和訓は掲げられていない（「ヨシ書アタル」を掲げる）。

（9）「口部」とする注記が何故か「オモハカル詩」「カナシ詩」の間にあるが、毛詩とは直接の関係は無さそうである。

（10）但し、解決の付いていないものとして「謬アヤマツ詩」（「紕謬」言・九八）がある。和訓としては比較的一般的なものと思われるが、「謬」字が毛詩宣賢点に毛伝・鄭箋を含めて見出されない。「謬」は屢ゝ「繆」と通じ、「繆」字は宣賢点に見られるが、いずれも「綢繆」（まつわりつく、稠密などの意）で用いられており、字義が合わず、対応箇所とは普通には考えにくい。

（11）大槻信「図書寮本類聚名義抄片仮名和訓の出典標示法」（「国語国文」第七〇巻第三号、二〇〇一年三月）。氏は、このような下接型出典表示では、同一出典の和訓が複数列挙される場合には、その最後の和訓に出典が表示されなければならないとされる。即ちこの例では、もし三訓とも毛詩出典であるなら「詩」表示は最後の「オモフツヤ」に附せられているはずであるというものである。

（12）山本秀人「図書寮本類聚名義抄における出典無表示の和訓について――国書の訓との関わりを中心に――」（「高知大国文」第三二号、二〇〇一年一二月）。

（13）図書寮本名義抄において、「舎丶」の後に再度漢文注が続き、その末尾余白の下部にも天地逆書（同筆）で出典無表示の「ヨロコフ（平去平上）」が存する。「ヤドル舎丶」に続くべき和訓の追加の可能性があり、これも毛詩出典の続きの可能性があるが、宣賢点に「説ヨロコブ」は多数見られる。また、「ツク詩」に附された「亠悦」が宣賢点には見られないが、経典釈文に「音悦服也注同」とあり、図書寮本名義抄の依拠した点本に記入されていたものであろう。なお、宣賢点の「説」の訓「ヤトシ」は「ヤドリシ」の促音便形であるが、注（12）拙稿では他動詞「ヤドス」の連用形と考えてしまっていたので今訂正する。

（14）図書寮本名義抄の片仮名和訓には、和訓の出典表示が全く無く、明らかに出典無表示の例も間々存する（注（12）拙稿はそれらを対象とする検討を主体とするものである)。注(6)も参照。

(15) 一見これと同様の例のように見える「審密《タシカニ(平上平上)　アキラカニ(平平上平上)詩》」(山・一三七)があり、この例は「タシカニ」「アキラカニ」の間に空きがあって、下接字「密」の単字訓二例のようにも見られるが、恐らく熟字訓「タシカニ　アキラカニ」かと思われる。毛詩宣賢点の「人・密ニ審《にして》　於威-儀《あり》一・」(一八57箋)の「密審」が、字順が逆ではあるが或いは対応箇所ではないかと思われる。因みに、宣賢点の「密」字の単字訓には、「タシカニ」「アキラカニ」は見られない。また、図書寮本名義抄には別項として「密《玉云靡筆乂…　キヒシ(平平濁上)詩　…》」(山・一三七)があり、こちらは宣賢点に一致する。なお、(諸橋)大漢和辞典、漢語大詞典によれば、「審密」は管子に存する由であるが、それ以外の文献の例は挙がっていない。

(16) 広島大学大学院文学研究科所蔵紙焼写真による。なお、書陵部蔵六臣注文選応永・永享点(同上紙焼写真による)には「允《マコ》
懐《トニキタス》レ多-福《ヲ》《…濟曰…允・信・懐・來也…》」(巻一62ウ)とある。

(17) 山本秀人「類聚名義抄における史記の訓の採録について――図書寮本における不採録の訓を中心に――」(「鎌倉時代語研究」第二三輯、二〇〇〇年一〇月)。

(18) 「綅」字は今日一般には国字「かせ」「かすり」とされており(但し日本国語大辞典によれば「綅」を「かせ」に用いるのは近世以降、「かすり」は近代以降のようである)、例えば(諸橋)大漢和辞典にも国字としてのみ掲出され唐土には存しない漢字として扱われている。しかし、十三経注疏(清朝嘉慶二十年刊)所収の毛詩注疏附載「毛詩注疏挍勘記」には、「彊韌」(彊忍)に対して、「…及采薇改作綅…皆非也…」との記述がある。「采薇」(毛詩篇名)は巻九鄭箋の「堅忍」を指すと見られ(毛詩注疏も「堅忍」に作る)、そちらの挍勘記においては何ら言及が無いが、これらの「韌」や「忍」を「綅」に作る本文も存したらしいことが窺われる。また、図書寮本名義抄における「綅」字に対する「类云忍音」の「类」は、唐代の郭迻撰「一切経類音決」とされる。但し同書は逸書であり、図書寮本名義抄以外に幾つか知られる逸文においてもこの箇所の引用は知られていず(池田証寿「図書寮本類聚名義抄と類音決」(「訓点語と訓点資料」第九六輯、一九九五年九月)参照)、同書における「綅」の字義は不明である。本邦の古辞書では他に、字鏡集に「綅《シン》《玄莇也》」、(「莇」

は「筋」字と見られる）（天文本字鏡鈔巻五1002）の掲出がある（他の伝本も概ね同様）。但し和訓は無く、「玄筋也」の出所や意味も未詳である。また、真名本曾我物語（妙本寺本）に一例、「以《て》白糸《を》・菊綛《たる》直垂《に》大斑《の》行縢《に》（縢）」（巻八・四五八7）が見られ、「綛」の意味や読み方が判然としないが、「菊綛」は或いは「菊綴（きくとぢ）」をいうか（その場合は「菊（キク）綛（トヂ）（し）たる」などと読まれるか）。いずれにせよこの文脈では、「ネシ」や「ネユ・ネヤス」とは結付き難いが、一方で、毛詩「彊忍」の「忍」に対する経典釈文の注釈中の沈重説（「沈云…」）に見られる「離騒云紉秋蘭以爲佩是也」の「紉」字の意味（綴る、綴じ合せるなどの意か）に近い可能性がある。因みに、国字とされる「かせ」「かすり」の「綛」も、「かすり」はともかくとしても、「かせ」（長い糸を巻いて纏めた束をいう）は「紉」の異体字としての「綛」に由来する可能性も考えられよう。なお、「異體字辨」（一六九二年刊とされる）の「和俗字」には「繊《シヽラ》 綛《シヽラ》」と見え、「シジラ」で挙がっている（なお少なくとも「繊《シヽラ》」の方は明らかに唐土での字義に合い国字ではない）。

(19) 但し、三巻本（黒川本）色葉字類抄には別に「忍《ネウ《ム》ス／千金方云ｌ尿》」（中三〇ウ・ネ人事）があり、二巻本色葉字類抄、十巻本伊呂波字類抄、節用文字の各「人事」の対応部には「忍ネムス」とある（節用文字は「ネンス」で漢文注無し、十巻本伊呂波字類抄では「辞字」にもあり「人事」では漢文注に「イ」本注記附き、二巻本世俗字類抄には掲載無し）。もし「ｌ（忍）尿」に該当する意味でも「忍ネウス」の訓があるとすれば、辞字の「忍ネウス」の解釈も再考を要しよう。尤も人事の方は、黒川本以外の状況から「ネムス」とあるべきものの可能性が高そうであり、そうであるなら辞字の「忍ネウス」（形容詞「ネシ」の連用形（ウ音便形）＋サ変動詞「ス」か）とは抑々無関係であろう。ただ人事の「忍ネムス」の読みの性格・素姓は未詳であり、そちらの側としてはなお問題は残る（本来は漢語サ変動詞である「念《ネム》ず」に本邦で生じた派生義の可能性の高い、我慢する意で和文等に屢々用いられる「ネムズ」を「忍」字の訓として当てたものである可能性も考えられようか）。なお、「千金方」は唐代の医書「千金要方」かと見られる。

(20) 山本秀人「蓮成院本類聚名義抄の「イ」本注記について」（「鎌倉時代語研究」第一一輯、一九八八年八月）参照。

(21) 観智院本名義抄には多く「〇〇 東人云△△」の形式（〇〇、△△は異なる和訓）で「東人云」とする和訓を掲げるものが八箇所見られる（蓮成院本では登載されていないか「イ」本とするものが多い、出典は未詳であるが内一箇所は上位の和訓と共に新撰字鏡と一致する、詳細は別稿を図りたい)。なお、日本国語大辞典（第一版・第二版とも）によれば、「しわい」は、森鷗外「里芋の芽と不動の目」に粘り強いの意の「靭（シワ）い」が存する由であり、ほか、方言として、「ネシ」に極めて近い義かと思われる、しなって折れにくい、嚙み切りにくいなどの意味も記載されている（東日本域に限らない)。

(22) 築島裕氏は注(1)②論考において、例えば、本稿第四節でも掲げた、毛詩宣賢点に存しながら図書寮本に採録されていない「流《モトム》」が、観智院本には登載されていることを指摘されている。

鎌倉時代の日本漢音資料における濁声点加点について

佐々木　勇

一、問題の所在と本稿の目的

日本語における濁音の歴史は、諸先学によって研究されてきた。特に、近年、訓点資料を用いた築島裕・沼本克明の研究によって、濁音表示法の歴史が明らかになってきた(1)。それによると、初期の段階については、次のことが分かっている。

一、濁音を表示することは、梵語音表記の場で「濁音仮名」として始まり、やがて、「濁声点」と「濁点」とに分化した。

二、両者のうち、声調と濁音とを同時に表示できる「濁声点」が生き残り、一一五〇〜一一六〇年頃、複声点形式に統一された。

三、しかし、濁音のみを表示したいという欲求は消えず、濁声点を用いて、濁音を重点的に表示する資料が増加していく。

その後、一四〇〇年以降、漢語アクセントの和語アクセント化の影響を受け、濁声点は濁音のみを示す「濁点」となり、現在の右肩濁点に定着するまでの歴史が、具体的資料によって、記述されている。

また、その過程で、濁音表示の中心的方法であった「濁声点」の形式に諸種があり、宗派・流派によって使い分けられていた時代があったことも、広く知られるところである。

今、小林芳規『平安鎌倉時代に於ける漢籍訓読の国語史的研究』（一九六七年、東京大学出版会）第五章第五節に述べられた博士家ごとの濁声点使用の実態を、私にまとめると、次のようになる。

> 博士家の濁声点使用は、仏家と比べて遅れる。早い例は、『史記　孝景本紀』大治二年（一一二七）点・九条本文選巻第十七保延二年（一一三六）点・同巻二十承安二年（一一七二）点などである。これらは、紀伝道の菅原家・藤原家の加点資料である。菅原家は、○○形式の濁声点を用い、藤原家は、⊸形式の濁声点を用いていた。藤原家の濁声点⊸は、天台宗関係の仏家から学んだものであろう。
>
> 明経道は、濁声点の使用がやや遅れる。清原家は○○を用い、中原家は⊸を用いた。中原家の濁声点⊸は、藤原家から学んだものであろう。
>
> 菅原家―○○・紀伝点使用　清原家―○○・明経点使用
>
> 藤原家―⊸・紀伝点使用　中原家―⊸・紀伝点使用
>
> これら、家ごとの濁声点の使い分けは、室町時代になると見られなくなる。

右の事実が知られたことによって、鎌倉時代における訓点の系統をより正確に推測することができるようになった。

しかし、これらの研究は、濁声点の存在と形式とに注目したため、当該資料において濁声点がどの程度使用され、いわゆる清濁をどの程度区別していたのかについては、触れられるところがなかった。

本稿では、この点を調査した結果を報告したい。

二、鎌倉時代における清原家ならびに藤原家加点資料における濁声点

まず、加点者が明らかで、かつ残存する古訓点資料が比較的多い、清原家訓点本における実態を見る。

(一)、鎌倉時代の清原家点本における濁声点

(A) 金沢文庫本『群書治要』経部鎌倉中期点

金沢文庫本『群書治要』巻第一～巻第十の経部は、清原教隆の自筆加点本である。建長五年（一二五三）～正嘉元年（一二五七）にかけて加点された。奥書に依れば、この加点は、「相伝」された「訓説」に基づいている。この経部で使用されているヲコト点は、明経点である。よって、教隆が基づいたのは、清原家累代の訓説であろう。

金沢文庫本『群書治要』経部において、濁声点が加点された例は、次濁字を中心に三二二例であった。これに対して、濁声点を省略して単声点を加えたと考えられる例は、疑いを残すものを含めて、十八例に過ぎなかった。(2)

一般に、鎌倉時代における濁声点は恣意的に加点されている、と考えられているのではあるまいか。しかし、鎌倉時代の文献中にも、この金沢文庫本『群書治要』経部のように、濁声点による濁音表示を高率で行っているものが存する。

(B) 三千院蔵『古文孝経』建治三年点

三千院蔵『古文孝経』建治三年（一二七七）点は、古典保存会から覆製本が出て、国語資料として活用されてきている。

奥書は、次の通りである。

建治三年八月　日依垂髪御誂／如形染筆畢本自書生不堪之間／於字紕謬済々歟尤不便右筆山王院門葉寂空／　金王麿之
（別筆）同九月上旬交点之書本之点不一途頗可謂狼藉本歟／仍以証本移点畢　金王丸重記之
点本記云／建保五年（一二一七）孟夏上旬之比以主水正清原頼尚真人本／書写移点了頼業良業等以此本
為相伝本尤可／秘蔵者也〈云云〉　已上

右の奥書から、以下のことが知られる。建治三年（一二七七）に金王丸が寂空に書写移点をさせた。しかし、その底本が、「狼藉本」であったために、翌月、あらたに建保五年（一二一七）の奥書を持つ清原頼尚加点の清家伝来本によって訓点を加えた。

今問題としている声点にも、大きな朱星点と小さな朱星点、および墨圏点が存する。墨点が大きな朱星点を避けるように加点されていることは、複製本によっても知られる。

幸い原本調査の機会に恵まれ、本資料の鎌倉時代訓点には、加点順に、少なくとも次の四筆があることが知られた。(3)

①第一次朱点――大ぶりで濃い朱点　②第一次墨点――濃い墨点
③第二次朱点――小ぶりで薄い朱点　④第二次墨点――薄い墨点

これらは、仮名字体から、加点時に大きな開きはないものと判断される（その他、南北朝期以降の後筆も見られる）。

試みに、清原教隆はじめ清家累代の氏名を奥書に記す京都大学蔵『古文孝経』鎌倉末期写本の対応箇所と対照してみると、つぎの通りである（所在は、行数で示す。以下、同じ）。

（三千院本33行目）
誼(去濁)（京都大学蔵本対応箇所）

（三千院本245行目）
厳(平濁)（京都大学蔵本対応箇所）

右の三十三行目○○が第一次墨点による墨圏点であり、それが下の清家本と一致する。よって、三千院本の奥書に記された清家本に依る訓点は、この墨圏点であろうと思われる。

また、三十三行目の例は、大きな朱声点（第一次朱点）によって●‐が加点されているように見える。しかし、原本では、●‐の━部分は、墨点である。

二四五行目「厳」の例も、第一次朱星点●に第二次朱点で━を加えたものである。

他に、日本漢音において濁音になることが原則の次濁字に、この大ぶりの朱点（第一次朱点）によって声点を加点した例が、四例存する。しかし、全例左のとおり、単点である。つまり、本資料の第一次朱点は、濁声点を加点していない。そして、それらの漢字に、翌月加点の墨点が濁声点を加えている。

（252）　（37）　（76）　（15）

先に掲げた例を含めて、声点が示す声調は、朱墨同一である。よって、後に清家本に依って墨点を加点した金王丸は、濁音を明示したかったのであろう、と考えられる(4)。

本資料墨点では、右以外の次濁字に対しても、濁声点が高率で加点されている。呉音の混入かと思われる例を除いて、若干例を、次に掲げる。

馬(上濁)（2461）　廟(去濁)（140）　母(上濁)（85）　墨(入軽濁)（37）　睦(入濁)（76 196）　武(上濁)（53）

誼(平濁)（6）　誼(去濁)（177 252 268）　問(去濁)（3）　萬(去濁)（212）　尼(平濁)（69）　雅(上濁)（95）　など。

墨点の濁声点加点例は、右の例を含め、本文部分だけで、四十五例である。一方、日本漢音で濁音となる字に濁声点を加点しない例は、本文部分に、次の四例しかない。

冉《ゼン》(去)（11）（「ゼン」の仮名が振られている）　二(去)（23）　男(平)（211）　美(上)（411）

以上のことから、第一次朱点に濁声点が無かったことも、金王丸が「狼藉本」と記した理由の一つであり、それを濁声点が高率で加点されている清家本によって補ったものと考えられる。

(C) 久遠寺蔵『本朝文粋』鎌倉中期点

これは、清原教隆の加点本を移点した本であり、高率の濁声点加点がなされている。現存本全十三巻のうち、漢音読と判断される漢字への濁声点加点例は、三七七例である。これに対し、濁声点加点が期待される箇所に単点が加点されている例は、十三例のみである。(5)

(二)、鎌倉時代の藤原家点本における濁声点

(A) 金沢文庫本『群書治要』史部

はじめに見た金沢文庫本『群書治要』は、巻第十一〜巻第三十の史部になると、濁声点加点の状況が一変する。

濁声点加点例（四九例）

○○形式……糅《チウ》(上濁)（一五 155）　糜《ヒ》(平濁)（一七 136）　議(去濁)（一七 145）　饒(平濁)（一九 359）　任(去濁)（二四 201）
汝《シヨ》(上濁)（二五 130）　業(入軽濁)（二五 142）　廟《ヘウ》(去濁)（二五 144）　義(平濁)（二五 151）　虞(平濁)（二五 152）
妊(去濁)（二五 153）　など、四十五例。

○形式……茅《ハウ》(平濁)（二三 313）　亡(平濁)（二九 442）　毅《キ》(去濁)（二五 661）　奴(平濁)（三〇 610）　以上四例。

単声点加点例（一四五例）

任(去)（一五30 38・一七541・二一207・二二309・二三120 137・二四150・二九342 538・三〇160 207 257）　任(平)（二三109・二四619）

雅(上)（二五294・三〇250）　餓(上)（二五392）　義(去)（三〇405 426 565）　議(去)（一九35・三〇21 98 340 390 619）　など、一四五例。

右に例を掲げた通り、史部における濁声点は、日本漢音において濁音となる漢字の四分の一程度にしか加点されていない。

本資料の奥書から、金沢文庫本『群書治要』巻第十一～巻第三十の史部は、教隆に師事した北条実時とその孫貞顕によって、書写・加点されたことが知られる。実時の書写は、文永十一年（一二七四）～建治二年（一二七六）になされ、貞顕による書写は、徳治二年（一三〇七）～延慶元年（一三〇八）に行われた。巻第十一～巻第十九までは藤原茂範による正元元年（一二五九）・弘長二年（一二六二）などの加点に基づいている。巻第二十一～巻第三十までは藤原俊国による文永二年（一二六五）等の加点本に基づいている。この史部で使用されるヲコト点は、藤原南家・日野家でも用いられた古紀伝点である。これは、底本である藤原茂範・俊国の訓点を反映したものであろう。

ところが、金沢文庫本『群書治要』史部の濁声点は、右に掲げた通り、大部分、清原家が用いた○○形式である。あるいは、藤原家の底本にあった濁声点は、○‐形式の四例だけであったものかもしれない。たとえ、○○形式の濁声点は、元の○‐形式が移点にあたって改変されたものであったとしても、経部と比較して、濁声点加点率が低いことは動かない。

藤原家加点本は、和訓の声点においても濁声点を用いていないことが既に指摘されている。(6)

よって、『群書治要』鎌倉中期点の経部と史部との濁声点加点に見られる差は、清原家と藤原家との差ではないか、と考えられる。すなわち、鎌倉時代中期において、清家は濁声点加点が密であり、藤家は粗であった、と判断される。

三、清原家・藤原家以外の博士家加点資料における濁声点

まず、清原家と同じ明経家である中原家加点資料から見る。

(一)、鎌倉時代の中原家点本における濁声点

(A) 高山寺蔵中原本『論語』巻第四嘉元元年点

嘉元元年（一三〇三）中原師有の「累祖之秘説奉授」の奥書を有する巻第四について、日本漢音において、頭音を濁音として受け入れた漢字の声点加点を見る。

濁声点加点例（四四例）（〈 〉内は反切。以下同じ。）

⟜形式……暴《ホウ》(去濁)（94）以上一例。

○○形式……冒《ホウ》(去濁)〈莫報反〉色（15）　冒(去濁)乱（16）　任(去濁)す（229）など四三例。

単声点加点例（二一例）

隅《ク》(上)（10）　問《フム》(去)（15）　仁(平)（25）　敏《ヒン》(上)（37）　呉《コ》(平)（61）　美《ヒ》(上)（111）など。

右のとおり、濁声点加点例は、比較的多く見られる。しかし、中原家で使用された⟜形式の濁声点は、一例のみで、他は、すべて○○形式の濁声点である。また、この資料は、「中原家の訓説に基きつつも諸説を勘案した」らしいことが指摘されている。(7)

よって、本来の中原家点は濁声点をあまり使用していないものであった、と考えられる。

(B) 中原康隆筆『尚書』巻第六元徳二年点

本資料の奥書は、左記の通りである。

元徳二年（一三三〇）七月九日書写畢／縫殿権助中原康隆（花押）／同十二日終朱点切了／同十五日終墨点切了（花押）／同十六日一校了／（別筆）権大外記中原重貞

朱声点はわずかであるものの、朱の濁声点は見られない。

墨声点も、次の例が、日本漢音として濁音となる漢字に加点された声点の全例である。

濁声点加点例……冒《ホウ》（去濁）〈莫報反〉色（15）　冒（去濁）乱（16）　任（去濁）す（229）

単声点加点例……虞芮《ゼイ》（去）〈如鋭反〉（3）

濁声点加点例は、四例中三例であるから、高率の濁声点加点ではある。しかし、三例とも ○○ 形式であり、中原家の伝統的な訓点とは考えられない。

また、この資料では、次のように、仮名に濁点が加点されていることに注目される。

彭濮《ボク》〈音卜〉（140）　昵《ヂツ》〈女乙反〉比（57）　戊午《ボゴ》（550）　冒虐《ギヤク》（16）　奉迎《ゲイ》（208）　牧《ボク》（128）

右の中には、伝統的な反切・同音字注を加点する例が含まれる。

あるいは、康隆は、漢字は濁声点を加点する対象として適当ではない、と考えていたものかもしれない。

以上、中原家訓点は、本来、濁声点を多くは加点しないものであったと考えられる。

(二)、鎌倉時代の菅原家点本における濁声点

菅原家には、大江家と同じく、平安初期から訓説が存したことが訓点本の奥書等から知られる。(8) しかし、多くは移点本であったり、校合に菅家本を引く訓点本であり、鎌倉時代において菅家の訓点が加点された漢籍は、少ない。(9)

(A) 専修大学図書館蔵『和漢朗詠集』上巻建長三年点

そこで、漢籍ではないが、文章博士菅原長成が建長三年（一二五一）に加点した専修大学図書館蔵『和漢朗詠集』上巻の実態を調査する（明らかな呉音形は除外する）。濁声点は、全例、○○形式である。

濁声点加点例（一四五例）

牙《カ》(平濁)（八五6）　雅(去濁)（六九1）　凱《カイ》(上濁)（三八5）　外(去濁)（五五4・六七1）　岸《カン》(去濁)（三3・二四6・三六3・三九4）など。

単声点加点例（五例）

月(入軽)（五三3）　納《タウ》(入)（三六5）　微《ヒ》(平)（四七6）　眉《ヒ》(平)（七六6）　外(去)（七八3）

右のとおり、濁声点の加点率が高い。

(B) 高山寺蔵『史記』周本紀鎌倉初期点

例を加えるために、高山寺蔵『史記』周本紀鎌倉初期点の実態を見る。本点は、菅家の訓点を伝えるものと推定されている。[10] なお、濁声点は、全例、○○形式である。

濁声点加点例（八四例）

嵬《クワイ》(上濁)（577）　魏《クヰ》(去濁)（584 649）　赧《タン》(上濁)（601 632）　亡《ハウ》(平濁)（701）　卜《ホク》(入軽濁)（708）　戎《シウ》(平濁)（709）など。

単声点加点例（三一例）

戎《シウ》(平)（6）　宜《キ》(平)（9）　蜜《ヒツ》(入軽)（72）　虐《キャク》(入軽)（103 132）　牧《ホク》(入軽)（199）　滅《ヘツ》(入軽)（202）　五(去)（36）など。

この資料も、濁声点加点例が全体の七三％であり、加点率が高い。しかし、右の専修大学図書館蔵『和漢朗詠集』上巻とくらべると、不徹底である。あるいは、菅家の訓点を大部分残しながらも、その総てを伝える資料ではないのかもしれない。

右から、鎌倉時代の菅家訓点は、濁声点を高率で加点するものであったと、考えられる。

四、鎌倉時代の仏家加点資料における濁声点

博士家において使用された濁声点は、仏家のものを引き継いだことが指摘されていた。

⊸は、天台宗から藤原家に伝わり、中原家もこれを学んだのであろうことが言われている。[11] ○○も、天台宗寺門派で発生し山門派でも使用されるようになり、十一世紀末には真言宗に拡大し、博士家に及ぶことが指摘されている。[12]

そこで、以下、仏家の訓点本における濁声点加点率を調査してみる。

(一)、天台宗における濁声点

鎌倉時代の天台宗加点残存本に、⊸声点が使用されているものか否か、いまだ筆者の調査が及んでいない。

また、天台宗においても、○○声点は、使われ続けている。

その例として、広島大学蔵『八字文殊儀軌』永暦二年（一一六一）点の実態を見ると、意訳字部分の漢字への濁声点は、ごくわずかである。[13]

しかし、陀羅尼部分には、丁寧に濁声点が加点されている。

濁声点は、天台宗で発想され、他宗がそれを学んだ。しかし、その後、天台宗では、漢音を示すためには濁声点をそれほど使用しなかったのではなかろうか。

(二)、真言宗における濁声点

(A)『仏母大孔雀明王経』

『仏母大孔雀明王経』字音点においては、院政期以前には、濁声点が全く使用されていない。この事実は、「院政期以前には、孔雀経読誦漢音が伝来当初のまま原音に近いかたちで学習伝承されていたことを示すもの」と考えられている。[14]

しかし、鎌倉時代に入ると、濁声点加点が見られる。[15]左に、上巻巻頭から五十行目までの、日本漢音における濁音字への声点加点例を抜き出してみる。ただし、陀羅尼・梵語音訳字は除き、挙例にあたって、各本の振り仮名は省略する。所在は、比較のため、国会図書館蔵貞応版本の行数で統一して示す。

①仁和寺蔵本建久八年（一一九七）頃点（沼本克明先生からお借りした移点本に依る。）

濁声点加点例……母(上濁)（1 7 17 47）　我(上濁)（6 17 19 19 33 38）　如(平濁)（6 7 32 38 45）　願(去濁)（7 19 36 36）
人(平濁)（13 14）　悩(上濁)（34 45 49）　未(去濁)（39）　木(入軽濁)（41）　拇(去濁)（41）　悶(去濁)（42）　爾(上濁)
（42 47）　而(平濁)（44 50）　語(上濁)（46）　滅(入軽濁)（48）　汝(上濁)（49）

単声点加点例……我(上)（6）　獄(入)（35）

②東京大学蔵本鎌倉中期墨点

この本は、複製本が公刊され、分紐分韻表も公表されている。[16]

濁声点加点例……母(上濁)（1 7 47）　我(上濁)（6 6 7 17 19 19 33 38）　如(平濁)（6 7 38）　願(去濁)（7 19 36 36）
人(平濁)（13 14）　悩(上濁)（34 45 49）　未(去濁)（39）　木(入軽濁)（41）　拇(上濁)（41）　爾(上濁)（42）　悶(去濁)
（42）　而(上濁)（44 50）　語(上濁)（46）　滅(入軽濁)（48）　汝(上濁)（49）

単声点加点例……獄(入軽)（35）

③龍門文庫蔵延慶点

濁声点加点例……母(上濁)(1 7)　我(上濁)(6 6 7 17)　如(平濁)(6 7 32)　願(去濁)(7 19)　人(平濁)(13)

悩(上濁)(34)　拇(上濁)(41)　悶(去濁)(42)

単声点加点例……獄(入)(35)

④国会図書館蔵貞応三年(一二二四)頃点

濁声点加点例……母(上濁)(1 7 17 47)　我(上濁)(6 6 7 17 19 19 33 38)　如(平濁)(6 7 32 38 45)　願(去濁)(7 19 36 36)

人(平濁)(13 14)　悩(上濁)(34 45 49)　未(去濁)(39)　木(入軽濁)(41)　拇(上濁)(41)　悶(去濁)(42)　爾(上濁)(42 47 50)　而(平濁)(上濁)(44)　語(上濁)(46)　汝(上濁)(49)

単声点加点例……獄(入軽)(35)　滅(入軽)(48)

以上、本によって小異があるが、濁声点加点率は、比較的高い。

(B)『理趣経』

高山寺蔵本の影印ならびに分紐分韻表が公表されている。[17]

以下、公刊されている影印・分紐分韻表に基づいて、若干例を記す。

①高山寺蔵鎌倉中期点(重文第一部二九七号)

(a)朱点

濁声点加点例……義(去濁)(47 48 89 124 158)　爾(上濁)(174 178 218)　尼(平軽濁)(11)　微(平濁)(12 67)　女(去濁)(174)

語(上濁)(100)　如(平濁)(4 5 6 7 10 11)

単声点加点例……義(去)(67 107 117 158)　眉(平)(68)　語(平)(9)　如(平)(4)

(b)墨点(朱点を補う加点)

濁声点加点例……義(去濁)(19 39 40 54)　義(上濁)(89)　眉(上濁)(68)　尼(平濁)(58)　而(平濁)(13 18 67 207)

微(平濁)(40 54)　味(去濁)(28)　女(上濁)(151 157 174 182)　女(去濁)(151 157)　語(上濁)(9 168)　如(平濁)(18 36 37 45 45)

単声点加点例……儀(去)(132)　義(平)(192)　獄(入軽)(32)

②高山寺蔵正保四年（一六四七）写本（重文第四部三六函五号）

奥書に依れば、この本の朱声点は、菅原為長（一一五八―一二四六）が加点したものを移点している。

(a)朱点

濁声点加点例……儀(平濁)(116)　義(去濁)(39 40 46 47 53 63 75 81 83 96 104 110 113 123 131 137 138 148 165)　獄(入軽濁)(33)

眉(平濁)(64)　尼(平濁)(11 56)　而(平濁)(13 18 64 180)　微(平濁)(12 40 53 67 75 84 96 104 113 123 131)　味(去濁)(28)

語(上濁)(9)　語(去濁)(89)　語(上濁)(146)

単声点加点例……爾(上)(151 154 157 190)

(b)墨点（朱点を補う加点）

濁声点加点例……義(上濁)(19 81)　義(去濁)(19 39 81)　義(平濁)(40 47 53 63 75 83 104 110 131 148 165)　爾(上濁)(151 154 157 190)

語(平濁)(9)　如(平濁)(4 4 5 6 7 18 36)

単声点加点例……儀(去)(116)　義(去)(96)　獄(入)(33)

右のとおりであり、真言宗では濁声点が高率で加点されている、と言えよう。

真言宗加点資料では、院政期の大谷大学図書館蔵『三教指帰注集』長承三年（一一三四）点においても、濁声点が高率で加点されている。(18)

㈢、法相宗における濁声点

これに対して、南都古宗の法相宗では、院政期の漢音訓読資料には、原則として清濁を区別していない。興福寺蔵『大慈恩寺三蔵法師伝』においても、まれに、C点（一〇九九年）・D点（一〇九九年頃）・E点（一一一六年）・F点（一一七〇年）に濁声点が見られるが、同一字に常に濁声点が加点されるわけではない。このような状態を、築島裕は、「声点の歴史的発達の段階から見て、比較的早い時期の状態を示してゐるものと考えられる。」としている。[19]

国会図書館蔵『大慈恩寺三蔵法師伝』巻第三（法隆寺僧覚印書写加点）・『弁正論』保安四年（一一二三）点（法隆寺僧覚印・静因書写加点）などにおいても、同様である。

降って、鎌倉時代に入って加点された、京都大学人文科学研究所蔵興福寺僧弁淵加点『大慈恩寺三蔵法師伝』貞応二年（一二二三）墨点でも、濁声点加点例は、日本漢音において濁音形となる例の一割程度に過ぎない。左に、若干例を記す。

濁声点加点例……貿《ホウ》(去濁)（二18）　武《フ》(上濁)（六5）　馬《ハ》(上濁)（六660）　など。

単声点加点例……漠《ハク》(入)（一208）　帽《ホウ》(去)（一352）　慕《ホ》(去)（二261・七55）　莫《ハク》(入軽)（六6）　など。

同時に弁淵が加点した『大唐西域記』貞応二年（一二二三）点も、同様である。[20]

これらの点から、法相宗では、濁声点は学んだものの、『大慈恩寺三蔵法師伝』『大唐西域記』『弁正論』の訓読においては、さほど盛んに使用されなかったものと考えられる。

ところが、法相宗所用の喜多院点が加点されている図書寮本『類聚名義抄』一一〇〇年頃点では、反切・同音字に高率の濁声点が加点されている。[21]

この、図書寮本『類聚名義抄』の反切・同音字に高率の濁声点が加点されていることについて、「清濁表示法の歴史的展開」から、「複声点方式に吸収統合されつつあった時期に図書寮本類聚名義抄が作成されたことを物語る」という解釈が示されている。(22)

当時、法相・真言の交流が盛んで、図書寮本『類聚名義抄』の撰者も、法相・真言を兼学し天台とも関係があった覚印のような僧ではなかったか、と推定されている。(23) よって、法相・真言を兼学した僧を通じて、法相宗でも高率の声点加点が行なわれるようになった、ということになろう。

ただし、右に濁声点加点が粗の資料として指摘した『弁正論』保安四年点も、法相・真言を兼学した覚印の加点であるから、図書寮本『類聚名義抄』の加点者が覚印のような僧であったならば、これに濁声点が密に加点されていることは、訓読資料中の漢語と、字書の音注との位相差として考える必要が生じる。

五、濁声点加点率の差が生じた理由と実際の発音

以上、濁声点の加点率によって、鎌倉時代の漢音資料は、大きく二つに分けられる。

一、濁声点をよく加点する博士家・宗派――清原家・菅原家・真言宗

二、濁声点をあまり加点しない博士家・宗派――藤原家・中原家・法相宗（・天台宗〈推定〉）

右が認められるとして、このような差が生じたのは、なぜであろうか。

平安時代には、中国漢字音における声母の別を、声点の位置・形によって区別しようとする資料が存した。(24) 醍醐寺蔵『妙法蓮華経釈文』平安後期点などが、その例である。その醍醐寺蔵『妙法蓮華経釈文』平安後期点は、片仮名の音注には日本語の音韻体系による清濁の区別を行なっている。

院政期の図書寮本『類聚名義抄』や唐招提寺蔵『孔雀経音義』でも、掲出字には、原則として単声点しか見られない。(25)しかし、反切・同音字注や注文の漢字には、濁声点が加点されている。

ところが、鎌倉時代になると、高山寺蔵『孔雀経単字』鎌倉初期点では、反切字ばかりでなく掲出字にも、濁声点が加点されるようになる。

漢籍訓読資料においても、『春秋経伝集解』保延五年（一一三九）点には、単声点の加点しか存しない。しかし、金沢文庫本『群書治要』鎌倉中期点の春秋左氏伝には、高率の濁声点加点が見られた。

以上のように流れをとらえると、鎌倉時代以降は、濁声点を加点するのが原則であり、濁声点を加点しないものは古い加点法を留めた資料であることになる。

ただし、漢音を示す声点加点において、古い加点法を留めた学派・宗派でも、清濁をまったく区別しなかったわけではない。

たとえば、中原康隆筆『尚書』元徳二年点では、仮名には濁点が加点されていた。また、天台宗・法相宗においても、『法華経』等の呉音読資料では、平安後期・院政期から、本来の濁音と新濁（連濁による濁音）とを区別する、詳しい濁声点加点がなされている。(26)

しかし、濁声点をあまり加点しない学派・宗派においては、漢音を示す場合に濁声点を当該漢字に直接加点するのは望ましいことではない、と考えられていたのではあるまいか。

漢字音に清濁を区別することは、日本語の音韻体系によって中国語音を把握することである。よって、濁声点を加点した漢字の音は、日本語の濁音として発音されたものであろう。

ただ、鎌倉時代において、濁声点をあまり加点しない学派・宗派における漢字の頭音がどのように発音されていたのかは、難問である。中国語音（漢字音）を仮名書きしていることと、他家の濁声点を取り込んで濁声点を増加させていることとから、濁声点をあまり加点しない学派・宗派においても、日本語の濁音が発せられていた、と解釈することもできよう。しかし、古い加点法を鎌倉時代に伝えたばかりでなく、中国語原音における声母の区別を留めた発音がされていた可能性も、否定できない。

六、むすび

以上、鎌倉時代における漢音資料は、濁声点の加点率から大きく二つに分かれることを述べた。本稿で分析した資料は、ごくわずかなものでしかない。しかし、濁声点をよく加点する清原家・菅原家・真言宗で用いられる濁声点は ○○ 形式で共通し、濁声点をあまり加点しない藤原家・中原家（・天台宗〈推定〉）で用いられる濁声点は ∘‐ 形式で共通していることは、偶然ではないと考えられる。

ただし、訓読資料においては濁声点をあまり加点しない法相宗にあって、院政期の図書寮本『類聚名義抄』反切・同音字声点に密な濁声点加点が見られたこともあり、鎌倉時代においても、同一学派内における位相差の問題が残る。

今後、調査文献を増やすことによって、引き続き考えたい。

注

（1）築島裕「濁点の歴史」（『東京大学教養部人文科学科紀要』第三二輯　国文学漢文学X）、同「古点本の片仮名の濁音表記について」（『国語研究』第三三号）、沼本克明『日本漢字音の歴史的研究』（一九九七年、汲古書院）第六部第三章。

（2）以下、濁声点加点の実態を調査する前提として、鎌倉時代の日本漢音で、いわゆる濁音として把握されていた漢字と、そうでない漢字とを分ける必要がある。その具体的な作業については、佐々木勇「金沢文庫本『群書治要』経部鎌倉中期点の漢音――声母について――」(『新大国語』第三十号、二〇〇五年三月)に記した。以下、本稿で取り上げる諸資料についても、これと同様の手順で、日本漢音として濁音であることを判断した。

(3) 原本の閲覧をご許可下さった三千院当局、並びに、閲覧に際しお世話いただいた東京国立博物館の皆様に、記して御礼申し上げます。

(4) 墨点の濁声点には、全体の三分の一程度○–形式が含まれる。よって、全例が清原家点本から補ったものであるか否か、疑問が残る。しかし、それらの例に該当する箇所も、清家本(京都大学蔵『古文孝経』鎌倉末期写本)では、濁声点が加点されている。ただし、京都大学蔵本清家本では、「睦」には、「ホ」の仮名を加えて濁音であることを示している。また、「議」に該当する箇所の本文は「誼」であり、「或本乍議」の注記がある。

(5) 佐々木勇「金沢文庫本『群書治要』と久遠寺蔵『本朝文粋』との漢字音の比較――鎌倉時代中期における漢籍と和化漢文との字音注の差異について――」(『音声研究』第八巻第二号、二〇〇四年八月)、参照。

(6) 築島裕「仮名声点の起源と発達」(『金田一春彦博士古稀記念論文集 第一巻 国語学編』〈一九八三年、三省堂〉、所収)。

(7) 小林芳規「高山寺蔵論語 解題」(『高山寺資料叢書 第九冊 高山寺古訓点資料第一』〈一九八〇年、東京大学出版会〉所収)。

(8) 平安時代の文章道において、大江家・菅原家が重要な役割を果たしていたことは、古記録・古訓点本奥書によって、知られる。ただし、大江家の博士による鎌倉時代の古訓点資料は、現存しないらしい。大江家訓点は、諸訓点本に異説・異訓として引用されるのみである。小林芳規『平安鎌倉時代に於ける漢籍訓読の国語史的研究』(一九六七年、東京大学出版会)、参照。

(9) 前注小林著書第五章、参照。

(10) 注(8)小林著書、一二二一頁。ただし、築島裕「本邦史記伝承史上における高山寺本史記の位置」(『高山寺古訓点資料第一』〈一九八〇年、東京大学出版会〉所収)は、「紀伝系統の訓点」であろうが、「何家の流」であるかは不明、とする。

(11) 注(8)小林著書、参照。

(12) 沼本克明『日本漢字音の歴史的研究』(一九九七年、汲古書院)、八九一頁。この伝播に関して、同書八九二頁に、「博士家の濁声点については、その家による使い分けの存することが小林芳規博士によって指摘されているが、それは、密教系での濁声点のどの形を源流として採用したかによって生じた差異であったと考えられよう。」と、まとめている。

(13) 井上親雄「広島大学蔵八字文殊儀軌古点」(「訓点語と訓点資料」第三十九輯。一九六八年十月)に依る。

(14) 沼本克明『平安鎌倉時代に於る日本漢字音に就ての研究』(一九八二年、武蔵野書院)、一〇六七頁。

(15) 院政末期〜鎌倉初期加点かと見られる東寺蔵本(第十二函四号)に、すでに詳しい濁声点加点が存する(沼本克明先生からお借りした移点本に依る)。『仏母大孔雀明王経』字音点に振り仮名が全巻に加えられ、陀羅尼・本文の漢字ともに濁声点が加点されている仁和寺蔵本建久八年(一一九七)頃点が加点された時期に、孔雀経読誦音から、中国語「原音の姿が完全に消滅した」と考えられている。前注著書、一〇八一頁。

(16) 『東京大学国語研究室資料叢書　第十五巻　古訓点資料集㈠』(一九八六年、汲古書院)、所収。原裕「東京大学国語研究室蔵『仏母大孔雀明王経』字音点分韻表」(「訓点語と訓点資料」第一〇一輯、一九九八年九月)・李京哲「東京大学国語研究室所蔵『仏母大孔雀明王経』の分韻表」(「鎌倉時代語研究」第二十二輯、一九九九年五月)。

(17) 沼本克明「高山寺蔵理趣経鎌倉期点解説並びに影印」(「鎌倉時代語研究」第六輯〈一九八三年、武蔵野書院〉)、同「高山寺蔵『般若理趣経』——分韻表——」(「昭和六十三年度高山寺典籍文書綜合調査団　研究報告論集」〈高山寺典籍文書綜合調査団、一九八九年三月〉)、参照。

(18) 大谷大学『三教指帰注集の研究』(一九九二年、大谷大学)に依る。仁和寺蔵『三教指帰』鎌倉初期点でも、高率の濁声点加点がなされている(築島裕・小林芳規・沼本克明・花野憲道・月本雅幸・松本光隆・山本真吾「仁和寺宝蔵三教指帰古点釈文」〈「訓点語と訓点資料」第九七輯、一九九六年三月〉参照)。

(19) 築島裕『興福寺本大慈恩寺三蔵法師伝古点の国語学的研究　研究篇』二五八頁。

(20) 法相宗加点資料には、△形式の濁声点を使用するものが見られる。この△声点は、いわゆる濁音ばかりでなく、来母字にも加点されている。この点、他の濁声点と異なる。佐々木勇「声点△の機能——『弁正論』保安四年点について——」(「かがみ」

第三十一号、一九九二年三月)、参照。

(21) 高松政雄「「正音」の清濁――名義抄の性格の一面――」(「国語国文」第四六巻一一号、一九七七年十一月)、参照。

(22) 沼本注(12)著書、八一七頁。

(23) 築島裕「国語史料としての図書寮本類聚名義抄」(『図書寮本類聚名義抄』〈一九六九年、勉誠社〉所収)。

(24) 沼本(14)著書等、参照。

(25) 図書寮本『類聚名義抄』には、一例のみ、掲出字濁声点例がある。「罘《フ》(平)|(網)(上濁)ノアミ巽」(二九七7)という、いわゆる文選読みの例である。

(26) 注(14)沼本著書、参照。

〈付記〉本稿は、二〇〇四年度日本語学会中国四国支部大会における研究発表に基づいている。席上、沼本克明先生・榎木久薫氏・西村浩子氏から、有益なご意見・ご質問を頂いた。記して、感謝申し上げる。

日光輪王寺蔵『諸事表白』に於ける漢字の用法について

山本真吾

一、はじめに

日光山の古刹輪王寺の慈眼堂経蔵（いわゆる天海蔵）に伝わった『諸事表白』一帖は、天台宗の僧侶の手によって編纂された鎌倉時代初期成立の表白付説教書である。[1]本文は、表白部と正釈部・施主分部とで表記が異なり、前者が漢文本位であるのに対して、後者は漢字片仮名交じり文である。後者には印度・中国・日本の説話を多く含み[2]、国語資料としても今後の活用が期待されるが、その表記体は漢字文を基盤としており、国語資料として積極的に活用する上で、その基礎作業として、本文献（以下、日光輪王寺蔵『諸事表白』を指す）の漢字使用の実態は把握しておかなければならない。

そこで、本稿では、本文献の漢字の用法について、調査したところを整理し報告したいと思う。

この種の研究は、既に今昔物語集をはじめとして、高山寺本古往来、真福寺本将門記、打聞集、草案集等の院政鎌倉時代の文献についてなされているが、それらとの比較を通して、本文献の資料性の一端も解明できればと考えている。

二、漢字と訓との関係

㈠ 訓の推定と三巻本色葉字類抄に於ける掲出順位の調査

一般に日本語の漢字には複数の訓が存するが、一文献において使用されるそれぞれの漢字にすべての訓が対応して用いられることは通常考えられない。実際に用いられる漢字の訓は、その候補群より格段に限定的である。ここでは、まず本文献におけるその〈限定性〉の実態を観察してみたい。

本文献には、漢字の右傍及び左傍にまま訓みが施されており、その施され方から、漢字に対応する語形の全音節を施した「完全附訓漢字」、捨て仮名や送り仮名などその語形の一部分を施した「部分附訓漢字」及び「全く附訓の無い漢字」の三つに分類することが可能である。(3) 訓を推定するには、第一の「完全附訓漢字」はその示された訓に概ね依拠してよかろう。第二の「部分附訓漢字」は、これも若干判断に迷う事例も存するが、ほぼ訓を特定し得る。第三の「全く訓の無い漢字」については、古字書等に登載された和訓とその漢字の表記された文脈上の意味とを勘案して訓を推定する方法に依拠せざるを得ないが、その操作によってすべてを特定することは困難であり、恣意を完全に排除することは不可能である。

右の三類のそれぞれについて、本文献に用いられるすべての漢字を対象として、該漢字の和訓との関係を調べてみることとする。

調査に当たっては、その漢字と訓とが三巻本色葉字類抄（前田本及び黒川本。以下、字類抄と称する）、観智院本類聚名義抄（以下、名義抄と称する）に存するかどうかに留意し、特に字類抄において、その漢字がどのように扱われているかに注目する。たとえば、ある訓の下に排列されている漢字群のうちで当該漢字がどの位置にあるか、また合点の有無等の観点から整理を行う。これは、従来この種の研究において常套的に採られた方法であるが[4]、本文献に関しても、基礎作業として欠くことができないと判断した。

『諸事表白』本文より訓読みされていると推定される漢字をすべて拾い出し、先の三つに分類した上で、字類抄に於ける掲出の有無、掲出されている場合その順位、合点の有無を調査した結果、次の〈表1〉を得た。

〈表1〉

	第一・第二位	第三位以下で合点附のもの	小計	その他	合計	字類抄・名義抄に不掲出のもの
完全附訓漢字	三〇二（七二・八％）	二四	三二六（七八・六％）	八九（二一・四％）	四一五（一〇〇％）	五六
部分附訓漢字	三九七（八七・二％）	一八	四一五（九一・二％）	四〇（八・八％）	四五五（一〇〇％）	一三
全く訓の無い漢字	五六（八七・五％）	二	五八（九〇・六％）	六（九・四％）	六四（一〇〇％）	一
計	七五五（八〇・八％）	四四	七九九（八五・五％）	一三五（一四・五％）	九三四（一〇〇％）	七二

この〈表1〉に拠れば、各語の表記に用いられた漢字は、字類抄において第一位乃至第二位に掲出されているものが凡そ八割を占め、それに要文表示かとされる[5]合点の施された例を加えると、さらに高い率を示すことが判る。

右の手法を最初に案出した峰岸明博士は、今昔物語集及び高山寺古往来の副詞の表記に用いられた漢字を字類抄に照らし合わせて、それらを《日常常用の漢字》群であると結論されたが[6]、大筋では、本文献においてもこの性格は共通するものであると言える。なお、東辻保和博士も打聞集について同様の調査をされ、やはり共通の傾向性の認められることを指摘されている[7]。

このことを具体的に確認するために、さらに先行研究による他文献の調査データと比較してみることとする。他文献の調査は副詞の漢字表記に限定した調査であるので、本文献もこれに従い副詞のそれを抽出する。具体的な語は次の通りであって、まず、本文献中の漢字（代表例一つのみ）とその附訓の例を「」で示し、その所在（丁・表裏・行）、＝以下には、まず字類抄の掲出順位を示し、その次の（）の数字は同一の訓の下に排列されている漢字の数、＊は合点の附されていることを表し、Kはそれが黒川本に拠るものであることを示している。〈表1〉は本文献の訓読みの漢字のすべてに同様の作業を行った結果を表示したが、すべてを掲げることは煩瑣になることもあり、副詞に限って詳細を示すことで作業の実際を紹介することも兼ねることになろう。

Ⅰ、完全附訓漢字

何「イカニシテ」（二一一オ1）＝＊1(2)　聊「イサ、カ」（三〇ウ1）＝＊1(3)　徒「イタツラニ」（七二ウ4）＝＊1(6)　苟「イヤシクモ」（四九ウ2）＝1(1)K　且「カツく」（五ウ4）＝＊1(2)　挙「コソテ」（六一ウ6）＝＊1(4)　咸「コトくク」（六九オ5）＝＊2(24)　暫「シハラク」（五八オ3）＝＊2(18)　凡「スヘテ」（二三オ3）＝10(26)　抑「ソモく」（七五オ6）＝1(3)K　唯「タ、」（二〇ウ6）＝5(15)K　適「タマく」（八一ウ4）＝1(11)K　倩「ツラく」（一ウ4）＝1(4)K　盍「ナンソ…ラム」（九五オ5）＝3(16)K　殆「ホトント」（三二ウ7）＝＊1(6)　粗「ホ、」（八一オ6）＝1(3)　稍「ヤ、」（二一ウ5）＝1(5)K

Ⅱ、部分附訓漢字

強（アナガチ）「ニ」（二六ウ2）＝＊1(3)　敢（アヘ）「テ」（二三オ7）＝＊1(15)　遍（アマネ）「ク」（七八オ4）＝＊1(29)　普（アマネ）「ク」（七八ウ2）＝＊2(29)　或（アルイ）「ハ」（二三ウ1）＝＊1(3)　争（イカ）「テカ」（七一オ4）＝＊1(10)　幾許（イク）「ハク」（四八オ7）＝5(6)　何（イヅ）「レノ」（四〇ウ1）＝＊1(2)

況（イハム）「ヤ」（四オ3）＝＊1(3)　未（イマ）「タ」…「ス」（八オ5）＝＊1(1)　弥（イヨイ）「ヨ」（二一〇オ2）＝＊1(11)　凡（オホヨ）「ソ」（二一ウ4）＝1(1)K　必（カナラ）「ス」（二一オ6）＝＊1(9)　兼（カ）「ネテ」（四九オ2）＝＊1(5)　悉（コトゴト）「ク」（二一ウ1）＝＊1(24)　殊（コト）「ニ」（一九ウ4）＝＊2(11)　定（サダ）「メテ」（一九ウ6）＝＊1(20)　更（サラ）「ニ」（九オ2）＝＊1(3)　併（シカシナガ）「ラ」（二一七オ7）＝＊1(1)　然（シカ）「ラ」（二一オ4）＝＊3(6)　爾（シカ）「ル」（八九オ7）＝＊2(6)　頻（シキリ）「ニ」（九ウ1）＝＊1(8)　已（スデ）「ニ」（六六ウ3）＝＊2(4)　都（スベ）「テ」（一ウ1）＝＊1(26)　惣（スベ）「テ」（五一ウ7）＝＊2(26)　但（タダ）「シ」（一五オ7）＝1(2)K　忽（タチマチ）「ニ」（一七オ1）＝1(21)K　仮使（タト）「ヒ」（一二六ウ2）＝2(4)K　設（タト）「ヒ」（三オ1）＝1(4)K　常（ツネ）「ニ」（二一ウ7）＝1(12)K　遂（ツヒ）「ニ」（一二七ウ5）＝1(21)K　竟（ツヒ）「ニ」（八二ウ7）＝4(21)K　終（ツ）「ヒニハ」（一一二オ4）＝2(21)K　共（トモ）「ニ」（七ウ1）＝＊1(5)　倶（トモ）「ニ」（七オ7）＝＊4(5)　就中（ナ）「カ」（ンヅク）（六四ウ2）＝1(1)K　猶（ナ）「ヲ」（三四オ5）＝2(11)K　尚（ナ）「ヲ」（二四ウ7）＝1(11)K　甚（ハナハ）「タ」（二三オ5）＝＊1(6)　偏（ヒトヘ）「ニ」（三八オ1）＝1(1)　再（フタ、）「ヒ」（三一ウ5）＝5(8)K　実（マコト）「ニ」（三オ1）＝1(54)K　誠（マコト）「ニ」（一三ウ5）＝2(54)K　将（マサ）「ニ」…「ヘシ」（一〇九ウ4）＝2(16)K　当（マサ）「ニ」…「ヘシ」（三七オ7）　先（マ）「ツ」（一五ウ7）＝1(2)K　皆（ミ）「ナ」（一五オ5）＝1(13)K　若（モ）「シ」（一一オ7）＝＊1(5)　尤（モト）「モ」（一三ウ1）＝＊1(11)　専（モハ）「ラ」（一九ウ5）＝＊1(9)　漸（ヤウヤ）「ク」（二六ウ7）＝1(9)K　自「ヲ」（ノヅカ）「ラ」（五三オ3）＝＊1(8)

Ⅲ、全く附訓の無い漢字

即（スナハチ）（一五ウ5）＝＊1(18)　則（スナハチ）（一一六オ5）＝＊2(18)　只（タダ）（五ウ1）＝1(15)K

能（ヨク）（一九ウ3）＝1(2)　各（ヲノヲノ）（九オ4）＝1(1)

『諸事表白』の数値は、〈表2〉の通りであって、副詞の漢字表記について見ると、高山寺本古往来ほど高い率ではないが、他の説話文献と近似しており、ほぼ九割の値を示している。

ここで、再び〈表1〉に戻って、完全附訓漢字と部分附訓漢字、全く附訓の無い漢字の異なりに注目して数値を比較すると、完全附訓漢字とそれ以外では、前者において第一位・第二位の割合がやや低くなっていることが注意される。また、操作によって多少の誤差も予想されるが、字類抄に掲出されないものの数も完全附訓漢字に偏る傾向を読み取ることができよう。

そこで次項において、さらにこの点を確認しておきたいと思う。

〈表2〉

	第一・第二位	第三位以下で合点附のもの	小計	その他	合計
今昔物語集	一〇一（八六・三％）	四	一〇五（八九・七％）	一二（一〇・三％）	一一七（一〇〇％）
高山寺本古往来	六〇（九〇・五％）	四	六四（九七・〇％）	二（三・〇％）	六六（一〇〇％）
打聞集	一四（八二・四％）	一	一五（八八・二％）	二（一一・八％）	一七（一〇〇％）
諸事表白	六五（八七・八％）	二	六七（九〇・五％）	七（九・五％）	七四（一〇〇％）

(二) 傍訓を通してみた漢字の用法

先述の如く、『諸事表白』に使用されている漢字は、その附訓の状況から、完全附訓漢字・部分附訓漢字・全く訓の無い漢字の三つに分類される。

『諸事表白』について、同一語を異なる漢字で表記する場合があり、その際に、ある漢字甲が完全附訓され、乙が部分附訓あるいは全く訓の無い事例があって、分かれるものがある。例えば、

○一食《ノ》頃《アヒタノ》　之程（四〇オ6）

の「頃」字の訓「アヒタ」は完全附訓漢字であるが、

○目《メノ》マシロク間《タソ》有《ル》（一一一オ5）

の「間」字は、右のように語形の最終音節「タ」を施した例が四例存する他は全く訓の無いものが二三例存する。今、完全附訓漢字をA類、それ以外の部分附訓漢字及び全く訓の無い漢字をB類として分類し、このような例を一覧すると、次のようである。各用例の下の括弧内の数字は字類抄におけるその漢字の掲出順位、＊は合点付き、Kは黒川本に拠ることは先掲の如くである。なお、括弧の下の数字は本文献における用例数（使用度数）を示す。また、◎は、該字がいわゆる「訓漢字」(8)と一致することを示し、×は該字が字類抄に掲出されないことを示す。

〈表3〉

	A類	B類
「アグ」	◎揚（＊1）3　挙（＊6）3	上（＊2）1
「アナウラ」	跏（2）1	趺×2
「アフ」	会（＊1）3　逢（4）1　合×2	◎遇（＊2）1　値（＊5）4
「アヒダ」	頃（7）1	◎間（1）26
「アラハス」	表（＊8）4	顕（＊1）16　現（5）13

「アラズ」	不（＊2）1	◎非（1）64
「イフ」	謂（＊1）4　言（＊2）20	◎云（＊6）206　曰（＊3）2
「ウク」	稟（3K）1	◎受（1K）24　請（2K）1
「オホヨソ」	惣-相×1	凡（＊1）7
「オモフ」	意（22K）3	思（1K）106　憶（7K）1　欲（10K）7
「オモムク」	赴（2K）5	◎趣（1K）5
「カザル」	荘（4）1　厳×2	飾（1K）2
「キヨシ」	潔（＊6）2	清（＊2）1
「クラブ」	競（6K）2	比（2K）1
「クム」	汲（1K）1	酌（7K）1
「コタフ」	酬（左訓＊3）1	◎答（＊1）10　◎報（＊2）1
「コトゴトク」	咸（＊2）1	◎悉（＊1）19
「コトバ」	言（＊10）10	詞（＊1）2
「コヱ」	音×3	声×6
「サカリナリ」	壮（＊4）1	◎盛（＊1）1
「サキ」	前（＊2）9	◎先（＊1）15
「ササグ」	擎（＊2）1	捧（＊1）4
「サトル」	了（24）2	悟（＊2）13
「シヅム」	静×1	沈（＊1）1
「スベテ」	凡（10）1	都（＊1）2　惣（＊2）7
「タグヒ」	比（18K）1	◎類（4K）2
「タスク」	輔（6K）1　佐（8K）1	◎助（2K）17　資（5K）4

「タダ」	唯（5K）5	只（1K）32
「タツ」	起（4K）1	◎立（1K）4
「ツクル」	◎作（2K）6	◎造（1K）12　修（8K）2
「トク」	説（＊1）44	解（2K）2
「トル」	抱（7）1	◎取（＊1）26　執（＊2）1
「ネガフ」	楽（3K）1	願（1K）14
「ノゾム」	臨（2）7	◎望（1）5
「ハコ」	函（2）1	◎箱（5）1
「ヒル」	日×1	昼（1）1
「ホド」	許×1	程（＊1）20
「ホム」	嘆（＊5）1　賞×1	讃（＊2）4
「マヌカル」	脱（3K）1	◎免（1K）2
「モト」	元（＊4）2　下（＊3）3	◎本（＊1）10
「ヨリ」	自（46）15	◎従（45）5　自従×1
「ヨル」	寄（4）15	◎依（1）50
「ワタル」	弥（＊10）1	度（1）1　渡（2）2　渉（5）1

この〈表3〉のように、多少例外も存するものの、B類の漢字は、字類抄の初掲字もしくは『訓漢字一覧』所掲の漢字とよく一致することが判る。

さらに、今度は、『諸事表白』の中で同一の漢字に対して複数の訓が存し、それが出現箇所によって甲と乙とでは異なり、一方が完全附訓漢字で、もう一方がそれ以外といった分布を示すものがある。これについても、〈表3〉と同様に、A・B両類に分けて示す。

〈表4〉

	A類	B類
「了」	サトル（24）	（ヲハ）レルニ（＊1）
「云」	ノ玉ハク×	◎（イ）フ（＊6）
「憑」	タノモシフ×	（タノ）ム（4K）
「過」	トカ（＊2）	（スグ）ル（＊1）
「凡」	スヘテ（10）	（オホヨ）ソ（1K）
「尤」	ケヤケキ（1K）	（モト）モ（＊1）
「如」	シカ（＊2）	◎（ゴト）シ（＊1）
「意」	ヲモハ、（22K）	（ココ）ロ（2）
「有」	マシマス×	（ア）リ（＊1）
「楽」	ネカハ、（3K）	（タノ）シミ（1K）
「比」	タクヒ（18K）	（クラ）フレハ（2K）
「所」	ミモト（1K）	◎（トコ）ロ（2）
「為」	ナス（1K）　セム（＊4）　ナラム（2K）	◎（タ）メ（1K）
「申」	ノヘテウス（1K）	◎（マウ）ス（1K）
「空」	ソラ（1K）	◎（ムナ）シ（1K）
「終」	ヲヘテ（＊2）	（ツ）ヒニハ（2K）
「者」	ハ（1）	（モ）ノ（2）
「自」	ヨリ（46）	ヲ（ノヅカ）ラ（＊1）
「遂」	トク（＊1）	（ツヒ）ニ（1K）
「郷」	サト（1）	（ムカ）ヒ（17K）

「静」	シツメウ×	（シヅカ）ナラム（＊1）
「等」	ラ×　タチ×	◎（ヒト）シ（＊1）
「忽」	イソイテ（＊1）	◎（タチマチ）ニ（1K）

この場合にも、先と同様にB類の漢字は、字類抄上位掲出字もしくは「訓漢字」とよく一致する傾向を示す。これは、高山寺本古往来や真福寺本将門記[9]における調査結果と共通するものであり、B類が、日常常用の漢字群であるのに対して、A類の漢字がそうした表記習慣に縁遠いものであり、この枠から外れるものであったために傍訓の有様によって浮かび上がったものと解釈されており、『諸事表白』についても同様のことが当て嵌まることが確認された。

その〈常用〉の度合いは、本文献内部よりも窺い知られるのであって、〈表3〉の用例数に注目すると、間・顕・非・云・受・思・答・悉・悟・助・只・取・願・程・本の諸字のように、多くB類の漢字の使用度数がA類のそれを凌駕する傾向にあることが指摘できるのである。

もとより、完全附訓か部分附訓乃至は訓が無いかということと用字の常用度との間に密接な関連を有することが明らかになったとしても、その一点のみで説明がつくわけではなく、完全附訓の場合にはその他の要素も関係することが予想されるのであって、たとえば、当該字が重書や汚損などで判読の容易でない場合の補いとして施されることもあったであろうし、引用箇所の場合には、依拠した本文に附訓のあった場合に、その本文とともにそこに施された訓までもそのまま引用されることもあったかもしれない。全体の傾向としては右の傾向が窺われるにせよ、個別の事情も絡み合っているのが附訓の現状であろう。

三、文章構成と漢字の用法との関わり

はじめに述べたように、本文献は、山口光円氏蔵『草案集』などと同じくいわゆる表白付説教書の一つであり、基本的にその文章構成は信承法印撰『法則集』に説くところの法会の基本型「表白→正釈→施主段」に準拠するものである。

『草案集』では、説法の、表白・正釈・施主段の三部構成を崩して、前半に表白数篇を纏めて配置するといった類纂形態をとっていると認められるのに対して、『諸事表白』の場合は、概して実際に行なわれた説法の記録を現場に即した形で複数収録したものと判断される。この複数篇相互の関係、配列順序にはこれといった原則は見出し難く、雑纂形態とでも呼び得るものである。

本文献には、九つの法会の記録が収められているが、このうち、基本型三部構成を完備し、この「表白→正釈→施主段」の順に配置されているものは、第三・第四・第六の計三篇である。なお、『草案集』の場合、施主のことを説いた部分はほんの一、二行にすぎず、正釈部に含まれて説かれるのに対して、本文献では、これを強調し、「施主分」と題して特立している点が注目される。次に、三段のうちその一を欠く二段より成るものは、第五・第八・第九の三篇である。第五篇は、表白部を欠き正釈部と施主分部の二段より成り、第八篇は、正釈部を欠き表白部と施主分部の二段より成るものと把握される。最後第九篇は、末尾を欠いていて表白部に続く正釈部の中途で文章が切れている。残り、第一篇は表白部のみより成るものであり、第二篇と第七篇は、いずれも「施主分」の見出しが冒頭に置かれるものであり、施主分部のみより成る篇であると考えられる。

さらに、右の正釈部と施主分部には、仏・経の功徳を説いた説教のみならず、まま説話が例話として引かれるこ

とがある。従って、『草案集』と同様に、さらにその内部を説教部と説話部とに分けることが可能のようである。本書の説話部の所在については、旧稿に示しておいたので[10]、正釈部、施主分部それぞれにこの説話部を除いた箇所が、説教部と認定されることになる。

『草案集』では、ある語の漢字表記について複数の用字を有する場合、多く表白部に偏る傾向があると説かれる[11]。表白部は基本的には対句を基調とする漢文の駢驪文で綴られるので、それだけ修辞的用字も豊富であることに起因すると解される。

そこで、本文献の場合にも、同じような傾向が看取されるかどうかについて調査してみることとする。

先に見たとおり、完全附訓漢字は、部分附訓漢字及び全く訓の無い漢字に比して常用度の低い用字群であり、常用漢字の枠外にあるものである可能性が高い。ここでは、この完全附訓漢字が文章構成上どの箇所に分布するかについて観察する。検討の対象は〈表3〉の諸語である。

(1)　表白部に分布する完全附訓漢字

常用度の低い可能性の高い完全附訓漢字が表白部に出現するのは、次の諸語（諸字）である。

アグ（揚）　オホヨソ（惣相）　オモムク（赴）　カザル（荘・厳）　コタフ（酬）　ネガフ（楽）

ハコ（函）

(2)　正釈部に分布する完全附訓漢字

まず、正釈部の説教部に分布する完全附訓漢字としては次のものがある。

アヒダ（頃）　アラズ（不）　アラハス（表）　イフ（言・謂）　コトゴトク（咸）　サキ（前）　サ

サグ（擎）　サトル（了）　シヅム（静）　ツクル（作）　トク（説）　ヨリ（自）

説話部に分布する完全附訓漢字は次のようである。

アグ（挙）　アフ（合）　ホム（嘆）

(3) 施主分部に分布する完全附訓漢字

施主の徳を賛嘆する施主分部の、説教部に分布する完全附訓漢字は次のとおりである。

アグ（揚）　アナウラ（跏）　アフ（会・逢）　ウク（稟）　オモフ（意）　クラブ（競）　クム（汲）

コトバ（言）　コヱ（音）　サカンナリ（壮）　タグヒ（比）　タスク（佐）　タダ（唯）　トル（抱）

ヒル（日）　ホド（許）　ホム（賞）　マヌカル（脱）　モト（下）　ヨル（寄）　ワタル（弥）

施主分部に引用される説話中に出現する完全附訓漢字は次のものがある。

スベテ（凡）　タスク（補）　タツ（起）　ノゾム（臨）　モト（元）

右の(1)~(3)を通覧すると、『草案集』の傾向とは必ずしも一致しないように見られる。すなわち、常用度の低い用字は『草案集』の場合には表白部に偏って分布する傾向があると説かれるが、本文献では必ずしも表白部のみに集中しているわけではなく、正釈部・施主分部にも広く出現し、加えて説教部・説話部の異なりとの相関性も認めがたい。

用法の上でも部分附訓（乃至訓の無い）漢字との違いの認めがたい副詞の類に限定しても完全附訓のそれが表白部に偏るといったこともなさそうである。

但し、右の諸語のうち、動詞については若干注意を要するのであって、常用度に異なりがあるのに加えて、部分附訓の漢字とは意味用法の上で何らかの違いがあり、その使い分けの結果と見る解釈も成り立つ。用法差を看取できる程度の用例数があって、この事例に該当すると見られるものに、次のような動詞がある。

(1) アグ

A類の「揚」は、

○諸子傾《ハ》首《ケテヲ》揚《アク》出離生死証大菩提之唱《ヘヲ》（一〇七ウ5）※他二例も同じ意（用例略）

のように〈音声を発する〉意で用いられ、「挙」三例の一例は同じ意で用いられるが、

○長者挙《アケテ》声《ヲ》申《ス》様《ハ》（七四ウ2）

残り二例は、〈(手を) 上方にもってくる〉意で使用される。

○低頭《ヲ》挙《ケテ》手《ヲ》（四五ウ4）※九五オ6も同じ意（用例略）

一方、B類の「上」は、二例ともに、

○庁床見上タレハ（九ウ7）※七六オ4も同じ意（用例略）

のように複合動詞の下位成分として〈(視線を) 上に向ける〉意味で用いられる。

(2)　クラブ

A類「競」は、〈(互いに負けないように) きそう〉意味で用いられる。

○無常業《ト》力《トノ》競《ラヲクラヘタル》事《ノ》候《ニモ》（一二三オ7）※一二四オ5も同じ意（用例略）

B類の「比」は、〈比較する〉意である。

○以広《ヲ》比《フレハ》虚空又狭《セハシ》（九三ウ3）

(3)　コタフ

A類「酬」(但し左訓、右訓は「ムクヒタリト」) は〈(恩に) むくいる〉意のように解される。

○酬《ムクヒタリト》《コタヘ》過去《ノ》宿善《ニ》（二六ウ1）

B類「答」は、一般的な〈応答する〉〈問答する〉意である。

○何故ソヤト問《ニ》冥官答《フル》様《ハ》（四一ウ1）※他九例（用例略）

同じくB類の「報」は、〈(恩に) むくいる〉意であって、「酬」と通ずるもののようである。

○報《フル》恩《ヲ》一人《ノ》（九四ウ1）

(4)　ノゾム

A類「臨」七例は、〈面と向かう〉〈当面する〉意味で用いられる。

○御所労之後一切《ニ》不参臨《リノソマ》一事《ノ》次第実《ニ》不相応也（九オ5）※他六例（用例略）

これに対して、B類「望」五例は、〈こうあってほしいと願う〉意であって意味が異なる。

○況《ヤ》心《ニ》聊《カ》有《リ》所《モ》二望《ム》一身《ニ》少《スコシ》　所《ロ》期《スル》一御《サハ》（四八ウ5）※他四例（用例略）

さらに、説話や漢詩句等の引用箇所については、依拠した文献の用字を反映している可能性の検討が必要である。本文献の場合には、直接の典拠を特定するまでには至っていないが、源泉もしくは類話の判明しているものがいくつかある。

(5)　ササグ

A類「擎」は、次の箇所に見える。

○故《ニ》月陰《ヌレハ》重《テウ》山《ニ》一擎《サ、ケテ》　扇《ヲ》一喩《フ》之《ニ》一（五七オ2）

これは、摩訶止観第一を出典とする和漢朗詠集の下巻・仏事に収められる次の句の引用と見られる。

○月隠重山兮擎扇喩之　風息大虚兮動樹教之（下五八七）

出典の「擎」字を踏襲したものと考えられる。

(6)　タスク

A類「輔」は、次のように、施主分部の説話引用箇所に使用されている。

○観音助《ハ》遠《ケク》接《シ》、勢至輔《ハタスケテ》　遙迎《ニヘ》（七オ6）

右は、岸禅師往生説話の箇所であるが、直接の典拠と見做し得るかどうかはともかくとして、これまで見出している諸類話の中で、本文献の当該説話に最も近い内容を持つ[12]『宋高僧伝』巻第十八（大正蔵五十・史伝部二所収）「唐岸禅師伝」の対応箇所も、次のようであって完全に一致する。

○観音助遠接。勢至輔遙迎。

さすれば、完全附訓「タスク」の用字「輔」は出典文献のそれを踏襲した結果と認めることが自然のように思われる。

このように、本文献の完全附訓漢字の分布は必ずしも表白部に限られず、従って常用漢字の枠外と見られる用字もそこに限定されずに、正釈部や施主分部の説教、説話に亘って広く見られることが判った。そして、そこには、意味用法の異なりを反映する用字、また出典文献の存在を想定することで説明のつく用字選択といった複雑な事情が働いているものと考えられるのである。

四、まとめ

以上、漢字表記を本位とする本文献について、その用字法の実態を押さえるべく調査を行い、結果を記述した次第である。

記述の方法は概ねこれまでのものを踏襲する形で常套的なものであるが、必ずしも鎌倉時代の個々の文献について調査が進んでいるわけではないので、同一の基準に拠ることが他文献との比較ひいてはその時代の漢字文献の中での位置づけを行う上で有効であろうと考えた。

本文献『諸事表白』は、他の同時代の文献と同様に、基本的には色葉字類抄の初掲字及び訓漢字と一致し、平安時代以来の常用漢字を基盤としていることが判った。若干その例外とも言える枠外の漢字は、本文中ではしばしば全音節を施す完全附訓であって、その漢字と当該訓との対応が固定的でないために施された結果と見ることができる。但し、文章構成上の分布は、同種の文献である『草案集』とは若干様相が異なり、表白部に偏在する傾向は看取し難い。常用度という点では必ずしも高くない用字を用いることによって、同一語でもそれぞれの漢字に用法分担を行って使い分けをし、また、説話や詩文の引用箇所の用字はこれを踏襲するなど複数の事情が関係しているもののようである。その意味では、『諸事表白』の方が『草案集』より漢字運用の面ではやや水準の高い文献であるとの位置づけが可能であろう。

注

（1）山本真吾「鎌倉時代に於ける表白付説教書の文章構成と文体」（『国文学攷』134・135合併号、平成4・12）
山本真吾「日光輪王寺蔵諸事表白の成立について」（『国文学攷』149、平成8・3）
山本真吾「日光輪王寺蔵『諸事表白』の文章構成と文体」（『三重大学日本語学文学』10、平成11・6）
（2）山本真吾「日光輪王寺蔵『諸事表白』所収説話について」（『鎌倉時代語研究』20、平成9・5）
山本真吾「日光輪王寺蔵『諸事表白』所収説話の方法（上）──漢文翻訳の表現とその意図をめぐって──」（『三重大学日本語学文学』8、平成9・6）
山本真吾「日光輪王寺蔵『諸事表白』所収説話の方法（下）──漢文翻訳の表現とその意図をめぐって──」（『三重大学日本語学文学』9、平成10・6）
（3）峰岸明「高山寺本古往来における漢字の用法について」（高山寺資料叢書『高山寺本古往来表白集』昭和47、東京大学出版会）
小林芳規「高山寺本古往来における漢字の用法上の性格──振仮名の有無を手懸りとする考察──」（『国文学攷』57、昭和46・9）

(4) 峰岸明「今昔物語集における漢字の用法に関する一試論――副詞の漢字表記を中心に――(一)」(『国語学』84、昭和46・3、『平安時代古記録の国語学的研究』第三部第一章第一節に再録)
(5) こまつひでお「声点の分布とその機能(I)――前田家蔵三巻本『色葉字類抄』における差声訓の分布の分析――」(『国語国文』35-7、昭和41・7、『日本声調史論考』第I部第1章に再録)
(6) 注(4)並びに(6)論文。
(7) 東辻保和「打聞集における漢字の用法」(『打聞集の研究と総索引』昭和56、清文堂出版)
(8) 小林芳規『訓漢字一覧』第一部傍訓(昭和45・11謄写版)
小林芳規『訓漢字一覧』第二部(「上代における書記用漢字の訓の体系」47-10、昭和45・10)
小林芳規『訓漢字一覧』第三部(昭和46・3謄写版)
(9) 小林芳規「将門記における漢字の用法――和化漢文とその訓読との相関の問題」(山岸徳平『日本漢文学史論考』昭和49・11)
(10) 注(2)論文。
(11) 田中雅和「『草案集』の用字に関する一考察――副詞による検討――」(『鎌倉時代語研究』6、昭和58・5)
(12) 注(2)論文。

正岡子規と角筆文献

――法政大学図書館正岡子規文庫蔵の角筆文献を中心に――

西村浩子

これまでに日本各地で発見された角筆文献は、三、二〇〇点を超えるという。そして、二〇〇四年に上梓された小林芳規博士の『角筆文献研究導論』（汲古書院）では、角筆文献は日本国内だけでなく韓国・中国にも広がりを見せ、日本の古訓点との関連が指摘されるようになっている。

現在、日本国内の地方図書館や文書館、旧家に残されたものでは、江戸時代以前のものは少なく、江戸時代以降のものが多い。「角筆文献目録　一九九一年版」から「同　一九九九年版」に登録された三、〇七〇点の角筆文献のうち、その約八〇％が江戸時代のものである。そして、そのほとんどが四書五経を中心とする漢籍類である。

原卓志氏によれば、徳島県下の藩校・郷学校で使用されたテキストと角筆文献との対照から、「藩校・郷学校などの漢学学習において『素読』という学習方法・形態と角筆使用とが密接な関係」にあるということであり、四書五経のテキストに角筆文字の書き入れがよくなされるのは、それらが師匠の判読を聞いて読み方を覚えていくという素読の学習の場で書き入れが行われたことと関係があるということである。(1)

筆者はこれまで愛媛県内の旧家における角筆文献調査を通して、江戸時代の漢籍の版本以外に、古文書や明治時代の教科書にも角筆の書き入れが残されていることを知り、沖縄調査では、大正時代の原稿に書かれた角筆文字と(2)

出会った。一方で、韓国における角筆文献発掘調査や大英図書館における敦煌文献（「大般若波羅蜜多経宣演」S.4052）の角筆調査を通して、隣国の角筆文献に接する機会を得た。その体験から、三、二〇〇点以上もの角筆文献が残り、しかも角筆による文字が大量に発見される日本において、日本人はこれまで角筆とどのように関わってきたのか、特に、角筆文献の多い江戸時代から急速にその数が減少する明治時代には、角筆はどのように受け継がれたのか。版本に残された角筆文字が、江戸時代の素読の学習形態と密接なつながりがあるとすれば、江戸時代と明治時代の境目に身を置き、江戸時代の文化の流れを受け継ぎながら明治時代の新しい学校教育も受けた人物は、角筆文献とどのように関わるのであろうか。このような疑問と関心を抱くようになり、明治期に活躍した日本人と角筆文献のかかわりについて考えてみたいと思うようになった。

そこで、本稿では、そのような人物の一人として、愛媛県の松山出身であり俳句や短歌の革新運動の旗手として明治期に活躍した正岡子規を取り上げ、角筆文献とどのように関わるのか、ことばへの興味・関心が非常に高かった彼の蔵書の中に角筆文献を見出すことができるとすれば、それはどのようなものなのかを、これまでの正岡子規の蔵書における角筆文献発掘調査をもとに、考えてみたい。正岡子規を取り上げた理由は、筆者がこれまで角筆文献調査を行なってきた愛媛県の出身であること、また子規の旧蔵書に関する目録が整備されており、しかも人物研究が進んでいて、情報が豊富であることによる。

一、正岡子規と素読

正岡子規は、まさに明治とともに生まれ育った人物である。慶応三年（一八六七）、明治維新の前年に松山で生まれ、明治十六年（一八八三）十六歳で上京、翌年、東京大学予備門に合格し入学、明治二十一年（一八八八）本科に進学した。明治二十五年（一八九二）より新聞「日本」に紀行文・漢詩を発表、『獺祭書屋俳話』を連載し、俳句革新に着手した。明治二十六年（一八九三）に大学を退学、以後、新聞の「日本」や「小日本」に記事や小説を発表し、明治二十九年（一八九六）、二十九歳のときに脊椎カリエスで臥褥の身となる。明治三十一年（一八九八）には病床にありながら、短歌革新にも着手し、二年後に「写生文」を提唱、明治三十五年（一九〇二）、三十六歳で亡くなるまで俳句・短歌の世界に大きな足跡を残した。[5]

子規は、系図のように、松山藩藩校明教館の教授であった儒学者大原観山の孫にあたる。父を早くに亡くした子規は、祖父の観山から素読を学んだ。

大原観山
文政元（一八一八）～明治八（一八七五）
松山藩藩校明教館教授。
（子規九歳のときに、病没。）

正岡常武 ― 村 ＝ 佐伯政景

八重 ＝ 隼太　天保四（一八三三）～明治五（一八七二）。正岡家を継ぐ。（子規五歳のときに死亡。）

常規（子規）　慶応三（一八六七）年九月十七日生

松山藩の儒学者を祖父に持ち、素読の指導を受けていたとすると、正岡子規は、角筆を使っていた、あるいは文献の存在を知っていたという可能性が考えられる。

そこで、子規が幼少時代にどのような漢籍を読んだのかを調べると、以下のように、四書の「孟子」、五経、春秋などを読んでいたことがわかる。

㈠八～九歳のころ

子規自身の記録によれば、このころ、「孟子」を読んでいる。

「余観山翁の処へ孟子の素読を教へられに行きし時なれば八、九歳の時なるべし」

（明治十七年「筆まかせ」の中の「趨り帳」『子規全集　第十巻』ｐ一三～一四）

そのときの指導で、祖父から「知らぬ字を帳面につけておけ」と言われ、そのための帳面を作っている。（「趨帳」と名づけるが、祖父に「備忘録」と訂正される。）

(二)九歳のころ

九歳のときに祖父が亡くなり、以後は「土屋久明先生の処へ素読に行きしかば」（明治二十一年「筆まかせ」の中の「哲学の法則」『子規全集　第十巻』ｐ四〇～四一）とある。土屋久明のところでは、さらにいろいろな書物に接している。その書物とは、同じく土屋久明について素読を学んだ三並良《みなみはじめ》の記憶によれば、以下のようなものであった。（三並は母八重の従弟で、子規より二歳年長である。）

「漢書もそれからそれと、多くは素読丈だったらうが、沢山読んだやうだった。五経や八大家、戦国策、史記、春秋、資治通鑑、日本外史、政記、皇朝史略等々だったらうが、悉く記憶しても居ない。」（「子規の少年時代」三並良「日本及日本人」秋季臨時増刊「正岡子規号」昭和三年九月十九日。『子規全集』別巻3　講談社　昭和五十三年　ｐ一六九に所収）

二、正岡子規の蔵書

さて、正岡子規の蔵書は、現在、法政大学図書館・天理図書館・松山市立子規記念博物館・国立国会図書館に保管されている。これまでに調査し得たものは、法政大学図書館の子規文庫の一部と天理図書館の綿屋文庫のものである。調査では、貴重本も多く含まれていたが、角筆文献調査は、原本でしか調査しえないことに御理解をいただき、法政大学図書館関係各位ならびに天理大学図書館関係各位に御高配を賜った。

【法政大学図書館正岡子規文庫】

法政大学図書館正岡子規文庫は、昭和二十四年、根岸の子規庵より弟子の寒川鼠骨を介して法政大学に寄贈された、正岡子規手択本を主体とする蔵書である。蔵書は俳書を中心として、正岡家、あるいは親族伝来のもの、友人寄贈、在松山中の入手本、在京後求めたもの、遼東半島金州での収集等多様である。(『法政大学図書館蔵 正岡子規文庫目録』(平成八年三月)凡例、法政大学図書館「HUL 通信」NO.33 より)

正岡子規文庫の調査は、これまでに二〇〇〇年五月・十二月、二〇〇一年七月、二〇〇二年一月の計四回行った。調査においては、『法政大学図書館蔵 正岡子規文庫目録』に掲載されている書籍の中から、漢籍類を中心に、朱筆または墨筆の書き込みがあると記されているものを優先的に選び、閲覧調査を行った。その結果、調査をした一二四点の中から、二七点六一冊(角筆文献番号登録は九点)を発見した。

【天理大学附属天理図書館綿屋文庫】

天理図書館の「綿屋文庫連歌俳諧書目録 第二」(昭和六十一年)の中には、「子規雑集」として四五点(主に子規自筆写本)文献があり、その中から子規自筆のノートおよび草稿本を選び、六点二九冊の閲覧調査を行った。その結果、一点一冊(存疑四点四冊)の角筆文献を発見した。

三、少年時代の子規と角筆文献

法政大学図書館の正岡子規文庫で発見できた漢籍の角筆文献の中で、子規が素読した書物名と一致するのは、次の文献である。

①「孟子」

本書は、寛文五年（一六六五）の刊記があり、四冊本である。巻一（見返し）に、「岸氏／岸姓／松山杦谷／岸氏」の墨書がある。岸家は、母の妹の嫁ぎ先であり、岸家から譲り受けたものかと考えられる。巻三（裏表紙見返し）にも「天保四巳年（一八三三）／二月改之／岸　正岡氏」「安政六己未年（一八五九）」「天保四《（墨消し）》（一八三三）巳十二月調之也　□八」、「天保亥年（一八三九）大蔟下旬蔟／長屋丹右衛門　藤原祐（カ）元」等、落書きのように書かれている。また、第二巻の裏表紙見返しには「安政六（一八五九）己未年六月廿五日読終音之助」と書かれている。これらを見ると、本書は、子規のもとに来る前に岸氏や他の人々のところにあったものであることがわかる。したがって、角筆の書き入れも、子規以外の人の手による可能性がある。この「孟子」には、次のような角筆の文字が見える。（返り点は省略。以下同じ。）

湯《「トウ」（墨書）》　誓《「セイ」（角筆）「セイ」（朱筆）》　曰ク《「ク」（角筆）》　（一〇丁表4行目）

史記《「キ」（角筆）「キ」（墨書）》　（一丁表3行目）

適《「ユ」（角筆）》レク梁ニ（一丁裏4行目）

迂《「ウ」（角筆）「ウ」（墨書）》－遠《「エン」（角筆）》ニシテ（一丁裏5行目）

荀《「シュン」（角筆）「シュン」（墨書）ト（朱筆）》　與《「ハ」（墨書）／（朱点）》レ　楊也《「ヤ」（朱筆）》　（二丁裏6行目）

いずれも、角筆文字の上に、朱筆や墨筆で重ね書きしている。

このような角筆文字が、子規が素読のときに書き入れたものであるかどうかは不明である。したがって、岸家の人物が書き入れた可能性がある。ちなみに、四書のうちの「論語」「大学」「中庸」については、以下の②〜④がそれであるが、②「論語」は父親「正岡隼太」の名が墨書されており、父の少年時代の書き入れの可能性がある。③「大学」、④「中庸」に関しては、現段階では、全く不明である。

②「論語」（道春点）（論語二冊　論語集註二冊）

巻二の裏表紙見返に、朱書「文政六（一八二三）三月　卯七月日　嘉永四（一八五一）正岡氏　卯七月日　正岡隼太」とある。巻三裏表紙袋綴の内側には、墨書で「亥四月十一日読始ル／六月十三日終」と書かれているというが未見である（嘉永四年は亥年）。

角筆文字の用例は、次の通りである。

樊遅従テ遊フ　（二六丁表4行目）

上欄に「ハンチ」という角筆文字あり。「樊遅」の読みを示している。

顔淵ノ曰／回雖ニトモ不｜敏一ナリト請フ事ニトセン斯ノ語一ヲ矣　（一六丁表上欄）

上欄に「ゐゑども」「こと〻せん」という角筆文字がある。それぞれ、「雖」「事」それぞれの読み方を示している。

③「天保再刻大学校正道春点」

本書は、天保十三年（一八四二）の刊記がある。本書には角筆の書き込みは少ない。左の例の上段に角筆文字が一例見つかった程度である。

能《「ク」（墨書）》容《「イ」（墨書）》レテ之ヲ（一七丁表3行目）

上欄の「イ」（角筆）は、「容」を「イレテ」と読むことを示していると思われる。

④「中庸」

本書には刊記がないが、三一丁裏に墨書で「正徳五年（一七一五）文《（墨消し）》西郎」とある。

角筆文字の用例は、次の通りである。

夫《「フウ」（墨書）》｜婦《「フ」（角筆）「フウ」（墨書）》ナリ　也（一五丁表9行目）

従「生」(角筆)容「マウ」(角筆)「マウ」(墨書)トシテ　（一九丁表8行目、「マウ」は「ヤウ」の可能性あり。）

上欄「シヤウ」(角筆)

ここには、角筆の書入れとして漢字「生」が書かれている。これは、「従」（ショウ）の読みで、同じ発音を表す類音字の「生」（字音仮名遣いは「シヤウ」）を書いたと思われる。

以上が、子規の記録にあった「孟子」と他の四書の中から発見した角筆文献である。では、五経はどうであろうか。

⑤「改正音訓詩経再刻後藤点」（上・下）

上巻の裏表紙の見返しに墨書で「岸氏」と書かれていたのを消し、その左に「正岡氏」と書いている。これらの墨書の上方に角筆の落書きと思われるクボミがある。

蒹「ケン」(角筆)葭「カ」(角筆)　蒼蒼トシテ　（二五丁裏4行目）

⑥「改正音訓易経再刻後藤点」

本書は、文化十年（一八一三）の刊記がある二冊本（乾・坤）である。角筆文字の用例は、次の通りである。

「震」(角筆)（乾　一五丁表3行目　「震下巽上」の下方）

「ヨツ」(角筆)。この字の上に、墨で「タスケテ」と重書。（坤　表紙見返し）

臣「弑」ニシ　（「弑」の右下に朱の不審紙あり）　其君ヲ　（坤　四四丁裏7行目）

上欄に「シイ」と角筆文字あり。「弑」の読みと考えられる。

天地ノ之雑ルナリ也。（「雑」の右横に朱の不審紙あり。）（坤　四五丁表9行目）

上欄に角筆文字で「交」とあり。「雑」を「まじはる」と読むため、別の漢字でその読みを示したと思われる。

また、角筆文字だけでなく、角筆で書いた筆算の数字（足し算・引き算？ 坤、表紙見返し）も書かれている。筆算が日本に取り入れられたのは、明治時代以降で、子規が書いた「筆まかせ」にも、小学校で「数学」を学んだとある。

「余が八歳頃に始めて小学校の体裁備はり級を分ち読本を読ましめ数学を習はしめし也」

（明治二十二年「少尊老鼻」『子規全集 第十巻』）

和田茂樹氏によれば、「子規はおそらく七年三月に末広学校に入学し、明治九年四級生の頃まで(A)案の授業を受けたであろう。」と、子規が学んだと思われる学習課程表を掲示されている（「少年子規の学習過程から磨かれたもの」和田茂樹「星」平成九年四月号）。その中では、第一学年で洋算を学ぶことになっている。ただ、本書に角筆で書かれた筆算は、明治以降に書かれたものではあろうが、子規が書き込んだものか否かは不明である。⑤「改正音訓詩経」や⑧「改正音訓春秋」にも岸姓が書かれているので、岸家の関係者が書き込んだ可能性がある。

⑦「改正音訓書経再刻後藤点」

角筆文字の用例は、次の通りである。

協へ《「カナ」(角筆)》 時|月ヲ（天 三丁表5行目）

上|帝引レケトモ)逸ヤスキニ（地 二八丁表8行目）

「安」(角筆、上欄)。「逸」の読みを別の漢字で示したか。

⑧「改正音訓春秋再刻後藤点」

墨書で「岸氏」とあり（六七丁表）。五九丁表上欄に「セ」と角筆文字あり。該当する漢字は不明。

以上の⑤～⑧のように五経にも角筆文献はあるが、これらも子規が角筆文字を書き入れたとすることは難しい。

なお、「改正音訓礼記再刻後藤点」には角筆文字が見られなかった（「岸氏」の墨書あり。）

このほかに、次のような漢籍からも角筆文献が発見された。

⑨「合璧摘要小学本注」（内篇・外篇）

本書は天保十四年（一八四三）の刊記がある。角筆文字の用例は、次の通りである。

馬-援「エ」（角筆）カ　兄ノ子（外篇　四丁表2行目）

古-人疾「ニ」（角筆）メリ（外篇　七丁表4行目）（「疾」を「ニクム」と読むことを示す。）

長-史／劉-湛「タ」（角筆）　入ニ（外篇　一四丁表5行目）（「湛」の音読み「タン」の一部を示している。）

随「ス」（角筆）ノ　吏-部（外篇　五五丁裏4行目）（「随」の音読み「ズイ」の一部を示している。）

本書には、角筆文字の書き入れが多く、それらは、漢字の読みの一部を示したものである。一部を示すことにより、その漢字を音読みするか訓読みするか判別できるようにしている。

⑩「古文真宝（魁本大字諸儒箋解古文真宝）後集上」

表紙見返しに「南碩」という墨書がある。しかし、白で消されている。欄外に角筆の仮名が多く見られる。角筆文字の用例は、次の通りである。

陳「チン」（墨書）　情「セイ」（墨書）　之表「ヒ」（角筆）「ヘウ」（墨書）（一丁表4行目）

篇「ヘン」（角筆）-　題之-下「ニ」（墨筆）（一丁表9行目）

⑪「評苑改点文選傍訓大全」

本書は、元禄十一年（一六九八）の刊記を持つ。後表紙見返しに「以大儒家伝之説点矣読矣　于時享保四年（一七一九）仲春点之／村上瀧水」という墨書がある。

角筆の文字としては、以下のようなものがある。

化-成ス「ト」（角筆）「ト」（朱筆）天-下ヲ（序　一丁表6行目）

朱筆の「ト」は、角筆文字の「ト」の上に重書されている。

辞∞｜（朱筆）。（朱筆）采「サツ」（角筆）ヲ（序　三丁表4行目）

これらも、表紙や後表紙の見返に、子規以外の人物の名前があることから、直接子規の子供時代の角筆使用を裏付けるものとはならない。子規は、非常に覚えのよい子供であったということであり、角筆で文字を書き入れる必要がなかったのかとも考えられる。

しかしながら、次の一点は、子規が書き込みをした可能性がある。

⑫「張注列子」

本書は、延享四年（一七四七）の刊記がある四冊本である。朱印「正岡」（題簽）・「獺祭書屋図書」（一丁表上欄）があり、朱書（返り点・送り仮名）・墨書・青書（区切り点）が付されている。しかも、朱筆の書き入れ時期も、以下のように朱で記されている。

「丙戌春二月廾又二日閲了　甃石子」（巻第二の巻末　朱筆）

「丙戌春二月廾又四日閲」（巻第四の巻末　朱筆）

「丙戌春三月廾又五日夜閲了」（巻第六の巻末　朱筆）

「丙戌春二月廾六日雨窓読了」（巻第八の巻末　朱筆）

「丙戌」にあたる年号は、この本の出版された延享四年（以後では、明和三年（一七六六）・文政九年（一八二六）・明治十九年（一八八六））が考えられる。このように、干支＋季節＋日にち＋時間帯＋「閲了・読了」という識語の順序や筆跡は、幕末に刊行された「冷斎詩話」に書き入れられた明治十八年（乙酉）の子規自筆（「正岡子規文庫目録」による）の識語に類似している。

「乙酉初冬尽日読了」（巻四末）

「乙酉仲冬朔閲覧了　未不可忘意此編夜話今夜必入夢矣乎況所説皆夢」（巻五末）
「乙酉初冬旬又六挑燈読了　虚無空妙之談殊過高不慊吾心然非無快処也」（巻八末）
「乙酉初冬旬又七日薄暮読了　此日風頗暴」（巻十末）

そうだとすると、「張注列氏」の識語は、明治十九年、子規二十歳のころの書き入れの可能性が高い。「鼇石子」という号も、子規の号である可能性が出てくる。

本書には、角筆文字は見られなかったが、角筆によると考えられる文の区切り線が見られた。

吾側聞之試以告女　—（角筆）—（朱筆）（一之二　一丁裏6行目）
変化之極徐疾之間可尽模哉　」（角筆）」（朱筆）（三之四　四丁表2行目）

これらは、クボミで区切り線を入れた後、朱筆で上から重ね書きをしている。朱筆が子規の手によるとすれば、当然この区切り線の書き入れも子規である可能性が高くなる。なお、「鼇石子」という号は、これまでに確認されている子規の数十種類の号の中には採録されておらず、今後検討する必要がある。

四、学生時代の子規と角筆文献

正岡子規文庫のこれまでの調査からは、子規の自筆と思われる角筆文字は見つかっていない。しかし、子規は漢籍の中に角筆の文字が書き込まれていることは知っていた可能性があると筆者は考える。それは、素読のテキストと角筆文献との関係が深いことと、次で述べる子規自筆のノートには、クボミの線による書き入れがあるからである。

東京予備門時代から東京帝国大学時代に、子規が書いた自筆ノートに、角筆で書いたと思われる線が見られるのである。

⑬「自然科学ノート」（写真1　法政大学図書館正岡子規文庫蔵）

これは、子規自筆の講義筆録で、地球上の緯度の測り方を説明している絵であるが、その絵の中に角線が引かれている。

⑭「智慧文庫」

本書は、明治十八年（一八八五）に子規が書写したものである。墨書で「明治十八年八月夏期休学中／於御里松山写焉／莞爾生記」とある。「莞爾生」は、子規の号である。

二六丁裏に、落書きのような角線があるが、それ以外には、「船の中へのり」（二八丁表6行目）の「船」から「中」

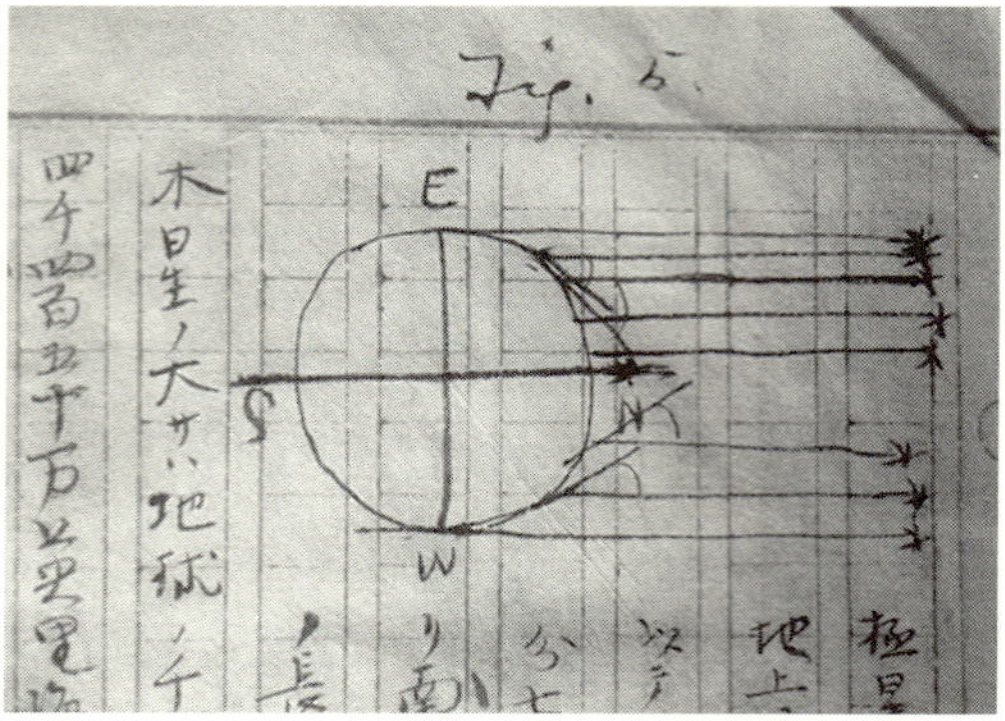

［写真１］「自然科学ノート」

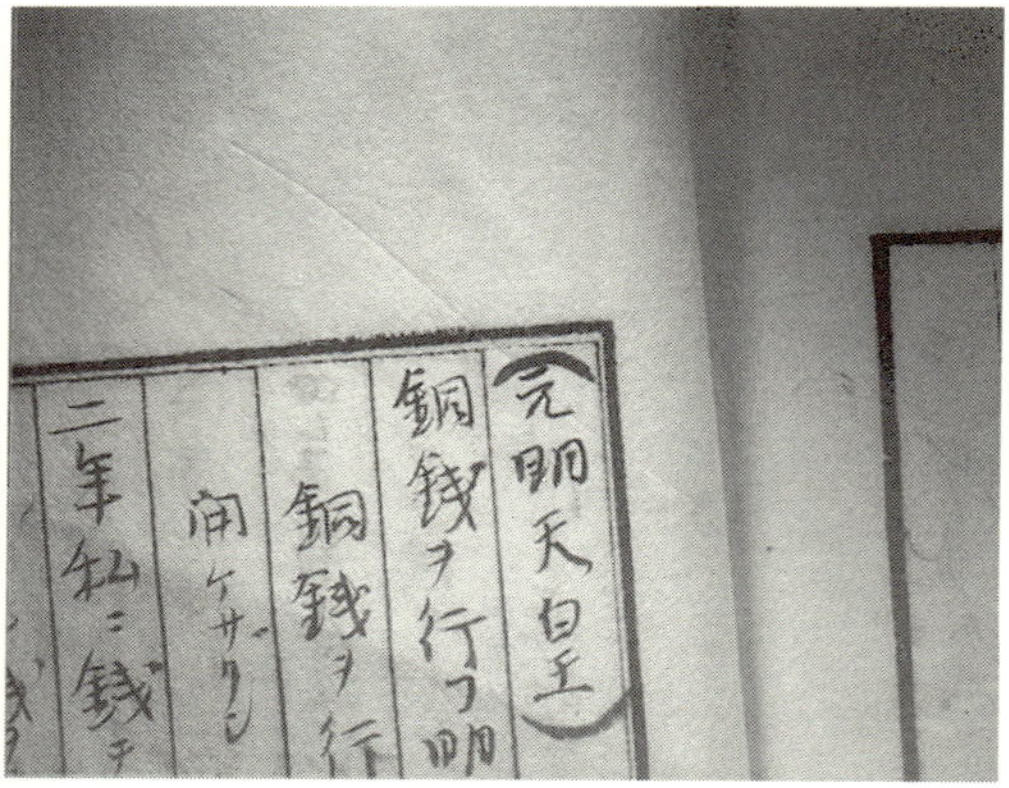

［写真２］「日本歴史」

にかけて注示符のように、右肩下がりの斜線が書かれている。

⑮「日本歴史」（写真2　法政大学図書館正岡子規文庫蔵）

本書は、子規自筆の日本歴史の講義録である。神代より聖武天皇まで記述され、墨書で「正岡常規記」とある。常規は子規の本名である。（この冊以外に、「第二号　日本歴史　巻一」（冒頭に「棚橋一郎先生口授正岡常規書取」とあり。）の表紙には「莞爾生」という子規の号による署名がある。）

このノートは、一ページ十二行の罫線のあるノートで、「本朝歴史」というタイトルが付いている。古代の神の名と天皇の名前とその説明が書かれている。

一三丁裏には、「(皇極天皇)」（2行目）と「(孝徳天皇)」（3行目）の名前が行頭に並んで書かれているが、皇極天皇の左上から、二つの天皇名にかかる右下がりの斜線が二本、引かれている。

一七丁裏一〇行目には「(天武天皇)」とあり、「皇」の右横に、角筆の斜線がある。

二三丁表一行目には「(元明天皇)」とあり、[写真2]のように「元」の字に、大きな右下がりの角筆の斜線がある。

また、二四丁表には「(聖武天皇)」の「皇」の左下に、小さく二重線が引かれている。その上から、朱色の丸括弧を書き、天皇名を閉じている。その括弧が、ちょうど角線の上に重なっているため、まず角線で印を付け、その後、天皇名をくくる朱色の括弧がつけられたことがわかる。

以上の角筆によると思われる線の書き入れより、何らかの先のとがった筆記具の存在があり、子規が筆以外の筆記具を用いくぼみの線や点を入れていたと考えられる。したがって、筆以外の筆記具（角筆）の存在を彼が知っていたと考えてもおかしくはない。

五、その後の子規と角筆文献

⑯「俳書年表」

天理図書館蔵の「俳書年表」にも、注示の角線が見られる。この書は、明治二十四年（一八九一）〜明治三十五年（一九〇二）、子規が二十四歳から三十五歳にかけて書いたもので、俳諧に関する書物の年表である。寒川鼠骨による墨書には、「俳書年表　未完稿本／子規居士の未完稿本也明治廿四／年に始まり没年明治卅五年に及ぶ／間随書入れたるものにして未成稿なり／於子規文庫番舎　鼠骨　「鼠骨」(朱印)」と書かれている。

丁数は全部で八七丁あるが、一四丁表の文亀元年の項に、次のような例が見られる。

文亀元年　辛酉　壁草　後年増補
　　　　　　　　連歌新式追加「＼」(角筆)　本年肖柏奥書

この「新式追加」の「新」の右肩に短い角線が付けられている。

また、三〇丁裏の文政八年の項には、

文政八　戊申　細少石「＼」(角筆)　梅盛撰
　　　　　　　枯杌集二冊（「枯杌集」の「枯」から「集」にかけて墨筆の斜線あり。）

「石」の右肩に角筆の合点が付いている。

三二丁表の天和三年の項には、「虚栗集」の「集」字の右下に、「ミ」という印が角筆でつけられている。

天和三　癸亥　虚栗集「ミ」(角筆)〇(朱筆)　其角撰
　　　　　　　二冊其角七部内

そして、三三丁表の元禄四年の項には、

元禄四　辛 ｛ 常陸帯　児水撰　（以下略）
　　　未 ｛ 「（朱筆）・（角筆）」猿蓑　（朱筆）○　芭蕉選　甫本年跋（墨消し）　（朱筆）＼俳（角筆）「諧漢和　（朱筆）○　一冊　（以下略）

「猿蓑」の「猿」字の上部の朱点の下には、角筆で印が付けられており、また「俳諧」の「俳」字の上には、右下がりの緩やかな山型のクボミの斜線が引かれている。

八四丁裏には、角筆の線で、元号を結ぶ斜線が入っている。

宝暦十一　蒼虬
（角筆）　十二　鳳朗
明和元　十三　鳳朗（墨消）　一茶

このように、子規が二十四歳から三十五歳にかけて作成し続けた「俳書年表」にもクボミで付けられた線や点があることから、子規は角筆のようなものを用いて、何らかの注示の印を付けていたと考えられる。

⑰「勝地吐懐編」

本書は、契沖による類字名所集和歌の考証と蒿蹊の補注が入ったもので、寛政四年（一七九二）に補注校正をしたものである。「大塚文庫」の朱印あり。表紙をあけたところに、子規が作成した名所一覧の書き込みがある。地名一覧の作成年代は、未詳であるが、一覧を作るにあたって、地名を書き込むべきために碁盤の目のように角筆の罫線が引かれている。横に七段の罫線が引かれており、四段目の第5行目「吉田《ヨシダ》」・11行目「龍田《タツタ》」・14行目「玉江」の各地名のすぐ下には、角筆の先で押したような点がそれぞれ付けられていた。

以上の⑬〜⑰のように、学生時代の自筆ノートや「俳書年表」等に、子規が筆以外の角筆のような筆記具を用いていたと確認できる文献が存在した。子供時代に素読で角筆を用いたかどうかは、文献上では確認できていないが、子規は、学生時代には確実にそのような筆記具の存在を知っており、使用していたことは間違いないであろう。また、成人後も書き物をするときに使用しているのである。

しかし、子規の子供時代の記憶を書いた「筆まかせ」にも、角筆を示すような筆記具の存在は指摘されていない。子規はことばや文字に関心が高かったが、角筆の文字や使用に関してその指摘がないのはなぜだろうか。また、子規とともに大原観山の塾に通った三並良の「子規の少年時代」(6)の文章に、文具に関する記事があるが角筆についての記載はない。(7)「廃藩、置県の時代となって小学校も新設されることになった。私共は此の小学校へ入学した。それは仮りに法龍寺と云ふ寺に設けられたので、寺子屋式であって、子規と二人で文庫と称した箱膳のやうなものゝ内へ、硯から筆墨紙、書物一切の用品を入れて、おっちりよっちり持って出かけた。それは明治六年だったと云ふ。それから正式の小学校へも子規と一所に入学した」と書いてあるのみであって、ここにも、角筆らしきものの存在は書かれていない。このことは、角筆を使用して文字・線・点などを書き入れるのは、現代のわれわれが鉛筆で書き入れるのと同じように、当たり前のことであって、ことさら話題にすることではなかったということではないだろうか。そして、それは、当時の人々の認識として、正式な筆記具として認められたものではなかったがゆえに、筆記具としての記録に出てこないだけではないだろうか。さらに、愛媛県宇和島市三浦田中家にある田中秀央氏(京都大学教授・ラテン語の泰斗。一八八六〜一九七四)の子供時代の文具箱に、角筆と思われる竹製の一四センチの一本があったことを考え合わせると、(8)三並良や子規が持っていた「文庫」にも角筆様のものが入っていたとも考えられる。

六、正岡子規文庫のその他の角筆文献

以下の文献は、角筆による文字の書入れが見つかった文献ではない。しかし、このような書物を読んだ誰かが、角筆らしきものを「手に持って」和歌や狂歌に関する書物を読んでいたということを物語る資料である。これらも広い意味で、角筆文献に含めて考えたい。

⑱「和歌題林愚抄」

本書は、春・夏・秋・冬・恋・雑の六冊からなり、元禄五年（一六七二）の刊記がある。「夏」の巻に和歌の頭に「┐」のような角線の印が認められる。起筆位置、曲がる位置、筆を止めた位置に黒い点があり、この三点を結ぶ線がクボミで書かれている。

二丁表16首目「同　うすくとも……」、三丁表14首目「同　むかしハ……」、五丁表3首目「同　またぬにも……」、五丁裏9首目「同　かはこえを……」、六丁表11首目「同　しのびねの……」などの「同」字の右肩にも付けられている。これらは、意図的に付けられた印と判断できる。

⑲「新板　古今和歌集」（上・下）

本書は、延宝二年（一六七四）の刊記がある。朱筆による濁点が、上巻には付されている。

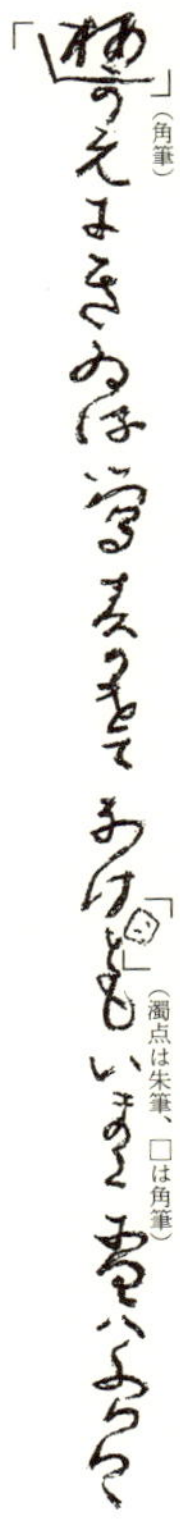
（角筆）（濁点は朱筆、□は角筆）

（梅かえ（枝）にきゐる鶯春かけてなけどもいまた雪ハふりつゝ）（七丁表12行目）

この歌の「ふけども」の「と」の濁点は、朱筆であるが、その朱の濁点は、「□」のように角筆の線で囲われてい

る。また、「梅」と「か」の間にも「L」のような線がある。これは、二つの字の境を明確にするために角線を入れたと思われる。「か（字母は「可」）」の字体の初画を梅を崩した字体の最終画と誤り、梅字の方に付けて区切り線を入れたと思われる。

⑳「鴫羽掻」

本書は、乱丁本であったものを、子規がまとめなおしたものである。角筆による落書きがある。ここでは、絵の上からその線をなぞったものである。

㉑「狂歌集　吉原形四季細見」

本書は、文政八年（一八二五）の刊記がある一九丁裏の紙面の「文政八乙酉冬刻成」周辺に、細い棒の先で乱雑に点が付けられている。

㉒「狂歌集　六樹園撰閏正月分」

本書には刊記がなかったが、「武家調度」とある丁に、左下がりの斜線の角線が数本入っている。「葉樹園久喜郎」「豊年舎出来状」などの名前の上に斜線が入っている。

上記の①〜⑤は、誰かが何らかの意図を持って紙面に傷を付けたものである。文字ではないが、歌や狂歌を読むにあたって、筆以外の、角筆のような筆記具で書き入れたのである。現段階では、どのような意図があったかを考えることは難しいが、上記のような書物を読む場合に、手に「何かを持って」読んでいたということである。その何かとは、角筆様の印を付けることのできるものであるということだ。注意すべき点、備忘のための点や斜線を書き入れていたということになる。

そのほか、㉓・㉔のような辞書への注示線の書き入れや罫線を入れたものが見られた。

㉓「小説字彙」

本書は、寛政三年（一七九一）の刊記があり、二箇所に角線がある。「一了ス　一両五銭ヘツリドリ」の例では、「ヘツリドリ」（二七丁表5行）の上に、右肩下がりの斜め線が入っている。

㉔「古言梯再考標註」

本書は、文政十三年（一八三〇）の刊記がある仮名遣い書である。これは、内表紙の罫線を角筆で引いている。「累月　ヒサシクカ、ルコト」の「シク」の横（五二丁表）に、右肩上がりの斜め線が入っている。

七、おわりに

これまでに調査し得た正岡子規の蔵書から、角筆文献は発見できたものの、子規本人の角筆文字の書き入れは発見できなかった。しかし、そのような文字が存在することや書き入れる道具について、彼は知っていたであろうことは、自筆のノートや原稿に残されたクボミの斜線や点から十分に考えられることである。そして、子規の一生に即してみていくと、成人しても日常的に使われるものであったと言えるのではないだろうか。角筆の遺品にも、先に挙げた宇和島市三浦田中家から見つかった田中秀央氏の子供時代の竹製の角筆だけでなく、明治三十三年（一九〇〇）に十六歳で亡くなった田中弥生という女の子の文具箱にも、長さ一四センチほどの象牙製角筆が入っていた[9]。また、同家からは、道具箱の中から、長さ二〇センチほどの象牙製で、角筆ではないかと見られる一本が見つかっている。このようなことから、角筆には子供用も大人用もあったともいえるのではないだろうか。なお、日本における角筆の遺物については、『角筆文献研究導論』に紹介されている。

今後、松山市立子規記念博物館の所蔵本の調査が許されれば、子規の角筆文字の発見の可能性もある。その調査も踏まえた上で、明治期の角筆文献の中での位置づけを考えていきたい。

最後に、角筆が現代で使われなくなったことと、社会や生活の変化が無関係ではないという点について少し触れておきたい。

角筆は、江戸時代から明治、大正へと時代とともに変化する生活様式の進歩とともに消えていった。なぜ、角筆は消えたか。それには、鉛筆という一度書いた文字を容易に消すことのできる筆記具の普及や、素読という漢文学習の衰退と学習形態の変化が関連すると思われる。また、周辺の要因として、照明器具の変化（角筆の文字は、横から照らす行灯のような光にはよく見え、上から照らすランプや蛍光灯では、少し見えにくい。）、印刷用紙の変化（弾力性のある和紙から弾力性のない洋紙へと移ったこと）、また片面印刷から両面印刷へ印刷方法の変化（角筆のクボミは、片面印刷されたものを二つ折りにして綴じた場合にはくぼみの文字が反対側には移りにくいが、両面印刷ではクボミは反対のページが筆圧で膨らんで、影響が出やすい。）と無関係ではないだろう。角筆文献の研究は、そこに記された言語の研究はもとより、社会や生活の変化と重ね合わせて考える研究もこれから必要であり、そこに分野を超える学際的研究の可能性があると思うのである。

注

（1）「近世徳島における角筆使用の背景――藩校・郷学校における漢学学習と角筆使用――」（一九九八）「語文と教育」第十二号。

（2）『角筆文献研究導論　中巻』第五章第四節「沖縄の角筆文献」P七二五　沖縄県立図書館東恩納文庫蔵「尚泰侯実録」の原稿に書き込まれた大正九年の角筆文字。東恩納寛惇氏の書き入れと考えられる。

（3）小林芳規・西村浩子「韓国遺存の角筆文献調査報告」（『訓点語と訓点資料』第一〇七輯　二〇〇一年九月）・西村浩子「大韓民国における角筆文献発掘調査報告」（「松山東雲女子大学人文学部紀要　第九巻」二〇〇一年三月）

（4）二〇〇四年二月に、過去において角筆文字の報告がされている「金剛般若波羅蜜多経宣演」（S.4052）の追調査（2枚目〜14枚目）を行った。以前の吉沢康和氏による調査で報告された角筆の漢字は、一箇所を除いて確認が困難であった。その原因は、今回は角筆スコープの使用が許可されなかったことによると思われる。しかしながら、誤写を訂正する場合に漢字の上に角筆で斜線が引かれたり、朱点の下に小さなクボミの点が見られる例は確認できた。

（5）『新潮日本文学アルバム正岡子規』（一九八六年　新潮社）による。

（6）三並良「子規の少年時代」「日本及日本人」秋季臨時増刊「正岡子規号」昭和三年九月十九日。『子規全集』別巻3　講談社　昭和五十三年　p一六九に所収）

（7）角筆の江戸時代・明治時代の名称に関しては、「字指し」「字突き」という名称であることも考えられるが、現段階では、角筆とする。

（8）柚山俊夫・西村浩子「愛媛県内における古文書調査と角筆文献発掘調査」（「松山東雲女子大学人文学部紀要　第一二巻」二〇〇四年三月）に田中家で見つかった角筆の写真を掲載している。

（9）田中弥生の角筆写真は、「西日本各地を対象とする角筆文献発掘調査研究と角筆文字解読用機器の開発研究」（平成九年度〜十一年度科学研究費補助金　基盤研究（B）（1）研究成果報告書　研究代表者小林芳規）に掲載している。

本研究は、松山東雲女子大学特別研究助成および平成十五年度〜十六年度科学研究費補助金　特定領域研究（2）「東アジアにおける漢文受容と角筆使用の関係について」（研究課題番号一五〇二一二三二　研究代表者西村浩子）の助成を得た成果である。調査に際しては、法政大学図書館関係者各位、天理図書館関係者各位に格別の御高配を頂き、貴重本にもかかわらず原本調査を行うことができた。また、平成十七年度広島大学国語国文学会春季研究集会（平成十七年六月二十六日、於広島大学）の席上、位藤邦生先生、松本光隆氏、佐々木勇氏より貴重なご助言をいただいた。ここに記し、感謝申し上げます。

淑明女子大學校図書館蔵の韓国十九世紀の角筆文献
――発見の意義と今後の課題――

柚木靖史

はじめに

二〇〇三年、韓国ソウルにある淑明女子大學校の図書館から、十一点の角筆文献を発見した。今回、韓国で発見された角筆文献は、いずれも十九世紀の板本や写本である。本稿では、これらの角筆文献を紹介するとともに、今回の角筆文献発見の意義、さらには韓国における角筆研究の今後の課題について、私見を述べたい。

一、淑明女子大學校での角筆調査の経緯

二〇〇三年九月十五日（月曜日）から九月二十七日（土曜日）までの二週間、本稿の筆者は、日本語教育実習の引率教員として、韓国ソウルにある淑明女子大學校に赴いた。淑明女子大學校は、一九〇六年、高宗皇帝の厳皇貴妃によって創建された韓国で最初の私立女子大学である。

実習での少しの空き時間を利用して、九月十九日（金曜日）と九月二十二日（月曜日）の二日間、それぞれ一時間程

度の限られた時間ではあったが、淑明女子大學校図書館で、角筆文献の発掘調査を行った。発表者が、図書館を個人的に見学している際、図書館内に漢籍を扱っている研究室があることを偶然知り、そこにいた研究員に調査の承諾をいただき、その後、発表者一人で角筆文献の発掘調査にとりかかった。

その研究室は、研究用に既に数冊の板本が図書館書庫より持ち出されていた。それらの本は全て十九世紀の板本や写本であった。その中には、論語や孟子といった四書が含まれていた。角筆が書き入れられているとすれば、これら儒教に関する本にある可能性が高いと考え、まずは研究室にある論語や孟子を調べることにした。調べた結果、予想通り、調査した一冊目に早くも角筆の書き入れが認められた。このような経緯で、後掲の「論語集註大全　四冊」(№111887)」が、淑明女子大學校図書館から発見された角筆文献の第一号になった。次に調査した「孟子」にも、角筆の書き入れがあった。角筆はいずれも、細く浅かったので、最初のうちは、角筆の書き入れを認めるのに苦労したが、目が慣れてくると、儒教以外の書からも、次々と角筆が発見できた。その場にいた研究員から、図書館には、収蔵庫の中に他にも四書の類が多くあると聞いたが、限られた時間しかなかったので、わざわざ書庫から本を出してきて貰うことはせず、まずは、その研究室内に既に積まれている板本を、悉皆的に調査していくことにした。それでも、研究室内にある全ての板本を調べることは出来ず、結局、調査点数は十五点に留まった。今回の調査した十五点の資料のなかから、十一点に角筆の書き入れが認められた。このように、かなり高い確率で、十九世紀の韓国の板本や写本に角筆が書き入れられていることが今回の調査ではじめて分かった。今後、韓国の十九世紀頃の板本を調査すれば、たくさんの角筆文献が発見されることが予想でき、韓国における角筆研究の可能性が広がった。

今回発見した角筆文献に書き入れられた角筆は、符号と思われる線が主であった。若干、口訣と思われるような書き入れもあった。一点一点精査したわけではないので、一つ一つの符号がどのような機能を果たすのか、一冊の中にどの程度角筆が書き入れられているのかなど、詳しいことは分からないが、符号の中には、返読線や句切り線らしきものが認められた。

結果的に、時間の都合で、多くの文献を調査することができなかったのは残念だが、図書館内にある他の四書など、再度時間を設けて調査を行うべく、計画を進めているところである。

二、淑明女子大學校蔵角筆文献の紹介

次に、今回の文献調査で発見された、淑明女子大學校蔵角筆文献を紹介する。それぞれの角筆文献について、角筆が見つかった順番に、書名と冊数、当該文献の登録番号、角筆の書き入れの一部を示す。また、文献毎に、角筆の機能について、推定し、解説を加えた。

(1) 論語集註大全　四冊（No.111887）

①此為書之首篇故所記多務本之意（巻一　1丁表3行目）

②有子孔子弟子名略（巻一　8丁裏5行目）

③『』逆争闘之事矣（巻一　9丁表1行目上欄外）

④方以文滅質而林放（巻三　8丁裏6行目）

⑤子曰夷狄之有君（巻三　9丁表7行目）

⑥『』（巻六　21丁裏5行目上欄外）

⑦法則無句賤之為取人以乎　（巻六　21丁裏3行目）

[角筆の書き入れについて]

①・②・④・⑤に見られる角筆の線が、どのような意図で書き入れられたかは、不明である。今のところは、返読線の一部の比較的はっきりと残っている部分が判読できたのではないかと考えている。というのも、本稿の筆者が韓国にて購入してきた、架蔵「孟子」[1]にも、同じような線が書き入れられており、返読線として、それぞれの線は途切れることなく繋がっていることが判明したからである。

角筆スコープ等を使って、もっと良い条件での調査ができれば、判読できなかった他の線も見えるようになるかもしれない。今後の調査での確認が必要である。⑦の角筆の線は、句切り線ではないかと思われる。③・⑥のように欄外に書かれた角筆は、文字のように見える。口訣と関わりがあるかと考えている。

(2) 孟子大全　三冊（CL181・v1～3）

①其実未有　（大全一　16丁表3行目）

②慶源輔氏曰　（大全一　17丁表8行目）

③越王勾践芋姓興兵伐矣　（大全二　5丁表3行目）

[角筆の書き入れについて]

①は中止符、②は合符かと思われる。③は、返読線の一部が判読できたものかと思われる。

(3) 麗沢斎遺稿　二冊（No.73473）

①豪傑之道　（序　5行目）

②先生適入海未還（巻五　3丁裏5行目）

［角筆の書き入れについて］

①・②ともに、返読線の一部が判読できたものか。

(4)　礼谷集　一冊（No.73485）

①生事不覚斜陽（巻一　8丁裏8行目）

②次朴東渓士（巻二　9丁裏4行目）

［角筆の書き入れについて］

①・②ともに、返読線の一部が判読できたものか。

(5)　龍潭先生文集　二冊（No.112331）

①不匡心所不忍血（巻三　4丁表3行目）

②国吏民興播棄之歎（巻三　4丁表1行目）

③不至（改行）『□』於覆敗（巻六　3丁表4行目上欄外）

④水之滓如鑑（巻七　2丁裏4行目）

⑤西宮之変憂傷（巻七　38丁裏1行目）

⑥西宮恵子台（巻七　38丁裏2行目）

⑦数百年未遑之事亦（巻七　39丁裏5行目）

⑧節恵重典也該曺所　(巻七　39丁裏6行目)

[角筆の書き入れについて]

①・②の角筆の線は、句切り線か。③・④の文字らしき角筆は、口訣との関わりが考えられる。⑦は、返読線で、「遑」字から「未」字へ返って読むことを示していると思われる。⑤・⑥・⑧の角筆の線は、返読線の一部が判読できたものか。

(6) 夢関集　上下　二冊　(刊記)「歳壬寅仲春新刊」(No.73403)

①挽来雲漢洗塵容　(巻一　5丁裏3行目)

②上塵滞受　(巻三　5丁裏9行目)

③雖不得避　(巻三　9丁表3行目)

[角筆の書き入れについて]

①の角筆の線は、返読線の一部が判読できたものか。②・③は、口訣との関わりが考えられる。

(7) 晩抄　一冊　(識語)「戊寅三月於七月」(No.115447)(写本)

①一寝郎恵及家々人　(15丁表6行目)

[角筆の書き入れについて]

①の角筆の線は、返読線の一部が判読できたものかと思われる。

(8) 扶渓集　五冊　(No.112459)

①『』(目録　5丁表5行目上欄外)

②『』 講後行飲礼与 (目録 7丁表4行目上欄外)

③而準即情可使令而 (目録 9丁裏1行目)

④其論明儒来 (改行) 氏有物方 (目録 9丁裏1・2行目)

⑤無所以 (目録 9丁裏5行目)

⑥『』 (目録 12丁裏9行目上欄外)

⑦何事有古読経文今管 (巻一 2丁表6行目)

⑧『』 (巻八 44丁表6行目上欄外)

⑨『』 健陵回甲戌申 (巻八 60丁表8行目上欄外)

[角筆の書き入れについて]

①・②・⑥・⑧・⑨の、上欄外に書き入れられた、文字のように見える角筆は、口訣との関わりが考えられる。

③の角筆の線は、句切り符号かと思われる。④・⑤・⑦の角筆の線は、返読線の一部が判読できたものかと思われる。

(9) 梅隠集 二冊 (No.112536)

①『』 屈伸掻疴癢 (巻之一 1丁表7行目上欄外)

[角筆の書き入れについて]

①の上欄外に書き入れられた文字のように見える角筆の線は、口訣との関わりが考えられる。

⑽ 宋書百選　一冊（No.111530）

①而出以至傷已而害有人正朱天子（巻二　14丁表5行目）

②此却勿為外人道也（巻二　14丁裏2行目）

［角筆の書き入れについて］

①・②の角筆の線は、返読線の一部が判読できたものかと思われる。

⑾ 冶谷先生集　四冊（No.32762）

①其践履之篤矣（序　2丁裏3行目）

②『』不然漢臣賈誼告文（巻二　26丁表12行目上欄外）

③而来集相与（巻六　33丁裏8行目）

［角筆の書き入れについて］

①・③の角筆の線は、返読線の一部が判読できたものかと思われる。②の上欄外に書き入れられた文字のように見える角筆の線は、口訣との関わりが考えられる。

これらの文献は、その装丁からして、いずれも十九世紀の資料と考えられる。その場にいた研究員からは、資料番号⑹の夢関集の刊記にある「歳壬寅仲春新刊」は西暦一八四二年のことであり、資料番号⑺の輓抄の識語に書かれた「戊寅三月於七月」は一八一八年のことであるというご教示を戴いた。なお、資料番号⑺の輓抄は、写本である。

それぞれの文献に見られる角筆の働きについては、現段階では、推定する部分が多い。今後、追調査を行いたい。特に、角筆の返読線については、角筆スコープなどを使った調査が必要であろう。そうすれば、判読できなかった線が見えてくるかも知れない。調査時点では、全く考えも及ばなかったが、韓国で購入し持ち帰って調査した架蔵「孟子」に、返読線が詳細に書き入れられていたことを見出して後、先に示した淑明女子大學校蔵角筆文献の線の多くが返読線で、調査当日は日光の条件が悪く一部しか見出せなかったが、実はもっと詳細に角筆が書き入れられていたのではないかという思いを強く抱くようになった。架蔵の韓国角筆文献の「孟子」に書き入れられた返読線と、淑明女子大學校蔵角筆文献の角筆の線の形状、書き込まれている位置などが、類似していることも、先に掲げた用例の多くが返読線ではないかと考える理由である。(2) なお、韓国角筆文献「孟子」の調査結果については、稿を別にして論じたい。

三、淑明女子大學校蔵角筆文献発見の意義

ここで、今回、淑明女子大學校の図書館から、十一点の角筆文献が見つかったことの意義を述べたい。

韓国の角筆文献は、既に小林芳規博士らにより発見され、『角筆文献研究導論』(3)をはじめ、すでにいくつかのご論考により紹介された。既に発見されている韓国角筆文献のなかには、十九世紀刊の角筆文献も含まれている。(4) 従って、韓国で、十九世紀の板本から今回初めて角筆文献が発見されたわけではない。しかしながら、今回、淑明女子大學校の図書館から角筆文献が新たに見つかったことは、次のような意義があると考えている。

まず第一に、韓国の十九世紀の板本や写本に角筆が書き入れられていることが、小林芳規博士らの調査後、韓国の新たな場所から確認できた。このことは、韓国において、角筆文献が今後さまざまなところから発見される可能

性を示している。

第二に、今回の調査で、十五点の文献を調査したなかから、十一点の角筆文献が発見されたことの意義である。調査した冊数と、その結果、発見された角筆文献数から推して、韓国の十九世紀頃の板本には、高い確率で角筆が書き入れられていると考えられる。従って、十九世紀頃の、比較的時代が降る板本や写本を悉皆的に調査すれば、今後、韓国で角筆文献が数多く発見されることが期待できる。

第三に、十九世紀の板本から角筆が多く発見されたことの意義である。本稿の筆者は、これとは別に、韓国の市街の露天商で売られている板本からも、角筆文献を発見した。

既に、小林芳規博士らが発見されたような、韓国の国宝級の古い角筆文献は、ハングル文字の成立過程や日本の文字成立との関連、草創期の日本の訓点との関わりなど、確かにその資料価値は高い。しかしながら、国宝級の角筆文献を、多くの研究者が手に取り、大人数で研究していくことは難しい。それに比して、十九世紀以降の板本であれば、極端に言えば、韓国の各大学の学生でも、角筆の知識を持ち、角筆に興味があれば、誰でも発見者に名前を連ねることができ、また、角筆文献を使って、専門的に研究していくことも可能である。その結果、角筆研究の人的な裾野が広がることが期待できる。本稿の筆者は、韓国の十九世紀の角筆文献が、言語資料として、国宝級の古い時代の角筆文献に比べて、価値が劣るとは考えない。むしろ、残存数が多いことは、言語資料としてはこの上ない利点である。韓国の口訣研究は始まったばかりと聞く。十九世紀の角筆文献はその好資料となりうるであろう。韓国語の史的研究の分野にも、好資料となるかもしれない。さらに、韓国各地から角筆文献が発見されるようになれば、韓国語の地域差の研究にも寄与できるかもしれない。

多量の新しい資料の存在は、新しい研究分野の開拓へとつながる。日本でも、近年、近世の板本から多量の角筆文献が発見されるようになってから、角筆研究は大いに広がりを見せつつある。日本と同じことが、韓国における今後の角筆研究についても言えよう。

次に、以上の意義を踏まえて、今回の淑明女子大學校蔵角筆文献発見により見えてきた、韓国における角筆研究の今後の課題について述べたい。

まず、第一に、何よりも、今後、韓国における角筆文献の更なる発掘作業が必要である。本稿の筆者も、引き続き、韓国で角筆文献を探し求めるべく、現在、計画を進行中である。

第二に、今回発見された角筆文献の多くは、返読線や句切り符号、口訣など、漢文を釈読する際の書き入れが中心であるが、今後、ハングル文字を書き入れた角筆文献の発見も求められる。日本には、白紙に角筆だけを書き入れた資料が存する。韓国でも、漢文の読解だけではなく、言語表現の手段としても角筆が使われたのかどうか、興味がもたれるところである。

第三に、角筆の筆記具の実物を発見することも必要である。十九世紀の多くの板本に、角筆が書き入れられていることからして、少なくともおよそ百年前までは、韓国で角筆という筆記具が幅広く使われていたものと思われる。従って、現在、韓国のどこかに筆記具としての角筆が残されていても不思議ではない。韓国角筆文献における角筆の書き入れは、概して非常に浅く細い。今後、どのような筆記用具によって、角筆が書き入れられたかということについての検証が必要である。

第四に、今回、角筆による符号が発見されたが、それぞれの符号の機能については、本稿では、推定によるところが多い。符号は、資料によって、位置や形が異なるようにも見える。今後、追調査を重ね、それぞれの符号の機能を明らかにする必要がある。

第五に、学生も参加できるような、韓国十九世紀の角筆文献を対象にした、日本と韓国の共同研究が必要である。そういった共同研究も、十九世紀の多くの板本に角筆が書き入れられていると考えられることから、今後、可能になった。韓国における十九世紀の角筆文献は、先にも述べたように、韓国の口訣研究などにおいて、好資料となるであろう。さらに大きく言えば、中国でも、十九世紀の板本については、同じように角筆文献が数多く存在すると考えられる。(5) 今後、漢字文化圏における、十九世紀頃の板本を対象とした、角筆文献の総合発掘調査及び研究が必要である。

おわりに

以上、去る二〇〇三年九月に、韓国ソウルにある淑明女子大學校から、角筆文献十一点を発見したことを踏まえて、その文献の紹介、発見の意義、今後の課題などを述べてきた。

今回、韓国の十九世紀の板本から高い確率で角筆文献が発見されたことから、今後、韓国から多量に角筆文献が発見されることが期待できる。韓国各所から多量の角筆文献が発見されることによって、韓国語の歴史的研究、韓国語の地域的研究、口訣研究など、多くの学問分野にとっての好資料となるであろう。

韓国十九世紀の板本は、比較的簡単に調査できるものである。従って、今後、学生を含めた、若い研究者による、発掘、研究が可能である。十九世紀の文献を、少人数で悉皆的に調査することは難しい。また、角筆の書き入れを発見するには、かなりの労力と技術が必要である。この点でも、韓国における今後の角筆研究は、若い人の力が、必要になってくるであろう。

筆者自らも、その実現に向けて、微力ながら、活動を続けていく所存である。

注

(1)二〇〇三年九月二十日に、本稿の著者が、ソウル市内の古書店で見出す。全丁に亘り、角筆の書き入れがある。その詳細については、第九十一回訓点語学会研究発表会で発表した。

(2)注(1)の角筆文献には、角筆による返読線が、詳細に書き入れられている。その返読線は、返る起点となる文字の、右下または左下から発せられ、着点となる漢字の右肩または左肩に続く。それらの線を辿っていくと、孟子の本文を読むことが可能である。朝鮮半島で行われた、漢文訓読法の一つではないかと考えている。

(3)『角筆文献研究導論』(小林芳規著　汲古書院　二〇〇四年)

(4)『角筆文献研究導論』には、十九世紀刊の角筆文献として、『孟子巻第一』『太極図説　外』(壇国大学校東洋学研究院資料室所蔵)、『斎仏願文　至心懺悔　至心発願』(高麗大学校中央図書館所蔵)が挙げられている。

(5)中国における十九世紀刊の角筆文献については、拙稿『中国(北京)明・清時代の角筆文献――中国における角筆文献大量発見の可能性を探る――』(一の坂川姫山　国語国文論集　一九九七)で指摘した。

〔付記〕淑明女子大學校図書館での角筆調査においては、金亨國先生をはじめ、諸先生方のひとかたならぬご尽力を賜った。ここに記して深謝申し上げます。

漢語の意味変化について――「神心」を一例として――

栾　竹　民

目　次

始　め　に

言葉の意味変化の発生要因については多岐に亘るものであると指摘されている。漢語も無論例外ではない。漢語の意味変化の要因には言語内部のものとして形態による意味変化が存すると考えられる。具体的に言えば、「音韻によるもの」と「語法によるもの」とである。「音韻によるもの」として、例えば、漢字表記は一致するが、よみの違いによって意味変化が生じる場合、音韻の類似や近接が意味変化を発生させる場合などが考えられる。

本稿では、「神心」を「音韻によるもの」の一例として取り上げて検討を加えてみるとする。先ず次の「神心」の例を挙げてみよう。この『北野天神縁起』に見える「神心」は、菅家伝に依れば、延喜三年正月に菅原道真が病床に付いて「臨レ薨、今号二後集一、封緘送二中納言紀長谷雄一」とあるが如く、病臥する場面に於いて使用されている。

［一］後集と名付て、延喜三年正月の比ほひ、漸神心例にたがひ給しに、箱のうちに納めて中納言長谷雄卿のもとへ遣しき。（『北野天神縁起』153 5）（表記変更有り、以下同）

しかし、同じ場面で国宝と指定された承久本及び弘安本『北野天神縁起絵巻』には詞書として「神心」ではなくて「心神」が用いられている。

［二］後集と名て延喜三年のころをひ漸心神例にたかひ給しに箱の内に納めて中納言長谷雄卿の許へ送りつかはしき（承久本・北野天神縁起絵巻四2）

［三］後集と名けて延喜三年正月の比、心神漸く例にそむき給ふ間、箱の中に納、紀中納言長谷雄卿のもとへ送つかはしき。（弘安本・北野天神縁起絵巻第十一段3）

とあるように、ここでは「心神」は「神心」との間には意味の違いは全く認められずに、同意語として用いられていることが明らかになる。意味上の相通じることがあって始めて右の例のような混用現象が生じうるのである。しかしながら、「神心」と「心神」は漢字表記上では字順の相反して明らかに異なるものである。何故両者の相互替用が出来たのか。[1]それについて、以下考察を施すこととする。「神心」と「心神」の他に、語形上の相異る漢語が同じ意味として互いに替用する例も見られる。

［四］不可変其志トテ身心潔斎シテ誠ヲ致（高山寺蔵梅尾明恵上人物語333 3）

同じ明恵上人の伝記の一であって、右の『梅尾明恵上人物語』と近い関係にあるものと認められる『梅尾明恵上人伝』では同じ個所として「身心」ではなく、「心神」が使用されている。

［五］志不可変トテ心神潔斎シテ誠ヲ至テ（栂尾明恵上人伝上292 4）

とあるように、同人物、同事態であるが、写本によって「身心」と「心神」が同じ意味として併用されていることが分かる。

さて、例［一］「神心」は如何なる意味で用いられているのかについて考えてみよう。菅家伝などによると、延喜三年正月頃に菅原道真が重病を患って、病床に付いたとある。例［一］の「神心例にたがひ給ひしに」は正に道真の病臥した状態を描いたものであろうと推測される。「神心」はその述語「例にたがひ」の意味を合せて考えると生理的心を含めての体の状態という意味として用いられている。とすれば、「神心」の替わりに用いた例［二］「心神」も同じ意味を表すことになるものであろう。(2)

さて、「神心」の出自となる中国語では果たして彼様な意味を確認できようか、さもなければ、どのような意味として用いられているのか、などの点について中国文献に於ける「神心」を列挙しつつ考察を加えてみたい。尚、「神心」は、漢語か否かについては管見の古辞書に掲載されていないため確定するのには至らないが、九条本『文選古訓集』と寛永版『吾妻鏡』には音符号と濁音符付きの音よみであると思われる例が見られることから、漢語であると判断される。

・神-心怖覆ス（ヲコト点略）（九条本文選古訓集・宋玉神女賦532上3）

・両-眼《ガン》忽《タチマチ》-暗《クシテ》。而神-心(去濁)惘《バウ》-然《ゼンタリ》（寛永版吾妻鏡十七ウ9）

又、「神心」の「心」の濁音よみは、次の呉音と漢音の資料から「心」字が呉音も漢音も清音であることが分かるように、所謂本濁ではなく、上字「神」の鼻韻尾によって連濁したものであると思われる。

神(去濁)シンカミ　タマシイ「ヒ」アヤミ（法華経音訓16 4 4）

心(平)シンココロ　ムネ　ホシ（同右4 2 3）

銭神《シン》(上)（長承本蒙求32）　心《シム》(平)酔（同上、114）

「心」字の清音は『新訂韻鏡』からも察知される。

心息林内転38開平声四等侵韵歯音清 i̭əm

次の項では中国文献に於ける「神心」の意味用法について検討してみる。

一、中国文献に於ける「神心」

中国文献を、その表現形式、内容等に基づいて韻文、散文、仏書に分かって調べたところ、「神心」は各文章ジャンルにその使用が確認できた。以下、各文章ジャンルに見えた用例を挙げつつ「神心」の意味用法について考究してみたい。

[六]神心忽恍經緯萬方事繫諸道徳仁義禮譔問神（四部叢刊・楊子法言一九巻十四法言序34上1）

「神心」は後接文の「問神」から推して神の心という意味を示していると考えられるが、「神」とは、文中の「諸道徳仁義禮」という理想的人物の条件から「聖人」のことを言っていると思われる。そうすると、「神心」は聖人の心となる。つまり、聖人は神秘な形容し難き心の働きで天地四方を治めるが、その事業は道徳、仁義に関係する。ここの処が道家説などと異なる点で、そこで「問神」篇を作ると解される。

[七]開日月之明、運獨断之慮、援立皇統、奉承大宗、聖策定於神心、休列垂於不朽、本非臣等所能萬一、（後漢書・鄧寇伝六175）

「神心」は文中の「皇統、大宗、聖策」という帝王に使われる表現と述語「定」の意味を考え合わせると、天子の心という意味を表すと推測される。即ち、聖策は陛下の御心によって定められるとされる。

［八］貽宴好會不常厥数神心所受不言而喩（文選・應吉甫・晋武帝華林園集詩）

・呂向注…言天子遺其宴會者、不常其数、但聖心所與者、不言而自曉

例中の「貽宴」は天子が宴を賜わることを言う。「神心」は呂向注によると「聖心」、つまり、天子の心を示す。天子は宴を賜わってよき会合を成し、その礼を厚くする。そこに深き御心が表われているから、ことさらに（陛下が）何もいわなくとも（臣下は）自ずとその厚い御心が分かると解される。

右に引いた三例の「神心」の「心」はいずれも思惟、判断、感情などの抽象的意味で用いられていると見られる。次の例を見よう。

［九］志態横出、不可勝記、意離未絶、神心怖覆、禮不遑訖、辞不及究（文選・宋玉神女賦）

神女との別れの場面である。「神心」は神女と別れる、私の心を示すと考えられる。つまり、心は離れようとしてまだ絶えず、いつ絶えることかと、私は何度もびくびくすると解釈される。「神心」の「神」は右の三例と違って、「聖人、天子」というのではなく、「心」とほぼ同じ意味で用いられている。「故心者形之主也、神者心之寶也」（淮南子・精神訓）の示すように、「神」と「心」によって構成した「神心」は単独の「心」より「心」の意味を強く表すことになると考えられる。例［九］の「神心」の使用によって神女と別れるときの「私」の心情が一層強烈に反映されてくるのであろう。

［一〇］又難云、羊舌母聽聞兒啼、而審其喪家、復請問何由知之、為神心獨悟、闇語而當耶、（嵆康集・巻五声無哀樂論213 3）

「神心」は例［九］と同じ心という意味で用いられて、「獨悟」という述語の示す意味から心の「知・情・意」三者の「知」の働きをする心の意味を表すと思われる。

［一一］青陽奏、發朱明、歌西皓、唱玄冥、大禮罄、廣樂成、神心懌將遠征、飾龍駕、

（北斉詩・高明樂太祝送神祀五帝於明堂樂歌十一首）

［一二］祀事孔明、而神允穆、神心乃顧、保茲介福（同右・高明登歌樂迎神奏）

［一三］上徳不宰、神心有應、龍化無待、義征九服（同右・武徳樂昭列舞高祖神武皇帝室）

例［一一］［一二］［一三］の「神心」は各々の詩題の示すように神の心という意味で用いられている。

［一四］神心遺魏闕、沖想顧汾陽、粛景懐辰豫、捐玦翦山楊（謝宣城詩・巻五奉和随王殿下）

「神心」はその述語「遺」（思う）から推して、意志、感情を表す精神活動の元である心の意味を示すと判断される。つまり、心が依然として王室を思うと解される。管見の及んだ散文と韻文に於ける「神心」は右に例示した通りである。意味としては神・聖人の心と「知・情・意」という抽象的意味を示す心となる。次に仏書に見えた「神心」を挙げつつ、その意味用法を考えてみよう。

［一五］凡夫積善法、恭敬於三寶、身壊命終時。資神心安樂（雜阿含経・巻五〇373ｂ15）

「神心」はその述語「安樂」の示す意味と前接句「命終時」と共に考えると、「知・情・意」の意を示す心の意味として用いると判断される。つまり、臨終の時に心が乱れないように資けると解される。

［一六］覚知深義而入其中、是謂浴神心（尊婆須蜜菩薩所集論・巻八787ａ29）

「神心」はその述語「浴」（恩徳などを受ける、蒙る）の意味と前接文とを合せて考えれば、神の心に浴するという意味で用いられている。

［一七］何能契神於有無之間哉、是以至人通神心於無窮（肇論不眞空論・第二152ａ４）

［一八］神心智也、出分別故無窮理也（肇論新疏・巻上208ｂ２）

［一九］謂體究神心也、即神者即我之心為神聖矣（同右・212ｂ27）

例［一八］［一九］は例［一七］に対しての註疏であると見られる。その註疏たる例［一八］［一九］の「神心」

に対して「智也」「我之心」という注の示すが如く、「神心」は心の「知・情・意」三者の「知」を表す心の意味で用いていると考えられる。以下は同じ『肇論不眞空論』と『肇論新疏』に於ける「神心」の例である。意味は例〔一七〕〔一八〕〔一九〕と一致すると見られる。

〔二〇〕以仰述陛下無名致、豈曰關詣神心。窮究遠當（肇論不眞空論・第二157 b 13）

〔二一〕是以致人通神心於無窮下第三合明境智相契會也以神心觀無窮之理、故云通神心於無窮（肇論新疏・巻上171 a 7）

〔二二〕冥機謂神心潛用、不勤勞也（同右・巻中186 c 12）

〔二三〕豈曰關詣神心。自言不能關涉造詣姚主之心也。（同右・191 a 29）

〔二四〕是以致人通神心於無窮、所不能滯。（同右・208 b 2）

〔二五〕神明即神心即物之虛證之不能滯。應之不能制。抑何累於神明哉。（同右・208 b 9）

〔二六〕前云通神心等。云何通耶、故此云乘眞心而理順等。（同右・208 b 17）

〔二七〕豈曰關詣神心窮究遠當聊以擬議法玄門。（同右・22 a 24）

以上、今回管見に入った中国文献に於ける「神心」の全用例を例示してその意味について検討を加えてみたところ、次のことが判明した。「神心」を構成する前部要素の「神」は霊妙で神聖な働きを持つものとして用いられる一方、又、後部要素の「心」と同じ意味を表すことも出来るのであるが、単独「心」より「神」と「心」との結合によって形成された「神心」の方が「心」の強調形としてその意味が一層つよくなる。尚、「心」の意味としての「神心」はいずれも「知・情・意」という抽象的意味で使用される。これはそれと共起する述語或いは述部からも伺える。以上の考察から中国文献に於ける「神心」の意義は次のように帰納することが出来る。

一、神、天子、聖人の心

二、人間の精神、感情、判断などの心的活動

と二つに大別できる。一は「神」と「心」とが各自の持っている意味を各々表すが、二は「神」と「心」とが合せて「心」の意味を示す。但し、両意義は「知・情・意」という精神的意味の「心」を示して、生理的な身心という具体的意味を持っていないという共通の意味特徴が認められる。それは右に挙げた「身心」と殆ど同意味で用いられる例［一］「神心」と明らかに違う。いわば、例［一］「神心」の意味はその出自たる中国文献には検出できず、日本文献に於いて新たに獲得したものであると考えられよう。さて、その新しい意味はいつの時代にどういう文献群で如何に発生したのか。これらの諸点について次項では日本文献に於ける「神心」の意味用法を巡って検討する。

二、日本文献に於ける「神心」

以下、先ず日本文献での「神心」の使用状況を見よう。日本文献を、その表現形式に基づいて和文、漢文、和漢混淆文に分かって調査してみたところ、次のことが明らかになった。「神心」は、和文からはその用例を検出できず、漢文と和漢混淆文とのみにその所在が確認された。日本文献では、「神心」の漢語という素姓のため、文体による使用上の差異が認められている。

日本文献に於ける「神心」の使用状況は次の表一の通りとなる。

神心			
文章ジャンル	時代	文献	用例数
漢文	奈良	日本書紀	1
		元興寺伽藍縁起	4
		計	5
	平安	令集解	2
		三代実録	2
		政事要略	1
		平安遺文（1－10）	1
		扶桑略紀	1
		左経記	4
		後二条師通記	1
		中右記	26
		長秋記	1
		都氏文集	1
		本朝麗藻	1
		計	41（1）
	鎌倉	玉葉	40
		吾妻鏡	1
		高野山往生伝	1
和漢混淆文		発心集	1
		北野天神縁起	1
		計	44
合計			89

表一

注（　）は重複の例を示す

表一から次のことが言える。「神心」は已に奈良時代文献に現れて、日本語への流入が早かったことを物語る。平安時代になって、「神心」は史書、古文書、古記録、漢詩文などに用いられているが、更に熟視すれば、その使用量としては公家日記に多用されているという傾向も見られる。この傾向は次の鎌倉時代にも続いている。従って、漢文とはいえ、表現内容によって使用上の異同が存している。「神心」は平安時代まで漢文にのみ使用されていたが、鎌倉時代に入って、和漢混淆文にも登場するようになり、漢文からの離脱が実現できたように思われる。

以下、奈良時代文献に見えた「神心」の意味について、具体例を挙げて検討する。

(A)奈良時代文献

［二八］秋九月庚午朔己卯。令諸国集船舶練兵甲。時軍卒難集。皇后曰。必神心《ノミココロ》焉。則立大三輪社以奉刀矛矣。

（日本書紀・巻九神功皇后245 5）

cf何船不進。熊鰐奏之曰。御船所以不得進者。非臣罪。是浦口有男女二神。男神曰大倉主。女神曰菟夫羅媛。必是神之心歟天皇則禱祈之。（同右・巻八仲哀天皇235 1）

cf辛亥。蘇我大臣患疾問於卜者。卜者対言。祟於父時所祭仏神之心《ホトケノミココロ》也。（同右・巻廿敏達天皇114 3）

「神心」は参考例の「神之心」と同様に神の心という意味で用いられる。つまり、「神心」は宗教的で、人間の及ばない超越的な存在としての神の意志を示して、その神の意志のため、軍隊を召集し難かったと解される。また、「神心《ノミココロ》」の傍注に付いたよみと意味を含めて考えると、「神心」は一語としての音よみではなく、参考例の「神之心」と類似して「神」と「心」の修飾と被修飾関係にある連語形式の訓読みであると言えよう。即ち「神心」は日本語に流入した当初は音よみとしての一語扱いではなく、中国語の意味のままで用いられていたと言えよう。次に挙げる同時代の四例の「神心」がいずれも「神の心」という意味で用いられていることからも示唆される。

［一一九］然後百済人高麗人漢人、（私）弘少々為修行在キ、爾時一年隔テ、数々神心発キ、時余臣等言ク、如是ノ神心数々発者ハ、他国神ヲ礼スル罪也、（元興寺伽藍縁起・328上20）

例［一一九］の「神心」は例［一一八］と同じく神の心という意味を示す。神は人間の及ばない不思議な力をもつものである。その神の心がしばしば怒ることは他国の神を礼する罪のためなりと解される。

［一二〇］然後辛卯年、神心増益、国内病死人多在キ。（同右・328下17）

［一二一］稲目大臣子馬古足禰、得テ国内災坐ト問時言ク是父ノ世ニ祠神心也（同右・329上13）

例［一二〇］「神の心（いかり）増益し」、［一二一］「これ父の世に祠る神の心なり」と解釈されるが、右の例［一一八］［一一九］の「神心」と同様に神の心という意味として用いられる。

奈良時代文献に於ける「神心」は右の考察で分かるようにいずれも神の心として用いられる。つまり、「神」と

「心」とが各々己の意味を表しているのである。「神」は宗教的で人間の及ばない霊妙な働きをもつもので、「心」はそれの「知・情・意」という抽象的意味を示す。奈良時代文献の「神心」は本来の中国語の意味を受容したと言えよう。

次に平安時代文献に於ける「神心」について考察する。

(B)平安時代文献

ここで先ず表現内容としては他の漢文文献と異なる漢詩文から検出できた二例の「神心」の意味用法について検討しておこう。

〔三二〕是非如決、子罵鬼口沸。捜神心深。佇得明論。以解幽蘊（都氏文集・799上8）

「神心」はその述語「深」（深邃さ）の意味から精神の意味として用いると考えられる。つまり、あなたは幽魂をゆるがす程に熱心に論じ、精神の深さを求め、明確な見解を得るのを待ち、その奥深い考えを解釈しなさいと解される。

〔三三〕晴沙岸上暮江干、欝々林蘿陰社壇、応是神心嫌苦熱。浪声松響夏中寒。（本朝麗藻・海浜神祠627下2）

cf上徳不宰、神心有応（北斉詩・武徳樂昭列舞高祖神武皇帝室）

「神心」はその詩題「海浜神祠」から考えると、参考例と同じく、中古から「和歌の神」と崇敬された住吉大社の神の心という意味と判断される。尚、「神心」の述語「嫌」の意味と共に考えれば、神の感覚という働きをする心となる。つまり、これは住吉の神が酷暑を厭うからなのであろうと解釈される。

管見の漢詩文の「神心」は二例だけであるが、二例とも本来の中国語と同じ意味で用いられていて、それを継受したと理解してよいのであろう。平安時代の漢詩文は中国の漢詩文を模範にして作られたものが多いと言われる。

だから、漢詩文の「神心」は中国語の本来の意味のままで用いられているのが寧ろ自然なことであろう。

次に漢詩文に対して記録性という共通点を持つ史書、類書、公家日記などの文献群に於ける「神心」の意味用法について見て行くこととする。

〔三四〕祝部　謂為祭主賛辞者也。其祝者。国司於神戸中簡定。（略）、問。賛詞之意何。助神詞告於人。助人詞申神心耳。（令集解・巻二職員令29 10）

「神心」は祭祀の対象となる神の心として用いられている。奈良時代の意味と重なって、それの踏襲と考えられる。

〔三五〕（風神祭）世草木五穀等。風吹而枯壊之。此時不知彼神心即天皇斎戒。（同前・神祇令196 5）

「神心」は例〔三四〕と同様に祭祀の対象となる風神の心という意味で用いられる。

〔三六〕十四日庚申。神祇官奏言。肥後国阿蘇大神懐二蔵怒気一。由レ是。可下発二疫癘一憂中隣境兵上。勅。国司潔斎。至誠奉幣。并転二読金剛般若経千巻般若心経万巻。大宰府司於二城山四王院。転読金剛般若経三千巻。般若心経三万巻。以奉レ謝二神心一消伏二兵疫一。十六日壬戌勅。遣十一僧。向二於摂津国住吉神社。転中読金剛般若経三千巻。般若心経三万巻。以奉レ謝二神心一消伏二兵疫一。（三代実録・貞観八年177 5）

「神心」は文中の肥後国阿蘇大神の心を示す。経を転読して、神の心を奉謝することとなる。例〔三六〕の「神心」は例〔三四〕〔三五〕と共に奈良文献のそれと同じ意味で使われている。

〔三七〕豈非天鑒照明、不愛其道神心顕著、在感斯通。（政事要略・103 7）

「神心」は前接文の「天鑒」と述語「顕著」と共に考えると同じ神の心という意味と推測される。

右に列挙した史書、類書の「神心」は五例とも宗教的で祭祀の対象としての「神」の精神、感情などの働きをする心という意味用法と考えられる。奈良時代文献及び同時代の漢詩文と同様に本来の中国語の意味を継受していると見られる。さて、公家日記に於ける「神心」は如何に使用されているのか。次にそれについて検討する。今回調査した限りの公家日記から見出した「神心」の例の中で最も早い例は、『小右記』とほぼ年代を同うしている、一条・三条・後一条・後朱雀天皇の四代に歴事した参議左代弁経頼の日記である『左経記』に見えたものである。先ずそれを抄出して考えてみよう。

［三八］（長和五年四月）卅日参内、御物語次、摂政殿被仰云、日来之間神心不例、就中飡水、是古人所重慎也、（左経記・19下13）

cf（長和五年四月廿九日）摂政温体乖例、恙気不軽、（略）卅日癸卯従午剋許、身熱心神不宜、所疑若是風気所致歟（小右記・184 1）

cf長和五年四月廿九日、道長病ム（資料総覧）

『資料総覧』の参考例に依れば道長の病気を言う場面では『左経記』に「神心」、参考例としての『小右記』に「心神」が用いられていることが明らかである。文中の「就中飡水」のことを考慮に入れると、病気とは、恐らく前出の注(2)拙稿で触れたように今日で言う糖尿病という道長の持病でないかと推測される。だから「就中飡水、是古人所重慎也」。ともかくとして道長の身体が健康状態でないことは疑いを入れないであろう。使用場面と「神心」と共に用いている述語「不例」の意味とを合せて考えれば、「神心」は肉体的心を含めての身体状態という意味で使われているかと思われる。それは、「神心不例」が「就中飡水」「風気所致」といった原因によることからも推察される。尚、「神心不例」に対してその同じ表現対象である道長のことを表す参考例の『小右記』では「心神不宜」となっている。即ち、同じ日、同一人物、同一事態に対して文献によって「神心」と「心神」とが併用されていて、両語が「神」と「心」の順序を逆にしても同じ意味を示していることが言えよう。これは上記の例［一］［二］の「神心」と「心神」との同意味としての混用という事象が已に平安後期に発生したことを裏付けている。

［三九］（長元四年正月十一日）間《此カ》胸忽苦神心違例、（略）、依難堪不参入、又不知何事、及不深夜頗宜、相扶退出之前、（略）、十二日庚申、神心不宜、仍休息、（左経記・長元四年正月264下17）

cf（長元四年正月）十三日辛酉（略）一昨日右大弁経頼候内之間、俄煩胸病、相扶退出、

（小右記・巻三225③）

日記の記し手である経頼が胸病を煩うという場面である。「神心」はその述語「違例」とその原因となる「胸忽苦」とを考え合わせると、例［三八］と同じく用いられていると考えられる。

［四〇］十五日辛丑天晴、問右武衛、返報云、悲嘆之間神心相違、不堪委聞云々、（十六日）右武衛蒙思之後、此両三日神心相違、時々返血、今朝俄薨者、（左経記・368下12）

参議従三位源朝任が長女をなくして、あまりの「悲嘆」のため「神心違例」となる。とすれば、「神心違例」はやはり生理的な心を含めての体調がいつもと異なった、非健康状態ということを示すと解されるが、「時々返血」という内臓出血による吐血という後接文から考えれば、「神心」は、精神的な心は勿論のこと、体全体というよりも胸か心臓という限定的な意味として用いられていると理解しても差し支えないであろう。つまり、神心相違って時々返血するということである。

［四一］或者云、民部卿夜自鬼所被帰之間神心違例、夜半許気断、于今不温云々、（左経記・426下1）

cf春宮権大進成行朝臣、去十七日夜馳向焼亡之所之間、忽自馬落、心神背例、同十九日昼以卒去、人々云、是逢如鬼神之悪物歟云々（左経記・423下14）

「自鬼所被帰」という原因から「神心違例」は体の病的状態ではなく理性的な心が乱れるという意味で用いると理解してよかろう。亦、使用場面も意味も参考例の「心神背例」と変わらないように見える。

右に挙げた『左経記』では「神心」は、本来中国語をそのまま受容した奈良時代文献、同時代の漢詩文に見えた

宗教的で祭祀の対象としての「神の心」という意味は確認できなかったが、中国文献にはなかった生理的な心を含めての体の状態を示すといった意味用法が新たに生まれたのである。それは「神心」と共起する述語「不例」「違例」「相違」等の意味からも察知される。かかる述語は、元来の中国語がもとより奈良時代文献、同時代の漢詩文にも見えず、公家日記の特有のものであると言えよう。

次に、官は右大臣に至った藤原宗忠の日記である『中右記』から検出できた「神心」の意味用法を検討してみる。

[四二]入夜乱心地更発、大略神心屈歟、終夜辛苦（中右記・巻一267上2）

[四三]十三日戊剋蚫出来、極勢之比雖不可驚思、奉行太神事間、又依有恐令卜筮之処、不浄之由、陰陽助家栄所告送也、神心失度、恐思無極、乱心地猶不例、（同右・267上5）

[四四]従去年廿二日御身有温気、兼又令労邪気給也、伝聞進退美麗、風容甚盛、性本寛仁、接心好施、因之上皇殊他子也、（略）、（此子）今當斯時已令崩、（略）、上皇此後御神心迷乱不知東西給云々、吁嗟哀哉（同右・371上12）

[四五]人々過御桟敷前間、気色建《違カ》例、神心失度（同右・巻二295上3）

[四六]又令申給事等雖有其詞、神心屈了入夜退出（同右・296下8）

[四七]玉体不豫之事不似例御風、従去十一日已及今日十六日、或宜或否、如此之間御神心令屈御也、就中此一両日弥以不快、承此事誠神心迷乱者也（同右・巻三30下1）

[四八]又々被催公卿之間、下官有病気、神心不例、（略）、逐電退出、（同右・71上16）

[四九]昨今之間主上御風頗宜御之由、帥三位所被談也、聞此事、心中大慶何事如乎哉、但従去年三月之比御風気連々不絶、倩思此事、神心如舂、身体如権（同右・141下3）

[五〇]予早参及数刻、老骨頗屈、神心不堪、仍竊忩退出、不見余儀、（同右・巻五284上1）

［五一］夜前依所労忩退出後神心不例仍不可能参仕由申了（同右・284下4）

［五二］訪申若君御悩事、殿下被仰云、従去廿四日申時有温気身上無別事也、只神心有苦気也、但卜筮無殊恐也、（同右・337上9）

［五三］人々退出、及秉燭可其還御、予神心屈畢、不能帰参（同右・巻六98上14）

［五四］予神心屈了早以退出、不見残儀、（同右・278下8）

［五五］舞了《之カ》間予神心屈了、竊以退出、不見余儀、（同右・297上5）

［五六］予以下諸卿八人立之、風大吹、神心屈了、竊以退出、（同右・343上13）

［五七］臨深更、予神心屈了、触人退出了、不見余事、（同右・352下3）

［五八］午後帰家、晩景天晴、神心屈了、不能出仕、（同右・巻七9上13）

［五九］右府被尋内記、々々不参之間、被相尋頗以遅々、予神心屈了、竊以退出、不見余儀、（同右・12上6）

［六〇］未時帰家、終日北風聊吹、神心屈了、（同右・27下5）

［六一］大略未習歟、仍及数刻、予神心屈了、誠無術計、（同右・29下10）

［六二］于時丑刻也、衰老之身神心屈畢、雖然為勤公事相扶勤仕畢、（同右・88下12）

［六三］予不例之間、相扶参入、終日祇候之間、所労更発、今夜終夜不例、八日今朝無別事、大略神心屈歟、（同右・156下15）

［六四］従午時許神心不例、不能着装束、無術之由殿下之処（同右・175下13）

［六五］院御八条之間、数度往反、内院程遠、及暁更仰旨不聞、大略無指裁許歟、神心屈了帰家、（同右・194下16）

［六六］予聞此事神心迷乱、但心中不誤之由祈念許也、（同右・279下9）

右に列挙した『中右記』に於ける「神心」の用例の中では、例［四四］［四七］のように、中国文献は然ることながら奈良時代の文献及び『中右記』と同時代の漢詩文にも見られなかった「御神心」という日本語的語形式の所在が認められた。従って、語形態としては、「神心」は敬意を表す接頭辞「御」を冠することによって、日本語化を遂げたことになるとも言えよう。

神心		
用例番号	述語或いは述部	事由
42	屈	乱心地更発
43	失度	有恐、恐思無極
44	迷乱	愛子の死
45	失度	有恐か
46	屈（了）	激務による疲労か
47	（令）屈、迷乱	御風、玉体不豫事を聞く
48	不例	有病気
49	如春（舂）	主上御病を思う
50	不堪	身労
51	不例	所労
52	有苦気	御悩事
53	屈（畢）	疲労か
54	屈（了）	疲労か
55	屈（了）	疲労か
56	屈（了）	大風に見舞われる
57	屈（了）	疲労か
58	屈（了）	疲労か
59	屈（了）	疲労か
60	屈（了）	北風に吹かれる
61	屈（了）	疲労か
62	屈（畢）	衰労、疲労
63	屈	所労更発
64	不例	所労
65	屈（了）	疲労
66	迷乱	聞此

『中右記』に見えた「神心」と共起する述語或いは述部、更にそれを喚起させる事由を抽出して、右の如く纏めることができる。

先ず、「神心」と共起する述語或いは述部を見れば、二六例の中で「屈（了、畢）」が一五例を占めている。それに次ぐものは「不例」で、三例となる。右に引いた『左経記』の「不例」または意味的には「不例」と類同する「違例（相違）」といったことを含めて考えると、公家日記に於ける「神心」の述語或いは述部は類型性を呈出して、中国文献及び奈良時代の文献などと異なる。尚「屈」という述語の意味については、小山登久氏が「「屈」と「窮屈」――平安時代の公家日記を中心に――[3]」と題する論文に於いて「「屈す」は「身体（心を含めて）が悪い状態になる」意を表しているもの」と、亦、「悪い状態」とは「すなわち「疲れる」ある場合には「からだが弱わる」の意味」と述べられている。つまり、「屈」は肉体としての心またはそれによって司られる体が疲れたり弱わったりするといった非健康の状態を示すと看取される。それは、疲労、所労などのような体の健康でない状態が「神心屈（了、畢）」を惹起させる原因からも裏付けられる。かかる述語、原因と共起する「神心」は生理的心をも含めての身体又は体調という意味を示すと理解して妥当であろう。

亦、「不例」の意味については已に前述したように、身体が普通の状態ではない、病気ということを示す。尚、「神心不例」の原因を見れば、三例とも病気となっている。「不例」の意味と原因とを考え合わせると、「神心」は「神心屈（了、畢）」の「神心」と同じく用いられていると考えられよう。但し、「不例」という述部と共用すると「神心屈（了、畢）」の示す疲れたり弱わったりする状態より一層酷くて、病の状態となると見られる。就中、例［六四］「神心不例」は一段と顕著にそれを表している。「不能着装束」は、朝廷などの儀式に際して定められた礼服である「装束」を着用することができないほど健康状態が悪化しているとする。その理由は「神心不例」の為である。つまり、礼服の着用すら出来ないほど「神心不例」となり、肉体的心を含めての体が病の状態に陥った。更に例［五〇］「不堪」と共起する「神心」はその原因「身労」を考慮に入れると、右の「神心屈（了、畢）」「神心不例」の「神心」と同じ意味で用いると考えられる。亦、例［五二］の「神心有苦気」を見ると、それの原因「御悩事」と「身上無別事」という前接文の意味と共に考えれば、「神心」は、前接文の「身上」という体全体に対して生理的な心という限定的な意味用法と考えられる。

残りの「迷乱」三例、「失度」二例、「如舂」一例といった述語、述部は右の「屈、不例、不堪」等と違って、人間の判断、感情などと共用し易いものである。更に「神心迷乱、失度、如舂」の原因を見ても、体の状態ではなく、「恐、思、聞」などのような人間の感情、感覚、思惟を示すものとなっている。「神心」は斯様な述語或いは述部と原因と共に使われているため、感情、精神、判断等の働きをする心という意味を表すと思われる。

右の考察を通して、公家日記に於ける「神心」はいつも「不正常の状態」を伴うという使用上の特徴があることが言える。これは「神心」と共起する述語或いは述部を見れば、理解できることであって、「心神」と同じ様相を示している。(4)

以上、平安時代の文献に於ける「神心」について検討を加えて、その意義は次の三つに帰納できよう。

一、神、聖人の心

二、人間の精神、感情、判断等の心的活動

三、肉体的心を含めての体の状態

とある。一・二は奈良時代に続いて本来の中国語の意味を継受したものと見られるが、三は中国文献には確認できず、平安時代になって始めて発生した新しいものである。換言すれば、平安時代では「神心」は意味の変化が起ったということになる。尚、意味変化の生じた文献群は公家日記という和化漢文であると言える。公家日記に用いられている「神心」は語形態といい意味といい日本語に同化して、所謂和化漢語への変容が出来たかと考えられる。

残りの平安時代の文献に於ける「神心」についても右記と同じ方法で検討してみた結果、いずれも右に帰納した意義に入り、例外はないことが明らかになる。さて、平安時代の文献に於ける「神心」の意義分布状況については次の表二の通りとなる。

神心					
文章ジャンル	文献　意義	①神・聖人の心	②人間の精神、感情判断などの心的活動	③肉体的心を含めての体の状態	計
注釈書	令集解	2			2
史　書	三代実録	2			2
	扶桑略紀			1	1
古文章	平安遺文（1－10）		1		1
類　書	政事要略	1			1
公家日記	左経記			4	4
	後二条師通記			1	1
	中右記		6	20	26
	長秋記			1	1
漢詩文	都氏文集		1		1
	本朝麗藻	1			1
	合計	6	8	27	41

表　二

表二からは、本来の中国語より受容した一・二の意義は公家日記以外の文献に集中して使用され、一方、本来の中国語と異なる三の変化した意義は公家日記に偏用されていることが分かる。同じ漢文というものの、そういう異同が見られるのである。これは公家日記が記録内容としては他の類書、史書等と相違して私的生活要素を随所に書き記していることに起因するかと思われる。亦、使用量から見れば、三の変化義の方が一・二の本来の意義を上廻って逆転現象が生じてきた。

「神心」は、平安時代中期以降に意味の変化が起ったということを右の考察によって明らかに出来たかと思うが、さて、鎌倉時代では如何にして使用されているのか。以下、それについて鎌倉時代文献に目を転じて考究してみる。

(C)鎌倉時代文献

「神心」は、平安時代まで漢文に限って使われていたが、鎌倉時代になって漢文の域を出て和漢混淆文にも用いられるようになった。次に先ず、鎌倉時代の漢文に見えた「神心」の意味について検討する。

〔六七〕其後軍士等乱入御船、或者欲奉開賢所、于時両眼忽暗而神心惘然。平大納言時忠加制止之間、(吾妻鏡・143 11)

cf而已七旬余、莫未獲弓手物。而今心神惘然太迷惑。(同右・490 6)

cf善信聞之、愁嘆之余。落涙数行。心神為惘然。(同右・639 12)

壇の浦合戦の最終段階になる場面である。三種神器の「神鏡」を祭ってある「賢所」を「欲奉開」時、その「神鏡」の神力で、「欲奉開賢所」者の「神心」がぼんやりして理性を失う羽目になった。「神心」はその述語「惘然」の意味と共に考えれば、理性、判断の力を持つ心という意味で用いられる。「神心」は同一文献で、同じ述語「惘然」と共用する参考例の「心神」と同じ意味を示すと考えられる。

〔六八〕十三宝生房数尋、(略)、行灌頂。依衆流、然間神心背例。終焉迎期。(高野山往生伝・699下18)

cf其後心神不例。病痾相侵。(同右・696下14)

「神心」と共用する述語「背例」は平安時代の「不例」「違例」の意味と相似て、身体が普通の状態でない、病気のことを示す。「神心」はその述語「背例」と「終焉迎期」(死ぬ時を迎える)という後接文の意味とを考慮に入れると、内臓の一つである心を含めての体の状態という意味を示して、参考例の「心神」と変わることなく用いられると考えられる。例〔六七〕〔六八〕の「神心」はそれぞれ平安時代の二・三の意義を踏襲していると見られる。

〔六九〕(摂政参給之間)前駆等悉引落自馬了云々、神心不覚是非不弁、(玉葉・巻一110上17)

「神心」はその述語「不覚」と後接文「是非不弁」と原因の「落馬」と共に考えると、物事を判断する心として用いると理解できる。つまり、「神心不覚」とは今日でいう意識不明という状態に近いと考えられる。(5)

［七〇］自去廿二日俄以倍増一切不食、神心不快辛苦悩乱更不可堪（同右・212下19）

「神心」はその述語「不快」と「所悩倍増、一切不食」という原因から推して肉体としての心を含めての体の状態という意味で用いると考えられる。

［七一］（廿六日）自朝神心不快、猶以念誦及酉刻所労増気、温気如火、前後不覚、終夜悩乱、（同右・巻二50上3）

cf（廿七日）温気未散、心神猶同、（同右・50上5）

cf（廿八日）温気頗散、心神猶不快、但不似一昨日（同右・50上8）

「神心」はその述語「不快」と「所労増気」という原因とを考え合わせると、例［七〇］と同じなのではないかと考えられる。参考例を見て分かるように、同一人物で、亦同じ述語も用いられている翌日、翌々日の記録では、「神心」の替りに「心神」となっている。これは「神心」が「心神」と同じように用いられていることを反映するのであろう。

『玉葉』に於いては「神心」と「心神」は各々四〇例と三四例を検出できた。つまり、両者は使用率としてはほぼ拮抗していると言えようが、使用年代別に見れば、文治年間以降は「神心」が偏用される傾向が見える。尚、両者は右の例［七一］の「神心」と参考例の「心神」のように同じく使用されていると看取される。それは両者と共起する述語（部）の共通した点からも伺える。両者の共起する述語（部）の使用順位の一、二位を数えるものを挙げてみれば、「神心」は快・不快一四例、悩・悩乱・苦悩八例に対して「心神」は悩・悩乱・散乱一二例、悦・快・不快八例であるように、両者とも上位の二位までの述語（部）が人間の非健康的状態を表すものとなって、類型的な様相を見せている。彼様な述語或いは述部と共起する「神心」は肉体としての心をも含めての身体状態という意味として用いると理解してよい。残りの述語或いは述部はいずれも意志、判断、感情などのような精神活動を示すものであるように思われる。それらは「見、聞、哀傷、悦、恐」などのような人間の感覚、感情という事由と呼応している。従って、このような述語或いは述部、事由と共起する「神心」は、知、情、意という働きをする心として用いると考えられる。

以上の考察から、鎌倉時代の漢文に於ける「神心」は、平安時代の二・三の意義を継承していることが明らかになる。さて、和漢混淆文では「神心」が如何に使用されているのか、以下それについては、管見に入った僅か二例（一例前掲）の「神心」の用例を挙げて検討を加える。

［七二］ゆたかなる時、衣《ころも》を厚く（着）、薬を服《ふく》して（壁代《かべしろ》）をひき、様々身をいたはるには、（常《つね》）に風熱《ふうねつ》きほそ発《おこ》りて、神心やすき事なし（発心集・203 15）

文中の「神心やすき事なし」という状態が「風熱」という病が相ついで発るため生じたことであろう。「風熱」は風邪に犯かされて悪寒発熱し、咳などが出る病状を有する病気である。このような病気によって起った「神心やすき事なし」の「神心」は、同時代の公家日記と同じく生理的な心を含めての体の状態という意味であると解されれば、文意に叶う。もう一例は右記の『北野天神縁起』に見えた「神心」である。その「神心例にたがひ給しに」は前掲の『左経記』例［六］に見えた「神心異例」という表現を彷彿させて、意味もそれと同様であろう。

以上、鎌倉時代に於ける「神心」について検討を加えたところ、次のことが判明した。即ち、当時代の「神心」は平安時代の二・三の意義を踏襲している。しかし、平安時代まで使用量が減ったとはいえ、依然として存在していた一の本来の中国語の意義は、鎌倉時代になってもはや確認できず、消えたと言えよう。意義としては、鎌倉時代に於ける「神心」は平安時代のそれを継承した一方、亦それとの差異も認められる。

尚、今回調査した用例には左記のような存疑例と思しきものが一例存する。それは和漢混淆文の『源平盛衰記』

に見えた例である。以下それについて触れてみたい。先ず、有朋堂文庫本を見よう。

・大納言は、僧も法も軽《かろく》て神心《しんじん》がなければこそ神も不法の祈誓《きせい》をとがめて、加様の懈怠《けだい》もあれとて（73 8）

のように、「神心」となるが、但し同じ個所は、名古屋市蓬左文庫蔵本（古典研究会）と内閣文庫蔵慶長古活字版を底本とする中世の文学（三弥井書店刊）に於いては、

・僧《そう》も法《ホウ》も軽《カロ》くて信心《シンシン》かなければこそ神《カミ》も不法《フホウ》の祈誓《キセイ》をとかめて、（巻三ウ16 4）

・僧モ法モ軽テ信心ガナケレバコソ神モ不法ノ祈誓ヲトガメテ加様ノ懈怠モアレトテ（巻三82 12）

の如く「信心」と表記されている。つまり、同一個所は「神心」と「信心」という二通りの表記がなされている。どちらが妥当かについては中々断定し難いが、以上検討した「神心」の意味のみに限って考えれば、ここでは、「神心」よりも「信心」の方が文意に合致するのではないかと推察される。何故このような表記上の異同が生じたのか。これは恐らく「神心」と「信心」とが音韻上類似することに因由するものであろうと推測される。尚、このような音韻上の類似による表記上の異同例は次のようなものも見られる。

・ここに無動寺法師《ムドウジボウシ》、乗円律師《ジョウエンリツシ》が童《わらは》、鶴丸《ツルマル》とて、生年十八歳になるが、身心《シンジン》をくるしめ、五体に汗を流ひて、俄《にはか》に狂ひ出《いで》たり、（平家物語（新日本古典文学大系）・巻二一行阿闍梨之沙汰）

・ここに、無動寺《むどうじ》の法師《ほつし》の中に、乗円律師《じようゑんりつし》が童《わらは》に、鶴丸《つるまる》とて十八歳になりしが、身心くるしみ、五体に汗をながしてにはかに狂ひ出でたり。（同右（新潮日本古典集成）・巻第二第十二句明雲帰山）

のように、「身心」となっている所を、旧林泉文庫藏（現在市立米沢図書館藏）『平家物語』十二冊を底本とした『平家物語全注釈』（冨倉徳次郎、角川書店）では次の例の如く「心身」を以て表記されている。

・爰《ここ》に無動寺法師《むどうじぼふし》、乗円律師が童《わらは》に、鶴丸《つるまる》とて生年《しやうねん》十八歳になりにけるが、心身《しんじん》を苦しめ、五体に汗を流いて、俄《にはか》に狂ひ出でたり。（巻二一行沙汰）

「身心」が「心身」と転倒した例も諸本の『方丈記』に見られる。例えば、古本系統の代表的な伝本、大福光寺本では、

・身心ノクルシミヲシレ、バクルシム時ハヤスメツマメナレバツカフ。

（武蔵野書院刊大福光寺本方丈記影印二四7行）

とあるように「身心」となっているが、一方、正親町家本・保最本・氏孝本・名古屋図書館本などでは「心身のくるしみ」のように「心身」と表記されている。「身心」と「心身」とは語源的には異なり、意味も異にする別語である(6)が、両者の音韻上の類似のため、併用できるようになった結果、同じ意味を表すことが出来ることとなった。言わば、意味の変化が生じたのである。

終わりに

以上、中国語と比較しながら日本文献に於ける「神心」の意味用法について考究を加えた。次のことが判明したかと思う。先ず、日本文献では「神心」が漢語という性格のため和文にはその使用が確認できなかったという文章ジャンルによる使用上の差異を見せている。亦、奈良時代に於ける「神心」は本来の中国語のままで用いられ、よみとしては訓よみだったように思われる。平安時代になって、「神心」は本来の中国語の意味を受容しつつ、中国語にはなかった新しい意味が派生し、意味の変化が生じた。尚、意味の変化が公家日記という和化漢文に於いて発生し、変化義の使用も公家日記に集中している。つまり、同じ漢字によって書記された文献とはいうものの、その表現内容によって使用上の異同が見られたのである。鎌倉時代に於ける「神心」は平安時代の意味を継受しているが、平安時代まで使われていた「神、天子、聖人の心」という本来の意味用法が見えなくなるという時代差も存する。

さて、「神心」は何故彼様な意味の変化が起きたのかについて考えてみる。以上の考察を通して、「神心」は変化義として「心神」と区別することなく、混用されていることが明らかになる。但し、両者の意味変化の発生時期を見れば、「心神」が「神心」より早かったし、使用量も多かったことについては拙稿「漢語の意味変化について――「心神」を一例として――」(7)において明らかにされたのである。つまり、先に意味変化の生じた「心神」は公家日記の常用語として頻用されて、変化義の定着に伴って、「シンシン」という漢字音との対応関係も固定するようになる。一方、日記の記録者、公家たちは、日記を書く時には、机の上に広げた用紙に向かって脳裏には可視的な記号としての漢字と共にその漢字のよみを想起しながら、それに基づいて今日ワープロなどのように漢字に変換するという書記行為が考えられよう。「神心」と「心神」との相互併用は正に斯様な書記行為を前提に両者の音韻上の類似性によって発生したことである。つまり、生理的な心を含めての体の状態が健康か或いは不健康かを日記に書き記すに際しては、記し手の脳裏に「心神」の音よみが浮かび、それに対応する漢字で記せば、本来「心神」と書くべきところにそれと音韻上に酷似する「神心」をつい知らずながら書き記してしまった。勿論「神心」と「心神」との漢字表記上に於いての近接性も両者の混用の一因と考えられる。このようにして、「神心」は、「心神」と同じように用いられるようになったのみならず、「心神」の意味までを獲得することも出来て、意味の変化が生じたのである。そればかりか、本来の意味も消失して、「心神」と同じく使用されるに至った。(8)だから、同個所、同事態、同人物については書写年代、諸本によって「神心」と「心神」とが、両者の区別することなく併用されている例が見られたわけである。「神心」の意味変化は「心神」を媒介に、それとの音韻上の類似性という言語内部の要因によって実現できたのであろう。

注

（1）公家日記などにおいて音通や語形の近接性による漢字表記形式の異同を非規範的表記形式として捉えて、「音通による宛字と思われるものが多いが、それらの中には「禄・緑」（以下例略）のように字形の類似したものが特に多いところを見ると、『御堂関白記』の記主藤原道長の不注意による誤字なのか、それとも音通による宛字なのかはにわかに決定し難い」と述べられている。（小山登久『平安時代公家日記の国語学的研究』94頁、おうふう、平8、5、25）

（2）拙稿「漢語の意味変化について——「心神」を一例として——」（『国文学攷』第一四二号、平6、4）

（3）小山登久「「屈」と「窮屈」——平安時代の公家日記を中心に——」（『語文』第四十二輯、昭58、11、15）。尚、「平安時代の公家日記に見えるところの、単独用法の「屈す」の語や、人を意味する語や牛馬などの語がその主語となる場合の「屈す」の語の意味は「疲れる」（又は「体が弱る」）の意味であり、換言すれば、「精神の力・肉体の力が尽きる」の意味であった。その場合の「精神」とは、体の機能や組織の面に於ける精神であり、言い換えれば、生理的な方面での精神である」とも指摘されている。（注（1）598頁）

（4）注（2）

（5）病気のために意識を失うこと、意識が乱れることなどの意味を示す「不覚」とされる。（中山緑朗『平安鎌倉時代古記録の語彙』の「前後不覚」102頁、恵宛社、一九九五、九、二十）

（6）青木伶子「大福光寺方丈記に於ける「身心」について」（『成蹊国文』一九七二、三）

（7）注（2）

（8）異音・異義・異表記である別語から、田島優『近代漢字表記語の研究』序章十二頁において説かれている「異音・同義・異表記（いわゆる同義語）」に変わったと言えよう。（和泉書院、一九九八、十一、二十五）

検索文献

本稿で調べた中日両国文献は『国文学攷』第159号に掲載された拙稿「「減氣・験氣・元氣」小考」を参照されたい。

平安時代における漢文翻訳語「ナキカナシム（泣悲）」について

青木　毅

一　はじめに

前稿「『今昔物語集』における「オヂオソル」の文体的性格について――『水鏡』との比較を通して――」（『訓点語と訓点資料』第一一四輯、二〇〇五年三月）においては、平安時代における「オヂオソル」が、『今昔物語集』や『水鏡』などの、漢文を日本語文に翻訳した文章（漢文翻訳文）を中心に用いられており、〈漢文翻訳文〉に特徴的な用語であると見なされることを述べた。このような、〈漢文翻訳文〉に特徴的な用語（漢文翻訳語）が「オヂオソル」の他にも存在しているとすれば、〈漢文翻訳文〉はひとつの類型的な文体として捉えることも可能となろう。

本稿では、「ナキカナシム（泣悲）」（以下、「ナキカナシブ」を含む）を取り上げて、「オヂオソル」と同様、〈漢文翻訳語〉としての性格を有していると考えられることを述べる[1]。

二　平安時代の仮名文学作品における「ナキカナシム」の使用状況

東辻保和・岡野幸夫・土居裕美子・橋村勝明編『平安時代複合動詞索引』（清文堂出版）によれば、「ナキカナシム」

が用いられている作品として、『三宝絵（観智院本）』（五）、『宇津保物語』（一）、『多武峯少将物語』（一）、『浜松中納言物語』（一）、『今昔物語集』（一五二）、『とりかへばや物語』（一）、『宝物集（宮内庁書陵部本）』（一）、『古本説話集』（二）が挙げられている（括弧内の漢数字は、稿者が本文に基づいて確認した用例数である）。また、本索引が対象としていない作品であるが、『俊頼髄脳』（一）、『成尋阿闍梨母集』（一）、『金沢文庫本仏教説話集』（一）、『水鏡』（七）にも「ナキカナシム」が用いられている。

用例は以下の通りである(2)（『今昔物語集』『水鏡』の用例については、項を改めて掲げる）。

①啼悲テ云ク、我弟形勝レテ父母異ニ悲ビ給ツルヲ、（『三宝絵』上・十一）

②泣キ悲テ申ス、吾ガ子ハ慎ミ深シテ、我ガ為ニ咎ガ無リツ。（『三宝絵』上・十三）

③大ナル風俄ニ吹キ、山ノ鳥ノ泣キ悲ビツルニ、（『三宝絵』上・十三）

④願主大ニナキテ云ク、（中略）ナガクツカヒタテマツル事ヲトヾムベシ、トナキカナシブ。（『三宝絵』中・十一）

⑤舟ノ人答フ、汝ガ行ヒイマダミタズ。（中略）トイヒテ、ノセズシテサリヌレバ、トヾマリテナキカナシブトミテ、ネブリサメヌ。（『三宝絵』下・正月・温室）

⑥大学允《だいがくのぜう》、「（中略）老いたる親・小さき妻子《さいし》の泣き悲しぶを見給ふるなむ、紅の涙流れて、悲しく侍る」（『宇津保物語』「沖つ白波」）

⑦誰《たれ》も誰もはらからの君《きみ》たち、この愛《あい》宮の泣《な》き悲《かな》しび給ふを聞《き》き給ひて、（『多武峯少将物語』「ほととぎす」）

⑧帥《そつ》の宮のしのびて、いとねんごろにかよひわたり給けるを、「（中略）よのつねの人に見《み》え知《し》られんと思《おも》はざりつ」と泣《な》きかなしみて、尼《あま》になりて隠《かく》れつゝ、逢《あ》ひ給はざりければ、（『浜松中納言物語』巻の三）

⑨大殿の聞《き》きつけて、『今《いま》はかぎりになりにたる、親《おや》の顔《かほ》を、今《いま》一度《ど》見《み》んとおぼさざりけること』と、泣《な》きかなしみうらみつゝ、（『とりかへばや物語』中）

⑩ヤウ〳〵トシヨリ老毛シテノチハクユヲウツニナミタヲナカシテナキカナシム（『宝物集』二ウ2）
⑪やがて、乳母《めのと》うち具して、常陸《ひたち》へ急《いそ》ぎ下《くだ》りにけり。後《あと》に泣《な》き悲《かな》しめど、かひもなし。（『古本説話集』上、二〇）
⑫夢覚《ゆめさ》めて、泣《な》き悲《かな》しみて、僧正候房に参《まい》りて申に、「この寺《てら》にも、かゝる夢見《ゆめみ》て語《かた》る人ありつ。あはれなることかな」と言《い》ひて、いみじう貴《たうと》がり給。（『古本説話集』下、七〇）
⑬また、新しくたたせ給ふ帝王に、懲りずまに、玉をつくりて、たてまつりたりけるを、はじめのやうに、玉つくりを召して、問はせ給ひければ、これまた、「不用の玉なり」と申しければ、また、右の手を切られにけり。泣きかなしぶ事、かぎりなし。（『俊頼髄脳』）
⑭などて、ものもいはで、たゞなきかなしむことのみして、（『成尋阿闍梨母集』、一二二番歌・詞書）
⑮夜竟ニ泣悲テ女人亦一リ心ノ内ニ念テ云ク（『金沢文庫本仏教説話集』、10ウ5）

用例の分布の傾向としては、少なくとも次の二点を指摘することができよう。

(1)平安時代後期から院政期にかけて成立した作品を中心に用いられている。

『三宝絵』は平安時代中期（九八四年）に成立した作品であるが、用例の検索に用いた観智院本は鎌倉時代中期（一二七三年）に書写された伝本であるため、『三宝絵』における用例数の扱いには慎重を要する。『三宝絵』の伝本には、片仮名（交じり）文の観智院本の他に、漢字交じり平仮名文の関戸本（東大寺切を含む）と変体漢文の前田本が伝存している。成立当時の表記形態がどのようであったかは明らかではないが、女性（尊子内親王）に献じられた作品であることからすれば、関戸本のような平仮名中心の表記であった可能性が高い。

今、観智院本の用例五例について、関戸本・前田本における対応箇所の用語を対照して示せば、[3] 次のようになる（右肩に付した×印は、観智院本と一致していないことを示す）。

①（観智院本）啼悲テ――（関戸本、伝存せず）――（前田本）泣キ悲テ

②（観智院本）泣キ悲テ――（関戸本）なきかなしみて――（前田本）泣悲

③（観智院本）泣キ悲ヒツルニ――（関戸本）かなしひなきつる――（前田本）悲泣

④（観智院本）ナキカナシフ――（関戸本）なきかなしふ――（前田本）歎悲

⑤（観智院本）ナキカナシフ――（関戸本）なきかなしふ――（前田本）哭泣

まず、三本とも用語が一致している用例②については、成立時から「ナキカナシム」であったと見て間違いないと思われる。また、成立時の表記が関戸本に近い形態であったとすれば、用例④⑤は成立時から「ナキカナシム」、用例③はもともと「カナシミナク」（以下、「カナシビナク」を含む）であった可能性が高いと考えられる。用例①については関戸本が伝存していないが、他の四例の中に関戸本のみ用語が異なっている場合が見られないことからすれば、やはり成立時から「ナキカナシム」であったと見てよいのではないか。

右の状況から判断すると、少なくとも、「ナキカナシム」が平安中期成立の『三宝絵』にすでに用いられていたことは疑いないと見られ、仮名文学作品における比較的早い時期の確かな用例として注目される。

(2) 多かれ少なかれ漢文訓読語の影響が見られる作品を中心に用いられている。

用例数の多さで群を抜く『今昔物語集』においては、表①のように、全一五二例のうち一四〇（九二・一%）もの用例が漢文訓読調の強い巻一～二十（天竺震旦部、本朝仏法部）に集中して用いられている（参考として、「カナシミナク」の使用状況も示しておく）。

（表①）

巻数	ナキカナシム(ブ)	カナシミ(ビ)ナク
1	8	1
2	6	
3	9	
4	3	1
5	5	1
6	7	
7	11	
8	／	／
9	14	1
10	6	
11	3	
12	8	
13	10	1
14	11	
15	5	
16	11	
17	15	
18	／	／
19	4	
20	4	
21	／	／
22	1	
23		
24	2	
25		
26	4	
27	1	
28		
29	3	
30	1	
31		

『今昔物語集』の巻一～二十の文体において漢文訓読調が強くなっているのは、周知のように、漢文や日本漢文を出典にもつ説話が大半を占めているためであると考えられている。また、『今昔物語集』ほどではないが用例の比較的多く見られる『三宝絵』や『水鏡』も、漢文体の文献（前者は『日本霊異記』等の仏書類、後者は『扶桑略記』）を背景にもつという共通性を有している。さらに付け加えて言えば、用例⑩（宝物集）⑬（俊頼髄脳）は、それぞれ『蒙求』において「伯瑜泣杖」「卞和泣玉」として知られる説話が典拠になった箇所に用いられた例、用例⑮（金沢文庫本仏教説話集）は、『賢愚経』巻三「微妙比丘尼品第一六」が原典になっている説話において用いられた例である。[4][5] その他の用例については、漢文訓読との具体的な関連性を指摘するのは難しいが、用例の見られる文献自体が純粋な和文と言えないことは確かであろう。このような使用状況からすれば、漢文訓読調の文体と「ナキカナシム」の使用との間には相関性を認めることができるように思われる。

右の二点は、「ナキカナシム」が本来の日本語ではなく、漢文訓読との関わりの中で生み出された用語であることを示唆しているように思われる。

三　『今昔物語集』『水鏡』における「ナキカナシム」の使用状況

前項で見られたような漢文訓読調の文体と「ナキカナシム」の使用との関係をより具体的に把握するために、『今昔物語集』の説話とその出典文献（同文的同話を含む）[6]、また『水鏡』とその出典である『扶桑略記』[7]をそれぞれ比較することとする。

㈠『今昔物語集』について

『今昔物語集』における「ナキカナシム（泣悲・哭悲）」（一例のみ「涙キ悲ムデ」（巻九・第六）あり）のうち、出典の判明している説話中の用例について、出典における対応箇所との関係を分類すれば、次のようになる（ここでは、出典における対応箇所に「ナキカナシム」が存するか否かが重要であるため、必要以上に細かい分類は行っていない）。

(a)「ナキカナシム」と同一表現が対応する（この場合「カナシム」と「カナシブ」の違いは問わない）

①亦前ノ如ク、天皇嗔リ給テ、此ノ度ハ右ノ手ヲ被斬ニケレバ、卞和泣キ悲ム事無限シ。
（『今昔物語集』巻十・第二十九）

・また、右の手を切られにけり。泣きかなしぶ事、かぎりなし。（『俊頼髄脳』）

②（略）ト見テ夢覚テ、泣キ悲テ三井寺ノ僧都ノ許ニ詣テ此ノ由ヲ告グ。（『今昔物語集』巻十二・第二十四）

・夢覚《ゆめさ》めて、泣《な》き悲《かな》しみて、僧正候房に参《まい》りて申に、（『古本説話集』下・七〇）

③程無亦母モ死ニケリ。然レバ、弥ヨ娘泣キ悲ムト云ヘドモ、甲斐無シ。（『今昔物語集』巻十六・第七）

・引つゞくやうに、母も失にければ、泣《な》きかなしめども、いふかひもなし。（『宇治拾遺物語』下・一〇八）

(b)「ナキカナシム」とは別の表現が対応する

(i)「カナシミナク（悲泣）」が対応する（出典が漢文の場合、「悲泣」の読みは問わない）

④夢覚メテ、泣キ悲ムデ過ヲ悔フ。（『今昔物語集』巻六・第三十六）

・夢覚悲泣悔過。（『三宝感応要略録』巻中・第九）

⑤判官代此ヲ見テ、涙ヲ流シ音ヲ挙テ泣キ悲ム事無限シ。（『今昔物語集』巻十六・第三）

・判官代流涙。挙音悲泣感嘆。（『法華験記』巻下・第百十五）

⑥此ノ専当ノ法師俄ニ身ニ病ヲ受テ死ヌ。妻子泣キ悲ムト云ヘドモ、甲斐無クシテ、
（『今昔物語集』巻十七・第二十五）

・此専当法師《し》、病付て、命終ぬ。妻子、かなしみ泣て、（『宇治拾遺物語』上・四五）

(ii)「ナク（泣・哭）」のみ一致する（出典が漢文の場合は表記が一致。漢字の位置や読みは問わない）

⑦女、馬ノ許ニ行テ馬ヲ抱テ、泣キ悲ム事無限シ。（『今昔物語集』巻九・第十七）

・女抱以号泣（『冥報記』下巻・十六）

⑧家主此ヲ見テ、音ヲ挙テ泣キ悲テ云ク、（『今昔物語集』巻十四・第三十七）

・諸親出レ声、大啼泣言、（『日本霊異記』上巻・第十）

⑨今始テ別レ奉ラム様ニ不覚泣キ悲レテ、（『今昔物語集』巻十一・第二十五）

・今始テ別レム様ニ不覚ニ泣給ケル（『打聞集』第六話）

⑩祖子ノ相見ム事ノ残リ少ク成行ケバ、日ヲ計ヘテ互ニ泣悲ムヨリ外ノ事無シ。（『今昔物語集』巻二十六・第七）

・親《おや》子と逢見《み》ん事、いまいくばくならずと思ふにつけて、日をかぞへて、明暮はたゞねをのみ泣《な》く。
（『宇治拾遺物語』下・一一九）

(iii)「カナシム（悲）」のみ一致する（出典が漢文の場合は表記が一致。漢字の位置や読みは問わない）

⑪「一ノ老母有テ、仏ノ涅槃ニ入給フヲ見テ、泣キ悲ムデ涙ヲ其ノ上ニ落ス。此ノ故ニ仏ノ御身異色ナル也」
ト。（『今昔物語集』巻三・第三十二）

・向有一老母悲哀而前。涙堕其上故色異耳。（『釈迦譜』巻四・第二十七）

⑫僧此レヲ見テ、涙ヲ流シテ泣キ悲ムデ、猿ノ屍ニ向テ法花経ヲ読誦シ念仏ヲ唱テ、猿ノ後世ヲ訪ヒケリ。

（『今昔物語集』巻十四・第六）

・沙門見畢。流涙悲嘆。収其死屍。読経念仏。訪彼菩提。（『法華験記』巻下・第百廿六）

(iv)「ナク（泣・哭）」「カナシム（悲）」ともに一致しない（出典が漢文の場合は表記が不一致。読みは問わない）

⑬父母此レヲ見テ、泣キ悲ム事無限シ。（『今昔物語集』巻二十・第三十七）

・父母見之、悚慄惆懆、（『日本霊異記』中巻・第三十三）

⑭共ニ泣キ悲ム事無限シ。（『今昔物語集』巻十五・第二十六）

・相共哀哭《コクス》（『日本往生極楽記』二二）

(c)対応する表現が存しない（▲印は対応する表現が存すべき箇所を示す）

⑮燕丹、此ヲ聞テ、泣キ悲ムデ天ニ仰テ願フニ、忽ニ白キ烏ノ頭ヲ得タリ。（『今昔物語集』巻十・第三十九）

・乃丹▲仰《シカハ》天一首白《キ》烏来《リ》（『注好選』上巻・第七十二）

⑯沙弥此レヲ見テ、泣キ悲テ筥ヲ開テ見ルニ、経亦本ノ如クシテ筥ノ中ニ在マス。（『今昔物語集』巻十二・第二十九）

・▲開レ筥見之、経色儼然、文字宛然（『日本霊異記』下巻・第十）

(d)対応する表現が存すべき文脈が存しない（●印は対応する文脈が存すべき箇所を示す）

⑰但シ、身体皆焼ケ爛タル事無限シ。僧法、此レヲ見テ泣キ悲ム。僧行、僧法ニ語テ云ク、（『今昔物語集』巻七・第二十三）

・但見体焼爛。●謂法曰。（『三宝感応要略録』巻中・第六十五）

⑱（略）ト云テゾ入滅シケル。其ノ山ノ人、皆此レヲ聞テ泣キ悲テ貴ビケリトナム語リ伝ヘタルトヤ。（『今昔物語集』巻十二・第四十）

・作如是語。而入滅矣。●（『法華験記』巻中・第四十九）

以上のような分類に従って、出典判明話における用例を整理すれば、表②のようになる。

（表②）

文献名＼類別	(a)同一表現「泣悲」	(b)別表現 (i)「悲泣」	(b)別表現 (ii)「泣」一致	(b)別表現 (iii)「悲」一致	(b)別表現 (iv)両字不一致	(c)表現ナシ	(d)文脈ナシ
釈迦譜				2	2		
三宝感応要略録		4	2	2	1	1	3
冥報記		2	2	1	1		2
弘賛法華伝						1	
孝子伝		1	5	2	1	1	1
注好選						2	
日本霊異記		1	2	3	5	4	3
法華験記		3		7	1	1	7
日本往生極楽記		2			2	1	1
三宝絵			2				
俊頼髄脳	1		1	1			1
打聞集			1				
古本説話集	1		1				1
宇治拾遺物語	1	1	2	1			1
合計	3	14	18	19	13	11	20

表②によれば、出典（同文的同話）の対応箇所に「ナキカナシム」が見出される(a)のは、仮名(交じり)文の場合のみであり、漢文が出典となっている場合には一例も見られない。このことは、『今昔物語集』における「ナキカナシム」が必ずしも漢文の表記（字句）をそのまま訓読することによって用いられたものではないことを示している。その一方で、漢文における「悲泣」を「ナキカナシム」に置き換えている場合(b)-(i)が少なからず見られることから、「ナキカナシム」は漢語「悲泣」の翻訳語として用いられていると推定される。ただし、「悲泣」以外のさまざまな表現を「ナキカナシム」に置き換えたり(b)-(ii)〜(iv)、『今昔物語集』撰者が独自に付け加えた場合(c)・(d)がさらに多く見られることからすれば、漢文体の出典を翻訳しながら「ナキカナシム」という用語を獲得したと見るよりも、『今昔物語集』撰者が自らの使用語彙の中にすでに「ナキカナシム」をもっていたと見る方が妥当なのではないかと思われる。すなわち、『今昔物語集』において「ナキカナシム」が多用されているのは、〈漢文翻訳語〉としてすでに成立していた「ナキカナシム」を、『今昔物語集』撰者が漢文を翻訳するのにふさわしい用語として積極的に用いた結果であろうと考えられる。

(二)『水鏡』について

『水鏡』における「ナキカナシム」について、出典の『扶桑略記』における対応箇所との関係を、『今昔物語集』の場合と同様の基準で分類すれば、次のようになる。

(a)「ナキカナシム」と同一表現が対応する（この場合「カナシム」と「カナシブ」の違いは問わない）

(該当する用例なし)

(b)「ナキカナシム」とは別の表現が対応する

(i)「カナシミナク（悲泣）」が対応する（「悲泣」の読みは問わない）

①（略）といふを、智光きゝてなきかなしびて、「いかにしてか決定して往生すべき」とゝひしかば、
（『水鏡』中巻、三十八代・孝徳天皇）

・智光自聞二斯言一。悲泣不レ休。重問曰。何為決定可レ得二往生一。（『扶桑略記』第四、孝徳天皇）

(ii)「ナク（泣）」のみ一致する（漢字の位置や読みは問わない）

②としをふるに、この小竹祝《シヌノ》うせにけるを、天野祝なきかなしみて、『われいきてなにゝかはせん』とて、かたはらにふしておなじくなくなりにけるを、ひとつゝかにこめてけり（『水鏡』上巻、十五代・神功皇后）

・而小竹祝死。天野祝血泣曰。吾交友死也。吾何无レ同レ穴乎。則伏二屍側一而自死。仍合葬也。
（『扶桑略記』第二、神功皇后）

③ふね八十にさま〴〵のものつみて、楽人八十人あひそへてたてまつりたりしに、みかどうせ給にけりときゝて、なきかなしむことかぎりなし。（『水鏡』上巻、二十代・允恭天皇）

・然忽聞二天皇崩一。貢二上調船八十艘一。并楽人八十口一。至二于難波一。或哭泣。或歌舞。
（『扶桑略記』第二、允恭天皇）

(iii)「カナシム（悲）」のみ一致する（漢字の位置や読みは問わない）

④ちゝはゝなきかなしめどもゆきかたをしらず。（『水鏡』中巻、三十七代・皇極天皇）

・父母悲哭。不レ知レ所レ到。（『扶桑略記』第四、皇極天皇）

(iv)「ナク（泣）」「カナシム（悲）」ともに一致しない（漢字の読みは問わない）
（該当する用例なし）

(c)対応する表現が存しない（▲印は対応する表現が存すべき箇所を示す）

⑤わがこのわしにとられにし月日なり。このことをきくに、あさましくおぼえて、なきかなしびて、おやこと

いふことをしりにき。（『水鏡』中巻、三十七代・皇極天皇）

・父聞二其年月一。▲正是我子也。（『扶桑略記』第四、皇極天皇）

(d)対応する表現が存すべき文脈が存しない（●印は対応する文脈が存すべき箇所を示す）

⑥みかどこのことをきこしめして、かの東宮へいそぎおはしまして、なきかなしみ給しかどもかひなくて、そのゝち位にはつかせ給し也。（『水鏡』上巻、十七代・仁徳天皇）

・天皇聞レ之。馳レ従二難波一。到二宇治宮一。●三呼曰。我弟皇子。乃応レ時更活。遂葬二于菟道山上一。其後即位。

（『扶桑略記』第二、仁徳天皇）

＊『扶桑略記』の当該箇所が伝存していない例

⑦この人〳〵ひさしくしなずして、あさゆふになきかなしむをみかどきこしめしておほせらるゝやう、

（『水鏡』上巻、十一代・垂仁天皇）

右の分類結果を『今昔物語集』の場合と比較すると、次のような共通点を指摘することができる。

(1)漢文体の出典である『扶桑略記』の対応箇所には「ナキカナシム」が見出されない（(a)）。

(2)『扶桑略記』における「悲泣」を「ナキカナシム」に置き換えている場合が見られる（(b)-(i)）。

(3)「悲泣」以外のさまざまな表現を「ナキカナシム」に置き換えたり（(b)-(ii)～(iv)）、『水鏡』の撰者が独自に付け加えた場合（(c)・(d)）が少なからず見られる。

ジャンルも表記形態も異なる『今昔物語集』と『水鏡』において、右のような共通点が認められるのは、漢文体の出典を背景にもつという、共通の文体的基盤を両者が有しているためであると考えられる。また、そのような文体的基盤をもつ作品において「ナキカナシム」が多用されていることは、「ナキカナシム」が〈漢文翻訳語〉としての性格を有していることの証左ともなる。すなわち、右の(1)～(3)は、『水鏡』の撰者が『扶桑略記』を翻訳するに際

して、それにふさわしい用語（漢文翻訳語）として「ナキカナシム」を用いていることを意味していると解釈される。

四　漢文翻訳語「ナキカナシム」の成立

〈漢文翻訳語〉という用語は、次の二つの意味に理解することが可能である。

⑴漢文を日本語文に翻訳（訓読ではなく）[8]する過程で生み出され、成立した語。

⑵漢文を翻訳する際、文体的にふさわしいとして用いられる語。

⑴⑵は対立する概念ではなく、⑴でもあり⑵でもあるという語は理論的にはあり得るであろう。一方、⑴ではないが⑵であるという語は、たとえば、いわゆる漢文訓読語がそれに該当しそうである。ただし、⑴であって⑵ではないという語は想定しにくいと思われる。

「ナキカナシム」については、『今昔物語集』や『水鏡』のような〈漢文翻訳文〉を中心に多用されていることから、少なくとも⑵の意味の〈漢文翻訳語〉であることは確かであろうと思われる。それでは、「ナキカナシム」は⑴の意味の〈漢文翻訳語〉でもあるのだろうか。本項ではこの点について検討することとする。

「ナキカナシム」が漢文訓読文（訓点資料）に見出されるとすれば、純粋な和文に見出し難いことと考え合わせて、いわゆる漢文訓読語ということになる。現在までの調査では、「ナキカナシム」と訓読した確かな例は、仏書・漢籍訓点資料においては未見であるが、国書（日本漢文）訓点資料においては次の例が見出される。[9]

①泣悲《キ》二云《テク》我弟兒　勝《チハ》父母殊《トニ》　悲《ミ》給《フ》何二　因共《ニ》　出《ニテ》捨身独不《ト》帰（前田本『三宝絵』上・十一、14ウ1）

②泣悲申我子慎深為吾无咎（前田本『三宝絵』上・十三、20オ8）

③仰天《ニ》二高　声《シテ》一泣悲《ヲナキフ》（東寺観智院本『注好選』上・第五十、16表1）

前田本『三宝絵』の用例②には訓点が付されていないが、①より「ナキカナシム」と訓じられたと見られる。ところで、用例②の関戸本における対応箇所が「なきかなしみて」となっていることから、平仮名文から変体漢文に書き改める際に「泣悲」と表記し、それを「ナキカナシム」と訓読しているものと考えられる。用例①の関戸本における対応箇所は伝存していないが、②と同様に考えることができると思われる。とすれば、前田本『三宝絵』の用例①②は、純然たる漢文訓読文における例とは言えず、これらの用例から「ナキカナシム」を漢文訓読語と規定することはできないことになる。(10)

東寺観智院本『注好選』は日本漢文ではあるが、③を漢文訓読文における用例と見なすことも可能であろう。ただし、『注好選』の成立時期が未詳であることから、③が『三宝絵』の成立当初の表記形態と考えられる平仮名文における用例（二項参照）に先行するかどうかは、不明と言わざるを得ない。したがって、『注好選』の成立以前にすでに「ナキカナシム」が成立していた可能性も否定できない。

ところで、仏書・漢籍訓点資料においては、「ナキカナシム」は見出し難いが、「カナシミナク」（以下、「カナシビナク」を含む）であれば、次のように見出される。

①悲び泣クこと堪《ア》へず(不)して　哀の声をモチテ王に向(ひ)て説かク、
（西大寺本『金光明最勝王経』平安初期点、巻十・第二十六）

②久(しく)ありて乃醒《サ》メ悟ルこと得て、悲び啼(き)て(以)王に問(は)ク、
（西大寺本『金光明最勝王経』平安初期点、巻十・第二十六）

③見レば一の人有(り)て来ル、（中略）悲び哭キッヽ逆《ムカ》へ前《ス》み来ル。
（西大寺本『金光明最勝王経』平安初期点、巻十・第二十六）

④悲び泣キ涙を流すこと情に間《（あい）ダ》むこと無(く)して、
（西大寺本『金光明最勝王経』平安初期点、巻十・第二十九）

⑤合掌(して)仏に向(かひ)たてまつりて、悲(し)ビ泣キ、涙を堕(し)て、而白仏言。

(正倉院聖語蔵本『地蔵十輪経』元慶七年点、巻七・314)

⑥或《(ある)》トキハ悲-啼《(ヒテイ)》す〘左、(カナシ)ヒ(ナ)ク〙、(神田本『白氏文集』天永四年点、巻第四・309)

また、「カナシミナク」は、国書(日本漢文)訓点資料にも次のように見出される。

⑦爾(の)時に、商主及(ひ)諸の商人・心驚き、毛(訓)竪(ち)て、各々、皆、悲ひ泣(けり)。

(最明寺本『往生要集』院政期点、巻下・29ウ1)

一方、「悲泣」「悲哭」「悲啼」を音読してサ変動詞として用いられた例が仏書・漢籍・日本漢文の各訓点資料に見出される。

①太子悲-泣(し)て謝(し)て〔而〕対(へ)て曰(く)、(石山寺蔵本『大唐西域記』長寛元年点、巻三・259)

②諸王俯伏し悲-泣(し)て対(へて)曰ク、(石山寺蔵本『大唐西域記』長寛元年点、巻五・169)

③法-侶悲啼《テイ》すること、金河(の)〔之〕血を流《(な)か》して地に灑《ソヽ》イシか若《(こと)》く、

(天理大学図書館・国立京都博物館蔵『南海寄帰内法伝』平安後期点、巻四・②10)

④林の間に偃《エン反》(去)-臥《フシテ》して悲-泣して歎《ナケ》イテ曰く。(最明寺本『往生要集』院政期点、巻上・35オ5)

⑤王聞《テ》驚《テ》悲泣《ノキ》《シテ》流《シテ》涙-集《メテ》大臣曰《マハク》(前田本『三宝絵』上・八、11オ4)

⑥静《ナル》処《ニシテ》或《ハ》歌歎悲啼《ス》(東寺観智院本『注好選』下・第二十八、23表2)

『佩文韻府』や『大漢和辞典』(大修館書店)には、「悲泣」「悲哭」「悲啼」は掲出されているが、「泣悲」「哭悲」「啼悲」は掲出されていないか、用例が挙げられていない。このことは、漢文本文自体に「ナキカナシム」と訓読し得る漢字表記が見出し難いということを意味していよう。とすれば、漢文訓読文に「ナキカナシム」がほとんど見られないのは偶然ではないということになる。

以上のことから、漢文訓読文においては、基本的に「悲泣」「悲哭」「悲啼」等の漢字表記を音読したり、「カナシミナク」と訓読したりしていたものと見られ、「ナキカナシム」は、たとえ用いられることがあったとしても、一般的ではなかったと考えられる。すなわち、「カナシミナク」は漢文訓読語と称して差し支えないと思われるが、「ナキカナシム」は、典型的な漢文訓読語とは言い難いということになろう。

それでは、「ナキカナシム」はどのようにして成立したのだろうか。すでに見たように「ナキカナシム」と訓読し得る漢字表記自体は、中国伝来の仏書や漢籍には見出し難いが、日本漢文にはわずかながら見出される。ここに、訓点資料の例ではないが、『三宝絵』や『注好選』に先行するものとして、『日本霊異記』の例を指摘することができる。[11]

○父母懇惻、哭悲追求、不レ知レ所レ到、（『日本霊異記』上巻・第九）

このように、正格漢文の「悲泣」や「悲哭」が、日本漢文においては、字順を入れ替えて「泣悲」「哭悲」のように用いられることが平安初期からあったと見られ、このような表記に基づいて「ナキカナシム」が生み出された可能性が考えられる。もっとも、すでに成立していた「ナキカナシム」という日本語に基づいて、『日本霊異記』における「哭悲」のような表記が行われたと考える余地もあろう。漢字表記「哭悲」と日本語「ナキカナシム」とのいずれが先かは、『日本霊異記』の文章の背後に訓読を前提とした一定の日本語が存在したのか否かに関わる問題であり、速断はできない。[12]

五　おわりに

以上、平安時代における「ナキカナシム」の文体的性格とその成立過程について検討を加えた結果、次の諸点が明らかとなった。

(1)「ナキカナシム」の初出例は、平安中期成立の『三宝絵』であるが、主として平安後期から院政期にかけて成立した作品に用いられている。

(2)漢文訓読語の影響が見られる作品を中心に用いられており、中でも『今昔物語集』『水鏡』といった漢文体の文献を背景（出典）にもつ作品に、用例が多く見られる。ただし、出典となった漢文には、「ナキカナシム」と読める表記（「泣悲」「哭悲」など）は見出されない。

(3)漢文訓読文には、「悲泣」「悲哭」などを「カナシミナク」と訓じた例が見られるものの、「ナキカナシム」はほとんど認められない（日本漢文に若干見られるにすぎない）。

(4)日本漢文においては、まれに「悲泣」や「悲哭」の字順を入れ替えた「泣悲」「哭悲」のような表記が見られることがあるが、このような表記に基づいて「ナキカナシム」が生じた可能性が考えられる（「カナシミナク」の前項と後項を直接入れ替えて生じた可能性もある）。[12]

以上のことから、「ナキカナシム」は、典型的な漢文訓読語とは見なし難いものの、漢文訓読との関わりの中で生じた用語であり、その結果、漢文を日本語文に翻訳した文章（漢文翻訳文）において、文体的になじむ用語（漢文翻訳語）として、多用されているものと考えられる。

なお、漢文訓読語の「カナシミナク」は、『三宝絵（観智院本）』に八例、『今昔物語集』に五例用いられてはいるものの次第に減少しており、『水鏡』には一例も用いられていないことから、〈漢文翻訳語〉としては定着しなかったと考えられる。その理由としては、漢文の訓読という場を離れたところでは日本語としてのぎこちなさが感じられたということが考えられよう。その意味では、「ナキカナシム」は、純粋な和文ではないものの仮名文学作品（仮名交じり文）にも少なからず用いられており、違和感のない日本語として定着していたものと考えられる。

ところで、「オヂオソル」や「ナキカナシム」のように、〈漢文翻訳文〉に特徴的な用語（漢文翻訳語）が認められるということは、〈漢文翻訳文〉が、和文とも漢文訓読文とも変体漢文とも異なる一つの類型的文体を形成していることを意味しているとも考えられる。とすれば、これまでさまざまな性格づけのなされてきた『今昔物語集』の文体を、〈漢文翻訳文〉という観点で改めて見直してみることも必要であろう。(13)

注

（1）「ナキカナシム」が翻訳語として『今昔物語集』に多用されていることについては、藤井俊博「今昔物語集の翻訳語について」（『国語語彙史の研究』十一、一九九〇年十二月、和泉書院）にすでに指摘がある。ただし、本論文は、複合動詞全般を対象として、出典文献との対応関係を類型的に把握し、出典文献の一つである『法華験記』との関連性を探ろうとしたものである。『今昔物語集』以外の諸文献における「ナキカナシム」の具体的な使用状況については、『古典対照語い表』によって『徒然草』に一例存することを指摘するにとどまっている。

（2）用例の検索・引用に用いた本文は、次の通りである。

新日本古典文学大系［三宝絵・今昔物語集・古本説話集］、日本古典文学大系［浜松中納言物語］、新編日本古典文学全集［俊頼髄脳］、和歌史研究会編私家集大成［成尋阿闍梨母集］、室城秀之『うつほ物語　全』（おうふう）、小久保崇明『多武峰少将物語　本文及び総索引』（笠間書院）、鈴木弘道『とりかへばや物語の研究　校注編　解題編』（笠間書院）、月本直子・月本雅幸『宮内庁書陵部本宝物集　総索引』（汲古書院）所収影印、山内洋一郎『金沢文庫本仏教説話集の研究』（汲古書院）所収影印、金子大麓・松本治久・松村武夫・加藤歌子『水鏡全注釈』（新典社）

（3）小泉弘・高橋伸幸『諸本対照　三宝絵集成』（笠間書院）による。

（4）用例⑩（宝物集）の典拠は新日本古典文学大系本の脚注、用例⑬（俊頼髄脳）の典拠は新編日本古典文学全集本の頭注による。

（5）山内洋一郎『金沢文庫本仏教説話集の研究』（汲古書院、一九九七年）による。
（6）比較に用いた本文は、次の通りである。
　大正新修大蔵経〔釈迦譜・三宝感応要略録・弘賛法華伝〕、新日本古典文学大系〔日本霊異記・三宝絵・古本説話集・宇治拾遺物語〕、新編日本古典文学全集〔俊頼髄脳〕、天理図書館善本叢書〔日本往生極楽記〕、説話研究会『冥報記の研究』（勉誠出版）所収影印（前田本）、幼学の会『孝子伝注解』（汲古書院）所収影印（船橋本）、『古代説話集注好選』（東京美術）所収影印（東寺観智院本）、藤井俊博『大日本国法華経験記　校本・索引と研究』（和泉書院）、東辻保和『打聞集の研究と総索引』（清文堂出版）
（7）本文は、新訂増補国史大系『扶桑略記　帝王編年記』（吉川弘文館）を用いた。
（8）漢文の「訓読」と「翻訳」との違いについては、次のように考えている。漢文の「訓読」とは、原漢文を漢字・熟字に対応する訓み（対応関係がゆるやかである場合も含めて）に従って訓み下す行為であって、その際、原漢文の構造は基本的に保持される。それに対して、漢文の「翻訳」とは、原漢文を漢字・熟字（またはさらに大きい単位）の意味に相当する日本語に置き換える行為であって、その際、原漢文の構造は日本語として自然な（またはそれに近い）構造に改められる。
（9）用例の検索・引用に用いた本文は、次の通りである。
　春日政治『西大寺本金光明最勝王経古点の国語学的研究』（勉誠社）、中田祝夫『正倉院本地蔵十輪経巻五・七元慶点』（勉誠社）、太田次男・小林芳規『神田本白氏文集の研究』（勉誠社）、築島裕・坂詰力治・後藤剛『最明寺本往生要集　訳文篇』（汲古書院）、中田祝夫『古点本の国語学的研究　訳文篇』（勉誠社）、大坪併治『訓点資料の研究』（風間書房）、小泉弘・高橋伸幸『諸本対照　三宝絵集成』（笠間書院）、『古代説話集注好選』（東京美術）所収影印（東寺観智院本）
（10）馬淵和夫「『三宝絵詞』の草稿本、東大寺切・関戸本について」（『説話』9、説話研究会、一九九一年三月）によれば、平仮名文系統の本文に先行して漢文乃至変体漢文の草稿本があったとされており、その草稿本にすでに「泣悲」が存していた可能性も否定できない。ただし、仮に存していたとしても、純然たる漢文における例とは言いがたいことから、それをもって「ナキカナシム」をただちに漢文訓読語と規定することは難しい。

（11）新日本古典文学大系（岩波書店）や新編日本古典文学全集（小学館）によれば、当該箇所（「哭悲」）に諸本による異同はない。なお、この箇所以外では、「悲泣」（三例）または「悲哭」（四例）が用いられている。また、『今昔物語集』の出典文献の一つである『法華験記』においても、「悲泣」（一五例）が用いられており、「泣悲」や「哭悲」は見られない。このように、日本漢文においても仏書・漢籍と同様に、基本的には「悲」字が前項にくる上記のような漢字表記が用いられていることから、『日本霊異記』における「哭悲」は例外的な表記と見なし得る。

（12）藤井俊博注（1）文献においては、「ナキカナシム」は「カナシミナク（悲泣）」の前項と後項を入れ替えた形（転倒形）として生じたと述べ、転倒形が生じた理由として、前項より後項が長い形が安定したものと考えられたのではないかとの考えを示している。

（13）拙稿「『今昔物語集』の文体の一側面――機能動詞「ナス」の分布が示唆するもの――」（『訓点語と訓点資料』第九十九輯、一九九七年三月）では、平安時代における「〈動詞連用形転成名詞〉ヲナス」という表現形式の使用状況をふまえて、『今昔物語集』の文体が〈漢文翻訳文〉としての性格を有していることを論じた。

＊なお、本稿における漢字表記（用例の引用を含む）は、印刷の便宜上、新字体を用いた。

〔付記〕本稿を成すに際しては、原卓志・佐々木勇両氏より、懇切な御助言を賜った。心より感謝申し上げたい。

西教寺正教蔵の訓点資料について

宇都宮　啓吾

一、はじめに

滋賀県大津市の西教寺（現、天台真盛宗総本山）には、正教蔵と称される現存百九十二箱の聖教が存する（但し、その他に大破によって閲覧不可能となった聖教のみを集めた経箱も数箱存する）。これらの聖教類は、その質・量共に非常に充実したものであり、天台系の聖教群としては叡山文庫の真如蔵、天海僧正による天海蔵と並び称される一大コレクションである。

国語学に関する研究を例に挙げてみても、院政期の呉音資料として有名な『妙法蓮華経』八巻を始めとして、種々の訓点や古辞書類が学会に於いて紹介され、稿者自身もその若干の考察を発表したところである。但し、その全体像については未だ明らかにされておらず、その解明が期待されている。[1][2][3]

稿者は、この度、これらの聖教類の悉皆調査の機会に恵まれ、訓点資料として注目すべき資料の全体を把握することを得た。

そこで、本稿では、西教寺正教蔵の訓点資料について主要なものを紹介し、その全体像を述べて行きたい。

二、正教蔵聖教の概要

訓点資料について述べる前に、まず、正教蔵聖教の概要について述べておきたい。

正教蔵聖教は、元来西教寺に伝えられたものではなく、明治十二年に比叡山西塔北谷の正教坊の住持であった稲岡堯如師より西教寺に寄進されたものである。そして、その多くの聖教の識語にある「江州栗太郡芦浦観音寺舜興蔵」との記述から、本来は近江国芦浦観音寺（現在の滋賀県草津市芦浦）において集書活動を行なった舜興によって纏められた「舜興蔵本」が中心であり、芦浦観音寺→比叡山西塔北谷正教坊→西教寺という経緯で伝えられ、「舜興蔵本」を中心に、伝来の過程で加わった写本類も取り込みながら形成されたとされる聖教である。(4)

正教蔵並びにその収集に活躍した舜興については、多くの先行研究によって指摘されているところであり、それらを踏まえつつ、今時の成果を加えてその概要を纏めておく。

舜興については、『西塔堂舎並各坊世譜』（『天台宗全書』所収）に次の如く記されている。

第三世権大僧都舜興。初名朝運。生于大津。詮舜法印之族姪而前住豪運之法資也。慶長十七年回峯巡礼。元和丙辰二年継為住持。寛永十一年四月遷葦浦観音寺。寺兼知官事勤有精忠。万治三年為葛川総一和尚預其会凡四十四次。寛文二年壬寅七月三日逝于葦浦。享寿七十歳。坐夏五十七。興常修誦念兼興福本。雖急忙際匪懈読誦蓮経一千部。修行護摩一千遍。承応年中就坊北辺設書庫一区。実党内外典籍顕密章疏及古記秘録等之書。蓋所久積年而編求也。事蹟具在別記。

右の記述によれば、舜興は詮舜の族姪（親族）とある。正教坊住持であった詮舜は、比叡山焼討（元亀二年　一五七一）の難を逃れる為、兄の賢珍を頼り、琵琶湖東岸の芦浦観音寺に居を移している。この詮舜が後に兄の跡を継いで観音寺住持となり、施薬院全宗や正覚院豪盛らと共に比叡山復興に尽力している。その一方で、正教坊は詮舜の法弟の豪運が跡を継ぎ、その豪運の法資が舜興である。

舜興は始め朝運（正教蔵の中には「正教蔵朝運」の記述も存する）と名乗り、元和二年（一六一六）に正教坊住持となり、寛永十一年には正教坊を辞して観音寺で活動し、寛文二年（一六六二）に逝去している。

また、承応年中（一六五二～五五）には正教坊の北辺に「書庫一区」を設け、「内外典籍顕密章疏及古記秘録等之書」を納めたとの記述から、舜興の集書に対する意識と、彼の正教坊・正教蔵との関係が窺われる。但し、先に示した如く、西教寺正教蔵聖教における舜興奥書にはその殆どが「芦浦観音寺」と記され、それらは孰れも舜興が芦浦観音寺に移ってから集められた聖教であることから、この記述の正教坊書庫に納められた書籍類が現在の正教蔵の母体とは考えがたいようである。

つまり、西教寺正教蔵聖教は、舜興が芦浦観音寺で活動した時期（「芦浦観音寺舜興蔵」）に集められたものをその母体として、それ以前の舜興が朝運と名乗っていた時期（「正教坊朝運蔵」）から晩年の般若坊と称される地に住んでいた時期（「舜興法印般若蔵」）までの長い期間において集められた聖教であるものと考えられる。これらの聖教が舜興の死後、観音寺から正教坊に移されたものと考えられる。現存する聖教類が芦浦観音寺に存したことを確認する資料としては、例えば、密教典籍に関して、真如堂本（叡山文庫）に『観音寺密書目録』が存し、そこでは三十三箱の聖教類の目録に記載された聖教類が現存の正教蔵聖教の真言箱・悉曇箱等と一致する。このような点からも、芦浦観音寺で集められた聖教類が正教蔵の母体を為すことが窺われる。

聖教が観音寺から正教坊に移された時期については、その移動に際して今後の保存に細心の注意を払うべきことを五ケ条に纏めた延宝元年（一六七三）十月付の文書が現在も西教寺に伝わっており（『正教坊宝蔵聖教類取扱定書写』）、この時期に舜興の蔵書が正教坊に移され、現在の中心的な聖教が形成されたものと考えられる。

そして、この正教坊の蔵書が明治十二年五月六日に正教坊から西教寺へと寄進され、正教蔵として現在に至っている。その正教蔵の部類立ては

浄土・経箱・七箇・法華疏・見聞・字書・真言・義科・雑々・本疏・問要・宗要・禅宗・儒書・具舎・悉曇・神書・戒疏・華厳・因明・法相・山門記録・玄旨・存海・大師先徳・秘伝・番外・平家

となっており、天台聖教といいながらもその集書の範囲は非常に幅広く、それぞれに聖教が分類され、訓点資料についてもこれらの部類立ての箱毎に納められている。

これらの正教蔵の蔵書については、舜興がその集書・書写に関わったということから江戸時代初期の写本類が多いものの、中には古い聖教も混じっており、『無量義経疏』寛平七年（八九五）写本を最古として、平安・鎌倉時代の写本も存する。それらの多くは「如来蔵」・「花王蔵」との識語が中心で、特に「如来蔵」は大原来迎院如来蔵のことと考えられ、このような本来の伝来が窺われる点でも注目できる。

右のことを踏まえた上で、以下、正教蔵の訓点資料について述べていきたい。

三、正教蔵聖教における訓点資料について

正教蔵に存する訓点資料については、鎌倉時代以前のものとして二十七点が挙げられ、それらについて以下に述べていく。

三・一、平安時代前・中期の訓点資料

平安時代の訓点資料としては、正教蔵における最古の写本として、次の『無量義経疏』が挙げられる。

○無量義経疏　三巻（巻第二　奥書）

寛平七年歳次乙卯青／天之月令小師良恩写取／上巻　小師普賢写取／中下巻便同九秋之月一度／披閲脱錯甚多後須重正之耳／総持院僧憐昭記

「如来蔵」

本書については前稿で述べたことがある。(5) 本書は第五群点の最古の資料とされる京都大学蔵『蘇悉地羯羅経略疏』にその名の見える憐昭（円仁の弟子）が弟子に書写させ、それに自ら校訂を加えた資料である。従来、本書には訓点が施されていないとされてきたが、今時の調査によって数カ所ながら朱筆のヲコト点と仮名点の存することが確認され、そのヲコト点の形式が左下から右回りに四隅「ハニヲテ」で特殊点甲類に分類される形式となっている。第五群点の創始者かとも言われる憐昭の加点本としては、確認される唯一の例であることからも漢文訓読史上注目される。

天台僧の加点した年紀のある訓点本としては、大東急記念文庫蔵『華厳経』元慶三年点、『金剛界次第生起』寛平三年点本に次いで三番目に古い訓点本である。

本書の奥書には「如来蔵」とあることから、本書が大原来迎院如来蔵にあったことが知られる。

右の『無量義経疏』に次いで古いのが、平安時代中期加点の『金光明最勝王経』である。

○金光明最勝王経　一巻（番外2−17）

本書に奥書は存しないが、書写は平安時代中期頃と考えられ、同時期頃の加点と考えられる白点が存する。この白点には叡山点と考えられるヲコト点と万葉仮名が存する。また、院政期から室町時代に亘る数次の墨筆による仮名点（音・訓）・声点が存する。

三・二、平安時代後期の訓点資料

正教蔵における平安時代の訓点資料としては、その多くが後期（院政期）加点の資料である。これらをヲコト点毎に指摘していく。

[宝幢院点]

まず、天台宗山門派所用の宝幢院点の資料を挙げる。

○聖観音儀軌　一帖　（真言5-22）

朱筆のヲコト点と仮名点（音・訓）が施されている。本書にも原表紙に「如来蔵」の識語が存し、その伝来が窺われる。

○金剛薬叉儀軌　一帖　（真言5-24）

本書の書写は平安時代後期（院政期）で、同時期（平安後期）と考えられる朱筆のヲコト点と仮名点（音・訓）、声点、節博士が存する。また、朱筆と同時期の墨筆の仮名点が存する。本書にも原表紙に「如来蔵」の識語が存する。

○金剛峯楼閣一切瑜伽瑜祇経　一帖　（真言35-8）

（奥書）
（墨）久寿二年四月二日於僧都御房吉田野奉交了
（朱）久安六年四月廿七日於三条右府亭以和尚御房御本／移点了／金剛仏子教玄
点本云応徳元ー十月廿三日以谷御本点交了云云
又云元永元ー六月一日□燈以三昧阿闍梨本粗移点了／梵字以件本写之云云

本書の書写は平安後期（院政期）で、久安六年移点の朱筆のヲコト点と仮名点（音・訓）、声点が存する。また、朱筆と同時期頃（久寿二年頃か）の墨筆の仮名点が存する。本書の奥書にある「三昧阿闍梨」は谷阿闍梨皇慶の流れを継いで三昧流の祖となった良祐（皇慶―長宴―良祐）のことと考えられ、本書の訓読は天台宗山門派谷流の流れを汲む訓読の実態を伝えているものと考えられる。

○守護国界章巻中之下　一帖　（本疏15-13）

本書の書写は平安時代後期（院政期）で、同時期（平安時代後期）と考えられる朱・墨の訓点が存し、朱筆がヲコト点と仮名点（音・訓）、墨筆が仮名点（音・訓）である。

○金剛界降三世立色法　一帖　（番外5-6）

本書は平安時代後期（院政期）書写と考えられるが奥書は存せず、識語の「如来蔵」のみが知られる。訓点は、院政期加点の朱筆のヲコト点と仮名点（訓）が存する。

［仁都波迦点］

次に、天台宗山門派所用の仁都波迦点の資料を挙げる。

○菩提心集私記　一帖　（真言28-22）

朱筆のヲコト点と仮名点（音・訓）、声点が詳細に施されている。本書にも原表紙に「如来蔵」の識語が存し、その伝来が窺われる。

○金剛頂義訣　一帖　（真言35-7）

（奥書）

（墨）康治元年八月十八日於五条御壇所書写了／求法仏子教玄

（朱）康治元年九月十二日於五条御壇所以座主御房御本／移点了

点本以谷御本点交了云云
点本云以谷御本点交了云云／二交了
（墨）仁平四｜八月廿八日奉随□□法印　□□受法之
次／奉交了　　／同聴玄経法印

本書は仁平四年の書写移点本で谷御本、天台宗山門派谷流の点本からの移点本であることが奥書から知られるが、ヲコト点に特徴が存し、前半は円堂点で後半は仁都波迦点という特異な加点が行なわれている(6)。本書の親本は「座主御房御本」によって移点されたものであり、又、この朱点の系統は「谷御本」の点であることが知られる。その点からすれば、親本のヲコト点は本来、天台宗山門派系統のヲコト点が用いられていたものと考えられる。本書に加点されている仁都波迦点は、天台宗山門派所用のヲコト点であり、又、天台宗山門派谷流においては山門派で多く用いられた宝幢院点と併用されるヲコト点であったことから、本書の親本にも本書と同様に仁都波迦点が施されていたものと考えられる。この点から考えるならば、本書の前半部が仁和寺所用の円堂点であることは移点者が仁和寺周辺の僧侶であることを窺わせ、移点当初は親本の仁都波迦点を自らの所用の円堂点に改変しながら移点していたが、途中からは親本の仁都波迦点を改変することなくそのまま移点したものと考えられる。そして、このような形式で加点された資料が仁和寺周辺の僧侶から改めて天台僧のもとへと伝えられたという点が興味深い。このような点から真言宗仁和寺系統と天台宗山門派との交流が窺われる。

［天仁波留点（別流）］

天台宗に起源を有する天仁波留点（別流）の資料を挙げる。

○大乗百法明門論　一帖（番外3-1）

（本奥書）

大唐開成五年当日本国承和七月《ママ》正月日在／登州文登懸赤山院写得四月日到青州平盧即度府龍興寺再／借正本更与対甚日本国僧惟暁勘之故記後日会昌／二年二月日在長安資聖寺更勘一遍

（朱）応和四年正月廿一日写取□／沙門頼□乃

右は本奥書と考えられ、本書の書写は平安時代後期（院政期）と考えられる。訓点はヲコト点と仮名（音・訓）・声点が存する。『大乗百法明門論』の古写本としては、国の重要文化財に指定されている唐招提寺所蔵の鎌倉時代の写本が有名であるが、本書は平安時代後期（院政期）の写本であり、更に詳細な訓点から当時の訓読の実態が知られる点でも貴重である。

右の本奥書は円仁の入唐について記している。

［円堂点］

真言宗仁和寺系統で中心に用いられた円堂点の資料も正教蔵には存する。

○秘蔵宝鑰　三帖　（真言6-1）

本書は平安時代後期（院政期）の書写本で、訓点も同時期と考えられる。朱筆のヲコト点と仮名点（音・訓）とが存する。また、平安時代後期から室町時代にかけての数次に亘る墨筆の仮名点（音・訓）も存する。本書の表紙見返しには「花王蔵」との識語が存する。「花王蔵」は比叡山西塔北尾の華王院のことと考えられる。

○妙見菩薩抃諸天記　一巻　（番外2-19）

本書には題が欠けているが、内容から「妙見菩薩抃諸天記」とされている。本書の書写は平安時代後期（院政期）と考えられ、朱筆のヲコト点と仮名点（音・訓）も同時期と考えられる。本書には延久二年の成尊（真言宗小野流）の文書や支度に関する記述が存し、ヲコト点が円堂点であることからも、本書は真言宗との関わりが窺われる。

醍醐寺、石山寺、勧修寺、高野山などの真言宗系統においての加点例が多いとされる東大寺点の資料を以下に示す。

[東大寺点]

○金剛峯楼閣一切瑜伽瑜祇経　一巻　（番外3）

（奥書）

本云／保延六年三月廿五日巳刻於金剛峯寺往生院移点僧寛仁／本密厳院御本也以寛仁之持本奉替了移
点勧修寺／建保五年三月十二日交点了
行上下書注幷長行頭文句頭切墨点等皆裏書也
延応元年四月十日授教性僧都実政真慶賢猷篋鉤／伝受師権僧正実賢六十四歳／已上御本奥記
文永三年九月一日以先師大僧正上綱御所持之本於／香隆寺山本禅室書写点交了／小野末資法眼覚済
四十
永仁元年十二月廿七日以醍醐座主大僧正自筆御本於／泉涌寺誂唐人書写之校点了　沙門覚阿五十七

本書は巻首数紙分が南北朝期頃の後補であるが、それ以降は奥書の如く、永仁元年（一二九三）の書写・加点（移点）と考えられる。本書の奥書に見える「移点勧修寺」・「教性僧都」（教性の法流は醍醐寺座主勝賢—遍智院成賢—教性）・「小野末資法眼覚済」・「醍醐座主大僧正自筆御本」による校点（醍醐座主大僧正は定海のことと考えられる）等、孰れもその訓読が真言宗小野流の訓読を伝えていることを窺わせる。

『金剛峯楼閣一切瑜伽瑜祇経』は、五部大法の中でも深秘の経典として、伝法灌頂を受けた者のみが読むことを許される品が存し、「瑜祇灌頂」が行われるほどにその伝受や訓読が厳密な経典である。真言宗小野流に関しては、本書の裏書の記述の如く、

（巻首・裏書）

点本

品一

高野中院等一五本云品一

小野自筆本小二本云

序本第一

高野山中院本・小野自筆本（小野僧正仁海自筆本）等の点本が存在し、それらが真言宗小野流の根本の証本として本文や訓読の典拠となっているようである。その意味に於いて、本書は真言宗小野流の訓読を知る上で貴重な資料と言える。

このような証本の存在は真言宗小野流のみならず、真言宗広沢流や天台宗においても同様であり、漢文訓読史上における『金剛峯楼閣一切瑜伽瑜祇経』訓読の問題は看過し得ないものと考える。そのため、稿者自身、いくつか別稿を用意しており、(7)今後とも検討すべき課題として捉えている。

又、本書は泉涌寺において「唐人」によって書写されたものであることが知られ、入宋僧俊芿によって開かれた泉涌寺で書写された経典という点でも注目され、日中交流史の問題として興味深い。

○大方広仏華厳経感応伝　一帖　（番外3-2）

（本奥書）

雍熙参年□月　日大宋両浙台州使院董乍禄書

（朱）一点了
（墨）一交了

右の本奥書の「雍熙参年」（九八六）は、東大寺僧奝然の入宋中の時期にあたる。本書の本奥書はそのような日宋の交流を背景としたものである。

本書の書写は平安時代（院政期）で、同時期と考えられる朱筆のヲコト点と仮名点（音・訓）、声点が詳細に施されており、院政期の伝記資料の訓読を知る上で貴重な資料と言える。

[仮名点]

正教蔵に存する訓点資料には仮名点のみの資料も存する。

○護摩私要抄　一帖　（真言35-9）

本書は十二世紀後半頃の書写、加点と考えられ、仮名点（音・訓）が施されている。「如来蔵」の識語が存する。加点は詳細で、院政期の言語資料として貴重である。[8]

○馬頭観音次第　一帖　（真言35-10）

（奥書）（別筆）如来蔵　一交了

天承元年四月八日書写了　白川陽泉房三昧本也／（花押）

本書は十二世紀後半頃の加点と考えられ、仮名点（音・訓）が施されている。「如来蔵」の識語が存する。

○悉曇要集記　一帖　（悉曇1-10）

本書に奥書は存しないが、本文は平安時代後期（院政期）書写で、加点も同時期頃の仮名点（音・訓）が存する。本書の他にも、院政期書写と考えられる悉曇関係の聖教が多く、正教蔵伝来以前の観音寺の聖教目録「観音寺密書目録」にもその存在が確認できる。孰れも天台宗における悉曇教学の資料として注目できる。

○請観音経疏　一帖（番外3-3）

（奥書）

(墨)寛治三年四月四日書畢

同年月廿二日移点了／求法沙門「院尊」(抹消で判読しがたい)

本書は寛治三年（一〇八九）の書写移点本で、仮名点（音・訓）が存し、奥書にある院尊は大原僧都皇慶の弟子で聖行房院尊のことと考えられることから、谷流の聖教と考えられる。この点は、識語として「如来蔵」とあることからも窺われる。

○一字要大原　一帖（番外5-3）

（奥書）

「如来蔵」／同写記了

天承二年壬四月十一日以桂林本書了（花押）

本書には墨筆の仮名点（音・訓）が存する。

本書は題名や「如来蔵」の識語から大原をその伝来とすることが知られる。「桂林本」については、正教蔵聖教の『仏眼法』（断簡）に

（奥書）

天承二年（一一三二）壬四月十一日以桂林書了（花押）

とあるものと同様と考えられる。

又、「桂林本」の蔵される「桂林蔵」は東塔北谷桂林院の経蔵と考えられ、「慈鎮所領譲状案」（建暦三年二

月・『鎌倉遺文』一九七四）の中には聖教の相伝の項として「桂林蔵・青蓮蔵・百光蔵」の記述があり、天台宗山門派における主要な経蔵の一つである。この奥書の良祐は、先の『金剛峯楼閣一切瑜伽瑜祇経』（真言35―8）の奥書にあった三昧阿闍梨良祐のことで、桂林房と称した。このことから、本書はこの良祐周辺の聖教を書写したものと考えられる。

○長講法華経略願文巻下　一巻　（大師先徳1―19）

（奥書）

以此書写　長講功徳　自他法界　倶成仏道／廻向大菩提

寛徳二年歳次乙酉五月十三日書写畢　深禅寺住僧陽慶本／（別筆）「以他本比校了」「又以本堂本比校了」「又以奉行三昧本少々校点之」「件本俗家読之」

本書は寛徳二年（一〇四五）書写で、平安時代後期（院政期）から鎌倉時代前期に亘る数筆の墨点による仮名点（音・訓）・声点が存する。

『長講法華経略願文』は最澄の著述であり、その素性も天台系と考えられる。奥書にある「三昧本」は、先述の『馬頭観音次第』の「白川陽泉房三昧本」と同様と考えられる。此書には「如来蔵」との識語があり、本書も大原との関わりが窺われる。また、この「三昧本」が「件本俗家読之」、即ち、俗家点であることに注目できる。

三・三、鎌倉時代の訓点資料

正教蔵における鎌倉時代の加点資料については、以下の如く列記しておく。

○釈浄土群疑論第二　一帖　仮名点（墨）　建治元年書写

（奥書）

建治元年（一二七五）七月十四日以浄円本一交了

鎌倉時代前期加点

○入真言門講演法華義巻上　一帖　仮名点（墨）

鎌倉時代後期書写加点

○不動立印伝授私記　一帖（真言五-33）仮名点（墨）　応長元年書写

（奥書）

応長元年（一三一一）辛亥十一月八日半賜一印房／僧正御房御自抄借観誉闍梨筆／夜々於燈下書写之了御秘抄也不可／聊爾尤可秘々々一交了老眼不叶／仍不顧後用他筆為恐之　法印　恒誉記

鎌倉時代後期加点

○再生敗種義　一帖（義科3-30）仮名点（音・訓）正嘉二年書写

（奥書）

正嘉二年（一二五八）六月七日酉時書了　朝豪／□□□□□□

鎌倉時代中期加点「花王蔵」の識語がある。

○菩薩戒義記巻上・下　二帖（戒疏1-12）仮名点（音・訓）　弘安十年書写

（奥書）

弘安十年（一二八七）歳次丁亥三月二十三日唐人善行書畢／（別筆）交点了

本書には二筆の墨点が存し、一つが奥書にある弘安十年頃の加点と考えられ、もう一筆が鎌倉時代後期頃の加点で、孰れも仮名点（音・訓）である。

奥書によれば、本書の書写は「唐人　善行」の手になることが知られる。正教蔵には、本書の他にも奥書から「唐人」の手になる書写本が存し、天台聖教を巡る交流史の問題としても注目できる。

○要法文下巻　一帖（番外4—21）仮名点（音・訓）・合符

（奥書）

永暦二年六月十日午時於大蓮房書写了／為是偏往生極楽頓証菩提（抄物書）也右筆弁春（花押）／文主僧弁智本也矣

本書は永暦二年（一一六一）の書写と考えられるが、訓点は鎌倉時代中期の墨点が存する。

弁智は醍醐寺本『伝法灌頂師資相承血脈』によれば、真言宗小野流の僧侶で、「頼照—禅恵—仁意—弁智」という法脈を継ぐ僧侶である。この点から考えて、本書は真言宗小野流のものと考えられる。

また、大蓮房については、未詳であるが、石山寺『高野大師家風』（深密蔵五二函35号）の奥書にその名が見える。[9]

保延元年（一一三五）六月廿三日大蓮房伝賜于兼海了

以上の如く、正教蔵における訓点資料についてその概要を述べてきた。

正教蔵における訓点資料について検討するならば、そのヲコト点の種類としては、本聖教が天台系聖教であることからも窺われるように、叡山点・宝幢院点・仁都波迦点・天仁波留点（別流）といった天台宗をその起源とするヲコト点資料の多いことに気づかれる。

この点については、従来より、聖教における訓点資料[10]の伝存状態について、概して天台宗関係では「純粋派」と称される如く、自宗派の訓点資料に限られる傾向にあるとされていることに合致している。

その一方で、正教蔵においては他宗派を起源とするヲコト点資料として、円堂点や東大寺点が見出せる。これらの資料について検討するならば、円堂点資料としては『妙見菩薩幷諸天記』（番外2-19）が真言宗小野流の成尊の文書や支度に関する記述を含む資料であること、また、東大寺点資料はその多くが真言宗小野流の聖教に見出せ、正教蔵においても『金剛峯楼閣一切瑜伽瑜祇経』（番外3）が小野流の訓読を伝えている点など、[11]正教蔵における古写本については、天台宗系統の訓点資料や写本を中心としつつも、真言宗小野流の訓点資料や古写本を含んでいることに注目できる。

この問題については、古写本の多くに「如来蔵」の識語を有している点から考えたい。

前述の如く、「如来蔵」は大原来迎院如来蔵のことであり、正教蔵における天台系聖教に谷流の流れを汲んでいるものが多い。この谷流においては櫛田良洪博士によって、事相上の問題として真言宗小野流との関わりの深いことが指摘されており、[12]このような教学上の交流の問題が「如来蔵」を含む正教蔵における訓点資料の伝存状態に関わっているものと考えられる。

その意味において、正教蔵における訓点資料はその個別の価値とともに、天台宗山門派（谷流）と真言宗小野流との教学的な交流といった諸宗交流の問題を考える上でも、その価値を有するものと思われる。

四、正教蔵の伝来を巡る問題

正教蔵における訓点資料の概要については前述したところであるが、ここでは、その伝来を巡って二つの問題について検討して行きたい。

四・一、「如来蔵」を巡る問題

まず、「如来蔵」の問題について検討する。

前述の如く、「如来蔵」は大原来迎院如来蔵のことと考えられ、その素性をここに求めることができる。

従来、如来蔵の訓点資料については、築島裕博士によってその全体が「所用ヲコト点別　点数一覧表」(13)によって提示され、如来蔵における現存訓点資料が七十三点、又、各時代毎の点数も明らかにされている。この点からすれば、正教蔵における「如来蔵」本は割合としては少なくない量を提供することになり、如来蔵の実態の解明に資するものと考えられる。この点は、例えば、正教蔵の『無量義経疏』寛平七年点を以て如来蔵に唯一、平安時代初期の訓点資料を加えることが可能であることや、訓点資料の伝存状態が天台宗山門派谷流との交流を反映していると考えられることなどからも知られる。

さて、このような正教蔵に存する「如来蔵」を素性とする正教蔵が如来蔵から直接に舜興、観音寺へと伝わったかという点については再考を要する。「如来蔵」との識語の存する資料については、多く、次の『聖観音儀軌』（院政期書写・加点）の如く、表紙部分に冊数に関する記述（「〜冊ノ内」）が存する。

一帙四十三冊ノ内

聖観音儀軌

如来蔵

╱雑々箱　╱二番

この記述は、舜興の筆になるもので、葛川息障明王院（以下、明王院と略す）より借用した旨の覚書(14)と考えられる。これは、明王院の聖教によって確認することが可能であり、以下に例を挙げる。

○儀軌　一帖　（室町時代書写）

（舜興識語）

右之本書写令収納山門／舜興蔵矣但裏打修／補而致返納畢此本末代／借用之刻必返納尤ニ候／紛失ノ咎明王之照覧／難計者也／万治元戌歳

（表紙・舜興貼紙）

葛川より借用の本／四十四冊之内

右の例の如く、舜興は表紙や冊末に識語として明王院よりの借用の旨を記し、自坊における書写の後に明王院に改めて返却していることが知られる。[15] 但し、正教蔵に存する「〜冊之(ノ)内」といった記述の存する聖教類は、何らかの理由で明王院に返却されなかったものと考えられる。

そして、これらの明王院から借用された聖教に「如来蔵」とあり、また、明王院にも大原との関わりを窺わせる聖教類が多いことから考えるならば、正教蔵の「如来蔵」識語の存する聖教は、如来蔵から明王院を経て正教蔵へと伝わった可能性が考えられる。

舜興は、始めに示した如く、『西塔堂舎並各坊世譜』に「万治三年為葛川総一和尚預其会凡四十四次」とあるように葛川総一和尚となり、葛川参籠を数多く果たすなど、明王院との関わりも深かったものと考えられ、そのようなことを背景として聖教の借用が行なわれたものと考えられる。

四・二、「正教蔵」を巡る問題

聖教の伝来という点に関して「正教坊」の問題についても触れておきたい。

舜興によって芦浦観音寺で集められた聖教が延宝元年に比叡山正教坊へと移されたことを先に述べたが、この折に聖教が比叡山内に移されたかという点に問題が存する。

正教坊は回峰行の三流派の一つ（正教坊流）として著名で、西塔に位置しており、又、前の『西塔堂舎並各坊世譜』の記述からも正教坊の北辺に書庫の存することが知られることから、観音寺から正教蔵へはここに移されたものと思われがちであるが、正教坊から西教寺へと寄進された折の事情に関する記述の中に、「正教蔵として寄進される聖教は幕末の大津の戦禍を避けるために一旦別の場所に移され、その後に西教寺へと寄進された(16)」ことが記されている。

確かに幕末の大津は交通の要衝として、軍の駐屯も存したが比叡山西塔から西教寺への疎開というのは状況としてそぐわないところである。そこで、比叡山の里坊の存した坂本について検討してみるならば、叡山文庫蔵『上下坂本略絵図』（紙本淡彩　122・0×130・5 cm　江戸時代写）に「正教坊」の存したことが記載されている(17)。この絵図による正教蔵は、最澄生誕の地とされる生源寺の隣に位置している。又、『正教坊地図絵図幷券文』（叡山文庫）にはこの土地が生源寺よりの借用であることが記されるなど、里坊における正教坊の実態が窺える。更には、この絵図やその他の古絵図の類から里坊の正教坊が経蔵を有していたことが確認できる。このような点から考えるならば、舜興の集めた聖教が観音寺から正教坊に移されるに際して、山上ではなく、「里坊」に保管されたものと考えられる。

四・三、天台聖教を巡る問題点

以上、ここでは西教寺正教蔵における伝来を巡る問題について述べて来た。

訓点資料は、その言語の実態の解明に資するとともに、その背景に存する学問的環境を解明する上でも重要な示唆を与えるものとして従来より研究が行なわれてきた。そのため、訓点の実態や伝来、加点の背景を知る上でも、その訓点資料を含む聖教の形成や伝来を巡る問題は看過し得ないものである。

従来、諸寺院における聖教調査、特に訓点資料の調査は、真言宗関係聖教の調査の方が多く行われて来たように思われる。そのような点からすれば、訓点資料の研究において、今後は天台宗関係寺院における聖教調査も積極的に行うことが課題となるが、その場合、今までの検討によっても窺われる如く、その総本山たる比叡山延暦寺を巡っては、山上のみならず里坊をも含めた山内全体における聖教の流れを把握すると共に、更には、その周辺寺院をも含めた聖教の流れを考える視点が重要であることを再認識する。

その意味で、天台宗関係聖教における訓点資料の分析については、個別の聖教毎の〝点〟の解明と各坊や法脈を視野に入れた〝面〟の解明、更には聖教全体を立体的・複眼的に把握する必要性を痛感する。

五、おわりに

以上、本稿では西教寺正教蔵における訓点資料の概要とその伝来について述べるとともに、そこから、天台宗聖教の分析に関しての若干を述べた。

天台宗関係聖教における訓点資料の分析とそれを含む聖教全体の体系的把握は今後とも果たすべき課題として検討を進めていきたい。

また、西教寺は、院政期に隆盛を誇った法勝寺の法脈を受け継いでおり、正教蔵とは別に法勝寺流聖教を蔵している。更には、方丈文庫と称せられる院政期以降の書写になる聖教も存する。それらの中にも、前述の『妙法蓮華経』院政期点（装飾経・重要文化財）を始めとする多くの訓点資料が存する。また、正教蔵に目を向けても、訓点資料のみならず、『法花経音義』の如き古辞書類や血脈類など、国語学上注目すべき資料が多く、本稿では全体像の把握という視点から論述を行なったが、今後は、これらの個別の資料に関する検討も進めて行きたい。

課題は非常に多く、諸先学の御叱正を乞う次第である。

注

（1）沼本克明『平安鎌倉時代に於る日本漢字音の研究』「本論第一部　呉音論」（昭57・3　武蔵野書院）等で検討されている。本書については別稿を用意している。

（2）訓点資料としては中田祝夫『改訂版古点本の国語学的研究』（昭54・11：初版　昭29・5　勉誠社）を始めとする諸先学の研究が存する。古辞書については、萩原義雄「西教寺蔵『法華經音義・法華經略音』三種字音について　付載字音一覧」（『駒澤大学北海道教養部　論集』11号　平8・11）等の一連の研究によって、『法華経音義』に関する翻刻や字音の検討が為されている。

（3）拙稿「西教寺蔵『無量義経疏』の訓点について――憐昭加点のヲコト点を巡る問題――」（『訓点語と訓点資料』第一一〇輯　平15・3）

（4）伊藤正義「文献調査とその資料性――西教寺・正教蔵本をめぐって――」（『平成四年度国文学研究資料館講演集14　国文学研究――資料と情報――』）に詳しい。

（5）前掲(3)論文

（6）本書については、中田祝夫博士（前掲注(2)文献）以来諸先学の言及がある。

（7）拙稿「京都国立博物館蔵『金剛峯楼閣一切瑜伽瑜祇経』の訓点について――真言宗広沢流の訓読を巡って――」（『学叢』27　平18・5（予）　京都国立博物館）他

（8）本書については、築島裕博士の調査時（昭33・7・20）のメモが残されており、次のような指摘が存する。

奥書なけれども書風により平安時代の写本なること確実なり。墨の訓も院政時代のものにして、古代国語資料として貴重なるものなり。

（9）築島裕『平安時代訓点本論考研究篇』（汲古書院　平8・5）においても「大蓮房」を未詳とし、同書奥書を挙げておられる。

(10) 前掲注(9)文献　第一部第一章第二節「ヲコト点から見た諸寺経蔵本の性格」

(11) 天台宗山門派三昧流（皇慶の流、良祐を祖とする）の「瑜祇灌頂」に関する口訣・次第類に真言宗小野流のあり方との比較を示す記述が散見され、「瑜祇灌頂」に関して真言宗小野流を意識しているものと考えられる。

(12) 櫛田良洪『真言密教成立過程の研究』（昭39・8　山喜房）

(13) 注(9)論文　第一部第一章第二節「ヲコト点から見た諸寺経蔵本の性格」

(14) 稿者は、大津市歴史博物館平成十六年度特別展「回峰行と聖地葛川」の図版目録作成に於いて、協力者として「葛川明王院聖教」の調査並びに貼付資料「葛川明王院聖教目録」の作成を行なった。

(15) 本書については、注(12)図版目録の作品解説（担当　寺島典人）による招介が存する。

(16) 西教寺に所蔵されている明治期の正教蔵目録にこの旨が記録されている。

(17) 本絵図は大津市歴史博物館平成十二年度特別展「古絵図が語る大津の歴史」の図版目録において写真・解説が掲載され、最近では同館平成十六年第45回ミニ企画展「大津の仏教文化5　寺誌・縁起」で公開された。

〔付記〕

本稿は、平成17年度文部科学省科学研究費基盤研究(c)の研究成果の一つである。

調査に際しては、西教寺御当局、とりわけ、前阪良憲師・寺井良宣師より御厚情・御高配を賜った。また、調査・成稿に際しては、大津市歴史博物館学芸員の寺島典人氏より御高配・御学恩を賜った。記して深謝申し上げる次第である。

観智院本『類聚名義抄』に複数記される漢字の記載内容の比較

――『干禄辞書』から引用された漢字を対象として――

田村夏紀

はじめに

観智院本『類聚名義抄』[1]は鎌倉時代初期に成立し、中期に書写された漢和辞書である。奥書によると、仁治二年（一二四一）に慈念が書写したものを建長三年（一二五一）に顕慶が転写し、これをさらに転写したものである。真言宗の僧が編集したものと言われている。漢字を一二〇部首に分けて収録し、音・和訓・意味・異体字・熟語などを記している。観智院本『類聚名義抄』には同じ漢字が複数の箇所に記されることがある。辞書で漢字を調べるときに、一箇所を見ただけではすべての情報を得ることができないとしたら不便である。なぜ同じ漢字を複数の箇所に記す必要があったのかという疑問が生まれた。そこで複数の記載内容にどのような違いがあるのか比較することにした。

本稿ではまず、一方の用例の漢字の出典が明らかなものを取り上げることにした。両方の記載内容を比較しやすいと考えたからである。観智院本『類聚名義抄』には、唐の大暦九年（七七四）に顔元孫が編集した字体辞書『干禄辞書』の漢字が引用されたことが明らかとなっている。[2]そこで『干禄辞書』から引用された漢字の中で、二箇所以上に記されるものを対象として記載内容を比較することにした。

一、『干禄辞書』から引用された観智院本『類聚名義抄』の漢字

『干禄辞書』には、例えば「児兒上俗下正」のように二字体を列記し、「上は俗、下は正」という字体注記によって、「児」が俗字であり「兒」が正字であることを示す用例がある。(3) このように二字体の関係が異体字と正字であることを示す用例が『干禄辞書』には六一三例ある。この六一三例について、『類聚名義抄』にも同じ漢字が記されているかどうか比較した。その結果『類聚名義抄』には、『干禄辞書』と対応する二字体が記され『干禄辞書』と同じ「上～下正」という字体注記を記す用例が一〇二例あった。(4) ただし漢字字体の細かい部分については両辞書で異なる場合もある。しかし異体字と正字の関係に共通点が見られる場合は、対応する字体があるととらえた。観智院本『類聚名義抄』は転写を経た書写本であり、比較した『干禄辞書』も後代の刊本であるため、手書きと活字の違いや誤写などが影響していると考えられるためである。

両辞書に対応する字体と字体注記がある用例を示す。用例は影印本のコピーによる。対象とする漢字を分かりやすく示すために、『干禄辞書』と対応する異体字を○で囲み、正字を□で囲む。

「児」字

（干、一一ウ3）

（七熟語略）（類、仏下末一五・6）

『類聚名義抄』にも『干禄辞書』と対応する「児・兒」の二字体があり、「上俗下正」という字体注記もある。『類聚名義抄』では「俗」の略字として「谷」と書かれている。『干禄辞書』の字体注記に「並（並びに）～」とあるのは、

別の漢字も並べて記した後にまとめて字体注記が書かれているためであり、対象とする漢字以外の別の漢字は省略した。『類聚名義抄』の用例に熟語が複数記される場合、（七熟語略）などとして省略した。

表1　漢字の記され方

分類	用例数（%）	
(1)	20 (20)	41 (40)
(2)	21 (20)	
(3)	61 (60)	
合計	102 (100)	

『干禄辞書』から『類聚名義抄』に引用された漢字の中には、同じ漢字が二箇所以上に記される場合と一箇所のみに記される場合がある。例えば、俗字・正字の関係にある「苽・瓜」字は艸部と瓜部の両方に記されている。艸部では「苽」が見出し字（冒頭の字）に記され、「瓜」が割書き中に記されている。一方瓜部では逆に「瓜」が見出し字に記され、「苽」が割書き中に記されている。このように同じ漢字が二箇所以上に記されるものは四一例あった。この中で、『干禄辞書』と対応する二字体がともに二箇所以上に記されるものは二〇例あり、一字体のみが二箇所以上に記されるものは二一例あった。『類聚名義抄』での漢字の記され方について用例を示し、表1に用例数を示す。

《『干禄辞書』と対応する漢字の『類聚名義抄』での記され方》

(1)、『干禄辞書』と対応する二字体がともに『類聚名義抄』の二箇所以上に記されるもの

「瓜」字

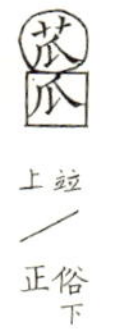
（干、二一ウ4）

（類、僧上一五・4、艸部）

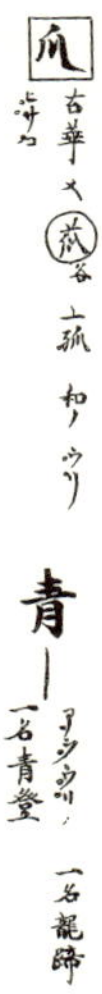
（七熟語略）（類、僧中五・1、瓜部）

(2)、『干禄辞書』と対応する二字体のうち一字体のみが『類聚名義抄』の二箇所以上に記されるもの

「状」字

 竝上通 下正　（干、四二ウ4）

　（類、仏下本一二九・4、犬部）

　（類、仏下末八・8、片部）

(3)、『干禄辞書』と対応する二字体が『類聚名義抄』の一箇所に記されるもの

「乱」字

 竝上俗 下正　（干、四〇オ3）

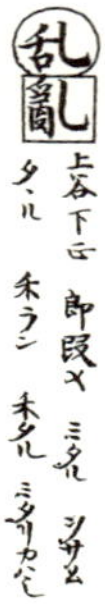　（類、仏下末一三・4、乙部）

同じ漢字が何箇所に記されるかを見ると、二箇所のものが三一例あり、三箇所のものが一〇例あった。(1)・(2)にあたる四一例を対象として、複数の箇所に同じ漢字が記される理由を次に述べていく。

二、同じ漢字が観智院本『類聚名義抄』の二箇所以上に記される理由

同じ漢字が二箇所以上に記されるのはなぜかについて、次の四つの理由が考えられた。表2にそれぞれの理由が関係している用例数を示す。

①異体字と正字の部首が異なるため
②他の部首に属する別の字体があるため
③一つの漢字が二つの部首に属するような形をしているため
④同じ部首内だが、記載内容が異なるため

表２　複数記される理由

分類	用例数（％）	
①	17（42）	24（59）
②	7（17）	
③	14（34）	
④	3（7）	
合計	41（100）	

①と②は部首の異なる異体字があるものであり、合わせて二四例あった。同じ漢字が二箇所以上に記される理由の一つは、異体字と正字の部首が異なるため、違う部首に漢字を記す必要があったということである（理由①）。例えば「通字・正字」の関係にある「帋・紙」字について見てみると、「帋」の部首は巾であり、そこには「紙」も割書き中に記されている。反対に「紙」の部首は糸であり、そこには「帋」が割書き中に記されている。両方の漢字から引くことができて、それぞれの別字体や音や意味を知ることができる。観智院本『類聚名義抄』は部首別にまとめて漢字が収録されているため、部首の種類が異なる字体は原則として割書き中に小字で記されている。そこで割書き中に別の字体が記されている場合に、見出し字とは部首が異なる漢字であると判断した。二字体の部首の種類について用例を示し、表３に用例数を示す。

表３　部首の種類

分類	(A)	(B)	用例数（％）
(1)	11（55）	9（45）	20（100）
(2)	6（29）	15（71）	21（100）
(3)	0（0）	61（100）	61（100）
合計	17（17）	85（83）	102（100）

《二字体の部首の種類》

(A)、異体字と正字の部首が異なるもの（①の用例）

「紙」字

帋 紙 竝上通下正 （干、二七オ3）

（類、法中一一〇・3、巾部）

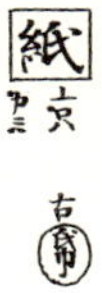
（類、法中一三五・6、糸部）

(B)、異体字と正字の部首が同じもの（①以外の用例）

「軌」字

軌 軌 竝上通下正（干、二七ウ4）

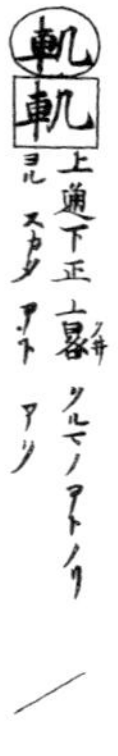

（類、僧中八九・3、車部）

『干禄辞書』と対応する二字体がともに二箇所以上に記されるもの(1)は、半数以上の一一例の部首が異なっていた。一字体のみが二箇所に記されるもの(2)は、三割にあたる六例の部首が異なっていた。しかし一箇所に記されているもの(3)は、六一例がすべて同じ部首に属する漢字であった。

①に分類した、部首が異なる漢字について、二箇所に記された漢字字体と字体注記を次に記す。漢字は、ここでは字の種類を示すことに重点を置いたため、実際の字の形とは細かい部分が異なるが、現在の活字によって示すことにした。漢字を現代の活字によって示す場合は同じ理由による。割書き中の字は小字で示す。（ ）内に字体注記を記す。『干禄辞書』と対応する二字体がともに記されている用例のみを示し、他の用例は省略した。

《異体字と正字の部首が異なる漢字》

［部首］見出し字・割書き ——［部首］見出し字・割書き

［巾部］帋・紙（上通下正）——［糸部］紙・帋（古）

［口部］咲・笑（上通下正）——［竹部］笑・咲（二正）

［艸部］苽・瓜（上俗下正）——［瓜部］瓜・苽（俗）

［冫部］准・準（上通下正）——［氵部］準・准（或為）

［口部］喩・諭（上通下正）——［言部］諭・喩（亦）

［土部］塩・鹽（上通下正）——［鹵部］鹽（通）・塩（正）

［辵部］遶・繞（上通下正）——［糸部］繞（正）・遶（字）

［足部］蹔・暫（上通下正）――［日部］暫（正）・蹔（今）

同じ漢字でも記される箇所により字体注記の種類が異なることがある。『干禄辞書』の上字（異体字）が見出し字となる用例（上段）は、すべて『干禄辞書』と同じ「上〜下正」という字体注記が記されている。一方『干禄辞書』の下字（正字）が見出し字となる用例（下段）には、『干禄辞書』と異なる字体注記が記される場合もある。「帋」は巾部では通字、糸部では古字と記され、「咲」は口部では通字、竹部では正字と記されている。また「塩・鹽」は土部と鹵部では通字と正字が逆になっている。すなわち『干禄辞書』と同じ順に漢字が記されるときは『干禄辞書』の字体注記が引用され、逆の順のときには『干禄辞書』と異なる基準の字体注記が付されている。

同じ漢字が二箇所以上に記される他の理由として、『干禄辞書』には記されていない別の字体があり、その漢字の部首が異なるため、複数の部首に記されるということがある（理由②）。例えば「年」字は、『干禄辞書』と対応する二字体が丨部に記されている。一方、部には別の字体が記され、割書き中に「年」字が記されている。

「年」字

（干、一九オ3）

（類、仏上八〇・4、丨部）

（類、法下四三・7、丶部）

②に分類した、他の部首の漢字が記されている用例は、「最」字（冖部・网部・日部）、「徽」字（彳部、人部）、「懦」字（心部・身部）、「懇」字（心部、土部）など七例ある。『干禄辞書』に記されていない漢字字体が見出し字として記されるものである。これらも①と同様に、部首の異なる異体字が関係している用例である。

同じ漢字が二箇所以上に記される他の理由には、一つの漢字が二つの部首に属するような形をしているため両方の部首に記されるということがある（理由③）。例えば「徹」字は、彳部からでも攴（攵）部からでも引くことができるようになっている。これは漢字の部首が分かりにくい場合に、引きやすくするための工夫がなされていると言える。

「徹」字

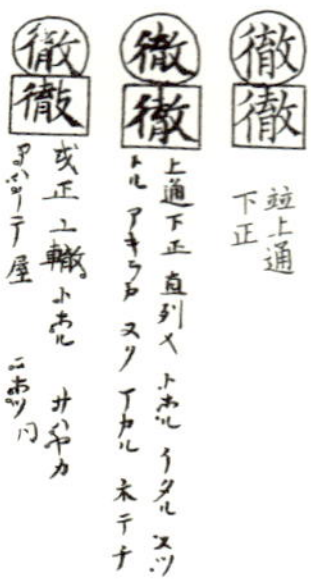

（干、四七オ1）

（類、仏上三九・3、彳部）

（類、僧中六〇・1、攴（夂）部）

③に分類した、二つの部首に属するように見える漢字は、「並」字（八部・立部）、「卒」字（丶部・十部）、「羌」字（八部・儿部）、「兜」字（儿部・白部）、「羨」字（八部・羊部）、「養」字（八部・食部）、「憲」字（宀部・心部）、「攀」字（手部・木部）など一四例ある。一方が八部に属する例が多く見られる。

同じ漢字が二箇所以上に記される用例の中には、すべて同じ部首内に記されるものがある。同じ部首内だが記載内容が異なるため、複数の箇所に記されていると考えられる（理由④）。例えば「鶴」字は鳥部に二回記されている。一方には『干禄辞書』の俗字・正字と対応する字体が記され、もう一方には『干禄辞書』の俗字と同じ字体が記され、『干禄辞書』の正字とは違う「鴒」という字体が正字と記されている。和訓は一方が「ツル」であり、もう一方は「タヅ」であり異なる。音は一方は「河各反（カク）」であり、もう一方は「音零（レイ）」であり異なる。

「鶴」字

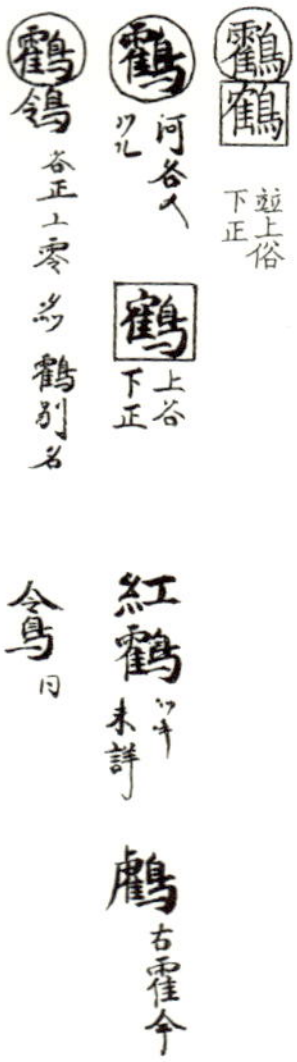

（干、四九ウ4）

（類、僧中一一三・3、鳥部）

（類、僧中一一八・2、鳥部）

④に分類した、同じ部首内に複数記される漢字は、「拯」字（手部・手部）、「愸」字（心部、心部）と合わせて三

例ある。同じ部首内にあるので、一例にまとめることも可能であったはずである。この点からみると、辞書として未整理な部分であるとも言える。「鶴」字の場合のように、同じ漢字でも正字の解釈や音が異なる場合は別々に記すという方針があったとも考えられる。

三、複数の箇所の記載内容の違い

複数の箇所に同じ漢字が記される場合、一方には和訓が全く記されず、他の箇所には和訓や音などが記されることがある。そこで和訓の有無によって四一例を分類した。(ア)と(イ)は和訓がないものである。表4に用例数を示す。

《和訓の有無》

(ア)和訓がなく、漢字と字体注記のみを記す用例があるもの
(イ)和訓がなく、漢字と字体注記、音、意味などを記す用例があるもの
(ウ)和訓のみを記す用例があるもの
(エ)すべての用例に和訓を記すもの

表4　和訓の有無

分類	用例数（％）	
(ア)	7（17）	18（44）
(イ)	11（27）	
(ウ)	5（12）	
(エ)	18（44）	
合計	41（100）	

和訓が記されない用例があるものは、漢字字体と字体注記のみを記すもの(ア)が七例あり、音や意味なども記すもの(イ)が一一例あり、合わせて一八例あった。

漢字字体と字体注記のみを記す用例(ア)を見てみると、例えば「憲」字では宀部に字体（二種類）と字体注記（上俗下正）のみが記されている。一方心部には字体（二種類）・音（音厭（猒か））・和訓（ノリ）・熟語（欽―）・意味（敏也）が記されている。漢字字体と字体注記のみを記す用例は、他の箇所にある記載へと導くための参照注の

ような役割を持ち、詳しい情報を求めるための手がかりとして記されているように見える。

「憲」字

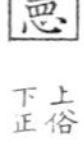 上俗 下正　（干、三九ウ4）

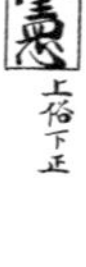　（類、法下五四・7、宀部）

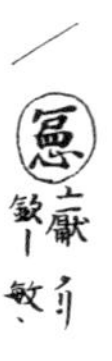　（類、法中九九・1、心部）

(ア)に分類した、漢字と字体注記のみを記す用例がある漢字について、記載内容を次に示す。漢字は現代の活字で記す。字体は（　）内に数を示し、字体注記・音・和訓・熟語などは（　）内に記載内容を示す。和訓のカタカナに付された声点は省略する。以下、記載内容を示す場合これに従う。

《和訓がなく、字体と字体注記のみを記す用例がある漢字》

漢字　［部首］　記載内容

最　［网部］字体（三）・字体注記（俗、正、通）《和訓なし》

［宀部］字体（三）・字体注記（亦、上通下正）・音（祖外反、又才句反、和サイ）・和訓（モトモ、アツマル、イト、スクル、アツム、ハシメ、クタク）・熟語（最花　ハツホ）

［日部］字体（一）・音（和サイ）・和訓（モトム、ツトム）

夢　［八部］字体（二）・字体注記（上俗下正）《和訓なし》

［歹部］字体（一）・音（莫公反）・声調（又去也）・和訓（ユメ、イメミシニ）

［艸部］字体（一）・音（莫鳳反、又莫中反、和ムウ）・和訓（ユメ）

養　［八部］字体（二）・字体注記（上俗下正）《和訓なし》

「食部」字体（二）・音（音巻、餘掌反、和ヤウ）・声調（又去）・意味（祭名）・和訓（オナリス、ヤシナ

フ、カフ、ナカシ、タクハフ、ウメリ、トル、マサル、マホル、カザル、カヘリミル）

竄　［宀部］字体（二）・字体注記（上通下正）《和訓なし》
　　［穴部］字体（一）・音（サン、七乱切、和サン）・和訓（カクルス、ノカル、フサク、ウカ、ウ）

漢字と字体注記のみを記す用例は七例あるが、そのうちの五例（「夢」「養」「憲」「愁」「竄」字）には「上〜下正」という字体注記があり『干禄辞書』から引用されたものであった。『干禄辞書』の上字は異体字であり、異体字を見出しとする用例には正字のみを記し、正字を見出し字とする用例には音や和訓などの詳しい解説を記しているのである。異体字を引けば、そこに記された正字を手がかりとして、他の箇所の解説へと導かれるしくみになっている。

和訓がなく、字体注記や音や意味などを記す用例(イ)は一一例ある。例えば「準」字で水部には字体（二種類）・字体注記（或為）・音（之允反）が記されるが、和訓は記されていない。一方冫部には字体（二種類）・字体注記（上通下正）・和訓（ナズラフ、ノリ、ヒトシ、ヒラ）が記されており、隹部にも和訓（ナスラフ、ヨル、ヒトシ）が記されている。

「準」字

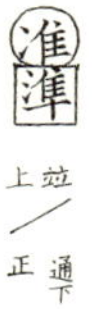
（干、二九ウ4）

（類、法上四三・6、水部）

（類、法上四六・7、冫部）

（類、僧中一三四・7、隹部）

(イ)に分類した、和訓がなく、音などは記される用例がある漢字について、記載内容を次に示す。

《和訓がなく、音などは記す用例がある漢字》

漢字　［部首］　　記載内容

奐
［八部］字体（三）・字体注記（上俗下正、通）・音（呼乱反）・意味（文）《和訓なし》
［廾部］字体（五）・字体注記（正、三俗）・音（音喚）・意味（文章）《和訓なし》

商
［雑部］字体（二）・字体注記（俗正）・音（舒羊反）・熟語（—量）・他部首参照注（可在立部）《和訓なし》
［立部］字体（二）・字体注記（上俗下正）・音（音傷）・和訓（アキヒト、ハカル）・熟語（商人 アキヒト）
［雑部］字体（二）・字体注記（俗、字）・和訓（アキナフ、アキ秋）

微
［人部］字体（一）・音（元帰反）・意味（妙也、細也、無也、非也、好也）《和訓なし》
［雑部］字体（三）・字体注記（上通下正、同）・音（莫飛反、和音ミ）・和訓（ホノカニ、ハギヤブル、スコシ、ウルハシ、スコシキ、アラズ、ナシ、ミチ、シハラク、トラフ、カクル、ヒミソカニ、カシコマル、ツヒユ、ヲホツカナシ、ウカメリ、ヲサナシ、イヤシ、トモシ、ヨロシ、ホソシ、キヨシ、スクナシ、イクハク、ヨシ、ヤウヤク、シツカナリ、スコフル）

懇
［土部］字体（四）・字体注記（二正、二俗）・音（口佷反）《和訓なし》
［心部］字体（二）・字体注記（上通下正）・音（音懇）・和訓（マコト、ネムモコロ、カナシフ、ハルカニ、アカラシ）

懦
［身部］字体（三）・字体注記（俗、二正）・音（人宛反）《和訓なし》
［心部］字体（四）・字体注記（上通下正、正）・音（人喘反、又乃遇反、又奴乱反、音耎、又奴乱反、奴臥反）・意味（弱也、弱也）・和訓（ツタナシ、アハレフ、カナシフ、タケシ、ヒロシ、ツタナシ）

一方では和訓を示し、他方では字体や意味などの注記を示すという役割分担がなされているように見える。「微」

字は雑部には「ホノカニ」など和訓が二八種類記されており、人部には和訓はないが、「妙也」など意味が五種類記されている。「懇」字は心部には「マコト」など和訓が五種類記されており、土部には字体が四種類記されている。「奐」字は八部、廾部の両方の用例に和訓が記されていない。「商」字の雑部には「可在立部（立部に在るべし）」という注記があり、これを手がかりとして立部の「商」字を探すことが可能になっている。和訓のない用例は一一例あるが、そのうちの七例は異体字を見出しとするものであった。

和訓のみを記す用例(ウ)は五例ある。なお「準」「兜」字は和訓のみの用例もあるが、和訓がない用例もあるため(イ)に分類することにした。「卒」字は丨部には「コト〳〵ク」という和訓のみが記されている。十部には「ニハカニ」など一二種類の和訓が記されており、その中にも同じ「コト〳〵ク」という和訓がある。

「卒」字

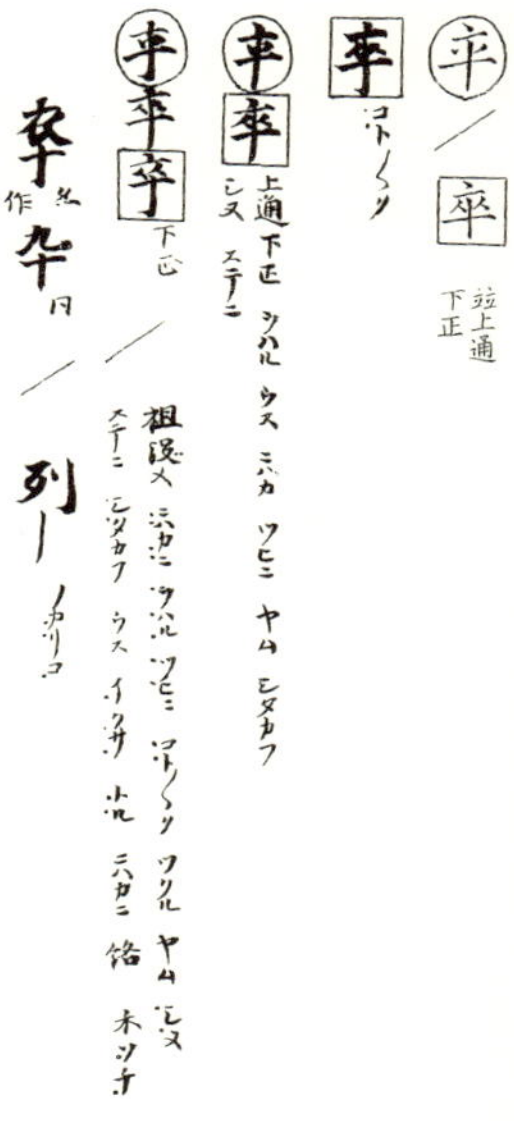

（干、四五ウ3）
（類、仏上八二・3、丨部）
（類、法下四一・8、丶部）
（類、仏上八二・8、十部）

(ウ)に分類した、和訓のみを記す用例がある漢字について、注記の記載内容を次に記す。

《和訓のみを記す用例がある漢字》

漢字　［部首］　記載内容

競　［雑部］字体（一）・和訓（クソフニ、ツヨシ、キトフ、キシロフ）《和訓のみ》

［儿部］字体（二）・字体注記（上俗下正）・音（渠敬反、和キヤウ）・和訓（キホフ、コハシ、クラフ、

イトム、キシロフ、アナカチ、キラフ、ツヨシ、アラソフ、心シラフ、ツトム、イソク）・熟語（―渡 フナクラヘ、―馬 クラベムマ、闘― イサカヒ、イサカフ）

状 ［片部］字体（一）・和訓（カタチ）《和訓のみ》
［犬部］字体（二）・字体注記（上通下正）・音（鋤亮反、和謝ウ）・和訓（カタトル、サカユ、カタチ）

諭 ［口部］字体（一）・和訓（サトル）《和訓のみ》
［口部］字体（三）・字体注記（上通下正）・音（踰句反、和ユ）・和訓（タトヒフ、サトルス、ヲシフ、シカモ、トフラフ、コシラフ、イコフ、シメス）
［言部］字体（二）・字体注記（亦）・音（羊鵣反）・和訓（コシラフ、ヲシフ、タトヒ、イツハル、サトル、タトフ、ホム、サトス、ツク、カツ、ソシル、アサムク、アキラム）

他の箇所に比べて和訓の数が少なく、和訓が一種類のみというものが五例のうち三例ある。この三例はすべて他の箇所に記された和訓と重なっている。他の字体も記されていないことから、これらの用例を手がかりとして他の箇所の用例を探すことは難しい。逆に、他の用例と和訓が重なっていることが多いため、他の用例からだけで十分な漢字の情報を得ることができる。

複数の箇所のすべてに和訓を記す用例(エ)は一八例ある。和訓の種類には違いがある。また音の示し方が異なるものがある。「暫」字は足部に「シバラク、ヤウヤク、ニハカニ、アカラサマ」という和訓があり、日部に「シバラク、カリソメ、アカラサマ」という和訓がある。「シバラク、アカラサマ」の二種類は重なっているが、双方に異なる和訓も記されている。音は足部には「徂濫反」とあり、日部は「蔵濫反」とあり、表記が異なっている。

「暫」字

（干、四二ウ2）

（類、法上八八・7、足部）

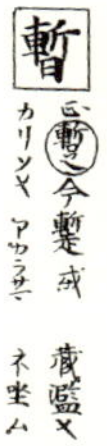
（類、仏中九二・8、日部）

(エ)に分類した、すべての用例に和訓がある漢字について、記載内容を次に記す。

《すべての用例に和訓を記す漢字》

漢字　［部首］　記載内容

瓜　［艸部］字体（二）・字体注記（上俗下正）・音（古胡反）・和訓（ウリ）・意味（菰也）・熟語（胡― カラウリ）・他部首参照注（瓜部可見）

［瓜部］字体（二）・字体注記（俗）・音（古華反、音孤）・和訓（和ノウリ、ヒサコ）・熟語（青― アヲウリ 一名龍蹄 一名青登、斑― マダラウリ、虎蹯 一名貍首、白― シロウリ 女臂 一名羊角、黄―、熟― ホソヂ 虎掌 羊骹骸 小青 大斑、冬― カモウリ、王― ヒサコ、守― ウリバヘ）

並　［八部］字体（二）・字体注記（上通下正）・音（蒲鯁反、和ヒヤウ）・和訓（ナラビ、シカシナガラ、ヨル、ソフ、アラハル）

［立部］字体（一）・音（蒲名反、蒲鯁反）・和訓（フタツナラフ）

笑　［口部］字体（八）・字体注記（上通下正、四俗、同）・音（忠妙反、和セフ）・和訓（ワラフ、ヱム、ヱ、ヱワラフ、ワラウ、ヱム）・熟語（微咲 ホ、ヱム、可咲 ヲカシ、アナヲカル）

［竹部］字体（五）・字体注記（二正、俗、俗、或）・音（恙曜反、和セウ）・和訓（ワラフ、メクル）

拯　［手部］字体（二）・字体注記（上通下正）・音（音承）・和訓（スクフ）

［手部］字体（二）・字体注記（或）・音（音升）・和訓（スクフ、ヒロフ、トヾマル、トル）・意味（収也、舛也、又橙承助也）

涼 ［冫部］字体（二）・字体注記（上俗下正）・音（呂長反、和リヤウ）・和訓（スヾシ、コホル、サム目、サムシ、サガス、タスク、カナシフ）

［氵部］字体（三）・字体注記（俗、正）・音（音良、和同）・和訓（スヾシ、ヒヤヽカナリ、スヽクシ、タスク、カナシフ、アハレフ、キヨシ、アツマル、コマカナリ）・熟語（清涼 ホシ、サガサシム）

象 ［雑部］字体（二）・字体注記（上通下正）・音（音像）・和訓（キザ、カタドル、カタチ）

［八部］字体（一）・音（和サウ）・和訓（キサ、カタチ、タヽノリ、ワタル、カタトル、ノトル）

一方に一種類の和訓しかない用例が一八例のうち七例あり、両方とも一種類の和訓しかないものが二例ある。和訓は複数の用例のどちらか一方に片寄って記されていることが多い。「並」字は立部に一種類（フタッナラフ）、八部に四種類（シカシナガラなど）の和訓がある。両方に複数の和訓があるものもあり、「涼」字は冫部に七種類（コホルなど）、氵部に一〇種類（ヒヤ、カナリなど）の和訓がある。その中で「スヾシ、タスク、カナシフ」の三種類は重なっているが、一方にしかない和訓もある。音は表記が異なるものが多く、「瓜」字の艸部には「古胡反」とあり、瓜部には「古華反、音孤」とある。それぞれ別の出典により記されたものであると考えられる。「瓜」字の艸部には「瓜部可見（瓜部見るべし）」という注記があり、これを手がかりとして瓜部にある用例にもたどりつくことが可能になっている。

本稿で対象とした四一種類の漢字を、二箇所以上に記される理由と和訓の有無によって分類し、表5に示す。

表5　二箇所以上に記される漢字

分類	①部首の種類が異なる	②他の部首の漢字がある	③二つの部首に見える	④記載内容が異なる
(ア)和訓なく字体と字体注記のみ	窻夢	最年	憲養	慭
(イ)和訓なく音などはある	準紙奐 塩	徽箎微 懇懦	兜商	
(ウ)和訓のみある	（準）諭		羨卒状 （兜）競	鶴拯
(エ)すべてに和訓がある	安肉瓜 涼笑尭 憑暫図 繞		象羌並 挙徹复	

同じ漢字が二箇所以上に記されるのには、様々な理由が関係している。その中で最大の理由は、部首の異なる異体字があるということであった（理由①、②に分類した二四例）。また各々の用例には、和訓を示すもの、異体字を示すものといった役割分担がある場合が見られた（分類(ア)、(イ)）。

『干禄辞書』の異体字と正字に対応する両方の字体が見出し字となるものが「咲・笑」「蹔・暫」字（上字が異体字）など二二例あり、異体字に対応する字体の方が見出し字となるものが「鸖・鶴」「羡・羨」字（上字が異体字）など一五例あった。異体字も正字も両方見出し字として記されているものが多い。

まとめ

観智院本『類聚名義抄』の中で、同じ漢字が二箇所以上に記されるのはなぜかを明らかにするために、複数の箇所の漢字の記載内容を比較した。『干禄辞書』から引用されたことが明らかな漢字の中で、二箇所以上に記される四一種類の漢字を対象として調べた。同じ漢字が二箇所以上に記される理由の一つは、用例中の異体字と正字が異なる部首に属するため、両方の部首に漢字を記す必要があったということである。また他の理由には、一つの漢字が二つの部首に属するような形をしているため、両方の部首から引けるようにしているということもある。

同じ漢字に関する複数の記載内容を比較すると、一方には和訓が全く記されていない用例があった。また両方に和訓や音が記される場合でも、和訓の種類や音の表記方法が異なることが多い。観智院本『類聚名義抄』は部首を記す順番も、同じ部首内での漢字を記す順番も、部首の形や漢字の形が類似しているかどうかという視覚的な点が重視されている(5)。観智院本『類聚名義抄』の使用者は、まず漢字の形を見て部首を特定して辞書を引き、調べた漢字に異体字などがある場合は、その漢字の形を手がかりとして、さらに他の部首に記された情報も得ることができたのである。漢字についての解説を一箇所にまとめて記さないことは不便な点でもあるが、膨大な漢和辞書の中で複数の箇所に手がかりを記すことによって、求める漢字を探しやすくしているとも言える。異体字を見出し字とする用例は正字を示す役割のみをもっている場合もある。また異体字も正字もともに見出し字として音や和訓などが記されることもある。当時の使用者にとって両方の字体が実際に目にして解読する必要のある漢字であったことがうかがえる。

今後は、『干禄辞書』から引用された漢字に限らず、観智院本『類聚名義抄』に複数記される漢字について記載内容の違いを調べ、辞書の内部構造について考えていきたい。

注

(1)『類聚名義抄』(正宗敦夫編、風間書房、一九五五年)、『天理図書館善本叢書類聚名義抄』(八木書店、一九七六年)を使用した。

(2)『異体字研究資料集成　別巻二』(杉本つとむ編、雄山閣、一九七五年)所収の文化十四年(一八一七)刊本、『校本干禄辞書』(広島大学文学部国語学研究室編、一九六一年)を使用した。吉田金彦「観智院本類聚名義抄の参照文献」(藝林九・三、一九五八年六月)に観智院本『類聚名義抄』の漢字字体の出典として『干禄辞書』が挙げてある。拙稿「『干禄辞書』と観智院本『類聚名義抄』の正字・異体字の比較」(国文学研究一二五、一九九七年六月)、拙稿「『干禄辞書』と観智院本『類聚名義抄』の比較―図書寮本『類聚名義抄』を介在として―」(国語学研究と資料二一、一九九七年十二月)において『干禄辞書』と観智院本『類聚名義抄』の漢字字体に関する記載内容を具体的に比較している。

(3)『干禄辞書』には正字と異体字の関係にある漢字と、意味や音の異なる類似した形の漢字が記されている。正字と異体字の関係にある漢字の中には、二字体の関係を示すものと、三字体の関係を示すものがある。二字体の関係を示す場合、字体注記には「上俗下正」と「上通下正」の二種類がある。

(4)『干禄辞書』と観智院本『類聚名義抄』を比較した注(2)の拙稿(一九九七年六月)の結果に基づく。

(5)酒井憲二「類聚名義抄の字順と部首配列」(『山田孝雄追憶本邦辞書史論叢』、三省堂、一九六七年)による。

〈焦慮〉を表す動詞語彙の展開
―「はやる」「いらる」「いらだつ」「あせる」「せく」―

土居　裕美子

一　はじめに

本稿にいう〈焦慮〉とは「行動や気分が一定の望ましい状態を保つことが出来ず落ち着かない様子」をいう。現代日本語においては、「あせる」「いらいらする」「せく」などが挙げられる。(1)現代語において無意識にせよ使い分けがなされているように、これらの語で表される心理状態やその要因はそれぞれ異なっており、その意味用法の違いについての考察も行われている。(2)本稿では〈焦慮〉を表す動詞語彙が、どのような過程を経て現代の類義関係を形成して行ったかを視野に入れ、(3)平安時代から院政鎌倉期の「はやる」「いらる」を中心としてその意味用法を考察した上で、中世から近世にかけての文献に基づき「いらだつ」「あせる」「せく」を加え、これらの語がどのような類義関係にあったのかを明らかにすることを目的とする。

二　平安時代和文における「はやる」・「いらる」

二―一　「はやる」

先に記した現代における〈焦慮〉を表す語彙のうち、平安時代の和文(4)では「はやる」一一例が管見に入った。(5) この「はやる」には、

①御さいまつともしわたして、はやるむまにのり、おりまはしておはする御さまを、（宇津保物語　蔵開下）

のように馬の荒々しい様に用いられる例が一例存するが、人間を対象とする例では、主にその人物の性格を表す文脈で用いられている。

②「かく立てるはなぞ。居侍れ」とれ、かさをほうほうと打てば、屎のいと多かる上にかゞまり居ぬ。又、うちはやりたる人、「強ひてこの笠をさしかくして、顔を隠すはなぞ」とて、行き過（ぐ）る儘に、おほがさを引き傾けて、笠につきて屎の上にをゐたる。（落窪物語　巻之一）

③五節の君とて、されたる若人のあると、双六をぞ打ち給ふ。手をいと切にをしもみて、「せうさい、〱」とこふ声ぞ、いと舌疾きや。（中略）このいとこも、はたけしきはやれる、「御返しや、〱」と、筒をひねりて、とみに打ち出でず。（源氏物語　常夏）

『源氏物語』の用例③は、「舌疾き」近江の君と双六に興ずる五節の君を、内大臣が妻戸の隙間からのぞき見る場面である。五節の君の性格を、双六にかける意気込みが強く心が高ぶっている様子から「けしきはやれる」と評する。複合動詞でも同様で、

④兵衛の君は、こめきたる人の、かみたけに一しやくばかりあまりて、いとい〈は〉たうはやりなれたり。も

くは、ふくらかに、あひぎやうづきたる人の、かみたけにて、いとりやう〳〵じき。（宇津保物語　国譲上）

⑤こぎみも、それにぞに〈ナシ〉たる。それは、いとはやりされたり。（宇津保物語　国譲上）

④は「兵衛の君」、⑤は「こぎみ」の人物評として用いられている。[6] また、

⑥大納言は、大方の掟てばかりこそあらめ。（中略）何事もあら〳〵しう心をやりて、うちはやりたる人がらなればぞかし（狭衣物語　巻四）

⑦ある上達部のおほむこ、うちはやりてものおぢせず、愛嬌づきたるあり。この姫君の事を聞きて、「さりとも是にはおぢなむ」とて、帯の端のいとをかしげなるに、くちなはの形をいみじく似せて

（堤中納言物語　虫めづる姫君）

⑥は大納言の、大雑把で思い通りに物事を進めようとする性格、⑦は虫めづる姫に対して興味を抑えきれない人物の人柄を表す。名詞形「はやり心」も、

⑧命婦は、さらばさりぬべからんおりに、物越しに聞こえ給はむほど、御心につかずはさてもやみねかし、又さるべきにて、かりにもおはし通はむを咎め給べき人なし、などあだめきたるはやり心はうち思ひて、父君にもかゝる事などもいはざりけり。（源氏物語　末摘花）

のように、命婦の軽率で慎重さに欠ける性分を表すのに用いられる。これら「はやる」は、「はや（早）」の動詞化したものであり、[7] 物事を一刻も早く行おうとする様子から、ある物事に心が引かれて夢中になる様や、意気込みが激しく気持ちが高揚している様を表すのである。したがってこのことから文脈的に、物事が意に沿わない苛立ちや焦りを読み取れる場合が[8]あるが、意味の中心は物事に対する意気込みの強さによって落ち着きがなくなることにあろう。

二―二　「いらる」

ところで、平安時代の和文には、〈焦慮〉を表す動詞として「いらる」が存在する。名詞「心いられ」が存するように、熱を加えてあぶる意の「いる（煎・炒）」＋「る」を原義として、心が焼かれ炙られるような焦慮の感覚へと比喩的に意味が拡大したものである。(9)

平安時代和文において得られた三六例(10)のうち、一五例を『源氏物語』が占めている。

①たゞ夢のやうにあきれて、いみじくいられたまふをば、などかくしもとばかり思へど、頼みきこえて年頃になりぬる人を、いまはともて離れむと思はぬによりこそ（源氏物語　浮舟）

②思はずなるさまの心ばへなど漏り聞かせたらむ時も、なのめならずいみじくこそあべけれ、あやしううつし心もなうおぼしいらるゝ人をあはれと思も、それはいとあるまじくかろきことぞかし。（源氏物語　浮舟）

③何ごとも人よりはこよなうまさりたまへる御さまにて、すゞろなることとおぼしいらるゝのみなむ罪深かりける。（源氏物語　浮舟）

①から③はすべて浮舟に対する匂宮の執着・焦慮を表したものである。①・②は、自分に向けられる匂宮の恋情と執着を浮舟自身が①「などかくしもとばかり」といぶかしみ、②「あやしううつし心もなう」と感じて困惑・憔悴している。用例③ではそのような匂宮の性格が「罪深し」とされる。以上のように複合動詞を含め源氏物語の「いらる」一五例中四例が、匂宮の浮舟に寄せる、思うままにならない恋の焦りを表したものである。匂宮以外では、例えば次の④は蛍兵部卿宮が女三宮との結婚を願い焦る様子に、(11)⑤は薫が大君に寄せる思いにそれぞれ用いられる。

④兵部卿宮は、左大将の北の方を聞こえはづし給て、聞き給らん所もあり、かたほならむことはと選り過ぐし

給に、いかゞは御心動かざらむ、限りなくおぼしいられたり。（源氏物語　若菜上）

⑤この御前は人げとをくもてなして、しめ〴〵と物語り聞こえ給。うちとくべくもあらぬものから、なつかしげにあい行づきてものの給へるさまの、なのめならず心に入りて、思いらるゝもはかなし。（源氏物語　総角）

このように平安時代物語においては、恋情と執着、自分の思い通りにならないことによる焦りと苛立ちが「いらる」を用いて表現される。『源氏物語』以外でも次のように用いられている。

⑥大納言は、「率てかくしたてまつりてん」と、いられ給へれど、ほかにおはせば、さもや思ひよらん、（夜の寝覚　巻一　大納言の寝覚に対する）

⑦　あひ見ねば袖ぬれまさるさ夜衣一夜ばかりも隔てずもがな

かくわりなき心いられなどは、いつ習ひけるぞよ」との給へば（狭衣物語　巻一　狭衣の飛鳥井女君に対する）

⑧思いぐまなきやうなる心いられの心づきなさは、自らだに思ひ知らるれば、まいて内裏などの、聞こし召して思し召されんことの、なめげなれば（狭衣物語　巻二　狭衣の女二宮に対する）

ただし、この「いらる」という語は、先にみた用例③「罪深し」、用例④「思いらるゝもはかなし」、用例⑧の「心いられの心づきなさ」という表現、さらには『枕草子』「くるしげなるもの」に挙げられていることから分かるように、恋愛における心のあり方としては理想とは程遠いものであり、その余裕のなさは思わしくない先行きを連想させる。例えば『源氏物語』において、匂宮が浮舟に寄せる思いに特徴的に用いられる「いらる」は、光源氏の恋愛に対して用いられることはない。唯一朝顔の姫君とのままならなさに関して一例用いられてはいるが、(12)

⑨おとゞはあながちにおぼしいらるゝにしもあらねど、つれなき御けしきのうれたきに、負けてやみなむもくちをしく、（源氏物語　朝顔）

と、実はそれほど執着し焦慮しているわけではなく、ただこのまま引き下がるのも残念であるし世間の目も気にな

るので、と源氏自身が内省する。また自制のきいた性格である夕霧に関しても、雲井の雁との結婚に際して、

⑩正身ばかりには、をろかならぬあはれを尽くし見せて、おほかたにはいられ思へらず。（源氏物語 蛍）

⑪おとゞなどもねんごろに口入れかへさひ給はむにこそは、負くるやうにてもなびかめとおぼすに、おとこ方は、さらにいられ聞こえ給はず、心やましくなむ。（源氏物語 常夏）

と、「いらる」を否定する形で、本心はともかく表向きは平静な姿を装っている、とされる。[13] このように、恋愛表現における「いらる」が、決して洗練された姿ではないことに関連して、恋愛以外の場面での「いらる」も、例えば、

⑫なくなりたらむ人をいはん様に、いみじう悲しうて、おきふし泣きいらるれば（落窪物語 巻之一）

⑬「あが君、こよひは出でさせ給ね。いつもかばかりのひまは」と、いられわぶれば、（夜の寝覚 巻一）

のように、『落窪物語』の⑫「あこき」や『夜の寝覚』の⑬「対の君」といった、ひたすら献身的・盲目的に女主人公に尽くす者の、ある意味視野の狭い苛立ちや焦りを表す場合がある。

三 院政・鎌倉時代期における「はやる」・「いらる」（「いらつ」）

三―一 「はやる」

次に、院政・鎌倉期に見られる用例[14]の検討を行う。まず、「はやる」の意味用法について検討を加える。得られた用例は、『今昔物語集』（四例）・『十訓抄』（一例「はやりごつ」）・『古今著聞集』（二例「うちはやる」一例を含む）・『平治物語』（三例「はやりきる」一例を含む）・『平家物語（延慶本）』（五例）・『平家物語（覚一本）』（二例）の計一七例である。この中で平安和文にも見られた、動物を主語とする例は、

①塗タル鞭ヲ持テ、早ル馬ニラ天ノ鞍置テ乗タリ。（今昔物語集 巻第一六―二〇）

②「鐙抑ヘタル者ヲモ去ケ、口ヲモ免セ」ト仰セ給テ、皆被去ヌレバ、馬弥ヨ早ルニ、男、手綱ヲ取脧メテ（今昔物語集　巻第二八―三七）

③馬はおほきなり、たやすくものりえず。ぬしの心はしらねども、はやりきりたる逸物なり、のらんとすれば、つつといで〳〵はやるあひだ、とねり七八人よりて馬をおさへたり。（平治物語　中）

のように「馬」が七例、次の「鷹」が一例であった。

④出御の後、池にすなごをまきければ、魚あつまりうかびたりけるに、鷹はやりければ、あはせてけり。（古今著聞集　巻第二〇）

馬や鷹など戦いや狩りの手段である動物の気が昂ぶって荒らぐ様(15)を表す用例の割合が平安時代和文に比べて増えているのは、説話や軍記物語の内容によるものであろう。人間を主語とするものの意味用法についても、物事に対する意気込みが激しく気持ちが高揚する様子から文脈的に〈焦慮〉が読み取れた平安和文と本質的には変わりがないが、細かく見ると「はやりたる人」のように人物の性格を評す用法に固定されがちだった平安和文とは異なり、

⑤守大キニ此ヲ咎メテ、下総ニ超テ忠恒ヲ責メムト早ルヲ（今昔物語集　巻第二五―九）

⑥勝負ヲ決セムトハヤリケレドモ、内ヨリ制シテ招キ入レツ（延慶本平家物語　第三末）

⑦ヤガテ足柄山ヲ打越テ、八ケ国ニテ軍ヲセム」ト、大将達ハハヤラレケルヲ（延慶本平家物語　第二末）

⑧弓手ハ海、妻手ハ山、暗サハクラシ、雨ハヰニイ（ッ）テ降ル、道ハセバシ。心ハ先ニトハヤレドモ、不及力道ナレバ、馬次第ニゾ懸タリケル。（延慶本平家物語　第二末）

のように意思を伴うものや、⑧の「心ハ先ニト」のように早く遂行しようと気持ちが先走ることを示す例が多い。この時期、「はやる」は軍記物語を中心に、心情を表す用法としては「意気込みが激しく気持ちが高揚する（勇み立つ）」、「一刻も早く物事を遂行しようとして心が落ち着かない（焦慮する）」の二つの用法へと分かれていく様子が

見える。[16]

三－二　「いらる」

平安時代和文では思い通りにならない恋に対する〈焦慮〉を表す動詞として特徴的であった「いらる」は、院政鎌倉期の文献においては、『とりかへばや物語』『とはずがたり』『無名草子』にのみ受け継がれる。[17]

①うつし心もなきまで、泣きまどひいらるゝさま、なまめかしうあはれげなるも、たびかさなれば、見知られたまはずもあらず。（とりかへばや物語　上）

②かういといみじく、死ぬばかり思ひいらるゝ人を、こころざしあるにこそと思ひながら、けしきにても人のもり聞きたらん時と、おそろしうそら恥づかしきに（とりかへばや物語　上）

③「さはれ、世のつゝましさ、人目の見ぐるしさも知らず、盗み隠してしがな」といられまさりたまへど、さはたあるべき事ならねば、思ひ乱るゝ事多かる世にぞありける。（とりかへばや物語　上）

④大将ちぢのことばをつくして、『ゐて隠してむ。』といられもまれたまひしに、身をばちぢにくだき、命も絶ゆばかり思ひしづみながら（無名草子　四八頁）

『とりかへばや物語』の①から③はいずれも宰相中将の、四の君に寄せる思いを描く部分である。①・②は、四の君からみた宰相中将の様子であるが、四の君には自分に思いを寄せる宰相の焦慮の様が①「うつし心もなきまで」、②「死ぬばかり」であるかのように胸に迫り、困惑・憔悴している。『無名草子』の用例④は夜の寝覚論で、中間欠損部分の一場面、老関白と結婚することになった寝覚に言い寄る大将の焦慮を述べた部分である。ここでも、言い寄られた寝覚は「身をばちぢにくだき、命も絶ゆ」ほど憔悴したとされる。[18] 以上のように、この時期の「いらる」は、王朝物語や女流日記の中で、特に恋愛の場面において心が焼かれ炙られるような〈焦慮〉の感覚を表す語として平安時代和文での意味用法を受け継いでいる。

「いらる」が和文系の文献に特徴的であったのに対し、語形の似たものでは説話に「いらつ」[19]が認められる。

①頭をつゝみながら、猿沢の池のはたに行て、しりをかきあげてかまへけるを、衆徒見て、「大衆のいかにかゝる見ぐるしきふるまひする。希有也。しやかしらはげ」といらてける時に、「季綱にて候」と名のりたりければ、（古今著聞集　巻第一六―二五）

②一切下馬ノ礼儀モ無カリケレバ、前駈、御随身、頻リニ是ヲイラツ。「何者ゾ、御出ノ成ルニ、洛中ニテ馬ニ乗ル程ノ者ノ下馬仕ラザルハ。速カニ罷留テ下リ候へ」ト申ケレドモ（延慶本平家物語　第一本）

③御ともの人々「なに者ぞ、狼藉なり。御出のなるに、のりものよりおり候へ〱」といら（ッ）てけれども、余りにほこりいさみ、世を世ともせざりけるうへ（覚一本平家物語　巻第一）

この「いらつ」は、おそらく「とげ」を表す「イラ」を語幹として、とげによるちくちくとした刺激（身体感覚）から、心情の感覚へと比喩的に意味用法が拡大したものと考えられる。平安和文の悶々とした「いらる」とは異なり、相手を責め、せきたてる文脈で用いられており、〈焦慮〉のはけ口が他へと向かう行動に現れている。

三―二　「あせる」

現代において、焦慮を表す語彙の中心的存在といえる「あせる」は、この時期からわずかに見え始める。『梁塵秘抄』の例が初出とされ、馬が興奮して暴れる姿を表す語であった[20]。

○娑婆にゆゝしく憎きもの、法師の沛艾る上馬に乗りて、風吹けば口開きて、頭白かる翁どもの若女好みの、姑の尼君の物妬み、（梁塵秘抄　巻第二　三八四）

○去来れ独楽、鳥羽の城南寺の祭見に、我は罷らじ怖しや、懲り果てぬ、作り道や四塚に、沛艾る上馬の多か

るに、（梁塵秘抄　巻第二　四三九）

○問　馬ノ沛艾ナルヲ　アセルトイフ如何　アラサレ　ラ（右「レ」）ルノ反
又云アシシケラスノ反　足ヲハアトハカリイヘル　常ノ事歟（名語記　巻第八）[21]

「はやる」が、意気込みの強さを表すことから比喩的に馬や鷹の昂奮した様に用いられたのに対し、「あせる」はこの時期人間に用いられることはない。このことは、「あせる」が心情・感覚ではなく、身体動作を表す語であったことを示す。「あせる」はこの後馬が暴れる様子から人間の身もだえへと意味用法が広がることを経て、現代のように〈焦慮〉を表す語彙の中心的な位置を占めるようになる。[22]

四　中世以降における「はやる」「いらだつ」「あせる」「せく」

以上、「はやる」「いらる」（「いらつ」）を中心に考察してきたが、中世以降には「いらだつ」「あせる」「せく」が〈焦慮〉を表す語彙として加わる。そこで中世以降、近世にかけての文献[23]に基づき、それぞれの意味用法を考察する。

四―一　「はやる」

『日葡辞書』には「鷹が鳥を見ておそいたがる[24]」「争っている二人、またはそれ以上の人人が、互いに勇気と熱意とをあらわす[25]」とあり、物事に対する意気込みの強さを表す点で平安時代和文から一貫している。また、「川が激しい勢いで流れる。また、例えば時ならず敵に突進するについてなど、急がされて激している[26]」とあるように、一刻も早く物事を遂行しようとして心が落ち着かないこと、さらには人間の心情から離れて勢いの強さを表す点で院政鎌倉期の意味用法を受け継いでいる。中世における用例には次のようなものがある。

①千里ヲ一足ニ飛テ懸ラント、心許ハ早リケレドモ、今朝ノ巳刻ヨリ申時ノ終マデ、三十余度ノ戦ニ、息絶気疲ル、ノミナラズ、深手浅手負ヌ者モ無リケレバ、馬武者ヲ追攻テ可討様ゾ無リケル。（太平記　巻第二六）

②とる物もとりあへずいでたが、さて〳〵はらのたつ事じや、其なりは何とした事ぞ（太郎）「わごりよは、はやりすぎた人じや、身共がちやうちやくせられふ事は（虎明本狂言集　ちぎりき）[27]

『太平記』の①は鎌倉期の軍記物にも多くみられた、一刻も早く思い通りに物事を行いたいと意気込むことを表す例である。②は早とちりをすることを表す。場面や状況は大きく異なるが、気持ちが先走るという点では共通している。近世に入っても、

①詞扨は屋敷をお渡し有たか。此上は直義の。地ハル討手を引請討死せんと。はやり立ば由良助。詞イヤ〳〵今死すべき所にあらず。これを見よ旁と。（浄瑠璃　仮名手本忠臣蔵）

②勝に乗たる御大将。竹沢が勧にて。鎌倉を責落さんと。逸切たる御出陣。（浄瑠璃　神霊矢口渡）

③コレ待てと女房が支へる中に三ぶは駈け入。詞コリャ待々と制しても。地ウ逸り切たる二人が勢どっこいさせぬはこりゃさせぬと。あちらを突退けこちらを跳ね（浄瑠璃　夏祭浪花鑑）

のように多く「逸」字と対応し、「〜セムト—」の形をとる。①「討死せんと」、②「責落さんと」と、一刻も早く目的を達成しようと意気込む様子を表す。また③では「待て待てと制しても」止められない「勢い」である。

四―二　「いらだつ」

平安時代和文に特徴的であった「いらる」は、中世以降見られなくなる。『日葡辞書』には「イレ、ルル（炒・煎）」の項に「比喩」として「気の炒れた人（神経質でいらいらした人）」が掲載されているが、「いらる」の語形で管見に入ったのは連歌に用いられる語句を集めた『匠材抄』[28]（第二）の次の例である。

いられ心　いらくしき也／心いられ也

ここで説明に「いらいらし」が用いられることは、「いら（苛）」を語幹とする語群が、[29]「いらる（煎）」に変わって〈焦慮〉を表す語彙として用いられるようになってきたことを示す。例えば院政鎌倉期から現れる「いらつ」は、

○源太も聞より狂気のごとく身をもみあせり。詞様子が有ふ仔細を語れと気をいらてば。夫れ其様に浮世の事に疎いのが大名の懐子。（浄瑠璃　ひらかな盛衰記）

のように、近世に入ってからも認められる。またこの語群に「いらだつ」があるが、

①軽はどこに来て聞かぬか。地色我が伽せぬかうせぬかと。忙しく老の気の苛立《いらだて》。（浄瑠璃　心中宵庚申）

②忠国聞て大に怒り、「そは許すべきものにあらず。とく物に心得たる郎等を召せ」と焦燥《いらだて》ば、一人の女使走りゆきて、その旨を告しらするに（椿説弓張月　前篇巻之二）

③「いざさらば最期の一戦して、こゝろよく腹かき切らん。その馬寄せよ」と焦燥《いらだち》つゝ、椽より閃りと打跨、手綱かい繰馳出る（椿説弓張月　前篇巻之四）

のように、「苛立」「焦燥」字と対応し、「〜セヨト―」の形を取ることが多い。〈焦慮〉の要因は自分の思い通りにならない現状である。その「いらだち」が、②のように迅速な対応を求める形で現れることもあり、院政鎌倉期の説話に見られた「いらつ」と同様に、相手を責め、せきたてる文脈で用いられる場合が多い。

四―三　「あせる」

本来〈馬が暴れる〉意であった「あせる」が、人間の〈焦慮〉の意で用いられるようになる初出は次の用例とされる。

①其時女房うしろよりいろ〳〵てまねきして身をあせり男をよぶ　平六たってなに事を云ぞたま〳〵御ざった

人とお物がたりをするになにしによぶぞト云（天正本狂言六義 ぬし）(30)

「てまねきして身をあせり」とあるように、〈焦慮〉が身体動作として外から見て分かる場合に用いられている。近世以降用例は増えるが、

②エ、知らせたい呼びたいと。心で招く気は先へ身は空蟬の抜殻の。格子に抱付あせり泣。（浄瑠璃 心中天網島）

③おかるは放して殺してと。あせるを押さへて。（浄瑠璃 仮名手本忠臣蔵）

④それ〳〵市松父様に替ませうとお願申しゃ。やいの〳〵とあせりもがけば（浄瑠璃 夏祭浪花鑑）

⑤父様恐い伯父様爰を放してと。身を揉みあせるは修羅道のフシ苦患もかくやとあさまし（浄瑠璃 夏祭浪花鑑）

⑥ア、悲しやどふせうぞと。フシ立たり居たり狂気のごとく身を揉みあせり歎きしが（浄瑠璃 夏祭浪花鑑）

②「格子に抱付」、③「押さへて」、⑤・⑥「立たり居たり」「身を揉みあせる」のように、〈焦慮〉が身体動作として外面に現れている。自分の思い通りにならない現状が要因となっての〈焦慮〉である点は先に見た「いらだつ」と同様であるが、「いらだつ」が「〜セヨト」と相手に要求をすることでその〈焦慮〉を解消しようとするのに対し、「あせる」はあくまで自分ひとりでじたばたと身をもがくことを表す点に違いが見える。この点、現代の「いらだつ」・「いらいらする」と「あせる」との違いにつながっていくものである。(31)

四-四 「せく」

「せく」は本来水流や気体、比喩として涙を含めて人間の感情を押さえ込むことに用いられる。この遮られた感情がいっぱいになり、抑えきれないがために勢いを増して吹き上げてくることをも表すようになったのが現代の「気がせく」に繋がっていく。(32)〈焦慮〉を表す初出とされるのは次の例である。

○早う射させられい。（シテ）そなたがその様におしやると心がせくによつて、いよ〳〵某が目には見えぬ。（オモ

アド）扨々もどかしい。早立まする程に、はやう射させられいと申に。（虎寛本狂言集　きんや）(33)

「早う〜せよ」と速さを強要されることによって落ち着きを失う例である。これ以降は、

①かまへて人に悟られ給ふな急《せ》いて事を仕損ずな。片時も早くと有りければ北の方もよろこびて

（浄瑠璃　出世景清）

②ある人のかたへ、夏の比客きたりて、素麺をふるまひけり。からしの粉をたづねるに、紙袋に書付なくて、気のせくまゝにあれこれとさがし、漸々取出し、振舞過けり。（軽口露がはなし）

③地色忠兵衛気を急《せ》いて花車はなぜ遅いぞ。五兵衛行ってせってくれと立ちに立って色急《せ》きけれども。詞イヤ身請の衆は親方がすんでから。（浄瑠璃　冥土の飛脚）

④親子の縁も今日限りかと。そちがスヱテ便を聞迠は。なんぼう胸をフシ痛めしぞや。詞ア、夫は道理。嘸お待兼なされうと私も心急《せ》いたれど。何が御遊興の最中なればほっかりとも行れず。（浄瑠璃　夏祭浪花鑑）

のように、「急」字と対応して、迅速に行為を行おうとする意を表す。③「なぜ遅いぞ」とあるように、一刻も早く物事を遂行せねばならないという点では「はやる」と似ているが、自らの意欲・願望から意気込んで早期実現を目指す「はやる」と異なり、「せく」は自分の願望としてではなく、他への配慮や義務感、あるいは他からの強要により迅速に行わざるを得ず落ち着かない〈焦慮〉である点が特徴的である。例えば②では、客に振舞わねばならないという時間的制約の中で「からしの粉」を探している。④では「嘸お待兼なされうと」という相手への心遣いから「心急」いている。このことは、

⑤ゆびをいれて、つゝきまはすうち、しきりにせうべんがもるよふになり、心はせく、ふたのおちたをさいわい、ハ、アこゝにもくちがあると、うへのほうからシウ〳〵と（東海道中膝栗毛　六編上）

のような生理現象にも当てはまるが、複合動詞「せきこむ」となっても

⑥さきでも腹が落ちそふだから一刻もはやいがいゝと、せきこんでゐられるから、（東海道中膝栗毛　発端）

⑦左平「サア〳〵雨はやんだぞふじや。この間に、ちやとふねへ出かけましよかい　弥次「サア〳〵はやくめへりやせう　トひとりせきこみ、さきへたちて、げんくわんのかたへでかけると（東海道中膝栗毛　八編下）

のように、⑥は子どもが生まれるのに間に合わそうと、⑦は雷雨の来ないうちに、という、本人の意思ではどうしようもない時間的制約の中で一刻も早く行動を起こそうとしている状況である。

五　まとめ

以上、〈焦慮〉を表す動詞語彙の意味用法について、時代を追って考察してきた。本稿で明らかにし得たことをまとめると次のようになる。

「はやる」は平安時代和文から一貫して、「一刻も早く物事を遂行しようとして心が落ち着かない」という点で〈焦慮〉を表す語彙の中に位置づけられる。「一刻も早く」という思いは、他から強要される時間的制約によるものではなく、自らの対象に向かう意気込みの強さ・激しさから来るものであった。

「いらる」は、平安・鎌倉時代にかけての物語・日記世界において、心身が焼けつくような感覚からの比喩として、思い通りにならない恋愛における〈焦慮〉を表す点で特徴的な語であった。院政鎌倉期以降は、恋愛表現に固定化される和文の「いらる」に替わり「いら（苛）」を語幹とする語群が使用されるようになる。本稿で取り上げた「いらつ」「いらだつ」は、とげによる刺激感覚からの比喩として、〈焦慮〉の心情的感覚へと拡大したものである。そのため、相手を責め、せきたてる文脈で用いられ、〈焦慮〉の解消が他への攻撃となって現れることが多い。

「あせる」は、〈馬が暴れる〉意からの比喩として、身もだえするような〈焦慮〉を表すようになった。この点、

「早く勢いよく流れる」視覚的なイメージから意気込み昂ぶる様を表すようになった「はやる」と共通している。この二語の共通性は、ともに馬が荒らぐ姿に用いられることに象徴されるが、表される〈焦慮〉感覚は異なっており、「はやる」は意気込みに、「あせる」は思い通りにならないことに、それぞれ本質がある。

「せく」は抑えようとしても抑えきれない感情が吹き上げてくることから〈焦慮〉を表すようになった。近世の文献において「急」字に対応することから「一刻も早く」という点で「はやる」との関係が深いが、意気込んで早期実現を目指す「はやる」に対して、「せく」は自分本来の意思に関わらず、他への配慮や義務感、他から強要されるなどして時間的制約が設けられることによる〈焦慮〉であった。

〈焦慮〉を表す動詞語彙が、どのような過程を経て現代の類義関係を形成して行ったかを視野に入れつつ考察し、以上の結果を得た。ただしなぜこの時期にこのような類義関係が生じたかなど、現代までの展開が描けたとは言いがたい。「あわつ」「いそぐ」など他の語の分析も残している。今後の課題としたい。

注

（1）柴田武・山田進編『類語大辞典』（講談社　平成一四年）には「焦る」の項（a動詞の類）に、「焦る」「逸る」「躍起になる」「急く」「心急く」「急き込む」「焦れる」「苛立つ」「苛つく」「焦燥する」「焦心する」「焦慮する」「せかつく」「そわつく」「こせつく」の一五語が挙げられている。

（2）森田良行『基礎日本語』（角川書店　昭和五二年）・戸田利彦「「気」の慣用表現に関する研究（Ⅶ）――「気がせく」の意味用法を中心に――」（『日本語文化研究』七　平成一六年一二月）

（3）矢田勉「急ぐ・（気が／心が）せく・焦る・慌てる」（『日本語学』第一五巻第三号　明治書院　一九九六年三月）に、「あせる」「せく」に関しては、「急ぐ」「慌てる」との関係を通じて、「何か共通点を持つものとして意識されるようになってくるまでにはどういう経過があったのか」という視点での考察がある。

（4）検索した文献は、竹取物語・土左日記・伊勢物語・大和物語・平中物語・落窪物語・宇津保物語・多武峯少将物語・源氏物語・紫式部日記・枕草子・和泉式部日記・夜の寝覚・浜松中納言物語・更級日記・狭衣物語・栄花物語・大鏡・篁物語・堤中納言物語・讃岐典日記。検索には、公刊されている索引類を使用させていただいた。

（5）複合動詞を含めて、宇津保物語（四例）・落窪物語（一例）・源氏物語（一例）・枕草子（一例）・狭衣物語（一例）・大鏡（二例）・堤中納言物語（一例）。引用本文は以下の通りである。

宇津保物語：『うつほ物語の総合的研究』（勉誠出版）、落窪物語・狭衣物語・夜の寝覚・堤中納言物語：日本古典文学大系、源氏物語：新日本古典文学大系

（6）日本古典文学大系『宇津保物語　三』では当該箇所を「気短か。せっかち」とする（一〇七頁頭注）。

（7）『日本国語大辞典』（第二版）に「「はや（早）」の動詞化したもの。心が一つの対象にひかれ、そちらに進む意」との指摘がある。

（8）『源氏物語』の用例③について、新日本古典文学大系『源氏物語　三』（一九頁脚注）は「これはこれでまた、意気込んでいる。」とする。『日本国語大辞典』（第二版）・『角川古語大辞典』・小学館『古語大辞典』は「気がせく・いら立つ」の項に掲載する。

（9）動詞「いる（煎）」が慣用句「肝を煎る」で〈焦慮〉を表す例には次のものがある。

○眉下ノ之涙ハ洗ヒ面上之粉ヲ胸上之炎焦《イル》心中之肝ヲ（真福寺本将門記）

また、「いらる」と同様に「焼け焦げる」ことからの比喩として感情を表す動詞に「こがる」があるが、

○かれはたえしも思ひ離れず、おり〳〵人やりならぬ胸こがるゝ夕べもあらむとおぼえ侍る。（源氏物語　帚木）

○「我こそ先だため、世のことはりなくつらいこと」とこがれ給へど（源氏物語　柏木）

のように、「いらる」にはない、亡き人を求めて苦しむ場面での用法がある。

（10）検索・引用は注（4）文献による。宇津保物語（一一例）・落窪物語（四例）・源氏物語（一五例）・枕草子（能因本一例）・夜の寝覚（五例）。なお、名詞「心いられ」「御心いられ」およびサ変動詞「心いられす」が源氏物語（一〇例）・枕草子

（一例）・夜の寝覚（五例）・浜松中納言物語（三例）・狭衣物語（五例）の計二四例が得られた。

(11) 蛍兵部卿宮の用例④は、これ以前にも宮が示した、玉鬘に対する感情「いられがまし」を受けている。

○兵部卿宮の、ほどなくいられがましきわびごとどもを書き集めたまへる御文を、御覧じつけて（胡蝶）

(12)「わりなくものうたがひする男にいみじう思はれたる女。一の所などに時めく人も、えやすくはあらねど、そはよかめり。心いられしたる人。」（引用は日本古典文学大系による）

(13) ただしこの夕霧も、落葉の宮に対しては、「かやうのすき心思ひいらるゝはもどかしう、うつし心ならぬことに見聞きしかど」と柏木の女三宮に対する態度を思い浮かべて心を抑えようとするが、「あやしや、などかうしも思ふべき心いられぞ、と思ひ返し給へど、えしもかなはず」（夕霧）と、思いを抑えられない。

また、薫は玉鬘の娘大君に対しては「いと心まどふばかりは思いられざりしかど、くちおしうはおぼえけり」（竹河）と、朝顔の姫君に対する源氏の態度と同じくそれほどの焦慮ではないとされるが、本稿用例⑤のように宇治の大君に対しては「なのめならず心に入りて、思いらるゝもはかなし」（総角）と述べられる。

(14) 検索した文献は次の通り。

中世王朝物語：とりかへばや物語・松浦宮物語・山路の露／女流日記：うたたね・十六夜日記・中務内侍日記・とはずがたり／随筆：方丈記・徒然草／説話・法語：三宝絵詞（観智院本）・今昔物語集・三教指帰注・打聞集・閑居友・宇治拾遺物語・十訓抄／紀行：海道記・東関紀行／軍記物語：保元物語・平治物語・平家物語（延慶本・覚一本）／今鏡・水鏡・増鏡。

検索には、公刊されている索引類を使用した。引用本文は次の通りである。

とはずがたり・今昔物語集・古本説話集：新日本古典文学大系　平治物語・平家物語（覚一本）・古今著聞集：日本古典文学大系　とりかへばや物語：『とりかへばや物語の研究』（笠間書院）　無名草子：『新註無名草子』（笠間書院）　平家物語（延慶本）：『延慶本平家物語　本文篇』（勉誠社）

(15)「気が昂ぶって荒らぐさま」として軍記物語を中心に、この時期から「はやりを」「はやりをのこ」の例が見える。

(16) 前者は次のように「勢いに乗って～する」という文脈で用いられ、〈焦慮〉から離れている例が見られる。

○飛礫をうちけることたび〳〵になりにける、人〴〵あやしみおどろけども、なにのしはざといふことをしらず。次第にうちはやりて、一日一夜に二盥ばかりなどうちけり。(古今著聞集 巻第一七―二七)

(17) 『とりかへばや』単独一例、「いられわぶ」三例、「おもひいらる」二例、「なきまどひいらる」「なげきいらる」「いられまさる」各一例、「御心いられ」二例。『とはずがたり』「心いられ」一例。『無名草子』「いられもまる」一例。

(18) 「いられもまる（いられもむ）」は平安和文では管見に入らなかったが、心が焼かれ身を揉むほど何かを強く望むことを「いりもむ」で表す例は、説話にも見られる。

○「この人を妻にせばや」といりもみ思ければ、(古本説話集 巻上第二〇)

※『宇治拾遺物語』(巻三―九)「この人を妻にせばやと、いりもみ思ければ」

○泣く〳〵観音を恨み奉りて、「いみじき前の世の報ひなりといふとも、たゞすこしのたより給はり候はん」と、いりもみ申て、御にうつぶしたりける夜の夢に、「御前より」とて(古本説話集 巻下第五九)

※『今昔物語集』(巻第十六―三〇)「只少シノ便ヲ給ラム」ト、煎リ糙テ申シテ」

※『宇治拾遺物語』(巻一―七)「『……たゞすこしのたより給候はん』と、いりもみ申て」

一方、平安時代和文の「いりもむ」「いりもみす」は、『源氏物語』二例、『狭衣物語』・『栄花物語』に一例ずつ見られる。雨風が吹き乱れることを表す源氏の例を除くと、

○「西国の受領ぞ」とて母代にいりもまれ給ひしかど(狭衣物語 巻四)

○たゞ物に当たりて水を浴み、人知れぬ額をつき、仏をいりもみ奉る。(栄花物語 巻第三〇)

のように、他動詞として相手を責めさいなんだり、身を揉むように強く懇願することを表す。前述の古本説話集「いりもむ」(巻下第五九話)に通じる意味用法である。

(19) 『日本国語大辞典』第二版「いらつ」語誌欄に同趣の指摘がある。なお、「イラ」を語幹とする形容詞には、「いらいらし」があり、色葉字類抄（前田本）に「苛《カ》 イラ、ク／イラ、、シ」(巻上一ゥ辞字)と見える。また『古今著聞集』にも「毛

をゝそくかへけるを、いら〳〵しき物にて、其鳥をとらへて、毛をつるりとむしりてけり」（巻第一六）とあり、気短でせっかちな性質を表す。

(20) 色葉字類抄（黒川本）に「沛艾《ハイ》　アセル／ヲトリアセル」（巻下三三オ畳字）とある。また、小林芳規編「口頭語集覧」（新日本古典文学大系所載）では既に「諸注釈は『焦る』とし、イラ〳〵シテ心ガ落着カナイ意とみるが」とした上で、『名語記』（巻八）・『法華経寺三教指帰注』の例から「馬の躍り上がる意」であることが指摘されている。

〇霈《ウマノ》(去)　艾《ヲトリアカル》(平濁)　（『中山法華経寺蔵本三教指帰注　総索引及び研究』武蔵野書院）

(21) 引用は田山方南校閲北野克写『名語記』（昭和五八年　勉誠社）による。

(22) 注(3)文献において「当初は心理的側面を必ずしも持たず、他者からも明らかに知覚される外面的な身体動作に対して用いる言葉であったことが明瞭である」「しかし現代語では、更に変化して、そうした（引用者注：行為の迅速化としての現代語「急ぐ」と相似た意味での）動作を催させる心理を表す言葉として、『焦る』は特に重きを置いた語となっている」との指摘がある。

(23) 近世文献の検索には、国文学研究資料館のウェブページ「日本古典文学本文データベース」により文字列検索を行った。特に注記しない限り、引用本文は日本古典文学大系による。

(24) 引用は『邦訳日葡辞書』（岩波書店）による。「Fayari,ru,tta（ハヤリ、ル、ッタ）」の項。

(25) 「Fayariai,ŏ.（ハヤリアイ、ワウ）」の項。

(26) 「Fayari,ru,tta（ハヤリ、ル、ッタ）」の項。

(27) 『大蔵虎明本狂言集の研究　本文篇』（表現社）による。

(28) 『匠材抄』（岡山大学国文学資料叢書六―（二）　福武書店）による。

(29) 『日葡辞書』には、「Irairasij（イライラシイ）」「Irafidoi（イラヒドイ）」の項に、「神経質で気むずかしい」等の焦慮の意が掲載される。「いらいらし」はまた「あら、おいらいらしやおきやうこつ（お軽忽）やなふ」（虎明本狂言集　せつぶん）のように、性向語彙としても用いられる。また、『日葡辞書』には掲載されていないが、「いらつ（づ）」の語形も院政鎌倉期に引き続いて用いられている。「いら」系の語群の展開についてはまた稿を改めて論じたい。

(30)『狂言六義　上』(天理図書館善本叢書　和書之部第二十三巻　八木書店)による。

(31)「あせる」と「焦」字が対応する例は、現在の調査では管見に入らなかった。漢字表記は次の一例を得ている。

○遂に利勇と密通し、只管に、子を産まんとて踠《あせ》れども、年月のみいたづらに代謝て、絶て孕まず。

(椿説弓張月　続篇巻之三)

(32)注(3)文献では「人間の体内から、液体上の何ものかがあふれ出てくることが原義である」とする。

(33)引用本文は岩波文庫本による。

平安鎌倉時代における「すべる（滑）」の意味用法

――複合動詞の前項が全体を代表する用法について――

岡野幸夫

目次

一　問題の所在

南北朝以降、室町時代に成立したかと考えられている[1]中世王朝物語作品『兵部卿物語』に、次のような箇所がある[2]。

……又も声づくりつつうちたたき給へば、今ぞ聞きつけ顔にて侍従も立つ。残る人々もきぬどもは押しやりつつみなすべりぬれば、いとなつかしう月ごろの積もりをもとさまかうざま語らひ給へど、……（兵部卿・二二頁）

これは、女主人公のもとにしばらく音沙汰のなかった男主人公が久しぶりに来訪したものの、女主人公の女房たちは意地悪をしてなかなか応対をしないが、しつこく戸をたたき続ける男主人公に、乳母子の侍従がやっと立ち上がって応対し、他の者たちは引き下がって男主人公に場所を空ける……という場面である。

傍線部「すべる」は、「音も無く、するすると引き下がる（身を隠す）」といった意味で用いられているが、単独の「すべる」に「引き下がる」とか「身を隠す」とかの意味が始めから含まれているとは考えにくい。すなわち、文脈上そのように解釈できるということであり、それは、次のように類似した文脈の例が背景にあるからではないか。

御まへには人二人ばかりありける、中納言まいり給へれば、みなすべりかくれぬ。宮より給て、「あは、中納言ものし給へり。おぼえ給や」との給へど、いきするけしきもし給はず。

（浜松中納言物語・巻の五・岩波大系 四一八頁）

これは、男主人公である中納言が、吉野の姫君と再会する場面である。「すべりかくる」は、「隠れる」動作が「音も無く、するすると」行われることを表し、貴人（中納言）に対する畏まりの気持ちが現れている。

さて、右に掲げた『兵部卿物語』の例では、単独の「すべる」が、例えば「すべりかくる」のような意味を表していると考えられるのであるが、実はこのような「すべる」を平安時代和文の作品中に見出すことはできない。というのは、平安時代和文における「すべる」は、複合動詞の前項として用いられるものがほとんどなのである。(3)

本稿は、平安時代和文においては専ら複合動詞の前項として用いられていた「すべる」が、鎌倉時代以降、単独でも用いられるようになる現象について、時代別、文学ジャンル別に「すべる」の意味用法を整理しつつ考察することを目的とする。(4)

二　平安時代和文の用例

次の作品を検索し、以下の語例を得た。(5) 傍線を付した作品には用例が見られなかった。語例中、作品名の後の数字は用例数を表す。数字が無いものは一例であることを表す。説明の便宜上、語例を(A)群〜(C)群にグループ化した。

（検索作品）

竹取物語・土佐日記・伊勢物語・大和物語・平中物語・落窪物語・蜻蛉日記・宇津保物語・多武峯少将物語・源氏物語・紫式部日記・枕草子・和泉式部日記・夜の寝覚・浜松中納言物語・更級日記・狭衣物語・栄花物語・大鏡・篁物語・堤中納言物語・讃岐典侍日記・源氏物語絵巻詞書・今鏡

（語例）

(A)　すべる　…狭衣

(B)　すべりいづ（出）…竹取・蜻蛉・宇津保・源氏6・枕2・寝覚・狭衣・讃岐

すべりいる（入・四段）…大和・宇津保・源氏3・枕2・和泉・寝覚3・浜松2・更級・狭衣・讃岐

すべりうす（失）…枕

すべりおる（下）…源氏・寝覚・讃岐

すべりかくる（隠）…源氏2・寝覚・浜松・狭衣

すべりのく（退・四段）…讃岐

すべりまかづ（罷出）…源氏

すべりまかりいづ（罷出）…寝覚

すべりよる（寄）　…源氏・枕

(C)　すべりとどまる（止）　…紫2

すべりとまる（止）　…枕・寝覚

合計で四十九例の用例を見出した。前述したように、複合動詞の前項になるものがほとんどであることが分かる。また、後項は動作主体が空間的に移動する動詞（仮に「移動動詞」と称する）がほとんどである。例外は「とどまる」「とまる」であるが、これも「意図的に移動しない」という意味であると考えると、「移動動詞」の周縁に位置づけられる動詞となろう。これらの点については後述する。以下、(A)群〜(C)群を検討する。

二・一　(A)群（単独用法）について

これは『狭衣物語』に一例見られるだけである。用例を掲げる。

大弐、ちかうまいりよりて、み帳のかたびらひきあげて見れば、御ふすまの下にうづもれて、人おはするも見えぬに、御ぐしばかりぞこちたげにたゝなはりいきて、いとゞ所せげなる。（中略）「まことに、『をくれたるすぢなし』とは、これをいふにや」と見えて、とるてもすべるやうなるすぢのうつくしさなど、さい院の御ぐしにいとように給へり。（狭衣物語・巻四・岩波大系　四〇五頁）

これは、大弐が宰相の妹姫の髪を愛でる場面である。髪の毛がなめらかで手に取っても滑り落ちるぐらいだというのである。「物と物とが触れ合ったまま、抵抗なく動く」といった意味で、比喩表現の中に用いられている。平安時代和文の中で唯一の単独例であるが、意味用法的には後述する説話作品に通ずるものがあり、平安時代にこの意味で「すべる」が用いられていたことは疑えない。

二・二　(B)群（修飾用法）について

大半の語例がこのグループに属する。前項の「すべる」が後項の表す動きを修飾する用法である。以下、最も用例数が多い『源氏物語』の用例を中心に、いくつかの語例を検討する。

「すべりいづ」

みき丁のうしろなどにてきく女房、しぬべくおぼゆ。物わらひにたへぬは、すべりいでゝなむなぐさめける。女御も御おもてあかみて、わりなうみぐるしとおぼしたり。（源氏物語・行幸・岩波新大系　第三冊　八四頁）

これは、内大臣が近江君を笑いものにし、笑いをこらえきれない女房はそっとその場を抜け出す……という場面である。「すべりいづ」の前項「すべる」は「こっそり、相手に知られぬように」といった意味を後項「いづ」に添えている。以下の『竹取物語』『枕草子』の用例も同様である。

御子はたつもはした、ゐるもはしたにてゐ給へり、日の暮ぬれは、すへり出給ぬ、（竹取物語・注四索引　一五七行）

これは、蓬萊の玉の枝が贋物だとばれてしまったため、庫持の皇子はいたたまれずこっそり逃げ出したという場面である。

つとめてに成て　ひまなくおりつる物とも　ひとりふたりすへりいてゝいぬ　（枕草子〔三巻本〕・校本　二二段「すさましきもの」）

これは、除目の翌朝、官職を得られなかった家の情景である。期待して集まっていた人々が一人二人と抜け出して帰っていく様子が「すさましきもの」として指摘されている。

「すべりいる」

火はこなたのみなみのまにともして、うちはくらきに、木丁をひきあげて、すこしすべり入てみたてまつり給

へば、老人ども二三人ぞさぶらふ。（源氏物語・総角・岩波新大系 第四冊 四五一頁）

これは、臥せっている大君を薫が直接看病する場面である。前項の「すべる」は「荒々しくなく、なめらかに」といった意味を「いる」に添えている。この用例や次の用例のように、男が女の部屋に侵入する場合に用いられることが多い。

ひもやう〳〵くれぬれば、やをらすべりいりてこの人をゝくにもいれず。女くやしとおもへどせいすべきやうもなくて、いふかひなし。（大和物語・一七三段・岩波大系 三四七頁）

また、以下の用例のように、動作主体が自分の領域内に戻る場合に用いられることもある。

月のかけのはしたなさに うしろさまにすへりいるを つねにひきよせあらはになされてわふるもおかし

（枕草子〔三巻本〕・校本 二八二段「十二月廿四日宮の御仏名の初夜」）

これは、月夜の車中の男女の様子である。

御前のいとうつくしけにしたてられて 御もやのうちにゐさせ給ひたりけるを見参らするも むねつふれてそおほゆる 大かた目もみえす はちかましさのみ世に心うくおほゆれは はか〳〵しくみえさせ給はす 事はてぬれはもとの所にすへり入ぬ（讃岐典侍日記・注四校本 四五六行）

これは、作者が鳥羽天皇に出仕した時の様子である。

これらの用例からは、前項の「すべる」は「人に知られないように、目立たないように」といった意味を後項に添えることが分かる。

「すべりおる」

御むまにもはか〴〵しくのりたまふまじき御さまなれば、またこれ光そひたすけておはしまさするに、つゝみのほどにて御むまよりすべりおりて、いみじく御心ちまどひければ、……

（源氏物語・夕顔・岩波新大系 第一冊 一三五頁）

これは、夕顔の死後、心地惑いつつも帰宅する途中の光君が、馬から下りる場面である。自分の意思で下りるのではなく、重力に引きずられるようにずるずると力なく下りる様子を表しているように思われる。

……むかひざまにて、くれなゐか二あひかの程なめり、いとしろくすきたる、このましげなる人、すべりおりて、なげしにおしかかりて、とざまをながめいで丶、びはにいたくかたぶきかゝりてかきならしたるね、きくよりも、うちもてなしたるありさま・かたち、……（夜の寝覚・巻一・岩波大系 五四頁）

これは、権中納言が中君を目撃する場面である。中君のなめらかで上品な動きを表している。

宮のほらせたまひたるとあない申せは いつらいつくなと仰らる丶は 無下に御耳もきかせ給はぬにやとおもふに 心うく覚ゆ その御几帳のもとにと申せは いつらと御几帳のつまを引あけさせ給へは こ丶にと申させ給ふ物なと申させたまはんとそおほしめすらんと思へは 御跡の方にすへりおりぬ ちかひてなけしのうへに宮のほらせ給ひ しはしはかり何事にか申させ給ふ（讃岐典侍日記・注四校本 一八六行）

これは、作者が中宮を病床の堀河天皇のもとへ案内する場面である。天皇と中宮の対面、会話に際して、自分は引き下がるという畏まりの気持ちが表れたものと思われる。

以上、いくつかの語例を検討したが、その他の語例も検討した結果を総合すると、「すべる」が複合動詞の前項として表す基本義は「音を立てずに」であろうと思われる。そこから「こっそり」「目立たないように」「コソコソと」「力なく」などの様々な文脈的意味が生じてくるのだと思われる。

二・三　(C)群（存疑用法）について

まず用例を掲げる。この四例が(C)群の全用例である。

小大ゆふ・源しきぶ・宮木の侍従・五せち弁・右近・こ兵衛・小ゑもん・むま・やすらひ・いせ人など、はしちかくゐたるを、左宰相中将・殿中将の君いざなひいで給て、右宰相中将かねたかにさほさゝせて、ふねにのせたまふ。かたへはすべりとゞまりて、さすがにうら山しくやあらん、みいだしつゝゐたり。

（紫式部日記・上・九月十六日・岩波新大系 二七〇頁）

これは、敦成親王誕生後、十六夜の舟遊びに参加しない女房の様子が描かれる場面である。

あなたはいとけさうなれば、このおくにやをらすべりとゞまりてゐたり。

（紫式部日記・下・正月十五日・岩波新大系 三二二頁）

これは、敦良親王の五十日の儀式に参加しない作者の様子である。

きぬのすそをしいれても 又夜ひとよいひつることののこり さしよりて女のみゝにいひ入て うしろのこし又ゆひてしとけなく 心もとなけにやゝもせはすへりとまりぬへく見ゆるを しゐていたせは

（枕草子〔堺本〕・校本 二八段「暁に帰らむ人は」）

これは、男女の暁の別れの様子である。男の身なりを整え帰らせる女と、帰りそうでなかなか帰らない男の様子が描写されている。

「こめはてゝんと、おぼしめすにこそあめれ」と見きくに、かほの色たがひやしぬらんとおぼゆるを、わりなくしてさぶらひくらし給て、よさり大宮まかで給に、かならずさぶらひ給べけれど、「こよひは、内にさぶらふべきことあれば」と、やをら、すべりとまり給ぬ。（夜の寝覚・巻三・岩波大系 二四一頁）

これは、寝覚上を心配する内大臣が、退出する大宮のお供をせず宮中に残るという場面である。

これらの用例は、一見「すべるコトガとどまる・とまる」のような語構造に見え、従って前項の「すべる」は「舟に乗る・儀式に参加する・帰って行く・退出する」といった「すべる＋動詞」の後項が表す意味をも併せ持つように見える。しかし、「目立たないように」という意味を表していると考えると、(B)群として扱う方がよいのではないか。すなわち、『紫式部日記』の一例目では、舟に乗るという晴れがましいことは遠慮して陸にとどまったものの、というニュアンスが「さすがに」のあたりから読み取れるし、二例目でも「いとけさうな」る場所へは行かず、目立たない奥の方にとどまっていたのだ、と解釈できる。また『枕草子』の例は、本来ならば帰って行くべき男が油断すると女の目を盗んでとどまろうとするのを……と解釈できるし、『夜の寝覚』の例も、必ずお供をすべきところをそうせずにこっそり居残る、と解釈できるのである。

今後「とどまる」「とまる」を後項に持つ複合動詞の検討を俟たねばならないが、現在のところ、(C)群は(B)群に含めて考え、複合動詞の前項「すべる」の意味用法を統一的に捉えておきたい。

以上、平安時代和文の用例を検討した。(A)群の存在は僅少であるが無視できないと考える。つまり「すべる」の単独用法は平安時代にも存在したが、和文作品においては専ら複合動詞の前項としてのみ用いられたと考えられるのである。それは、移動動詞が「すべる」と複合することで、その移動が「荒々しくない、上品な、目立たない、畏まりのある」などの動作であることを描写するために、意図的に用語を選択した結果であると考えられる。

次節以降では、この状況が如何に受け継がれてゆくか（あるいは、受け継がれないか）を検討する。

三　中世王朝物語および女流日記の用例

次の作品を検索し、以下の語例を得た。[6] 作品名や用例数などについては第二節と同様である。

（検索作品）

とりかへばや物語・在明の別・松浦宮物語・無名草子・浅茅が露・岩清水物語・風につれなき物語・雫に濁

る・住吉物語・葎の宿・あきぎり・海人の苅藻・風に紅葉・雲隠六帖・木幡の時雨・小夜衣・白露・忍び音・兵部卿物語・山路の露・うたたね・十六夜日記・中務内侍日記・とはずがたり

（語例）

(A)　すべる　…風に紅葉2・木幡の時雨・兵部卿3・中務内侍・とはずがたり6

御すべり　…とはずがたり

(B)　すべりいづ（出）…在明の別4・白露・忍び音・兵部卿3・うたたね3

すべりいる（入・四段）…とりかへばや2・在明の別2・松浦宮2・浅茅が露・海人の苅藻・風に紅葉2

すべりおつ（落）…在明の別

すべりおる（下）…とりかへばや

すべりかくる（隠）…とりかへばや・山路の露

すべりかへる（返）…在明の別

すべりにぐ（逃）…中務内侍

すべりよる（寄）…在明の別・風に紅葉2

合計で四十五例の用例を見出した。平安時代和文と比較すると、やはり複合動詞の前項になるものが多い（全体の約三分の二）ことが分かるが、(A)群が増えている。一例ながら名詞化した用法も見られる。以下、検討する。

三・一　(A)群（単独用法）について

これには大きく三種の意味用法が見られる。第一の意味用法は、平安時代和文の(A)群に通ずるものである。次に掲げる一例のみ見られる。

中門のほどなど、鏡などのやうに磨ける心地して、悪しくせば滑りぬべくぞあんめる。

（風に紅葉・中世王朝物語全集　二八頁）

これは、足元が滑りそうなほどきれいに磨きたててある、というのである。(A)群の「すべる」中、この一例のみであるが、古語辞典の記述から判断しても「すべる」の基本義と考えられ、平安時代以降、この基本義が生き続けていることを示す用例である。このような基本義としての用例は説話作品に用例が多い。

第二の意味用法は、本稿の冒頭で指摘した、単独の「すべる」があたかも複合動詞「すべる＋動詞」のような意味を表すようなものである。『兵部卿物語』『中務内侍日記』『とはずがたり』に合計一〇例が見られる。

「…あとはかなくきかれんとこそおもひしを、かゝるさまにてみえたてまつらん、いとはづかしき事にも」といまさらくるしければ、みやおはしまする時はかしこうすべりつゝ見たてまつらじとすまふを、人もいかなることにかとみとがめんかとこれもくるしう、とてもかくてもおもひはたえぬみなりけりとおもふには、れいのなみだぞまづこぼれぬる。（兵部卿・鎌倉時代物語集成　二八頁）

これは、女主人公が兵部卿宮に発見されまいとして巧みに姿をかくそうとしている場面である。

おりふしみやはおともなくいらせ給ふに、御すゞりなどもとりかくすべきひまさへなくみなすべりぬるに、ひめぎみもまぎらはしにあふぎをまさぐりつゝよりゐたまふ。（兵部卿・鎌倉時代物語集成　二八頁）

これは、兵部卿宮が前触れもなく正妻を訪問したため、女房衆が取るものもとりあえず姿を隠す場面である。

いまだ御所は御よるのほどに、すべりて、人しれず、ほかにはしらぬ心の中をと思ひて、大納言どのゝ御つぼねへ、はなにつけて、我ならぬ人もやこそのこよひとて月と花とをおもひいづらん

（中務内侍・岩波新大系　二三一頁）

これは、春宮の御前を退出した作者が、友人の局に和歌を送る場面である。

拝礼などはてゝ後、つぼねへすべりたるに、「昨日の雪も、けふよりはあとふみつけん行する」などかきて、御ふみあり。(とはずがたり・岩波新大系　四頁)

これは、元日の拝賀の儀式の後、作者が西園寺実兼から求婚の手紙を受け取る場面である。

これらの用例は、前節および本節の(B)群と比較すると、「すべりいづ」「すべりかくる」「すべりまかづ」「すべりにぐ」などに相当するような意味を、単独の「すべる」が表していると考えられるのである。このことをどのように考えればよいのであろうか。

前述したように、平安時代和文において「すべる」は移動動詞と複合するが、それは中世王朝物語および女流日記においても同様である。ただし、中世王朝物語および女流日記では、作品の言語量の関係もあり単純な比較はできないものの、数も種類も減少している。その一方で、この第二の意味用法が増加しているのである。これらのことをあわせ考えると、第二の意味用法について、次のように考えることができるのではないだろうか。

平安時代和文においては、移動動詞の動作を微細に表現するため「すべる」と複合するという用語選択をしていたが、中世王朝物語および女流日記ではその意図が弱まり、個々の移動動詞の動作自体よりも、動作の結果、すなわち「その場を離れる」ということを簡潔に表現するようになった。すると「すべり＋動詞」の後項の部分は不必要になり、「すべる」だけで「すべる＋動詞」が表す意味を「文脈上」有するようになった。その結果、「すべる」が「その場を離れる」という意味を表すようになった。「すべり＋動詞」の後項ではなく前項の「すべる」の方が残されたのは、簡潔な表現であっても、和文体として婉曲的な表現をするという意識が働いたのではないか。

筆者は以前、中世王朝物語および女流日記の複合動詞語彙の中には、表現をより明確にするために平安時代和文には見られない複合動詞を形成したものがある、ということを指摘したことがある。(7) 本稿で扱った「すべる」の意味用法は、旧稿と合わせて、和文体の史的研究上たいへん興味深いものがある。今後更に検討を加えたい。

第三の意味用法は、「天皇が譲位する」というものである。これは次に掲げる三例が見られる。

中にも后の宮は、おぼつかなう恋しげに思ひきこえ給へる御消息のみ参りけるを、つひにいぶせながら過ぎぬることをおぼし入りて、御位をもすべり、御さまをも変へんと聞こえさせ給ふを、……

（風に紅葉・中世王朝物語全集　九六頁）

みやは忍草と御らんせし御夢のゝち　もしたゝならぬ事もやあらん　さらはいかにみくるしからんと　いとかなしいまは御くらゐすへりて　心やすくたにのちの世をねかわはや……（木幡の時雨・注六索引　四三丁裏）

「亀山院の御位の頃、めのとにて侍しもの、六位にまいりて、やがて御すべりにじよしやくして、大夫のしやうげんといふものしこうしたるが、みちしばして、よるひるたぐひなき御心ざしにて、この御所ざまの事はかけはなれ行べきあらましなり」と申さるゝことゞもありけり。（とはずがたり・岩波新大系　一四八頁）

これらの用例は、「すべる」が「その場を離れる」という意味を表すようになっていることを前提として理解される。すなわち、「その場を離れる」から「その地位を離れる」への意味の展開が認められるのである。これは、婉曲表現あるいは文飾の意識で用いられるようになったものと考える。[8] この意味用法は軍記・歴史作品に用例が多い。

三・二　(B)群（修飾用法）について

ここに属するものは、平安時代和文と同様の傾向を示す。ただし、数も種類も減少している（前述したように単純には比較できないが）。平安時代和文に見られない語例（「すべりおつ」「すべりかへる」「すべりにぐ」）もあるが、「すべる」の前項としての意味用法は新奇なものではない。

四　説話・軍記・歴史・随筆作品の用例

次の作品を検索し、以下の語例を得た。(9)作品名や用例数などについては第二節と同様である。

（検索作品）

三宝絵詞・今昔物語集・打聞集・宝物集・金沢本仏教説話集・宇治拾遺物語・古今著聞集・今物語・撰集抄・無名抄・沙石集・保元物語・平治物語・平家物語・義経記・曾我物語・水鏡・愚管抄・神皇正統記・増鏡・方丈記・徒然草・西行物語

（語例）

(A)　すべる　　…宇治・著聞3・撰集・保元3・平治・平家3・増鏡・徒然

　　ふみすべる　…今昔

(B)　すべりおる　…義経

　　すべりゆく　…宇治

合計で十七例の用例を見出した。平安時代和文や中世王朝物語・女流日記と比較すると、(B)群が全体に占める割合が非常に低くなっていることに注目される。また、「すべる」が後項になる複合動詞が見られることも注意される。以下、検討する。

四・一　(A)群（単独用法）について

第三節と同様、三種の意味用法が見られる。第一の基本義の用法は『今昔物語集』『宇治拾遺物語』『古今著聞集』

（二例）に合計四例見られる。用例を掲げる。

此ノ仙人、何ナルニカ有リケム、思モ不敢ズ、歩ヨリ行キ給ヒケルニ、山峻クシテ不意ニ踏ミスベリテ倒ヌ。年ハ老テカク倒レヌルヲ、イミジク腹立テ思ハク、……

（今昔・巻第五　一角仙人被負女人、従山来王城語第四・岩波新大系　第一冊　四〇二頁）

これは、複合動詞の後項になっている。足を地面に踏み下したところ、滑って転んでしまったというところである。「すべる」は基本義を保って用いられている。

郡司いはく、「あたゝかなる時、酢をかけつれば、すむつかりとて、にがみてよくはさまるゝ也。しからざれば、すべりて、はさまれぬなり」と云。（宇治・六九　慈恵僧正戒壇つきたる事・岩波大系　一七四頁）

これは、大豆に酢をかけて表面に皺を寄らせ、箸でつまみやすくする、というところである。

或時山に入て薪をとらんとするに、苔ふかき石にすべりて、うつぶしにまろびたりけるに、酒の香のしければ、思はずにあやしくて、そのあたりをみるに、石の中より水ながれ出る所ありけり。

（著聞・巻第八　孝養恩愛第十　美濃国の賤夫孝養に依りて養老酒を得る事・岩波大系　二四七頁）

これは、苔むした石に滑るというところである。

第二の「その場を離れる」という意味用法は『撰集抄』『保元物語』『徒然草』に各一例見られる。用例を掲げる。

法皇御夢想に御らんぜられつるに少もちがはねば、真実の御たくせんよと思召、いそぎ御幣をすべらせ給ひて、御掌をあはせて、……（保元・法皇熊野御参詣并御託宣の事・岩波大系　五八頁）

「御幣」は諸本により「御座」の誤写ではないかとされている。託宣を得た法皇が低い場所に移動して感謝を述べる場面である。

よき男の日暮てゆするし、女も夜ふくるほどにすべりつゝ、鏡とりて、顔などつくろひて出るこそをかしけれ。

これは、人はその必要が無いときこそきちんとした身支度をしておくべきだということを述べた章段である。（徒然・一九一段・岩波大系 二四八頁）

「そっと場を外して」といった意味で用いられている。中世王朝物語の意味用法に近似している。

第三の「天皇が譲位する」という意味用法は『古今著聞集』『保元物語』（二例）『平治物語』『平家物語』（三例）『増鏡』に合計八例見られる。

カクテ保元三年八月十一日ニ、主上御位ヲスベラセ給ヒ、第一ノ御子ニ譲進セサセ給。（平治・注九索引 三丁裏）

中院（＝土御門院）は、あかで位をすべり給しより、ことにいでゝこそ物し給はねど、世のいと心やましきまゝに、かやうの御さはぎにも、ことにまじらひ給はざめり。（増鏡・第二 新島守・岩波大系 二七四頁）

以上、三種の意味用法の用例を掲げた。これを第三節の状況と比較すると、第一の意味用法は一例から四例へ、また第三の意味用法も三例から八例へと増加している。一方、第二の意味用法は十例から三例と減少している。これはおそらく、文章の内容に左右されたものであろう。すなわち、第一の意味用法が説話作品に多く見られるのは、説話の文章内容が世俗的なものだから、また、第三の意味用法が軍記・歴史作品に多いのは、天皇の代替わりを叙述することが文章内容上多いから、さらに、第二の意味用法が少ないのはいわゆる和文的な作品が少ないから、という風に理解されるのである。こうした文章内容に基づく相違を除くと、鎌倉時代の作品における「すべる」の意味用法は、共通していることが分かる。このことが何を意味するかは(B)群の検討を経て本節の末尾で考察する。

四・二 (B)群（修飾用法）について

あるじ、さてあるべきならねば、「やゝ、庁には又何者か候」といへば、「それがし、かれがし」といふ。いとげに〳〵しくもおぼえずして、庁官、うしろざまへすべりゆく。

（宇治・一八一　北面女雑仕六事・岩波大系　四〇一頁）

われこそ左馬頭義朝が子にてあれ、秀衡がもとへ文一つ言伝ばや。何時のころ返事をとりてくれんずるぞと仰られければ、吉次座敷をすべりおり、烏帽子の先を地につけて申けるは、……

（義経・巻第一　遮那王殿鞍馬出の事・岩波大系　五三頁）

これらの用例は、平安時代和文と同様の傾向を示す。ただし、数も種類も減少している。平安時代和文に見られない語例（「すべりゆく」）もあるが、「すべる」の前項としての意味用法は新奇なものではない。

以上、説話・軍記・歴史・随筆作品の用例を掲げ、傾向を見たが、文章内容に基づく相違は認められるものの、全体的な傾向は中世王朝物語・女流日記に共通していることが確認できた。このことから、鎌倉時代における「すべる」の意味用法は次のような基本的枠組みを持っていると考えられる。

○単独用法（基本義・「その場を離れる」意味・「天皇が譲位する」意味）

○修飾用法（複合動詞の前項）

このうち、単独用法の傍線を付した意味用法は、平安時代にはなかったものである。これが、平安時代和文における用語選択の結果であると考えられることは前述した。また、鎌倉時代以降、修飾用法は減少し、単独用法が増加する。大まかに見て、和文系統の作品（中世王朝物語・女流日記）では「その場を離れる」意味用法が増加し、和漢混交文系統の作品（説話・軍記・歴史・随筆）では基本義・「天皇が譲位する」意味用法が増加する。

五　まとめ

本稿では、平安鎌倉時代の作品に用いられる「すべる」の意味用法の検討を通して、以下の点を指摘した。

○平安時代和文においては、「すべる」は専ら修飾用法で用いられていた。ただし、和文に用いられることはほとんどないものの、基本義の「すべる」も（当然）存在はしていた。
○鎌倉時代以降、「その場を離れる」意味用法が生じ、そこからさらに「天皇が譲位する」意味用法を生じた。
○「その場を離れる」意味用法は、いわば「複合動詞の前項だけで、その複合動詞の意味全体を表す」用法であり、和文系統の作品に特徴的に現れる、「簡潔な表現ながら婉曲さも兼ね備えた」意味用法である。

今後の課題としては、まず類似の複合動詞の発見ということがある。類例を積み重ね、そのような言語事象があることを確認し、和文体の史的研究への位置づけを試みたい。また、テーマは異なるが、「位をすべる」という表現について、これを譲位表現の諸相の中に位置づけることも興味深い課題であるように思われる。

注

（1）『中世王朝物語・御伽草子事典』（勉誠出版・平成一四年五月）による。
（2）本文は『鎌倉時代物語集成』第五巻（笠間書院・平成四年四月）所収翻刻本文による。ただし、適宜仮名に漢字をあてるなどの変更を加えた。
（3）ここでいう「複合動詞」とは、動詞連用形に動詞が直接した形態を指し、その前部要素を「前項」、後部要素を「後項」と称する。また、前項と後項との間に係助詞、副助詞、敬譲の補助動詞が介在するものも複合動詞に含める。拙稿「複合動詞の構成要素間に介在する係助詞の意味機能――『源氏物語』を対象として――」（『山口国文』第二十一号、一九九八年三月）。
（4）国立国語研究所「国語学研究文献総索引データ」（一九五四年版から一九八五年版の『国語年鑑』データ）および一九八六年版以降の『国語年鑑』を検索し、「すべる」を対象にした先学の研究を検索したが、管見に入らなかった。
（5）検索には以下の語彙索引類を利用した。

竹取…上坂信男『九本対照竹取翁物語語彙索引　索引編』（笠間書院・昭和五五年一月）、**伊勢**…大野晋・辛島稔子『伊勢物語総索引』（明治書院・昭和四七年五月）、**土佐**…小久保崇明・山田瑩徹『土左日記本文及び語彙索引』（笠間書院・昭和五六年四月）、**大和**…塚原鉄雄・曾田文雄編『大和物語語彙索引』（笠間書院・昭和四五年九月）、**平中**…曾田文雄著『「平中物語」研究と索引』（渓水社・昭和六〇年一一月）、**蜻蛉**…佐伯梅友・伊牟田経久編『改訂新版かげろふ日記総索引』（風間書房・昭和五六年三月）、**落窪**…松尾聰・江口正弘編『落窪物語総索引』（明治書院・昭和四二年一一月）、**宇津保**…室城秀之・西端幸雄・江戸英雄・稲員直子・志甫由紀恵・中村一夫『うつほ物語の総合研究１　索引編　自立語１・２』（勉誠出版・平成一一年二月）、**多武峯**…小久保崇明編『多武峯少将物語本文及び総索引』（笠間書院・昭和四七年八月）、**源氏**…池田亀鑑編著『源氏物語大成』索引篇（中央公論社・昭和二八年六月～三一年一月）、**紫**…今西祐一郎・上田英代・村上征勝編『紫式部日記語彙用例総索引』（勉誠社・平成九年二月）、**枕**…田中重太郎編『校本枕冊子　総索引第Ⅰ部』（古典文庫・昭和四四年一〇月）及び『校本枕冊子　総索引第Ⅱ部』（古典文庫・昭和四九年一〇月）、**和泉**…東節夫・塚原鉄雄・前田欣吾編『和泉式部日記総索引』（武蔵野書院・昭和三四年五月）、**更級**…東節夫・塚原鉄雄・前田欣吾編『更級日記総索引』（武蔵野書院・昭和三一年四月）、**寝覚**…阪倉篤義・高村元継・清水富夫編『夜の寝覚総索引』（明治書院・昭和四九年九月）、**浜松**…池田利夫編『浜松中納言物語総索引』（武蔵野書院・平成元年五月三版）、**狭衣**…塚原鉄雄・秋本守英・神尾暢子共編『狭衣物語語彙索引』（笠間書院・昭和五〇年一二月）、**栄花**…高知大学人文学部国語史研究会編『栄花物語本文と索引　自立語索引篇』（武蔵野書院・昭和六〇年一〇月）、**大鏡**…秋葉安太郎著『大鏡の研究　上巻　本文篇』（桜楓社・昭和三六年九月）、**篁**…小久保崇明編『篁物語校本及び総索引』（笠間書院・昭和四五年一一月）、**堤**…土岐武治『堤中納言物語校本及び総索引』（風間書房・昭和四五年九月）、**讃岐**…今小路覚瑞・三谷幸子著『校本讃岐典侍日記』（初音書房・昭和四二年一二月）、**源氏絵詞**…田島毓堂編『源氏物語絵巻詞書総索引』（汲古書院・平成六年三月）、**今鏡**…榊原邦彦『今鏡本文及び総索引』（笠間書院・昭和五九年一一月）。

（6）検索には以下の語彙索引、テキスト類を利用した。

とりかへばや…鈴木弘道編『とりかへばや物語総索引』（笠間書院・昭和五二年一一月）、**松浦宮**…萱根順之編『松浦宮

物語総索引』（笠間書院・昭和四九年九月）、**無名草子**…坂詰力治編『無名草子総索引』（笠間書院・昭和五〇年一月）、**木幡の時雨**…大槻修・槻の木の会編『甲南女子大本　こわたの時雨　本文と索引』（和泉書院・昭和五九年三月）、**小夜衣**…名古屋国文学研究会著『小夜衣全釈　付　総索引』（風間書房・平成一一年三月）、**山路の露**…山内洋一郎編『源氏物語外篇　山路の露　本文と総索引』（笠間書院・平成八年一〇月）。

あきぎり・浅茅が露・海人の苅藻・在明の別…市古貞次・三角洋一編『鎌倉時代物語集成』第一巻（笠間書院・昭和六三年九月）、**岩清水**…市古貞次・三角洋一編『鎌倉時代物語集成』第二巻（笠間書院・平成元年七月）、**兵部卿**…市古貞次・三角洋一編『鎌倉時代物語集成』第五巻（笠間書院・平成四年四月）、**雲隠六帖**…市古貞次・三角洋一編『鎌倉時代物語集成』第六巻（笠間書院・平成六年九月）、**風につれなき**…森下純昭校訂・訳注『中世王朝物語全集6』（笠間書院・平成九年六月）、**忍び音・白露**…大槻修・田淵福子・片岡利博校訂・訳注『中世王朝物語全集10』（笠間書院・平成一一年六月）、**雫に濁る**…室城秀之校訂・訳注『中世王朝物語全集11』（笠間書院・平成七年一〇月）、**風に紅葉・葎の宿**…中西健治・常磐井和子校訂・訳注『中世王朝物語全集15』（笠間書院・平成一三年四月）、**住吉**…吉海直人編著『住吉物語』（和泉書院・平成一〇年一一月）。

とはずがたり…辻村敏樹編『とはずがたり総索引【自立語篇】』（笠間書院・平成四年五月）※用例は岩波新大系（岩波書店・平成六年三月）による、**うたたね・中務内侍・十六夜**…岩波新大系『中世日記紀行集』（岩波書店・平成二年一〇月）。

(7) 拙稿「『あきぎり』の複合動詞語彙にみる時代差と文体差」（『鳥取女子短期大学研究紀要』第三九号、平成一一年六月）および「『とはずがたり』の複合動詞—数量的概観—」（『鎌倉時代語研究』第二三輯、平成一二年一〇月）

(8) 譲位の表現には「位を〜」の形式だけでも「位をすべる」以外に「位を下（お）る」「位を譲る」「位を去る」など様々なものがあり、その他の形式の表現と合わせて検討すべき興味深い課題である。

(9) 検索には以下の語彙索引、テキスト類を利用した。

三宝…中央大学国語研究会編『三宝絵自立語索引』（笠間書院・昭和六〇年一〇月）、**今昔**…有賀寿賀子編『今昔物語集自立語索引』（笠間書院・昭和五七年二月）、**打聞**…東辻保和著『打聞集の研究と総索引』（清文堂出版・昭和五六年一月）、**宝物**…月本直子・月本雅幸編『宮内庁書陵部蔵本　宝物集総索引』（汲古書院・平成五年一〇月）、**仏教**…山内洋一郎編著『金沢文庫本　仏教説話集の研究』（汲古書院・平成九年一一月）、**宇治**…境田四郎監修『宇治拾遺物語総索引』（清文堂出版・昭和六二年二月再版）、**著聞**…有賀寿賀子編『古今著聞集総索引』（笠間書院・平成一四年七月）、**今物語**…久保田淳・大島貴子・藤原澄子・松尾葦江校注『今物語・隆房集・東斎随筆』（三弥井書店・昭和五四年五月）、**撰集**…安田孝子・梅野きみ子・野崎典子・森瀬代士枝編『撰集抄自立語索引』（笠間書院・平成一三年二月）、**無名**…鈴木一彦・鈴木雅子・村上もと編著『無名抄総索引』（風間書房・平成一七年一月）、**沙石**…岩波大系、**保元**…岩波大系、**平治**…坂詰力治・見野久幸編『半井本平治物語　本文および語彙索引』（武蔵野書院・平成九年一〇月）、**平家**・**義経記**・**曾我**…岩波大系、**水鏡**…榊原邦彦編『水鏡　本文及び総索引』（平成二年六月）、**愚管抄**・**神皇正統記**・**増鏡**・**方丈**・**徒然**…岩波大系、**西行**…青木伶子・半藤英明・堀内裕明編著『西行物語　本文と総索引』（笠間書院・平成八年二月）。

※「岩波大系」とある作品については、国文学研究資料館のウェブページ「日本古典文学本文データベース」により文字列検索を行った。「岩波新大系」とある作品については、本文を通読し用例を検索した。

仏教説話における希望表現について
——日本霊異記、三宝絵、今昔物語集を資料に——

連　仲　友

目次

一、はじめに

ここでいう希望表現とは、人の願い望みに関する一種の心情的表現形式である。また、その下位分類として、話者自身の動作・状態に対して向けられるものを「願望表現」、他者の動作・状態に対して向けられるものを「希求表現」と称する。さらに、希望を直接発する場合を希望の「表出」、それ以外の問い質しや過去などの場合を希望の「説明」と称する。

いわゆる仏教説話は、当時仏教に対する関心度がまだ低かった民衆に仏教を広めるために、民衆のよく知っている説話類に同趣の経文を結びつけて作成された布教の資料である。歴代に多数の仏教説話集が作成されたが、本稿にはその代表的なものである日本霊異記、三宝絵（三宝絵詞ともいう）、今昔物語集を研究資料として、それらにおける希望表現の構成、用法の解明を通して、仏教説話の希望表現の概要を明らかにする。

日本霊異記は南都薬師寺の僧景戒の著であり、日本最初の仏教説話集である。その成立年代は明確でない点があるが、延暦六年（七八七）頃に大まかな原形が纏め上げられたのである。[1] その内容は、上巻三十五話、中巻四十二話、下巻三十九話より成り、文体は和文体の要素を交えた変則的漢文、いわゆる和化漢文（変体漢文ともいう）である。

三宝絵は、永観二年（九八四）に源為憲が冷泉天皇第二皇女尊子内親王のために、仏道修行を勧める主旨のもとに記したものである。その内容は上・中・下三巻より成る。その伝本には前田家本・観智院本・東大寺切があるが、本稿は前田家本を用いる（観智院本は性格が今昔物語集と類似、東大寺切は分量が少なすぎる）。

今昔物語集は、撰者を特定することが困難であり、また成立年次も不明であるが、一一二〇年代が成立の上限と推定される。[2] 天竺、震旦、本朝の三部構成で全三十一巻（ただし巻八、一八、二一を欠く）、一千余話を集める。その巻一〜五（天竺部）と巻六〜一〇（震旦部）とは仏教説話であり、巻一一〜三一（本朝部）は、前半が仏教説話、後半が世俗説話である。全体として漢字片仮名交りの和漢混淆文であるが、出典の影響もあり、各巻間に文体の差が認められる。それ故、天竺・震旦部、本朝仏法部、本朝世俗部という三つのグループに分けて扱うことにする。

なお、日本霊異記のテキストには、小学館日本古典文学全集『日本霊異記』（中田祝夫校訳）を用いる。三宝絵のテキストには、『諸本對照三寶繪集成』（小泉弘・高橋伸幸著　笠間書院　昭和五十五年六月刊）を用いる。今昔物語集のテキストには、岩波書店新日本古典文学大系『今昔物語集』（小峯和明、森正人校注）を用いる。

二、希望表現の構成

希望表現の構成形式は文体・表記と密接な関係にある。日本霊異記と前田家本三宝絵は漢字専用表記の和化漢文であるため、それに現れる希望表現の構成形式は「漢字形式」である。一方、今昔物語集は漢字片仮名交じり表記のいわゆる和漢混淆文体であるため、それに現れる希望表現の構成形式は「漢字片仮名交り形式」である。更に、文章に挿入された歌は仮名表記の和文形式である。

日本霊異記における希望表現と関係ある「漢字形式」（希望表現と無関係なものを除く）は次のようである。

欲（八〇例）　願（一一六例）　請（六一例）　乞（六三例）　冀（三例）　庶（四例）　思（三例）
念（五例）　楽（五例）　幸（四例）　祈（七例）　禱（二例）　誂（七例）　望（四例）
ほし（保師）（一例、万葉仮名表記）

右から見られるように、日本霊異記における希望表現の構成形式は一例の「ほし」を除けばすべて「漢字形式」であり、その「漢字形式」の種類は十四種にも達する。量的に分析すれば、「欲」「願」「請」「乞」の用例数が圧倒的に多く、希望表現の中心的存在である。それに対して、「冀」「庶」「思」「念」「楽」「幸」「祈」「禱」「誂」「望」は用例数が少なく、周辺的存在であると言えよう。その他、万葉仮名表記の「ほし」が一例見られるが、それは挿入された歌に用いられたものである。

前田家本三宝絵における希望表現の構成形式は次のようである。

欲（六八例）　願（七六例）　請（二三例）　乞（三九例）　祈（一九例）　庶幾（一例）　楽（七例）

これらの構成形式を見ると、構成形式の種類は日本霊異記より少ないが、「欲」「願」「請」「乞」が量的に最も多く、希望表現の中心的存在であることについては日本霊異記と一致する。

以上見られるように、日本霊異記、前田家本三宝絵は、漢字専用表記の和化漢文である故、それぞれの漢字の持つ意味と漢文法の法則によって、各漢字の表す意味を捉えることが困難ではないが、その読みを決定することは容易でない。山田俊雄氏は「前田本でわかることは、極端にいへば漢字の並び方、漢字の用字範囲、漢字の総量、であって、それが、どんな文章の表記であるかは読者の裁量によって、如何やうにもなるといふ体のものである。従って、漢字列としては決定しえても、言語としては不確定であり、動揺する可能性の多いものである」と指摘している。[3] これは、三宝絵に限らず、和化漢文一般についても言えよう。

今昔物語集における希望表現の構成形式は上掲の表のようである。

構成形式／用例数／部別	天竺・震旦部	本朝仏法部	本朝世俗部
欲シ	一	八	二〇
欲シサ		一	
欲ガル		四	三
欲ゲ			一
バヤ	一三	一五	二一
ナム			一
モガナ		一	三
テシカナ			二
マホシ	二	五	一五
〜ムト欲(思)フ	一九六	一三八	一四八
願クハ〜	九〇	四三	一
請ラクハ〜	三		

今昔物語集における希望表現の構成形式は多様にわたるが、形容詞「欲シ」及びその派生語形式、助詞・助動詞形式、漢文訓読形式という三つのグループに分けられる。

形容詞「欲シ」はいわゆる心情形容詞で希望の心情を表すが、その派生語形式は語幹にそれぞれ接尾語「サ」「ガル」「ゲ」を付けて、ある文法的機能を付加したものである。終助詞「バヤ」「ナム」「モガナ」「テシカナ」及び助動詞「マホシ」

はもっとも基本的な希望表現である。いわゆる漢文訓読形式「〜ムト(欲)思フ」「願クハ〜」「請ラクハ〜」は、複数の語によって構成される慣用的形式である。

ここで注目したいのは、三つのグループの各構成形式が各部においての分布状況、即ち、各構成形式の種類とそれぞれの用例数の消長である。

まず、形容詞「欲シ」及びその派生語形式のグループでは、右の表から見られるように、天竺・震旦部においては形容詞「欲シ」のみが見られ、それ以外の派生語形式は見られない。しかもその用例数は僅か一例である。本朝仏法部においては、「欲シ」以外に派生語形式「欲シサ」「欲ガル」が見られ、用例数は合計一三例になる。更に、本朝世俗部においては、派生語形式「欲ガル」「欲ゲ」が見られ、用例数は合計二四例に増加している。即ち、このグループについていえば、天竺・震旦部、本朝仏法部、本朝世俗部の順で、構成形式の種類と用例数がともに増加し、勢力が拡大しているといえよう。

助詞・助動詞のグループでは、天竺・震旦部に「バヤ」と「マホシ」が見られるが、本朝仏法部では加えて「モガナ」も見られ、本朝世俗部で更に「ナム」「テシカナ」が加わり、構成形式の種類が増加している。用例数の多い「バヤ」と「マホシ」とを取り出して見れば、「バヤ」は天竺・震旦部に一三例、本朝仏法部に一五例、本朝世俗部に二一例認められ、量的には大きな差ではないが増加する傾向である。「マホシ」は天竺・震旦部に二例、本朝仏法部に五例、本朝世俗部に一五例も認められ、増加する傾向が一層顕著である。即ち、天竺・震旦部、本朝仏法部、本朝世俗部の順で、希望表現の構成形式の種類も用例数も増加していく傾向であり、形容詞「欲シ」及びその派生語形式のグループと一致している。

漢文訓読形式の状況はその逆の方向を示す。まず、その構成形式の種類を見ると、天竺・震旦部には「〜ムト欲(思)フ」「願クハ〜」「請ラクハ」の三種類が見られるが、天竺・震旦部と本朝世俗部には「請ラクハ〜」の用例が見られなくなる。用例数については、「〜ムト欲(思)フ」は天竺・震旦部に一九六例、本朝仏法部に一三八例、本朝世俗部に一四八例で、天竺・震旦部にもっとも多い。なお、この形式では動詞部分に「欲」「思」という二通りの表記が見られる。「願クハ〜」は天竺・震旦部に九〇例、本朝仏法部に四三例、本朝世俗部に一例で、その減少ぶりがより顕著である。

以上の分布状況の差をもたらした原因は一体何であろうか。それは、各部間の内容、出典、文体の差にあると考えられる。天竺・震旦部の内容は主に仏教に関するものであり、原典は漢文であって、その文体も漢文訓読調である。本朝仏法部は基本的には天竺・震旦部と似ているが、和文的要素がより混入されやすい。本朝世俗部の内容は基本的には非仏教的なものであり、原典が日本で作られた和文でその文体も和文体である。各部間用語の上で違いがあることが色々な論文に指摘されているが、希望表現の構成にも同様な現象が認められる。

三、主要構成形式の用法

(一)「漢字形式」の用法

「漢字形式」は主に日本霊異記、三宝絵に見られる。その用法を考える際、主に漢文法に基づいて、品詞及び意味の観点から各形式の用法を見る。漢文における希望表現を表す各「漢字形式」は語形上同一なものであっても、品詞の観点から見ると、「名詞の用法」「実動詞の用法」「助動詞の用法」に分けられる。「名詞の用法」については特に説明する必要がないが、「実動詞の用法」と「助動詞の用法」との区別は、その語の直接係かる語が名詞であるか、それとも他の動詞であるかによって判断される。前者の場合は「実動詞の用法」に属し、後者の場合は「助動詞の用法」に属する。意味的には、「実動詞の用法」は外から見える「〜がる」の意を表すことに対して、「助動詞の用法」は心的「～たい」「～てほしい」の意を表すのである。従って、「助動詞の用法」は希望表現の中心的用法であり、「名詞の用法」、「実動詞の用法」は周辺的用法である。

(1)「欲」の用法

①舟人起欲、行到備前骨嶋之辺、取童子等、擲入海中。（日本霊異記　八〇頁）

例①は「名詞の用法」である。「欲を起こす」の意と解され、「欲望」という名詞の意を表す。また「欲界」「愛欲」のような「欲」を中心に構成された熟語形式も見られるが、本質は単独の「欲」と同様である。

②欲他分惜己物、（日本霊異記　五四頁）

例②は「実動詞の用法」である。「他人の物を欲しがり、自分の物を惜しむ」の意と解される。これも希望表現の周辺的用法である。

③吾欲帰依三宝（三宝絵　一〇六頁）

④召行者詔、欲求何事。（日本霊異記　二〇四頁）

⑤若欲見父、往於南方。（日本霊異記　一二六頁）

例③・④・⑤は「助動詞の用法」である。例③は、「私は三宝に帰依したい」の意と解され、一人称現在形で話者の「～したい」という心情を直接発するものであるので、話者自身の「願望」を直接に「表出」するものである。例④・⑤は何れも主語が省略された形であるが、文脈から見ると主語が二人称であることが明らかである。例④は「何事を求めたいか」の意と解され、相手に対する質問を表すものである。例⑤は「もし父親に会いたければ南方へ行くがよい」の意と解され、仮定を表すものである。この二例は何れも二人称の「願望」を表すものであるが、「願望」の「表出」ではなく「説明」に当たるものである。

以上見られるように、「欲」の用法はすべて希望表現の下位分類の「願望」であり、「希求」を表す用例が見られない。

(2)「願」の用法

「願」の用法にも、「名詞の用法」「実動詞の用法」「助動詞の用法」が見られる。

⑥帝悦宣吾願已満（三宝絵　二九一頁）

例⑥は「名詞の用法」である。「わが願がすでに達成された」の意と解され、「神仏にたてた祈願」の意を表すものである。このような単独の「願」以外に、「願主」「願力」「願文」「弘願」「諸願」「咒願」「此願」「誓願」など、熟語の形になる仏教用語も見られる。これらの熟語の形も基本的に単独の「願」と同様な用法である。

⑦香炉灰中得仏舎利可納器願又灰中得金花器（三宝絵　二三〇頁）

例⑦は「実動詞の用法」である。「香炉の灰の中に仏の舎利を得て、それを収める器を願うと、また灰の中から金の花の器を見つけた」の意と解される。この「可納器願」の語順に注目したい。即ち、この「願」は目的語の後に位置し、正に日本語の語順になっている。その表す意味は「〜を求める」「〜を頼む」とほぼ同じであり、後述する「〜したい」の意を表す「助動詞の用法」と意味上の差が認められる。

⑧願以此福、施群迷、共生西方安楽国矣。（日本霊異記　三七八頁）

⑨願与僧結契詣寺行会（三宝絵　二七八頁）

例⑧・⑨は「助動詞の用法」である。例⑧は、「この福を以て迷える人々に施し、共に西方安楽国に生れたい」の意と解され、例⑨は、「僧と契りを結び寺に詣で会を行いたい」の意と解される。何れも話者自身に向けられる希望を発するものなので「願望」の「表出」に当たる。

⑩故唯願大徳忍労。（日本霊異記　八二頁）

⑪願我賜財。（日本霊異記　一八四頁）

例⑩・⑪も「助動詞の用法」である。例⑩は、「だからただ大徳に労を忍んでほしい」の意、例⑪は、「どうか私に財貨を与えてほしい」の意と解され、何れも他者に向けられる希望を直接発するものなので「希求」の「表出」に当たる。

即ち、「願」の用法には、「願望」を表すものと「希求」を表すものと両方が見られる。

(3)「請」「乞」の用法

「請」「乞」は「欲」「願」に次ぐよく用いられる「漢字形式」である。まず、「請」の用法を見よう。

日本霊異記における「請」には「名詞の用法」「実動詞の用法」「助動詞の用法」が見られるが、三宝絵における「請」には、「名詞の用法」と「実動詞の用法」が見られ、「助動詞の用法」が見られない。

⑫法師受五百虎請、至於新羅、有其山中講法華経（日本霊異記　一一九頁）

例⑫は「名詞の用法」である。「法師は五百の虎の招きを受けて新羅に行き、その山の中で法華経を講じた」の意と解される。この「請」は「招き」の意である。

⑬応請一禅師。（日本霊異記　八七頁）

例⑬は「実動詞の用法」である。「一方の禅師を呼ぶべき」の意と解される。このような例における「請」はある人物を「招請する」の意を表す「実動詞の用法」である。

⑭請語状、我必奉畢。（日本霊異記　三四一頁）

例⑭は「助動詞の用法」である。「お話しいただきましたことは、私たちが必ず成し遂げます」の意と解され、これは「希求」の「説明」である。

次は「乞」の用法を見る。

日本霊異記、三宝絵における「乞」は「実動詞の用法」と「助動詞の用法」が見られる。

⑮人来乞馬自下与馬又行人来乞車下妻与車人来乞衣脱太子妻子衣皆与（三宝絵　六一頁）

⑯時有一僧、来而乞食。（日本霊異記　一二一頁）

⑰此夜乞者夢天母牛来（三宝絵　一七〇頁）

例⑮・⑯・⑰は「実動詞の用法」である。これらの「乞」は何れも「乞う」「貰う」「請求する」の意を表す。また、「乞食」「乞者」のような固定した形式も多数見られる。

⑱乞蟹免我。（日本霊異記　一七二頁）

⑲法花経合一巻有乞持来云。（三宝絵　一一〇頁）

例⑱・⑲は「助動詞の用法」である。例⑱は、「どうか私に蟹を譲って下さい」の意と解され、例⑲は、「合わせて一巻ある法花経を持ってきていただきたい」の意と解される。何れも他者への「希求」を直接に「表出」する用例である。

(4)　その他の「漢字形式」の用法

「冀」「庶」「思」「念」「楽」「祈」「禱」「幸」「誂」「望」の用法は、本来、「欲」「願」「請」「乞」と同様、「名詞の用法」「実動詞の用法」「助動詞の用法」とあり得るが、それぞれの用例数が少ないため、必ずしも三種類の用法は揃わない。以下、一例ずつ掲げておく。

⑳冀無慚愧者、覧乎斯録、改心行善。（日本霊異記　一七三頁）

㉑庶掃地共生西方極楽。（日本霊異記　二六〇頁）

㉒歴一年余、而思別去、（日本霊異記　二六四頁）

㉓念為女誦経、而依貧家、不得敢之。（日本霊異記　二〇一頁）

㉔楽出家剃髪成尼（三宝絵　一四六頁）

㉕祈覧奇記者、却邪入正。諸悪莫作、諸善奉行。（日本霊異記　五五頁）

㉖彼家長依漢神祟而禱之。（日本霊異記　一五九頁）

㉗幸受用之（日本霊異記　二三七頁）

㉘誂大蛇曰、「是蝦免我」。（日本霊異記　一七一頁）

㉙謹当所望。（日本霊異記　三四一頁）

右の用例から見られるように、これらの「漢字形式」はそれぞれ特定の意味を持ち、文章表現を豊かする効果があるが、希望表現の中心的な役割は担っていないため、詳細な考察は省く。

(二)「漢字片仮名交じり形式」の用法

これから、使用上の問題点が多い今昔物語集に見られる「欲シ」「バヤ」「マホシ」「〜ムト欲(思)フ」「願クハ〜」の用法を見る。

(1)「欲シ」の用法

㉚「御酒ノ欲キニハ非ズ。明徳ノ芬シキナリ」（今昔物語集　②三八〇頁）

㉛欲シト思ケレバ、病人ニモ似ズ、糸吉ク食ツ。（今昔物語集　③一八一頁）

㉜極メテ欲ク思ケレバ、「構テ盗マム」ト思テ、（今昔物語集　④五二六頁）

例㉚は連体形、例㉛は終止形、例㉜は連用形形式であり、何れも希望表現の下位分類では「願望」に相当する。

(2)「バヤ」の用法

「バヤ」の用法には、「〜バヤ」で言い切る形式と、「バヤ」の後に「ト思フ」を付けて「〜バヤト思フ」という形式とが見られる。

㉝「増テ師ノ有様何ナラム、見バヤ」（今昔物語集　①四二頁）

㉞「我レ汝ヲ生ジテ養育セシ時、国王ノ后妃ト成サバヤト思ヒキ。」（今昔物語集　①二四二頁）

例㉝は言い切り形式であり、一人称（省略する場合が多い）現在で「願望」を直接に「表出」する。「バヤ」で言い切る場合には、現在形以外の時制を表すことができない。しかし、例㉞のように、「バヤ」の後に「ト思フ」を付け加えると、現在以外の時制を表すことが可能になり、また名詞の連体修飾語に成ることもできる。従って、「〜バヤト思フ」は必ずしも「願望」を直接に「表出」する用法ではない。

(3)「マホシ」の用法

「マホシ」の前接語はほとんど「見る」であり、「見マホシ」という慣用的形式になる。

㉟而ルニ、此ノ聖人、国王ノ后ノ有様ヲ文ノ中ニ説ケルヲ見テ、「何ナレバ、カクハ讃メタルニカ」ト、忽ニ見マホシキ心付ヌ。（今昔物語集　②三六五頁）

㊱「我レ、本ヨリ不動尊ヲ憑奉テ、独リ深キ山ニ居テ勤メ行フ。亦、二タ心無シ。而ルニ、国王ノ后ト申スナル女人ハ、何ナル有様カ有ル。極テ見マホシキヲ、近来候ナル三千人ノ后ノ中ニ形皃端正ナラムヲ負テ御坐シナムヤ」ト申セバ、（今昔物語集　②三六六頁）

㊲上ハ嘆キ悲ムデ、行テモ見マ欲ク思ヒ給ヘドモ、（今昔物語集　④一四一頁）

㊳「物ハ極テ見マ欲シ。何ガ可為キ」ト嘆ケルニ、（今昔物語集　⑤一八九頁）

例㉟・㊱は「マホシ」の連体形「マホシキ」であるが、例㉟の「マホシキ」は「心」にかかる連体修飾語で、例㊱には助詞「ヲ」をとる用法、例㊲は連用形、例㊳は終止形、例㉟・㊱・㊲は「願望」の「説明」であり、例㊳は「願望」の「表出」である。

(4)「〜ムト欲(思)フ」の用法

今昔物語集には、「〜ムト欲フ」「〜ムト思フ」という二通りの表記が見られるが、「〜ムト欲フ」の用例が少なく、「〜ムト思フ」が殆どである。

㊴「宮ニ候フニ日長クシテ遊ブ事無シ。暫ク出テ遊バムト欲フ」（今昔物語集　①一一頁）

㊵「我レ人天ノ勝妙ヲ不求ズ、只無上菩提ヲ求メムト思フ。」（今昔物語集　①四二〇頁）

二例とも、一人称現在で「願望」を直接に「表出」する用法である。この形式の用例が多いため、その用法も文末・文中にわたって多様である。文末においては、「〜ムト思フ」「〜ムト思ス」「〜ムト思ヘリ」「〜ムト思ヒキ」「〜ムト思ヒケリ」が見られる。一方、文中における用法には、「〜ムト思フ＋名詞」「〜ムト思フニ」「〜ムト思ヒテ」「〜ムト思ハゞ」「〜ムト思ヘドモ」が見られる。それらは何れも「願望」を「説明」する用法である。

(5)「願クハ〜」の用法

「願クハ」は文頭に位置し、文末における「ム」「ジ」「ベシ」及び用言の命令形と呼応して用いられる。一人称現在の時制で話者自身の「願望」または「希求」を直接に「表出」し、ほとんど会話文に用いられる。

㊶「若シ天ニ有ラバ、願クハ翼ヲ並タル鳥ト成ラム。若シ地ニ有ラバ、願クハ枝ヲ並タル木ト成ラム。」（今昔物語集　②三〇八頁）

㊷「我レ願ハ、後ノ世ニ此ノ人ニ不値ジ」（今昔物語集　①二五一頁九）

㊸「仏、願クハ舎利弗ヲ召テ「我等ガ請ヲ受ヨ」ト教ヘ給ベシ。」（今昔物語集　①二一三頁）

㊹「願クハ母、我ガ命ヲ免シ給ヘ」（今昔物語集　②二〇八頁）

㊺日夜ニ法花経ヲ誦シテ、願クハ此ノ善根ヲ以テ菩提ニ廻向ス。（今昔物語集　③二四九頁）

例㊺は唯一の地の文における用例であり、しかも動詞の終止形で結ぶ。テキストの「注」には、「途中で文がねじれて地の文に移行している」と説明しているが、言い換えればこれは例外的なもので、規範的な用法ではない。

四、おわりに

希望表現の構成形式は、資料の文体・表記と密接な関係にあり、文体・表記によって希望表現の構成形式も異なる。日本霊異記と前田家本三宝絵の文体はいわゆる和化漢文であるため、それにおける希望表現の構成は「ほし」一例以外全て「漢字形式」である。しかも、その「漢字形式」の種類は非常に豊富で、用例数の差も大きい。しかし、「漢字形式」の希望表現の中心的存在は「欲」「願」「請」「乞」であり、その他の形式は周辺的である。一方、今昔物語集の文体は漢字片仮名交じり表記の和漢混淆文であるため、それにおける希望表現の形式も「漢字片仮名交じり形式」である。

各構成形式の用法については、「漢字形式」には「名詞の用法」「実動詞の用法」「助動詞の用法」が見られる。その中、特に「助動詞の用法」の「欲」は「願望」のみを表し、「願」は「願望」と「希求」と両方を表し、「請」「乞」は「希求」のみを表す。「漢字片仮名交じり形式」には、「欲シ」は連体形、連用形、終止形が見られ、何れも「願望」を表す。「〜バヤ」は言い切り形式と「〜バヤト思フ」と二種類の形式があり、言い切り形式は現在時制で「願望」を直接に「表出」し、「〜バヤト思フ」は現在以外の時制を表すことができ、連体修飾語になることもできる。「マホシ」は連体形、連用形、終止形が見られ、「願望」を表す。「〜ムト欲(思)フ」は文末で「願望」を直接に「表出」するほか、文中で多様な形で「願望」を「説明」する用例も数多い。「願クハ〜」は「願望」または「希求」を直接に「表出」し、ほとんど会話文に用いられるが、今昔物語集に一例の地の文の使用例もある。

注

（1）中田祝夫「解説」（テキスト第七頁～四四頁）

（2）今野　達　岩波書店新日本古典文学大系『今昔物語集』第一冊「解説」。

（3）山田俊雄「説話文学の文体――総論――」『日本の説話』7、昭和四十九年十一月。

参考文献

中田祝夫『日本霊異記』「解説」

小泉弘・高橋伸幸『諸本對照三寶繪集成　研究篇』（笠間書院　昭和五十五年六月）

馬淵和夫監修　中央大学国語研究会編『三宝絵詞自立語索引』（笠間書院　昭和六十年十月）

日本文学研究資料刊行会編『日本文学研究資料叢書　説話文学』（有精堂　昭和四十七年十一月）

中川忠順「源為憲の三宝絵」（「学燈」明治四十二年一月号）

山田孝雄「文学史料としての三宝絵詞（概報）」（「音楽」大正三年十二月発行）

宮坂和江「三宝絵の文章に就て――個別的文章研究の一つの試み」（「国語と国文学」昭和二十八年九月号）

今野　達　岩波書店新日本古典文学大系『今昔物語集』第一冊「解説」

大村由己著『惟任退治記』に於ける表記差による本文異同について

橋村勝明

一、問題の所在

『惟任退治記』は、天正十年に大村由己(1)が豊臣秀吉の本能寺の変に関わる事蹟を記した、漢字表記の資料である。その内の一本である内閣文庫蔵『別所惟任征伐記』は、『播州征伐之事』と『惟任退治』とを併せて一書としている。漢字表記文である本資料を、永種(2)が同年或いは翌年である天正十一年末までに漢字平仮名交り文に改めた本文(3)が、『総見院殿追善記』であり、同内容の本文を寛永十三年に書写した本文が国立国会図書館蔵『豊臣公報君讎記』である。その『総見院殿追善記』には以下の奥書が存する。

『総見院殿追善記』奥書

右一巻者。杉原七郎左衛門尉家次為二秀吉御名代一之間。此抄物当時之御名誉。後代迄可二相貽一一冊也。故研二硯水一染二禿筆一。為二諸人一覧一。態交二仮字一書レ之者也。

徳庵叟永種筆

『総見院殿追善記』の奥書には「為諸人一覧態交仮字書之」と見え、漢字表記文を漢字平仮名交り表記に改めたのは、諸人の理解に易することが目的であることを伺わせる。そこで、『惟任退治記』の表記の異なる二本、つまり漢字表記の本文を有する内閣文庫蔵『別所惟任征伐記』と、漢字仮名交り表記の本文を有する国立国会図書館蔵『豊臣公報君讎記』とを比較することによって、本文上のどのような点が異なるのか、或いはどのように改めると諸人の理解に易することになるのか、という点について検討する。

二、『惟任退治記』について

『惟任退治記』の内、管見に入った資料は以下の通りである。(4)

漢字表記

宮内庁書陵部『惟任退治記』(続群書類従所収)

加賀市立図書館聖藩文庫蔵『別所惟任征伐記』所収「惟任退治」

○内閣文庫蔵『別所惟任征伐記』所収「惟任退治」

内閣文庫蔵『三木征伐記』所収「惟任退治」

漢字仮名交り表記

宮内庁書陵部蔵『総見院殿追善記』(続群書類従所収)

○国立国会図書館蔵『豊臣公報君讎記』

神宮文庫蔵『本能寺記』(未見)

本稿では比較する資料として、内閣文庫蔵『別所惟任征伐記』所収「惟任退治」と国立国会図書館蔵『豊臣公報君讎記』とを取り上げることとする(○印を付した資料)。その理由としては、漢字表記文の何れも本奥書は存するものの、書写奥書が存せず、善本の判定が困難なために、校本を作成した。すると、訓読上大きく異なる箇所は存せず、ほぼ同一の読み様をしていることが判明した。そこで、比較的書写年代が古いと思われる内閣文庫蔵『別所惟任征伐記』を検討対象とした。一方、漢字仮名交り文は、宮内庁書陵部蔵『総見院殿追善記』には永種の本奥書が存するものの書写年代が明らかでない一方で、国立国会図書館蔵『豊臣公報君讎記』には次の如く書写奥書が存する。

一　貞永式目出来ノ歳ヨリ天正十年壬午ノ歳信長公御代迄三百五十年ニ当ル寛永十三年丙子二月十二日書写之
　者也　松庵玄茂（花押）

『総見院殿追善記』と『豊臣公報君讎記』との先後関係について、明らかでないので、本稿では書写奥書の存する『豊臣公報君讎記』を取り上げることとする。

神宮文庫蔵『本能寺記』も同内容を持つとの指摘があるが(5)、未見のため検討することが叶わない。従って、本稿では以上二資料の比較を行うこととする。

大村由己の著作にかかる資料は『惟任退治記』の他、『播磨別所記』『柴田合戦記』『関白任官記』『聚楽行幸記』『紀州御発向記』『四国御発向并北国御動座記』『小田原御陣』が伝わる。又、現在は伝わらないが、『金賦之記』『大政所御煩平癒記』『若公御誕生記』『西国征伐記』が存したことが知られている。これらを総称し、『天正記』とした。『天正記』という書名は、『言経卿記』に見える(6)。但し、その記事によると比較的独立性の高い各巻の総称として『天正記』としており、全てを纏めて一書としたものではないようで、後に版行される際にそれぞれを纏めて『天正記』としたのである。

三、比較検討

比較の方法としては、逐一文章を比較し、異同の存する部分を用例として抜き出した。但し、漢字表記の場合は読む語が全て表記されている訳ではない。一方で漢字仮名交り表記の場合は仮名を交えるということから、原則的には読む語が全て表記されていると考えてよい。従って、漢字表記文に文字が無く、漢字仮名交り表記文に文字がある場合は、異動とは認定せず、その逆の場合のみ認定した。

しかし、本資料の場合、『言経卿記』からも知られるとおり、著者自身が語って聞かせることがあり、(7) また漢字仮名交り表記文の成立も漢字表記文の成立から一年と経っていないことから推測するに、漢字表記と訓点、そして漢字仮名交り文とは非常に近い関係にあるといえよう。

異同の用例を採取し、それぞれを分類したのであるが、分類の枠組みとしては、(Ⅰ)表現の異同に関わるもの、(Ⅱ)語の異同に関わるもの、(Ⅲ)表記の異同に関わるもの、(Ⅳ)その他、を設定した。まずは、枠組みの全体像を用例数と共に上に記す。

(Ⅰ) 表現の異同		13例
(Ⅱ) 語の異同	別語への置き換え	163例
	語の欠落	160例
	語の補入	15例
	小計	338例
(Ⅲ) 表記の異同	漢字表記の異同	46例
	漢字・仮名表記の異同	3例
	小計	49例
(Ⅳ) その他	句・文節の異同	6例
	訓の異同	4例
	語順の異同	3例
	小計	13例
合　計		413例

右の分類は、異同の全体像を知るためのものである。この枠組みから文体に関わるかと考えられる異同、(Ⅰ)(Ⅱ)につ

いて検討することとする。[8] 用例は、先に内閣文庫蔵『別所惟任征伐記』所収「惟任退治」を掲げ、後に国立国会図書館蔵『豊臣公報君讎記』を掲げることとする。

(I) 表現の異同

①二重否定（2例）

二重否定については、左の如く、単純化される用例が見出せるが、一方で単純な表現が仮名交り表記では二重否定になる用例も存する。

○毛利右馬頭輝元小早川左衛門佐隆景吉川駿河守元春彼高松城《ノ》不レ可レ不レ成レ救《ヲ》（一九オ5）

毛利右馬頭輝元小早川左衛門尉隆景吉川駿河守元春彼高松城救を成へし（七ウ7）

○然《ニ》江北長浜阿閉《アツチ》孫五郎為《テ》二惟任《カ》一味《ト》一在城《ス》秀吉有《カ》二宿意一故《ニ》不レ堪二降参《ニ》一（三三ウ2）

然に江州北郡長浜には阿閉孫五郎惟任一味として在城す秀吉宿意なきに非す故に降参に及はす（二一ウ9）

②反語（1例）

反語の異同については一例存し、漢字表記文から漢字仮名交り表記に改められた段階で、単純化されている。

○今更何《ソ》可《ンヤトテ》レ驚乎乙《ヲツ》二取《トツテ》弓《ヲ》一差《サシテ》二広縁《ヲ》一打出《テ》（二二オ4）

今更驚へきにあらずとて弓乙執広縁さして出給（一〇ウ6）

但し、①②共に用例そのものが少ないことがあり、その傾向を指摘するまでには至らない。これらのことが、「諸人に一覧せんが為」の工夫であるか否かについては、更に検討を要するところである。

(Ⅱ) 語の異同

次に、語の異同について検討する。

①漢語・和語（9例）

まず、漢語・和語の関係についてである。漢語を和語にする用例としては五例見出せ、その逆の用例も四例指摘できる。

(1)漢語→和語（5例）

○千歳頸《ケイ》《ツヨシ》松ハ不レ免二斧斤之厄ヲ一万代霊亀モ豈ニレ無二焦敗之憂一（一五オ3・4）

千歳の松も斧斤の厄を免れす万代の亀も豈剉焦《コセウ》の憂なからんや（三オ3・4）

○秀吉元来所レ悪何緩センヤレ之ヲ乎（三三ウ4）

秀吉元より悪事なれは何そ是を緩さんや（二二オ2）

(2)和語→漢語（4例）

○数奇道具天下重宝金銀珠玉錦綉綾羅類悉執トリ二拗《アウシ》之ヲ一乱リ二入長浜佐和山一（二七ウ1）

数寄の道具天下の重宝金銀珠玉綾羅錦繍に至まて悉取拗長浜椥山に乱入し（一六オ7）

○立テ下入相公被レ召二御腹之所ニ上押二留落涙ヲ一愁歎無レ限秀吉所生元是非レ貴（三六ウ3）

相公御腹をめさるゝ本能寺ノ旧跡に分入落涙愁歎限なし秀吉所生元来貴にあらす（二四ウ8）

右の用例及び用例数からは、特に多く漢語を使用するなどの傾向性を指摘するまでには至らず、このような点においても異同が存する、という指摘に留めておきたい。

②「之」の訓読（30例）

漢字表記文では「之」が使用され、それがそのまま「コレ」と訓読されるのに対して、漢字仮名交り表記文では読まれない。このような用例は三〇例存する。その用法は、「コレ」の指示物が直前に現れ、重複して指示するような「之」について、省かれている。全用例中一〇例のみを以下に掲げる。

○将軍年来富士山御見物之望有レ之（一七オ1）
将軍年来富士山御見物之望あり（五オ5）

○於レ是《ニ》成《シ》二吾山《ト》一見レ之達《ス》二大望《ヲ》一快喜不斜（一七オ3）
然を今吾山と成て見る大望を達する快喜斜ならす（五オ7）

○然《ニ》於《テハ》二此《ノ》城《ニ》一者縦雖《ヒ》レ損《スト》二人数《ヲ》一無二《ニ》攻敗可《リ》レ成西国《ノ》之響《ヲ》一旨兼定《テム》レ之《ヲ》（一七ウ5）
然に此城においては縦人数を損すといふとも無二に攻敗西国の響と成へき旨兼て相定畢（六オ3）

○下《ヲロシ》二搔楯《ヲ》一脱《テ》レ甲《ヲ》致《ス》二降参《ヲ》一之条扶《テ》レ命《ヲ》追二北之《ヲ》一（一八オ5）
搔楯《カイタテ》を下し甲を脱《ヌイ》て降参する間命を扶《タスケ》 追逃す（六ウ4）

○其後高松城寄《テ》二人数《ヲ》一見《ルニ》レ之《ヲ》三方《ニ》有《テ》二沢沼一（一八オ5）
其後高松城に寄てみるに三方に沢沼あり（六ウ4）

○引率《シテ》下分国十ヶ国《ノ》人数八万余騎《ヲ》上備中《ノ》国高山《ノ》続釈迦峯不動嵩《カ》陣《ニ》二取之《ニ》一（一九オ8）
分国十箇国の人数八万余騎を引率して備中国高松の続釈迦峯不動嶽に陣を取（八オ2）

○有《テ》二御諚一堀久太郎秀政差二加池田勝九郎之助中川瀬兵衛尉清秀高山右近等《ヲ》一遣レ之（八ウ1）
即御諚を堀久太郎に池田勝三郎中川瀬兵衛高山右近丞を相添て悉遣す（一九ウ7）

○将軍被レ聞二召夜討之由《ヲ》一召《テ》二森蘭丸《ヲ》一問《トヘハ》レ之《ヲ》（二二オ2）
将軍夜討とや聞含召森亂を近付問給ふ（一〇ウ4）

○向兵五六人射二伏《セテ》之《ヲ》一後持十文字鎌《ノ》懸二倒数輩《ノ》之敵《ヲ》一迨二《ヲヨムテ》于門外《ニ》一追散《シ》（一二オ6）

向兵五六人射伏《イ》後は十文字鎌にて敵数輩懸倒門外まで追散し（一〇ウ8）

○針《シン》阿弥此外兵七八十人為二思々働《ノヲ》一一旦雖二防戦一被《テ》レ攻二立多勢《ニ》一悉《ク》討果《ス》レ之《ヲ》（一二ウ6）

針阿弥等思々に働て一端防戦といへとも多勢に攻立られて悉討果ぬ（一一オ7）

このような場合の漢字表記文は、述語が悉く主語よりも下にきて、日本語文の語序に従っている。例えば、最初の用例、

○将軍年来富士山御見物之望有レ之

であれば、「之」字を欠くと、

○将軍年来富士山御見物之望有

となり、返読が全くなくなり、日本語文の語序に従うことになる。但し、元々述語動詞が主語よりも下に位置していたので、正格漢文ではないのである。

そこで、「漢文らしさ」を出すために「之」を末尾に置いて返読するという操作が行われたものと考える。(9)又、その漢字表記文を漢字仮名交り表記文とする際には、その様な「之」は全て必要なく、読まれなかったのであろう。

③助詞の異同（11例）

漢字表記の訓点が「ニ」であるのに対して、漢字仮名交り表記の助詞が「へ」である。このような用例は一一例存する。全用例を以下に掲げる。

○惟任奉《テ》二公儀《ヲ》一揃二二万余騎《ノ》之人数《ヲ》一不レ下二備中《ニ》一（二〇オ4）

惟任　公儀を奉り二万余騎を揃《ソロヘ》備中へは下らすして（八ウ5）

○馳二参信《シ》忠《ノ》御陣所《ノ》之妙覚寺《ニ》一言二上《ス》此旨《ヲ》一（二三オ4）

然間信忠御陣所の妙覚寺へ馳参此旨申上る（一一ウ6）

○可レ申《シトニ》二将軍御伴《ヲ》一御殿四方《ニ》懸レ火真中《ニ》取籠切《リ》二腹《ヲ》十文字《ニ》一給《ヘハ》（二五ウ6）

将軍御供可申とて御殿の四方へ火を懸真中に取籠御腹十文字に切給（一四オ8）

○御所之《ノ》軍相果将軍被レ召二御腹《ヲ》一之間不レ及レ力走《ラ》二入妙顕寺《ニ》一可レ切二追腹《ヲ》一定二覚悟《ヲ》一（二六オ5）

御所之軍散し父子御腹を召間力及はす妙顕寺へ奔入追腹を切へき覚悟を定畢（一四ウ8）

○大和国《ノ》守護筒井順慶《ニ》京都之趣令二註進一早々可レ有二上洛一之由再三雖レ遣二使札《ヲ》一（二七ウ5）

大和国守護筒井順慶へ京都の趣注進せしむる急度上洛あるへき旨再三使札を遣はすといへ共（一六ウ2）

○織田七兵衛信澄《ハ》惟任為《リ》二諸縁一又対二将軍《ニ》一非無二意趣《ニ》一（二八オ2）

織田七兵衛信澄は惟任所縁たる故又将軍へも意趣なきに非す（一六ウ7）

○故押二寄《テ》大坂《ニ》一討果《ス》之《ヲ》一扨備中表秀吉陣《ニハ》六月三日夜半計密《ニ》有二注進一（二八オ2）

旁大坂へ押寄討果者也扨も備中表には六月三日夜半計密に注進あり（一六ウ7）

○切二入《テ》丹波路筋《ニ》一於落武者二一人《モ》不レ遁討《チ》レ之《ヲ》（三一オ6）

丹波の路筋へも入切落武者一人も遁さす討殺す（一九ウ7）

○各相談《シテ》云秀吉於《ハ》二四国《ニ》一鈎留《ルノ》之条急度到《テ》二摂州《ニ》一成レ働《ヲ》於播州《ニ》一可《シ》二乱入一（三〇オ4）

各相談云秀吉今西国にて鈎留の条急度摂州に至て働をなし播州へ乱入すへし（一八ウ7）

○則勝龍寺《ニ》寄人数《ヲ》一四方八面陣《ニ》取之《ヲ》一悉成《ス》二可レ挫《トリニシク》之行《ヲ》一（三一オ8）

即勝龍寺へ人数をよせ四方四面に陣執悉挫へしと行を成所に（一九ウ8）

○依之《ニ》不レ与《クミセ》二惟任《カ》一味《ニ》一与二秀吉一合《セ》レ心《ヲ》備中表《ニ》遣飛脚《ヲ》一爾《ヨリ》来《タ》馳二来江州濃州尾州《ニ》一（三六オ1）

然に今度惟任一味せす秀吉と心を合備中表へ飛脚を遣し其後江州濃州に馳来（二四オ５）

助詞「へ」と「ニ」との対応関係については、全て漢字表記文が「ニ」であるのに対して、漢字仮名交り表記文に於いては「へ」である。

助詞「へ」について、富士谷成章『脚結抄』（安永二〈一七七三〉年）[10]には、

> 京の人は「何に」というへきをも「何へ」とのみいふ。ゐ中人は「何へ」といふへきをも「何に」といふことおほし。いつれもかたふきてかなひかたきうちに。京のはもとよりいはれなし。ゐ中人のいふは。里にふるくいへる事にや。儒書の訓點にも「何へ」とはよますして。東になるかにしに行なとのみよませたり。里「何の方へ」「何さまへ」といふ心也（巻三）

とあり、助詞の「へ」「に」には位相差が存することを指摘している。このことから、一つには訓点語としての助詞「ニ」を漢字表記文で使用する一方、それを平仮名交り表記文に改めた段階で訓点語としての「ニ」を使用せず、当代においてより広い意味を有した「へ」が使用されたのではないかと考える。[11]

四、結　論

同一内容を有する漢字表記文と漢字仮名交り表記文との二資料について、(Ⅰ)表現の異同、(Ⅱ)語の異同、(Ⅲ)表記の異同、(Ⅳ)その他、として四つの枠組みを設定し、比較した結果、特に(Ⅰ)、(Ⅱ)の部分的には、顕著な傾向は認められないながらも異同を指摘することが出来る。

(Ⅱ)の語の異同のなかでも特に、②「之」の訓読について、③助詞の異同については、傾向性を指摘することが出来る。これらの変更は、変体漢文を単純に訓読したものではなく、「表記を改める」ということに付随しているのであり、文体を構成する要素と表記とが互いに有機的に結びついていることを示していると考える。[12]つまり、表記を

改めた永種の意図として、単純に表記を漢字から漢字仮名交りに改めたのではなく、それにあわせた形での語の変更をも意識して改めたことを示すものである。このような差からは、同時代の人々が、文章のどのような部分に「漢文らしさ」を感じていたのか、或いは逆に「和文らしさ」をどのような部分に感じていたのか、ということを考える手がかりとなる。

本稿では語の異同ということを中心とした。文体と表記との関わりを考えるならば、(Ⅲ)の表記の異同に関わる分類枠も重要であると考える。又、他の真名本との比較検討、更には漢籍・仏書の仮名表記化した資料との詳細な比較が残されている。特に、真名本においては、本稿に於いて指摘し得た「之」字の訓読の問題と、助詞「ニ」と「ヘ」との問題が挙げられる。以上の事柄が、今後の課題として残されている。

注

（1）大村由己（天文五〈一五三六〉～文禄五〈一五九六〉年）は、豊臣秀吉の御伽衆で軍記作者である。庵谷巌「梅庵由己伝補遺」（『山梨大学教育学部研究報告』第二八号）に詳しい。

（2）永種（天文七〈一五三八〉～慶長三〈一五九八〉年）は、松永姓の連歌作者で、その子には貞徳がいる。大村由己とは親交が厚く、能筆であることが知られている。小高敏郎『新訂松永貞徳の研究』（臨川書店、昭和二八年一一月初版、昭和六三年一〇月復刻版）の一七頁に詳しい。

（3）桑田忠親氏は、『豊太閤傳記物語の研究』（中文館書店、昭和一五年五月）の五四頁において「杉原家次が京都奉行の職に在ったのは天正十一年を限とし、間もなく病を以て退き、翌十二年九月九日に歿してゐるから、かく假名交りに書き直したのは天正十年十月以後同十一年末に至る間の事と思はれる」と記している。

（4）『天正記』の内に同内容の本文が存する。『天正記』は、「播州征伐之事」「惟任退治」「柴田退治」「紀州御発向之事」「関白任官之事」「四国御発向幷北国御動座事」「豊臣太閤御詠草」から構成されている。『惟任退治記』を始めとする各巻は非常に独立性が高く、個々に書写される場合と、『天正記』として書写される場合とがあった。『天正記』としては、『秀吉事記』という書名で存するが、後人の編纂にかかるものであり、更に詳細な検討を要するものである。従って、『天正記』との比較については別稿を用意することとしたい。

(5)青木晃・加美宏・藤川宗暢・松林靖明編『畿内戦国軍記集』(和泉書院、平成元年一月、二一三頁・注一)に指摘がある。

(6)「梅庵へ可来之由有之、則罷向、青筠同罷向了、白粥有之、後刻薬所望、四物湯二芎々莪朮・木香・沈香加之七包遣了、又天正記一冊令借用了」(天正一四年九月一九日)。又『惟任退治記』を読んだ記事として、「栄一来了、年代記教之、又天正記之内信長公生害幷惟任日向守成敗事、読之令聞之」(天正一七年九月二三日)が指摘できる。

(7)『言経卿記』に「興門へ罷向了。天正記三冊被読了」(天正一七年九月一日)と見える。このことについては、既に桑田忠親『大名と御伽衆』(青磁社、一五一頁、昭和一七年四月)に指摘がある。

(8)(Ⅲ)については、助詞の「ノ」を「之」と表記する等の用例が三例、「斯」を「此」とする等の用例が四六例存する。又、(Ⅳ)については、句・文節の異同が六例、同一の漢字を別様に訓読する例が四例、語順が入れ替わる用例が三例存した。

(9)正格漢文に於いては、「有」「無」に関して、語序が日本語文の如く主語・述語となる場合がある。

「aが有る」「aが無い」ということをあらわすには、漢文で「有a」「無a」と書く。(中略)ところが「a有」という場合、「a」が観念的な主語となりうることもあるから、また別に(9)の「千里馬常有、而伯楽不常有」というような形式もまれにはあるのである。(小川環樹・西田太一郎著『漢文入門』、一六頁、岩波書店、昭三二年一一月)

又、「有之」などというような、指示性の希薄な「之」については、

「aをbする」すなわち「ba」の語順を、修辞的理由からこれを変えて、aを動詞の上へ移すと「a之b」という形式をとる。すなわち「患《フ》二身《ノ》不善《ヲ》一」は「身《ノ》不善《ヲ》之患《フ》」となるのである。このばあいの「之」は指示代名詞の性格が薄らぎ、また「の」を意味する従属の助辞でもなく、単に語順の転倒を示すための語助であるに過ぎない。(同、二三頁)

と説明されており、猶熟考を要するところである。

(10) 福井久蔵編『国語学大系　手爾波二』(一四〇頁、白帝社、昭和三九年一月)

(11) 青木伶子「「へ」と「に」の消長」(『国語学』第二四集、昭和三一年三月)において詳述されている。

(12) 表記と文体との関連については、『仮名書き法華経』を資料とした、峰岸明「足利本仮名書き法華経の漢字表記について—表記より文体に及ぶ—」(『中田祝夫博士功績記念国語学論集』所収、勉誠社、昭和五四年二月)が存する。この中で峰岸氏は、『仮名書き法華経』は言語表現は漢文訓読に従いながらも、表記様式は平仮名文に依る特異性を指摘しておられる。本発表では言語表現について、考察を進めたが、本発表の分類枠(Ⅲ)に分類される用例について、尚検討を要するところであり、今後の課題としたい。

醍醐寺蔵探要法花験記と東大寺図書館蔵法華経伝記
——和化漢文資料とその出典との関わりについて——

磯貝淳一

はじめに

醍醐寺蔵探要法花験記(1)は、日本と中国の説話がほぼ交互に排列される法華経霊験譚の集成である。本資料中、中国撰述説話に出典を持つ説話群（以下、本稿では「中国の部」と称する）の主要な出典に法華経伝記(2)があり、類話となる両本文が近い関係にあることは既に先学の指摘するところである。(3)筆者はこれまで、探要法花験記を和化漢文資料の一つと位置づけ、用字法を中心にその和化漢文としての性格を探ってきた。それらの考察では、帰納し得た言語事象が日本語としての特徴を有するものであるのか、又は中国語のそれと認めるべきであるのかという点が常に問題となってきた。和化漢文資料を「日本語の表記方式の一つ」として取り扱う以上、当該資料が出典の影響を受けつつも、日本語文としての独自の表記原理に基づいて成立していることを証明する必要があると考える。本稿は、類話関係に基づいて探要法花験記・法華経伝記の同一文脈の変化を記述することで、中国に出典を持つ和化漢文の「和化漢文資料としての独自性」を考え、また和化漢文の「和化」が如何に進展していったかという問題を考える緒を見いだそうとするものである。

まずは、中国撰述説話（法華経伝記）とそれを出典とする日本の説話（探要法花験記）という二つの資料間でどのような「変化」が存しているのか、その傾向性を把握した上で、変化が生じた意味を考えていくこととする。

一、探要法花験記・法華経伝記本文の比較

一―〇　変化の認定・分類

探要法花験記・法華経伝記の共通説話四二話を比較した結果、両資料の本文は近似しており、探要法花験記は出典の文章をほぼそのままの形で受け継ぐ場合の多いことが確認できた。ただし、より詳細な部分では両資料は違いを有している。その差異を法華経伝記に対する探要法花験記の変化として捉え、以下のように認定分類を行った。(4)

添加　法華経伝記に存しない語・文が探要法花験記に存する場合

　例　七歳誦普門品→生年七歳始誦普門品（1・5）

削除　法華経伝記に存する語・文が探要法花験記に存しない場合

　例　聴徒中或夢瓦官是三変浄土分身在於八方→聴徒中或夢是三変浄土分身在於八方（1・21）

改変　法華経伝記の同一文脈にある探要法花験記の語・文が他の語・文に置き換えられている場合、又は構文上の異なりが存する場合(5)

　例　出都憩竹林寺→出都住竹林寺（用語の改変）（5・20）

　例　著一偈云→著一偈曰（用字の改変）（2・20）

　例　皆解念仏多生浄土也→皆解念仏生浄土多（構文の改変）（4・11）

以下、この分類に基づいて変化の概観を行うこととする。

一―一　添加と削除

中国・日本それぞれにおける漢文本文の出入りを知るために、添加および削除を一括して扱うこととする。以下に掲げた表に、添加・削除それぞれの用例数を示す。尚、探要法花験記の文章を「漢文体を用いて日本語を表記したもの」と認める立場から、品詞の分類は原則として日本語の品詞分類に拠ることとした。(6)

	添加	削除
名詞	64	46
代名詞	18	7
動詞	35	39
補助動詞	1	－
形容詞	4	1
副詞	27	32
接続詞	83	3
助動詞	2	2
接尾語	7	－
連語	27	8
助字	109	22
文	26	95
合計	403	255

数量的な概観を行うと、名詞・代名詞・動詞・副詞・接続詞・連語・助字・文の各項目は、添加・削除両方（または一方）に多くの用例を認める。これは、出典の中国漢文（法華経伝記）と和化漢文資料（探要法花験記）との間で変化が多く認められたことを示している。これに対して、補助動詞・形容詞・助動詞・接尾語は、何れも用例数が一桁である。これは、両者の間で変化が起こりにくかったことを示し、これらの使用においては、彼我の漢文の間に大きな差異は見出せないことになる。

この中で、名詞・動詞・副詞については、用例数は多いものの、それが添加・削除のどちらかに偏ることがなく、変化の内実も個別的なものが多く傾向性を見出せない。(7)（用例は右「探要法花験記」、左「法華経伝記」「・」は、対応する漢字が無いことを表す。）

〈添加〉

①師初生之時紫雲如蓋覆上（探要法花験記・2・13）……名詞

①′・初生之時紫雲如蓋覆上（法華経伝記・同右）

②至宋元嘉末春秋六十二而卒此時細楽聞空中異香満室内也（8・22）……動詞

②′・宋元嘉末卒春秋六十有二異香満室微細音楽聞於空中

〈削除〉

③至花厳寺西北三泉院前林中・逢一老人（10・13）……副詞

③′至花厳寺西北三泉院前林中更逢一老人

④即・城中見王々問曰有功徳否答曰无別善根唯誦一偈（11・18）……動詞

④′遂入城中見王々問此人有功徳不答無別修善唯誦一偈

一方、代名詞・接続詞・接尾語・連語・助字・文の各項目は添加・削除の間に用例数の開きが認められる。全体的には、削除されるものよりも、添加されるものの方が多く（「文」のみが削除の例が多くなっている）、基本的に語が添加される傾向性があるということが分かる。中でも、接続詞「即」（二七例）、「時」（一八例）、「然」（一五例）等や助字「也」（四九例）、「者」（二九例）、矣（一六例）等は添加の用例が特に多く、反対に削除される例が少ない（「時」「也」のみそれぞれ一例の削除あり）ことから、探要法花験記においてこれらの語を積極的に用いる態度が存していることが分かる。

〈添加〉

⑤遇鬼病吐血而死父母捨家問然虎狼不食（19・7）……接続詞

⑤′遭鬼病吐血而死父母捨塚間・狐虎犲狼敢不食噉
⑥経五箇年常以所着衣施常住大衆也（10・16）
⑥′経五年取身所著衣令弟子悉送常住施大衆・……助字

削除される例の方が多いのは「文」である。添加される文は短く、削除される文は長い傾向がある。

〈添加〉
⑦帝躬出雲龍門拜益禅師々々又礼帝重以仏法付属（6・4）
⑦′即躬出雲龍門・益既見帝重以仏法憑囑

〈削除〉
⑧若闇夜牙歯放光疏出経論・有人夢厳浄国満中諸仏（2・16）
⑧′若闇夜牙歯放光疏出経論談遊之隆徒次博陵道俗課虚命講法花典乃自纂新文夕製朝談奇瑞時々乃現有人夢厳浄仏国満中諸仏

添加される文は短く五字以下であるのに対して、削除される文は二～三二字であって、中でも長文が多く認められる。このことから、探要法花験記では出典の文章を簡略化する傾向があり、(8)新たな文脈を付け加えることが殆どないことが看取される。

以上の検討から、法華経伝記と探要法花験記との間では、文章全体では「文」の削除が多い点から簡略化が行われる傾向性があり、「語」の単位では特に接続詞・助字の添加が多いことが分かる。

一―二　改変

改変に当たると認められる箇所は全六八〇例である。以下、その内訳を示す。

用語	563（同じ品詞533、異なる品詞30）
用字	85
構文	32
合計	680

「用語の改変」とは、ある語が別の語に置き換えられるものを示す。[9] 以下に示すように、同種の品詞に改変されるものと、異なる品詞に改変されるものとに分けられる。

〈同じ品詞に改変する〉

①又身体剝爛状如火創有白細虫（18・15）……名詞→名詞
①′体剝爛状若火瘡有細白虫

②即告僧定曰我是毘婆戸如来也（3・22）……動詞→動詞
②′常語僧定云我是毘婆戸如来

③其後還室頭病痛而三日已死但心上少暖也（21・2）……副詞→副詞
③′即還宿室頭病三日方死上心少暖

これらのうち、二字で熟字的に使用される動詞が単字の動詞に改変されるものが五八例認められる点に傾向性が認められる。[10]

④謂師友曰我以誦経力生兜率内院欲値慈氏尊此願可不（13・12）
④′謂師友言吾以誦経力生兜率内院欲値遇慈氏此願可不

⑤比丘僧室種々供養之昇虚空中（22・20）

⑤′比丘僧室種々供養之飛騰虚空中

改変の形態には、④のように法華経伝記において動詞の表記として使用されている漢字の内いずれか一つを用いて動詞を表記するもの、⑤のように法華経伝記において使用されている漢字とは別の類義の漢字を用いて動詞を表記するものの二種が認められる。この例とは反対に、単字の動詞が二字熟字動詞に改変されるものもある。但し、その数は六例と少ない。

⑥後受病而死去経三日蘇息（5・6）

⑥′後遇疾而死経三日蘇起

〈異なる品詞に改変する〉

⑦時有数巻无量寿法花等経即練擣之悉衣其児（18・14）

⑦′時有数巻素無量寿法花等経悉練禱之以為衣其児　……副詞→接続詞

⑧少喪父母日夜悲哭恋慕之（16・15）

⑧′少喪父母従兄養大昼夜悲哭恋慕其父母　……名詞→代名詞

傾向性は認めがたいものの、副詞から接続詞への改変は全一〇例あり、その逆（接続詞から副詞へ）は認められない。

「用字の改変」とは、ある同一の語を表記するための漢字が異なるものを示す。個別的な改変が多い。

⑨我等依汝恩得蓮花座覚（12・6）

⑨′吾等依汝恩得蓮花座

⑩即告僧定曰我是毘婆尸如来也以（3・22）

⑩′常語僧定云我是毘婆戸如来

⑪即集数束乾藁時人問其由密而不述（18・21）

⑪′乃集数束藁乾籠之人問其故密而不述

「構文の改変」とは、主として語序が異なるものを示す。

⑫至明旦火既尽（6・12）　……主語の位置が異なるもの

⑫′火至明旦廼尽

⑬是於尺迦遺法中於法花経受持読誦解説書写者也（13・20）　……目的語の位置が異なるもの

⑬′是於釈迦遺法中受持読誦解説書写妙法花経者

⑭既生業尽初死之時（19・11）　……副詞の位置が異なるもの

⑭′生業既尽初死之時

⑮父母不信而曰何以知之（20・15）　……「以」の位置が異なるもの

⑮′父母不信又問以何知之我等児

⑯即告衍言汝還閻浮以我土相語衆生（4・19）　……動詞の位置が異なるもの

⑯′即告語衍汝還閻浮以我云相示衆生

これらの例に関しては、用例⑬〜⑮が正格漢文には通常見られない語序となっている。和化漢文資料が有する構文的特徴と言えよう。[11] 但し、これらの語序に従わない構文も多く認められ、全体としては少ない例と言える。

二、出典から和化漢文資料へ ——変化の意味——

二—一　変化の生じる位置

以上見てきたような、添加・削除・改変は有意の変化と考えることができるのであろうか。これらの変化は、説話の叙述（地の文）・登場人物の台詞（会話文）等において認められた。一方、説話中に、経文や偈が引用される場合には、

①著一偈曰已採衆経要行理略賛一乗真法義行言契実施群生願共速成无上果云々（2・20）

①′著一偈云已採衆経要行理略賛一乗真法義行言契実施群生願共速成無上果・

②経曰若人受持読誦是人命終即往兜率天上弥勒菩薩所（13・13）

②′経云若人受持読誦是人命終即往兜率天上弥勒菩薩所

のように添加・削除・改変が殆ど認められない。例文においても、「云→曰」「・→云々」という変化が認められるのは、引用された文そのものではなく、その前後においてである。この理由について、第一には経典が尊重されるべきものとして、不可侵であったことが挙げられよう。しかし、総計一三三八箇所もの変化が存するにも関わらず、経・偈の引用部にはそれが殆ど無いことの背景には、これら引用箇所以外を積極的に変えていくという文章の編纂態度が関わっているのではないだろうか。記述によって得ることのできた種々の変化は、何らかの必然性を持って存在している可能性が高いと考えられる。

二—二　変化の意味

続いて、これらの変化がどのような意味を持つのかという問題について考える。例えば名詞の添加では、添加された主語及び目的語・補語は、そこで初めて現れるのではなく、既にそれ以前の文脈において、それぞれに相当する語が現れている。主語を添加する例で示すと、

①五唐慈恩大師諱窺基遍覚三蔵上足資三千門徒七千人達者四人上首於中皆最其母夢金人手捧如意願宿爾胎語已入口即有身師初生之時紫雲如蓋覆上（２・11）

①′唐大慈恩寺釈窺基[12]四釈大乗基者遍学三蔵上足資三千門徒七十人達者四人上首於中皆最其母夢金人手捧如意願宿爾胎語已入口即有身・初生之時紫雲如蓋覆上

説話の冒頭部に「慈恩大師諱窺基」と後の主語に相当する語が示されている。以下この人物について話が展開していくため、二重傍線部では主語が無くとも「初生之時」として取り立てられるのは「窺基」であると分かる。この「それが無くとも意が通じる」箇所に主語・目的語等が添加されるのは、より誤解なく文意を伝えようとする叙述態度の現れと考えられる。

また、改変については、例えば次例のように固有の名前から敬意を含む呼称へと改変される例が存する。

②異遣江夏王義恭詣寺諌禅師（６・１）

②′遣太宰江夏王義恭詣寺諌益

しかし、このような説明は個別の例についてそれぞれ行うことは可能ではあるものの、削除の例など反対方向の変化も存することから、変化の全容を解明するものではない。そこで、ある程度の傾向性が指摘できるものに注目すると、以下の四つの変化を挙げることができる。

(Ⅰ) 接続詞「即」「然」「時」の添加[13]

(Ⅱ) 助字「也」「者」「矣」の添加

(Ⅲ) 二字熟字動詞の単字動詞への改変

(Ⅳ) 構文の改変

これらの変化と、本稿で問題とする「和化」とは何らかの関わりを持つのであろうか。築島裕氏は、和化漢文的な要素として、

(1) 措辞法（語順・語序）の中に、漢文式でなくして、日本語式になっている部分があること。

(2) 漢字の用法の中に、純漢文の中での本来の用法から外れたものがあること。

(3) 純漢文を訓読する際には補読すべき語（即ち、純漢文として表記するときには表記しない語）を、漢字として書き加えること。

(4) 純粋の漢文に用いない和語を漢字で表現すること。

(5) 固有名詞以外の語を、万葉仮名・平仮名・省画仮名などを用いて表記することがあること。

の五つを挙げている。[14] 今回記述し得た事象では、(Ⅳ)が(1)に該当する。しかし、他の項目に関しては、いずれも同様の漢字使用を出典法華経伝記中に見出すことができ、和化漢文特有のものではないことが分かる。（③〜⑤＝(Ⅰ)、⑥〜⑧＝(Ⅱ)）

③王曰止止不須復誦早還人間、即経二日方蘇説此因縁（巻6・15話）

④然別記中誦持法花、行方等大乗普賢悔法記者、所聞不同而已（巻5・7話）

⑤時衆僧聞是語已、心意驚怖如踏鉄刀、各々悲喜咸信大典（巻6・10話）

⑥釈智顗姓陳氏頴川人也（巻2・8話）

⑦今案僧伝、観世音経者、非観音品（巻4・26話）

⑧歎曰昔在霊山同聴法花、宿縁所追、今復来矣（巻2・8話）

築島氏の基準に照らせば、添加・削除・改変の変化は必ずしも「和化」とは言えないことになる。[15]また、取り立てた(I)～(IV)以外の事象についても、先の「和化漢文的な要素」に該当するのは「補助動詞の添加」（1例、(3)に該当）のみである。(IV)についても、措辞法が日本式になるのは探要法花験記全体では僅かにすぎず、多くは正格漢文に従うものである。また、目的語と述語が転倒するような日本語的な構文は認められない。これらの点から、探要法花験記の用語・用字・措辞法は、正格漢文への志向性が強く、(1)～(5)の要素が多く認められる、例えば古記録の様な和化漢文資料とは大きく異なることが明らかとなる。[16]しかし、「和化漢文的な要素」が認められないものが直ちに正格漢文に近いと考えることもまたできない。出典（法華経伝記）とは異なる「変化」が多数存在していることに注意を払う必要があろう。探要法花験記は、漢字の用法は出典である法華経伝記と基盤を一にしながらも、文章上にそれをどのように配して文章を組み立てていくかという点において、正格漢文への志向性とは別の方向性を有していると考えられる。

三、探要法花験記における「和化」の内実――接続詞の添加を例に――

三―一　接続詞の用法

前節において提示した問題について、ここでは接続詞「即」「然」「時」の添加を例に検討を行うこととする。

(1)「即」の用法

以下の二種に分けられる。

(A) 文頭にあって前件を承けて後件を続ける接続詞的用法

(B) 文頭（文中）にあって「即時」の意味で使用される副詞的用法

先にも確認を行ったように、添加される「即」は大部分が接続詞的用法を担う（三一例中二七例）。副詞的用法は認められるものの僅少である。添加に際して、接続詞的用法の「即」を積極的に使用する傾向が存することに関しては、

○「即」が削除される場合、すべて副詞的用法を担うものであること

○用字の改変において、出典において「スナハチ」の表記を担う「乃」「即」「廼」を「即」に統一しようとする例が存すること

という事象も方向性を同じくするものとして説明できると考えられる。後者については、探要法花験記中に「乃」「廼」の使用例が認められないことからも、「即」の使用傾向が確認される。この「即」は、

①天性聡敏頻悟法花即生年十八啓母出家従師受業（15・3）

②神入本身眼耳復本言語如此即過半日已飲食如例（21・21）

のように前の文を承け、後の文を言い出す際に軽く添える「さて」の意で使用される。

(2)「然」の用法

全例が文頭にあって前の文と後の文とを続ける接続詞的用法を担う。順接と逆接の両用法が存する。順接（一二例）は「即」と同様、後の文を言い出す際に軽く添えて使用される。逆接は三例を数えるのみである。

③比丘尼智通者少出家住京師簡静寺也然至元嘉九年師死廃道（18・11）……［順接］

④貞観三年発心欲誦法花経然俗務競妨不遂素意受病而死（11・13）……［逆接］

添加された「然」は、前後を明確な論理関係で結ぶよりも、それを軽く承け繋ぐ用法が多いことが分かる。

(3)「時」の用法

全例が文頭にあって前の文と後の文とを続ける接続詞的用法を担う。但し「即」「然」とは異なり、前件と後件との間で、話を転換する際に使用される場合が多い。

⑤於是慶一心挙声誦法花経時在浪有人牽之気（8・21）

⑥語已不現時隣里謂失火至暁来問（15・18）

三―二　接続詞の添加と「和化」

先にも見たように、これらは正格漢文にも認められる用法である。では、和化漢文の側でこれら接続詞を添加することには、どのような意味があるのであろうか。出典である法華経伝記は唐代の成立。中国六朝期の史伝体の文章の流れを汲むものである。その文章は「四字六字を基調とする対句的表現」を特徴として持つとされる。[17] 問題の接続詞は、それが加わることによって四字・六字の字数を調えた句を不均衡に崩す場合が少なくない。

①其罪无量、応堕地獄、然今以誦法花故、其罪銷尽、当生十方仏前（7・1）

①′其罪無量、応堕地獄・今以誦法花故、其罪銷尽、生十方仏前

②天性聡敏、頻悟法花、即生年十八、啓母出家、従師受業（15・3）

②′天性聡利、頴悟法花・生年十八、啓母出家、従師受業

六朝史伝体の文章が、「四字六字を基調とする対句的表現」を基調に持つとすれば、探要法花験記の接続詞添加はそれに反する変化ということになる。字数を調えることよりも、より強い必然性がそこに存していたと見るべきであって、ここに「和化」の内実を見ることができるように思う。では、これらを添加することによって、探要法花験記はどのような文章として成立しているのであろうか。佐々木峻氏は中山法華経寺本三教指帰注の文頭の表現法の詳細な検討を通じて、「時ニ」「然ニ」等の表現文が「人物を中心とした説話文に出現し、それが説話文体を特徴付ける文表現となっている」ことを明らかにした。[18] また、氏は特に「時ニ」が同期の他文献に比して多くの使用を見ることについて、「所載の説話が、注釈の従属物であることに起因するのではないか」との見解を示している。こ

のことと、今回の調査結果がそのまま直ちに結び付くものではないが、例えば同じ和化漢文資料の説話集である東寺観智院本注好選に接続詞的用法の「然」「時」が、

③此女昔汝家御炊也然汝殿一聖人来受施、（中30オ3）

④母向台曰……不如吾不受汝供直死時孟宗忽到竹園捕其枝仰天高声泣悲（上16オ1）

との使用を多く見るのに対し、同時代の古記録を中心とした和化漢文資料ではこれらの使用が僅少であること[19]から、漢字片仮名交り文の注釈・説話資料である三教指帰注と和化漢文の説話・霊験記資料である探要法花験記・注好選との間に何らかの相関性が存する可能性もある。[20] 文を続け、展開させて説話文を成立させるために和化漢文の側でこれらの接続詞が積極的に使用された[21]と考えることも可能かも知れないが、その証明は今後調査資料を広げて行う必要がある。

ま　と　め

探要法花験記とその出典である法華経伝記とを比較した結果、次の点が明らかとなった。

一、両者は近似する文章でありながら、添加・削除・改変が多く認められる。文章全体では「文」を削除する簡略化が認められるものの、「語」の単位では接続詞および助字が添加される傾向がある。

二、これら「語」の単位における「変化」は、その大部分が正格漢文の用語・用字に準拠するものである。従って、探要法花験記成立に際して生じた変化を単純に「和化の事象」と捉えることはできない。

三、前項の問題に関わって、使用する漢字（今回確認したものの中では特に接続詞表記に供する「即」「時」「然」）そのものの用法は中国語文の範疇にありながら、それらの「話の展開を明示する」用法を多用（探要法花験記に

おける添加）する傾向が認められる。(22)

中国に出典を持ち、正格漢文的な要素が大きい和化漢文資料では、措辞法・用語・用字の多くが正格漢文の範疇にあるため、これらの観点からは「和化」の事象を見出しがたい場合があった。しかし、出典との直接的な比較を通じ、探要法花験記の「説話文」への志向性に着目することによって、言語事象そのものの違いからだけではなく、それをどのように用いて文章を組み立てるかという観点からの考察が可能になると考える。

注

(1) 久寿二年（一一五五）僧源西によって編纂される。醍醐寺蔵本は嘉禎三年（一二三七）から四年（一二三八）にかけて書写。

(2) 唐、僧祥撰述。古写本としては本稿で取り上げる東大寺図書館蔵大治五年（一一三〇）書写本が知られる。

(3) 馬渕和夫編『醍醐寺蔵探要法華験記』（武蔵野書院、昭和六〇年）解説に、探要法花験記中国の部説話群が、法華経伝記東大寺本の系統に近い本文を引用しているとの指摘がある。

(4) 用例の所在は、私に作成した「醍醐寺蔵探要法花験記・東大寺図書館蔵法華経伝記本文対照資料（一）（二）」（『鈴峯女子短期大学人文社会科学研究集報』第五一・五二集、平成一六年一二月・平成一七年一二月）の頁数・行数によった。括弧内上段は頁数、下段は行数を示す。

(5) ここに掲げた例の他、叙述の仕方（表現）の異なりが認められる。

自身左右生羽翼→従我左右肩羽翼化生（4・13）

これらの例は、比較が難しい場合が多いため「その他」として分類し、本考察では特に取り立てないこととした。但し、この分類を詳細に検討することによって彼我の文章作成上の発想法の違い等を見出すことが可能となるかもしれない。今後の課題としたい。

(6) 但し、正格漢文において「文中・文末の助字」に相当すると認められるものについては、日本語との対応関係が不明であるため、とりあえずは「助字」として一括分類している。又、二語以上の纏まりについてはこれを「文」として一括した。

（7）但し、名詞・動詞それぞれの用語を体系的に捉えることによって、両者の変化の傾向性を見出す余地は残されると考える。

（8）出典と比較してどのような説話が形成され、それがどのような特徴を有するものであるかについては、夙に多くの資料について文学研究の分野での研究が進められている。
池上洵一「古代の説話と説話集」（『説話と記録の研究』第四編第二章、和泉書院、平成一三年一月）他。また、同様に説話の成立過程における収載話の選択についても、多くの研究が存する。これら文学研究における研究によって出典とそれに基づく資料という関係性が多く明らかにされてきた。本稿では、説話内容そのものよりも、中国語として読まれることを予想して表記された漢文と、日本語として読まれることを予想して表された漢文とでは言葉の使用がどのように異なってくるのかという点に焦点を当てている。

（9）改変と添加・削除との違いは、一語の単位でどのような変化が生じたかを基準とし、
出典に存しない語が付け加わる→添加
出典に存する語が無くなる→削除
出典に存する語が別の語（表記）に代わる→改変
のように分類を行った。従って、以下の
○後受病而死去経三日蘇息（探要法花験記）（5・6）
○後遇疾而死経三日蘇起（法華経伝記）
「死→死去」の如き例は、「死」が変化したと認められることから、「去」の添加とはせず改変となる。

（10）拙稿「醍醐寺蔵探要法花験記における動詞の使用について——出典からの改変の問題をめぐって——」（『鎌倉時代語研究』第二三輯、平成一二年一〇月）に詳しく述べたことがある。

（11）築島裕氏は変体漢文と漢文の相違点の内、措辞法（語順・語序）の相違としてこれらの構文的特徴を帰納している。（『変

体漢文研究の構想」『東京大学教養学部人文科学科紀要』一三、昭和三二年八月）

(12)「唐大慈恩寺釋窺基四」は説話の表題。対照本文作成の都合上、本文と同列に取り扱ったもの。従って、本文における主語としては、これ以下を採る。

(13)(Ⅰ)(Ⅱ)(Ⅲ)の問題については、個別に検討を加え他資料との比較を行ったことがある。拙稿「和化漢文資料における「然」字の使用について――霊験記・仏教説話の用字法に注目して――」（「新大国語」第二六号、平成一二年三月）同「醍醐寺蔵探要法花験記における「也」の用字」（訓点語学会第八三回研究発表会、平成一二年一〇月）同　注(10)論文

(14)注(11)論文。

(15)これらは用語・用字・措辞法を観点として正格漢文・和化漢文の比較を行って帰納された結果である。次節で取り上げる接続詞の添加の問題の他、(Ⅲ)についても「和化」を認めることはできる。拙稿注(10)論文。

(16)築島氏の示した和化漢文的要素が、実際の和化漢文資料においてどのように見ることができるのかという問題については、以下の文献に詳しい。
峰岸明『変体漢文』（東京堂出版、昭和六一年五月）同『平安時代古記録の国語学的研究』（東京大学出版会、昭和六一年二月）。また、山本真吾氏は「平安時代に於ける表白文の文体的性格――和化漢文的要素に注目して――」（国文学攷第一一五号、昭和六二年九月）において、従来正格漢文の一つと考えられてきた表白文が、平安時代を通じて和化漢文的要素を種類・量共に増加させていく様相を明らかにしている。

(17)森野繁夫「六朝漢語の研究――「高僧伝」について――」（『広島大学文学部紀要』三八号、昭和五三年一二月）

(18)佐々木峻「中山法華経寺本三教指帰注に於ける文頭の表現法」（『中山法華経寺蔵本三教指帰注総索引及び研究』武蔵野書院、昭和五五年八月）

(19)後二条師通記（大日本古記録『後二条師通記』一～三）、帥記（増補史料大成『権記二　帥記』）の調査を行った。

(20)この解釈に関わって、文末の助字「也」の使用が探要法花験記・注好選に顕著であることと、法華百座聞書抄・三教指帰

注の「〜ナリ」型文を多用することとが相関性を見せることについて述べたことがある。注(13)発表。

(21)「改変」において、副詞から接続詞へと改変される例（一〇例）が認められることについて、接続詞から副詞へという反対の改変が認められず一方向的なものになっていることも、あるいは接続詞の「添加」の現象と同じ方向性をもつものとして理解できるかもしれない。

(22)今回は検討の対象とはしなかったが、助字類の添加が多いことについても、「正格漢文の用語・用字に準拠した」和化漢文独自の表記法が認められる可能性がある。今後の課題としたい。

［付記］本稿は平成十四年度広島大学国語国文学会春季研究集会（平成一四年六月二三日、於広島大学）における口頭発表をもとにまとめたものである。席上、多くの方々に有益なご意見を賜った。ここに記して厚くお礼申し上げる。

涅槃講式譜本における促音

浅田　健太朗

はじめに

筆者は以前、字音音節における入声韻尾や鼻音韻尾の独立性について、字音で唱える声明の譜を資料に論じたことがある。(1)しかしながら先稿では字音に関する考察に留まり、和語に関して触れることはできなかった。本稿では、和語で唱えられる声明である講式の譜本において、促音がどのように扱われているのかについて調査を行い、検討を加えてみたい。資料としては、版本、写本ともに多くの伝本があり、内容についても量的に豊富であるという点で調査対象としての条件が整っていることから、涅槃講式を取り上げる。涅槃講式は高弁作の四座講式の第一座で、四座のうちで最も大部のものである。建保三年（一二一三）に成立し、現在も他の三座とともに真言宗において頻繁に使用される代表的な講式である。

一　講式譜本の記譜法

国語学的観点から講式を取り上げた研究としては、金田一春彦『四座講式の研究』（三省堂、一九六四）（以下、『四座講式の研究』）や桜井茂治「中世京都方言の音節構造――そのシラビーム的性格について――」（『季刊文学国語学』四六、一九六七）、花野憲道「仁和寺蔵後鳥羽天皇御作無常講式影印・翻刻並びに解説」（『鎌倉時代語研究 第十一輯』、武蔵野書院、一九八八）などがあるが、これらの研究を踏まえた上で、講式とその記譜法について概述してみる。

講式は「語る声明」と言われるように(2)、字音で唱える声明と異なり、日本語で書かれた式文の内容を聞き手に理解させることが誦唱の重要な目的の一つであるとされる。講式の譜本は、字音で唱える声明の譜本に比べると歴史が浅く、大体南北朝時代から室町時代が上限とされ、その後江戸時代に至って盛んに版行された。講式の譜本にそれ以前のものが見あたらないのは、講式という音楽が字音の声明より遅れて成立したこと、ある時期までは当時のアクセントに従って唱えるものであったこと、独唱のため複数人の声をそろえる必要がなかったことなどが原因として考えられる。

図１　左節博士と右節博士

講式の式文のみを記したものは、節博士が付された譜本より古い写本が残っているが、式文に指示記号や節博士が付されて楽譜として機能するようになったのは、先述の通り南北朝期から室町期と考えられている(3)。

講式に使用される節博士は、付与される対象によって二種類に分類することができる。一つは本文の漢字に対して付されるもの、一つは訓点である仮名に対して付されるものである。多くの場合、前者は漢字の左側に位置し、後者は右側に位置する（図1参照）が、譜本によっては後者のみに統一されている場合もある。

漢字の左側に位置し、漢字に対して付される節博士（以下左節博士）は、体言や用言の語幹、その他副詞や連体詞などに付され、また時に字音語にも使用される。また基本的に左節博士は単独で施譜され、一字に二つ以上の節博士が付されることは少ない。再読される場合や右節博士で示した旋律とは別の旋律を示す場合には、一字に二つ以上の節博士が付されることがあるが、これらは一字一節博士に対して極めて少数で、余白の問題で右に書けないものを左に書いたと見るべきであろう。(4) 一字に対して一つの節博士が付されることで、一つの節博士が複数の音節と対応することになるが、このような方式は既に字音で唱える声明の譜に見られるもので、そこから引き継がれた方式であると考える。

漢字の右側に位置し、仮名に対して付される節博士（以下右節博士）は、原則として漢字に付された仮名と一対一の関係にある。仮名のあるところに節博士を付すのが普通なので、体言や用言の語幹ばかりでなく、助詞や助動詞、用言の活用語尾なども施譜の対象となる。よって本文の漢字一字に対して複数の節博士が付されることが多い。

この両者は、左節博士が一つの漢字と対応する日本語の複数の音節に対して、一つの節博士でその旋律を表すのに対し、右節博士は漢字に付された仮名一字と対応する日本語の一つの音節に対して、一つの節博士でその旋律を表すというように使い分けられている。従って、左節博士と右節博士を両方備えた漢字の場合、順序としては必ず左節博士で示される部分を唱えた後、右節博士に移ることになる。

二　講式譜本における促音

さて、それでは仮名によって促音「ッ」が表記されている場合、その「ッ」に対応する右節博士は、どのように扱われているのだろうか。調査対象として、次の涅槃講式諸本を取り上げた。

(A)大慈院本涅槃講式　東京大学国語研究室蔵本（二一F―三六）。南北朝時代成立。『東京大学国語研究室資料叢書　一五　古訓点資料集一』所収。『四座講式の研究』に倣って「大慈院本」とする。

(B)涅槃講式・舎利講式　高野山大学附属高野山図書館蔵本（大山文庫・大山一八八七）、室町時代成立。『高野山講

式集』四座講式の部の五二。(5)

(C)涅槃講式　五段　高野山大学附属高野山図書館蔵本（増福院文庫・八一―一六―一）、天正九年（一五八一）成立。『高野山講式集』四座講式の部の五〇。

(D)寛永版四座講式　随心院蔵本（経蔵第六五函二九号）。寛永十七年（一六四〇）成立。

(E)元禄版四座講式　元禄十二年（一六九九）成立。『四座講式の研究』所収。

(F)宝暦版四座講式　高野山大学附属高野山図書館蔵本（光台院寄託本・二九〇―シ光―六）、宝暦八年（一七五八）成立。『高野山講式集』四座講式の部の二四。

(G)四座講式（涅槃講式）　高野山大学附属高野山図書館蔵本（増福院文庫・五―一〇―三）、江戸時代成立。『高野山講式集』四座講式の部の一四。

(H)四座講式　高野山大学附属高野山図書館蔵本（光台院寄託本・四五四―シ光―一九）、江戸時代成立。『高野山講式集』四座講式の部の一七。

(I)四座講式（涅槃講式）　高野山大学附属高野山図書館蔵本（増福院文庫・八一―一―四）、江戸時代成立。『高野山講式集』四座講式の部の二〇。

(J)四座式　本　高野山大学附属高野山図書館蔵本（大山文庫・大山―一三九七―一）、大正昭和時代成立。『高野山講式集』四座講式の部の二六。

講式の譜における促音の扱い方には、「ツ」が表記される場合とされない場合が考えられ、促音が表記されている場合、促音の部分に節博士を付す場合と付さない場合が考えられる。すなわち、次のような場合が想定される。

Ⅰ「ツ」が表記される

Ⅰ①「ツ」に節博士が付される

本稿における表示	資料における形のバリエーション	アクセント
＼		高調
—		低調
＊		表さない

〔表１〕本稿における節博士の表示方法

Ⅰ②「ツ」に節博士が付されない

Ⅱ「ツ」が表記されない

さて、次にそれぞれの資料における促音の例を挙げる。今回の調査では、和語だけでなく漢語サ変動詞で促音化していると見られるものも同じく取り上げた。なお用例の掲載にあたっては原本の仮名遣いに依ったが、合字・踊字は相当の仮名に変換して示した。用例は、施譜対象漢字・仮名・節博士の順で表示し、(6) 節博士の表記方法は『四座講式の研究』を参考に、同じアクセントを表すとされるものを統合して〔表１〕に示す通りにした。(7) なお、施譜対象字の左側の＼と右側の／は同じ音高を指すと考え、二者をまとめて＼とし、また字の左側の／と右側の＼も等価なものとして／で表示する。その他のバリエーションも同様である。また節博士の省略部分は×で、仮名が表記されていない音節は括弧の中に補うことにする。左節博士は［］によって示す。(8) なお煩雑を避けるため、送り仮名のみが付されている例は掲出せず、用例数の多い場合は適宜割愛する（末尾の括弧は例数）。

(A)大慈院本涅槃講式

大慈院本涅槃講式に関しては『四座講式の研究』に詳しい研究があり、最も古い形を残す譜本であることが実証されている。促音は次のように扱われている。

Ⅰ①合カッシテ——＼—、合カッシテ——＼—、合カッシテ——＼—、欲ホッスル＼＼—、欲ホッスル＼＼—、槌ウッテ—＼＼（6）

Ⅰ②契カナツテ——×—（1）

Ⅱ敬ウヤマテ＼＼＼(9)—、至イタテ＼＼—、集アツマテ——＼—（62）

(B)涅槃講式・舎利講式

本譜は室町時代写とされ、大慈院本に次いで成立年代が古い。舎利講式と一具で、仮名にはまれに濁点が見られる。また語全体を仮名によって表す例が大慈院本に比べて少なく、「有《リ》」のように送り仮名だけで済ましている例が多い。

Ⅰ①荘カサッテ＼＼＼─、放ハナッテ───、貴タットフ───、像ヲモヒヤッテ─────、専モッハラ＼＼─＊、競キヲッテ──＼、遶メクッテ＼＼─、起タッテ──、執トッテ───、迫セマッシ────（10）

Ⅰ②契カナッテ─××─、先サキタッテ─×─×─（2）

Ⅱ　以モテ──、者イハ──、依ヨテ＼─、渡ワタテ───（24）

(C)涅槃講式　五段

本譜には別筆で朱点が見られるが、後筆と推定される。本稿では本文と同時代と考えられる墨仮名と墨節博士のみを対象とする。

Ⅰ①至イタッテ────、貴タットフ────、者イッハ＊＊＊、舐ネブッテ────（4）

Ⅰ②用例なし

Ⅱ　荘カサテ＼─、放ハナテ───、契カナテ───、者イハ──（30）

(D)寛永版四座講式

寛永版は他の三座と一具の冊子本で、上下巻に分かれる。下巻巻末には寛永十七年（一六四〇）仲冬上旬の宗宣による刊記があり、『四座講式の研究』（六八頁）でも言及されている通り、朝意の影響下にある進流の譜本であることが知られる。仮名の出現件数が他の譜本に比して少なく、主に活用語尾、助詞、助動詞に対して使用されているため、節博士の数も少なくなっている。

Ⅰ①畢(ヲハ)ッテ××——、日アッテ——、執トッテ——、競キヲッテ—×—＼(4)

Ⅰ②貴タットフ—××—、像ヲモヒヤッテ—××××—、持モッテ—×—、挙アカッテ[／]×××—、拍ウッテ—×—、槌ウッテ—×—、舐ネムッテ—××—、放ハナッテ—××—、已ヲハッテ[—]×××—(9)

Ⅱ　者イハ——、仍ヨテ＼—(8)

(E)元禄版四座講式

元禄版は元禄十二年前川茂右兵衛の刊記が見られる新義派の譜本である。ほぼ全ての漢字に仮名と右節博士が付され、左節博士は基本的に見られない。

Ⅰ①敬ウヤマッテ———、至イタッテ———、集アツマル———、貴タットム———、先サキタッテ———、迫セマッシ———、降クタッテ———、合カッシテ———、合カッシテ——＼—(15)

Ⅰ②用例なし

Ⅱ　荘カサテ＼＼—、放ハナテ———、契カナテ———、依ヨテ—*、以モテ——、日アテ——(41)

(F)宝暦版四座講式

宝暦版は宝暦戊寅(一七五八)の刊記が見られる譜本で、跋文より理峯の系統にあるものであることが分かる。詳密に加点されており、節博士も多い。

Ⅰ①荘カサッテ＼＼＼—、至イタッテ———、放ハナッテ———、契カナッテ———、貴タットフ———、日アッテ——、合カッシテ——×、先サキタッテ———、迫セマッシ———、放ハナッテ———、専モッハラ＼＼—、畢ヲハッテ———、競キオッテ——＼、取トッテ———、放ハナッテ———(30)

Ⅰ②執トツテ［一］××一（1）

Ⅱ　渡ワタテ一一＼、降クタテ一一一、下クタテ＼＼一、像ヲモヒヤテ一一一一一（18）

(G)四座講式（涅槃講式）

本譜は羅漢講式、舎利講式と一対の巻子本であるが、残る遺跡講式は失われている。仮名が少なく、基本的に語尾しか表記されない。逆に節博士は比較的詳密に加えられており、仮名で表記されていない部分にも節博士が付された例が多い。

Ⅰ①契カナツテ一一一、貴タツトフ一一一、像ヲモヒヤツテ一一一一一、競（キヲ）ツテ一一一＼、挙アカツテ＼＼＼一、拍ウツテ一一一、舐ネフツテ一一一、先（サキダ）ツテ一一一一、畢ヲハツテ一一一一（9）

Ⅰ②下クタツテ×××一、迫セマツシ［一］×××一（2）

Ⅱ　者イハ一一、渡ワタテ一一一、降クタテ一一一、取トテ一一（7）

(H)四座講式

本譜では左節博士が多く、漢字音については一字に複数の左節博士が付される例も頻繁に見られる。また仮名には濁点が多く付されており、諸所に後筆も見られるが、今回は調査対象としていない。

Ⅰ①荘カサツテ＼＼＼一、放ハナツテ一一一、契カナツテ一一一、貴タツトブ一一一、日アツテ一一一、合ガツシテ一一×、迫セマツシ一一一、放ハナツテ一一一、専モツハラ＼＼一一、競キヲツテ一一一＼（25）

Ⅰ②已ヲワツテ＼＼×一（1）

Ⅱ　者イハ一一、仍ヨテ＼一、渡ワタテ一一一（16）

(I)四座講式（涅槃講式）

本譜は江戸時代の巻子装の刊本であるが、仮名には濁点が多く付されている。また左節博士が多く見られる。

Ⅰ①荘カザツテ＼―＼―、集アツマル―――、放ハナツテ―――、契カナツテ―――、貴タツトフ――
――、日アツテ―――、合ガツシテ――×、迫セマツシ―――、放ハナツテ―――、専モツハラ―
＼――（27）

Ⅰ②用例なし

Ⅱ　者イハ――、依ヨテ＼＊、渡ワタテ―――、降クダテ―――（18）

(J)四座式　本

表紙に「新版再治　四座講式　涅槃講　羅漢講　本」とある冊子本で、刊は新しいものの、仮名に濁点がまれにしか加えられないなどの面から譜の内容には古色が見られる。書き入れが見られるが、付刻のみを対象として調査を行った。原則として漢字音は仮名で表記されない。

Ⅰ①貴タツトフ―――、像ヲモヒヤツテ―――――、日アツテ―――、競キヲツテ―×―＼、下（クダ）
ツテ［―］――、挙アカツテ＼＼＼―、畢ヲワツテ××――（7）

Ⅰ②放ハナツテ―××―、契カナツテ［―］×××―、持モツテ―×―、起タツテ―×―、迫セマツシ［―］××
×―、拍ウツテ―×―、槌ウツテ―×―、執トツテ―×―、舐ネムツテ――×―、已ヲハツテ―××―
（10）

Ⅱ　者イハ――、仍ヨテ＼―、者イハ＊＊、還カヱテ［―］××＼（9）

以上の結果をまとめて、〔表2〕に示す。

	I「ツ」あり		II「ツ」なし
	①節博士あり	②節博士なし	
(A)大慈院本	6	1	62
(B)涅槃講式	10	2	24
(C)涅槃講式	4	0	30
(D)寛永版	4	9	8
(E)元禄版	15	0	41
(F)宝暦版	30	1	18
(G)四座講式	9	2	7
(H)四座講式	25	1	16
(I)四座講式	27	0	18
(J)四座式	7	10	9

〔表２〕各譜本における促音の扱い

IとIIの分布状況から言えば、大慈院本におけるIIの多さが際立っており、他譜本に比して成立が早いことを反映しているものと捉えられる。また仮名が表記されるIにおいては、全体として「ツ」に節博士が付されるI①が多く、付されないI②は少ない。ただし両者の割合は譜本によって異なっており、(E)・(H)・(I)などのようにほとんどが①の譜本もあれば、(D)・(J)のように②の方が多い譜本もある。このうちI②に属する例は、促音に特定の音高が与えられていないのであるから、促音が独立した単位として認められていないと考えることができる。

しかしながらこのように考えると、次のような疑念が生じる。(A)の大慈院本は、既に『四座講式の研究』によって、室町時代以降の譜本よりも古い時代性を有していることが論証されている。促音が日本語の歴史において、漸次音韻として独立していったとすれば、最も古いとされる大慈院本よりも、(B)以下の譜本において独立的でない例が多く見られるのはなぜだろうか。

この問題に関連することとして、譜本によっては、ある音節に節博士を割り当てないという現象が、促音に限らず広く行われているという事実を認めることができる。従って、この表におけるI②の促音の用例のすべてが、独立した一つの単位と認められないが故に節博士が加えられなかった例であるとは考えられない。この問題を明確にするために、次節では、講式譜本においてどのような場合に節博士が付されないかについての検討を行う。

三　節博士の省略とその諸相

講式における節博士は、訓読における仮名と同様、すべての漢字に対して付されるのではなく、式文のある部分には付され、ある部分には付されない。このような節博士の部分的な現れを右節博士に焦点を絞って観察してみると、次のようなパターンを見出すことができる。

㈠　仮名すべてに右節博士がついているもの　　顕アラハシテ＼＼｜＼＼

㈡　仮名の一部に右節博士がついているもの　　顕アラハシテ×××＼＼

㈢　仮名のすべてに右節博士がついていないもの　　顕アラハシテ×××××

このうち㈡のように節博士の一部が省略[10]されるという事実の背後には、どのような原理が働いているのだろうか。以下では、各譜本における右節博士について、一つの漢字に対応する仮名の中で、その一部にのみ節博士が加えられている箇所を抄出する。なお省略される音節には一定の傾向が見て取れるので、その類型ごとに示す。用例は資料ごとにまとめて掲出し、一つの資料に見られる用例群の末尾に資料番号と例数を括弧に入れて示す。

⑴漢字音音節が省略されるもの

　薗ヲムノ××＼、韋ヰノ×＼、峯フウノ××＼、焼セウノ××＼（Ⓐ39）、輪リンノ××｜、炉ロノ×＼、月ツヲ×＼、陰ヲンス××｜（Ⓑ4）、鬱ウツニシテ××＼＼｜、蕩タウタルヲ××＼＼＼、嶺レイノ××＼、斂レンス××｜（Ⓓ5）、金コンノ××＼、金コンノ××＼、徐チヨトシテ××｜｜×（Ⓕ3）、圭ジヤフニ×××＼、斂レンス××｜、属シヨクシテ×××｜×（Ⓗ3）、合ガシテ×＼｜（Ⓘ1）、斂レンス××｜、慟タウノ××｜、

嘆タンシテ××╲＊、蕩タウタルヲ××╲╲((J)4)

これらの例では、字音を表記した仮名に節博士が付されていない。(A)大慈院本においては、字音で唱える漢字には原則として声点が付されるのみなので、これらは節博士を必要としない部分であると言える。すなわち、ここに見られるように漢字音部分が省略されるのは、早い時期の講式の譜においては漢字音に譜をつけず、声点のみで済ましていたという経緯から来るものであると考える。ただし『四座講式の研究』も指摘するように、頻繁に漢字音が省略されるのはA大慈院本のみなので、この原則はやがて衰退し、室町時代以降の譜本では漢字音にも節博士が付されるようになったと考えられる。

(2)末尾部分の音節が省略されるもの

哉カナヤ——×、暁アケナムトス——╲—×、毎ゴトニ—╲×((A)7)、曰マウサク＊＊＊×、驟ウグツク———×、就セン＊×((B)3)、涙タニ╲×、誘コシラヘ——×((C)2)、者モノアリ——××((D)1)、住チウノ——×((E)1)、示シメシ╲—×、臥フス＊×((H)2)、時トキニ——×、悲ミヲ╲×、挙アケテ╲—×、其ソレ—×((J)7)

漢字に対応する仮名の末尾部分、多くは助詞や助動詞、活用語尾などの音節に節博士が付されていないものをここに分類した。

(3)先頭部分の音節が省略されるもの

一ツニ×╲、満ミチテ×——、云イハク×＊＊、至イタリニ×××—((B)4)、唱ニハ×—、如コトシ×＊＊、作ナシキ××—、喩タトヘト×××—((D)8)、其ソノ×—((F)1)、下クタツテ×××—((G)1)、顕スト×—、悦ヨロコビモ×××—((J)2)

ここに掲げた例は、末尾部分が省略されるのとは逆に、仮名で表記される語の先頭部分の数音節が省略の対象となるものである。

漢字一字と対応する仮名全体における位置と関連して、末尾の一音節あるいは二音節が省略されたり、逆に先頭からの数音節が省略されたりすることに関しては、その要因は定かでない。しかし資料によって省略の起こりやすい場所が異なることは、用例から看取される。例えばⒶ大慈院本では末尾部の省略は起こりやすいが、先頭部分では全く起こらない。逆にⒹ寛永版では先頭部分は省略されやすいが、末尾部分は省略されにくい。このように譜によって、助詞や助動詞、活用語尾などの部分の表示を優先しようとするものと、体言や用言の語幹などの部分の表示を優先しようとするものがあると考えられる。

(4)左節博士によって既に旋律が示されている音節が省略されるもの

止ヤメ[╲]×—（Ⓑ1）、満ミチテ[—]××—、已ヲハッテ[—]×××—、挙アカッテ[╲]×××—、咲ヱマム[—]×——（Ⓓ4）、其ソノ[—]×—、後コノ[—]×—、別ワカレヲ[———]×××—、八ハチ[—]×—（Ⓕ9）、迫セマッシ[—]×××—（Ⓖ1）、絡ラクシ[——]××—、苦クルシミニ[—]××××╲、詣ケイシ[——]××—（Ⓗ3）、咲ヱミヲ[—]××—、薗ヲンノ[╲]××╲、眠メンノ[—]××—、快ココ（ロヨ）イ[—]××××╲（Ⓙ15）

ここに挙げられた例を見ると、右節博士の他に左節博士も組み合わされて使用されており、漢字と対応する語の中で、先頭部分を左節博士が担い、末尾部分を右節博士が担っていることが分かる。これらの例は、左節博士と右節博士がそれぞれ領分を持って機能し、両者が連携して旋律を表示する仕組みが、いくつかの講式譜に組み込まれていることに由来する。

(5)同じ高さの音節に挟まれた音節が省略されるもの（括弧内の節博士は元禄版のもの。元禄版で省略されている場合は、資料番号を示した上で適宜その他の譜本で補った）

憑タノモシイ――×――╲（―――╲）、泣ナクナク―××―（――――）、先サキタッテ―×―×―（――――）、苦クルシミニ――×―╲（――――）、悲カナシンテ―×××―(A)╲╲―╲）(B14)、暁アケナント╲―××―（╲――――）、不サリキ―×―（――）、却シリソケ―××―（――――）、戦ワナナク╲××╲（╲╲╲╲）(D63)、易ヤスク―×―(J)――）(E1)、運ハコフニ―××―（――――）(G1)、況イワフヤ―××―（――――）、間アヒタニシテ╲╲―×――（╲╲―――）、容コフハセニ╲×╲╲―（╲╲╲――）(J55)

これらの節博士を見ると、「――」と「――」の間の一音節以上の節博士が抜け落ちている。ほぼ全ての音節に対して振り仮名と節博士が加点されている元禄版によれば、これらの省略部分は前後の音節と同じ「―」であることが明らかである。[11] よってこのタイプの省略部分は前後の音高に依存すると考えてよい。また低調に挟まれた例以外でも、(D)寛永版に見られる「ワナナク」の如く、高調に挟まれた例も見られる。これらは施譜の労力を軽減するために行われていると考えられる。

(6)合字など二音節以上と対応するもの（該当部分を傍線で示す。以下同様）

告ツケタマハク╲――×――、言ノタマハク╲―×――、帰キシタマイヌ――＊××＊＊(B10)、礼シタテマツルト―＊××××＊＊、云ノタマハク╲―×――、去サリタマヒヌ―×＊×＊＊(C6)、帰シタマヒヌ――××＊＊、礼シタテマツルト―＊×××＊＊＊(D2)、告ツゲタマハク╲――×――、屢シハシハ╲╲╲×、出イタシタマフ――╲―×―(E3)、告ツケタマハク╲――×――、不スシテ――×、間アヒタニシテ╲╲――×、言ノタマハク╲―×――(F15)、告ツケタマハク╲――×――、言ノタマハク╲―×――、出シタマフ╲―×―(G5)、属ショクシテ×××―×、告ツケタマハク―╲―×――、言ノタマハク╲―×――(H16)、礼シタテマツルト―＊××××＊＊、間アヒダニシテ╲╲――×、言ノタマハク╲―×――、大ヲヲキニシテ――╲――×(I13)、告ツゲタマハク╲――×―×、礼シタテマツルト―＊××＊＊＊、言ノタマハク╲―×××、

上昇ノホルコト＼＼＼―×（Ⓙ17）

これらは「〆」「┐」「玉」「如」「奉」「く」などによって表記された式文に対して、対応する音節数に関係なく一つの節博士しか与えられていない例である。「玉」を例とすれば、「タマ」という二音節に二つの節博士を与えるのではなく、「玉」一字に一つの節博士を与えていると解釈できる。すなわち、節博士が表記本位で割り当てられているか、発声本位で割り当てられているかが、ここに反映されていると言っても良い。

(7)漢字音の二字目に当たる音節が省略されるもの

号カウ―×、涙ルイ―×、衰スイス―×―、折セツシテ―×――（Ⓑ5）、滅メツ―×、発ホツ―×、伴ハン―×（Ⓔ3）、葉ウヲ×＼、咽エツシテ―×――（Ⓖ2）

これらは、二つの仮名で表記される漢字音の二字目にあたるモーラについて、その節博士が表示されないものである。

(8)拗音の二字目に当たる音節が省略されるもの

積シヤク―×―（Ⓑ1）、殊シユ＼×、出シユツ―×―（Ⓔ2）、長チヤウ―×―、瑟シユ＼×、初シヨ―×、遮ジヤ＼×、殊シユ＼×、命ミヤウシテ―×――（Ⓕ16）、諸シヨ―×、娑シヤ＼×（Ⓗ2）、初シヨ―×、諸シヨ―×、白ヒヤクヲ―×――（Ⓘ3）

先の漢字音の二字目と同類のものに、拗音の二字目にあたる「ヤ」「ユ」「ヨ」「ワ」に対して節博士が付されない場合がある。先の字音の二字目や、ここに挙げた拗音の二字目については、合字類の項で触れた表記本位、発声本位ということの他に、発声上どのような要素を一音節と見るかという問題にも関わっている可能性もあるが、推測の域を出ない。

(9)その他

歩フンテ＼×─、契カナッテ──×─（A2）、所被キナヲシタマフ＼＊＊＊××＊（D1）、色イロヲ─×＼、明ミヤウ×──（E2）、巳ヲワッテ＼＼×─（H1）、舐ネムッテ──×─、執トッテ─×─、槌ウッテ─×─、拍ウッテ─×─、起タッテ─×─、持モッテ─×─、無ナント─×─、憩ヤスメム─×＼─、氈テウニ×＼＼（J9）

これまで観察してきた省略の類型にあてはまらないものが少数ながら存するので、ここにまとめて掲げた。(A)大慈院本の「フンテ」「カナッテ」、(H)四座講式の「ヲワッテ」については後に改めて問題とする。(D)寛永版の「キナヲシタマフ」の「タマフ」の部分は、実際には「玉フ〳〵」となっている。元禄版の当該部分は「玉フ〳〳〵」であり、旋律に違いが見られるが、その原因は明らかでない。(E)元禄版の「イロヲ」や「ミヤウ」、(J)四座式の「ヤスメム」「テウニ」「ナント」についても、他に類例がなく、例外として処理せざるを得ない。また促音便に節博士が付されていない「ネムッテ」などの例は、促音であることが節博士の付されない要因なのか、前後と同じ音高であることが要因なのかが分明でない。これについても後述する。

以上節博士の省略について観察してきたが、ここに取り上げた諸類型は、省略された音節が構成する語の語種や、文節における位置や音楽上の特徴など、必ずしも同一のレベルで論じられるものではない。しかしながら、レベルの異なる様々な要因が節博士の省略に影響しており、それが多様な省略を生産していることが確認できた。

講式の譜における節博士の省略は、このように多様な要因によって行われており、それぞれの譜本は〔表3〕のように性格づけることができる。

表に見られるように、比較的省略を許容するのは(B)・(D)・(F)・(J)の譜本であり、省略を許容しないのは(A)・(C)・(E)・(G)・(H)・(I)の譜本であると言える。省略の多寡は成立年代にあまり関係がないようだが、『四座講式の研究』において大慈院本の古さが論証されているので、それに従えば省略を許さない方が古い方式である可能性もある。ただし、元禄版のように漢字音も全て右節博士によって表示する方式は比較的新しいものと考えられ、省略を許さない譜が一概に古いとは言えない。恐らく講式の譜においては、採譜者の裁量が比較的大きく、記譜法が固定化していなかったのではあるまいか。そのことがこのような多様さをもたらしているものと考えられる。

本節では、省略の原理には様々なものが見られ、資料によってどのような原理で省略されるのかが異なることが確認されたことになる。

	漢字音	左節博士	末尾部	末尾以外	同高音節	合字類	字音二字目	拗音二字目
(A)大慈院本	◎	×	○	×	×	×	×	×
(B)涅槃講式	○	△	△	○	◎	◎	○	△
(C)涅槃講式	×	×	△	×	×	○	×	×
(D)寛永版	○	○	△	○	◎	△	×	×
(E)元禄版	×	×	△	×	△	△	△	△
(F)宝暦版	△	○	×	△	×	◎	×	◎
(G)四座講式	×	△	×	△	△	○	△	×
(H)四座講式	○	△	△	×	×	◎	×	△
(I)四座講式	△	×	×	×	×	◎	×	△
(J)四座式	○	◎	○	△	◎	◎	×	×

◎：10例以上、○：４から９例、△：３例以下、×：用例なし

〔表３〕　各譜本における節博士省略の状況

四　「ツ」に節博士が割り当てられない場合について

前節の結果を踏まえて、再び促音を表示する仮名「ツ」に対して、節博士が付与されない場合について考えてみる。節博士が付されない例は、次の諸例であった。

契カナッテ――×―（以上(A)）、契カナッテ―××―、先サキタッテ―×―×―（以上(B)）、貴タットフ―××―、像ヲモヒヤッテ―××××―、持モッテ―×―、挙アカッテ［＼］×××―、拍ウッテ―×―、槌ウッテ―×―、舐ネムッテ―××―、已ヲハッテ［―］×××―（以上(D)）、執トッテ［―］××―（以上(F)）、下クタッテ×××―、迫セマッシ［―］×××―（以上(G)）、已ヲワッテ＼＼×―（以上(H)）、放ハナッテ―××―、契カナッテ［―］×××―、持モッテ―×―、起タッテ―×―、迫セマッシ［―］×××―、拍ウッテ―×―、槌ウッテ―×―、執トッテ―×―、舐ネムッテ――×―、已ヲハッテ―××―（以上(J)）

これらを資料毎に検討してみると、(B)では前後に同じ音高の音節がある場合は省略されることが多く、二例ともこれに該当すると考えられる。(D)も同様で、大部分のものは同音省略と考えられ、残りの例も左節博士がある場合と見做される。(F)は左節博士による省略が行われる譜本であるが、ここに挙げた「トッテ」もこれに当たると考えられる。(G)では末尾以外の省略、左節博士による省略が観察されたが、促音の二例もこれに当てはまる。(J)の諸例については先に触れたが、前後で同じ高さの場合頻繁に省略が起こる譜本であるので、同じ原理による省略に当たる可能性が高い。これらはもちろん促音であることが全く関係していないとは言えないが、少なくともこれらの例によって促音が独立的でないとは主張できないと考える。

このように節博士の省略を考慮に入れた上で促音部分の節博士の施譜方法を見てみると、ほとんどが促音であるということと以外の要因によって省略されるケースに該当していることになり、僅かに(A)の「契カナッテ――×―」と(H)の「已ヲワッテ＼＼×―」が残る。(A)はこのような状況で省略を許さないし、(H)でも通常このような場合は省略が起きないからである。よって施譜の状況から言えば、「ッ」には基本的に節博士が付されるが、他の要因により省略される場合があるとするのが穏当であろう。

しかしながら一方で仮名「ッ」の有無に注目して大慈院本を観察してみると、「ッ」が無表記である例が圧倒的に多く、促音が独立的でないことが仮名の付訓に反映されていると見ることができる。よって(A)大慈院本でⅠ②(「ッ」が表記されるが、節博士は付されない例)が少ないのは、「音韻として促音が独立的でない」という意識が働いたというよりも、「仮名が配されている以上は、そこには節博士を加える」という意識が働いたのではないかと考えられる。それは大慈院本が基本的に節博士の省略を許さないという性格を有していること、右節博士が仮名を対象に付されるという意味で仮名に依存した記譜法であることから推し量ることができる。

一方Hに見られる「ヲワッテ╲╲×―」についてであるが、(H)全体を見ると(A)大慈院本と異なり、「ッ」が表記されているⅠの方がⅡよりも多い。よって(A)大慈院本と比較した場合、仮名の付訓からは促音が独立的であると判断できる。また「ッ」が表記されている二六例のうち、節博士のない例は一例のみである。大慈院本が七例のうち一例であったのと比べると、(H)の「ヲハッテ」はより稀少な例であると見ることができる。このように考えると、やはり大慈院本は他の譜本に比べて促音が独立的な位置を占めるに至っていないと考えられよう。[12]

ま　と　め

以上、講式の譜における促音の扱われ方について観察した。その結果、促音が施譜されるかどうかは、節博士が施される仮名「ッ」の有無に基本的に依存することが明らかとなった。「ッ」が付されているにも関わらず施譜されない場合もあるが、その大部分はその音節が促音であることとは関係なく、他の要因による節博士の省略と判断できる例であった。ただし一部には促音であることが影響していると考えられる例も見られる。

このように講式譜において、促音であるかどうかが施譜にあまり影響していない原因としては、先述の通り講式譜の成立が比較的新しいこと、また記譜法の基本的な構造として、右節博士の付される対象が仮名であるために、仮名の有無が節博士を加えるかどうかの判断に大きく影響することが考えられる。

注

（1）浅田健太朗「漢字音における後位モーラの独立性について――仏教声楽譜から見た日本語の音節構造の推移――」（『音声研究』第八巻第二号、二〇〇四）

（2）岩原諦信『増補校訂声明の研究』（東方出版、一九九七）、二五頁

（3）現在のところ、『四座講式の研究』で詳細に検討された大慈院本が譜本としては最古のものとされるが、書写年代は明確でない。南北朝時代に書写されたものと推定されるものの、大慈院本以外に南北朝時代の譜本が見あたらないことも確かであり、式文に節博士が付されるようになったのは室町時代に入ってからとする説（例えば『金沢文庫資料全書第八巻』便利堂、一九八六、三五〇頁など）もある。

（4）ただし江戸時代の譜本の中には複数の左節博士が付されている譜本も見える。

（5）『高野山大学附属高野山図書館所蔵「高野山講式集」CD―ROM版』（小林写真工業）。本稿で使用する書名はCD―ROMに従った。以下の資料も同様。

（6）実際の資料では、当然振り仮名は小さく、漢字の脇に添えられているが、印刷の便宜上大字で提示することにする。

（7）一つ断っておかなくてはならないのは、以下に掲げる用例における節博士の表示は、厳密に言えば譜ではなく、抽象化したアクセント記号に近い性質のものであることである。なぜなら以下の用例表示では、譜の示す音高や旋律がまったく異なるものも一つの記号で代表させている場合があり、音楽的には全く理に適うものではないためである。しかしながら本稿では旋律には深く立ち入らず、節博士の有無を専ら問題にしているので、簡明さを優先させ敢えて簡略化した。

（8）例えば「合カツシテ―｜―＼―」「契カナッテ―｜―×―」「競（キヲ）ツテ―｜―｜―／―」「迫セマッシ［―］×××―」と表示する例の、譜における実際の姿は次の通りである。

(9)この大慈院本の例は、異なる記譜法が適用されている部分に見られるものであり、実際には「九九九八」と表記すべきだが、他の例と統一を図るために本稿の方式に変換して示した。

合《カツシテ》　契《カナツテ》　競《ツテ》　迫《セマツシ》

(10)本稿における「省略」という語は、単に節博士が付与されていないという広い意味で使用する。すなわち、元々そこに節博士があったかどうかは問題にせず、仮名があるにも関わらず無譜となっている全ての部分を省略された部分と言うことにする。

(11)ただし「悲カナシンテ」に関しては、(B)の他には唯一(A)大慈院本のみに「╲╲╲─╲」という節博士が与えられており、この二本以外は無譜となっている。二本が互いに異なる旋律を持つのは曲節が変化したためで、大慈院本以外の譜本では、問題となる「悲」より一五字後の「乎」までの部分は音楽上「中音」という曲節が適用されている。「中音」という曲節は室町時代以降発達した曲節で、無譜の部分は「─」と同じ高さを表すという(『四座講式の研究』、一二七頁他)。従って大慈院本以外の諸本では、「────」という旋律に変化したことになる。

(12)大慈院本には「カナツテ」の他に「フンテ╲×─」という例があるが、これも撥音が独立的でないことを反映している可能性がある。

『源氏物語』における「うるさし」「むつかし」「わづらはし」

世羅恵巳

一、はじめに

用例(a)は、現在源氏に出仕している故夕顔の女房右近が、長谷寺参詣から戻り、久しぶりに六条院に参上した場面である。

(a)おとゝ（＝源氏）も（右近ヲ）御覧して（貴女＝右近ハ）なとかさとゐはひさしくしつるそ　例ならすや　まめ人のひきたかへ　こまかへるやうもありかし　おかしき事なとありつらむかし　なと例のむつかしう［α］たはふれ事なとの給（私＝右近ハ）まかてゝ七日にすき侍ぬれと　おかしき事は侍かたくなむ　…中略…（源氏ハ）おほとのこもる　とて右近を御あしまいりにめす　わかき人（＝女房）はくるしとてむつかるめり　猶としへぬるとち（＝源氏・右近）こそ　心かはしてむつひよかりけれ　と（源氏ガ）の給へは　人〳〵（＝女房達）しのひてわらふ　さりや　たれかそのつかひならひ給はむをはむつからん（源氏ガ）うるさき［β］たはふれ事いひかゝり給を　わつらはしきに　なといひあへり（玉鬘七四一14～七四三01）

源氏からの「たはぶれ事」を受ける女房達は、これを「むつかし」「うるさし」「わづらはし」と感じ、面倒がって迷惑に思っている。

さて、「たはぶれ事」とはどのようなものであろうか。［α］については、「なとかさとゐはひさしくしつるそ　例ならすや　まめ人のひきたかへ　こまかへるやうもありかし　おかしき事なとありつらむかし」という源氏の具体的発話が提示されているが、［β］についての記述はない。しかし、［α］の内容や「わかき人はくるしとてむつかるめり　猶としへぬるとちこそ　心かはしてむつひよかりけれ」という源氏の発話を受けて［β］が連想されていることから考えると、おそらく女房達を困惑させる色めいた内容[1]であると推察される。[2]

このように、類似した内容の「たはぶれ事」という心情誘発要因[3]（以下、要因と称す）を受けながら、心情主体者（以下、主体と称す）である女房達は、「うるさし」「むつかし」「わづらはし」（以下、三語と称す）により表わされる心情を、心情対象（以下、対象と称す）に対して発生させている。[4]三語が使用された事は、心情発生に関与するこれらの要素「要因」「対象」「主体」と「要因・対象・主体の関係性」における何らかの差異が反映した結果であると推測される。ただし、三語における「要因」は、用例(b)のように「対象」と同一という関係性[5]にある。

(b)としころも（夕霧ノ懸想ヲ）むけにみしり給はぬにはあらねと　しらぬかほにのみもてなし給へるを　【要因＝対象】かくことにいてゝ（夕霧ガ）うらみきこえ給を　（落葉宮ハ）わつらはしうて　いとゝ御いらへもなけれは　（夕霧ハ）いたうなけきつゝ（夕霧一三一四14）

以下、これらの要素に着目し、『源氏物語』における三語を対象として分析を行なっていく。

『源氏物語』において、「うるさし」は全39例、「むつかし」は全73例、「わづらはし」は全125例である。ただし、「うるさし」には、以下のような用例が見られる。

(c)故権大納言（＝柏木）なにの折〳〵にも　なきにつけていとゝしのはるゝことおほく　おほやけわたくし物の折ふしのにほひうせたる心ちこそすれ　花とりの色にもねにも思ひはきまへ　いふかひあるかたのいとうるさかりし物を　なと（源氏ハ）の給ひいてゝ（鈴虫一二九八13）

用例(c)は、月の宴で源氏が故柏木を懐かしむ場面である。柏木の優れた資質について「うるさ」しとし、夭折を残念に思っている。[7] (a)における「うるさし」は、主体にとって「望ましくない要因」[6]から生じた心情であるが、(c)における「うるさし」は、美質という「望ましい要因」から生じており、要因という観点からみた場合、両者は異なっている。(c)と同様の「うるさし」は全5例確認される[8]が、本論においては分析対象から除外した。したがって「うるさし」の分析対象用例数は全34例となる。

なお、本論中に掲げた用例は『源氏物語大成』より引用し、本文中の表記に従ったが、漢字に関しては現行の字体に改めた部分がある。用例末には巻名・頁数・行数を記載した。用例における傍線や波線、（　）による補足、空白は、理解の便宜をはかり私に付した。用例中において、□は主体、……は要因を示している。

二、三語における主体と要因との関係性――優位・劣位――

三語により表わされる心情は、要因を受けた主体が発するものである。そこでまず、要因と主体との関係性について検討を行なう。

①このにしなるいゑは　なに人のすむそ　とひきゝたりや　と（源氏ガ）のたまへは　れゐのうるさき（源氏ノ）御心　とはおもへとも（惟光ハ）えさは申さて　…中略…　となりの事はえきゝ侍らす　など（源氏ニ）はしたなやかにきこゆれは（夕顔一〇四11）

②（玉鬘ヘノ懸想ヲ）いろにゐてたまひてのちは　おほたのまつのとおもはせたることなく（源氏ガ）むつかしうきこえ給ことおほかれは（玉鬘ハ）いとゝところせきこゝちして　をき所なきものおもひつきて　いとなやましうさへし給（胡蝶八〇〇02）

③（源氏・小君ガ）とをやをらをしあくるに　おいたるこたち（＝紀伊守邸ノ女房）のこゑにて　あれはたそ　と
おとろ〳〵しくとふ　わつらはしくて（小君ハ）まろそ　といらふ（空蟬九二10）

用例①は「うるさし」、用例②は「むつかし」、用例③は「わづらはし」の用例である。用例①は、夕顔の宿の女性に関心を抱いた源氏が、惟光に尋ねる場面である。主体惟光は、源氏が求めている情報を与える立場にある。[9]そのため主体は、要因に対して優位に位置している。用例②は、玉鬘が源氏から懸想される場面であり、用例③は、空蟬を求めて忍び入った紀伊守邸で、源氏と小君が老女房から声を掛けられる場面である。用例②の主体玉鬘は、六条院で生活し、養父である源氏から保護される立場にある。また用例③において、暗闇の中で密かに部屋を出ようとする源氏と主体小君は不審者であり、老女房は彼らを咎める立場にある。そのため用例②③の主体は、要因に対して劣位に位置している。

以上の検討より、「うるさし」における主体は要因に対して優位にあり、「むつかし」「わづらはし」における主体は要因に対して劣位にあるという関係性にあることがわかる。なお、この優劣に関する関係性は三語の全用例に該当していることから、三語により表わされた心情の性質に深く関わっているものと推測される。

三、三語における主体の対応に関する差異——拒絶・回避・受容——

三—一　主体の対応の差異

女房達を困惑させる「たはぶれ事」は、主体にとって「望ましくない要因」といえる。このような望ましくない要因に対して、主体がどのような対応を示しているのか調査した結果、〈拒絶〉〈回避〉〈受容〉の三種類が確認された。

［表１］

主体の対応 ／ 心情形容詞	〈拒絶〉	〈回避〉	〈受容〉	判別不可
うるさし　全 34例	26(76.5)	2(5.9)	5(14.7)	1(2.9)
むつかし　全 73例	29(39.7)	3(4.1)	39(53.5)	2(2.7)
わづらはし 全125例	26(20.8)	30(24.0)	67(53.6)	2(1.6)

＊表中の数値は用例数、（　）内は％
＊「判別不可」とは、場面における主体の対応が無記述の場合である

④（薫ハ）おり〳〵は　すきにしかたのくやしさを　わするゝおりなく　ものにもかなやと　とりかへさまほしきとほのめかしつゝ　やうやうくらくなりゆくまておはするに　中ノ君ハ　いとうるさくおほえて　さらは心ちもなやましくのみ侍を　又よろしく思給へられん程に何事も　とていり給ぬるけしきなるか（宿木一七三八03）

⑤（六条御息所ハ）つれなしつくれと　をのつから（葵上従者達ハ）みしりぬ　さはかりにては　さないはせそ　大将殿（＝源氏）をそかうけにはおもひきこゆらむ　なと（葵上従者ガ）いふを　その御かたの人（＝源氏従者）もましれは　(六条御息所ヲ) いとおし　とみなから　よういせむもわつらはしけれは　しらすかほをつくる（葵二八七04）

⑥心につくへき事をの給ふ（源氏ノ）けはひの　いとなつかしきを（若紫ハ）おさなき心ちにも　いといたうをちす　さすかに（源氏ノ添寝ハ）むつかしうねもいらすおほえて　みしろきふしたまへり（若紫一八三13）

用例④は、中の君に懸想する薫が二条院を訪れた場面である。「とりかへさまほしきとほのめかしつゝ　やうやうくらくなりゆくまておはする」という要因薫の言動に、主体中の君は「いり給ぬるけしき」をみせ、薫との対面を〈拒絶〉している。用例⑤は、六条御息所と葵上の車争いの場面である。六条御息所に対する葵上従者の無礼を目にした主体源氏従者は、「よういせむ」と思いつつも争いに巻き込まれる危険性を危惧し、結局は「しらすかほをつく」ることで〈回避〉[10]している。用例⑥は、源氏が若紫の許に宿直する場面である。主体若紫は、男性の添寝という日常と異なる現状に不安を感じ、「みしろき」しつつも「ふし」たままでおり、源氏

の添寝という要因を〈受容〉している。

このように、要因に対する主体の対応には〈拒絶〉〈回避〉〈受容〉の三種類が存在しているが、三語における要因は主体にとって一様に望ましくないものであるため、対応の基底には一貫して「拒否」が存在していると思われる。

[表1]は、三語における主体の対応に関する調査結果の一覧である。

[表1]より、「うるさし」は〈受容〉〈拒絶〉、「むつかし」は〈拒絶〉、「わづらはし」は〈受容〉〈回避〉〈拒絶〉の傾向にあることが看取される。この結果は、三語における何らかの差異を反映したものであると推測される。

以上の結果をふまえ、用例に即し具体的に検討を行なう。

三―二　「うるさし」について

三―二―一　〈拒絶〉

[表1]より、「うるさし」においては〈拒絶〉が最も高い割合を示していた。

⑦（夕顔ハ）あせもしとゝになりて　われかのけしきなり　…中略…　（源氏ハ）いとおし　とおほして　われ（＝源氏）人をおこさむ　手たゝけは山ひこのこたふる　いとうるさし（夕顔一二三06）

⑧されと（琴ハ）なをかのおに神のみゝとゝめ　かたふきそめにける物なれはにや　なま〱にまねひて　思かなはぬたくひありけるのち　（世人ハ）これをひく人よからすとかいふなむをつけて　うるさきまゝにいまはおさ〱つたふる人なしとか（私＝源氏ニハ）いとくちおしき事にこそあれ（若菜下一一五八10）

用例⑦は、不気味な某院の様子に夕顔が怯える場面である。暗闇の中で源氏は従者を呼ぶために拍手するが、やまびこが「うるさ」く反響するばかりである。そのため源氏は、自身で従者を呼びに行こうとしている。用例⑧は、源氏が夕霧と琴について語る場面である。琴が原因で不幸を招いた人を不吉の例として、世間の人々が「これをひく人よからすとかいふなむをつけ」て「うるさ」い存在とした結果、現在では琴の奏法に関して「おさ〳〵つたふる人なし」という状況になっている。用例⑦⑧の主体は、要因に対して〈拒絶〉の様相をみせている。用例⑦の主体源氏は拍手を止めることでやまびこを拒絶し、用例⑧の主体世人は不吉とする琴の奏法を後世に伝えることを拒絶している。このように主体は、要因との関係性を断絶するという対応をみせている。

〈拒絶〉という観点から、用例⑨のように草子地[11]における省筆理由として「うるさし」が機能する用例[12]も確認される。

⑨（宇治ハ）花さかりにて　よものかすみもなかめやるほとの見所あるに　（宴席ノ座興ニ）からのもやまとのもうたともおほかれと　うるさくてたつねもきかぬなり（椎本一五五一12）

三―二―二　〈受容〉〈回避〉

「うるさし」は、〈拒絶〉が最も高い割合を示していたが、〈受容〉〈回避〉にも少なからず用例が確認できる。

⑩何事にか　といふまゝに（薫ガ）き丁のしたよりてをとらふれは　（中ノ君ハ）いとうるさく思ひならるれといかさまにして　かゝる心をやめてなたらかにあらん　とおもへは　…中略…　さりけなくもてなし給へり（宿木一七五四13）

⑪（夕霧・雲居雁夫妻ノ）いつかたにつけても　（玉鬘ハ）もてはなれ給はぬ御なからひなれは　…中略…　（夫妻ノ子息蔵人少将ハ）女房にもけちかくなれよりつゝ　思事（＝玉鬘大君ヘノ懸想）をかたらふにもたよりありてよるひるあたりさらぬみゝかしかましさを　うるさきものゝ心くるしきに　かむのとの（＝玉鬘）もおほしたり（竹河一四六五10）

⑫（故大君ニ）似たりと（中ノ君ガ）の給つる人（＝浮舟）も　いかてかはまことかとはみるへき　さはかりのきは（＝受領階級）なれは（私＝薫ガ）思ひよらんにかたくはあらすとも　人のほいにもあらすはうるさくこそあるへけれ　なと（薫ハ）なをそなたさまには心もたゝす（宿木一七五七13）

⑬（宇治ノ）山かつのおとろくもうるさし　とて（薫ハ）すいしんのをともせさせ給はす　しはのまかきをわけつゝ　そこはかとなき水のなかれともをふみしたくこまのあしをとも　猶しのひて　とようひし給へるに（橋姫一五二〇13）

用例⑩⑪は〈受容〉の用例である。用例⑩は、薫が中の君の手をとらえた場面である。主体中の君は、薫の無遠慮な行為を「うるさく」思いつつ、「いかさまにして　かゝる心をやめてなたらかにあらん」という目的のため、「さりけなくもてなし」て薫の行為を〈受容〉している。用例⑪は、蔵人少将が玉鬘大君に懸想する場面である。大君の入内を望む主体玉鬘には、蔵人少将に結婚を許す気はない。しかし、近しい関係にある蔵人少将の両親夕霧・雲居雁への配慮から、無下に蔵人少将を退けることができず〈受容〉している。このように用例⑩⑪の主体は、目的達成（⑩）や配慮すべき人間関係（⑪）により、不本意ながら要因を〈受容〉せざるをえない状況にある。「うるさし」における〈受容〉の用例は他3例存在するが、すべて人間関係への配慮のために要因が〈受容〉された用例である。

用例⑫⑬は〈回避〉の用例である。用例⑫は、薫が中の君から浮舟の存在について知らされた場面である。主体薫は、故大君の形代としての浮舟が期待に反した場合を「うるさし」とし、浮舟と関係を結ぶことを〈回避〉している。用例⑬は、早朝薫が八宮邸に赴く場面である。山賤が起き騒ぐことを〈回避〉するため、薫は物音を立てないよう従者に指示している。用例⑫⑬の主体は、今後生じるであろう「うるさ」い要因を予測し、これを事前に〈回避〉しようと試みている。

三—二—三　まとめ

以上より、「うるさし」の主体は、要因との関係を断絶、もしくは要因との関係生成を避けていることがわかる。主体が要因を受け入れる場合もあるが、達成すべき目的や人間関係への配慮が必ず介在していることから、例外的な場合であると考えられる。したがって「うるさし」の主体は、要因に対して〈拒絶〉〈回避〉の対応を示すといえる。

三—三　「むつかし」「わづらはし」について

次に、「むつかし」「わづらはし」の二語について検討を行なう。［表1］より、「むつかし」における主体の対応は〈受容〉〈拒絶〉に偏り、また「わづらはし」においては〈受容〉〈回避〉〈拒絶〉のすべてに用例が確認された。

三—三—一　〈受容〉

まず、「むつかし」「わづらはし」ともに用例が確認される〈受容〉の場合について検討する。

⑭（私＝侍従ハ）なに心もなく（匂宮ニ）まいりて　かゝることとも（＝浮舟ノ形見贈与）のあるを　人（＝浮舟女房達）はいかゝみん　すゝろにむつかしきわさかな　と思ひわふれと　（匂宮ニ）いかゝはきこえかへさむ　（蜻蛉一九五一07）

⑮猶（夕霧・落葉宮ハ）つひにあるやう　あるへきやう御なからひなめり　と北方（＝雲井雁）けしきとり給へれは（夕霧ハ）わつらはしくて　（落葉宮ノ許ニ）まうてまほしうおほせと　とみにえいてたちたまはす　（夕霧一三一〇10）

用例⑭は「むつかし」の用例であり、浮舟の女房侍従が、故浮舟の形見としての品々を匂宮から下賜された場面である。主体侍従は、匂宮と浮舟の秘事を知らない朋輩女房達の不審を招くことを恐れるが、折角の匂宮の厚意を無にできず、〈受容〉せざるをえない。用例⑮は「わづらはし」の用例であり、落葉宮に執心する夕霧に雲居雁が嫉妬する場面である。主体夕霧は、雲居雁の嫉妬を無視できず〈受容〉し、落葉宮を訪問したい気持ちを抑えざるをえない。用例⑭⑮の主体は、不本意ながら人間関係に配慮して要因を受け入れざるをえない状況にあり、この点「うるさし」における〈受容〉の場合と同様の状況にある。

三―三―二　〈拒絶〉〈回避〉

次に、「むつかし」「わづらはし」の〈拒絶〉〈回避〉の用例について検討する。

⑯ひたちのみこ（＝末摘花父宮）のかきをき給へりける　かうやかみのさうしをこそみよ　とて（末摘花ガ）おこせたりしか　わかのすいなう　いとところせう　…中略…　もとより（私＝源氏ノ）をくれたる（和歌ノ）かたの　いとゝなかく〳〵うこきすへくもみえさりしかは　むつかしくて（冊子ヲ）かへしてき（玉鬘七五六04）

⑰（内大臣ヘノ返歌ハ）くちをしくこそおくしにけれ（貴方＝柏木ハ）とりなをし給へよ　と（夕霧ハ）きこえたまふ（柏木ガ）御ともにこそ　との給へは　わつらはしきすいしんはいな　とて返しつ（藤裏葉一〇〇〇02）

⑱（玉鬘ハ）内には　時々しのひてまいり給おりもあり　院（＝冷泉院）には（玉鬘ヘノ）わつらはしき御心はへのなをたえねは（玉鬘ハ）さるへきおりもさらにまいり給はす（竹河一四九四10）

用例⑯は「むつかし」の〈拒絶〉、用例⑰⑱は「わづらはし」の〈拒絶〉の用例である。

用例⑯は、以前和歌の秘伝書を末摘花から貸与されたことについて、源氏が紫上に語る場面である。冊子により作歌技術が向上するよりも、むしろ自由な作歌が妨げられてしまうため、結局主体源氏は冊子を返却し〈拒絶〉してしまう。用例⑰は、夕霧が内大臣から藤花宴に誘われた場面である。内大臣の使者として来訪した夕霧の親友柏木は、ふざけて「御ともにこそ」と申し出るが、夕霧は「いな」と〈拒絶〉している。用例⑱は、玉鬘に対する冷泉院の執心が続いている場面である。玉鬘は「さるへきおりもさらにまいり給はす」と、執心を退けるため院の御所には参上せず、〈拒絶〉している。

用例⑯〜⑱における「むつかし」「わづらはし」の〈拒絶〉は、「うるさし」の〈拒絶〉とは異なる様相を見せている。用例⑯「むつかし」の場合、おそらく最初は有益なものとして冊子は読まれたはずであるが、結局活用されることなく返却されてしまう。主体は、要因との関係を築こうと試みるも挫折し、結局〈拒絶〉せざるをえなくなっているのである。また「わづらはし」の用例における〈拒絶〉の場合、用例⑰のように、親しい間柄でのふざけあいの場合や、用例⑱のように、以前に受けた迷惑に懲りている場合に拒絶が選択されている。他の「わづらはし」の用例においても、本来主体の配慮が不可欠な要因であるにも関わらず、窮地に追い込まれる、ひどい誤解を受ける等、主体が決して受け入れることのできない要因であるために拒絶せざるをえない場合に限り、主体は要因を拒絶している。そのため、「わづらはし」における〈拒絶〉は例外的といえる。

⑲としへたる人（＝老女房）の心にも　（末摘花ハ）たくひあらしとのみ　めつらかなるよをこそはみたてまつりすこしはへる　とやゝくつしいてゝ　とはすかたりもしつへきかむつかしけれは　（惟光ハ）よし〳〵　まつかくなむ（源氏ニ）きこえさせん　とて（源氏ノ車ニ）まいりぬ（蓬生五三五03）

⑳なとか（私＝匂宮ノ）なきおりには（二条院ニ）きつらんと思給ひぬへき御心なるも（薫ハ）わつらはしくてさふらひのへたうなる右京のかみ（＝匂宮家人）めして（匂宮ガ）よへまかてさせ給ひぬと（私＝薫ハ）うけたまはりて（二条院ニ）まいりつるを　…中略…　と（薫ガ）の給へは（宿木一七一九08）

用例⑲は「むつかし」、用例⑳は「わづらはし」における〈回避〉の用例である。

用例⑲は、源氏の命令を受けた惟光が荒廃した末摘花邸を訪ねる場面である。「とはすかたり」を始めかねない老女房の様子を察知した惟光は、「まつかくなむきこえさせん」と源氏が待ちかねていることを盾にし、「とはすかたり」を〈回避〉している。用例⑳は、中の君に心を残しつつ薫が二条院を辞去する場面である。「なとかなきおりにはきつらん」という匂宮の不審を招くことを危惧した薫は、右京頭に「よへまかてさせ給ひぬとうけたまはりてまいりつるを」と来訪目的を告げることで、匂宮の不審感を〈回避〉しようと試みている。「むつかし」「わづらはし」ともに〈回避〉の様相は同様である。ただし、［表1］において、「むつかし」における〈回避〉の割合が非常に低率であったことから、「むつかし」は既成の物事を要因として生じる傾向を示しているといえる。それに対して「わづらはし」は、予測段階にある未成の要因からも生じる心情であるといえよう。

三—三—三　まとめ

「むつかし」「わづらはし」における〈回避〉は、先に検討した「うるさし」の場合と同様であったが、〈拒絶〉に関しては異なる様相を見せている。「むつかし」の〈拒絶〉の場合、主体は要因との円滑な関係構築に頓挫し、結局要因を拒絶せざるをえない状況にある。また「わづらはし」の〈拒絶〉の場合、主体が何らかの危機的状況に陥ることが予測される場合や親しい人間関係においてふざけがちに使用される場合であった。それに対して「うるさし」の主体は、用例⑦⑧に示したやまびこや琴の奏法という要因に対して最初から〈拒絶〉を示し、関係性を築こうとはしておらず、要因によって危機的状況に瀕しているとも言いえない。そのため、同様に〈拒絶〉を示していても、三語における要因は質的に異なるといえる。

三―四　まとめ

三語における要因に対する主体の対応に関して検討した結果、「うるさし」は〈拒絶〉〈回避〉、「むつかし」は〈拒絶〉〈受容〉、「わづらはし」は〈回避〉〈受容〉の傾向を示していた。そのため、三語は［図］のような関係性にあることがわかる。更に「拒否」という観点から見た場合、〈受容〉しない「うるさし」は積極的拒否、〈拒絶〉しない「わづらはし」は消極的拒否、「むつかし」はその中間に位置しているといえる。

「うるさし」の主体は、要因に対して主として拒絶を示すが、これは先に検討した主体と要因との優劣関係の関与が推察される。「うるさし」における主体は優位にあるため、劣位からの望ましくない要因に対して、当然強い拒否を示すと思われる。それに対して、劣位にある「むつかし」「わづらはし」の主体は、優位からの望ましくない要因を積極的には拒否できず、消極的な拒否である回避や受容を結果的に行なうものと思われる。このように、主体を取り巻く様々な要素の相互関係は、主体の対応に影響を及ぼし決定づけているといえよう。

［図］

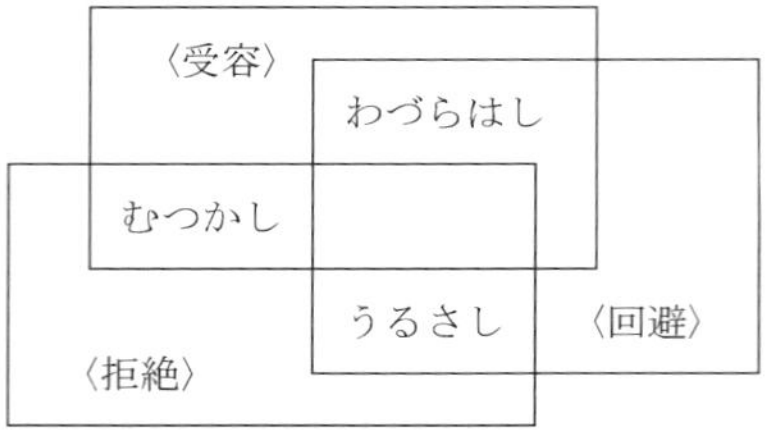

四、要因に関する差異――数量的・関係的――

最後に、三語における要因に関して検討を行なう。

先に提示した用例⑨では、草子地における省筆理由として「うるさし」が機能していたが、「むつかし」「わづらはし」においても同様の用例が確認される。

四―一　草子地からみた三語の要因

㉑（明石入道ハ）数しらぬ事とも（源氏ニ）きこえつくしたれと　うるさしや　ひかことゝもにかきなしたれはいとゝをこにかたくなしき入道の心はへもあらはれぬへかめり（明石四五八09）

㉒（宴席ノ）おほかめりし事（＝詩歌）とも〵　かうやうなるおりの　まほならぬ事　かす〳〵にかきつくる　心地なきわさとか　つらゆきかいさめたうるゝかたにて　むつかしけれはとゝめつ（賢木三七四07）

㉓（冷泉帝ハ）くら人の左衛門のせうを御つかひにて（源氏ニ）きしひとえた　たてまつらせたまふ　おほせことにはなにとかや　さやうのおりのことまねふに　わつらはしくなむ（行幸八八八01）

用例㉑～㉓は、草子地における省筆の部分であり、主体である語り手は、多数・多量を要因として省筆を行なっている。このような省筆の用例は、「うるさし」において全34例中14例（四一・二％）であるが、「むつかし」においては全73例中3例（四・一％）、「わづらはし」においては全125例中1例（〇・八％）と非常な低率を示している。この用例数の多寡の差異より、三語における要因と数量には何らかの関係性が存するものと推測される。そこで、要因の数量的／非数量的という観点について三語の用例を調査し、結果を［表2］に示した。

［表2］より、「うるさし」における要因は数量的傾向にあり、「むつかし」「わづらはし」における要因は非数量的傾向にあることが看取される。そこで、以下三語の用例について検討を行なう。

四―二　「うるさし」における数量的要因

「うるさし」における要因は、数量的要因の傾向にあった。

［表２］

心情形容詞／要因の性質	うるさし	むつかし	わづらはし
数量的要因	28(82.4)	8(11.0)	3(2.4)
非数量的要因	6(17.6)	65(89.0)	122(97.6)

＊表中の数値は用例数、（　）内は％

㉔いかゝし侍へき　いみしくにくませ給へは又きこえさせむ事もありかたきを
たゝひとこと（貴女＝女三宮ノ）御こゑをきかせ給へ　と（柏木ガ）よろつにきこ
えなやますも（女三宮ハ）うるさくわひしくて　物のさらにいはれたまはねは
（若菜下一一七九09）

㉕［薫ノ歌］あけまきになかき契をむすひこめおなしところによりもあはなむ
と　かきてみせたてまつり給へれは（大君ハ）れいの　とうるさけれと
［大君ノ歌］ぬきもあへすもろき涙のたまのをになかき契をいかゝむすはん
と　あれは（薫ハ）あはすはなにを　とうらめしけになかめ給（総角一五八八02）

用例㉔は、柏木が女三宮に詰め寄る場面である。柏木の「よろつにきこえなやます」という要因に対し、女三宮は「うるさ」しとしている。用例㉕は、薫が大君を口説く場面である。薫の行為を「れいの」と大君がとらえていることから、これに類する薫の求愛行為がこれまでに幾度も繰り返されていることが推測できる。このように「うるさし」における要因は、数量的観点からみた煩雑さを示している。

四―三　「むつかし」「わづらはし」における関係的要因

「むつかし」「わづらはし」においては非数量的要因の割合が高くなっていた。

㉖（小侍従ハ）人まなりけれは（柏木ノ文ヲ）しのひてみせたてまつる　むつかしき物みするこそいと心うけれ
心ちのいとゝあしきに　とて（女三宮ハ）ふしたまへれは（若菜下一一九三14）

㉗（朧月夜ノ）おもてのいたうあかみたるを　猶なやましうおほさるゝにや　と（父右大臣ハ）みたまひて　なと

御けしきのれいならぬ　もの〻けなとのむつかしきを　すほうのへさすへかりけり　との給に（賢木三七六05）

㉘（藤壺ハ）おほしたつすち（＝出家）はいとかたけれと　うちわたりをみ給につけても　世のありさま　あはれにはかなく　うつりかはる事のみおほかり　おほきさき（＝弘徽殿）の御心もいとわつらはしくて　かく（内裏ニ）いて入給にもはしたなく（賢木三五五02）

㉙中将のきみ（＝源氏）も　おとろ〳〵しうさまことなる夢をみ給て　あはするものをめしてとはせ給へは　をよひなうおほしもかけぬすちのこと（＝子孫ノ即位等）をあはせけり　その中にたかいめありて　つ〻しませ給ふへきことなむ侍る　と（夢占師ガ）いふに　（源氏ハ）わつらはしくおほえて（若紫一七五14）

用例㉖は、女三宮の女房小侍従が、柏木からの文を女三宮に見せる場面である。主体女三宮は、密通相手柏木を関わりたくない存在としている。用例㉗は、右大臣が朧月夜の病を心配する場面である。病を引き起こす物の怪は、厄介で退治しづらい存在である。用例㉘は、桐壺院亡き後、社会情勢が変化した場面である。弘徽殿大后から敵対視される藤壺は、必然的に弘徽殿大后に対して慎重にならざるをえない。用例㉙は、主体源氏が夢合わせを依頼した場面である。その結果、世間に公表できない、臣下としてあるまじき夢解きが示されてしまう。

用例㉖〜㉙における主体は、主体にとって要因がどのような存在であるのかという、要因との関係性に着目しており、関係性の複雑さ、煩雑さが要因となっている。これまで非数量的要因と称していたが、分析の結果をふまえると関係的要因と言い換えられよう。

四―四　ま と め

以上、三語における要因に関して数量的観点から検討を行なった。その結果、三語は共通して煩雑さを要因とするが、「うるさし」は数量的要因の傾向に、また「むつかし」「わづらはし」は関係的要因の傾向にあることがわかる。つまり、「うるさし」においては多数・多量という数量的煩雑さが、「むつかし」「わづらはし」においては関係的複雑さが要因となっている。このことは、「むつかし」「わづらはし」における主体が要因を〈受容〉する傾向にあることと無関係ではないであろう。要因への配慮が必要であり、要因を拒否しきれず受容せざるをえないことは、主体と要因との関係性が単純であるとはいえないためと考えられる。

五、おわりに

以上、「うるさし」「むつかし」「わづらはし」について分析をすすめてきた。三語についての分析結果より、以下のようにまとめることができる。

「うるさし」は、優位に位置する主体が、劣位からの数量的に煩雑で望ましくない要因を受け、これを積極的に拒絶する心情である。

「むつかし」は、複雑な関係性を有する優位からの望ましくない要因を受けた、劣位に位置する主体が、要因との関係性に配慮して消極的に回避して拒否する、もしくは円滑な関係構築に挫折した結果拒絶さぜるをえなくなるという心情である。

「わづらはし」は、複雑な関係性を有する優位からの望ましくない要因を受けた、劣位に位置する主体が、要因との関係性に配慮して消極的に回避して拒否する、もしくは拒否したいと思いつつも忍従して受容するという心情である。

これらの結果をふまえ、冒頭の用例(a)について改めて検討を行なう。

まず「むつかし」の場合である。主人源氏からの色めいた「たはぶれ事」を要因として受けた右近は、望ましくない要因ながらもはっきりとした拒否を示すことができない。その結果、「まかてゝ七日にすき侍ぬれと　おかしき事は侍かたくなむ……」と源氏との関係に配慮しつつ、年輩の女房らしい穏当な受け答えを行なっている。

次に「わづらはし」の場合である。「うるさきたはふれ事いひかゝり給」という、対応に窮するような源氏の行為を望ましくない要因として受けた女房達は、主人源氏に配慮した結果、「むつかる」のような気持ちを抱きながらも相手にならざるを得ず、迷惑しつつも我慢して「たはぶれ事」に付き合わされている。

最後に「うるさし」の場合である。おそらくこれまで幾度となく源氏の「たはぶれ事」に接してきたであろう女房達は、望ましくない「たはぶれ事」の存在に反感を抱いている。なお「うるさきたはふれ事」という体言接続の連体形で使用されている点からみても、主人である源氏との関係性に配慮はなされていないと思われる。

主人源氏から女房達への色めいた「たはぶれ事」という一見一様な状況にありながら、場面に内包された、主体や要因、それらの関係性に関する様々な差異が反映した結果、このように異なる三語の形容詞で表される心情が発せられていることがわかる。三語は心情形容詞語彙体系に含まれている。体系に含まれる心情形容詞語彙を弁別する様々な観点と、それらの差異から生み出される関係性がどのような状態にあるのかを明らかにすることは、今後の大きな課題である。

注

（1）源氏が戯言で女房を困惑させる理由として、(a)以下に次のような文章が示されている。

「(源氏ハ)いまは　おほやけにつかへいそかしき御ありさまにもあらぬ御身にて　世中のとやかにおほさるゝまゝにたゝはかなき御たはふれ事をの給　おかしく人の心をみ給あまりに　かゝるふる人(=右近)をさへそたはふれ給」

（玉鬘七四三03～06）

（2）『源氏物語』において「たはぶれごと」は全16例確認され、男女間（14例）に限らず男性間（2例）においても交わされている。用例(a)のような色めいた内容のみならず、次例のように親しい同性間で交わされる冗談もある。

れいはさしもあらぬことのついてにたに（薫ガ）われはまめ人　ともてなしなのり給を（匂宮ハ）ねたかり給て　よろつにの給やふるを　かゝること（＝浮舟ノ存在）みあらはしたるを（匂宮ハ）いかにの給はまし　されとさやうのたはふれこともかけたまはす（浮舟一八八四07～10）

（3）構文的観点から心情形容詞述語文における要因等に着目した論に、吉田光浩「感情形容詞述語の関係成分について――源氏物語にみられる「うれし」の場合――」『大妻国文第二五号』（一九九四・三）他、田中牧郎「源氏物語のウレシとカナシ　情意形容詞の統語情報の整理」『語彙・語法の新研究』佐藤武義編　明治書院（一九九九・九）他がある。吉田氏は「感情誘発句」「状況説明句」、田中氏は「機縁」「前提」、「誘因」という用語を用いている。

（4）「主体」「要因」「対象」は、次のような関係にある。

（【主体】源氏ハ）京のことおほえて（明石女ノ文ヲ）おかし　とみ給へと【要因】うちしきりてつかはさむも【対象】人めつゝましけれは　二三日へたてつゝ（明石四六〇05）

（5）「要因」「対象」の関係性に着目すると、次の二種類が存する。

①「要因」「対象」が非同一の場合

【要因】月のいとはなやかにさしいてたるに　こよひは十五夜なりけり　と（源氏ハ）おほしいてゝ【対象】殿上の御あそひこひしく（京ノ人々ハ）所〳〵なかめ給らむかし　と思やり給につけても　月のかほのみまもられ給ふ（須磨四二四09）

②「要因」「対象」が同一の場合

（薫ハ）【要因＝対象】例ならすしいて　あさてはかり（貴女＝弁尼ニ）車たてまつらん　その（浮舟ノ）旅の所たつねをき給へ　ゆめおこかましう　ひかはさすましきを　とほゝゑみての給へは（【主体】弁尼ハ）わつらはしく（薫ハ）

いかにおほす事ならん　と思へと（東屋一八四二09）

(6)「快／不快」は心情を構成する基本次元の一つとみなされている（『心理学辞典』有斐閣）が、「快／不快」のどちらにも非該当の心情形容詞（例、うらやまし）が存在してしまう。そこで、要因に関する望ましさに着目し「望ましい／望ましくない」という基準を私に設定した。

(7)現行の辞書において、「望ましい要因」による「うるさし」と「うるせし」との意味的関連が指摘されている。

(8)用例(c)の他、『源氏物語』において以下のような用例が確認される。人の性質や能力が優れている事について「うるさし」としている。

（嫉妬深女ハ）はかなきあた事をも　まことの大事をもいひあはせたるに　かひなからす　たつた姫といはむにもつきなからす　たなはたのてにもおとるましく　そのかたもくして　うるさくなん侍し　とて（故嫉妬深女ヲ）いとあはれ　と（左馬頭ハ）おもひいてたり（帚木五二12）

宮（＝女三宮）の御ことのねは　いとうるさくなりにけりな　（貴女＝紫上ハ）いかゝきゝ給し　と（源氏ガ）きこえ給へは　はしめつかた　あなたにてほのきゝしは　いかにそやありしを　いとこよなくなりにけり　…中略…　と（紫上ハ）いらへきこえたまふ（若菜下一一六二05）

(9)社会的地位からみた場合、主従関係にある源氏と惟光は、上位源氏・下位惟光の関係にある。しかし、場面における主導権の有無からみた場合、両者の位置は逆転している。主体と要因の関係としては、通常社会的・身分的な上下関係のみが取り上げられがちであるが、場面における立場や主導権の有無等も含め、広く優劣関係として取り上げた。

(10)「回避」とは、「嫌悪的な刺激にさらされないように前もって行動すること」（有斐閣『心理学辞典』）である。本論では、望ましくない要因の生起を事前に予測した主体が、要因と無関係であるような言動を行なっている場合を「回避」と認定した。

(11)草子地の定義は必ずしも定まってはいないが、中野幸一氏は「物語の地の文における感想・注記・批評・説明など、作者と思われるものが物語の表面に出て直接発言している部分、あるいは読者を意識した作者の姿勢がうかがわれる部分」

とし、草子地を〈説明〉〈推量〉〈省略〉〈批評〉〈伝達〉〈強調〉〈感動〉〈傍観〉の八つに分類している。

(12) 省筆理由として機能する用例は、中野氏の分類において〈省略〉に含まれている。

［主要参考文献］　本文・注に掲げたものを除く

榎本正純「源氏物語草子地試論」『武庫川国文　第十七号』（一九八〇・三）

木曾幸子「「わづらはし」の展開――宇津保物語より源氏物語へ――」『城南国文　第四号』大阪城南女子短期大学国語国文学会（一九八四・三）

時枝誠記「語の意味の体系的組織は可能であるか――此の問題の由来とその解決に必要な準備的調査――」『日本文学研究　第二号』京城帝国大学国文学会（一九三六・三）

中野幸一「源氏物語における草子地」『源氏物語講座　第一巻』有精堂（一九七一・五）

「『源氏物語』における強調・感動・傍観の草子地」『源氏物語の探求　第三輯』風間書房（一九七七・一一）

藤田加代「「浮舟の物語」論序章「さもやあらむ、と思す事のありけるからに、あいなくわづらはしくものしきやうに思しなりて」の表現をめぐって」『日本文学研究　第二〇号』高知日本文学研究会（一九八二・一二）

向井結花「『源氏物語』における「むつかし」について」『高知女子大国文　第一九号』（一九八三・七）

国立国語研究所・西尾寅弥『形容詞の意味・用法の記述的研究』秀英出版（一九七二・三）

阪倉篤義『日本語の語源』講談社現代新書（一九七八・九）

土田昭司・竹村和久編『対人行動学研究シリーズ4　感情と行動・認知・生理』誠信書房（一九九六・九）

飛田良文・浅田秀子『現代形容詞用法辞典』東京堂出版（一九九一・七）

山崎良幸『源氏物語の語義の研究』風間書房（一九七八・六）

金沢文庫本群書治要鎌倉中期点経部の文末表現をめぐって

森岡信幸

目　次

一　はじめに

群書治要は、唐の太宗の勅撰で経史子の群書について治道の要枢たる章句を抜粋したものである。その現存本のなかでも金沢文庫本群書治要は、加点年代や経緯、加点者の素性のはっきりした漢籍訓点資料として重要なものとされている。そのうち、清原教隆が清原家累葉の訓説に基づいて加点した経部について、訓点によってよみの判明するものにかぎってその文末の状況を整理したところ、終助詞「ゾ」がある偏りをもって分布していることがわかった。

巻	作品	正文 ゾ	正文 ナリ	注文 ゾ	注文 ナリ
一	周易	10(7)	150	7	86
二	尚書	0	64	41	109
三	毛詩	2(0)	57	38	68
四	春秋左氏伝上	—	—	—	—[*]
五	春秋左氏伝中	5(0)	110	35	17
六	春秋左氏伝下	6(0)	56	33	15
七	礼記	5(0)	77	34	56
八	周礼	0	0	40	17
	周書	0	4	4	2
	春秋外伝国語	4(0)	22	23(22)	13
	韓詩外伝	5(0)	19	—	—[**]
九	孝経	0	34	7(6)	30
	論語	1(0)	24	54	43
十	孔子家語	7(0)	99	17	9

[*] 巻第四春秋左氏伝上は欠巻。
[**] 巻第八韓詩外伝には割注がない。

上掲の表は「ゾ」と、同じく指定表現である「ナリ」とを対比するかたちで、作品ごとに正文／注文（夾注）での出現の回数を整理したものである。「ナリ」が正文と注文との双方におおきな偏りなしに出現するのに対して、「ゾ」は注文の訓読により多く用いられていることが看取される。「ゾ」と「ナリ」とが類義の指定表現であることはつぎのように、ともに文末助字「也」を不読にした際に読添えられることからも確認される。

○聳《ヲト》スに[之]行(去)を以(て)す〈聳《ショウ》(上)は懼《ク》[也]〉教(ふ)ルに[之]務《マツリコト》を以(て)す〈時急《スミヤケン》(返)スル所ナリ[也]〉 (六—一一七)(1)

○猶(ほ)聖-哲(の)[之]上(音)・明-察《サツ》(の)[之]官〈上とは公-王ソ[也] 官とは卿大夫ソ[也]〉忠-信(の)[之]長(去)・慈-恵(の)[之]師(音)(上)を求(下)む(る)か[猶](再読)(し)。 (六—一一八～一二〇)

ただし終助詞「ゾ」のなかには、以下にしめすような疑問の用法のものがある。これらをのぞくと、さらにこの傾向は顕著となる（表の括弧内は疑問の例をのぞいた数）。

○君子・終-日《ヒネモス》・乾-々ナリ・夕《ヘ》マテに惕《ヲソル、》こと・厲《アヤフム》(返)か若シ・咎(返)无(し)トイハ・何《ナン》と-謂《イ》フコトソ[也]。 (一—一二八～一二九)

○対（へて）曰（く）子正-卿（返）と為《シ》て亡（音）スルこと境を越（え）不。反（り）て賊を討セ不。子に非スシ而《て》誰ソ。（五-二六～二七）

○樊遅退（き）て子夏（返）に見《マミ》エて曰（はく）・何《ナン》ト-謂（ふ）ことソ［也］（九-三三四～三三五）

二　巻第一周易正文に出現する文末指定辞「ゾ」

ところが、この処理を施しても巻第一周易では叙上の傾向に反してなお七例の文末指定辞「ゾ」が正文において用いられている。以下にその全例をかかげる。

○蒙《ホウ》・象に曰（く）・山下《シタ》に・出ル・泉（訓）蒙（音）ナリ。（中略）彖に曰（く）・我か童-蒙（一）を求（二）（む）ルに匪《アラ》（三）す。童-蒙・我（返）を求（む）とは・志の応（音）セレハソ［也］（一-一五七～一五八）

○彖に曰（く）・天-地・交（返）ハラ不スシ而《て》万-物・通（返）セ不《サ》ルソ。（一-一七五）

○象に曰（く）・謙-々・君-子ナリとは卑《イヤシ》ウシて以て自（ら）・牧《ヤシナ》フソ［也］。〈牧は養［也］〉（一-一九九）

○象に曰（く）・労-謙君-子とは万-民・服（音）スルソ［也］（一-二〇〇～二〇一）

○象に曰（く）・肥-遯ナリ・利（返）（あら）不（返）（といふ）こと无（し）トイハ・疑（返）フ所（返）无（き）ソ［也］（一-二五七）

○彖に曰（く）・震は亨《トホ》ル。震来ルときに虩々《ケキケキ》タリトイハ・恐（り）て福を致《イタ》スソ［也］（一-三〇八）

○彖に曰（く）（中略）過（き）て以て貞（返）に利アリ。与に行《ヲコナ》ヘハナリ［也］［ィ、利貞《リテイ》ナリ　与（に）行《ユ》クソ［也］］（一-三四三～三四四）

これらの用例はすべて前半の易経抄出部にあり、「象曰」「彖曰」とあるように、彖伝、象伝という易のなかでも卦や爻に対する伝述、解説的部分に存していることがわかる。すなわち、正文とはいえ注釈的な性格の強い部分で

あるために、もっぱら注文において使用される「ゾ」が例外的に用いられたものと考えられるのである。(2)

三　先行資料との比較

群書治要鎌倉中期点経部に見られた文末指定辞「ゾ」を注文でのみ読添えるという事象は、漢籍訓読においてどれほどのひろがりをもっているか、その調査の一端として、以下では時代的に先行する漢籍訓点資料のなかから、巻第九論語と高山寺蔵論語集解巻第七・第八（清原本）、巻第五春秋左氏伝中と岩崎文庫蔵春秋経伝集解巻第十宣公上保延五年点とをとりあげて比較を行いたい。

三・一　巻第九論語と高山寺蔵論語集解巻第七・第八（清原本）との比較

高山寺蔵論語集解巻第七・第八は鎌倉初期の加点で、群書治要とおなじく清原家の訓説によるものとされている。(3) 当該資料においても、指定辞「ゾ」はすべて注文に存する。以下では、両資料の共通（同文）箇所をとりあげて、群書治要のがわを軸としてその異同を確認する。

(一)群書治要で「ゾ」がある箇所に高山寺本でも「ゾ」がある（七例）

○其(の)身を敬スルソ[也]（群書治要　九‐四一四）
孔々(安)々(国)カ々(曰)(ク)其ノ身《ミ》ヲ敬(去)スルソ[也]（論語集解　七‐一一六）

○行(は)レン乎《ヤ》トイハ[哉]・言は行《ナ》ハル可(から)不ルソ[也]（群書治要　九‐四二二）
行《ヲコナ》ハレムヤトイハ[乎][哉]言ハ行《ヲコナ》ハル可《ヘ》カラ不《サ》ルソ[也]（論語集解　八‐一一八）

○便‐辟は巧《タクミ》に人の忌(返)(返)(む)所(一)を避(二)て以て容《イ》レ‐媚《コ》(一)ヒンことを求(二)(む)ルソ（群書治要　九‐四六七）

馬融カ曰(ク)便《ヘン》ハ巧《タクミ》ニ人ノ忌《イ》ム所《トコロ》ヲ避《サ》テ以《モ》テ容《イ》レ媚《コ》ヒムコトヲ求《モト》ムル者《モノ》ソ[也]（論語集解 八-一一二）

○面柔《ヤハラカ》ナルソ[也]（群書治要 九-四六八）

馬融カ曰(ク)面《ヲモテ》柔《ヤハラカ》ナルソ[也](不読)（論語集解 八-一一二）

○佚-遊は出-入節(返)アラ不《サ》ルソ（群書治要 九-四七一）

佚遊《イツイフ》ハ出入するコト節ヲ知《シ》(平輕)ラ不《サ》ルソ[也]（論語集解 八-一一五）

○々(躁)は安-静ナラ不ルソ（群書治要 九-四七三～四七四）

鄭玄カ曰(ク)躁《サウ》(去)ハ安静《セイ》ナラ不《サ》ルソ[也]（論語集解 八-一一七）

○隠《カク》シ_匿《カク》シて情-実(一)を尽(二)(返)サ不ルソ（群書治要 九-四七四）

孔安国カ曰(ク)隠《カク》(入)シ匿《カク》シテ情《セイ》(平)-実《シツ》ヲ尽《ツク》サ不《サ》ルソ[也](不読)（論語集解 八-一一七）

両資料の共通箇所で文末形式のわかる一四例のうちの半数がともに「ゾ」終止文の例であるのは、「ゾ」の読添えがかなり固定的な性格なものであることを示していると思われる。

(二)群書治要で「ゾ」がある箇所に高山寺本では「ゾ」がない（四例）

○生(音)(返)を求メ而《て》仁(返)を害(一)スルこと無(二)ク・死(し)而《て》後に仁(返)を成(す)ソ。則(ち)志-士・仁-人は其(の)身を愛セ不[也]（群書治要 九-四二三～四二四）

孔ーーー(安国曰)(ク)生《イ》キテ[而]仁(平濁)(去)ヲ害《カイ》シ死《シ》ンテ[而]後《ノチ》ニ仁ヲ成《ナスヲハ》スハ則《スナハ》チ志士仁人其《ソ》ノ身《ミ》ヲ愛セ不《ス》《サルソ》[也]（論語集解 八-二七～二八）

この例は、高山寺本で一文によんでいる箇所を群書治要では二文にわけてよんでいる。

○城-郭(一)を固(二)ウシ・兵甲(一)を完《マタ》(二)ウシ_堅《カタ》ウスルソ[也]（群書治要 九-四五二～四五三）

馬融カ曰(ク)固《カタ》シトイハ城《セイ》(平)-郭《クワク》ノ完《マタク》_堅《カタ》クシテ兵《ヘイ》(平軽)-甲《カウ》(上)の利《ト》キヲ謂《イ》フ[也]（論語集解 八-九〇～九一）

この例の場合は、高山寺本のほうにのみ「謂」字が存するために言い収めの形が相違したものと考えられる。

○動クこと[則]礼楽(の)[之]節(一)を得(二)タルソ〜(群書治要 九-四七〇)

動《トウ》-静《セイ》礼-楽ノ[之]節ヲ得《エ》たり[也](論語集解 八-一一四)

この例の場合は高山寺本で「動静〜」という箇所が、群書治要では「動則〜」となっている。そのために群書治要のほうでは「動」字を提題的に読むかたちとなり、文末に「ゾ」を読添えることとなったものと考えられる。

○首-陽-山ソ〜(群書治要 九-四九〇)

馬融カ曰(ク)首《シウ》-陽-山[イ、首《シュ》陽ノ山]は河《カ》東蒲《ホ》(平)-坂《ハン》(去)、華山(音)ノ[之]北《キタ》、河曲《クキヨク》ノ[之]中《ウチ》ニ在リ[也](不読)(論語集解 八-一一三四)

この例では、群書治要での抄出が注の中途までだったために文末表現が相違したものと考えられる。以上、このケースではおおく高山寺本と群書治要とのテキストの異同により訓読の相違が生じたものと考えられる。

(三)群書治要で「ゾ」がない箇所に高山寺本では「ゾ」がある(三例)

○則(ち)志-士・仁-人は其(の)身を愛セ不[也](群書治要 九-四二三〜四二四)

則《スナハ》チ志士仁人其《ソ》ノ身《ミ》ヲ愛セ不《ス》《サルソ》[也](論語集解 八-一二八)

○々(得)(訓)は貪-得[也](群書治要 九-四七九)

孔安国カ曰(ク)得《トク》ハ貪得《タムトク》ソ〜[之][也](論語集解 八-一一二一)

○千駟は四千匹[也](群書治要 九-四八九〜四九〇)

孔安国カ曰(ク)千-駟《シ》ハ四千疋《ヒツ》ソ〜[也](論語集解 八-一一三三)

これらの例については現在のところ説明が考えられず、例外として判断を保留したい。これをのぞけば、論語においては、両資料で文末指定辞「ゾ」を読添える箇所はおおく共通しまた相違する箇所も字句の異同によるものと考えられることがわかった。

三・二　巻第五春秋左氏伝中と岩崎文庫蔵春秋経伝集解巻第十宣公上保延五年点との比較

岩崎文庫蔵春秋経伝集解巻第十宣公上保延五年（一一三九）点は教隆の祖父清原頼業の加点したものである。(4)比較の対象を群書治要五八行目までと直接対応する箇所に限って調査をおこなったところ、春秋経伝集解保延五年点では、文末指定辞「ゾ」の使用は次の五例が確認できた。(5)出現順に、群書治要とならべて示す。

○[諸]畚《イシミ》(返)ニ《に》簀《オお》イて婦人(返)を使て戴《イタ、》ケて以て朝を過キ[使](再読)(む)〈畚は草-索《ナハ》(返)を以て為《ツク》れり[之]。莒《ハコ》の属〉そ[也](不読)〉（春秋経伝集解　一〇-七四～七五）

[諸]畚《ホン》(上)(返)に簀《ヲ》イて婦-人(返)を使て載(き)て以て朝(音)(返)を過《ス》(二)キ[使](再読)(二)(む)〈畚は筥《キヨ》(上)の属《ヒ》〉（群書治要　五-九）

○坐《ヰ》而仮(上)-寐す〈衣冠を解《ヌ》カ不(し)而睡《ネフ》ルソ[也](不読)〉（春秋経伝集解　一〇-八七～八八）

坐《ヰ》而《て》仮《カリ》に寐《イ》ネタリ〈衣-冠を解《ヌ》カ不(し)而《て》睡ル〉（群書治要　五-一七～一八）

○如(か)不《シ》・死ナムニハトイフ[也]　槐に触れ而死ぬ〈槐は趙盾か庭の樹《ウ(ゑ)キ》(訓)ソ《そ》[也](不読)〉（春秋経伝集解　一〇-九〇～九一）

死(返)(返)(ぬ)ルに如《シ》(返)カ不《シ》(二)トイ(ひ)て槐(平)(返)に触《フ》レ而《て》死ヌ〈槐は趙-盾か庭-樹〉（群書治要　五-一九～二〇）

○乙丑に趙穿・霊公を[於]桃園に攻《セ》ム〈穿は趙盾の[之]従(去)-父・-昆-弟の子(訓)[也]　乙丑は九月廿七日〉宣子未(た)山(返)を出(て)[未](再読)(し)て[而]復《カヘ》る〈晋の境(の)[之]山ソ[也]　盾・出-奔するときに公弑(去)サレヌ《ぬ》ト《と》聞(き)而還(り)けり〉（春秋経伝集解　一〇-一〇四～一〇六）

趙-穿・霊公を[於]桃-園に攻《セ》ム〈穿は趙-盾の[之]従-父昆-弟の子〉宣子未(た)山(返)を出(返)(て)[未](再読)(し)

而《て》復《カヘ》ル〈晋の境の[之]山ソ[也]　盾出―奔スルときに公弑《シ》(去)セラレヌと聞(き)而《て》還ル〉

(群書治要　五―二四～二五)

○昔・夏(上)(の)[之]方に徳有(り)シときに[也]〈禹(の)[之]世ソ[也](不読)〉遠方・物(訓)を図(音)す

(春秋経伝集解　一〇―一四一～一四二)

昔・夏(上)(の)[之]方に徳(返)有ルトキニ[也]〈禹(の)[之]世ソ[也]〉遠―方物(返)を図(音)す

(群書治要　五―三二～三三)

すべて注文での用例であり、「ゾ」の専用が頼業にまでさかのぼりうることがわかる。また、群書治要建長六年点と比較すると、前三例は群書治要になく、後二例は群書治要と共通しており、群書治要にのみある例はない。ところで、群書治要にない三例の箇所は、書陵部蔵金沢文庫本春秋経伝集解文永五年（一二六八）直隆移点本においては「ゾ」の加点が認められ、教隆はこれらについても「ゾ」を読添え得たことがわかる。群書治要ではなぜよまなかったのかについては、複数訓の一訓化や読添語の省略など他の取捨とあわせて今後検討したい。

四　おわりに

本稿では、金沢文庫本群書治要鎌倉中期点経部において文末指定辞「ゾ」の読添えについて正文と注文とに差異の見られることを指摘し、またその傾向が先行する清原家漢籍訓点資料二点においても確認されることを述べた。漢文訓読研究において注釈と訓読との関係は近年あきらかにされてきているが、正文と注文とで訓法に差があるということも考えられてよいのではなかろうか。

「ソ（ゾ）」が注釈的箇所に用いられることは、吉沢義則［一九二七］、岡田希雄［一九四一］など訓点語研究の初期から注意されてきた事象であり、仏書の古訓点に注釈用語として「ゾ」があること、「ゾ」と「ナリ」との関係は夙に春日和男［一九五五］にも説かれたところであった。しかしながら、特定の漢籍訓点資料についてその実態を論じたものはなく、その点において本稿は漢文訓読語の言語的特徴をあきらかにするうえで若干の意味はあったかと思う。おおくの課題をのこすこととなったが今後検討をつづけてゆきたい。

注

（1）所在は（巻数-行番号）の形式で示し、行番号は『古典研究会叢書　漢籍之部　第九巻　群書治要㈠』による。加点の片仮名は片仮名、ヲコト点は平仮名で表示し、私に補読したものは（　）に括って平仮名で示す。句点を「・」、読点を「。」、不読を［　］、再読を［　］(再読)、返点を（返）（一）（二）等、声点を（去）（平濁）等、音訓読符を（音）（訓）、合符を「-」「-」等、割注を〈　〉で表示する。また、異読のある箇所は、［ィ、　］と注記した括弧に包んで表示する。漢字字体は現在通行のものに改めた。以下同じ。

（2）勿論、彖伝象伝においてもすべての文末に「ゾ」が読添えられているわけではなく、「ナリ」終止文もおおく存する（一〇四例）。この両形式はともに命題には直接かかわらない選択的なものだと考えられるが、その表現価値をあきらかにするのは今後の作業としたい。

（3）『高山寺古訓点資料第一（高山寺資料叢書第九冊）』による。

（4）古典保存会覆製による。

（5）中田祝夫『古点本の国語学的研究』や築島裕『平安時代訓点本論考　ヲコト点図・仮名字体表』所載の点図表（経伝点）では、漢字右傍の「ㄱ」型のヲコト点を「そ」と帰納している。実際、九一行目「樹」字、一四六行目「形」字に加点されたものは文末指定辞「ゾ」、一二三六行目「誰」字に加点されたものは疑問の「ゾ」として解読してよいと思われる。しかし、それら以外にも同形の点が、「曰」字による会話の引用部のおわりの字に加点されている例が多くある。米野正史［一九七九］は、中田祝夫『古点本の国語学的研究』にしたがってこれらも「ゾ」と訓読し、本点が「曰」字の引用を「とぞ」で受ける形式を持つものとしているが、本稿の筆者は、この類については「いふ（いひ）」と読むべきではないかと考えるため、検討からはのぞいた。

参考文献

岡田希雄［一九四一］「新訳華厳経音義私記倭訓攷」『国語国文』一一―三
春日和男［一九五五］「「也」字の訓について――「ぞ」と「なり」の消長――」『国語国文』二四―一（『存在詞に関する研究』所収）
小林芳規［一九九一］「金沢文庫本群書治要の訓点」『古典研究会叢書　漢籍之部　第十五巻　群書治要(七)』（汲古書院）
吉沢義則［一九二七］「濁点源流考」『国語国文の研究』六・七（『国語説鈴』所収）
米野正史［一九七九］「春秋経伝集解巻第十保延五年点にみられる助詞について」『田邊博士古稀記念国語助詞助動詞論叢』（桜楓社）

古代韓国における漢字・漢文の受容と借字表記法の発達

南　豊　鉉

1.

我々の先人たちがいつから漢字・漢文を使用しているのかは確実ではない。ある見解によると、中国戦国時代初期に古朝鮮社会で‘王’、‘大夫’といった中国式称号を使っていたことからして、この時にはすでに漢字・漢文が相当な水準で普及していたものと見ているものもある(1)。

高句麗では372年に太学を建て、貴族の子弟たちに儒学を教育し、その後期には僻巷窮村にまで扃堂という私塾を建て、経典と弓術を教えたという。漢籍では五経、史記、漢書、三国志、春秋、玉篇、字統、字林などがあり、特に文選を愛したという。史書では国初から存在していた留記100巻を600年に李文真をして新集５巻に刪修せしめたという。

百済では早くから五経博士がおり、教育機関を持っていたことを物語り、近肖古王の時に博士高興が史書で書記を編纂し、そのほかにも日本書紀に百済記、百済本紀、百済新撰などが引用されていることからして、様々な史書があったのがわかる。新羅は真興王６年（545）に居漆夫をして国史を編纂せしめたが、当時残した巡狩碑を見るとその儒教的な素養の水準の高さを見せている(2)。

三国時代の漢文の普及は内外史書を通じて推定することができるが、こうした過程を通じて、我々の先人たちは漢文を文語として使用するようになった。しかし漢文は中国語に基礎を置いたものなので、韓国語とは大きな違いのある文語であった。そうして漢文からなる文語と口語との間隙を狭めようとする現象が人為的に、また自然発生的に生じるようになった。こうした現象は、金石文を通じて当時の人

たちの具体的な実相をある程度垣間見ることができる。本稿では漢字・漢文が韓国化し韓国語の表記体系として発展していく様相を、金石文を中心に考究して見ることにする。

2.

我々の先人たちが使用した漢字・漢文は階層や個人の漢文駆使能力により、正統な漢文を使用するか、あるいは破格的な漢文を使用するかという点で程度の違いが大きかったように思われる。三国時代の資料を見ると、中国語の文法からして遜色のない漢文を駆使した文体があるかと思えば、韓国語文法の影響を受け変形した漢文の文体もあらわれる。これは三国に共通している。高句麗の冬寿墓誌（357）、永康銘金銅仏像光背銘（396）、鎮墓北壁墨書（408）は漢文として欠格のないものである。百済の武寧王陵誌石銘（525）や砂宅智積碑銘（654年推定）、新羅の真興王巡狩碑（咸州、利原、568）も漢文としては欠格がない。これに対して、韓国語的な要素が加えられ、漢文としては破格な文体が現れる。広開土大王碑（414）は高句麗の代表的な漢文であると言われるものであるが、その中には韓国語的な語順で書かれた個所が現れる(3)。百済の武寧王妃の銀釧銘（520）は短い内容であるが韓国語の語順から成っている。新羅のこの系統の文章は比較的数多く伝わっており、その変遷をある程度描くことができる。

これらの破格的な漢文は中国語と韓国語との間の構造の差異と文化的な違いから来たものであり、いくつかの類型に分けることができる。その第一は、語順の違いであり、これは主に中国語の動賓構造に対して韓国語は賓動構造に対応する所から来たものである。第二に、漢字が中国語の用法を離れ韓国語の特殊的な用法として使われる所から来たものである。第三に、漢字の訓を利用して韓国語を表記した所から来た違いである。

従来こうした破格的な漢文を初期的な吏読文、変体漢文、俗漢文などと呼んできた。初期的な吏読文とは、それ自体が韓国語的要素を持っているだけでなく、これが次第に吏読文に発展する過程を踏んで来たために付けられた名前である、こうし

た点から上に挙げた三つの類型の違いを検討すると、漢字・漢文が韓国語の表記体系として発展して行く過程を理解することができるだろう。

3.

初期の吏読文の韓国語的な語順は高句麗ですでに顕著に現れる。広開土大王碑に現れた韓国語的な語順は、むしろ消極的な現象であると言え、その顕著な様相を見せているのは中原高句麗碑文（495、推定）である。以下、この碑の第3面と推定される碑文を段落に分けて示す。

1）五月中 高麗太王祖王 令□新羅寐錦 世世為願 如兄如弟 上下相和 守天
2）東夷之寐錦 忌太子共
3）前部大使者多亐桓奴 主簿貴徳 細(類)□(等)(聆)(鄒)(去)弟□到至 跪営天
4）太子共語 向壓上 共看 節賜太藿鄒 受食苪 東夷寐錦之衣服
5）建立処 用者 賜之
6）随者 節□□奴人輩 教諸位 賜上下衣服
7）教東夷寐錦遝還来
8）節教賜 寐錦土内 諸衆人□□□□□国土 太位諸位上下 衣服 来受 教 跪営之
9）十二月廿三□甲寅 東夷寐錦上下 至于伐城
10）教来 前部大使者多于桓奴 主簿貴□□夷境□ 募人三百
11）新羅土内幢主 下部抜位使者 補奴□疏奴□□
12）凶鬼蓋盧 供□募人 新羅土内 衆人跓動……

この碑文を各段落ごとに解釈すると以下の通りである。

1）５月中に高麗大王の祖王が新羅寐錦をして世世に兄弟のように上下が和睦し天の道理を守るように誓願するようにせよと令を下した。
2）東夷の寐錦が太子共を嫌った（忌避した）。
3）前部大使者である多亐桓奴と主簿である貴徳が（ある措置をして）その人（王弟？）をしてここに至り営天に跪くようにした。

4）太子共が言うに、壓上に向かって共に見ようと言い、この時に太藿鄒を賜し食芇と東夷寐錦の衣服を授与した。

5）建立処は使用者に与えた。

6）随って来た者であるこの時の□□奴人輩らにも諸位に命じ上下により衣服を賜わった。

7）東夷寐錦が後について帰って来ることを教（指示）した。

8）この時に寐錦土内の人々にも□□を与えるように命じ、□□国土の太位と諸位の上下たちは衣服を受取りに来い、と命じて営に（来て）跪いた。

9）12月23日（甲寅）に東夷寐錦の上下が于伐城に至った。

10）前部大使者の多于桓奴と主簿の貴徳に来るように言い、東夷の境内で300名を募集するように命じた。

11）新羅土内にいる幢主である下部の抜位使者の補奴が奴□□を□疏した。

12）凶鬼の蓋盧が新羅の地の中で□を供与しつつ人々を募集するので、衆人がためらいつつ動き……

このように解釈してみると、この碑文は正格な漢文としてはその意味を全然解くことができないのが分る。稀に2）の‘東夷之寐錦 忌太子共’のように漢文の語順からなる部分もあるが、韓国語の語順で解かなければならない部分が正格の漢文文章より多く現れる(4)。この文は高句麗が百済を図謀するために事前に新羅を懐柔する内容を記述した記事文である。造成記のような実用文でないにも拘わらず、初期的な吏読文で記述したという点が注目される。このような文体が韓国語の最高機関で作成された事を考える時、当時こうした破格的な漢文が幅広く使用されていたことを物語るのである。

高句麗の漢文が破格的に使用された例はこの他にも確認される。

願亡師父母生生心中常値諸仏〔発願するところは亡くなった師匠と父母と生生に心中に諸仏に会うことである。〕（辛卯銘金銅三尊仏光背、571推定）

で、文中に挿入された‘心中’は韓国語の語順で解釈しなければ意味が通じない。

若有罪右願一時消滅〔もしも罪があれば右願に従って一時に消滅せよ。〕

（永康七年銘金銅光背）

の‘右願’も韓国語の文法（語順）で解釈しなければ意味が通じない。平壌城壁石刻でも、

卦婁盖切小兄加群 自此東廻上□里四尺治〔卦婁盖切の小兄加群がここから東に廻り上がって□里四尺を受理した。〕（平壌城壁刻字、566推定）

のような文章は漢文としては破格に属する。‘東廻上’の語順もそうであるが、‘四尺治’の次に文の終結辞として‘之’や‘矣’があってこそ格に合致する。

百済の資料として武寧王陵から出土した王妃の銀釧銘（520）は、韓国語の語順で表記されたものである(5)。

庚子年二月多利作 大夫人分 二百三十主耳〔庚子年二月に多利が作った。大夫人のわけまえである。（重さ）二百三十銖である。〕

この文章は韓国語の語順から成っているが、‘多利作’のような表現も‘多利作之’や‘多利作矣’とするのが漢文としては格に合致する。‘銖’を‘主’と表記したのも百済人の漢字使用の一面を示すものである。

百済の木簡と推定される資料でも初期的な吏読文であると報告されたものがある。最近、扶餘の陵寺の遺跡地で発掘された木簡に墨書で記入された４句16字の詩句がそれである。韓国語の語順から成った文体であると言う(6)。

宿世結業 同生一処 是非相問 上拝白来〔宿世の結業として同生一処であるが是非を相問して上拝して白来しよう（申し上げよう）。〕

この中で‘是非相問 上拝白来’が韓国語の語順であって、初期的な吏読文の特徴を見せていると言う。百済の資料が貧弱である現実を考える時、上の二つの資料が確認されたということは、量的に貧弱ではあるが百済にも初期的な吏読文が存在していた事実を物語るものであり、貴重である。

新羅の初期的な吏読文は、現在新羅最古の碑文と推定される迎日冷水里新羅碑（503、推定）から現れる。この碑文で‘用珍而麻村節居利 為証爾〔珍而麻村の節居利の主張を保証するものであった〕’は漢文的な語順である。これに対して、

此二人世中了事 故記〔この２人が世の中で仕事を終えたので記録する。〕

のような表現は韓国語の語順である。丹陽新羅赤城碑（540年代、推定）でも、‘赤城佃舎法為之〔赤城の佃舎法をそれとする〕’のようなものは漢文の表現と見られる。

681（6）

しかし、

更赤城烟去使之〔再び赤城烟に行き働くだろう。〕

国法中分与〔国法に従って分けて与える。〕

合五人之〔合わせて５人である。〕

のような表現は変体漢文（初期的な吏読文）と見られる。

このように漢文の語順と韓国語の語順が混ざって使われた文体が６世紀中盤を過ぎると完全に韓国語の語順として使われる文体へと発達する。その代表的なものが壬申誓記石銘（552、推定）である。

壬申年六月十六日　二人并誓記　天前誓　今自三年以後　忠道執持　過失無誓〔壬申年６月16日、２人が共に盟誓して記録する。天の前に盟誓する。今から３年以後、忠道を執持して過失が無いことを盟誓する。〕

このように漢字を完全に韓国語の語順で排列する初期的な吏読文は、戊戌塢作碑（578、推定）、南山新城碑（591）、明活山城作城碑（611、推定）などに続き、新羅統一以後の上院寺鍾銘（720）、昌寧仁陽寺碑（810）、中初寺幢竿石柱銘（827）まで続く。こうした文体が新羅末まで普遍的に使用されて来たことを物語る例である。

日本でも漢字を日本語の語順で排列する文体が使われていたが、６世紀末には文章の一部分に現れ始め、７世紀には文章全体を日本語の語順とする文体へと発展した(7)。

４.

漢字が中国語の用法を離れて韓国語の特殊な用法として使われるのは、まず高句麗の初期の吏読文から現れ始める。広開土大王碑（414）の、

買者制令守墓之〔買入した人は制令で守墓する。〕

に出て来る文末語助辞‘之’は名詞の後ろに使われたという点で初期的な吏読文の形態であると見られて来た(8)。これに対して朴時亨（1966）の『広開土王陵碑』では、‘之’を‘〈於是〉、すなわち〈焉（‘ここでは’という意味）〉’と見て、この句を‘買者制令守墓焉’、または‘買者制令守墓於是’と見た(9)。しかしこの句は漢文

としては不完全な表現であり、‘買者 以(従)制令 守墓之’としなければ漢文文法に合致しない。こうした点からこの句は漢文としては不完全であり、韓国語的な表現が加味されたものであると言えよう。これにより、‘之’は後代の資料に頻繁に使われる韓国語の終結語尾‘-ta（-である）’の意味に該当する表現と見るのが正しいものと考えられる。中原高句麗碑文の‘跪営之〔営に（来て）跪いた〕’の‘之’もこれと同様である。これを‘跪営於是’と見ると、‘是’は‘営’と見るほかないので、同じ言葉が重複してぎこちない表現になる。こうした文末語助辞‘之’の用法は新羅に引き継がれ初期の吏読文に頻繁に使われ、8世紀初の吏読では終結語尾‘-ta（-である）’を表記する吐へと発展した。

中原高句麗碑文には‘節’字が‘この時に’の意味で使われる例が三つ現れる。‘節’のこうした用法は新羅に伝播し三国時代から使用されたが、統一新羅時代を経て高麗時代と朝鮮時代末の吏読にまで引き継がれて来た。

中原高句麗碑文において‘教’は全部で5回使用されている。その中には漢文としてはぎこちないものもある。

節教賜 寐錦土内 諸衆人□□□□□国土 太位諸位上下 衣服 来受 教 跪営之.

で、前の‘節教賜’と後ろに出て来る‘衣服 来受 教’の‘教’は、同じ文脈で2回重複して使用されているが、ぎこちない表現である。これは新羅の迎日冷水里碑で、

別教 節居利 若先死後 令其弟児斯奴 得此財 教耳

で、前の‘別教’と後ろの‘教耳’のように‘教’を重複して使用したものと相通じる所がある。この‘教’は王のような‘尊貴人の命令（教え）’を意味するものだが、新羅の三国時代の吏読文でも頻繁に使用されており、迎日冷水里碑で6回、蔚珍鳳坪碑で4回、丹陽赤城碑で3回も使用されているのである。こうした‘教’の用法も高句麗の初期吏読文の表現が新羅に伝播したものと見られるのである。

新羅の三国時代の初期吏読文で後代の吏読へと発達した漢字は‘更、導、白、了、事、使、并、者、中’などが現れる。次の用例がそれである。

更，導；此二人 後莫更導此財〔この2人は後にこの財物を再び文句を言わないこと〕（迎日冷水里碑文）。

cf.　更良／kasʌia／更に，　導良／tŭtŭiə／随って

白，了；此七人 跟跪 所白了事〔この７人が跪いて申し上げる所を終えること〕（上同）。

cf.　白／sʌrb-／申し上げる，　了／machi-／終わる

事；節教事〔この時に命じたこと〕（丹陽新羅赤城碑銘）。

cf.　事／ir／こと

使；更赤城烟去使之〔再び赤城烟に行き働くこと（勤務する）だろう〕（上同）。

cf.　使内／pŭri-／働かせる

并；二人并誓記〔２人が共に盟誓して記録する〕（壬申誓記石）。

cf.　并以／aoro（＜abʌro）／共に

者；此成在△人者 都唯那 宝蔵△尺干〔これを作った人は都唯や宝蔵△尺干である〕（戊戌塢作碑銘）。

cf.　‘成内願旨者〔造成した願旨は〕（華厳経写経造成記）’の‘者／ŭn／は’。

中；世中了事〔世俗の中の事を終える〕（迎日冷水里新羅碑）。

世中子〔世俗の中の子（人夫？）〕（蔚珍新羅鳳坪碑）。

国法中分与〔国法の中で（国法によって）分与する〕（丹陽新羅赤城碑）。

‘中’字は比較的頻繁に使われ、文脈により様々な意味を現すが、こうした用法から後代の処格助詞に該当する多様な意味が出て来るようになったものと見られる。

5.

三国時代に訓で読まれた漢字はいまだ整理されていないものと見られる。現在、筆者が確認しているものを挙げれば次の通りである。

三国史記に載っている地名の表記には漢字の訓を利用した表記が三国共に現れている。しかしこの地名表記は三国時代に使用されていたのが統一新羅時代を経て三国史記が編纂された高麗時代にまで原形のまま伝わったという保障はない。従って三国時代に訓を利用した韓国語の表記が存在したという心証はあるが、これを以て

その具体的な証拠とすることはできない。

高句麗において訓を利用した韓国語の表記は、その末葉の宰相である‘淵蓋蘇文’の名前に現れる。日本書紀（巻24、皇極元年）ではこの人名を‘伊梨柯須弥’と表記した。この‘淵’は高句麗語で‘伊梨／iri’と訓読されたのを物語るものである。また、泉男生墓誌銘では蓋蘇文を‘蓋金’と表記している。これは高句麗で‘蘇’を訓読字‘金’でも表記したことを示すものである。こうした事実は、高句麗の支配者たちがその末期までも人名を固有語で作り、その表記に漢字の訓を利用したことを物語るものである。こうした点から、高句麗は漢字の訓を利用してその言語を表記する方法が相当な水準にまで発達していたものと推定可能になる。しかしこれ以上の事実を示す資料が発掘されておらず、具体的な状況を更に把握するのは困難である。高句麗で‘節’が‘この時に’の意味で使われたのは、漢文の‘節’が高句麗の独特な用法として成熟したものであり、後代の吏読で訓読されたが、だからと言ってこの時期にこれを訓読したと見る根拠は乏しい。

新羅の三国時代の金石文でいくつかの漢字が訓で読まれたのが確認できる。蔚州川前里書石原銘（525、推定）に新羅の官等名として‘大舎’が現れる。これは永川菁堤碑丙辰銘（536、推定）、真興王巡狩碑（561、568）、南山新城碑（591）などにも見られる。新羅華厳経写経造成記（755）は同じ内容が巻10と巻50の末尾に２度記録されているが、同じ官等名が一方では‘大舎’、他方では‘韓舎’と記録されている。これは‘大’が訓読字表記であり、これを音では‘韓／han’と読んだのを物語るものである。このことから、同じ金石文に使われている‘小舎’の‘小’も訓読字である可能性が高いと見られる。また新羅の官等で第４位である‘波珍干支’は、川前里書石追銘（539、推定）、丹陽新羅赤城碑（540年代）などの三国時代の金石文に現れる。これは日本書紀に‘波珍干岐’と表記し、‘ハトリカムキ’または‘ハトリカンキ’と読まれることを表示している。これは‘波珍’を新羅で‘ハトリ／fator’と読んでいたことを物語るものである。一方、三国史記の職官上ではこれを‘海干’と言うとしている。‘海’の15世紀語は‘parʌr’であり、これは‘*patʌr’から発達したものと推定されるので、‘波珍’はこの‘*patʌr’やその古形“pator’を表記したものであることを推定することができる(10)。ここで‘珍’が‘tor’と読まれ

るのが確認できるが、これは‘珍’を訓で読んだものである。更にこれは‘珍’が漢字の本義とは無関係な‘仮字（表音字）’としても使用されていたことを示すものである。このような訓仮字の発達はその用字法が非常に発達した段階に至っていたという点で注目されるのである。

このように三国時代に新羅は漢字の訓を利用して固有語の単語を表記したのが確認できるが、それは語彙表記の水準であるので、これが文章表記にまで至っていたのかと言うことが証明されたとは言えない。6世紀中葉以後、壬申誓記石銘のように漢字を完全に韓国語の順序で排列した表記法が発達したと言って、それがただちに全面的な韓国語の表記法が発達したものと見ることはできない。昌寧仁陽寺碑文（810）や安養中初寺幢竿石柱銘（827）のような9世紀の吏読文も漢字を韓国語の語順で排列したものであるが、これは文章自体が音読されたものである。韓国語で読む吏読文の華厳経写経造成記（755）でも、‘楮皮脱（楮の皮を脱ぐ人）’と‘脱皮練（脱いだ皮を練る人）’は漢字を韓国語の語順で排列した単語だが、音読される漢字語である。こうした点から漢字を韓国語の語順で排列したと言って、その漢字がただちに韓国語で訓読されたと言うことはできないのである。従って文章表記に使われた訓読字の探索は、もう少し慎重な探究が必要である。

戊戌塢作碑（578、推定）の‘此成在△人者’の‘在’は、音で読んではその文脈を理解することができない。‘成在’という連結体が漢文句や漢字成語としては意味が通じないためである。後代の吏読や口訣に使われているように、この句の‘在’は‘kiə–’と読み、‘時間の持続や完了を現す時相の表現に使われた助動詞’と解釈される(11)。この‘在’を訓で読むとこの句の他の漢字も訓で読み、‘此／i’，‘成／iri–’，‘在／ kiə–’，‘者／ ŭn’と読まなければならない。‘△人’は欠字があるので、音で読んだのか訓で読んだのかを決定することができない。これによりこの句は、

此成在△人者〔irŭr irikiən 人 ŭn（これを成した（造成した）△人は〕

と読むことになる。

ここで南山新城碑文（591）の誓約部分を音読して来たのも再考しなければならないものと思われる(12)。

辛亥年 二月 二十六日 南山新城 作節 如法以 作後三年崩破者 罪教事為 聞教

令 誓事之.

で、'罪教事為聞教令' の '為' はこの文で最も解釈が難しいが、これはその前後の文字との関係が明らかでなく、その解釈も 'toi-（-ir tʌr hʌ-)', 'sam-', 'hʌ-' などいくつもあり得るためである。従ってこれは韓国語のある一つの形態で訓読しなければ意味が通じる文脈として把握するのが難しい。こうした点から筆者はこれを 'sam-' と訓読して解読することにする。これを訓読するとこの文章全体も釈読しなければならないので、これにより、

作／čis-　節／tiwi　如（もし）　法　以／ro　作後　三年
崩破　者／ŭn　罪／罪を課す　教／isi-　事／ir　為／sam-
聞／奏聞　教令　誓／piəki-　事／ir　之／-ta

と読み(13)、この文章を解釈すると次の通りである。

辛亥年２月26日南山新城を作るとき、万一法で作った後三年に崩破したら罪を課すことをして奏聞せよという教令で盟誓するものである。

これらの文章で訓を借りて表記した借字は、その漢字の本来の意味を離れて使用されたものではない。これはこの時代には韓国語の助詞や語尾を表記する吐が発達した段階まで至っていたとは見難くするものである。'在／ kiə-' や '以／ro' が後代に吐として使われたが、ここでは訓読字（表意字）の範囲を抜けてないものなので、吐と見るよりは語彙の水準で使われたものと見られる。ただ、漢字の訓を借りて韓国語を表記したということは、当時漢字を韓国語で読む訓が成立していたことを物語るものであり、また漢文が広く普及し、これを訓読する一定の方法が成立していたことを物語るものである。

6.

以上、三国時代の漢字・漢文が初期的な吏読文として発展した姿を見てみた。この初期的吏読文（変体漢文）は、資料上に現れた時代よりはるかに遡ってすでに発展していたものと見なければならないだろう。高句麗の留記100巻もこのような文体で書かれていたものと推定される。広開土大王碑文や中原高句麗碑文の文体と、

また朝鮮時代の承政院日記などとを考慮すると、こうした可能性は十分にあり得るのである。

こうした文体が発達したのは、高句麗人たちが中国から漢文を輸入するが独自的な方法で受容した所によるものと思われる。特に高句麗では漢籍を学習する方法として釈読法を開発し、扃堂のような大衆的な教育機関で応用していたものと推定される。こうした教育が全国的に普及している上に、国力の伸張により中央や地方の行政と大軍を動かす軍事行政または個人的な実用から文字表記の必要性が大きく要求されたのだろう。こうした要求による文体は厳格な格式を必要とするものではないので、韓国語の要素が漂った初期的な吏読文が発展したものと信じられる。更に、高句麗の成長過程では中国大陸に諸国家の浮沈が激しく、高句麗の漢字文化を持続的に制約するだけの能力を持った国家がなかった。高句麗は国家的体制と文民化のために儒教文化を始めとする中国文化を受容したが、正格の漢文を駆使しなければならない必要性がなかったのである。中国との外交関係において漢文は重要だったが、これは限定された知識人に局限されたことであり、すでに大衆化している初期的吏読文の使用を改革するだけの力としては作用しなかったのである。こうした環境で変体漢文である初期的吏読文が広く普及し、これが同じ言語構造を持った新羅と百済に、更には日本にまで伝播したものと推定される。新羅は広開土大王が百済と伽倻を牽制することで大きく国力が伸張したので、高句麗と政治的に近かっただけでなくその文化の影響を大きく受けた国家である。従って文字生活や学問にもその影響が大きかったものと推定され、百済は高句麗から分化した国で、高句麗が南下政策をとる以前は密接な関係を結んでいたので、その影響が少なくなかったものと信じられる。

高句麗に独特な漢文読法が発達していても国家的な次元で定められた形があったとは見難く、学統によるいくつかの読法が存在していたものと思われる。たとえ漢文を釈読する方法が発達していたと言ってもそれは暗誦の段階であり、その釈読を表記する方法は発達しなかったものと信じられる。漢文釈読の表記は吐の発達を前提にしなければならないが、三国時代の文章の表記で漢字の訓を利用した表記は確認されても、吐が発達していた証拠はいまだ確認されていない。ただ、三国時代末

期にはどの学統（学派）においても吐を使用していた可能性があり、三国統一直後の７世紀中後半には義湘の華厳学派において吐を使用していたものと推定される(14)。こうした釈読の表記方法を大きく伸張させ全国的に普及させたのが７世紀後半に薛聡が方言（韓国語）で九経を読んだもの（経書口訣）であった。薛聡以前に吐の発達がなくして薛聡が尨大な量の経書の釈読を著述したとは見難い。それ以前に彼が参考にするだけの吐が発達していたと見なければならないだろう。この口訣の読法が吏読にも反映され、８世紀初には吐が使われた吏読が現在の資料上にあらわれているものであると言えよう。

注

（１）李丙燾・金載元（1959）、『韓国史（古代篇）』、乙酉文化社、568ページ参照。
（２）上掲書、568ページ以下参照。
（３）洪起文（1957）、『吏読研究』、科学院出版社、27～28ページ参照。
（４）拙稿（2000）、中原高句麗碑文の解読と吏読的性格、『高句麗研究』10、高句麗研究会、370ページ以下参照。
（５）鄭在永（2003）、百済の文字生活、『口訣研究』11、口訣学会、112～３ページでこの銀釧銘について重要な解釈の糸口を提供している。
（６）金永旭（2003）、百済吏読について、『口訣研究』11、口訣学会、140ページ以下参照。
（７）小林芳規（1998）、『図説　日本の漢字』、東京：大修館書店、49ページ以下参照。
（８）李基文（1981）、吏読の起源についての一考察、「震檀学報」第52号、70ページ参照。
（９）朴時亨（1966）、『広開土王陵碑』、社会科学院出版社、232～33ページ参照。
（10）梁柱東（1942）、『朝鮮古歌研究』、博文書館、708ページ参照。
（11）拙著（2000）、『吏読研究』、太学社、144ページ及び、拙稿（2004）、時相の助動詞‘在／kiə-’の発達、『国語国文学』138、国語国文学会。17～32ページ参照。
（12）拙著（2000）の134ページ以下では音読したものと見て解釈したが、これは再考する必要がある。
（13）これは15世紀韓国語と近代の吏読学習書の読法を参考にしたものであるので、これがただちに三国時代の韓国語なのではない。
（14）拙稿（1988）、釈読口訣の起源について、『国語国文学』100、及び、拙著（1999）、『口訣研究』（太学社）の中の‘釈読口訣の起源’参照。

湖巌本と石山寺本『花厳経』の比較研究

李　　丞　　宰

〈要　　約〉

本論文は、巻卌四から巻五十までの７巻を中心に湖巌本と石山寺本新訳『花厳経』を対比することを目的とする。湖巌本と石山寺本は巻首題と巻末題の書き方を始めとして、形態書誌の側面において類似する点の多い古本である。しかし、湖巌本が34字本であるのに対し、石山寺本は17字本であるという点で大きく相違している。湖巌本と石山寺本には武后字が多く用いられている。それぞれ‘天、地、日、月、星、年、国、人、正、証、聖、授、初’の13種が出てくる。しかし、武后字の使用種数においては同じであるが、使用回数においては非常に大きな差がある。湖巌本は全体的に37％程度を武后字で表記しているが、石山寺本は実に90％に及ぶ。したがって、石山寺本は湖巌本（754年－755年）より書写時期が早かったと思われる。湖巌本には石山寺本に比べて誤字・脱字が少ない方である。これは、新羅の経写筆師が写経の技術に秀でていたことを意味する。石山寺本には誤字が多いのみならず校正した部分が多いという点が特徴的である。重要なのは、誤字・脱字が湖巌本と石山寺本とに共通していないという点である。これは、ふたつの写本の底本が互いに異なるものであることを暗示している。

1．序　　章

この論文は、湖巌本『花厳経』と日本の石山寺本[1]『花厳経』を相互比較し、その同質性と相違性を論議することを目的としている。

国宝196号に指定されている湖巌本は、新訳『花厳経』を白紙に筆で書き写した仏経として現在湖巌博物館に所蔵されている。新訳『花厳経』は全部で80巻であるが、

湖巌本は巻一から巻十までと巻卌四から巻五十まで全部で17巻が残っている。筆写した時期が754年から755年にかけてということが確実であるため、この資料の価値は疑う余地もない。さらに巻尾の写経記が吏読で作成されたため、その間さまざまな国語学者の関心の的となってきた。また、則天武后字（以下、武后字）が大量に使われており、書誌学と文字学の重要研究対象ともなっている。

しかしながら、この湖巌本の本文については未だ本格的な研究がなされていない状態にあるといえる。朴相国 (2001) が比較的詳細に記述してはいるが、武后字の使用程度が他の資料に比べ多い方なのか少ない方なのか、誤字や脱字はないのか、などについてはあまり知られていない。同一時代の資料として、湖巌本と比較してみる価値のある新訳『花厳経』の資料をその間探し出すことができなかったためである。

折りよく、筆者は小林芳規教授の紹介で、日本の石山寺に所蔵されている一切経の中から新訳『花厳経』を調査することができた(2)。この資料は全体の80巻のうち78巻が伝わる巨帙であるが、奈良時代（8世紀）に書き写されたものが55巻にもなる。ここには9世紀頃に白点でつけた訓点が残っており、古代日本語を研究するのにおいてもこの資料は非常に貴重である。何よりも武后字が大量に使用されており、武后字研究には必要不可欠な資料である。

二つの資料の形態書誌、則天武后字、誤字及び脱字などを相互対比し、その同質性と相違性を整理することがこの論文の目標である。この論文では特に巻卌四から巻五十までの7巻を主に比較することにする。巻一から巻十までの10巻も比較せねばならないが、石山寺本のこの10巻は後代である室町時代に書写されたものであるため、今回の研究対象から除外した。

2. 形態　書誌

漢訳『華厳経』には、60巻本、80巻本、40巻本の三種類がある。これらをそれぞれ旧訳本、新訳本、貞元本ともいい、晋本、周本、貞元本ともいう。この三つの『華厳経』を合わせて三本雑華と呼ぶこともある。

晋本、つまり旧訳本は東晋の仏陀跋陀羅が418年から420年にわたって漢訳したものとして、50巻または60巻からなっている(3)。周本、つまり新訳本は実叉難陀が中心になり80巻に翻訳したものである(4)。新訳本の翻訳時期は、７世紀末葉の則天武后の時代であったため、旧訳本に比べて時期が遅い方である。ここには特に武后字が多く使われ、関心の対象となってきた。貞元本は般若が８世紀末葉の貞元年間に翻訳したもので、全体が40巻からなるものである。貞元本は、旧訳本と新訳本の入法界品のみを翻訳したもので、最も遅く漢訳されたものである。

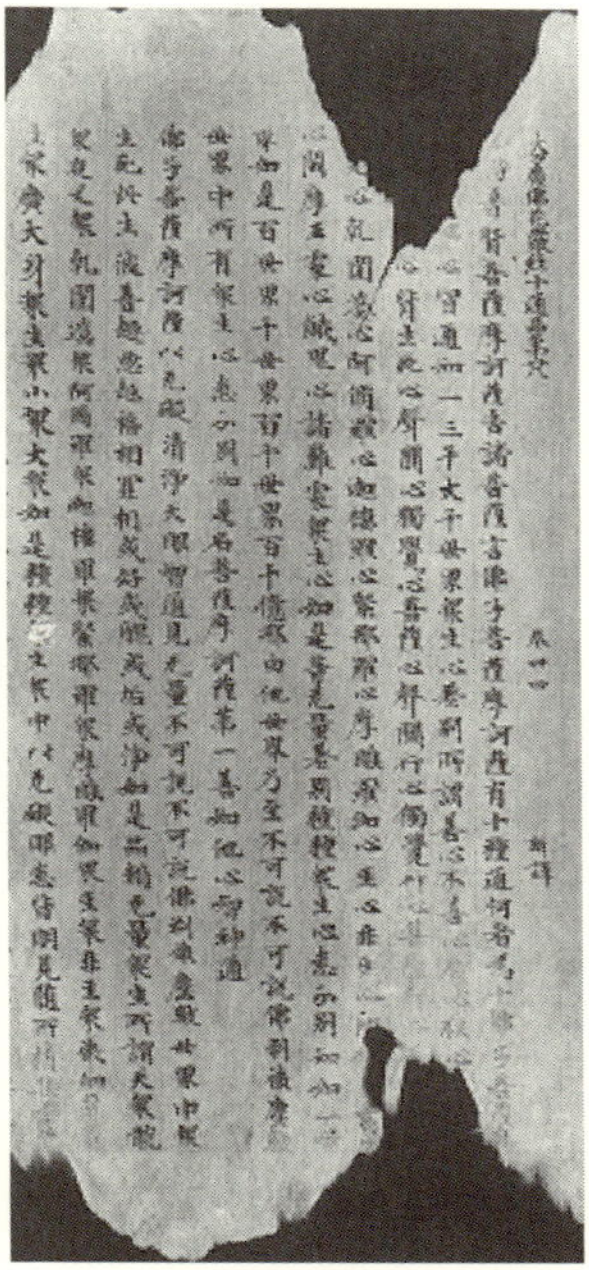

〈写真１〉湖巖本新訳『花厳経』巻卌四 巻首

湖巖本には、上の三つの系統のうちどの系統に属するかを明らかにする‘新訳’が出てくる。巻三、巻四、巻五、巻六、巻七、巻八、巻九、巻十、巻卌四、巻卌五、巻卌九などの巻首部分に‘新訳’と明記されている。‘新訳’が表記された位置は、〈写真１〉(5)を参考にされたい。これを見ると、湖巖本が新訳本に属することがすぐに分かる。しかし、巻二、巻卌六、巻卌七、巻卌八、巻五十の巻首には‘新訳’が見られず、巻一の巻首は保存状態が悪く‘新訳’の有無を確認することができない。このように‘新訳’が明記されていない巻があるのだが、湖巖本が新訳本に属するということは明らかである。

石山寺本にも‘新訳’が明記されているため、この資料が新訳本に属するという事実は明らかである。筆者が調査した巻の中で、巻卌四から巻卌九に至るまで‘新訳’が巻首部分に明記されている。‘新訳’が表記されている位置は〈写真２〉(6)を参考にされたい。

‘新訳’という名称は、唐の時代ですでに使用していたものとみられる。例えば、敦煌本の一種である北京大学のBD00302巻首でも巻次‘巻四’の下に‘新訳’と明記している。BD00164Cにおいても巻次‘巻卌三’の下に‘新訳’と明記されている

[7]。したがって、湖巌本と石山寺本の‘新訳’は唐代から始まったものといえる。

高麗時代の資料においては‘新訳’よりも‘周経’という名称が主に用いられる。‘周経’と呼ぶことと‘新訳’と呼ぶことは、大きな違いがある。‘周経’の‘周’は国号の一つである。『華厳経』を新たに翻訳するよう命じたのは則天武后であるが、この女帝は国号を‘唐’から‘周’に変えた。まさにこの時期に『華厳経』を新たに翻訳したものであるため‘周経華厳経’の‘周’はまさにこの国号をとったということが明らかである。高麗時代には旧訳本を晋経といい、新訳本すなわち周経と区別した。

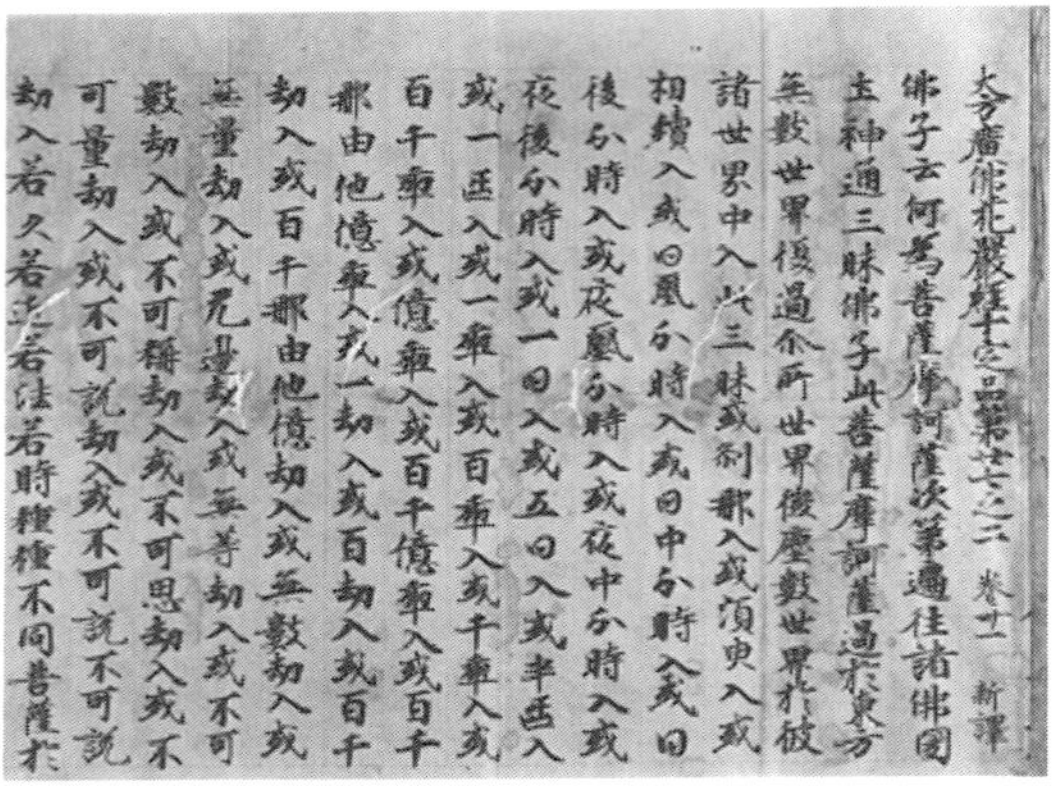
〈写真２〉石山寺本 新訳『花厳経』巻冊一 巻首

湖巌本と石山寺本が時期的に非常に近い資料であることは‘新訳’の一致においてのみならず、巻首題の一致においても確認できる。〈写真１〉と〈写真２〉から分かるように、二つの資料で共通的に品名と品次が巻次よりも前にくる。巻次も‘巻第冊四’や‘巻第冊一’ではなくそれぞれ‘巻冊四’と‘巻冊一’となっている。

⑴ １．湖巖本　：大方廣佛花嚴經十通品第廾八　巻冊四　新譯

　２．石山寺本：大方廣佛花嚴經十定品第廾七之二　巻冊一　新譯

これは、高麗時代の巻首題部分と全く異なっている。対比のために、湖林本初雕大蔵経巻第四十七と寺刊本の系統である誠庵本巻第三十六の巻首部分をここに引用する。

⑵ １．湖林本：大方廣佛華嚴經巻第四十七　　　道

東晉天竺三藏佛陁跋陁羅譯

入法界品之十一

　２．誠庵本：大方廣佛華嚴經巻第三十六

于闐國藏實叉難陀奉　　制譯[8]

十地品第二十六之三

⑴と⑵の相違点を示すと、次のようになる。第一に、⑴には翻訳者が出ていないが⑵では２行目に表記されている。第二に、⑴では経名のすぐ後ろに続いて品名と品次が出ているが⑵では経名のすぐ後ろに巻次が続き、品名と品次は３行目に分離して記されている。このように、品名と品次が巻次よりも前に表記されている資料はやはり初期の『華厳経』で主に発見されている。これは、敦煌本の一種である〈写真３〉と〈写真４〉(9)の BD00164C と S0348 においても確認される。第三に、⑴では‘巻卌四’となっているが、⑵では‘巻第四十七’となっており‘第’の有無において異なっている。巻首部分におけるこれら三つの相違点は、古本と後代本を識別する基準となるであろう。

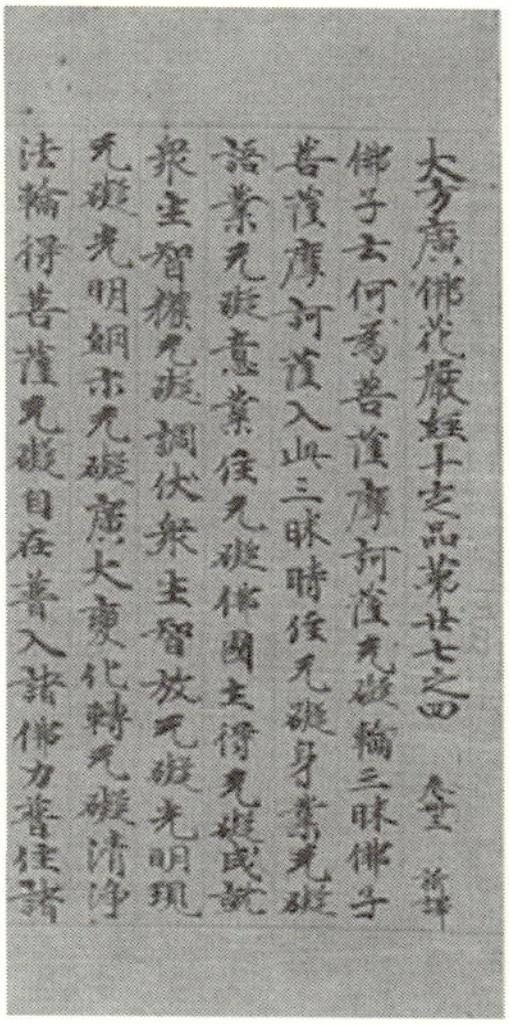
大方廣佛花嚴經十地品第廿七之四
佛子云何為菩薩摩訶薩无礙輪三昧佛子
菩薩摩訶薩入此三昧時住无礙身業无礙
語業无礙意業住无礙佛國土得无礙成就
衆生智无礙調伏衆生智放无礙光明現
无礙光明網示无礙廣大變化轉无礙清淨
法輪得菩薩无礙自在普入諸佛力普住諸

〈写真３〉BD00164C

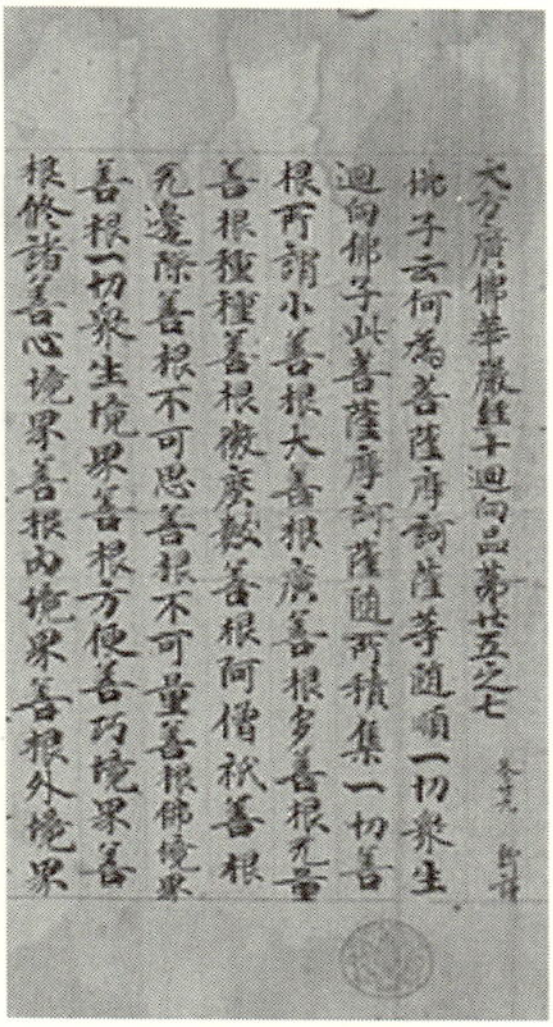
大方廣佛華嚴經十迴向品第廿五之七
佛子云何為菩薩摩訶薩等隨順一切衆生
迴向佛子此菩薩摩訶薩隨所積集一切善
根所謂小善根大善根廣善根多善根无量
善根種種善根微塵數善根阿僧祇善根
无邊際善根不可思善根不可量善根佛境界
善根一切衆生境界善根方便善巧境界善
根餘諸善心境界善根內境界善根外境界

〈写真４〉S0348

湖厳本と石山寺本の本文を比較してみると、互いに一致する。本文が一致するのみならず、各巻を分割する方法、すなわち造巻法も完全に同じである。このようにして湖厳本と石山寺本の巻第卌四は同一の本文で構成されている。

巻尾題は‘大方広仏花厳経’で湖厳本と石山寺本が一致する。巻尾題にすぐに続いて巻次が表記されている。しかし、巻次が‘巻第卌七’などと表記され‘第’が

含まれているという点が、巻首題と異なる。巻尾部分には、品名や品次は出てこない。これは、大部分の敦煌本においても同様である。

(3) 大方廣佛花嚴經巻第卌七(湖巌本、石山寺本)

高麗時代の『華厳経』には、巻尾題の後ろに音義または音釈が添付されるが、湖巌本と石山寺本にはこれが加えられていない。

湖巌本は写経時期が明らかにされているという点で注目されている。湖巌本巻第十と巻第五十の巻尾にそれぞれ次のような写経記が付け加えられている。

(4) 天寶十三載甲午八月一日初乙未載二月十四日一部周了成內之

この写経記にある天宝十三載すなわち甲午年は754年をさし、乙未年は755年をさす。したがって、湖巌本は非常に早い時期の新訳本であるといえる。

一方、石山寺本の写経年代は知ることができない。写経の絶対年度を示す記録がないためである。ただ、紙質、書風などを通じて書写の時期を推定するのみである。奈良時代に書写されたものは、現在に伝わる78巻のうち55巻にものぼるということが分かっている。巻第廾一から巻第八十までの60巻の中で、次の巻次を除外したものがすべて奈良時代の写経である。巻第卌三・巻第卌六は平安初期に書写され、巻第卅二・巻第卅四・巻第七十九は室町時代に補写された(10)。筆者は巻第卌三・巻第卌六を巻第卌四・巻第卌五と対比してみたことがあるのだが、両者は紙質のみならず異体字においても大きな相違がみられた。平安初期に書写した巻第卌六は紙質が黄色であり異体字が多いが、奈良時代の巻第卌四・巻第卌五は紙質が黄褐色であり異体字が多くない。

湖巌本は現在巻子本として伝わっているが、石山寺本は折帖本として伝わっている。石山寺本ももともとは巻子本であったが、後代に折帖本に装訂しなおされたという(11)。

湖巌本の書誌事項は、朴相国(2001)に詳細に述べられている。そこから重要なものを要約すると、次のようになる。

(5) 1. 巻一-巻十

蘭高 20.3cm、烏絲欄、全体の長さ 1982.2cm、1枚の大きさ 25.5cm×42.3cm-47cm (修理後 26.9cm×42.6cm-47.2cm、総43枚、最後のものは

25.5cm×36.3cm）、１行34字、楮紙

２．巻卌四－巻五十

上と大体において同一、全体の長さ 1390.6cm、総30枚

筆者が調査した巻五十七を基準にして、石山寺本の書誌事項を整理すると次のようになる。

(6) 蘭高 21.0-21.5cm、烏絲欄、界線幅 1.8-1.9cm、１枚の幅 23.9cm-24.0cm、１枚　29行（但し、最初のものは26行）、１行17字、楮紙

この対比から、紙の大きさは湖巌本が若干大きいが、本文を記す部分の大きさは石山寺本が若干大きいということが分かる。石山寺本は、折帖本に装訂しなおす過程で欄上と欄下の一部を切り取っているため(12)、もともとの張幅では大きな差がなかったといっても差し支えないであろう。湖巌本と石山寺本の紙質がどちらも楮紙であるという共通点も指摘しておく。

しかし、湖巌本が１行に34字を配列しているが、石山寺本は１行に17字を配列することを原則としているという点で大きく異なっている。言い換えれば、湖巌本は石山寺本の倍の版であるということになる。その結果、湖巌本が石山寺本に比べて非常に小さい細字で書写された。敦煌本では17字本が正しい形式であり、34字本はそれほど多くない。したがって、石山寺本が正本の系統であるならば、湖巌本は俗本の系統であるといえる。

湖巌本の巻一から巻十までの第一軸は、同一人物が筆写したものである。しかし、巻卌四から巻五十までの第五軸の文字は、最初の軸の文字と若干異なっている。石山寺本においては巻卌四から巻五十までの筆体が一致しているようである(13)。これは、10巻単位、すなわち一軸単位で同一人物が筆写したということを暗示している。

３．則天武后字

武后字についての現代人の研究としては、常盤大定（1943）、内藤乾吉（1958）、王三慶（1986）、劉俊文（1989）などや故宮博物院の施安昌氏などの論文があるが、これ

らについての研究史的な検討が蔵中進(1995)でよく整理されている。蔵中進(1995)は武后字についての本格的な研究書として(14)、ここでは湖巌本と石山寺本の武后字についても論じている。

上の文献を参考にして、武后字を次の17種に整理することができる。

(7) 天、地、日、月、星、年、國、人、正、君、臣、載、初、授、證、聖、照

もちろん689年に一次で造字された‘月’と、のちに改定された‘月’は(15)字形の違いが大きく、別個のものとして数えることもできるが、ここではひとつとみなした。

武后字についての古代の研究資料としては、小川本『新訳華厳経音義私記』と大治本『新訳華厳経音義』が代表的である(16)。小川本について、小林芳規(1978)は奈良時代の天平勝宝からその後半世紀の間に東大寺、またはその系統の寺院で撰述されたであろうとしている。すなわち、8世紀後半頃に撰述されたとみているのである。これによれば、〈写真5〉(17)は非常に早い時期に武后字を整理した資料となるため、注目しないわけにはいかない。ここには(7)の17種中‘照’の武后字を除外した16種が示されている。

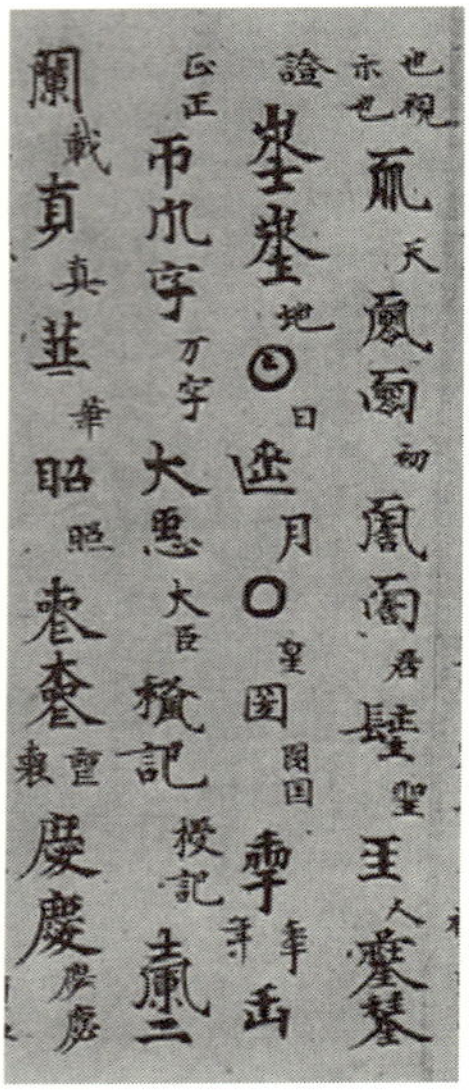
〈写真5〉
小川本『新訳華厳経音義私記』

しかし、この16種を列挙する過程で‘万’字も含めているという点が特異である。この‘万’字が大治本でも同じ位置に配列されているが、則天武后が制定したものではないため、これを武后字から除外するのが一般的である(蔵中進 1995:97)。大治本の2番目に示されている‘万’字の例が湖巌本には5回出てくるのであるが、石山寺本ではこれが‘卍’の逆字として表記されている。もし、この‘万’字を武后字に追加するようになれば、武后字は全部で18種になるであろう。

一方、小川本と大治本は‘真、華、照’の3字について避諱した例があることを示しており注目される。‘真、華、照’の最後を欠書したのは、これらに避諱法が適用されたことを意味する。

(8) 凡寫華字皆缺末筆、乃避則天祖諱(内藤湖南全集十四『寳左盦文』、1976、筑摩書

房)[18]

それならば、‘華厳経’の‘華’を‘花厳経’の‘花’と改字したことも、趙炳舜誠庵古書博物館長の主張のように避諱法の一種として見なければならないだろう[19]。

次は湖巌本と石山寺本の武后字についての論議である。

湖巌本に武后字が多く用いられたという事実は、朴相国（2001）ですでに十分に論じられている。しかし、重要な間違いが２点目につく。まず、巻一から巻十までの第一軸には‘月、日、星、正、天、地、証、国、人’など９種の武后字が270回使用されたとしている（朴相国 2001:36）。しかし、ここで‘君、初、聖’の３種を追加し12種が用いられたとする方が正確である。

(9) １．君－現存する巻一の２行目第３字、‘十二君詎識無邊之義’の‘君’

２．初－巻五の41行目第18字、‘一切菩薩初詣道場時’の‘初’

巻五の139行目第26字、‘此是如來初智力’の‘初’

３．聖－巻二の65行目第14字、‘一切聖人法解脱’の‘聖’

巻二の216行目第５字、‘衆生无有聖安樂’の‘聖’

巻三の58行目第６字、‘一切聖功德海脱門’の‘聖’

４．正の古字 

また、〈写真５〉の最初の‘正’字、すなわち（9.4）の‘正’を‘正’の用例からすべて除外し、一般字すなわち常用字‘正’の用例がまったくないように数えたのも重要な間違いである。古代の資料には、現在の‘正’より（9.4）の字形が普遍化していたことを指摘しておく。巻卌四から巻五十にかけての、また別の軸においては‘初、年、月、日、星、正、天、地、授、証、聖、国、人’の13種が用いられたとしているが（朴相国 1995:38）、これは正しい。但し、‘正’の武后字が100％使用されたとする統計はやはり信用できない。

二つの軸を総合すれば、湖巌本では総14種の武后字が用いられたことになる。17種の中で発見されなかったものは、‘照’、‘載’、‘臣’の３種のみである。‘照’の武后字は、則天武后の名字として用いられる時のみ使用され、実用例を探すのが非常に困難である（常盤大定 1943、王三慶 1986、蔵中進 1995:40）。この点を勘案すれば、

湖巖本に‘照’の武后字が用いられなかったことはむしろ自然である。また、新訳『花厳経』巻一から巻十までと巻卌から巻五十までの内容には‘臣’、‘載’の用例がまったく出てこない。‘載’と‘臣’が用いられた巻においては、これらの武后字が使用された可能性が大きいと推測される。『千唐誌斎蔵誌』に出てくる武后字を整理した蔵中進（1995:150-5）によれば、‘照’を除外した16種のうち、武后字で表記する確率が最も低いのは‘君’である。しかしながら湖巖本では（9.1）の‘君’を武后字で表記しているので、‘載’や‘臣’についても武后字を使用したものと推論される。

湖巖本巻卌四から巻五十までの７巻に出てくる武后字を整理してみると、次のようになる。ここに巻一に出てくる‘君’の例すなわち（9.1）の例を合わせれば、全部で14種になる[20]。

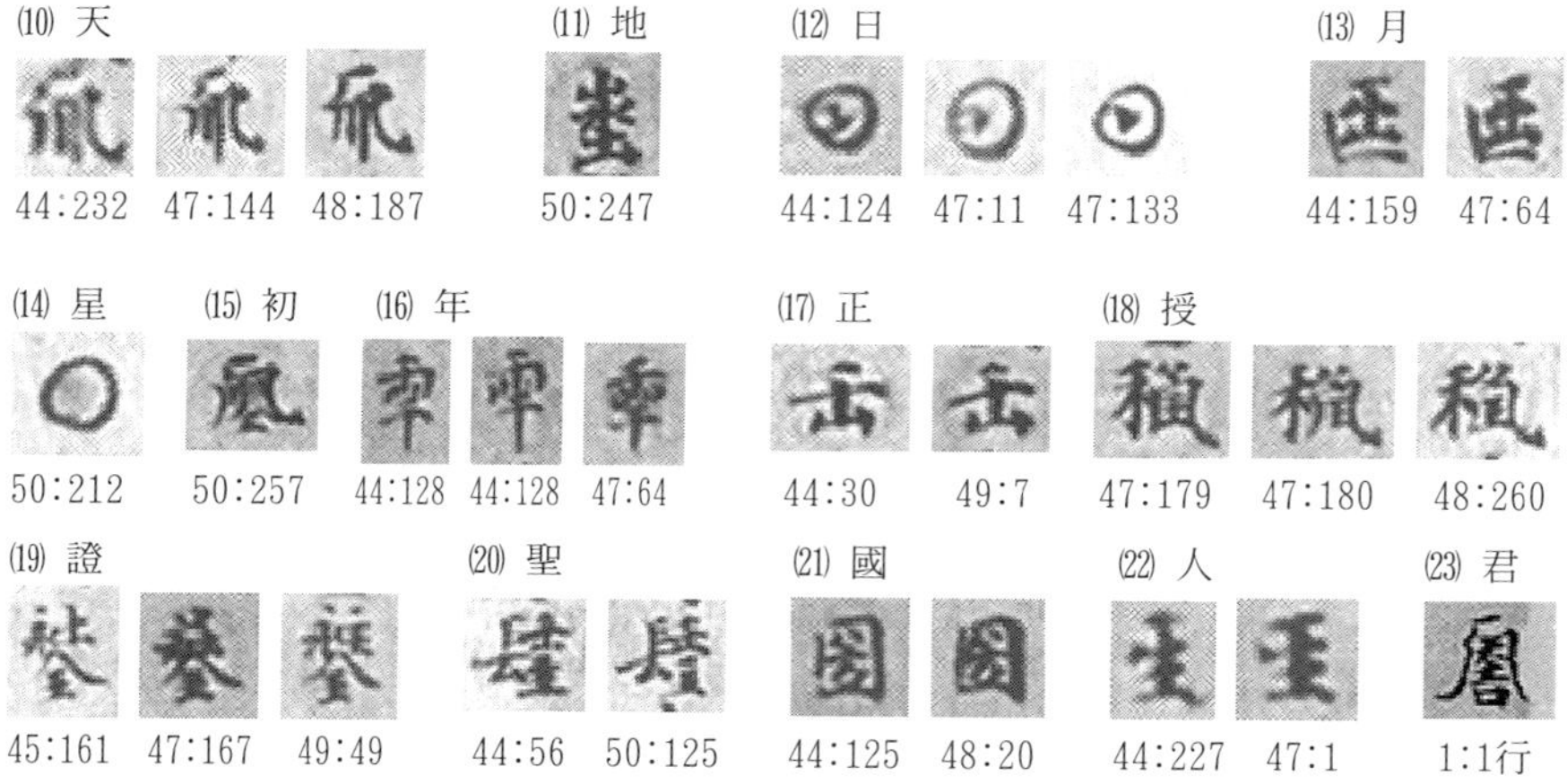

石山寺本の武后字についての調査作業のひとつとして、大坪併治（1992）の巻七十五の訳文を挙げることができるが、ここでは漢字の右側に‘・’を打ち、武后字であることを明らかにしてある。蔵中進（1995:296）は、これを分析し興味深い論を展開している。同一行の同一字について、あるものは武后字であるものは常用字で書写していることを根拠とし、写経生が唐の原本をそのまま写したのではなく、相当数の武后字を常用字に置き換えて書写したものと推定したのである。

⒁ 湖巌本と石山寺本の各巻別武后字

文献＼字	天	地	日	月	星	年	国	人	正	証	聖	授	初	武后字種
湖巌 44	○	○	○	○		○	○	○	○	○	○	○		11
湖巌 45	○		○	○			○		○	○				6
湖巌 46	○	○	○	○		○	○		○	○		○		9
湖巌 47	○		○	○		○	○	○		○		○		8
湖巌 48	○		○	○			○	○				○		6
湖巌 49	○						○	○	○	○				5
湖巌 50	○	○	○	○	○		○	○	○		○		○	10
石山寺 44	○	○	○	○		○	○	○	○	○	○	○	○	12
石山寺 45	○	○	○	○			○	○	○	○				8
石山寺 46	○	○	○	○		○	○		○	○		○	○	10
石山寺 47	○	○	○	○		○	○	○	○	○		○	○	11
石山寺 48	○	○	○	○			○	○	○			○	○	9
石山寺 49	○	○	○				○	○	○	○		○		8
石山寺 50	○	○	○	○	○		○	○	○		○	○	○	11

この推定によって、武后字は則天武后時代に近いほど多く用いられており、後代に下るほど少なくなるという、後代逓減の原則を立てることができる。この原則によって、石山寺本が湖巌本よりも時期的に先なのか後なのかを検討付けることができる。石山寺本に武后字の用例が相対的に多いのならば、石山寺本が湖巌本よりも時期的に先であるといえる。

石山寺本の巻卌四から巻五十までの７巻に出てくる武后字は、全部で13種である。‘君、臣、載’はこれらの巻次の本文に出てこないため、その武后字もまったく用いられていない。‘照’の武后字は武后の名を表記する時にのみ用いられたため、‘照’の武后字は使用されていない。したがって、石山寺本と湖巌本は武后字の種数においてもまったく差がみられない。

しかし、各巻別に比較すると湖巌本よりも石山寺本に出てくる武后字の種数が常に多い。⒁の表で確認できるように、各巻別では湖巌本よりも石山寺本に常に１－

⑵ 湖巌本と石山寺本の武后字用例集計表

漢字	総出現回数	湖巌本武后字表記回数	石山寺本武后字表記回数	両本に共通する武后字回数
天	118[21]	47 (97%)	114 (97%)	47 (40%)
地	54	5 (10%)	49 (96%)	5 (10%)
日	49	31 (63%)	49 (100%)	31 (63%)
月	30	30 (100%)	30 (100%)	30 (100%)
年	6	6 (100%)	6 (100%)	6 (100%)
星	2	1 (50%)	2 (100%)	1 (50%)
国	83	56 (67%)	64 (77%)	51 (61%)
人	168	33 (20%)	158 (94%)	33 (20%)
正	97	10 (10%)	74 (76%)	6 (6%)
証	12	10 (83%)	11 (92%)	10 (83%)
聖	4	2 (50%)	2 (50%)	2 (50%)
授	10	7 (70%)	10 (100%)	7 (70%)
初	16	1 (6%)	15 (94%)	1 (6%)
合計	646	239 (37%)	584 (90%)	230 (37%)

３種の武后字がさらに出てくるのである。武后字の使用に関する限り、石山寺本は保守的であり湖巌本は改革的であることがここで分かる。

この保守性と改革性は、武后字の用例を集計してみるとすぐに分かる。⑵の集計表は、湖巌本と石山寺本の巻卌四から巻五十までの７巻に出てくる武后字の用例をすべて調査したものである。この表の（　）内の数字は、本文に出現する漢字のうち武后字として表記される比率を％で表したものである。一度も出てこない‘君、臣、載’字と、常用字のみで全部で126回用いられている‘照’字は統計から除外した。

⑵の集計表で、武后字が湖巌本よりは石山寺本に遥かに多く出てくるということが分かる。湖巌本で武后字として表記される例は37％に過ぎないのに比べ、石山寺本は実に90％にのぼる。寡聞のせいかもしれないが、現存する仏経のうち武后字の

使用比率が石山寺本より高い資料を筆者は未だ見たことがない。37％と90％の差は非常に大きいのである。石山寺本では該当漢字の大部分を武后字で表記しているが、湖巖本では武后字を常用字に大幅に変えている。

参考として、大坪併治（1992）の調査資料を利用して石山寺本巻七十五の武后字の集計を付け加えておく。‘／’の前部分が武后字の使用回数であり、後部分は該当漢字の出現回数である。

⑵⑹	地	日	月	星	國	人	正	臣
	1/19	2/18	9/9	1/1	6/7	35/40	20/24	1/3
	證	聖	授	初	天	年	君	載
	4/5	1/11	1/1	5/6	0/17	0/0	0/0	0/0

全体85/180＝47％

石山寺本巻七十五は、巻卌四から巻五十の７巻に比べて武后字の使用比率が半分程度に少なくなっている。‘天、地、日、聖’の４字において武后字を常用字に交替させたことが、その原因のようである。とはいえ、湖巖本の使用比率よりは10％ほど高い。

武后字の使用において差が生じていることを整理してみた結果、湖巖本においては常用字を使用しているのに比べ、石山寺本においては武后字を使用したものが大部分であった。しかし、この逆は成立しない。巻卌四と巻卌八の‘国’字では、どちらが武后字をより多く使用しているのかはっきりとしてはいないが、残りの12種においては常に石山寺本が湖巖本よりも武后字の用例が多い。したがって、石山寺本が湖巖本よりも武后字をより多く保存していると結論づけることができる。

今までの論をもとにして、次の二つの状況を想定することができる。第一に、後代逓減の原則によれば、石山寺本の書写時期が湖巖本よりさらに早いと推定することができる。これによれば、石山寺本の書写時期は少なくとも754年以前になる。第二に、新羅の経写筆師(22)が奈良の写経生よりも武后字を常用字に変えることに、より積極的であったということである。この推論によれば、石山寺本の書写時期が湖巖本より必ずしも前であると断定することはできない。同一時期だとしても、改革的な経写筆師と保守的な写経生の書写態度によって武后字の使用の様相が変わりう

るからである。

この二つのうち、どちらが真実に近いものであるのか未だ明らかではないが、石山寺本の書写時期が湖厳本よりも早かったという可能性が高くみられる。石山寺の一切経に入っている『瑜伽師地論』巻廾一には、天平二年（730年）に書写されたことを示す写経記が出てくるのであるが（〈写真６〉参考[23]）、この瑜伽師地論の紙質と新訳『花厳経』の紙質にあまり違いがない。また、730年代に大規模に仏経を写経した（崔在錫 1998:277）という点と、天平十二年（740年）に初めて審祥が『花厳経』を講説した（小林芳規 2005:56）という点も参考になる。したがって、754年以前、おそらく730年代に石山寺本『花厳経』を書写したという可能性が高い。

前にすでに論じたように、石山寺本巻卌六は奈良時代に書写したものではなく、平安初期に書写したものである。にもかかわらず、奈良時代に書写したものと比較すると武后字の使用においては大きな差がない。したがって、巻卌六は奈良時代の写経を底本にして平安初期にふたたび書写したものと推定される。

一方、(25)の表で注目すべきことがある。‘月’と‘年’は武后字でのみ記され、常用字にまったく変えられていない。巻卌四から巻五十まで‘月’は全部で30回出てくるのであるが、湖厳本と石山寺本のいずれにおいても武后字でのみ記されている。‘年’も６回出てくるのであるが、いずれも武后字で記されている。したがって、

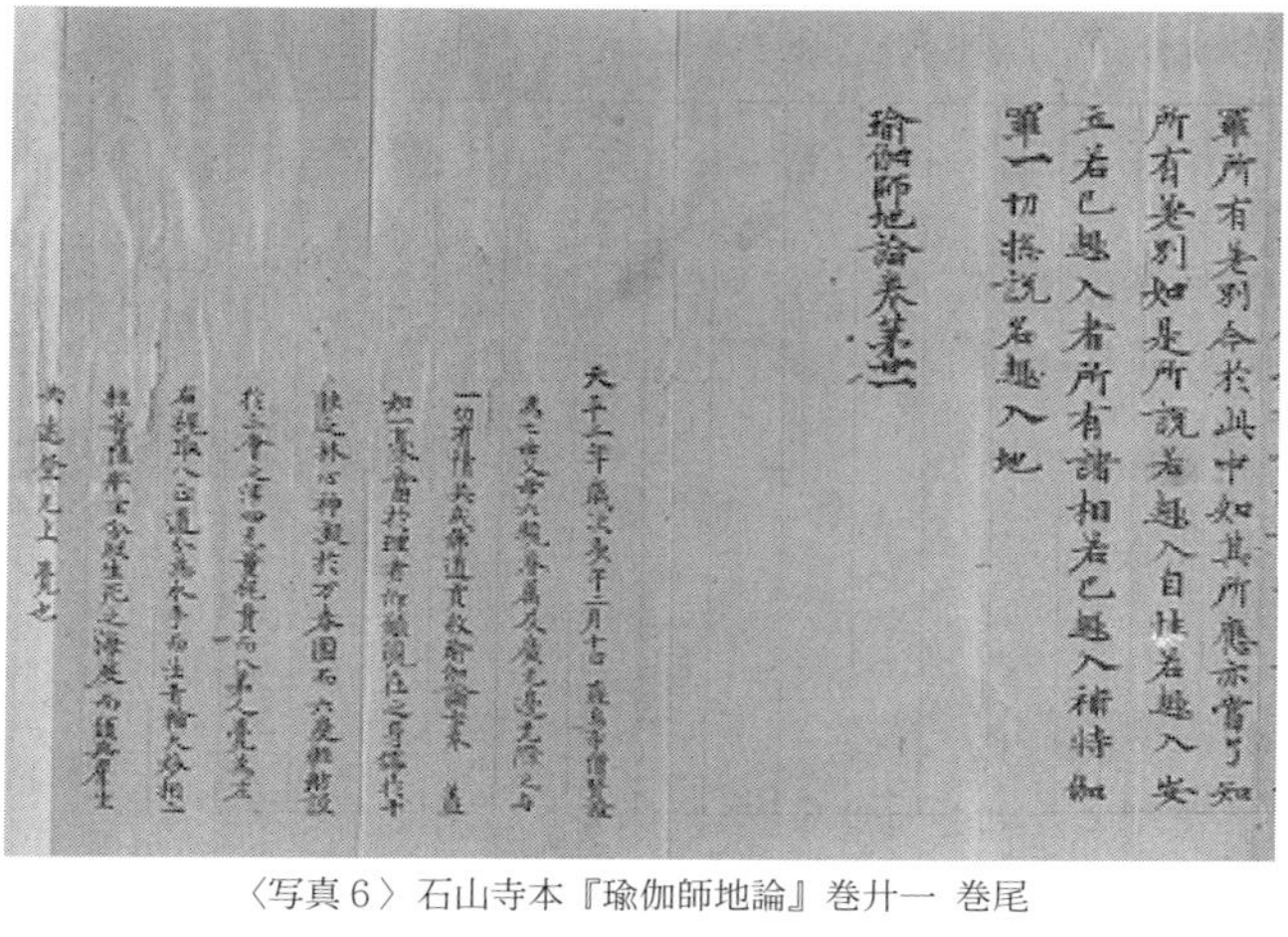
畢所有差別今於此中如其所應亦當了知
所有差別如是所說若趣入自性若趣入安
立若已趣入者所有諸相若已趣入補特伽
羅一切總說名趣入地
瑜伽師地論巻第卅一

〈写真６〉石山寺本『瑜伽師地論』巻廾一 巻尾

様々な武后字の中でも‘月’と‘年’が最も保存性が強いといえる。

反面、最も改革的なものは‘地、正、初’の３種であるといえる。もちろん、湖巌本を基準に選定したものであるが、武后字の使用比率が10%以下ならばこれらの武后字はすでに消滅期に入っていたとしても過言ではない。これはまた、湖巌本においては武后字使用の偏差が非常に大きかったことを意味する。あるものはすべて武后字で表記され、あるものは大部分を常用字に変えたためである。これに比べ、石山寺本においては使用比率が50%以下に落ちることはない。これは、武后字の使用に大きな変化がなかったことを意味するのみならず、様々な武后字を偏差なく均等に使用していたことを意味する。

４．誤字と校正

肉筆で原文を書写してみると、誤写により誤字や脱字が出るものである。ここでは湖巌本と石山寺本を比較し、誤字や脱字を探し出し、これらをどのように校正したのかを整理する。二つの資料のうち、どこに誤字が見られるか明確でない場合には『大正新脩大蔵経』本文の該当部分を参考にして判定した。

まず、湖巌本の誤字及び脱字の例をすべて集めると次のようになる。

(27) 湖巖本卷卌四の誤字と校正

１．生如來‘家’色（231b16）[24]：脱字になっている‘家’を細筆で書き入れている。

２．於‘明’鏡等（233b12）：脱字になっている‘明’を細筆で書き入れている。

(28) 湖巖本卷卌五の誤字と校正

１．名曰香‘象’（241b18）：‘象’を‘寫’の形の漢字に筆写している。

(29) 湖巖本卷卌六の誤字と校正

１．見‘者’獲益（245c05）：‘者’が脱字になっている。

(30) 湖巖本卷卌七の誤字と校正

１．皆‘得’悟入（247a24）：‘得’が脱字になっている。

２．不可‘言’說不可思議（247c06）：‘言’が脱字になっている。

3．悉知三世一切‘佛語’(248b23)：‘諸’と筆写したものを校正せずそのままにしている。

4．住大悲‘語’(248c02)：‘謂’と筆写したものを校正せずそのままにしている。

5．‘一一’修多羅藏(249b11)：‘二’と筆写したものを校正せずそのままにしている。

6．結‘跏’趺坐(249c03)：‘跏’が脱字になっている。

7．無我無‘我’所(249c23)：‘我’が脱字になっている。

8．不住諸‘相’(249c25)：‘想’と筆写したものを校正せずそのままにしている。

(31) 湖巖本巻卌八の誤字と校正

1．去‘來’現在(252b10)：‘未’と筆写したものを校正せずそのままにしている。

2．坐蓮華藏師‘子’之座(253b13)：‘了’と筆写したものを校正せずそのままにしている。

3．說法度‘人’(254c07)：‘衆’と筆写したものを校正せずそのままにしている[25]。

(32) 湖巖本巻五十[26]の脱字と校正

1．爲‘諸’如來神力所加(262c19)：‘說’と筆写したものを校正せずそのままにしている。

2．地水所‘住’及空居(265c28)：‘依’と筆写したものを校正せずそのままにしている。

湖巌本は巻卌七で 誤写が多いのに比べ、巻卌九では間違いが全くみられない。全体で17箇所に誤写が見られたのであるが、1巻あたり平均2.4箇所で間違いが認められた。この数値は石山寺本に比べ非常に少ないものとして、新羅経写筆師の写経が非常に精巧なものであったことをものがたっている。

湖巌本において特に目につくのは、脱字が多いという点である。全体で17箇所の誤写のうち脱字になっているものが7箇所に及ぶ。また、校正せずそのままにして

あるものが多いという特徴も認められる。校正したものは巻卌四の２例しかない。このふたつの例は本文の書風と一致するため、筆写当時に校正したものと思われる。筆写を終えた後まったく校正しなかったようであるが、これをみると湖巖本が筆写された後すぐに塔や仏腹蔵に納入された可能性が高い。

次に、石山寺本の誤字と脱字を整理する。

⒇ 石山寺本巻卌四の誤字と校正

1．法‘住’久近（230b01）：‘依’と筆写したものを‘住’に校正している。
2．謂於‘諸’法（232B16）：‘謂’と筆写したものを‘諸’に校正している。
3．‘令’心清淨（232b16）：‘念’と筆写したものを‘令ィ’に校正している。
4．同時與授‘記’（235b18）：‘說’と筆写したものを‘記’に校正している。
5．幻物無‘知’覺（235c06）：‘智’と筆写したものを‘知ィ’に校正している。

(34) 石山寺本巻卌五の誤字と校正

1．雜染世界‘不’可說（240a16）：‘可’と筆写したものを左側に‘、’を打ち、右側で‘不’と校正している。
2．不可言‘說’蓮華界（240c13）：‘德’と筆写したものを左側に‘、’を打ち、右側で‘說’と校正している。
3．名‘目’眞鄰陀窟（241c12）：‘日’と筆写したものを左側に‘、’を打ち‘目’と校正している。

(35) 石山寺本巻卌六の誤字と校正

1．於一‘念’中（242b24）：‘切’と筆写したものを‘念’に校正している。
2．成‘熟’有緣（242c02）：‘就’と筆写したものを校正せずそのままにしている。
3．‘住於’大捨不失時（242c05）：‘於住’と筆写したものを‘住’の右側に‘：’を打って校正している。
4．‘知’一切法本來無二（242c24）：‘智’と筆写したものを‘知’に校正している。
5．無有‘成’壞（242c28）：‘威’と筆写したものを右側で‘成’に校正している。

6. 随‘逐’如來 (243b03)：‘遂’ と筆写したものを右側で ‘逐’ に校正している。
7. ‘離’過清淨 (243b05)：‘難’ と筆写したものを右側で ‘離’ に校正している。
8. 於彼‘彼’劫 (244a07)：脱字している ‘彼’ を間に書き入れて校正している。
9. 寂‘寞’無言 (244a18)：‘漢’ と似た形で筆写したものを右側で ‘漠’ に校正している。
10. 不可‘沮’壞 (244a20)：‘俎’ と筆写したものを右側で ‘沮’ に校正している(27)。
11. 莊嚴‘意’業 (244b29)：‘音’ と筆写したものを校正せずそのままにしている。
12. 一切智‘智’(244c28)：脱字になっている ‘智’ を右側に書き入れて校正している。
13. 無諸‘渴’愛 (245a02)：‘濁’ と筆写したものを校正せずそのままにしている。
14. 第五‘自’在法 (245a24)：‘百’ と筆写したものを左側に ‘、’ を打ち、右側で ‘自’ に校正している。
15. 一切諸佛‘了’知諸法 (245c09)：‘子’ と筆写したものを左側に ‘、’ を打ち、右側で ‘了’ に校正している。
16. 不壞‘實’際 (245c14)：‘寶’ と筆写したものを右側で ‘實’ に校正している。
17. 心無所‘住’(245c16)：脱字になっている ‘住’ を字間に小さく薄く書き入れている。
18. 廣‘說諸’法 (246a02)：‘諸說’ と筆写したものを ‘諸’ の右側に ‘：’ を打ち、‘說’ の右下に ‘諸’ を書き入れて校正している。

(36) 石山寺本卷卌七の誤字と校正

1. 其菩‘提’座 (247a21)：‘偍’ と筆写したものを校正せずそのままにしている。

2．‘昔’於一切無數世界（247b24）：‘普’と筆写したものを校正せずそのままにしている。

3．乃至住不‘可’說劫（247c28）：‘不’と筆写したものを左側に‘：’を打ち、欄上から校正している。後代に欄上を切断しているため、どの字で校正したのかは知ることができない。

4．不能爲‘害’（248c23）：‘宮’と筆写したものを校正せずそのままにしている。

5．未曾退‘怯’（250a25）：‘性’と筆写したものを右側に白点で‘怯’に校正している。

6．‘現’身語意（251a26）：‘脱’と筆写したものを右側に白点で‘現’に校正している。

⑶ 石山寺本卷卌八の誤字と校正

1．結‘跏’趺坐（252b18）：‘如’(28)と筆写したものを校正せずそのままにしている。

2．如來若‘或’（253a09）：‘成’と筆写したものを校正せずそのままにしている。

3．‘卍’字等相（255b04）：‘卬’と筆写したものを右側に‘万ィ’に校正している。

4．得十種清淨‘眼’（255c18）：‘明’と筆写したものを校正せずそのままにしている。

5．放衆‘生’數等光明（257a10）：‘告’と筆写したものを校正せずそのままにしている。

⒅ 石山寺本卷卌九の誤字と校正

1．出‘興’于世（257c15）：‘舆’と筆写したように見えるが、校正せずそのままにしている。

2．通達‘甚’深法清淨（258b14）：‘其’と筆写したものを校正せずそのままにしている。

⒆ 石山寺本卷五十の誤字と校正

1．作者受者悉亦‘無’(265b29)：‘然’と筆写したものを校正せずそのままにしている。
2．生長草‘木’(266a22)：‘水’と筆写したものを左側に‘、’を打ち、右側で‘木ヶ’に校正している。
3．成就‘本’行(266a29)：‘大’と筆写したものを校正せずそのままにしている。
4．修‘學’一切方便善巧(267b02)：‘覺’と筆写したものを左側に‘、’を打っているが校正してはいない。
5．‘亦’不分身不分別(268a04)：‘示’と筆写したものを左側に‘、’を打っているが校正してはいない。
6．破諸‘塵’闇住佛地(268a12)：‘癡’と筆写したものを校正せずそのままにしている。

石山寺本は、全部で45箇所において誤写がみられるのであるが、これは1巻につき平均6.4回誤写したことになる。石山寺本は湖巌本に比べ誤写が2倍以上にもなるため、失敗が多かったということになる。奈良では各種仏経の写経が天平年間に集中し、また大規模におこなわれているのであるが(崔在錫1998：275-6)、この過程で誤写が起きたようである。

石山寺本は誤字を校正したものが非常に多いという特徴がみえる。45例のうち校正したものが28例にもおよぶ。もちろんこの校正がすべて写経当時にすぐになされたものもあるが、後代の校正であることがはっきりしているものも目につく。例えば、(37.5-6)で白点を利用して校正したものは、平安初期の校正であることが明らかである。白点は平安初期に訓点を記入する際に使用していたためである。また‘ィ、ヶ’などの片仮名を添加し校正したものも後代の校正による。片仮名は平安初期につくられたものとして知られているからである。

校正方法としては、次のふたつが目をひく。ひとつは誤字の左側に打った単点‘、’である。(34)と(35.14-15)でこの‘、’が符号の一種として誤字であることを示す機能を持っているという事実が分かる。もう一つは右側に施した双点‘：’である。これもやはり符号の一種であるが、(35.18)と(35.3)の例においてこの双点

の機能が除外もしくは削除するものであることが分かる。興味深いのは、この双点が湖巌本巻十の巻末に添付された写経記においてもみられるという点である。‘成檀越新羅國京師所伯’のそれぞれの漢字の右側には２、３個の点が記入されている。しかし、まさにこの部分が湖巌本巻五十の巻末に添付された写経記においては削除されている（李丞宰 2000)。したがって、双点あるいは三点は新羅のみならず奈良においても除外もしくは削除の意味を持つ符号として使用されていたといえる。

上の調査結果をみれば、平安初期に書写した巻卌六に目立って誤字が多くみられる。これは、奈良時代の写経生は漢字と漢文をよく知っていたためあまり誤字が出なかったのであるが、平安初期の写経生はこの能力が劣っており誤字を多く出したものとみられる。巻卌六に特異な異体字が目だって多く出てくるのも、まさにここに起因するものと思われる。

もう一つ興味深いのは、湖巌本と石山寺本の誤字や脱字が互いに一致しないという事実である。誤字や脱字が一致するならば、湖巌本と石山寺本は同一の底本を書写した可能性が高い。しかし、同一の誤字や脱字がまったくみられない。これは湖巌本と石山寺本の写経の対象となる底本が互いに異なっていたということを意味する。

5．むすび

以上、巻卌四から巻五十までの７巻を中心に湖巌本と石山寺本の新訳『花厳経』をそれぞれ対比してみた。その結果、次のような点が明らかになった。

湖巌本と石山寺本は巻首題と巻尾題を書く形式が一致し、‘新訳’が明記されている。ここでこれらが古本の一種であることが分かる。いずれも楮紙であり紙幅も類似している。湖巌本は巻子本として今に伝わっているが、石山寺本は後代に折帖本に装訂し直された。もっとも大きな違いは、湖巌本が34字本の細字本であるのに対し石山寺本は17字本であるという点である。石山寺本を正本の系統であるとするならば、湖巌本は俗本の系統に属する。

湖巌本と石山寺本には武后字が多く用いられている。巻卌四から巻五十までの７

巻にはそれぞれ‘天、地、日、月、星、年、国、人、正、証、聖、授、初’の13種が出てくる。湖巌本と石山寺本は使用種数においては同じであるが、使用回数においては大きく異なっている。湖巌本は全体的に37%程度を武后字で表記しているが、石山寺本では実に90%にのぼる。これほど高い使用比率をみせる武后字の資料を、筆者は未だ見たことがない。使用比率が高いため、石山寺本は湖巌本(754年-755年)よりも書写時期が早かったといえよう。

湖巌本は、石山寺本に比べ誤字および脱字が少ない方である。これは新羅の写経筆師が写経技術に秀でていたことを意味する。湖巌本には後代に校正した痕跡がみられないが、これは筆写が終わった後すぐに塔や仏腹蔵に納入したことを暗示している。石山寺本は誤字が多いのみならず、校正した部分が多いという点が特徴である。この校正は後代になされたものもある。重要なことは、誤字および脱字が湖巌本と石山寺本に共通していないという点である。これは、それぞれの写本の底本が互いに異なっていたということを暗示している。

参考文献

文化財庁 (2001)、『新羅白紙墨書 大方広仏華厳経』、重要典籍文化財 7、金剛印刷社.

朴相国 (2001)、「新羅白紙墨書 大方広仏華厳経 解題」、『新羅白紙墨書 大方広仏華厳経』(文化財庁 編)、金剛印刷社.

李丞宰 (2000)、「新しく発見された角筆符号口訣とその意義」、『新国語生活』10-3.

李丞宰 (2004a)、「湖林博物館所蔵の50巻本『華厳経』を探して」、『第30回全国学術大会発表論文集』口訣学会.

李丞宰 (2004b)、「敦煌仏教の50巻本『華厳経』を探して」、『日本学・敦煌学・漢字訓読の新展開』、北海道大学大学院文学研究科.

任昌淳 (外編) (1981/93)、『書芸』(韓国の美 6)、中央日報社.

趙炳舜 (2004)、「高麗以前大蔵経の残巻“大和寧国蔵『華厳経』巻第三十八”について」、『韓国書誌学会 2004年度冬季学術大会発表資料集』.

崔在錫 (1998)、『古代韓日仏教関係史』、一志社.

劉俊文 (1989)、『敦煌吐魯番唐代法制文書考釈』、北京:中華書国.

王三慶 (1986)、「敦煌写巻中武后新字之調査研究」、『漢学研究』第四巻第二期、敦煌学国

際研討会論文専号.
石山寺（1985)、『石山寺古経聚英』、京都：法蔵館.
内藤乾吉（1958)、「敦煌発見唐職制戸婚厩庫律断簡」、『石濱先生古希記念東洋学論叢』.
大坪併治（1992)、『石山寺本大方広仏華厳経古点の国語学的研究』、大坪併治著作集９、東京：風間書房.
蔵中進（1995)、『則天文字の研究』、東京：翰林書房.
古典研究会（1978/88)、『新訳華厳経音義私記』（古辞書音義集成 第一巻)、東京：汲古書院.
小林芳規（1978)、「新訳華厳経音義私記 解題」、『新訳華厳経音義私記』（古辞書音義集成 第一巻)、古典研究会.
小林芳規（2004)、「奈良時代の角筆訓点から観た華厳経の講説」、『東大寺創建前後』、東大寺.
築島裕（1996)、『平安時代訓点本論考』（研究編)、東京：汲古書院.
常盤大定（1943)、「武周新字の一研究」、『支那仏教の研究 第三』、春秋社.
奈良国立博物館（2002)、『観音のみてら石山寺』、奈良国立博物館.

注

（１）日本の石山寺本資料調査は、すべて小林芳規教授の紹介によって石山寺鷲尾遍隆副座主の承諾を得て進められた。御二方には頭を垂れて感謝申し上げる。調査作業は全部で３回にわたってなされた。最初の調査では2003年２月17日－18日の両日にわたって南豊鉉、尹幸舜、鄭在永、金永旭教授と共同で『瑜伽師地論』を調査した。２回目の調査は2003年７月26―28日の三日間、新訳『花厳経』を対象に尹幸舜、鄭在永、金永旭教授と共同で、３回目の調査は2004年７月26－28日の三日間、やはり新訳『花厳経』を対象に尹幸舜、金永旭、朴秉喆教授と共同で実施した。この方々にも深く感謝申し上げる。特に朴秉喆教授は、筆者の調査作業を直接助力してくださったことを明らかにし、感謝申し上げる。

（２）この資料の訓点については、大坪併治（1992）と築島裕（1996:86）を参考にされたい。石山寺の一切経については、『石山寺の研究　一切経編』（石山寺文化財総合調査団編）に掲載の田中稔、築島裕、小林芳規教授の論文を参考にせねばならないが、この本が絶版になっており参考にすることができなかった。

（３）もともとは50巻から造巻されたものであったが、後代に60巻にさらに分巻された。

これについては李丞宰(2004a)を参考にされたい。旧訳本系統の『華厳経』の中で筆者が直接資料を調査したものとしては、求礼華厳寺石経、誠庵本巻第二十などや李丞宰(2004a)で論じた初雕大蔵経の湖林本4巻、李丞宰(2004b)で論じた30余点の敦煌本などがある。

(4) 筆者が直接調査した新訳本系統の『花厳経』では、誠庵本の巻第六、巻第二十二、巻第三十六、巻第五十七などがある。釈読口訣の資料として広く知られている『華厳経疏』巻第三十五と『華厳経』巻第十四も周本系統に属する。最近は巻首に‘大和寧國藏’と記された新訳本が関心の対象となっている。趙炳舜(2004)では‘大和寧國’の‘和寧’を渤海の南京と見ている。これによれば、この資料は渤海時代に現在の咸興で所蔵されていたものであるといえる。

(5) これは任昌淳(外編)(1981/93)の『書芸』よりスキャンしたものである。

(6) これは『石山寺古経聚英』からスキャンしたものである。

(7) このような方法で‘新訳’が明記された資料としては、S0348、S4644などがある。

(8) ‘制譯’の‘制’は、則天武后が自身の名字である‘照’と同音である‘詔’を‘制’に変えるよう指示したことに始まっている。

(9) これはIDPからダウンロードしたものである。

(10)『石山寺古経聚英』174頁を参考にした。

(11) 築島裕(1996:85)によると、江戸時代の天明年間に石山寺の尊賢僧正によって折帖本に装訂しなおされたという。

(12) (36.3)を参考にされたい。

(13) 巻卌六は平安初期に書写されたもので筆体がもちろん異なる。

(14) これを東京大学の月本雅幸教授から入手した。これを明らかにし、感謝申し上げる。

(15) (13)の写真を参考にされたい。

(16) 蔵中進(1995:93 - 105)がこれらの写真を掲載し、これらの武后字についてすでに論じている。

(17) これは、古典研究会(1977/88)からスキャンしたものである。ここでは武后字の‘星’を‘皇’と読み間違えている。‘載’の最初の武后字の下にくる‘二’を、次の行の第一字につけて筆写しなかったことも間違いである。

(18) 蔵中進(1995:101)から再引用した。

(19) 2002年10月2日の朝鮮日報19面を参考にした。趙炳舜館長は‘華’が則天武后の父名‘武士華’に出てくるとしているが、(8)では‘祖諱’となっており異なってい

る。

(20) 写真資料は文化財庁（2001）をスキャンしたものである。

(21) 湖巌本においては、破損した部分に‘天’が一回出てくる。したがって、湖巌本は117回と数えた。

(22) これは湖巌本の巻尾にある写経記に出てくる名称である。

(23) この写真は奈良国立博物館（2002）の『観音のみてら石山寺』からスキャンしたものである。

(24) 誤字あるいは脱字として校正対象となっている字は‘ ’を打った。(231b16) は『大正新脩大蔵経』第十巻（華厳部下）の231ページ中16行目を意味する。以下同様である。

(25) 石山寺本ではこれが武后字‘人’になっている。

(26) 湖巌本巻卌九には誤字がない。

(27) 湖巌本では‘沮’と筆写している。

(28) 湖巌本では‘加’と筆写している。

翻訳 ： 飯田桃子（Seoul 大学校 言語学科 博士課程）

角筆の起源について

金　　永　旭

1．緒　　言

角筆学の大家である小林芳規先生は2002年６月、角筆に関する驚くべき発表をなさった。大谷大学蔵本の判比量論に声調符、合符、節博士、文字などが角筆によって加点されているとされた。これは７世紀中期の文献で、ここに加点されている文字は新羅語と指摘され、さらにこの資料において漢字の省画字による新羅文字も発見された。

小林先生はこれが日本の片仮名の起源を明らかにすることのできる重要な端緒とされた(1)。このような発表に鼓舞された筆者は角筆がどこから始まり、どのような経路を通って韓国に存在するようになったのかについて関心を持つようになった。

東アジアの筆記文化を道具の観点から考えてみると、毛筆文化と言える。毛筆は中国において発明されて、韓国に入ったものである。現在韓国においては昌原の古代遺跡地から発見された筆が最も古く、専門家たちによって紀元前１世紀頃のものと推定されている。しかし角筆がいつから韓国において使われるようになったかについてはいまだに知られていないのである。

本稿の目的は角筆が韓国においていつから用いられるようになり、これがどこから始まったのかを推定することにある。調査する過程において角筆の由来に対する諸記録を探すのが非常に困難であった。しかし種々の古代遺跡地の出土遺物に対する解釈と寺刹に伝えられている仏画についての筆者なりの解釈を通じて記録の欠陥をある程度補うことができた。特に2005年５月に行った南印度の遺跡調査がこの論考の結論を導き出すのに有益であったと思うのである。

本論に入る前に角筆の概念に対して整理してみることにする。本稿において定義

する角筆は文字通り鹿の角によるものだけを指すのではない。場合には象牙によるトスクペン（tusk pen）や鉄によるステールス（stylus）或いは金属性の材質による鉛筆、竹で作られた竹筆（bamboo pen）、刀で木に文字を刻む刀筆（knife pen）など、要するに角筆は毛筆と対比される諸硬筆を表す概念である。

2．義相の鉛筆

韓国では刀で木に文字を記入した百済木簡が伝わっている。筆者は2003年５月扶余博物館において刀で文字を記入した百済木簡を見たことがある(2)。紙に記入されたものは誠庵古書博物館所蔵の金剛般若波羅蜜経において校正符号を現す角筆符号がある(3)。角筆の痕跡は朝鮮後期まで発見される(4)。筆者は修徳寺所蔵の法華経においても角筆の痕跡を確認したことがあり、この諸本の中、あるものは1592年以後刊行されたものもある。古代の筆記道具に見える七世紀の鉄製遺物が百済地域の扶余宮南池から出土されたことがある(5)。まだ正確に確認されたことではないが、太古宗系列の寺刹において鹿の角から作られたものと推定される角筆が韓国の済州島に伝えられている。

筆者が調査したところ、角筆の使用に関する最古の記録は大学国師義天の「新編諸宗教蔵総録」である。ここには義相大師の「要義問答」と「一乗問答」に対して次のような註釈がある。

> 宋僧史義湘伝云 惑執筆書紳 懐鉛札葉 抄如結集 録似載言 如是義門 随弟子為目 如云道身章是也 或以虚為名 如云錐穴問答云云 但以当時集者 未善文体 遂致章句鄙野 雑以方言 或是大教濫觴 務在随機耳 奨来君子 宜加潤色

ここで注目すべき部分は「執筆書紳 懐鉛札葉」である。筆を手にして紙に文字を書いたり、鉛を持ち歩いて木札に文字を書き込んだりしたというのである。ここに「筆」と「鉛」という２種の筆記道具が登場する。「筆」は毛筆に間違いないが、「鉛」が何であるかは明らかではない。これは鉛のような金属性の硬筆の一種と見られる。木札に文字を書き込むことのできる筆記具は金属性や堅い骨のようなものでなければならないのである。「鉛」は金属性材料なので、これで木に文字を書き込むこ

とができたと思うのである。鉛筆は毛筆と違っており、筆者は鉛筆も角筆の一種と思うのである。しかし上の記録だけでは義相が角筆を発明したと断言することはできない。角筆の歴史は中国まで視野に入れる必要があると思われる。

義相は周知のように、唐首都である長安の従南山の至相寺というお寺において当時中国華厳学の大家である智厳の弟子であった。そうすると、義相が用いた仏経の書写方式は中国から学んだ可能性が高い。義相と智厳との関係を物語ってくれる仏画が慶南陜川の海印寺に残っている。陜川海印寺に伝わる仏画の中には智厳師が義相に仏法を伝授する場面が描かれているものがある。

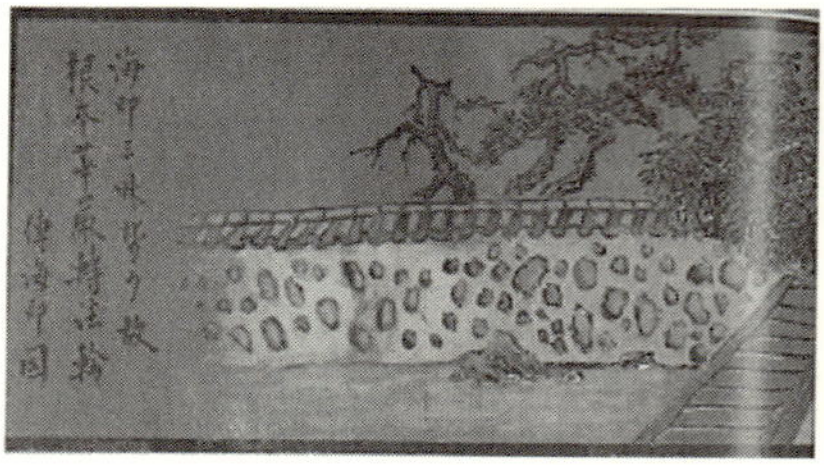

上の絵を見れば、和尚は智厳で彼の弟子に見える若い僧侶は義相である。義相が書いている文は華厳一乗法界図である。これは新羅華厳学を理解するのに必要な仏書である。この本が智厳師の教えに基づいて著述されたことをこの絵は物語っているのである。この絵の右側上端の部分には智厳の頭の中の文字世界が描かれている。これらの文字は漢字ではない。強いて類似する文字を考えてみると、その形態は印度のブラミ（Brahmi）文字に近いと思われる。これらの文字を詳しく見ると、毛筆を用いるには適当な形態ではないのである。角筆のように先が硬い筆記道具でなければ、このような垂直線、水平線、正方形などのような幾何学的の模様を作り上げにくいのである。毛筆においてはこのような書体を駆使しにくいと思われる。上の絵は智厳師が毛筆でない他の筆記道具を利用することを知っていたのを示唆している。そうならば７世紀頃唐の首都の長安では僧侶達が毛筆でない他の筆記道具を利用して、仏教と関連する文字を記録するのに用いたという推定が可能である。

以上のように、「新編諸宗教蔵総録」に記録されている義相に関する話を検討してみた。そこには義相が毛筆ではなく、鉛という金属性道具を利用して釈迦のお話を

伝えたという記録がある。義相師以前にも韓国においては鉄筆があった。扶余宮南池から出土された遺物の中には17.5センチメートルの長さの鉄製道具がある。棒の形に先が尖っており、取っ手の部分と鏃の部分が区分されている。国立公州博物館（2002：101）において遺物番号124の鉄製の鏃の写真を確認することができる。文字を記入するのに用いられたと考えられるこの遺物は７世紀またはその以前から用いられたと思うのである。

この遺跡地は三国史記の百済本紀武王35年（634）の記録に基づいて出土作業が行われた。従って宮南池の鉄筆が義相の鉛筆に影響を及ぼしたという証拠を得ることは困難である。義相の鉛筆は唐において留学する際、彼の師匠である智厳の影響を受けたものと思われる。海印寺の仏画に書かれた智厳の文字は毛筆には書写しにくいものである。ブラミ文字と類似する幾何学的形態の文字は毛筆で筆写するよりは筆先が硬い角筆で書きやすいものと考えられる。

筆者は中国において角筆の使用に関する記録を確認できなかった。中国の仏経の書写道具は伝統的に毛筆であった。秦始皇の墓から出土した土俑の中には文書伝達兵が見える。そこからその兵士の腰に削刀を帯びている姿を確認することができる。しかしこれは木簡に書かれた文字を修正したり、既存の文書を消して新しい文書を作成する時使われたものと思われる。これが刀筆と見られる証拠はいまだ確定できないようである。すると当時の中国の僧侶達が用いた角筆はどこから由来するものだろうか。７世紀長安時代の以前にも角筆の伝統があったと思うが、智厳が角筆について知っていたとしたら、これは唐代の僧侶達が角筆を用いたことを意味するのである。

角筆が中国の固有の発明品でないなら、これは他の国から輸入したものに違いないと思うのである。そして僧侶達がそれを利用した点と仏経を伝写する時に角筆を用いたという点から察してみると、角筆は仏経と密接な関連があると思わざるを得ないのである。角筆の材料の中には鉄や鉛などの金属性材料の他にも鹿の角や象牙や竹などがある。その中で鹿の角や象牙などは神聖性と関連がある。鹿は仏教と深い関連があるように、象も仏教と深い関連がある。印度には象牙が筆記具として使われたという神話がある。ヒンドゥ（Hindu）神の一つであるガネシャ（Ganesha）が

古代叙事詩を記録する際、自分の象牙を使ったとされる。しかしこのような神話は話にだけ止まるものではない。印度の書写文化を調べてみると、象牙による角筆の痕迹を発見することができる。印度では象牙ばかりではなく、Stylus で椰子の木の葉っぱ（palm leaf）に神聖な文字を書き込む習慣が今日まで伝わっている。

3．ガネシャの折れた象牙

印度の言語文化は古くから東北アジア地域に影響を及ぼした。印度の代表的な古代叙事詩にはラマヤナ（Ramayana）とマハバラタ（Mahabharata）がある。ラマヤナには14才の時継母から密林に追放されたアヨディヤ（Ayodhya）王国のラマ王子を助けた猿のハヌマン（Hanuman）の話がある。これは中国の古典である「西遊記」の一原型になっている。現在インターネット（internet）で若者達が愛用しているアバタ（Avatar）も印度語から由来するものであり、アバタは化身（incarnation）という意味で、生命不滅という Hinduism に由来しているのである。ヒンドゥ（Hindu）教では三神があり、Brahman は創造の神様で、Vishunu は維持及び補修の神様で、Shiva は破壊の神様である。ヒンドゥの三神の中でアバタを持つことができるのはビシュヌである。印度の人々は釈迦もビシュヌの化身であると信じている。このような信心から見れば、仏教も広い意味ではヒンドゥ（Hindu）教の一種である。

マハバラタは善と悪の戦争を描いた古代印度の叙事詩である。聖人である Vyasa が内容を口述し、それをガネシャ（Ganesha）が書き取ったとされる。ガネシャはヒンドゥ（Hindu）教では豊饒を象徴する神様である。ガネシャは印度において大衆的な人気が高く、たとえば韓国では建物を作り始めるとか棟上をする時、豚の頭を供えて祭司を行うのが一般の風習であるが、印度ではガネシャの神像を祭って、今やっている仕事が何ら障害もなく、無事に終えるように祈ったりする。ガネシャは破壊の神であるシヴァの息子であり、象の頭に人の身を有する言わば半人半獣の形象である。この場合ガ

ネシャの象の頭は智恵を象徴している。これにはそれなりの説明がついている。ガネシャの顔を詳しく見ると、右側の象牙が折れている。実のところ、どんな神像と言えども、それが動物の形をしていたり、人間の形をしていたりしても、完璧な形を維持するのが一般的であるのに、ガネシャの象の顔には左側の象牙のみがあり、右側の象牙は折れているのである。

神話によれば、ガネシャの右側の象牙は聖人のお言葉を記録する筆記道具として用いられているのである。ガネシャは様々な姿で描かれている。上の絵もその中の一つである。聖人であるビアシャが口述している叙事詩のマハバラタの内容を象牙の尖った先で紙に書き取っている絵である。たとえ神話ではあるが、これを通して印度の言語文化的な伝統を読み取ることができる。ガネシャは聖人のお言葉を自分の大事な身体の一部をもって記録したのである。神様の話であるマハバラタはその内容自体が神聖なものである。この場合の象牙は神聖な言語を記録する道具であったのである。

左の写真は筆者が印度のラジャスタン地域で見つけたガネシャである。比較的最近造成されたものと考えられるこの神像は上の神話において物語ってくれる内容と一致しており、ガネシャが象牙を利用して文を書いている場面を確認することができる。これは神話に出てくるガネシャの「折れた象牙」の話が神話に止まっているのではないことを見せているのである。印度人はガネシャが象牙を利用して文を書いたということを信じているだけではなく、このような伝統が遠い昔から比較的最近に至るまで引き継がれていることを想像することができる。

次は筆者が南印度のカルナタカ州の密林の中にある博物館の付属図書館で確認した印度の本と筆記道具である。南印度の港の町であるメングガルロル（Mangalore）からロカルバス（local bus）に乗って、三時間ほど密林の中に入って行くと、寺院の

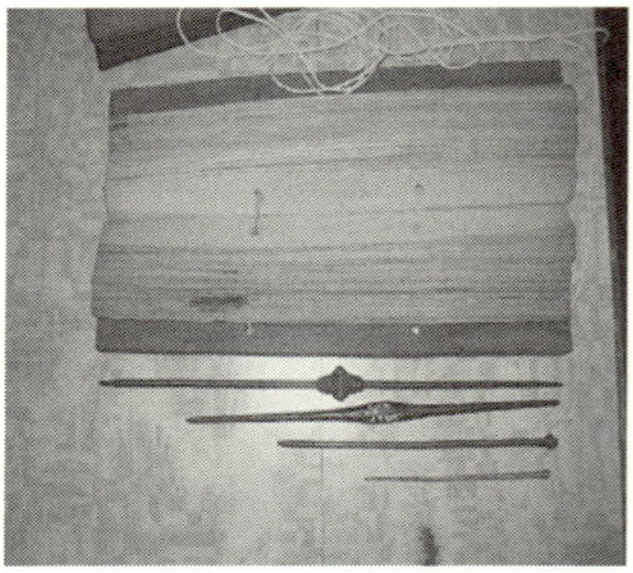

町であるダルマスタルタラ（Dharmasthala）に到着する。印度では伝統的に椰子の木の葉っぱ（palm-leaf）に文字を書き込んで本を作った。文字を書き込む道具にはいろいろの種類があった。代表的なものがStylusである。鉄の先を尖らせてそれを用いて椰子の木の葉っぱに文字を書き込んだのである。場合によって竹から筆記道具を作って使ったという話を印度人から聞いたことがあるが、筆者は竹の筆記具を見たことはない。

椰子の木の葉っぱで作られた本に文字を書き込む方式は韓国の角筆文献のそれと一致しているように見える。韓国の角筆文献は楮の木で作られた紙にStylusのように先が尖っている鉄筆や先が堅い竹で作られた竹筆を利用したと思うのである。節博士と言われる仏教音楽の楽譜には多くの角筆の線が結構鮮明に残っている。これは恐らく節博士を角筆で施す際、その角筆は鹿の角のようなものを利用したからであると思うのである。印度では平たい椰子の木の葉っぱを乾かして、これを紙のように使用している。場合によってはその葉っぱを利用して絵を描いたりする。印度の伝統絵の中で椰子の木の葉っぱに描いた細密画は有名である。尖っている鉄筆の先で絵を描いた後、そこにインク（ink）を注ぐのである。その後乾いた布切れで椰子の木の葉っぱを擦れば、鉄筆によって描いた絵の跡にインクが染み込み、そうではない部分にはインクが消えるようになり、椰子の木の葉っぱには絵のみが残るようになる。

椰子の木の葉っぱに文字を書き込む方式もこれと同一である。左の写真は印度のパムリプの本を撮影したものである。これは南印度のカルナタカ州にある密林の中の寺院の町であるダルマスタルラの図書館に保管されている本である。先が尖っているStylusによって書き込まれたヒンドゥ教と関連する書籍である。韓国の角筆とは異なり、特殊なスコープの助けがなくても本を読むことができるほど文字が鮮明で

ある。これにインクをつけてさらに鮮明に見えるようにした本もある。人類が先が尖っている筆記具を利用して、文字を記録する習慣はかなり古くからあったものと考えられる。韓国では義相大師の時代に鉛を利用して、釈迦のお言葉を記録したというのが出てくる。これは7世紀頃のことであるが、印度ではこれよりもさらに以前のことであった。アショカ大王（阿育王）の時代にも鉄筆のようなものを利用して文字を書き込んでおり、このアショカ時代の文字遺物が今日まで伝わっている。

次は印度の鹿野苑の遺跡地にあるアショカ時代の文字遺物である。アショカの石柱に文字が刻まれているが、これは紀元前3世紀頃のものと推定されている。今日までも鮮明に見ることができるほどに文字が精巧に刻まれている。印度のサルナトにある考古学博物館にもアショカ時代の石柱と碑石が保存されているが、それらには文字が刻まれている。これは恐らくStylusのようなもので石に文字を刻み込んだのではないかと思う。

韓国では鹿の角を筆記道具として利用した。済州島の太古宗系列の寺刹には角筆が伝わっている。鹿の角もガネシャの角のように神聖な意味があったと思われる。韓国と日本には象が自然に棲息しにくいが、鹿はそうではなかったと思う。仏陀が初めて仏法を伝えた所は鹿野苑である。鹿は仏教的な意味がある動物であり、その角で作られた筆記道具も仏性が宿っているものということができる。韓国のお寺には鹿苑転法の光景を刻んだ彫刻を普通見ることができる。角筆の根源とその宗教的な含意に対する論議は現在において実証的な文献資料を確認しにくいという点から象徴的な解釈に頼るしかないのである。

角筆は中国で発明されたというよりは印度から始まった可能性が大きい。アショカ時代からあった印度の古い筆記文化が仏教の伝波とともに中国に伝わって、これが中国に留学した義相を通じて韓国に伝わり、その後日本にも伝わったように思われる。そうすると、印度の角筆文化がどのような経路を通って、中国に伝わったのかが知りたいのである。筆者が考えるにはNalanda大学がこれと関連があるよう

に思われる。Nalanda 大学は今も存在する世界最古の仏教大学である。6世紀乃至7世紀頃に中国の学僧達が印度に仏教を学びに Nalanda 大学に押しかけてきていたのである。

玄奘法師も印度に留学した中国の僧侶の中の一人であった。彼は Nalanda で勉強した後、長安に帰って印度の唯識学を中国に伝えるのである。7世紀前半期に玄奘の影響力は非常に大きく、唐の皇帝も彼に敬意を表するほどであったようである。印度の角筆を中国に伝えた人々は玄奘をはじめ印度留学僧であった。智厳もこのような印度留学僧の影響で角筆を使ったと考えられる。中国の角筆を韓国に伝えたのは恐らく義相をはじめ新羅の中国留学僧達であったと思う。

4．結　　言

東アジアの文字文化は毛筆文化と角筆文化に大別することができる。中国の文字文化に対を成すのが毛筆なら、印度の口述文化に対を成すのは角筆である。毛筆の源流は北方であり、角筆の源流は南方である。韓半島は北方の文化と南方の文化が合流する所であった。韓国での毛筆と角筆の存在は南北文化融合の一例である。印度の角筆文化がどのような経路を通って、韓半島まで伝わるようになったのかについては明らかにできないが、筆者が推定した内容を要約すると次のようになる。

紀元前3世紀：アショカ時代、角筆文化の隆盛。

紀元後6世紀或いは7世紀：印度の Nalanda 大学、印度に留学した中国の僧侶によって中国に伝播。

紀元後7世紀：中国の長安、中国に留学した韓国の僧侶によって韓国に伝播。

注

（1）日本の訓点の発想は新羅から受け入れたもので、新羅の文字が日本に伝わった可能性が高いと発表された。

（2）2002年国立扶余博物館から発行された「百済の文字」の図録（90頁）においてこれを確認できる。

（３）これについては李丞宰（2000：149）を参照されたい。

（４）韓国の角筆資料は百済時代のものから存すると言えるが、百済時代の文字生活に関する全般的な説明は鄭在永（2003）を参照されたい。

（５）扶余宮南池から出土した鉄製道具に対する説明は拙稿（2003：296－７）を参照されたい。

参考論著

甘粛人民美術出版（1995）　敦煌漢簡書法精選、蘭州新華印刷庁：中国甘粛省。

国立慶州博物館（2002）　文字で見た新羅、学研文化史：ソウル。

国立公州博物館（2002）　特別展「錦江」最近発掘10年史、シティーパートナ：ソウル。

国立奈良博物館（2002）　大仏開眼1250年東大寺のすべて、国立奈良博物館：日本奈良。

国立扶余博物館（2002）　百済の文字、国立扶余博物館。

金東華（1987）　三国時代の仏教思想、民族文化史。

金永旭 外（2001）　国語教育と言うのは何か。ソウル市立大人文学叢書１、慧眼：ソウル。

金永旭（2001a）　11世紀文法形態を探して、文法とテキスト、ソウル大学校出版部。

金永旭（2001b）　瑜伽師地論点吐の解読方法研究、口訣研究７：57～77項、口訣学会。

金永旭（2003a）　佐藤本華厳文義要訣の国語学的研究、口訣研究10：47～77項、口訣学会。

金永旭（2003b）　11世紀国語文法形態研究、国語教育111：293～312項、韓国国語教育研究学会。

金永旭（2003c）　百済吏読について、口訣研究11：125～151項、口訣学会。

金永旭（2004）　判比量論の国語学的研究、口訣研究12：81～98項、口訣学会。

金煐泰（1987）　新羅仏教研究、民族文化社。

金相日（2003）　ゲデルの不完全性の整理によって解いてみる判比量論、知識産業社。

金星喆（2001）　元暁の判比量論、仏教原典研究　第２号、東国大学校仏教文化研究院。

金星喆（2003）　元暁の判比量論の基礎研究、知識産業社。

金完鎮（1982）　文学と言語、塔出版社。

金天学 訳注（1998）　華厳文義要訣問答、民族社。

南豊鉉（1999）　国語史のための口訣研究、太学社。

南豊鉉（2000）　条件法の連結語尾「－면」の発達、口訣研究６：11～40項。

南豊鉉（2001）　薛聡と借字表記法、新しい国語生活11－３:21～36項、国立国語研究院。

南豊鉉（2002）　新羅時代口訣の再構のために、口訣研究８：77～109項、口訣学会。

卞麟錫（2000）　唐長安の新羅史蹟、アジア文化社。

新羅文化研究所（2001）　黄竜寺の総合的な考察、新羅文化祭学術論文集22。

尹善泰（2000）　新羅統一期の王室の村落支配──新羅古文書と木簡の分析を中心に──、ソウル大学校博士論文。

義相（668（？》　華厳一乗法界図、韓国仏教全書２、東国大学校出版部：１～８項。

義相記念館編（2001）　義相の思想と信仰研究、仏教時代社。

李箕錫（2001）　華厳一乗法界図の根本精神、義相の思想と信仰研究、仏教時代社。

李成市（2001）　造られた古代、三印：ソウル。

李丞宰（2000）　新しく発見された角筆符号口訣とその意義、新しい国語生活10－３：135～152項、国立国語研究院。

李丞宰（2001）　華厳経巻22の角筆符号口訣について、口訣研究７：１～32項、口訣学会。

李英茂（1987）　韓国の仏教思想、民族文化社。

李智冠 校勘訳註（1994）　歴代高僧碑文（新羅篇）、伽山文庫。

李智冠（1969）　韓国仏教所衣経典研究、伽山文庫。

鄭炳三（1998）　義相華厳思想研究、ソウル大学校出版部。

鄭在永（1996）　順読口訣資料「梵網経菩薩界」について、口訣研究１：127～177項、口訣学会。

鄭在永（2001）　誠庵古書博物館所蔵晋本華厳経巻20について、口訣研究７：33～56項、口訣学会。

鄭在永（2003）　百済の文字生活、口訣研究11：87～124項、口訣学会。

鄭在錫（1998）　古代韓日仏教関係史、一志社。

韓金科（1998／2002）　法門寺文化史、五洲伝播出版社、中国西安。

黄圭燦（1998）　新羅表員の華厳学、民族社。

石塚晴通（2003）　声点の起源、口訣研究11：23～52項、口訣学会。

小林芳規（2002a）　大谷大学蔵新出角筆文献について──特に「判比量論」に書き入れられた新羅の文字と記号──、書香第19号：４～６項、大谷大学図書館報：日本京都。

小林芳規（2002b）　韓国の角筆点と日本の古訓点の関係、口訣研究８：50～76項、口訣学会。

小林芳規（2003a）　新羅経典に記入された角筆文字と符号──京都・大谷大学蔵「判比量論」

においての発見―、口訣研究10：5～30項、口訣学会。

小林芳規（2003b）　大谷大学蔵新出角筆文献について、大谷学報第八十二巻第二号：58－88項、日本京都。

小林芳規（2003c）　奈良時代の角筆訓点から見た華厳経の講説、The Great Buddha Symposiumat Todaiji 2003.

Choodamani Nandagopal（2000）Manjusha-An art genre, Manjusha museum, India.

Kannaiyan, K（1960/2000）Scripts: in and around India, Government Museum, Chennai, India.

Otani University Library（1998）Catalogue of Valuable Rare Books of the Otani University Library—Buddhist Books Edition—, Otani University: Kyoto.

Shakunthala Jagannathan（1984）Hinduism, Vakil, Feffer and Simons Pvt.Ltd, India.

韓日の漢文読法に用いられた符号形態について

──「瑜伽師地論」の境界線と合符と合符逆読符号を中心に──

尹　幸舜

1．はじめに

韓国において角筆点吐口訣資料（角筆符号口訣）が発見された2000年以来、諸研究者の努力によって現在十六巻に上っていることが報告されている。全て仏典において用いられており、「瑜伽師地論」三巻（巻第三・巻第五・巻第八)、「大方広仏華厳経」七巻（巻第六・巻第二十二・巻第三十一・巻第三十四・巻第三十六・巻第五十七（以上、周本華厳経）・巻第二十（晋本華厳経))、「妙法蓮華経」五巻（巻第一（延世大本)・巻第七（修徳寺本)・巻第一・巻第七（祇林寺本)・巻第四（個人所蔵本)、「金光明経巻第三」一巻である。これらの資料には角筆点が中心に施されているが、墨点もある(1)。

上記の諸資料において用いられている点吐口訣は日本のヲコト点のような機能を現している漢文読法として、原漢文の文章を韓国語で読むために、該当する漢字に多様な符号を加点する位置によって、その読法を現したものである。「瑜伽師地論」の場合、漢文訓読をするために用いられているのは、文字要素を現す点吐口訣と文字口訣、文字要素を含まず、訓読を容易にするために考案した符号類である。日本における訓点資料においても、文字の役割を果たす仮名やヲコト点と文字要素を含まない返点や区切り点などの符号を用いて漢文を訓読しているのが一般的である。しかし、「瑜伽師地論」に現れる文字口訣は点吐口訣の音節を確認する補助的な役割に過ぎないので、点吐口訣の形態と加点位置の稠密さにおいては日本のヲコト点より複雑な姿を見せているともいえる。これは日本の訓点資料における仮名の役割を点吐口訣が果たすことになり、日本のヲコト点より遥かに点吐口訣の担う範囲が非

常に広く、現すべき音節数が多くなるので、このような複雑な形として現れざるをえなかったと思われる[2]。

「瑜伽師地論」の点吐口訣の形態があまりにも多様かつ加点位置の稠密さのため、様々な意図を有する符号を補助的に用いて漢文訓読を容易にしている。例えば、「境界線」は漢字の加点位置を正確に現すための符号であり、「合符」は訓読しないで音読の一単語として読むことを示しているものである。「逆読符号」は漢文と韓国語と異なる文章構造のため必要な符号として用いられており、さらに、「合符」と「逆読」の二つの符号を合わせた「合符逆読符号」が見える。また、「指示線」は点吐口訣を漢文の句節末にまとめて加点する原則があることから[3]、漢字の字形や加点位置の重複によって漢文の句節末に加点できない場合は、その上下の漢字に点吐口訣を加点したことを示してくれる符号である[4]。この他にも漢字の上下左右などに起筆して上の方に長く施した「･」「･」のような線は、今まで「逆読符号」と推定されたのであるが、その役割はさらに検討を要する符号として残されている。

韓国の角筆点吐口訣は日本の訓点資料と比べて、上記のように多様な符号を用いて漢文訓読を容易に行ったことが知られるが、これは仏典を汚さず多様な符号などが記入できる角筆点の長所を極大化した感じがする。これらの符号を積極的に用いたのはそれだけ漢文を正確に読もうとする意図があったと考えられる反面、点吐口訣のみでは十分に訓読できなかったことをも物語っていると思われる。このような観点から本論は上記の諸符号の中で「境界線」と「合符」と「合符逆読符号」に論点を絞って、韓国点吐口訣資料と日本の訓点資料とを比較検討し、両国の漢文訓読における補助的な符号使用の特徴を窺ってみることにする。

本論の中心となる資料は、韓国においては上記に触れた符号類を最も多く用いており、韓国の11世紀前半期の初雕大蔵経の板本として推定される誠庵古書博物館蔵「瑜伽師地論」巻第五・巻第八の二巻を対象にすることにし、日本においては角筆点訓点資料をはじめ一般の訓点資料を対象にすることにする。

2. 境　界　線

1）漢字の字形による境界線(5)

(5:4:15)　(5:8:19)　(5:14:16)　(8:2:22)　(8:9:12)　(8:17:16)

2）加点位置の混同防止の境界線

(5:3:21)　(5:14:20)　(5:16:5)　(8:1:15)　(8:4:14)　(8:11:13)

3）加点位置の不正確さを修正または確認する境界線

(5:7:20)　(5:16:2)　(5:16:5)　(8:8:8)　(8:13:7)

「瑜伽師地論」二巻には69例の境界線の符号が現れており、上記のように境界線を記入した意図は漢字の字形と加点位置の混同と加点位置の不正確を補うものと思われる。このような意図は全て点吐口訣の加点位置を正確に示して、漢文訓読をより正確に読もうとする意思が窺える。

1）漢字の字形による境界線の例をみると、点吐口訣を加点する該当漢字の形が正方形になっていない場合境界線を記入した例であり、このような境界線の例は最も多い。上記の例で、「一」の境界線は位置が異なる中央の単点二つが正方形の中に位置することを指示するものであり、「上」の境界線は左中段の単点が正方形の中に位置することを指示するものである。「繫」の境界線は漢字の形が長いので、左中段の単点と右上段の逆斜線が正方形における位置を指示するものであり、「色」の境界線は左右の二つの斜線と右下段の単点が正方形の内外に位置することを指示するものである。「利」の上段の横線はすぐ下の単点が正方形の中に位置することを指示するものであり、「力」の境界線は下中段の単点が正方形の中に位置することを指示す

るものである。

２）加点位置の混同防止の境界線は、漢字の形が問題ではなく、該当する漢字の行間と字間に点吐口訣を加点する十分な空間がないため、上下左右に配列されている漢字に加点せざるを得ないことになる。この際加点する漢字が間違わないように記入した境界線である。上記の例で、「若」の境界線は左中段の水平線の点吐口訣が左行の漢字に近く加点されているので、それは「若」に加点していることを指示するものであり、「生」の境界線は上段の逆斜線が上の漢字に近く加点されているので、それは「生」に加点していることを指示するものである。「因」の境界線は下段の斜線が下行の漢字に近く加点されているので、それは「因」に加点していることを指示するものであり、「起」の境界線は下段の斜線が下行の漢字に近く加点されているので、それは「起」に加点していることを指示するものである(6)。「事」の境界線は下段の逆斜線が下行の漢字に近く加点されているので、それは「事」に加点していることを指示するものであり、「執」の境界線は右の単点が右行の漢字に加点されている水平線と区別して、単点は「執」に加点していることを指示するものである。このような境界線が現れる環境は星点よりは空間を占める線点が加点されている場合が多い。

３）加点位置の不正確さを修正または確認する境界線は加点者が加点を行う際、点吐口訣の位置が若干ずれた場合記入したように思われるが、用例はそれほど多くない。上記の例で、「故」の境界線は下中段の単点が元来は若干上の方に加点すべきであるものがずれたので、「故」の字形の下を広くして単点が漢字の中間に加点していることを指示しているものであり、「滅」の境界線も「故」の境界線の意図と同様である。「異」の境界線は中央に加点すべき斜線が若干下段にずれているのであり、「異」の漢字の下方に境界線を記入して、斜線が中央に加点していることを指示しているものである。「流」の境界線も下中段の単点が元来は若干上の方に加点すべきであるものがずれているので、「流」の字形の下を広くして単点が漢字の中間に加点していることを指示しているものであり、「行」の境界線は中央から若干ずれて加点している復星点の位置を確認するものと考えられる。これらの境界線は漢字の内部に加点している点吐口訣が対象になっている。

以上のような韓国の「瑜伽師地論」に現れる多様な境界線は日本の一般の訓点資料ばかりでなく角筆点訓点資料においても見ることができない。これは点吐口訣の加点位置が少しでもずれると、訓読の意味が異なってくることによるものである。下に提示した「瑜伽師地論」の単点の点図と日本の角筆点訓点資料の点図とを比較してみると分かるように、日本の角筆点訓点資料の点図は融通がきく間隔が儲られているのに対して、「瑜伽師地論」の点吐口訣の単点は25個所の位置に想定されており、このような稠密な間隔においては正確にその点吐口訣を加点しないと、その意味するところを十分現せないことから(7)、 種々の意図を持つ境界線の符号が用いられたと考えられる。

[瑜伽師地論　単点図](8)

11	12	13	14	15
21	22	23	24	25
31	32	33	34	35
41	42	43	44	45
51	52	53	54	55

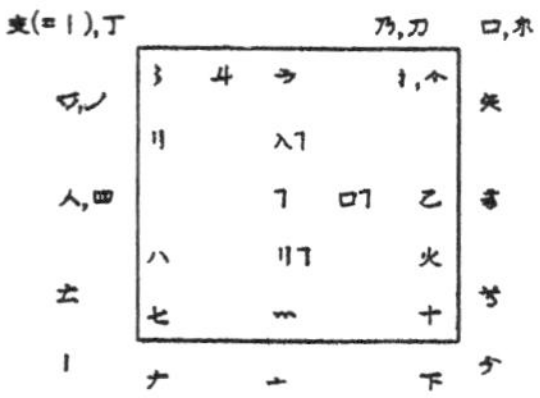

[石山寺蔵沙彌十戒威儀経角筆点　点図](9)

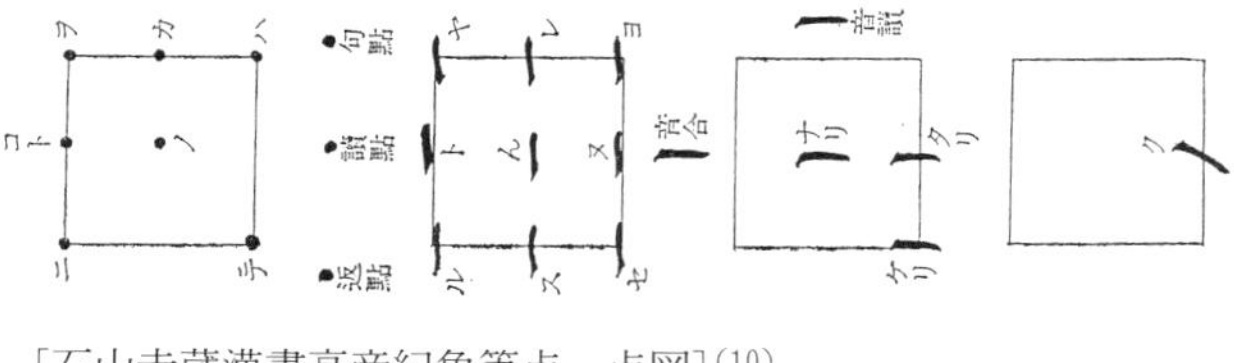

[石山寺蔵漢書高帝紀角筆点　点図](10)

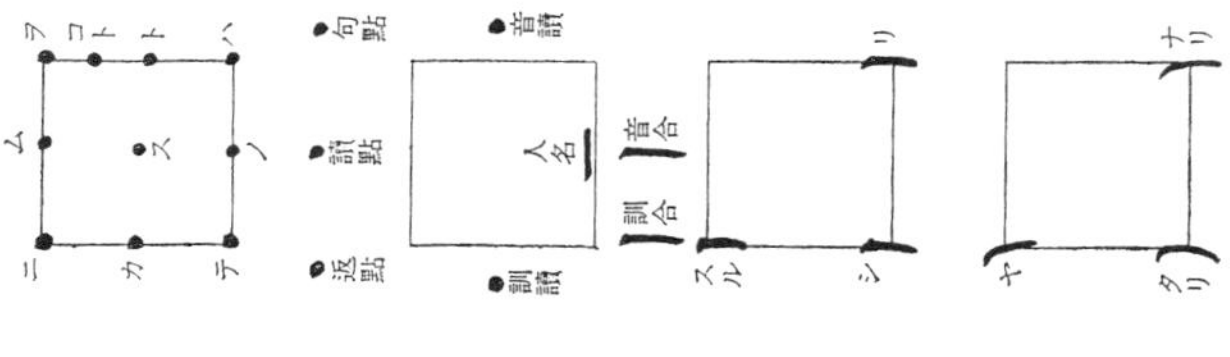

3．合　符

1）能攝依事故名所有 (8:7:15)
初句者謂實毀犯於爭得勝 (8:18:12-13)

2）復次生建立者謂三種欲生 (5:7:13)
謂若法生時造作相起 (8:9:19)

3）何等名爲由業作用 (5:11:5)
害極害執者謂斷彼命故 (8:10:9)

4）如是名爲正行清淨具足 (8:18:20)
於欲邪行究竟中所有身業 (8:19:14)

漢字二字以上を連読して一まとまりに読むことを指示した符号を合符とされているが、「瑜伽師地論」二巻には53例合符が見られる。これらの合符と日本のものとを比較してみると、合符の記入形態と合符の語構成と合符が現れる環境の三つの面において異なっていることが知られる。一つは合符が記入された形態についてみると、日本の合符の形態は下に提示したように、一般的に九世紀の訓点資料においては音合符と訓合符を区別しないで、字間と字間の間に縦線を記入しており、十世紀以後の訓点資料においては訓合符を左側に、音合符を中央に加点して、その読法を区別している(11)。韓国の「瑜伽師地論」の合符の場合は訓合符は見えず、音合符として用いられており、全て字面に直接合符を記入している点が日本と異なる。このような形態は日本の一般的な訓点資料には見えないが、日本の八世紀極初の「佐藤本華厳文義要決」において字面に直接黄褐色の合符が施されていることから韓国からの訓点の影響が報告されている(12)。このように字面を汚さず合符の記入を行ったのも角筆点の長所を生かしたものであると考えられる。

5）男子、乃-往過-去《イニシヘムカシ》、迦耆国の王有(し)き。名を梵-授(と)いひキ。法旃荼羅に大象王有り。名は清漣目(と)いふ。六-牙、具足セ(リ)。

（地蔵十輪経元慶七年点(八八三年点) 巻第4:161-163行、白点)(13)

6）凡そ西-方の道-俗、噉-食(の)［之］法、浄-触事殊なり。既(に)一-口を喰(ひ)つれは、即(ち)皆触に成る。所食（の）［之］器(うつは)ものし、宣(しく)か(さ)重(ね)て(もち)将(ゐる)こと無(かれ)。傍_辺《カタハラ》ニ置《オ》_在イテ、了《マカ》リを待(ち)て同しく棄《ス》ッ。

（南海寄帰内法伝（一〇五八年頃点）巻第一5:17-18、墨点)(14)

7）上-陽-人（3:36）　宿-露軽-盈（4:91）　年_々（3:92）　僠_作（3:258）

（神田本白氏文集（一一一三年点）角筆点)(15)

二つは合符の語構成についてみると、一まとまりに読むことを示す漢字数が多く、その語構成も複雑である。漢字二字より漢字三字以上の合符が多いことは、日本の合符のそれと大きな相違を見せていることが知られる。「瑜伽師地論」において現れる合符は漢字二字に16例、漢字三字に12例、漢字四字に22例、漢字五字に３例、合わせて53例が見える。以下にその全用例を挙げてその性格を検討してみる。

［漢字二字］

閉戸（5:7:13）　寂静（8:1:5）　依事（8:7:15）　摠句（8:10:7）
穢染（8:15:23）　於財（8:16:16）　当煞（8:16:13）　当害（8:16:14）
静処（8:18:10）　得勝（8:18:13）　鄙事（8:18:17）　非鄙（8:18:19）
愛願（8:18:19）　可信（8:18:21）　可委（8:18:22）　建立（8:18:23）

［漢字三字］

生建立（5:7:13）　自所害（5:9:5）　羯羅藍（5:9:12）
遏部曇（5:9:12）　造作相（8:9:19）　未遠離（8:10:21）
所煞生（8:11:3）　可楽語（8:15:4）　无悔等（8:15:8）
当所説（8:16:19）　当所説（8:16:20）　離邪見（8:20:14）

［漢字四字］

宗因譬喩（5:10:18）　自業作用（5:11:15）　自生和合（5:14:10）
高下勝劣（8:4:10）　自性染汚（8:7:13）　害極害執（8:10:9）

無有羞耻（8:10:10）　不実福徳（8:10:18）　不与而取（8:11:12）
不与而楽（8:11:13）　饕餮而取（8:11:21）　離愛味心（8:14:17）
現在世事（8:15:5）　不正思審（8:15:19）　当為衰損（8:16:15）
立如是論（8:16:20）　殖種功用（8:17:21）　時分清静（8:18:10）
遠離猥法（8:18:19）　応可建立（8:18:22）　无有虚誑（8:19:1）
離不与取（8:20:4）

［漢字五字］

舞楽戯笑俳（8:16:2）　正行清静具足（8:18:20）　欲邪行究竟（8:19:14）

以上のように、漢字二字の合符は16例に過ぎないのに対して、漢字三字以上の合符が37例に上っている。これは日本の音合符が漢字二字を中心にしていることと非常に異なる性格である。上記に提示した日本の用例においても窺うことができるが、例えば、「地蔵十輪経元慶」巻第一には約274例の音合符が拾われるが、そのうち、漢字二字の合符は274例、漢字三字の合符は４例のみであり、「法華経玄賛淳祐古点」巻第三（九五〇年頃点）には約89例の音合符が拾われるが、全てが漢字二字の合符であり、漢字三字以上のものは見えない(16)。また、「法華経義疏長保四年点（一〇〇二年点）」序品初には約35例の音合符が拾われるが、漢字二字の合符は33例、漢字三字の合符は２例のみであり(17)、「南海寄帰内法伝」巻第一には371の音合符が拾われるが、漢字二字の合符は366例、漢字三字以上の合符は５例のみである。「大唐西域記長寛元年点」（一一六三年点）巻第一には約502の音合符が拾われるが、漢字二字の合符は502例、漢字三字の合符は３例のみである(18)。即ち、資料によって音合符の用例数は差異があるが、漢字二字の合符が中心になっており、漢字三字以上のものは極く少数にすぎない。さらに、韓国の「瑜伽師地論」には漢字四字以上の合符が多く現れるのに対して、上記の「大唐西域記長寛元年点」において１例のみである。即ち、日本の訓点資料における合符は漢字二字合符が中心に施されていることが分かる。

これと関連して、合符が施されている漢字の語構成について考えてみる。日本の上記の資料において漢字三字以上に合符が施されている用例を挙げてみる。

8）日本の訓点資料における漢字三字以上の合符

地蔵十輪経元慶；宝-飾-雲（49行）　具-足-勝（249行）　能-引-勝（260行）
疫-病-劫（287行）
法華経義疏；地-理-記（221行）　受-胡-豆（395行）
南海寄帰内法伝；陰-陽-瓶（8:17）　十-二-指（9:15）　般《ハニ》-弾《タ》-那寺（12:13行）　目-真-鱗《リニ》-陀-龍（235行）　勝-軍-王（235行）
大唐西域記長寛元年点；咀《ソ》邏-私-城（235行）　鬱-多-羅僧（379行）　仏-舍-利（235行）

これらの合符の性格は全てが名詞類であるのに対して、韓国の「瑜伽師地論」の合符は「生建立、自所害、造作相、未遠離、所煞生、当所説、離邪見」のように動詞や助動詞を含む語構成になっているのであり、日本の訓読では一般的に一々訓読するところの語句である。このような点は「於財、当煞、当害、愛願、可信、可委」の漢字二字合符にも指摘できる。また、韓国の漢字四字の合符の例は複合名詞や動詞類や助字類を含む語構成のものを連読の合符に示しているのに対して、日本の場合は「其の山の諸の牟尼仙の所-衣の住-処に充遍し」(地蔵十輪経元慶、51行)、「不-生不-滅を号(つけ)て真常と曰いふ」(南海寄帰内法伝、15:11)、「儼《ケム》-然にして［而］坐セリ」(地蔵十輪経元慶、187行)、「頓-［顙］(し)而て帰(ること)を知り」(大唐西域記長寛元年点、38行) のように、漢字四字の合符になってもおかしくないところを全て漢字二字の合符にするか、助字「而」などは全て訓読しているのである。このような韓日の合符の様子から韓国の漢文訓読が日本のそれより音読が進んだことを云えるのではないかと思う。

三つは合符が多く現れる環境についてみると、上記の「瑜伽師地論」の用例として挙げておいた１)、２)、３) の用例の中で、「初句者謂実毀犯於争得勝」のような文に現れる「－－者謂－－」は、「－－－というのは即ち－－－」のように訓読しているもので、主題語を強調する文構造に多く現れるのである。また、これと類似する主題語提示「－－者－－」の文構造や原漢文に「－－者－－」の漢字はないが、点吐口訣によって「－┐－(－は－)」に当たる単点を施している文構造に合符が施されている。その例を挙げると、「摠句、可信者謂、可委者謂、於財者謂、当所説、当煞者謂、当害者謂、未遠離者、生建立者謂、害極害執者謂、无有羞耻者謂、不与而

取者謂、不与而楽者謂、饕餐而取者謂、当為衰損者謂、応可建立者謂、无有虚誑者謂、立如是論者、時分清静、不実福徳、殖種功用」の21例である。また、上記の用例３）、４）のように「－－－名為－－－」のような文構造は「－－－を名づけて－－－する」のように訓読しているもので、「非鄙、愛願、諍処、依事、所煞生、可楽語、无悔等、自性染汚、離愛味心、遠離猥法、自業作用、正行清静具足」の12例に合符が施されている。最後に「－－－謂－－－」のような強調の文構造の現れる「閉戸、寂処、羯羅藍、遏部曇」の４例に合符が見える。

このように韓国の「瑜伽師地論」の合符は漢字三字以上のものが中心となっている点を勘案して考えると、以上に示した主題語のような強調の文構造に合符が見えるということは、単純に熟語などの意味における一まとまりに読むことを示すばかりではなく、その合符の内容を強調する意味をも示すために合符が施されたのではないかと考えられる。

４．合符逆読符号

能引發後世聖非聖財　(5:3:2-3)

１）戒禁取者謂由親近不善丈夫　(8:3:20)

此句顯示无擇煞害　(8:10:20-21)

一隨轉供事非知舊者　(5:20:4)

２）等隨觀執五種取薀　(8:3:6)

此顯自心忍可欲樂當所說義　(8:16:19)

合符逆読符号は合符と逆読の機能を合わせた符号で、韓国の「瑜伽師地論」の逆読符号は上記の１）、２）の用例「戒禁取者謂由親近不善丈夫」「此顕自心忍可欲楽当所説義」用例の中で見られる「由、顕」のように、助詞「ヲ、ニ」などを受ける動詞の字面に直接弧状の線を施している。このような形態の逆読符号は日本の訓点資料には見られないとされる(19)。さらに、合符の機能と逆読の機能を合わせた符号

が「瑜伽師地論」二巻に53例現れる。漢字二字の合符逆読符号は50例で、漢字四字のものは３例である。漢字二字の語構成は「遍満、引発（３例)、摧伏、受用、流入、摂受（２例)、建立、観待（２例)、施設、獲得、発起（２例)、不捨、受学、迷執、親近（６例)、比方、随学、障碍、楽著、証得（２例)、悩乱、退失、顕示（７例)、受行、不過、領受、傷害、損悩、非発（２例)、誹謗、受持、応可」であり、一度に限って現れる例が多く、「親近」と「顕示」はそれに比べると圧倒的に多い。二例以上の合符逆読符号は連続的に語句が繰り返される際現れている。

合符逆読符号が現れる環境をみると、上記の合符のそれと類似している語句において現れることが指摘できる。上記の１）の用例「戒禁取者謂由親近不善丈夫」と「此句顕示无択煞害」のように、「－－者謂－－」と点吐口訣によって「－┐－（-は-)」に当たる単点を施している文構造、即ち、主題語を強調する語句に現れているのが26例である。これは上記の合符の現れる環境と非常に類似している点であり、強調すべき合符が動詞の役割を果たす文構造になっていたので、合符と逆読の符号を考案するようになったのではないかと思うのである。

5．ま と め

本稿は韓国において最近発見されて韓日の国語学界に注目されている角筆点吐口訣資料（角筆符号口訣）の中で、多様な点吐口訣と様々な符号を用いて漢文を訓読している「瑜伽師地論」巻第五と巻第八の諸符号の中で「境界線」と「合符」と「合符逆読符号」について検討してみた。このような符号の使用は、「瑜伽師地論」における文字口訣が点吐口訣と同一形態に現れており、点吐口訣の音節を確認させてくれる補助的な役割しか果たしていないことから、点吐口訣を助けて訓読を容易にする符号の種類が多く考案されたものと考えられる。即ち、点吐口訣の形態と加点位置の稠密さは日本のそれより遥かに複雑なので、このような難点を補うために諸符号を用いて訓読を容易かつ正確にする目的があったと思うのである。

「瑜伽師地論」二巻に現れる境界線は三つに分けることができる。最も多く現れる「漢字の字形による境界線」は、点吐口訣を加点する該当漢字の形が正方形になって

いない場合に施されたものであり、「加点位置の混同防止の境界線」は、該当する漢字の点吐口訣が行間や字間の空間のため、上下左右に配列されている漢字に加点されているか或は近く施されているので、混同を防ぐためのものであるが、点吐口訣の形態は星点よりは空間を占める線点のほうが多い。「加点位置の不正確さを修正または確認する境界線」は、点吐口訣の位置が不正確に加点されている場合用いられたものである。このような境界線が施された理由は「瑜伽師地論」の点吐口訣の位置が稠密な間隔に想定されることによって、より正確に点吐口訣を加点し、その意味を正確に把握したいと考えた結果と思われる。

「瑜伽師地論」二巻に現れる合符は、記入形態と語構成と環境の三つに分けて検討することができる。合符が記入された形態は日本の訓点資料においては、音合符と訓合符と共に字間と字間の間に縦線を記入するのが一般的な形態であるが、「瑜伽師地論」の合符の場合は字面に直接合符を記入している点が日本と異なる。合符の語構成は連読して一まとまりに読むことを示す漢字数が多く、その語構成も複雑である。日本の合符のほとんどが漢字二字に施されているのに対して、「瑜伽師地論」の場合は漢字三字以上の合符が多いことは、日本と非常に大きな相違である。また、合符が施されている語構成は日本は名詞類が一般的であるのに対して、「瑜伽師地論」においては動詞や助動詞を含む語構成になっているのであり、日本の訓読では一般的に一々訓読するところの語句である。このような合符の様子から韓国の漢文訓読は日本のそれより音読が進んだことを指摘することができる。次の合符が現れる環境は主題語を提示する強調文の構造に多く現れるのである。これは一般的な合符の役割ばかりではなく、その合符の内容を強調する意味にも合符が用いられたのではないかと考えられる。合符逆読符号は漢字二字のものが多く、その現れる環境は合符のそれと類似しており、主題語指示を強調する語句に現れる傾向が見える。

韓日において漢文を訓読する際、用いられた方法などは非常に類似しているが、その符号などの用い方は角筆という加点する道具の利点を十分活用して、様々な意図のもとで行われたことが知られる。このような観点に基づいてこれからの韓日の漢文訓読の相違を究明できることを期待する。

注

（１）南豊鉉（2000）「高麗時代の点吐口訣について」『書誌学報』第24号、韓国書誌学会。
李丞宰（2000）「新しく発見された角筆符号口訣とその意義」『新しい生活国語』第10巻　第３号、国立国語研究院。

南豊鉉・李丞宰・尹幸舜（2001）「韓国の点吐口訣について」『訓点語と訓点資料』第107輯、訓点語学会。

南豊鉉（2002）「高麗時代角筆点吐釈読口訣の種類とその解読──晋本華厳経巻20の点吐釈読口訣を中心に──」『朝鮮学報』第183輯、朝鮮語学会。

小林芳規・西村浩子（2001）「韓国遺存の角筆文献調査報告」『訓点語と訓点資料』第107輯、訓点語学会。

張景俊（2005）『「瑜伽師地論」点吐釈読口訣解読方法研究──巻５、８の単点を中心に──』、延世大学校大学院国語国文科博士学位論文、３頁。

（２）尹幸舜（2003）「漢文釈読に現れる韓国の角筆符号口訣と日本のヲコト点との比較──「瑜伽師地論」の点吐口訣と文字口訣を中心に──」『口訣研究』第10輯、口訣学会。

（３）南豊鉉（2000）「高麗時代の点吐口訣について」『書誌学報』第24号、韓国書誌学会、32頁以下。

（４）張景俊（2003）「『瑜伽師地論』点吐釈読口訣の「指示線」について」『口訣研究』第11執、口訣学会。

（５）瑜伽師地論の出典は巻第五の八張三行を（5:8:3）のように示す。

（６）筆者は以前このような境界線を「区切線」と触れたことがあるが、ここにおいて訂正する。(「韓国の符号口訣と日本のヲコト点について」、2001年８月、北海道大学国際ワークショップ）
張景俊（2005）『「瑜伽師地論」点吐釈読口訣解読方法研究──巻５、８の単点を中心に──』、延世大学校大学院国語国文科博士学位論文、23～26頁。

（７）張景俊（2002）「口訣点の位置変異についての基礎研究──瑜伽師地論巻５、８を中心に──」『国語史資料研究』第３号、国語史資料学会。

（８）張景俊（2004）「口訣点の懸吐位置の細分と位置変異の現象に対して」『口訣研究』第13輯、口訣学会。152～153頁。

（９）小林芳規（1987）『角筆文献の国語学的研究　研究篇』、汲古書院、307頁。平安中期角筆点。

（10）小林芳規（1987）『角筆文献の国語学的研究　研究篇』、汲古書院、354頁。平安中期角筆点。

（11）小林芳規（1979）「訓点における合符の変遷」『訓点語と訓点資料』第62輯、訓点語学会。

（12）小林芳規（2002）「韓国における角筆文献の発見とその意義──日本古訓点との関係──」『朝鮮学報』第182輯、朝鮮語学会。

（13）中田祝夫（1958）『古点本の国語学的研究　訳文篇』所収、 講談社。
本文の片仮名の訓は片仮名で、ヲコト点は平仮名で、（　）の中は捕った訓を示す。

（14）大坪併治（1958）『訓点資料の研究』所収、風間書房。

（15）小林芳規、大田次男（1982）『神田本白氏文集の研究』勉誠社、238頁。

（16）中田祝夫（1958）『古点本の国語学的研究　訳文篇』所収、 講談社。

（17）中田祝夫（1958）『古点本の国語学的研究　訳文篇』所収、 講談社。

（18）中田祝夫（1958）『古点本の国語学的研究　訳文篇』所収、 講談社。

（19）小林芳規（2002）「韓国における角筆文献の発見とその意義──日本古訓点との関係──」『朝鮮学報』第182輯、朝鮮学会。

あとがき

広島大学名誉教授小林芳規先生には三月二十六日に目出度く七十七歳のお誕生日をお迎えになられます。長年に亘り広島の地で薫陶を受けた者からお祝いとお礼の意を込めてその記念論文集の企画が持ち上がったのは一昨昨年のことでありました。しかしながら先生はその企画を強固に御辞退なされました。そこでそれでは永く広島の地で育んで頂いた研究会同人の論文集の出版という趣旨で先生にも玉稿を頂く事で繰り返し説得申し上げ漸く御了承を頂戴できました。

先生は広島大学御退官以後も角筆文献の探索を続けられ、遂に韓国に多量の角筆文献が現存していることにたどり着かれました。この韓国の角筆文献の発見は、韓国語史の研究資料の少ない中にあって大きな関心を引き、現在韓国の多くの優秀な学徒がその研究解読に従事するに到っていると伺っています。そういう御関係から韓国の各位からも論文集企画に賛意が寄せられました。

本論文集は以上の経緯で企画され刊行されたものであるため、巻頭に小林先生の御論文を頂戴し、研究会同人と韓国角筆研究及び韓国語史研究の先頭に立っておられる方々からの献呈論文によって構成されております。先生は何度もまたかなり長期間に亘っておかしくはないかと繰り返されましたが、我々は前例も示しつつはた又同人による論文集である旨を繰り返して、漸く出版に到った次第であります。先生の垂範の御玉稿を以て巻頭を飾ることが出来、企画者として、ここに先生に、そして論考をお寄せ頂いた各位に、改めて御礼申し上げる次第であります。

先生は、昭和四十年三月に広島の地に御赴任なさいましたが、その直後から御退官になるまで奥様と手を携えて学生の教育に真摯に当たって来て下さいました。定期的に設けられた研究会では御自宅で奥様御手ずからの食事を頂戴して帰るのが習慣になっていました。また、奥様は角筆資料の調査にも先生に御同道なされ内助の功を尽くされていると屢々伺っておりました。昨年四月突然にもその奥様の御逝去の報に接する事になってしまいました。我々教え子は何も御恩返し出来ないままとなり、痛恨の極という外無き出来事でありました。一同、ここに謹んで御生前の御温情に対して厚く御礼を申し上げる次第であります。

本書を、小林先生の御喜寿記念論文集として先生に捧げ、併せて悲しい事ながら奥様御生前の御温情への御礼を籠めて御霊前へ捧げ奉る次第であります。

なお、末筆ながら、本書刊行について快く御受諾賜った汲古書院石坂叡志社長に対し、衷心より厚く御礼申し上げる次第であります。また、編集と出版に到るまでの面倒については大江英夫氏を始めとする社員の方々及び石川力氏の多大の御尽力を頂き、無事刊行することが出来ました。ここに記して厚く御礼申し上げる次第であります。

以上、企画担当者として聊か本書編纂の経緯を叙し、以て関係の皆様方に満腔の謝意を奉る次第であります。

平成十八年三月

松本光隆
沼本克明

小林芳規博士喜寿記念 国語学論集

平成十八年三月二十六日 発行

編　者 小林芳規博士喜寿記念会

発行者 石坂叡志

整　版 中台整版

発行所 汲古書院

〒102-0072 東京都千代田区飯田橋二―五―四

電話〇三―三二六五―九七六四 FAX〇三―三二二二―一八四五

製本／佐久間紙工

ISBN 4－7629－3547－6　C3081